針生一郎
蔵書資料年表
美術・文学・思想

三上豊［編・著］
上野俊哉・沢山遼［著］

せりか書房

60年代に執筆した案内状や著書の書影など

針生邸、応接間兼書庫を庭から見る。
2015年1月

針生一郎蔵書資料年表

美術・文学・思想

目次

「もの」を醸す書物たち

上野俊哉

1

針生一郎は東野芳明の美術評論にこんな難癖をつけたことがある。「きみの批評は，酔わせてよ，やらせてよ，いいじゃないのというものだ」と。最近はあちこちがうるさいので，この言い方の問題性には目をつぶって通りすぎ，東野が針生にやり返した半畳の方も引いておく。「あれもダメ，これもダメ，俺は待ってるぜ」というものだ。言い得て妙だし，ついでに両者のやりとりからは針生のスタイルがはらむ男性優位性やマッチョぶりもうかがわれる。「ひとたび男女が一緒に暮らしはじめたら，それはもう日々，闘争である」という言葉も遺している針生のことだ。こうした何気ない言葉からは，彼が表現と文化の政治を真摯に考えていたことだけは確実に伝わってくる。絶好の機会を待つのはハードボイルドの探偵やB級アクションの殺し屋だけではない。批評家もそういう人物形象のひとつだろう。待つことに愛や実りがあろうとなかろうと，ダメ出しをやめずにいる批評の身ぶりがある。

当たり前のことだが，何かを批評するということはその何かの対象への愛がなければならない。

むろん，愛がなくてもおそらく学問研究はできるし，評論すら書くことができる。しかし，作品や表現への愛のない，あるいは愛を感じさせない筋張った概念や理屈で語られた「研究」は，大学という制度や学問の専門領域の「躾」のなかでは通用するけれど真に批評として遇することはできない。そもそも語源からして批評はあくまでも限界を画定する作業であり，好き嫌いや感想を述べる手段ではない。愛だけでは足りないこともまた事実なのだ。

さて針生一郎は美術を愛していただろうか？　むろん，自著に「わが愛憎の画家たち」という言葉を入れる針生のことだ，美術作家やその作品たちに愛情がなかったとは言えないだろう。しかし，彼の愛は少なくとも作家や作品，さらに言えば画壇や美術業界への愛情半ばする「憎悪」とも響きあっていたのは間違いない。

実際, たまたまそこに席が空いていたから, あるいは業界のなかに位置があったからといった理由で, 人が本来の自分の関心と多少なりともずれた仕事に向かうことはそう珍しいことではない。もしかしたら針生はそれほど美術, 特に現代美術を好きではなかったかもしれない。彼自身の述懐からこのことは多少なりともうかがわれる。国文学から出発し, ルカーチなどマルクス主義の美学を経て, 共産党の活動やさまざまな大衆運動や社会運動にも臆せず飛び込んでいった針生は, しだいに地方や公立の美術館から小さな画廊にいたるまで呼ばれるままに訪ね歩き, 評論やカタログを執筆することでそのラディカルな舌鋒と鑑賞の眼をきたえあげていった。

針生一郎はその生と仕事を美術評論家としてまっとうした。最後の日, いつものように美術の仕事で地方に出かけようと玄関先で靴を履いてまさに立ち上がろうとするその瞬間, 彼のダイナモは停まり, 魂はサモトラケのニケの彼方におもむいた。およそ魂などという言いまわしは, 生涯を通じて唯物論者であった彼にはふさわしくないかもしれない。だが, この小論では彼の評論における物質(モノ)に対するこだわりと, 彼が日本浪漫派に惹かれたさいの前近代的なものへの関心の重なりを考察してみたい。というのも, 針生の仕事において, こうした異なるはずの関心が奇妙に重なりあっているさまは, 彼の蔵書のジャンルの幅広さにも見てとることができるからである。

したがって, ここでは針生の蔵書リストに見る書物の森を狩猟しつつ, 針生の批評の姿勢と内実を探査していく。ただし, とりとめもなくリストのなかにある書名に着目するという方法はとらず, 針生が1982年に発表した『言葉と言葉ならざるもの　針生一郎評論集』(以下『言葉』, 三一書房)を手がかりとして, 極端に言えば, この書物の書評のようなかたちでこの小論を書いてみる。というのも, この著作は本論をお読みいただければわかるように, 戦後の針生の経験から同時代的な批評理論のサーヴェイまで, さらには同時代の状況論, 彼の評論に影響を与えた人物をめぐる評伝的なエッセイなど針生一郎の思想や批評の背景までを批評的にふりかえった一種の自伝的マッピングになっているからである(この著作は，わたしが針生の数ある著作のなかでも『サドの眼』)と並んで最も愛する一冊である。

2

ここでひとつ二つ，個人的な思い出を逸話として引くことを許してもらいたい。

2008年のことだったか，勤めている大学の「ホーム・カミング・デー」という名前のイベントに当局からお座敷がかかり，名誉教授である針生に，やはり卒業生で教員であるわたしがインタビューをする機会があった。針生と会うのはずいぶんと久しぶりだった。ちょうど90年代のはじめに雑誌『Flame』の特集企画のために針生の生田の家を美術家の岡崎乾二郎やフランス思想の小林康夫らとともに訪ね，美術批評をはじめた経緯，「夜の会」などさまざまな「会」，「サークル」周辺のこと，現代美術と唯物論の接点について話を聞きにいって以来，そう長く話すことはお互いになかった。ただし針生は，わたしたちの世代の批評家や研究者のなかで彼の仕事を何らかのかたちで受け継ぐ，あるいは暗黙であっても影響されている書き手のことはそれなりに意識していて，90年代にわたしが書いた針生一郎論以来，こちらの仕事も遠目で見てくれていたのは，この日の対話で知ったことだった。

このときわたしが驚かされたのは，すでに80歳をいくつかこえた針生の圧倒的に鮮明な記憶力だった。親戚であれ親であれ，だんだん壊れたジュークボックスのように同じ音源を数分おきに再生するようなコミュニケーションに陥っていくのを見て，人はいつか自分も確実にたどる道ではないかと恐れる。だがその日，針生と話していてもボケから来る繰り返しのたぐいはほとんどなく，過去の出来事に関して精確に状況や年をおぼえていることにつくづく驚嘆した。だが自信満々で強気のかんちがいを押し切れるところもあった人なので，この日のこちらの質問に応えた彼の「夜の会」や「世紀の会」をめぐる過去の情報が本当に正しかったかどうかはわからない。この日，わたしは「夜の会」で岡本太郎によって友人のバタイユやカイヨワが話題になったことがあったかどうか，あるいは安部公房がバタイユの「一般経済学」を知っていたかどうかなど，卒業生を中心とする一般の聴衆の前にしてはずいぶん細部にうがった質問も立て続けにしていた。日常生活，特に衣食住に関しては相当とんでもないことをやらかす人であったことは知らないわけではないけれど，彼の仕事上の記憶の精確さについてはボケるボケないというのとは次元が異なるように見えた。ただ，このとき彼と話している瞬間に思ったのは，ひょっとしたらボケは怖くない，ボケてないと見せるふりや気がなくなる事態のほうが人間にとっては本当に恐ろしいのかもしれないということであった。

その日の対談トークを，わたしは『戦後美術盛衰史』の冒頭の件からはじめた。針生は，そこで日本浪漫派にのめりこんだ「ファシスト青年」であった彼が敗戦の夜どのように過ごしていたかをふりかえっている。玉音放送の「痴呆的なひびき」を聞いて陰謀と考え，天皇を救い出すべく皇居を襲撃しようという青年将校たちを交えた激しい討論に疲れた彼は，議論の場を離れ，裏山にのぼって防空壕に身を横たえる。いつの間にか眠ってしまった彼は，夜明け近くに山の中腹まで行って，野に突き出た水道管をひねり喉をうるおす。その瞬間，眼下には街の灯のきらめきが広がる。灯火管制の闇夜に慣れた目に感覚的なショックがわきあがる。つい昨日まで「一億玉砕」を叫んでいた民衆が，したたかに生活を建て直しはじめている事実に彼はうたれる。「どんなに無節操とみえても，歴史を動かしていくのはこの雑草のような生命力であって，眼かくしされた清明さではない」(「日本浪漫派私論」『言葉』273頁)。

敗戦という出来事が針生にとって決定的であったのは，「自分の主観をこえた他者の存在の認識」の問いのゆえであった。つい昨日まで「リアル」であると思っていたことがらが一夜にしてフィクション，それも人々の精神を根底から束縛する性質の悪い幻想であったことに気づいたとき，逆に針生は現実や生活のなかを横切る物質的なもの，モノのように人間の自由のきかないリアルに気づいたのだった。これはロマン主義を経由し，また神話や前近代のコスモロジーを流用し，のちに彼が知ることになるベンヤミンの論点，複製技術を駆使したファシズムによる「政治の美学化」のもつ魅惑を知っていた針生にこそ訪れた衝撃の啓示の瞬間であったはずである。

3

この日の話のはじめ方にはわたしなりに動機があった。

大学に入りたての頃，針生一郎の『戦後美術盛衰史』を薦めてくれた母方の叔父がいた。仙台生まれではあるが幼時から横浜に移り住んだこともあり，わたしにとって仙台は通常の意味での故郷《ふるさと》ではない。しかし父母が公私ともに関わり，今も親戚が多く住み，子供時代は毎年夏休みに遊びに行っていた仙台は，英語だったら自然にmy home cityと呼べるような感覚が今も自分のなかにある。針生の生家が仙台でも有名な味噌醤油店であることも自然に知っていた（そもそも日本語の故郷と英語のhomeは微妙にずれているのかもしれない。そう考えると，大学のイベントの名称にも奇妙な含蓄があるではないか）。あるとき叔父の本棚からその本を借りてよいかと頼むと，叔父は「本は貸さない。本は自分で買うものだ」ときっちり断られた。それ以来というもの，手に入るかぎり読む本，資料として使う本は自分で買うという習慣をわたしは30年以上つづけている。特殊な資料をのぞき図書館を使うことはないし，チェーンの古本屋に入ることも頑に拒んでいる。叔父の言葉は，今の自分が多少ともまともに本を読む気のある学生に向かって投げかける言葉でもある。

この日は，そんな小さな思い出を針生にぶつけるところからはじめてみた。このとき偶然にも，やはりわたしと同じく80年に和光大学に入学した卒業生である同年齢の従兄弟，その叔父の長男もその場の聴衆として話を聞いていたことに，わたしはトークセッションを終えてから気づいた。

もうひとつ，すでに大学に入る前に針生一郎とはすこしばかりの縁があった。高名な美術評論家であった針生を知る前に，中学生のわたしは夫人である針生夏木さんや，わたしよりやや年上の息子さんの一人を知っていた。ある教育雑誌のボランティア的な編集実務委員として，夏木さんとわたしの母親はともに活動していたからだった。この雑誌『ひと』は数学教育協議会や「水道方式」のオーガナイザーであった遠山啓がはじめた公教育批判と授業実践についての雑誌であったが，針生が影響を受けた花田清輝らのサークル運動の手法をゆるやかに編集体制にもちこんだことと，小中の子供をもつ主婦をうまく活動に取り込んでいた点で，後述する針生の民衆観や社会運動への視角とも重なるところがある（ちなみに遠山啓は東京工業大学で戦後すぐに自主講座を開始し，若き日の吉本隆明を教え，卒業後も失業中の吉本にドイツ語翻訳の仕事を斡旋したりしていた。雑誌『ひと』は79年の遠山の死のさい，特別に追悼号を刊行した。このなかには吉本の追悼文「遠山啓さんのこと」が収められているが，ここには高校3年の筆者による遠山塾での経験をふりかえったエッセイも掲載されている）。

大学1年のわたしには金曜2限の針生の「シュルレアリスム研究」が楽しみだった。わたしは人文学部人間関係学科の学生だったが，新入生ながら他学科である芸術学科の専門科目をしっかり単位付きで受講できることには本当に感謝していた。というか，こういう点がもっぱら和光の推薦入学しか高校時代に考えていなかった理由でもあった（入学志望者数においてここ数年激しく低迷する和光大学は，こうしたかつての特徴や美点を自らつぎつぎに捨てつつある）。

針生はいつも十分ほど遅れて講義室に入ってきて，ノートを見るでもなくボソボソとした語りで，前史ともいえるダダと，その後のシュルレアリスムの運動と考え方を歴史的に解説するというスタイルをとっていた。すでに日本の詩人からダダイスムを知り，高校時代に翻訳で読んだポール・エリュアールの詩などからシュルレアリスムには関心をもっていたので，この講義は大変な刺激になった。もちろん，今と違ってパワーポイントなどという便利な道具はないし，ダリの絵画やブルトンの自動筆記を語るときに板書もなければ視覚資料の提示もなかった。当節流行りの，いわゆる面倒見のいい大学の「お子様ランチ」的な講義に比べると，およそ聞き手の想像力や感性，あるいは講義時間外の勉強の習慣が問われるような授業ではあった。だが，今の若い学生たちにこういうスタイルが通用しないとはかならずしも思っていない。若い人たちの可能性を小さく見積もっているのは，むしろ面倒見のいい教員たちかもしれない。

4

針生の蔵書のリストを見ていてすぐに気付くことがある。それはジャンルが美術という専門領域に全く閉じていない点である。そもそも針生のバックグラウンドは古代文学をふくむ国文学にあり，美術だけが彼のフィールドというわけではなかった。大正時代のほとんど終わりに生まれた針生は，高校時代に保田與重郎の『戴冠詩人の御一人者』に出会い魅了され，ご多分にもれず，『日本の橋』や『後鳥羽院　日本文学の源流と伝統』などに心酔していく。ロマン主義と政治，あるいは文学と哲学（存在論）の絡み合いは，ヘルダーリンとヘーゲル，ハイデガーの場合を考えてもわかるように普遍的な問題だが，この地平から出発した針生青年のなかには大正期のエロ・グロ・ナンセンスや輸入物のリベラリズムやモダニズムをのりこえなければならないという気負いもあったと思われる。日本浪漫派のなかにある日本回帰の観念と，ドイツ的な文芸，教養への批判的意識はファシズムに惹かれる皇国青年としての針生と，のちにルカーチを経由してマルクス主義に出会う戦後の針生という一人の人間のなかの裂け目の起点になっている。これは針生自身も意識しているように，三島由紀夫との接点であるとともに，するどい分岐点として見ることができる（こうした点を考えるにあたり，フランスのデリダ派の哲学者，フィリップ・ラクー＝ラバルトのハイデガーやロマン主義についての研究は非常に重要であり，針生の批評とも共鳴する仕事であるが，蔵書リストにラクー＝ラバルトの名前はない）。

針生は，安部公房，島尾敏雄などの小説家たちとは戦後の早い時期からつきあっていたし，こうした作家たちについての小論も少なからず書いている。「夜の会」や「現在の会」などでの彼らは，針生にとって単に文学の徒ではなく，芸術運動のオーガナイザーであったり，集団で表現や書くことの意味を探査する同人的なワークショップの対話者でもあったからこれも不思議ではない。また，ときに「シュルドキュメンタリスム」を標榜した批評家花田清輝が針生におよぼした影響は，前衛芸術やマルクス主義的な批判理論の展開にとどまらず，ルポルタージュやドキュメンタリーを支える集団的な編成というところにもあったから，蔵書のコレクションのはばの広さは何ら不思議にはあたらない。

彼が遺したさまざまなエッセイや論考からは, 文学のみならず, 状況論の面において, 花田清輝や谷川雁の影響もあってかルポルタージュや調査型報道にも批評的, 美学的に切り込んでいた針生の姿が浮かんでくる。「鎌田慧おぼえ書き——流民の記録者から逆攻の組織者へ」などの評論などを読むと, 時代的には遠く上野英信の炭坑ルポなどの系譜にも目配りしながら, アジアや第三世界の労働力との関係で日本の労使関係を読み直したり, 自動車産業によって都市をまるごと「ロボトミー化」する資本と管理の力(トヨタ!)について鋭利な分析を行なっており, この分野への針生のこまやかな目配りの様子がわかる。こうした針生の調査型ジャーナリズムへの視角は, とりわけ原発事故以降の日本社会を見るときにますます多くの示唆を与えてくれる。というのも, 第二次大戦中から日本には一種の「国内植民地」がたえず作られており, この動向は戦後の郊外化や近年日本中の地方に見られる「シャッター街」(過疎化)をもたらす歪みであり, さらにカネや施設をばらまくことによって原発を特定の地域に押しつけるような, 今日なお続いている政策や経済の実態ともつながっているからである(針生がエッセイや評論でしばしば言及する鎌田は, もちろん原発労働者についてのルポでも広く知られている)。

今日でいうグローバル経済についての分析や批判の着手もきわめて早い時期にはじまっていて, 針生は宮崎義一の経済分析や, 地球規模の多国籍企業の活動を注視しつつ, 資本がたえず中南米の国家のクーデターなどの不安定要因を流用しながら自らを駆動している現実を(美術)市場との関係で考察していた。

5

では, 針生の仕事において, こうした広範な問題意識と批評の地平のはじまりにあったはずの日本浪漫派への関心はどのような意味をもっているだろうか?　この点は,『戦後美術盛衰史』の冒頭部分で『言葉』に収められた「日本浪漫派私論」と内容を重複させつつも詳細に論じられている。

旧制高校時代, ドイツ語を第一外国語として選んだ針生は, すでにゲオルゲやグンドルフなどの文芸批評に親しみ, 担任教師の影響でローゼンベルグの『二十世紀の神話』やナチス関連の地政学にも手をのばしていた。このナチス周辺の思想や理論に飽き足らないものを感じた針生は，しだいに日本浪漫派に惹かれていく。今日も神話に関心をもつ大学生は多いが，神話はイデオロギー以上に政治に近く危険な領域であることは，つねに同時代的な状況との絡みのなかで若い世代に伝えていく必要があるだろう。神話はイデオロギーや政治とは関係ないという見方ほどイデオロギー的な主張はない。

針生によれば，この時期，ある神道系の宗教団体が主として理科系の学生に強い影響力をもっていたという（理科系の学生にファナティックな神道団体が流行ったという点は，のちのオウム事件を多少なりとも思わせる）。禊や呪文といった儀礼，鎮魂法にこのときはじめて深く針生はふれることになったが，どこかついていけない何かも感じていたと書いている。こうした思想や宗教の影響は，針生においては「神がかり」の部分よりもむしろ，米英以上に天皇のまわりにいる軍閥や重臣への批判にあった。ファシズムやナチズムのなかに文明批判や権力の革命的転回を夢見た若者たちは，ドイツ青年運動の周辺にも多くいたが，若き日の針生もまたファシズムそのもののなかに一種の「文化革命」を夢見た右翼，ファシスト青年であったのだった。ペンが剣よりも強いと考える前に，一閃の剣にあらぬ期待をかけてしまうこと。こうした部分は戦後の針生から完全に消え去っていたとは言いがたい（むろん戦後は，白色テロではなく階級闘争や暴力革命にそのヴィジョンは移行しているのだが）。

日本浪漫派に傾倒し，ファシスト青年であったのは吉本隆明も同じである。吉本は戦後，『高村光太郎』や『転向論』において，聖戦や本土決戦を叫んでいた者たちが文化国家や平和と民主主義を説きだす欺瞞を徹底して弾劾し，針生とは違った仕方で左翼の思想家として自らを確立した。針生は「日本浪漫派私論」において，立場と転回が似ていた吉本と自らの違いを明確に言いあらわしている。「吉本にとって敗戦とは，転向，変節をまぬかれる強固な主体のありかたは何かという問いだが，わたしにとっては歴史と個人，自己と他者のかかわりの問題だった」（『言葉』273頁）。この論点は，獄中非転向の共産党系知識人を天皇制や「世間」という状況からの逃避として批判する吉本の転向論と実際には響きあう点もあり，今日の見地からすると針生と吉本の立場の違いはかならずしも鮮明ではない。だが，「自己と他者のかかわり」じたいが一種の物質性として，自分の意志ではどうにもならない，また人間の認知からは遠ざかったモノとしてわたしたち人間に対しているという認識は，花田清輝の「物体主義」における「物体としての人民」という視点に近く，針生が吉本との相違にこだわった点は理解しうる（実際，戦後，高度成長をはるかにこえて，情報資本主義の段階に入ったバブル期の社会や文化について吉本と針生の立場は互いに全く別のものになっていった）。

吉本が戦中と戦後の文学者や知識人の態度変更に愛想づかししたように，敗戦直後の針生青年もまた大学に戻る気にはならず，勤労動員の必要のなくなった農村で手伝いを続ける。この農村で針生はある悲劇的な事態を目のあたりにする。満州から東北の村に身ひとつで引き揚げてきた女がソ連兵から逃げる途中で足手まといになったわが子二人を殺し，自分は男に変装してようやく故郷の村まで逃げてきていた。この女を村人たちが非難し，道徳的に責め立てるにつれて，女は気が狂ってしまい，二人の子供を殺す身ぶりを繰り返したという。自らは安全圏にいながら倫理的に女を糾弾する村人たちに針生は日常生活における人々の残酷さを見た。

この逸話は，ノーベル賞作家のトニ・モリスンの小説『ビラヴド』を思いおこさせる。奴隷であった黒人女性は子供を連れて逃げようとする。しかし，捕まって子供を奴隷にされることを恐れた彼女はわが子を殺し，その後の人生でもこの子供の幻影に苦しめられる。殺されたり，蹂躙されるくらいなら愛するものを殺してしまう，というこの悲劇的な身ぶりが近代性modernityを決定的なところで規定している。それぞれ別の歴史や地域に，このような普遍の悲劇がそのつど特異な出来事として偶発的に生じることの困難とリアル。こうした認識を知らないうちに育んでいた針生は，のちにこの視点を第一世界と第三世界を横断する美術のオブジェのうちでもう一度確認することになる。

戦争の後の混乱，世間一般の残酷な一面を噛み締めながら，針生は保田與重郎を山口の家に訪ねようとする。国外にいた保田に会うことはかなわなかったものの，この道中，列車の中で大声で話しながら故郷に戻ろうとする朝鮮人の一団など，したたかに生きようとする庶民の姿に接した。この旅から帰って神田の本屋をめぐっているさいに針生は雑誌『近代文学』や『新日本文学』の創刊準備号に出会い，戦時中に支配的動向に逆らって考えたり，表現していた人々の存在を知ったのだった。政治を詩《ポエジー》に還元するロマン派とは違った仕方で社会や表現を彼が見つめはじめたのはここからである。

日本浪漫派に対する針生のこだわりは戦後になって消えてしまったわけではない。むしろ，「夜の会」や「新日本文学会」で芸術のアヴァンギャルドを追求する針生にとって日本浪漫派の提示した問いと，その悪魔的な魅惑はますます重要なものになっていった。なぜなら，前近代や伝統をどのように近代性や同時代においてサルヴェージ（浚渫）するか？　これが針生にとって決定的な美的かつ政治的な問いであったからだ。これは超近代と前近代の野合ともとれるカップリングによって持続している日本の社会と文化の現実に対する批評＝批判的に切り込むうえで欠かせない視座となっていた。世界に先駆けるテクノロジーが日常をおおう一方で，因襲と伝統の縛りは日常生活をしばっている。土着や習俗の次元を保持したまま多くの文物や表現，技術などが貪欲なまでに世界中から取り入れられる，そんな特異なトポスとして針生は日本を見ていた。皇国史観や軍国主義はまさにそのような日常のなかで醸成されていたことも，針生が生涯，この問いを手放さなかった理由でもあるだろう。

傍証として言いそえておけば，美術家の大浦信行による針生一郎を全面的にフューチャーした映画《日本心中》の主要なモチーフも上記の問いにあったと言えるし，この映画のなかで針生が椹木野衣を美術評論における後継者として遇していることも，椹木の言う「日本＝悪い場所」という規定が日本浪漫派以来，針生を捉えて離さない問題圏と完全に重なりあっているからである。

こうした文脈において，三島由紀夫とほとんど同世代であることを針生はずっと意識していた。日本やアジアの諸国家をふくむ非西欧をどのように自分たちの表現や思想のなかに位置付けるかという点で，針生が三島に感じていた違和は大きい。「文化は擁護されてはならない，ある民族の文化が他の民族の文化よりもアプリオリにすぐれている, という立場にたつ場合に, その文化は必ず国家権力の手段になってしまう」というサルトルによるモスクワ平和大会での発言を噛み締め, 三島が死んだ直後に針生は三島由紀夫と自分の立場の違いを明確に分節化してみせる(「日本浪漫派私論」『言葉』283頁)。しかし, 同時に針生は, 三島の死後わずか数年に書かれた同名のエッセイにおいて, 日本浪漫派によって掘り起こされた領域が無視されてはならないことを改めて確認している。「民衆の無名の生への尊敬」, 強いて言えばこれが三島にあって針生にないものかもしれない。これから検討するが, 民衆の生活に沈殿した身ぶりや思念, 想像力や慣習は, 戦後すぐに針生が感じとっていた物質への関心と矛盾するものでは必ずしもなかったのである。さらに遂行的行為による欺瞞の打破, という一点において針生は三島との共鳴をかくしてはいなかった。三島にとって大衆や民衆は唾棄すべきキッチュなものであったかもしれないが, 針生は無名の人々の潜在力を「モノ」(物質性)として受けとっていた。

6

1948年, 大学を卒業した針生は, 新聞記事の広告をたよりに東中野の喫茶店モナミで開かれていた「夜の会」に参加しはじめる。ここで彼は花田清輝による「徹底して全てを客体化してやまない思考」に出会ったのだった。敗戦という決定的な出来事において, 彼は詩的かつ美的に昇華された政治の危険を知り, 同時に大衆のねばり強さとしたたかさを思い知った。マルクス主義というより, 花田の「唯物論」「物体論」との出会いが針生の思考に楕円のもうひとつの中心を与えた時期といってもよい。

しかし花田のおそるべき横断的な思考についていくことは, およそはじめは困難だったと針生は告白している(「瀧口修造と花田清輝」『言葉』所収)。彼は瀧口修造の『近代芸術』(1948年再刊, 初版は1938年)を手がかりにして, つまりキュビスム, シュルレアリスムを論じた美術の議論を通して, 人間が美=感性的に受けとる空間の媒質であり, これに異和をもたらすこともある「物質」の問題に基本から向きあうことになった。瀧口の「私は無意識というものはそれ自身，向物性（奇妙な言葉かもしれぬ）を有つと考えたいのだ」（「貝殻と人間」）という一節にそのヒントはかくされていた。有機体がそれ以前の状態に向かう傾向を「快感」として規定したフロイトは，まさに鉱物まで退行しようとする無意識の欲動を見いだしていたが，1930年代後半の瀧口の仕事はこれを大胆に美術の領域で検討していた。こうして針生はマルクスとフロイトの交差する点に美術や美学をとおしてつきあたったのである。

針生にとって美術批評が重要になったのは，この「向物性」という精神の傾きによるものであって，作品や作家との出会いや緊張関係は，この物質性とのつきあい，あるいは日常生活のなかのさまざまなモノとの交渉において事後的に形成されていった。この意味で針生にとって，美術の作品やオブジェそのものが，一種，「愛憎の対象」なのではなかったか。

主体や主観性すら一種の客体=対象，ひいてはモノかもしれないという視点，これは脳髄の作用を物質に還元するていのタダモノ論としての「唯物論」ではない。モノに執着し，またモノにとりつかれることもある特異な物質性として主観性を捉えなおし，そのような主体を仕立て，編成し，ひいては生産する潜在力の組み合わせを問うことにほかならない。すでに示唆しておいたように，針生にとって物質（性）とは大衆や民衆の潜在的な力，制御しようとしてもできない何か，個々の意志を否応なく規定してくる何かとしてあった。ちょうど1947年に花田清輝が「物体主義」という小さなエッセイで述べていたことがらを，針生は美術におけるオブジェのみならず，大衆の能動的な潜在力にまで広げて考えていたと思われる。ただし，この大衆の潜在力は個々の主体が思うように自らの意志のままにすることができるとはかぎらない。むしろ，個々の意志にとっては何らかの強制力，コントロールしきれないゆえに，物質性として見つめられている点に注意が必要である。

そもそも美術作品とは奇妙な対象=客体（オブジェ）である。なぜなら，まず何よりもそれは通常のモノとは異なっている。ちょうど壊れた道具，役に立つことのなくなったモノが，普段は意識しないで接しているモノどうしの関係に改めて気付かせてくれるように，美術のオブジェは日常的な意味では「使用できない」ことにおいてまさにそれとして位置付けられ，このかぎりで作品の一部として提示され，流通する。この意味で美術作品とは「壊れたモノ」にほかならない。しかし，この言葉を介して針生は唯物論と美術批評の間に「物質」あるいは「オブジェ」，要はモノの思考，ないしモノの存在論を探り当てることができていた。50年代はじめに『美術批評』の西巻興三郎の偶然の誘いで美術評論を書くこととなった針生一郎であるが，この戦後まもない時期の出発点において，花田や瀧口の思考の影響下に彼は自らの美術批評の立場をすでに確保していたと言ってもよい。こうした針生によって咀嚼された「物体主義」（花田的な唯物論）は，のちの70年代中盤以降は記号論，もしくは構造主義の見方と次のように連接される。

「物質が何らかの意味から離れて存在しない以上，むしろ明確な観念から出発して無意識の伝統にまで下降し，主体と客体の相剋のうちに構造化の力をとらえ直すことが重要ではないか」（「言葉と言葉ならざるもの」『言葉』33頁）

純粋な衝動の叫び声，あるいは直情的な直接言語によって言葉の制度性，文法やラング（国語）を解体することはできない。同様に，これは美術という制度における観念と物質についても言えると針生は考えた。意味やイメージを排して物質に無媒介に接することはできない。物質（モノ）は通常の言語とは異なった，非意味的な意味作用をになうからである。このモノとのたえざる交渉を生きる主観性じたいのなかに「見ること」そのものの制度性がひそんでいる。だからこそ針生は観念から無意識までの探索のうちに，物質が美術という制度にとりこまれる過程を重ねて見ようとする。こうした感性の超越論的な制度性を問題にしてはじめて，見ることと語ることはたえざる再生に向かうことができる。

7

三島がほとんどスラプスティックで見世物的な自死をとげ，全共闘運動や新左翼運動が失墜に向かいつつあった時期に書かれた一連の論考で，針生は当時，記号論と呼ばれていた構造主義の思潮や研究についての比較的詳細なサーヴェイを行なっている(「イメージと意味」「言葉と言葉ならざるもの」「文学理論の新しい地平」「文学固有の機能と読者の問題」)。出版社による「講座」型の論集に寄稿された論文もあれば, 運動系のラディカル雑誌に発表された論考もあり, 70年代後半から80年代初頭にかけての針生のフットワークをたどることができる。一連の論考が書かれた当時, 針生は50歳をこえているから, ちょうど今の筆者と同じか, やや年かさの身でこうした新しいパラダイムに果敢に, そして丹念に向かっていたことになる。その多くは蔵書リストにも見られるように翻訳本を使っていたにせよ, 50代を過ぎてのこうした取り組みはなまなかにできる芸当ではない。浅田彰によるポスト構造主義の「チャート式参考書」として書かれた「構造と力」が『現代思想』誌に連載中であった1982年に『言葉と言葉ならざるもの』は発表されているが, ここで問題にしている一連の針生の論考は実に70年代後半に書かれている。

記号論や構造主義は, 日本浪漫派とマルクス主義(唯物論)という針生における二つの批評の軸につけ加わる第三の軸というわけではなかった。しかし, この二つの離接的な批評のはじまりの焦点, 対立しながらの統合をもう一度強化するはたらきをしたと言ってもいい。理由は以下のように彼のサーヴェイをたどってみればわかる。単純に構造主義の基本を入門的に解説する以上の論点がこれらの論考には読みとれる。

もちろん, 針生は構造主義の出発点であるソシュールの言語学におけるパロールやラングなどの基本概念を丁寧に説明している。だが, 一連の論考で目につくのは, ソシュール以外, 以前の記号論の系譜や展開に針生がきわめて意識的に対しているという事実である。たとえばプラグマティズムの思想家であるチャールズ・サンダース・パースへの関心があげられる。すでに戦後, パースについては鶴見俊輔の『アメリカ哲学』がしっかりした紹介を行なっているが, 記号論という視角での整理はまだそれほどなされてはいなかった。82年に刊行された晶文社版の『ヴァルター・ベンヤミン著作集　シュルレアリスム』の巻はたしか針生が翻訳に関わっていて, 同書の解説で久野収が1930年代にすでにパースやデューイの記号論をコミュニケーション論として受けとり, マルクス主義に大はばに依拠するフランクフルト派の批判理論を補強しようとしていた事実を回顧しているが，針生の着眼点はこれとは別の現代的な意味をもっている。

パースは，意味するもの（シニフィアン）と意味されるもの（シニフィエ）との関係を提起したソシュールに先がけて記号の「物理的性質」と「直接的解き口」という用語によって記号を概念化している。さらにパースは——ここからが美術やデザインなどの造形表現の批評に大きく関わるのだが——記号を意味するものと意味されるものの現実的な相似によって成立するイコン（像），次に双方の事実としての連続性によって成立するインデックス（徴候），そして両者の間に人為に設定された連続性によって成立するシンボル（象徴）の三つのパターンに分類した。この整理においてはさらにイコンは映像や絵画などのイメージのみならず，意味するものと意味されるものの部分的な関係性によってできるダイアグラム（図表）に分岐する。デザインや図表，地図までも記号のはたらきとしておさえる視角がここに開かれる。つまり，針生はすでに単に記号論の美学への応用をこえて，かたちとしての記号じたいがイコンやイメージ，ダイアグラムとしてさまざまに変容する可能性と現実について考えようとしていた。ヨーロッパの構造主義のサーヴェイ以上の取り組みがここで詳しくなされているのはそのためである。一般に記号論や構造主義の強い影響下にある書き手は現象学や身体性について顧みることが少ない。しかし，針生はメルロー=ポンティの身体論，世界の生地として編み込まれている「肉」としての身体と分節言語との関わりに目を向けている。映像や造形表現を記号として捉えるにあたり，見るものであり，また見られるものである身体がモノとして世界に織り込まれる消息は，構造論の教科書的理解をこえて針生にとっては大きな問題だったのである。

また複数の論考でジョージ・スタイナーによる構造主義や記号論を応用した研究に対する辛辣なコメントが引かれている。「解剖が使う諸道具はしばしばいかめしいが，手に入る洞察はたいてい陳腐」「優雅な図式と間抜けな結論」といった具合に。これは単に針生がゲルマン系の思想，哲学から出発しているゆえに構造主義に多かったフランス思想のスタイルを批判しているのではない。スタイナーの「脱領域的」知性は，静態的になりがちな構造論の批判，また多様な領域への記号論の導入，流用にあたって，欠かせない方法的な視角を提供していた。読解や解釈のダイナミクスを構造変動のきっかけとして見る点では，ヤウスの受容理論における「読み手」の解釈の能動性を重視する姿勢とも連動している。のちに文化研究（Cultural Studies）やメディア研究が強調することになる受け手（オーディエンス）の能動性という問題を，針生は解釈学や美学の次元で，ヤウスやベンヤミンの美学を通じて予測していた。

もちろん針生の興味は，社会と美的=感覚的なものの接点にあるから，ロラン・バルトの神話作用やアンリ・ルフェーヴルによるコード化の議論なども紹介されているが，こうした部分にさほど鋭い指摘はない。構造論の適切な批判理論への導入という以上の意義は見いだせない。ただしプラグマティズムへの目配りからもわかるように，針生のサーヴェイはフランス語圏にとどまらない。むしろ，一連の整理において針生はフランスにおける構造論の流行のなかで見落とされているものに積極的に光をあてようとしている。たとえば，アメリカの新批評（ニュークリティシズム）のケネス・バークやチェコ構造美学のヤン・ムカジョフスキーらの研究への目配りがこれにあたる。

バークは新批評をマルクス主義と接合しながら，祈りや夢などの言語行為，図表による記号化などを問題にした。言葉のささいな機知や地口にも「浄化」や「犠牲」，「殺し」や「呪い」などの象徴作用や劇的効果がひそんでいるとバークは強調する。単に言語の呪術的側面の強調にとどまらず，ナチのユダヤ人迫害に見られるような「犠牲の子羊」や広告の呪術性，あるいはプロパガンダ的側面がパフォーマティヴな記号のかたちとして分析される。針生はここに権力が象徴作用においてふるう暴力ににじりよる鍵，ひいては「言語の政治学」の可能性を見いだしている。ムカジョフスキーはロシア・フォルマリズムにおける「非日常化」（オストラネーニュ）の考え方をさらにおしすすめ，「描写，表現，訴え」という記号の日常的なはたらきの彼方と，また同時にそれらのはたらき自体のなかに何も対象をもたない自律的な記号としての美的なものや詩的言語が内在しているという見方を提起している。芸術や表現は現実との参照関係を失いつつ，しかし別の新しい社会的機能を帯びることができる。ここにも針生はフランスの構造主義批評とは違った社会性，ないし政治性への回路を見いだしていた。

「イメージと意味」というこのサーヴェイ論文でわたしが驚かされたのは，ジル・ドゥルーズの『プルーストとシーニュ』についての針生の注釈である。知られるとおり，プルーストの『失われた時をもとめて』という長い小説は主人公の幼年期よりの膨大な記憶をたどりながら，想像力や芸術についてのもろもろの思索もなされているので美学や芸術論の文脈で語られることも多い。しかし，ドゥルーズはこの小説を「記憶による過去の回復」ではなく，嫉妬やいさかいの口調や身ぶりといった徴候などさまざまな記号を通しての世界の無意志的習得にみちびく作品として読んでいる。作品の構成や主題といった意味を括弧にくくりがちな，静態的な記号論，構造論に飽き足らない針生は，このドゥルーズによる創造としての想起を記号による主観性の生産として捉え直し，社会において人間の感覚的印象のもつはたらきや，ものごとの出会いの偶然性，結果の必然性をまるごと意味の生産として捉えようとする。この意味の生産/創造において記号はつねに何らかの機能をもったモノのかたちであらわれる。

このように一連の針生による構造主義のサーヴェイは，単なる紹介や解説の域をこえて，今日わたしたちが「ポスト構造主義」として認知している言語的意味作用とは異なる記号のはたらきの分析や，構造変動をにらんだ，より動態的な記号論に向かっている。これは美術と，その現場，流通や集団のありように目を向ける「夜の会」以来の彼の姿勢からすると当然のなりゆきであったかもしれない。

たとえば山口昌男や大江健三郎による岩波の雑誌『へるめす』などがもりたてた「文化の活性化」路線に針生はかなり批判的だった。このころ大平内閣のブレーンとなっていた知識人や大学人，芸術家や劇作家に対する疑念も強かった。そもそも山口や大江による小林秀雄の『本居宣長』の褒め方や讃え方のなかにチェコ構造美学や構造人類学の視点，つまり言語を機能として見る視点を意識していることからいっても，単純に針生が左翼の知識人として一世代下にあたる論壇の寵児たちをクサしているというふうには読めない。争点は，こうした構造美学や記号論の「読み」と使い方にあったからである。むしろ山口らと同世代のせりか書房の編集者久保覚の周辺に集まった研究者や批評家との微妙な距離のなかに，針生の構造主義「以後」に対する謙虚かつ慎重な態度との親和性が読みとれる。実際，久保は『新日本文学』系の活動家あがりの編集者でもあったから，知的かつ政治的な出自は針生と近かった。やや脱線しておくと，久保が組織した「現象学研究会」にはのちに和光大学の——常勤，非常勤を問わず——代表的な教員になる者たちが集っていたことも特筆にあたいする（このあたりについては前田耕作の近著『パラムナード』（せりか書房）に詳しい）。ざっと名前をあげておけば，前田耕作，岸田秀，平井正，粉川哲夫……といった面々である。さらに余談として記しておくと，この研究会の毎回のあとの飲み会で和光大学人文学部のいくつかの人事は決まったという話を上記の教員たちから聞いたこともある。

わたしが和光大学で学んでいた80年代，針生と前田は普通より二倍の大きさの研究室を二人で共有していた。出講曜日が異なるために両者が鉢合わせすることは滅多になかったし，それぞれに教員にくっついていた学生の雰囲気もずいぶん異なっていた（針生のまわりには活動家系も多かった。というか，あまり講義に出ない活動家系の学生にも針生は単位を出していたということか）。3年次以降のわたしは当時，まだ日本でそれほど知られていなかったジュリア・クリステヴァやルネ・ジラールの著作を原書で読む前田耕作のゼミに参加しはじめたが，この頃には両方の教員の間には学内政治的にも，思想一般においても，また何より社会や文化に関して，どうやらいろいろ見方が違うようだと遅ればせに感じとっていた。しかし，距離のあったように見えたこの二人に，ムカジョフスキーの構造美学やカレル・タイゲのポエチズムへの関心など——おそらく平井正による研究を通して——共通する領域は少なくなかったことも事実である。

やはり「現象学研究会」にも参加していた山口昌男と針生の距離についても，理由のひとつには山口がいいだももなど『新日本文学』系の知識人をひんぱんに原稿のなかでからかっていたことがあったかもしれない。しかしながら，スタイナーやバークの議論を経由して象徴的宇宙論をふまえた文化の政治学をおぼろげに構想していたかぎりにおいて，針生と山口の距離はそれほど大きなものではなかったのではないか。山口の左翼，マルクス主義嫌いは，彼の国文学，国史での修業時代にさかのぼることができるが，よく注意して読むと山口のさまざまなテクストのなかにもコスモロジー（象徴的宇宙論）をふまえた政治経済的なものの見方が随所に見られる（この点については，以前に『山口昌男著作集』［筑摩書房］の月報で簡単にふれてみた）。山口のノンポリぶりと針生の活動家寄りの姿勢の間にはかすかな，本人たちもおそらく意識していなかったようなコスモ・ポリティックス（象徴的宇宙の政治学）があったと見ることは単に面白いだけでなく，今日のさまざまな文化実践のシーンにおいて意義深いと思われる。なるほど針生は山口のスケープゴート理論に懐疑的であったけれど，たとえば次のような逸話を例にとると，わたしが問題にしている両者の議論の重なりが見えてくる。

それはこんな逸話である。先にふれた針生も関わっていた神道団体の教祖が，天皇の人間宣言にさいして奇妙なエッセイを書いており，ニューギニアのある儀礼をなぜかとりあげていた。そこでは儀礼で犠牲になる牛を殺したのは最終的に連れてきた者でも斧を振り下ろした者でも誰のせいでもなく，ただ道具である斧が悪いということで斧を海中に投げ捨てるという。神道団体の教祖としては天皇の責任を軽減するつもりでこのような例を出したのかもしれない。だが，逆にこの理屈に針生は天皇制をはじめとする日本における過剰な画一主義や同調圧力，「無責任の体系」を見いだした。ただし，針生がのちに天皇本位の政体を夢見る同年代の三島由紀夫とも，一五年戦争における「無責任の体系」をえぐりだした丸山真男とも異なったのは，針生が46年の時点で天皇こそ戦争を引き起こした「斧」として海中深く捨てられるように糾弾され，否定されなければならないと考えていた点である（「日本浪漫派私論」）。ファナティックな神道団体の機関誌に書かれた逸話，神話的なコスモロジーと結び付いた社会観がこのように戦後の針生一郎の思想的な立場の資源になっているのは興味ぶかい。

ここで語られているニューギニアの儀礼を供犠として捉えてみる。というのも，そもそも天皇制は穀物霊を介した儀礼，大嘗祭という一種の供犠を代替わりのさいに行なっているからである。この点は針生が繰り返し批判する保守派の論客であった江藤淳ですら認めている（『成熟と喪失』）。ここで針生は特段の理論装置なしに，天皇自身が戦争責任において犠牲の論理に入ってくる消息をはからずも語っている。そもそもモースとユベールによる「供犠論」によれば，供犠において犠牲に捧げられるのは単に動物や植物ではない。最終的に犠牲になるのは神自身であり，そこでは供犠祭司も具体的に生け贄を殺す執行者もともに神と同じ聖なるものの次元に入っていく。「神の供犠」という言い方でモースはこの点を語っている。針生が引いている逸話は，読み方によっては政治の象徴的宇宙のなかで天皇の戦争責任をその生と死の意味づけについて——その存在の無責任性もふくめて ——考えることを可能にしてくれる。

象徴的宇宙や神秘主義と政治や社会運動の相性はよくない。映画《日本心中》にも登場する韓国の詩人，金芝河が80年代以降，神秘主義に接近し，アジア的な伝統に回帰する姿勢を見せたことが学生運動以来の立場の転向と受けとられたり，批判されたりしたことがある（ことはそう単純でないと筆者は考えている）。《日本心中》という映画を通して大浦信行はこうした側面に果敢に切り込んでいる。それは昭和天皇をあしらったことで問題視され，検閲まがいの弾圧を公立美術館によって受けた彼の経験にも関わっている。同じ微妙な文化政治は針生のなかにもある。金芝河と同時代人としての針生のなかにもスピリチュアリズムやシャーマニズム，アニミズムの精神と，政治や社会に批判的に切り込んでいく発想が日本浪漫派への傾倒以来，ともにずっと抱え込まれてきたからである。

シュルレアリスムと第三世界の関係がきわめて深いという事実を，針生は早い時期から意識していた。1930年代にはアルトーやブルトンがメキシコを訪れているし，映画監督のブニュエルや詩人オクタヴィオ・パスのその後の活躍もこの交通のうえに成り立っている。もともとの習俗のなかにあった仮面や呪物が，欧米のモダニズムとの出会いによって別の文脈におかれ，美的なものの領域でオブジェとしての物体として扱わられる地平を，やはり「夜の会」の主要メンバーであった岡本太郎とともに針生は十分に意識していた。つまり，合衆国の文化人類学者，ジェイムズ・クリフォードの『ルーツ』における指摘に先駆けて，針生は第三世界モダニズムが部族的な文化とシュルレアリスムなどの表現とのぶつかり合いのなかから生まれてきたという視角を重視していた。まさにこうした文脈において，針生の「日本浪漫派」との関わりは戦後の彼の評論にとっても無視できない契機となっていた。西欧と非西欧，近代と前近代，現代性と伝統，科学と神話，技術と呪術……こうした一連の二項対立は，花田清輝的な意味での「楕円の二重の中心」として針生の批評回路のなかでむやみに統合されることなく，緊張関係を維持していたのである。

このあたりの事情は80年代初頭に書かれた「オブジェの変貌と第三世界」（『言葉』所収）という論考でも詳しく展開されている。この論文にはエメ・セゼールによるネグリチュード運動やフランツ・ファノンの思想への言及も見られるが，蔵書のなかにもこうしたポスト植民地の文学や芸術，あるいは政治状況を論じる書物は少なくない。日本語環境でポストコロニアル批評やカルチュラル・スタディーズがこうした領域に光をあてるよりもざっと20年は早く，針生がこうした問題意識をもっていたことは改めて特筆にあたいする。これは針生が栗原幸夫などとともに長い間にわたってアジア・アフリカ作家会議に関わりつづけた実践から来ていたと見てよいだろう。すでに見た現代思想を概観するような論考においても，こうした「ポスト植民地主義」的——ここで参照している針生の一連の評論が書かれた当時，まだポストコロニアルという言葉は人口に膾炙していなかったのだが——問題に光が当てられている。針生は美術だけでなく，島尾敏雄や大江健三郎の文学のなかにもこのような非西欧世界の特有の錯綜する「野生のモダニズム」を見いだしていた。

論考「イメージと意味」（『言葉』所収）ではシリア生まれの詩人アドニスが1974年に「日本=アラブ文化連帯会議」で発表した「アラブ文学における伝統と革新」にふれている。これによると偶像やイメージを拒否し口承による即興的文学表現が栄えたイスラム教成立以後のアラブ世界では，近代化の過程で「目に見えないイメージ」の重要性から，かくれたものを示唆する象徴的な詩法が生まれたという。この複雑な近代化のプロセスは，文盲の擁護とイメージの禁忌というアラブ世界の限界をつきやぶって，身体につながったパロールを介しつつ，アラブの独特な書法（エクリチュール）によってジャンルや形式を解体し，抑圧され表現する術をもたない人々への回路を開いている。アラブの言語表現がたどった困難を，針生は後期資本主義，あるいは情報資本主義下におけるイメージの読み，ひいては芸術やオブジェに向かうまなざしに適用しようと提起する。こうしてサバルタン（被抑圧階級）研究の狙いとも響きあいながら，ここでも針生の「言語の政治学」は，欧米中心の美術やイメージ論の地平そのものを乗り越えようと苦闘していた。

面白いことに針生はこうした構造主義のサーヴェイを経てからも，なおいっそうサルトルを重視している。構造主義を「ブルジョワジーの最後の砦」と評したサルトルを評価してではない。むしろ逆に構造主義「以後」の地平においてますますサルトルの未聞の可能性を開いておく，という意味においてである。実存主義を説いたサルトルの哲学とサルトル以後の構造主義を二項対立で捉えないという針生の言明は，今のわたしたちにも強く響いてくる。なぜなら同じ態度は80年代さかんに語られた構造主義からポスト構造主義への移行，あるいは今日やはり同じような語り口で言あげされる「ポスト・ポスト構造主義」の思潮やパラダイムに臨んでの転換や断絶，対立についても考えることができるからである。ジャーナリズムや専門家のあいだでの「流行」とは別の地平で，新旧の理論や思想に対応する身ぶりを針生の書き物や蔵書の並び方からうかがい知ることもできる。

構造主義を経由しつつマルクス的な階級闘争の視点を捨てなかったこと，また弁証法を矛盾の統合としてよりも二極間のダイナミックな無限の緊張や対立としてとらえること，さらに記号や言語の「物質性」に目を向けること，こうした一連の態度において針生一郎の批評の身ぶりは，合衆国のマルクス主義批評家であるフレドリック・ジェイムソンの立場に似ているかもしれない。単に理論的，思想的な立場からのみならず，文化と経済の関わりを冷徹に見つめるという態度においても両者には通じるものがある。そもそも現代美術という「市場」の設定じたいが，ささやかではあれどアメリカの世界戦略の一部であった事実を重視し，多国籍企業がラテンアメリカをはじめとする「第三世界」において軍事によってではなく，経済活動を介して一種の「新植民地主義」を展開していく動きの一部に現代美術がつねに巻き込まれているという現実を，50年代後半以来ずっと針生はおさえていた。チリのアジェンデ政権を崩壊させたピノチェトのクーデターの裏にはCIAやITTなどの電気通信企業も暗躍していた歴史的事実を，グローバル資本主義が完全に勝利したようにみえる現代においても今日における文化闘争は忘れるわけにはいかない。日々の世界情勢をめぐる破局的な出来事と，芸術や文学，マスメディアやソーシャルメディアを通した情報操作はますます深く，広く進行しているからである。針生のなかに生きている「構造主義を経由したサルトル的な身ぶり」は，現代においてますます試練にかけられなければならない。

しかしながら，美術というジャンルの制度性，現代美術という市場のはたらきをふまえて作品やパフォーマンスを作ることは，政治的なイデオロギーやプロパガンダを表現にもちこむことではない。美術を制度的に成立させている流通やコミュニケーション，管理の実態を考えさせる作風，たとえばジェラール・フロマンジュやハンス・ハーケのような作家たちの営みに針生は可能性を見いだしていた（フロマンジュについてはドゥルーズもガタリもそれぞれに原稿を書いたり，親交をもったりしている）。

8

こうした軌跡をへても針生に一貫していたのは，政治主義と文学/芸術至上主義の隘路，矛盾を乗り越える道を探ることだった。花田清輝と同じように，針生は大衆的な社会運動に挺身する「運動族」と，多分にサロン的な個人的交際に終始する「パーティ族」の不毛な対立の外に出ることを目指していた（「瀧口修造と花田清輝」『言葉』所収）。そこで求められていたのは日常生活に根ざした大衆の営みと，文学や芸術の表現の接点，あるいは切っ先に立ちつづけるような「工作者」，あるいは「文学活動家」のような存在にほかならない。この前提は今日の状況においても変わってはいない。

そのような日常生活に根ざしたメディア・アクティヴィスト的な身ぶりに向けて，ヤウスの受容理論やボードリヤールの記号論を「受け手の能動化」のための契機として読む姿勢は，すでに紹介した一連のサーヴェイにおいてもみられるが，針生は90年代以降英語圏を席巻する文化研究やメディア研究におけるオーディエンス，受け手による能動的なコード変換，読み替えの可能性を70年代半ばにほとんど先取りしていた。なるほどコミュニケーションにおいて受け手が能動性を奪還すること，表現の双方向性，これらの主題は日本語環境においては前世紀末から今世紀に入る頃に論じつくされた感がある。だが，針生はヤウスを踏まえつつ，「送り手と受け手，メディアをもつものともたないもののあいだの断絶こそ，今日の情報社会における最大の階級対立をなす」と述べている。この階級分裂は現代についてもあてはまる（「文学固有の機能と読者の問題」『言葉』90頁）。

しかし，この「受け手の能動化」という議論の一般化について，80年代の針生はこの立場や視点のもつ危うさと困難を十分に自覚していた。受け手やオーディエンス，消費者が日常生活のなかで手作りの表現をねりあげていくこと，これは資本の回路とは別に持続していくべきなのは言うまでもないが，こうした運動には明確な自己限定や既成の方法や因襲の拒否という試みと一緒でないと容易にシステムや体制が先取り的に作りだす状況を後追いするはめになる。管理の技法は人工的に否定性を自らのものとしながら，システムを維持するからである。ゆえに啓蒙的に親しみやすく文化の運動のイニシアティヴを広げていくだけでは明らかに不十分であると針生は強調する（「文学固有の機能と読者の問題」）。徹底した受動性から能動的な創造性への反転には，たえざる相互批判や緊張関係が欠かせない。しばしば，DiY的な社会運動や文化運動，ある種のリベラルな高等教育は，まず「自分を表現すること」を奨励するあまり，表現の質やレヴェルを度外視し，端的な自己表出に自足してしまう。

言いかえれば，針生は民衆の力をアプリオリに称揚してはいなかったのである。民衆の潜在力もまた一種のモノ，一定の惰性（inertia）をひめた物質であって，状況のなかでは人間の思いのままには決してならない。物質（モノ／オブジェ）は端的に人間の感性=美的なもの（エステティック）から引き込もっているのである。こういう言い方はしていないにせよ，針生の考え方を以上のように要約するのはそれほど不当ではない。たとえば針生がサルトルの強調したアンガージュマン（engagement）を単に社会参加としてでなく，状況に全的に拘束されること，つまり「巻き込まれ」（s'engager）いう受動態としても把握しているところにも，こうした視点は見いだせる（「時代を照らす鏡としての作家」）。ここには針生が花田清輝から受け継いだ主題がはっきりと見てとれる。それは物質に沈む込み，ときとしてモノにとり憑かれることによって開かれるラディカルな受動性の解放という視角にほかならない。

文化の根源は伝統や民族のなかにはない。むしろ生活そのものとしても民俗，ライフ・スタイル自体の創造，文化産業や情報産業の市場主義に取り込まれない身ぶりが文化闘争，文化の政治として生きられる。ライフ・スタイルや手作り文化もすでに体制による管理の戦略の一環となっており，「アイデンティティ」や「野生の思考」というスローガンだけでは管理社会には対抗できない（「文化支配と文化闘争の今日的位相」『言葉』所収）。かつて万博に対する「反博」を呼びかけたさいにも，単に反体制，反戦の立場で芸術や表現を対置しても意味はなく，生活自体のうちから新しいメディアや表現を掘りおこし，自らの立場を含めて管理や支配の文化を告発する方向を針生は主張していた。こうした確認は，2020年の東京オリンピックというスペクタクルと，これにつづく都市開発（震災の復興をないがしろにしたジェントリフィケーション）に対して/抗して，単なる抗議や反対ではなく，どのような文化や表現をかたわらに，地下に，街路に，そしてネットワークに編成していけるか?というわたしたちの問いとなって跳ね返ってくる。

ヨーゼフ・ボイスが80年代に来日してから，その伝説的かつパフォーマンス的な講演を受けて，針生は日本で「国際自由大学（FIU）」の運動を開始する。といっても，わたしも末端で関わっていた下北沢の自由ラジオ，「ラジオ・ホームラン」のあったマンションの一室で休日に集まって車座で話し続けるというかたちでの「運動」，「共同研究」であった。針生にとって，それはずっと若い芸術家や活動家，クリエイターやフリーターなどと延々と話し込むこうしたスペースこそ，上記の課題に向けた実践だったのだろう。

ここでもヒントはずっと花田清輝以来，この系譜の批評家たちによって探索されてきた「無名性の表現」や「集団制作」のなかに求められていくだろう。それはかならずしも「美術」に閉じた時空ではないかもしれない。ここにこそ「美術評論家」針生一郎の明かしえぬ可能性が開かれる。ジャンルをこえてさまざまな表現者や活動家，工作者が，あたかも幕末の脱藩藩士たちのように，「横議・横行」することのできるつながりを管理社会や資本の論理が追いつけないように紡いでいくことが必要になる。

このような針生の批評や運動論の「粘り腰」の姿勢は，まさに敗戦直後の出来事と思考にさかのぼることができる。実際，ファシズムのもつ危険な魅惑，神話や民俗のなかにまで浸透するミクロ政治を全く勘案せずに，戦争や帝国主義を拒否，批判できると考える，あるいは少なくともそう教わって育った昭和一桁の「戦後民主主義」や潜在的な社会民主主義と，一世代上にあたる元「皇国青年」であった針生がねりあげた思想は微妙に異なっている。戦後生まれのわたしたちが，この二つの立場の違いから学べるものは少なくない。その意味は思想的にも，あるいは美術という「業界」にとっても，また大学のような「高等教育」の場にとっても決して小さくはない。

先にふれた『Flame』誌のわたしたちによるインタビューにおいて，針生は自らの批評を「不発だった」と言い切った。この不発弾にもう一度，信管や導火線をと取り付けようという思いがこのときにはあったし，『Flame』に寄せた論文でもそのように書いたと記憶する。しかし，今のわたしとしてはむしろ，この不発弾の「爆発物処理」を精確に行なうことによって批評行為や文化を通した闘争の意義を問いなおす，ということをこの論考で試みたにすぎない。

最後に，いささか私事にわたるが一言。この小論を，おそらくは冥界でなおオルフェウスたちに魂の救済や解放と物質（モノやオブジェ）に向かう身ぶりはひとつでなければならないと説いているはずの針生一郎と，文学や思想への憧れとこれらにつきもののバカバカしさと格好よさを身をもってわたしに教えてくれた今は亡き叔父の双方に捧げたい。

針生一郎と「戦後」の批評
物質・関係・民衆

沢山遼

1

かつて，針生一郎，中原佑介とともに戦後美術批評の御三家と呼ばれた東野芳明は，針生の美術批評について「あれもだめ，これもだめ，俺は待ってるぜ」批評であると揶揄した。東野の発言が示すのは，現代美術の状況に距離を置き，芸術による社会の変革をひたすら希求する針生一郎の反−時代的な姿勢である。その批評は未来の芸術の可能性に賭ける「期待と待機」の姿勢によって貫かれていた。

針生は，50年以上にわたり同様の運動論をもち続け，さまざまな場所でそれを繰り返し語った。たとえば，彼を追った大浦信行によるドキュメンタリー《日本心中》(2001)で批評家は，「リアリズム」の回復と実現を目指すべきだという意味のことを語っている[1]。この発言が，50年代に花田清輝や安部公房らによって議論されたリアリズムの問題を引き継ぐものであることを考えれば，針生の批評の持続的一貫性，あるいは反−時代的なアナクロニスムは異様なものである。針生は，左翼前衛主義の姿勢を一貫して崩さず，美術・文学のみならず，さまざまな政治・社会運動に関わり，50年以上にわたり「待機」し続けたのだった。言い換えれば，針生一郎という批評家のテキストには，そのような「待機」の姿勢を余儀なくさせるような，状況論的言説には左右されない一貫した批評的プロジェクトが潜行していたということだ。

針生一郎は，1953年の『美術批評』誌への寄稿により批評家としてのキャリアを開始した。針生自身が回顧するように，50年代の針生の仕事は花田清輝の言説に全面的に依拠していた。ダダやシュルレアリスムのオブジェを介して美術における客

1　大浦信行監督，針生一郎，大野一雄ほか出演《日本心中 針生一郎・日本を丸ごと抱え込んでしまった男。》2001年。

体=オブジェクトのリアリズムを志向する針生の姿勢は花田清輝の言説に由来するものである。花田清輝は『アヴァンギャルド芸術』(1955)に収められた「林檎に関する一考察」をはじめとするエッセイにおいて，内部の現実と外部の現実という対立物の「綜合」を探究した。花田の一連の議論は，針生も参加した「夜の会」「世紀の会」などの会合や，綜合芸術運動，ドキュメンタリー芸術などの潮流において従来のリアリズムに関する議論を更新・再編するものとして浸透していく。

「林檎に関する一考察」で花田は，物体そのもの，すなわち「現実」の隠喩としての「あるがままの林檎」を取り上げ，そのような現実性に肉薄することのない従来の自然主義者を批判している。花田は，それに変わるものとして幾何学的図形としてのセザンヌの林檎や，シュルレアリスムの画家ダリが描いた超物質的な林檎を参照し，ダリが意識の内部の非合理的な現実に眼を向けたことに一定の評価を加えつつ，「象徴機能の物体」であるダリの林檎は，あるがままの林檎の実在性を記録することなく通俗的な様式化を免れることがなかったと批判する。そのうえで花田は「内部の世界と外部の世界との関係を，その差別性と統一性においてとらえた上で，これまで内部の現実を形象化するためにつかわれてきた，アヴァンギャルド芸術の方法を，外部の現実を形象化するために，あらためてとりあげるべきではないか」[2]と提言している。花田の議論は，内部の現実に向かうシュルレアリスムの方法を外部の現実へと展開させ，あらたなアヴァンギャルド芸術の組織と，あるがままの物体のリアリズムを目指すものである。この花田のテーゼは「記録芸術の会」などにおいて，シュルレアリスムなどの前衛主義を通過したドキュメンタリー芸術ないしリアリズムの実現という，安部公房らによって唱えられたプログラムへと結実することになる。そして，このようなリアリズムの実現において，芸術は政治的な前衛でもありうるとされた。針生の批評において重視される芸術の政治的・社会的次元は，戦後の左翼的な芸術運動の興隆のなかで醸成されたものである。

2　花田清輝『アヴァンギャルド芸術』講談社文芸文庫，1994年，139-140頁。

花田のこの議論は，言うまでもなく岡本太郎の「対極主義」との緊張関係のもとに構想されたものだった。岡本は，花田が内部と外部，具象と非具象の弁証法的統一としての「綜合」を掲げたのとは異なり，シュルレアリスムと抽象，すなわち具象と非具象のふたつの異なる様式を対立させたまま併存・衝突させるという絵画的方法論の運用を実践した。しかし，シュルレアリスムと抽象絵画の二元論的対立を標榜する岡本の絵画もまた，花田と同じく諸様式の並列・複数性を前提とした制作を行なっていたのである。針生は，岡本太郎の絵画を内部の世界の非合理性に眼を向けた超現実主義と，現実社会に即した客体の論理とが拮抗するものとして，とくに《重工業》(1949)などの作品を高く評価し，批評においては花田清輝を，実作においては岡本太郎を出発点とすることで，シュルレアリスムやダダの方法論に接近した。

2

1955年1月に花田清輝の『アヴァンギャルド芸術』と岡本太郎の『今日の芸術』の合同出版記念会が開催され，コメントをまかされた針生は，その壇上で花田の著書への不満を述べている。『美術批評』55年2月号に座談会として掲載されたその記録によれば，針生は，花田独自の図式化された透明な論理の内側で「外部の現実」が具体的な対象を見失ったまま空転する危険について述べ，「あくまでも今日の日本の現実的な社会的関係のなかに，足を踏み入れていなければならないのではないか」「芸術家を支える民衆的な基盤との弾力のある関係というものが，つねに見きわめられた形でなされなければいけないのではないか」[3](傍点引用者)とコメントしている。社会や民衆との「関係」を求める針生の言葉は，岡本太郎をはじめとする出席者たちから俗流大衆路線，観念的な大衆主義，あるいは芸術の安易な政治参加として集中的な批判を浴び，針生もまた，その

---

[3] 「討論会「アヴァンギャルドとリアリズム」内部と外部の統一　その方法論をめぐって」『美術批評』1955年2月号，20頁。

批判に応えることなく座談会は終始した。

この合同出版記念会が行なわれたのは，55年体制の確立とともに相対的に安定的な社会秩序が整備され始めた時期にあたる。表現主体としての「大衆」の確立とその連帯を目指した50年代前半のサークル運動とルポルタージュ芸術運動はすでに沈静化しつつあった。より先鋭的なリアリズムであるアヴァンギャルド芸術=ドキュメンタリーが志向された当時の左翼陣営においては現実的な「民衆」との関係について述べる針生の論理はすでに古びたものとして写っていたのである。

しかし，欧米圏では50年代のアメリカで現象したネオ・ダダや60年代のポップ・アートが，芸術と大衆文化との接点を探ることになった。つまり，時代はすでにあらたな集合的主体としての「大衆」を意識せざるをえない状況にあったのである。この合同出版記念会は55年に開催されたものだが，55，56年にはいわゆる大衆社会が到来していた。花田は，50年代後半に，マルクス主義的な生産様式の変化を読み取り，マス・コミュニケーションなどの大衆社会の問題に意識的に接した。また，彼はその過程で柳田民俗学に見られる「常民」を見いだし，前近代を否定的媒介として「近代の超克」を図る革命芸術を構想した[4]。そして，この席で針生を痛烈に批判していた岡本太郎もまた，万博以後の高度経済成長期に急速に大衆化することを目指すことになるのである。その意味で岡本太郎は，いわば遅れてきたポップ・アーティストだった。また，針生が強く支持した山下菊二は，《あけぼの村物語》(1953)で農民と地主との抗争を描くルポルタージュ絵画を制作するとともに，ハリウッド・スターや国旗を描くことによるアメリカの大衆文化に対する視点が存在していた[5]。

4　花田清輝『アヴァンギャルド芸術』講談社文芸文庫，1994年，139-140頁。

5　岡﨑乾二郎「Populismとしての歴史主義あるいは脱出の方法としてのPop」(「MOTコレクション」展関連シンポジウム「現代美術をいかに語るか―クロニクル／アナクロニクル」採録)『平成23年度 東京都現代美術館年報 研究紀要第14号』2011年，82頁参照。この講演で岡﨑は，山下菊二らの絵画について「日本とアメリカ，民衆と支配者，加害者と被害者など非対称的に分裂する複数の視点，そのいずれの特定の視点を代表することも，またこの構造自体を忘却，消去することもなく，この双方の視点が起こす葛藤，矛盾，交錯という非対称性自体を作品の構造としてとりいれるという作品」であったと述べている。本稿で述べるように，50年代の針生もまた，非対称性に貫かれた社会や主体を「矛盾の総体」として見いだし，ダダ的なコラージュ／モンタージュを重視した。

戦後の言説空間において，大衆や民衆という概念は一義的に定義することのできない複数性をもったのである。大衆・民衆は，複数の表象形式に接続可能な，構造的に不安定な位置に置かれていたということだ。針生もまた，戦後の急激な経済的・技術的・政治的変革期を表象する芸術形式がいまだ不在の時代において，その渦中にあって大きく変動する民衆の存在について思考したのである。

3

針生自身が述べるように，彼は戦後文芸批評における平野謙，荒正人，本多秋五，特に吉本隆明による主体性の確立を図る論調に逆行し，そのような自律的主体性をはねつける民衆を抵抗の拠点としようとした[6]。おそらくその際，彼が言う民衆とは，50年代前半の抵抗運動の主体としての大衆でもなければ，封建的・前近代的な民衆でもなく，経済成長による近代化の過程で均質化されつつある大衆のいずれにも属さない，自然史的=超時代的な民衆である。彼は，戦後美術の初の通史として知られる『戦後美術盛衰史』(1979)の冒頭に，敗戦直後にはじめて直面した「民衆」について記述している。

> 戦争が終わったとき，わたしは二十歳，大学生だった。勤労動員先の東北農村から，空襲で半ば廃墟と化した地方都市に焼け残った家に帰って，まもなく八月十五日を迎えた。「国体」「聖戦」について，みずからの死について，あらゆる内省と自問をかさねて，ゆるがぬ決意に達したつもりでいたわたしは，決定的な崩壊感のうちにつきおとされた。[中略]わたしは考えあぐみ，泥のように眠り，周囲から断絶して一昼夜近くそこにころがっていた。明け方，渇きに駆られて，焼け跡に水道管がつきでたところまでおり，水を呑んで顔を

6 小冊子『針生一郎　講演記録「戦後の文学美術と私の批評の出発点」』(慶應義塾大学湘南藤沢キャンパスでの講演，2002年，11月29日)2003年参照。

> あげたとたん, 眼下にひろがる灯の海をみたのだ。先日の空襲で廃墟同然となった街が, 長い灯火管制から解放され, バラックに灯をともし, 窓をあけて, すでに手放しで「平和」を享受している。——ガーンと叩きのめされたような衝撃だった。無節操, その日暮らしとみえても, ここには歴史をくぐりぬけてきた民衆の, 雑草のようにしぶとい生命力がある。それにくらべれば, わたしの「思想」は何と純粋透明で, 空中に宙吊りのままだろう。とるにも足らぬ混乱した感想にしろ, わたしの「敗戦」はそこからはじまったのである[7]。

針生は敗戦後の廃墟に「民衆」を発見している。純粋な皇国少年であった針生を打ちのめしたのは, このけっして内面化することのできない「外部」としての民衆である。針生を含む敗戦直後の右翼青年たちが徹底抗戦を決断しようとするその傍らで, 終戦を無条件に喜び, あっさりと元の生活に戻る民衆の無軌道さ, その精神のありようは, いっさいの思想, イデオロギーを粉砕する。したがって, 針生においてイデオロギーの粉飾を排した「あるがままの林檎」とは, 民衆に対するこのような驚きを原–光景とする。すなわち, 民衆の精神の無軌道さこそが, 戦後の針生の批評の起点となった, イデオロギーへの抵抗点としての物質的外部に相当するものとして捉えられているのだ。そのため, その批評は, 敗戦下における人間主体の精神を人間的な外部すなわち物質として思考するものであったと言えるだろう。つまり, 針生の美術のメディウムの物質性に対する注目は,「敗戦」を契機として見いだされたものである。この特異な客体への志向が, 美術批評の可能性を開いた。たとえば針生は,「物質に即して感性の根底から変えるには, 造形芸術がもっとも重要だ」[8]という思いから美術批評に接近したと語っている。針生の批評の根底には, 客体=物質の論理とともに, 民衆概念の形成が不可分的に接続されている。言い換えれば, 針生の批評

7　針生一郎『戦後美術盛衰史』東京書籍, 1979年, 7頁。

8　針生一郎「針生一郎自筆年譜」『機關 17 針生一郎特集：美術をめぐる思想と評論』海鳥社, 2001年, 58頁。

の特異性は，民衆や精神を「物質」として規定するその論理的な飛躍においてこそ見いだされるものだろう。

花田が，その「ドン・ファン論」(1949)に見られるように人間を非人間主義的な「無機物」や「鉱物」へと拡張としようとしたのに対し，針生が人間と物質，人間と人間の「具体的関係」を花田的「外部」に相当するものとして対置したのは，このような経験に即したものである[9]。その意味で針生の批評は物質そのものではなく，むしろ物質と人間の「関係」を思考する[10]。

> 第一次大戦後のヨーロッパにおこったアヴァンギャルド運動は，なによりも人間の主体《シュジェ》に対する客体《オブジェ》の位置を再発見し，物と人間，現実と意識の新しい関係をたてることで，想像力や分析力の解放をなしとげようとした[11]。

> 第一次大戦後のアヴァンギャルド芸術が，われわれにとって切実な意味をもつとすれば，それは人間の主題(主体)にたいする物体(客体)の優位を発見し，物と人間，現実と意識の新しい関係の認識にたって，主体そのものの根本的な変革につき進んだ点以外にない，とわたしは考える[12]。(ともに傍点引用者)

引用したのは，それぞれ「アヴァンギャルド探偵」(1956)と「オブジェの思想」(1957)の一節である。針生は，物と人間との「関係」という図式を繰り返している。具体的に物質を扱う美術とは，主体と客体との関係がそのまま主題と素材との関係に転位する点においてこそ，芸術ジャンルとしての特異性があったのである。いずれにおいても，美術とは，主体と客体，主題と素材の「関係」の絶対性を捉えることのできるメディアであったということだ。その意味で，美術は外部と内部，主体と客体とを絶え

---

9 前掲「討論会『アヴァンギャルドとリアリズム』内部と外部の統一　その方法論をめぐって」23頁。

10 針生は『みづゑ』1957年1月号に「物質と人間」というタイトルのテキストを寄せている。

11 針生一郎「アヴァンギャルド探偵」『針生一郎評論5：サドの眼』田畑書店，1970年，33頁。

12 同上「オブジェの思想」65頁。

ず関係づけ，媒介するメディアなのである。針生の言う「関係」は，美術という芸術ジャンルの物質的な媒体としての性質と媒介としての性質との重層的な構造において位置づけられる。針生の批評において前景化するのは，物質の実在性ではなく，むしろ物質と人間との「関係」の外面性である。

> 生産の対象としての物質と人間とのかかわりかたにこそ，生産関係の総体としての社会の基礎があるわけだ。ドラマが行動を本質とするというとき，この物質と人間との相剋こそ，そのもっとも深い根源であるということをみのがしてはならない。そして今日，物質の秩序が一定の社会的勢力によって支配されているとき，この社会構造を変革するためのたたかいに，現代のドラマの主要課題があることは明白であろう。絵画が物質としての材料によって精神を表現するひとつの技術である以上，このような現代のドラマはあらゆる画家にとって無縁ではありえないはずだ[13]。

針生は，54年の論考「絵画のドラマトゥルギー」でもこのように述べている。マルクス主義的な生産様式の総体として人間と物質との関係が規定されているとすれば，一定の秩序のもとに編成された物の配置，配列を組み替えることこそが，芸術家の担う主要な役割になるだろう。その際，客体とはあくまでも人間的諸関係のなかに位置づけられる。つまり，主体は絶えず客体との緊張関係に置かれているために，客体としての芸術作品の分析はそのまま主体の分析に折り返されるのである。すなわち，その特異なマテリアリズムは，たとえばモダニズム批評における還元主義とは異なり，むしろ人的・社会的環境の「外部」への拡張可能性を思考するものだった。

針生の仕事が，主として制作主体の実存のレベルを重視するものであったのは，おそらくそのためである。針生は具体，もの派，反芸術などの戦後の前衛主義的グループに距離を置き，第

---

[13] 針生一郎「絵画のドラマトゥルギー」『美術批評』1954年5月号，7頁。

二次大戦下の松本竣介や靉光などの新人画会系の画家たちや福沢一郎, 鶴岡政男らの仕事を, 国家と主体との緊張関係にもとづく「抵抗」の実践として重視した。また彼が70年代以後, 麻生三郎, 浜田知明, 香月泰男といった画家たちの仕事に傾注していくのは, 美術作品が本来的に表現主体とその外部との「関係」を扱うものであり, 社会的「変革」とは, 主体と外部との緊張関係において, むしろ主体の意識の内側から行なわれるという認識に由来するものである。ゆえに, 具体やもの派などの集団的動向ではなく, 戦前, 戦後において時代の動向から外れた作家たちの分析を行なう針生の批評は, 一貫してアナクロニックなものだったと言うべきだろう。しかし, そこにこそ, その批評の核心があるのである。

4

針生の批評は, 形式的な革新性への「無関心さ」が顕著である。東野芳明や中原佑介に比べても, とりわけ作品の形式的な新奇性に彼は相対的に冷ややかな態度をとった。それは, 彼の関心が, なにをつくるかではなく, その作品がなにを変えうるかに向かっていたからである。とりわけ, 針生が重視したのは, 通常隠されたあるがままの現実=超現実を暴露することによって意識の変革を目指すというシュルレアリスムの方法論である。

> シュルレアリスムが教えたのは, 意識を物体によって破壊し, 一切の理性的・美学的・道徳的統禦から解放された自発的な想像力を開発すること, 物体をその効用と意味からきりはなして, あるがままの, 投げ出されたオブジェとしてとらえることだった[14]。

> わたしはむしろ, シュルレアリスムが無意識の領域を手がかりとして, 心理的現実の非合理性を具象化したイメージを, ふたたび無意識の領域を手がかりとして,

---

[14] 前掲「アヴァンギャルド探偵」35頁。

社会的現実の非合理性を具象化するために，とらえなおしていくべきだと考える[15]。

針生は，心理的現実・社会的現実の非合理性を直視し，あるいは意識を物体によって破壊し，想像力を解放するという見取り図にしたがってシュルレアリスムのオブジェの意義を確認するとともに，シュルレアリスムのオブジェの概念を通してダダ的なオブジェがはらむ使命を再確認するべきだと述べた。つまり針生は，シュルレアスムによる意識の変革という図式をダダの物質観に抵触させ，ダダからシュルレアリスムに至るじっさいの歴史に反して，シュルレアリスムからダダへという歴史的逆行において物質概念を検討したのである。針生の述べる，シュルレアリスムからダダへと至るアナクロニックな「巻き返し」は，東野らによって嘲笑されたという。しかし日本では，40年代に福沢一郎や瀧口修造らによって牽引されたシュルレアリスムを経て，岡本太郎による対極主義があり，山下菊二，中村宏，池田龍雄らによるシュルルポルタージュが台頭し，その後，60年代にはアンフォルメル，ネオ・ダダイズム・オルガナイザー(ズ)，オブジェ，反芸術などのダダ−オブジェ的な傾向が回帰した。その意味で針生の言う「巻き返し」は，むしろ歴史の展開を正確に予測していたというべきだろう。じっさい，欧米圏においても，ヌーヴォー・レアリスムやネオ・ダダなどのダダ的な動向が50年代以降顕著になっていくのである。

おそらく針生は，このような予測のもとに，岡本太郎と山下菊二をとりわけ重視した。岡本と山下はともに，現実的な諸状況=外部の世界を描くためにシュルレアリスム的手法を導入し，画面のなかに意味の介在と観者の感情移入を拒否する事物の世界を配置した。針生は「岡本はわれわれの集合無意識のなかにひそむオブジェを鮮明にとりだすことで，レアリストのおよびもつかない非合理なアクチュアリティを，するどく記録しえたのである」[16]と評価している。とくに《重工業》において岡本は，記号化

[15] 前掲「オブジェの思想」79頁。

[16] 針生一郎「戦後美術の一帰結」『針生一郎評論4：歴史の辺境』田畑書店，1970年，219頁。

された人間や廻転する歯車，ネギ，巨大な鉄骨を描き，無意識のレベルと具体的なオブジェクトを連動させる。すなわちそこでは，具体的な事物を描くことがむしろ「集合的無意識」への潜行に反転しうるということが掛金とされているのである。それは，シュルレアリスム的な内部の現実性，あるいは呪術的かつアニミスティックな世界観を，ダダ–オブジェ的な物質的外部の実践的様式へと変換することである。また，岡本は対極主義による複数の様式やオブジェの併置によって，山下は映画に由来するモンタージュを多用することによって，ダダ的なコラージュ／モンタージュの方法を復活させたと言えるだろう。岡本と山下はシュルレアリスムとダダの結節点となったのである。つまり，岡本や山下の絵画制作は，意識としての物と社会的諸関係における物との乗り越え難い空隙をいかに埋めるか，という課題に対する応答であると見なされたのだ。内部と外部の二つの物質概念の交通が，針生の批評が「媒介」という契機に賭ける理由である。また，その意味で針生は岡本の絵画に，シュルレアリスムを媒介としたダダ的な「非意味」への到達を見たはずだ。岡本の絵のナンセンス（ノンセンス）さは，意味の重みから解放された非合理性の肯定であると見なされたのである。

　このような岡本の方法は，非合理性と合理性とが両立しうる戦中の体制の矛盾や緊張を戦後にもたらすことにおいて積極性をもった。岡本自身，従軍した中国戦線で，あらゆる論理が倒錯する非合理的な世界を経験したのである[17]。しかし，経済成長によって大衆社会が完成するとともに，その芸術は，あらゆる矛盾を肯定するというよりは，むしろすべてを無節操に追認するだけの，惰性的なオプティミスムに終始することになる。そこにはいかなる「政治」もない。岡本の絵画には，針生の批評の核に備わる「関係」の絶対性や，複数のものの外部性を前提とした媒体の論理はすでに失われている。

---

[17] たとえば岡本は，中国戦線に送られた際に，なにも不備を働いていないにも関わらず，上官に自ら積極的に殴られることでむしろ評価され，軍隊経験を生き延びた。岡本は，非合理的な体制のなかで，自ら非合理的にふるまうことが，結果合理的に機能するような状況を生きたのである。そのようなエピソードに限らずとも，岡本の方法は，戦中経験を戦後に繰り越すものだったのではないだろうか。岡本太郎「わが二等兵物語」『疾走する自画像』2001年，みすず書房，33-34頁参照。

また，そのような媒介の論理を擁護する限り，もの派，とくにそのイデオローグであった李禹煥による，主体と世界との無媒介的かつ即融的な「出会い」の次元が批判されることになるだろう。たとえば針生は「いま，ここ」の一回性と直接性を強調する李の論理が，ベンヤミンがアウラと呼んだ芸術の礼拝的価値を抱え込み，言語や物体に至るまでの多様な媒介の論理を切り捨ててしまうことを批判している[18]。針生にとって，言葉や物質とは，直接性の次元ではなく，実践的な次元にあるものなのである。批評はむしろ，もの派的な主体と世界との円環的な二元論こそを切断しなければならない。主体は客体=ものに「出会う」のではない。それはむしろ主体の内側，内部の「自然」にすでに存在する。

> 自然とは，わたしたちの外部にあって，文明によって破壊されているのではなく，まずわたしたちの内部にかかわっていることを自覚する必要があるのです。自然とは現存の社会によって抑圧され，しめだされている欲望の総体であり，あらゆる法やタブーによっておおいかくされている共同性の根拠にほかなりません。したがって，わたしたちは敗戦のときと同様に，国家という体系をはみだして噴出する欲望の端緒を，とりもどさなければなりません[19]。

ここでも外部が内部に反転し，あるいは主体と客体が媒介される針生の思考の痕跡が見いだされるだろう。そして，かつて針生が目撃した原−光景としての民衆の原型がこのテキストでも繰り返されていることがわかるのではないだろうか。ここで言われている「自然」とは，敗戦直後に露呈した民衆の非統制的な欲動の噴出である。すなわち人間的，制度的機制から外れた事物と精神の様態が「自然」と呼ばれる。

---

18 針生一郎「芸術の職業化と脱職業化」『文化革命の方へ―針生一郎芸術論集』1973年，162-163頁参照。
19 同上「日本人にとって自然とは何か」194頁。

> 敗戦直後，「国破れて山河あり」という杜甫の詩が，人々によってしきりに口ずさまれたのは，無条件降伏によって上部構造が消え去っても，なお廃墟と化した自然が眼前にひろがっているというおどろきをとおして，国家と自然の分離がはじめて明白に自覚されたからです。
>
> しかし，廃墟としての人間的自然が国家の体系をはなれて噴出したことが，敗戦を解放と感じさせた。特攻隊の生き残りはヤミ屋になり，戦争未亡人はパンパンになれ，堕ちろ堕ちろ，地獄まで堕ちろという坂口安吾の「堕落論」が，戦後思想の出発点として重要なのは，天皇制という美的自然をはみだす私的欲望の解放に，はっきり焦点をさだめていたからです[20]。

人間的自然とは「廃墟」である。針生が，安吾の「堕落論」を戦後思想の出発点として評価するのは，安吾が人間存在の底のなさ，すなわち外部性=自然を的確に捉えたからであり，針生の批評的プロジェクトは，のちに花田清輝やドキュメンタリー芸術の台頭によってリアリズムの議論が顕在化した際に，このような無軌道な事物としての人間を回復させることに賭けられていた[21]。民衆と呼ばれたのは，そのような「事物としての人間」のありようであり，それはむしろ人間的内部の「底」に抵触する。同時にそのような廃墟こそは，敗戦直後の具体的な光景と直結していたということだ。つまり，自己の内部へと潜行することと，大衆へと接近すること，主体を客体化することという，彼が繰り返し述べたいくつかの芸術的課題は，敗戦という経験によって媒介可能なものになったのである。

このテキストで明らかなように，針生は「敗戦」直後の日本に，戦時下における国家の構造的抑圧から解放された民衆的エネ

---

20 同針生一郎「芸術の職業化と脱職業化」『文化革命の方へ一針生一郎芸術論集』1973年，188頁参照。

21 柄谷行人は，安吾の「堕落論」「日本文化私観」「文学のふるさと」などの一連のエッセイの底流にある人を突き放すような抽象的で無機的な「現実」とそれに対応するものとしての「自然」を分析している。柄谷行人「『日本文化私観』論」『坂口安吾と中上健次』講談社文芸文庫，2006年，11-62頁。

ルギーの噴出という積極的な価値を見いだしている。針生は，吉本隆明などの多くの転向知識人が，戦争責任を問うなかで近代的自我の確立のための主体性論を展開するなかで，あえて戦前の，膨大な歴史的死者たちの残像を透視しようとした。針生の認識では，戦後とは，極限状況=戦争やファシズムを別のかたちで継続する時代なのである。戦後とは新たな戦前にほかならない。とりわけその思想は50年代以降の日本の状況を視野に入れたものであると考えることができるだろう。50年代は，国家や資本による国民への抑圧や暴力性が再び回帰した時代と考えられているからだ。つまり，50年代とは，大衆化社会の到来と国家や資本による国民への圧力の強化が同時に生じたのであり，そのことによるさまざまな軋轢が可視化された時代であったということである。労働争議，基地反対闘争，原水爆禁止運動などの複数の階級・階層の対立・抗争に示されるように，日本社会それ自体が，共約不可能な複数の断層，亀裂に貫かれていた。

5

大浦信行の《日本心中》で針生は，リアリズムという課題に関して，コラージュやモンタージュという技法が果たす積極的な効果について述べている[22]。針生が，コラージュ／モンタージュという技法を重視したのは，彼の戦後大衆社会への接近という批評的課題と無関係ではない。諸要素の物質的な落差，視点の複数性を示し，世界そのものを破片，断片化するコラージュ／モンタージュの技法は，50年代の日本社会の構造それ自体との鏡像的な関係にある。それは，日本社会自体が，複数の社会的・政治的葛藤に引き裂かれたものであったからである。すなわち，表象形式を複数に分割し，亀裂によってふたたび世界を

[22] 『日本心中』は，虚実入り交じる複数の場面がコラージュされたセミ・ドキュメンタリーの形式で構成される。つまり，この映画は，コラージュの美術家である大浦が自身のコラージュ的技法を映像に導入した作品のなかで，針生がコラージュ／モンタージュの意義を語るという入れ子状の構造をもつ。

結合するコラージュとは，複数の階層，視点の分裂を端的に示す技法であったということだ。そのため，岡本太郎や山下菊二の可能性は，コラージュ／モンタージュという技法を扱い，現実世界の諸矛盾を示すことであったと考えられる。そして，複数に引き裂かれた社会的諸状況は，主体の根底に流れる物質的自然の流出とそれに対する国家的・資本的抑圧という図式に直接対応している。

> 人間は単に観念や本能だけの存在ではなく，自然や社会という壮大な体系の矛盾の集約点をなしている。絵画が現実の認識にほかならないとすれば，内部世界のストラッグルにもまして，人間と人間，人間と物質の葛藤が渦をまく外部の世界をはなれて，現実はありえない[23]。

外部と内部が反転する針生の思考においては，人間こそ，このような諸矛盾の集約点=結節点であり，諸力の葛藤と均衡の場である。そして，50年代に，鶴岡政男，麻生三郎，山下菊二らによって描かれた，断片化され，物質化された人体とは，このような主体の非統合性を端的に示すものなのだ。人体は，物質と人間をはじめとした関係の絶対性において，複数の視点，複数の場に引き裂かれている。50年代に批評活動を開始した針生が発見したのは，諸矛盾の結節点としての主体，身体のありようである。針生が敗戦直後に見た光景のように，無矛盾的にすべてを受け入れる民衆こそ，その原型的イメージにほかならない。繰り返せば，そのような精神のありようこそ，「自然」と呼ばれる。また，針生は敗戦直後の岡本太郎に，そのような矛盾を全肯定する意志を見いだしたのである。

しかし，そもそも当の針生自身が，戦中戦後を通して，右翼から左翼へと「転向」したのであり，針生自身が経験した戦中／戦後という時代的パラダイムこそ複数の断層に引き裂かれた人間の実存を記録している。「転向」あるいは「敗戦」という問題を通

[23] 針生一郎「記録性について」『美術批評』1955年1月号，55頁。

して針生が知ることになったのは，この物質過程，自然過程である。いかなる主体の根底にも，主体の統禦をはなれた無根拠に蠢く自然−物質過程が存在する。ゆえに，針生が探究した「リアリズム」とは，そのような物質過程を明らかにする実践にほかならない。そのための方法がシュルレアリスムからダダへという歴史的逆行性であり，オブジェの思想であり，コラージュ／モンタージュの方法だった。コラージュにおける破片や亀裂とは，現実そのものの形象であるとともに，諸々の視点や階層の統合不可能性が集約された主体の形象でもあったということだ。

針生がかつて繰り返し述べた「自己を客体化し民衆へと近づくこと」というテーゼとは，個人的な主観を乗り越え自らを客体化することで他者へと接近するということであり，そこで待ち受けるのは，物質＝メディウムとしての民衆である。同時に「物質」とは，民衆の感性を根底から変えるための直接的媒体としても語られるものでもあった。このように，物質に対し，社会的・政治的含意をもたせ，そこに社会改革の意義を見いだす思考は，ダダ／シュルレアリスムに由来するものである。しかし，その物質概念は，20世紀初頭の一部の特権的芸術家による社会改革運動としての「前衛」がすでに不可能であるという自覚にこそ基づいていた。その物質性を担う主体の位置は，前衛芸術家ではなく，変革の主体であると同時に，変革される主体でもある民衆へと転換されたのだった。針生の批評において，民衆とは変革の担い手であると同時に，その対象であるという両義性をもった。

この，物質としての民衆が担うものこそ，「内部の現実」と「外部の現実」との相克でありその弁別不可能性ではなかっただろうか。言い換えれば，破片や断片，諸矛盾の結節点としての身体の内側にある物質−自然過程を通して，同様に諸矛盾の総体としての世界の統合不可能性をありのままに示すことが，その思想の根幹に流れる「リアリズム」の思想なのだ。針生の批評的プロジェクトは，主体が素材・物質となり，民衆が物質となり，あるいは主体が民衆となるような，あらゆるものの位相がめまぐるしく転換する媒介の論理に支えられている。その批評は，そのような複数の位相の「関係」の絶対性をひたすら凝視し，互いの互いに対する外部性においてそれらの媒介を図るものである。

ゆえに，おそらく針生一郎という批評家がいなければ，葛藤が葛藤であり，矛盾が矛盾であることさえ意識されず，多くの実践がそのまま流産してしまったことだろう。そして，その活動のなかで針生が一貫した批評的プロジェクトを保持し続けたのは，彼の考える諸状況の矛盾という事態が，ある程度まで普遍的かつ世界的なものだったからではないだろうか。韓国をはじめとするアジアとは，まさにそのような場所だったのである。そのような構造的軋轢が解消されるまで，批評家は動き続け，活動し続けるよりほかになかった。そして，いま現在がまさにそうであるように，そのような構造的亀裂は，原理的に解消され得ないだろう。言い換えれば，批評におけるアナクロニスムが，つねにアクチュアルであり続けてしまうような悲劇的倒錯が，針生一郎の批評にははじめから内在していたのだ。

だが，針生の批評は，そのような「悲劇」を生きるなかで，しだいに空転していくことを余儀なくされたのではないだろうか。本稿で論じた多くのテキストがすでに50年代に書かれたものであることがそれを部分的に証立てているだろう。これら50年代の批評において成立した特定の原型《アーキタイプ》を執拗に繰り返す針生の批評は，その執拗さにおいて，次第に現実性を失ってしまったように思えるからだ。言い換えれば，針生の言説とは，針生自身がつくりだした批評的原型のマニエリスティックな表象へと回収される危機とつねに隣り合わせの場に接面してきたということである。たとえば，針生が花田清輝や瀧口修造との緊張関係のもとに備えていた物質概念は，彼自身が「社会派の批評家」として受容されるなかで，次第に凡庸化し，希薄化していったように思われる。であるならば，針生亡きいま，私たちに求められているのは，再びそのテキストを，彼の批評の原型の核において把握することではないか。本稿で記述した「物質」「関係」「民衆」とは，そのような原型のひとつの表象である。そのような一連の概念を批評家自身の実存から切り離し，諸々の他律的条件との緊張関係のもとにその内実を批判的に検証する作業は，今後もよりいっそう本格化されるべきだろう。批評という言語活動が，現勢的状況に対して何をなし得るのか，それはひとつの実践的運動であり得るのか，という問いを，私たちはまだ手放すべきではない。針生一郎の批評は，その一端を示しているはずである。

凡例

◎———本リストは，針生一郎宅に所蔵されていた書籍，展覧会カタログなどを，刊行年ごとにまとめ構成した。

◎———資料は「和書」「翻訳」「詩集等」「カタログ・その他」「執筆・著作」の5部門に分け，1915年から2012年までを5章立てとし，洋書の主なものは別立てとした。

◎———各年の掲載順は以下のようにした。「和書」「翻訳」は著者名もしくは編者・監修者名の五十音順で。それ以外のものは書名の五十音順で記載。「詩集等」および「カタログ・その他」は書名・展覧会タイトルの五十音順で記載した。

◎———各項目は，書名，著者名，訳者，編者，監修者，その後に発行元および出版社，文庫名，新書名を記したが一部はタイトルに含んだ。叢書，シリーズおよび選書名はタイトルに含んだ。カタログの発行元は，展覧会開催会場名である場合が多い。

◎———掲載資料中，[和]印は和光大学図書・情報館に寄贈されたもの。[国]印は国立新美術館に寄贈されたものである。「洋書リスト」の全ての資料は国立新美術館に寄贈されている。洋書の一部は「カタログ・その他」に記載した。

◎———資料の掲載刊行年は，針生宅にあった当該書の奥付からデータをとり，初版とは限らない。

◎———全集などの巻数は，当該全集の巻数であり，針生宅に揃えであったとは限らない。

◎———雑誌は省いたが，一部の執筆雑誌や季刊誌，特殊な機関誌などは収録した。

◎———「執筆・著作」には，編書，訳書も含む。執筆文献にタイトルがない場合は，一部冒頭の記述を再録したものがある。

◎———和書収録資料には，海外版元や欧文表記の発行元があるが，日本語テキストがあるもの，発行元が日本のものは収録した。

◎———針生一郎著述文献については「針生一郎と戦後美術」展図録（宮城県美術館 2015年）収載の「針生一郎の足跡 1925-2010（2015）」を参照されたい。本書では針生宅応接間兼書庫で編者が確認できたものを収録した。

1915-1969

大正4年一昭和44年

1915(大正4年)

樗牛全集(全5巻) 高山樗牛著	博文館

1917(大正6年)

美學原論 大西克禮著	不老閣書房

1919(大正8年)

抱月全集(全8巻) 島村抱月著	天佑社

1921(大正10年)

泡鳴全集(全18巻) 岩野泡鳴著	国民図書

1925(大正14年)

文藝學序説 竹内敏雄著	岩波書店
エマスン論文集 エマスン著 戸川秋骨訳	岩波文庫
社會學的に見たる藝術 ギュイヨオ著 井上勇訳 [国]	聚英閣
文学と革命 トロツキー著 茂森唯士訳	改造社

1926(大正15・昭和元年)

山鹿素行文集 山鹿素行著	有朋堂書店
美学大系 リップス著 稲垣末松訳	同分館

1927(昭和2年)

現代美學の問題 大西克禮著	岩波書店

1928(昭和3年)

複式和文獨譯 大津康著 道部順校訂	郁文堂書店
佛蘭西語獨修 前田越嶺著	尚文堂
マルクス主義講座(全12巻) 河上肇ほか監修	上野書店
ブランド イプセン著 角田俊訳	岩波文庫
新興文学全集(全24巻) ハウプトマンほか著 中島清ほか訳	平凡社
哀詩エヴァンジェリン ロングフェロウ著 斎藤悦子訳	岩波文庫

1929(昭和4年)

実践理性批判 カント著 波多野精一ほか訳	岩波文庫
世界大思想全集(全126巻) ニーチェほか著 加藤一夫ほか訳	春秋社
第2期世界大思想全集(全29巻) ブランデスほか著 吹田順助ほか訳	春秋社
現実と藝術(哲学論叢23) フィードレル著 清水清訳	岩波書店

1930(昭和5年)

プロレタリア美術とは何か 岡本唐貴著	アトリヱ社
造型藝術社会学(マルクス主義芸術理論叢書) ハウゼンシュタイン著 川口浩訳	叢文閣
洋服箪笥 トーマス・マン著 六笠武生訳	改造文庫

1931(昭和6年)

美学思想史 桜田總著	向山堂書房
新洋画研究(全10巻) 外山卯三郎編	金星堂
高等独逸語講座 三浦吉兵衛編	大学書林
綜合プロレタリア芸術講座(全5巻) 村山知義ほか著 秋田雨雀ほか監修	内外社
左翼劇場 ピスカトール著 村山知義訳	中央公論社
現代芸術の諸傾向 プロレタリア科学研究所芸術学研究会編訳	叢文閣

世界藝術発達史・爛熟資本主義時代 マーツア著 熊沢復六訳	鐵塔書院

1932(昭和7年)

大津絵 旭正秀著	内外社
日本初期洋画史考 外山卯三郎著	建設社
西遊日誌抄・新帰朝者日記 永井荷風著	春陽堂文庫
から騒ぎ シェイクスピア著 坪内逍遥訳	世界名作文庫・春陽堂
ユリシーズ(1) ジェームズ・ジョイス著 森田草平ほか訳	岩波文庫
かもめ・伯父ワーニャ チェーホフ著 中村白葉訳	世界名作文庫
フィードラー藝術論 フィードラー著 清水清訳	玉川学園出版部
文學の近代的研究 リチァード・グリーン・モウルトゥン著 本多顕彰訳	岩波書店

1933(昭和8年)

時間論(哲学叢書) 高橋里美著	岩波書店
日本洋画の新世紀 外山卯三郎著	四明社
「明治文学」創刊号(特集 自然主義) 藤村作ほか著 明治文学会編	明治文学会
美學原論 渡邊吉治著	第一書房
ゲエテとの対話抄 ゲエテ著 亀尾英四郎訳	岩波文庫
世界文学と比較文学史(独逸文学叢書) シュトリヒ著 伊藤雄訳	建設社
詩と体験 ディルタイ著 佐久間政一訳	モナス
ハイネ・回想録 ハイネ著 多田利男訳	春陽堂
世界選手 ポオル・モオラン著 飯島正訳	世界名作文庫
ラオコーン(Sanseido-Sammlung deutscher Lesestücke : 9) Gotthold Ephraim Lessing著 茅野儀太郎編 [国]	三省堂

1934(昭和9年)

物質の哲学的概念 梯明秀著	政経書院
浪漫古典 第三輯 エミイル・ゾラ研究 根岸秀次郎編	昭和書房
美學史要 エミール・ウティッツ著 徳永郁介訳	第一書房
恋愛論(上・下) スタンダール著 前川堅市訳	岩波文庫
近世美學史 ディルタイ著 徳永郁介訳	第一書房

1935(昭和10年)

解釈学と意義学 輿水実著	不老閣書房
独作文教程 第1分冊 関口存男著	尚文社
法王庁の抜穴 アンドレ・ジイド著 石川淳訳	岩波文庫
藝術論 マルクス／エンゲルス著 外村史郎訳	改造社
万葉集 佐々木信綱校訂 井上哲次郎編	大日本文庫刊行会

1936(昭和11年)

神典	大倉精神文化研究所
歴史と解釋學―ディルタイ歴史哲學序説 宮島肇著	成美堂書店
文藝のジャンル 熊沢復六訳 コム・アカデミー文学部編	清和書店
文藝の本質 ヌシノフほか著 熊沢復六訳 コム・アカデミー文学部編	清和書店
リアリズム(文芸百科全書) 熊沢復六訳	清和書店

1937(昭和12年)

シナリオ文学全集6 前衛シナリオ集 内田岐三雄編	河出書房
現象學派の美學 大西克禮著	岩波書店
秋聲全集(全14巻+別巻1) 徳田秋聲著	非凡閣
国文学試論(第4集) 蓮田善明ほか著	春陽堂
語源漫筆 渡邊格司著 [国]	大学書林語学文庫
現象学的芸術論 モーリッツ・ガイガー著 高橋禎二訳	神谷書店
ニイチエ藝術論抄 ニイチエ著 井汲越次訳	改造文庫
未来のイヴ ヴェリエ・ド・リラダン著 渡辺一夫訳	白水社
文芸学の方法(文芸百科全書) 熊沢復六訳	清和書店
リアリズム文学論 熊沢復六編訳	清和書店

1938(昭和13年)

映画芸術の形式 今村太平著	大塩書林
美學及藝術學史 大西昇著	理想社出版部
現代日本観 杉山平助著	三笠書房
近代藝術 瀧口修造著	三笠書房
独立美術画集 第1 井上長三郎画集 福沢一郎ほか著 独立美術協会編	美術工芸会
Little women Louisa M. Alcott著 小川鈞編註 [国]	開隆堂
ルーマニア日記 カロッサ著 高橋健二訳	冨山房百科文庫
戯曲の本質(文芸百科全書) 熊沢復六訳	清和書店
マクベス シェイクスピア著 野上豊一郎訳	岩波文庫
知性改善論 スピノザ著 畠中尚志訳	岩波書店
夢と人生 ネルヴァル著 佐藤正彰訳	岩波文庫
ジオコンダの微笑 オールダス・ハックスリ著 林正義訳	冨山房百科文庫
Der Schneidermeister Nepomuk Schlägel auf der Freudenjagd Friedrich Hebbel/übersetzt und erläutert von M. Nakamura [国]	大学書林語学文庫

1939(昭和14年)

雨月物語 上田秋成著 小田切秀雄校訂	雄山閣文庫
風流論 栗山理一著	子文書房
田舎教師 田山花袋著	岩波文庫
戴冠詩人の御一人者 保田與重郎著	東京堂
荒野の誓ひ Hans Grimm著 大学書林編集部編 [国]	大学書林
論語 孔子著 武内義雄訳	岩波文庫
ドストエフスキー全集(全19巻) ドストエフスキー著 外村史郎ほか訳	三笠書房
十九世紀独逸哲学思潮 ヴィンデルバント著 岡田隆平訳	冨山房百科文庫
ルーソーと浪漫主義(上・下) アーヴィング・バビット著 崔載瑞訳	改造文庫
Dichterische Einbildungskraft und Wahnsinn Wilhelm Dilthey/übersetzt und erläutert von M. Sakuma [国]	大学書林語学文庫

1940(昭和15年)

北村透谷 阪本越郎著	弘文堂書房
小説神髄 坪内逍遥著 柳田泉編	岩波文庫

武士道 新渡戸稲造著 矢内原忠雄訳	岩波文庫
昭和詩鈔 萩原朔太郎編	冨山房百科文庫
紀元二千六百年奉祝美術展覧會原色畫帖 美術工藝會編 [和]	美術工芸会
アェネーイス(上·下) ウェルギリウス著 田中秀央ほか訳	岩波文庫
ダブリン市井事(上) ジェイムス·ジョイス著 安藤一郎訳	世界文庫·弘文堂書房
佛蘭西文學史序説 ブリユンチエール著 関根秀雄訳註	岩波文庫
トリピュラ·ボノメ ヴィリエ·ド·リラダン著 渡辺一夫訳	白水社
その末裔 Rainer Maria Rilke著 大学書林編集部編 [国]	大学書林

1941(昭和16年)

日本文藝の様式 岡崎義惠著	岩波書店
新独逸語文法教程 関口存男編	三省堂
近代の小説(大東名著選19) 田山花袋著	大東出版社
近代日本洋画史 土方定一著	昭森社
環境と批評 保田與重郎著	協力出版社
近代の終焉 保田與重郎著	小学館
増鏡 和田英松校訂	岩波文庫
藝術論集 アラン著 桑原武夫訳	岩波書店
ゲエテとの対話(上·下) エッケルマン著 亀尾英四郎訳	岩波文庫
シェイクスピアと独逸精神 グンドルフ著 竹内敏雄訳	岩波文庫
社会学の根本問題 ゲオルグ·ジンメル著 堀眞琴訳	改造文庫
世界観の研究 ディルタイ著 山本英一訳	岩波文庫
ベリンスキー選集(全2巻) ベリンスキー著 除村吉太郎訳	世界文庫
實存哲學 ヤスパース著 田代秀徳訳註 [国]	大学書林語学文庫
Evangeline : a tale of acadie(研究社小英文叢書43,54) H.W. Longfellow著 清水護注釈 [国]	研究社出版

1942(昭和17年)

日本絵画三代志 石井柏亭著	創元社
文学大概 石川淳著	小学館
藝術論の探求 岡崎義惠著	弘文堂書店
法隆寺 北川桃雄著	アトリエ社
國畫	塔影社
漱石の藝術 小宮豊隆著	岩波書店
文献 石川啄木 齋藤三郎著	青磁社
続文献 石川啄木 齋藤三郎著	青磁社
文學論 中村光夫著	中央公論社
季刊美術 藤森順三編	美術評論社
うひ山ふみ·鈴屋答問録 本居宣長著 村岡典嗣校訂	岩波文庫
改版 日本の橋 保田與重郎著	東京堂
文明一新論 保田與重郎著	第一公論社
萬葉集の精神—その成立と大伴家持 保田與重郎著	筑摩書房
旧詩帖 ポール·ヴァレリー著 菱山修三訳	青磁社

若きゲーテ グンドルフ著 小口優訳	大観堂
伊太利紀行 ゲーテ著 相良守峯訳	岩波文庫
仏蘭西モラリスト ストロフスキー著 土居寛之ほか訳	世界文庫
存在と時間(上・下) ハイデッガー著 寺島實仁訳	三笠書房
近代文学の意味 文学論集 J.M.マリ著 山室静訳	改造文庫
若き詩人への手紙 リルケ著 佐藤晃一訳	地平社

1943(昭和18年)

美術の戰 石井柏亭著 国	寶雲舎
日本藝術思潮(全3巻) 岡崎義惠著	岩波書店
ゲーテ序論 奥津彦重著	白水社
海軍美術 普及版(非売品)	大日本海洋美術協会
日本美術院史 齋藤隆三著	創元社
垂統秘録・混同秘策 佐藤信淵著 伊豆公夫校註	改造文庫
太平記(上) 島津敬義註	昭南書房
バルザック・スタンブール 藝術論争 杉山英樹著	昭森社
聖戦美術(非売品)	陸軍美術協会
大東亜戦美術 第二輯	朝日新聞社
東洋美術史研究 濵田耕作著	座右宝刊行会
嵯峨日記 松尾芭蕉著 伊藤松宇校訂	岩波文庫
夏目漱石 松村達雄ほか著 赤門文学会編	高山書院
近代日本文学研究 明治文学作家論(上・下) 三宅雪嶺ほか著 佐藤春夫ほか編	小学館
パスカルの方法 森有正著	教養文庫・弘文堂書房
皇臣伝 保田與重郎著	大日本雄弁会講談社
古典論 保田與重郎著	大日本雄弁会講談社
機織る少女 保田與重郎著	萬里閣
風景と歴史 保田與重郎著	天理時報社
吉田松陰書簡集 吉田松陰著 広瀬豊編	岩波文庫
近代日本浪漫主義研究 吉田精一著	東京修文館
修験道史研究 和歌森太郎著	河出書房
シェイクスピアと独逸精(上) グンドルフ著 竹内敏雄訳	岩波文庫
リルケ ルー・アンドレアス・サロメ著 土井虎賀壽訳	筑摩書房
比較文学 ヴァン・ティーゲム著 太田咲太郎訳	丸岡出版社
詩的体験 ロオラン・ド・ルネヴィル著 大島博光訳	文明社
存在論の基礎付け ニコライ・ハルトマン著 高橋敬視訳	山口書店
ポール・ヴァレリー全集(全12巻+補巻2) ポール・ヴァレリー著 渡辺一夫ほか訳 辰野隆ほか監修	筑摩書房
ルーベンスの回想 ヤーコプ・ブルクハルト著 淺井眞男訳	二見書房
19世紀仏国絵画史 リヒヤルド・ムウテル著 木下杢太郎訳	甲鳥書林
ミュゾットの手紙 リルケ著 高安國世訳	甲鳥書林

1944(昭和19年)

明治文学史考 浅野晃著	萬里閣

富岡鐵齋の研究　小高根太郎著	藝文書院
現代日本畫家論　木村重夫著	多摩書房
日本書紀　黒坂勝美編	岩波書店
長崎繪書全史　古賀十二郎著	北光書房
歌集しろたへ　佐藤佐太郎著	青磁社
日本水土考·水土解辯　西川如見著　飯島忠夫ほか校訂	岩波文庫
美術 第2號 座談会「美術家と戦闘配置」	日本美術出版
美術 第5號 特集 陸軍作戦記録画	日本美術出版
蜻蛉日記　藤原道綱母著　喜多義勇校訂	岩波文庫
万葉集(上·下)　佐々木信綱編	岩波文庫
日本語録　保田與重郎著	新潮社
デカルト　アラン著　桑原武夫ほか訳	筑摩書房
パスカル　ジャック·シュヴァリエ著　松浪信三郎ほか訳　いやなが昌吉·解説	養徳社
美學通史　バアナアド·ボサンケ著　井上政次ほか訳	雄山閣
唐詩選　漆山又四郎訳　李攀竜編	岩波文庫

1945(昭和20年)

【和書】

二十世紀日本の理想像　亀井勝一郎著	中央公論社
小説の作法　田山花袋著	明星社
日本初期洋画の研究　西村貞著	全國書房
平家物語(上)　山田孝雄校訂	岩波文庫

1946(昭和21年)

【和書】

藝術の創造と歴史　井島勉著	弘文堂書房
島崎藤村論　掛川俊夫著　島木次郎編	農村文化協会長野支部
近代日本文學の展望　片岡良一著	中央公論社
京都洋画の黎明期(京都叢書6)　黒田重太郎著　京都市編	高桐書院
無情といふ事　小林秀雄著	百花文庫·創元社
新しき情欲 情調哲学　萩原朔太郎著	小学館
時と永遠　波多野精一著	岩波書店

【翻訳】

人間主義と浪漫主義　コルフ著　久保助三郎訳	桜井書店
ジイド全集　ジイド著　高橋広江ほか訳	新樹社
ゲーテ　ジムメル著　木村謹治訳	桜井書店
精神指導の規則(哲学叢書)　デカルト著　野田又夫訳	創元社
精神史としての美術史　ドボルシャック著　中村茂夫訳	全國書房
ツァラストラかく語りき　ニーチェ著　竹山道雄訳	世界文庫·弘文堂
文藝復興　ペーター著　田部重治訳	岩波文庫
ストリンドベルクとファン·ゴッホ　カール·ヤスパース著　村上仁訳	山口書店
神について　リルケ著　大山定一訳	養徳社

【詩集等】

歌集 歩道　佐藤佐太郎著	角川書店
北原白秋歌集	札幌青磁社
詩集 朝菜集　三好達治著	青磁社
萩原朔太郎詩集1	小学館

1947(昭和22年)

【和書】

阿部次郎選集(全6巻)　阿部次郎著	羽田書店
文藝評論集 負け犬　荒正人著	眞善美社
大塚博士講義集(全2巻)　大塚保治著　大西克禮編	岩波書店
文藝学　岡崎義惠著	教養文庫・弘文堂書房
ソヴェート文藝思潮史　岡澤秀虎著	北斗書院
梶井基次郎全集　梶井基次郎著	高桐書院
歴史認識の論理　岸本昌雄著	河出書房
定本石川啄木　金田一京助著	角川書店
ロシア文學研究　藏原惟人著	思潮文庫・昭森社
坂口安吾選集(全9巻)　坂口安吾著	銀座出版社
道鏡　坂口安吾著	八雲書店
作家と独断　杉山英樹著	中央公論社
老子　武内義雄訳註	岩波文庫
日本古代國家　藤間生大著	伊藤書店
国語学原論　時枝誠記著	岩波書店
戸坂潤選集(全8巻)　戸坂潤著	伊藤書店
漱石全集　夏目漱石著	岩波文庫
作家の態度　福田恆存著	中央公論社
組合版宮沢賢治文庫(第2冊・第3冊)　宮沢賢治著	日本読書組合

【翻訳】

バルザック　アラン著　小西茂也訳	創元社
社会科学と価値判断の諸問題　マックス・ウェーバー著　戸田武雄訳	有斐閣
純粋理性批判　カント著　天野貞祐訳	岩波文庫
ロシア文学の理想と現実(上・下)　クロポトキン著　伊藤整訳	改造社
ゲーテ藝術論集　ゲーテ著　谷川徹三訳	福村書店
デカルト書簡集(上・下)(哲学叢書)　デカルト著　渡辺一夫ほか訳	創元社
藝術論　フィードレル著　金田廉訳	青磁社
サント・ブウヴ選集　サント・ブウヴ著　辰野隆編　福永武彦ほか訳	実業之日本社
ボードレール全集(全7巻)　ボードレール著　佐藤正彰ほか訳	河出書房
モザイク　メリメ著　川口篤編　国	白水社
ガルガンチュワとパンタグリュエル(全5巻)　フランソワ・ラブレー著　渡辺一夫訳	白水社

1948(昭和23年)

【和書】

人格主義序説　阿部次郎著	角川書店

1948（昭和23年）

荒正人評論集 戦後　荒正人著	近代文学社
心理と方法 フランス文藝論　生島遼一著	白日書院
石川淳著作集（全4巻）　石川淳著	全国書房
近代文学論 藤村その他　伊藤信吉著	和田堀書店
自然感情の類型　大西克禮著	要書房
荷風論　岡崎義惠著	弘文堂書房
運慶論　岡本謙次郎著	眞善美社
近代詩人研究　岡本潤ほか著　新日本文学会詩研究会編	眞善美社
民主主義文学論　小田切秀雄著	銀杏書房
資本論の辯證法的根據　梯明秀著	高桐書院
現代文学の基準　片岡良一著	大地書房
近代日本書論　河北倫明著　国	高桐書院
カント 判断力批判－カント研究の基礎づけのために　岸本昌雄著	哲学研究文庫・夏目書店
西洋近世哲学史稿（上・下）　九鬼周造著	岩波書店
民主革命期の文学論　蔵原惟人編	真理社
実存哲学　高坂正顕著	アテネ文庫・弘文堂
續實存哲學　高坂正顕著	アテネ文庫
現代の言語哲学　輿水實著	白揚社
ドストエフスキー　小林秀雄著	アテネ文庫
文藝論集 個性復興　佐々木基一著	眞善美社
弘法大師の理想と芸術　佐和隆研編	高野山時報社
唯物史観研究第1集「物」の概念　清水幾太郎ほか著	白日書院
日本文学 当面の諸問題－新日本文学会第6回大会報告集　新日本文学会編	新日本文学会
国際反ファシズム文化運動　新村猛著	三一書房
文芸学批判　高橋義孝著	国土社
森鷗外　高橋義孝著	雄山閣
ヘーゲル美学　竹内敏雄著	河出書房
美術論（唯物論全書17）　武田武志著	三笠書房
フランス自然主義文學　辰野隆ほか著	小石川書房
リルケ伝　谷友幸著	創元社
明治文化史研究　玉城肇著	建文社
道元語録 正法眼蔵随聞記　道元著　懐奘編　和辻哲郎校訂	岩波文庫
ロマンチックについて　中島健蔵著	高桐書院
フロオベルとモウパッサン　中村光夫著	筑摩書房
錯乱の論理　花田清輝著	眞善美社
美術とリアリズム　林文雄著	八雲書店
近代日本文學評論史　土方定一著	昭森社
心象風景　牧野信一著	書肆ユリイカ
道標　宮本百合子著	筑摩書房
近代精神とキリスト教　森有正著	河出書房
ロシヤ文学研究3　山村房次ほか著　ソビエト研究者協会文学部会編	新星社

【翻訳】

判断力批判(下) カント著 大西克禮訳	岩波文庫
死にいたる病 キェルケゴール著 松波信三郎訳	小石川書房
現実に対する藝術の美学的関係 チェルヌイシェーフスキー著 石山正三訳	世界古典文庫・日本評論社
デカルト選集(全6巻) デカルト著 三木清ほか訳	創元社
マルクス エンゲルスの藝術論 マルクス=エンゲルス著 上田進編訳	岩波文庫
ヨーロッパのニヒリズム カルル・レヴィット著 柴田治三郎訳 和	筑摩書房

【詩集等】

ランボオ詩集 小林秀雄訳	創元社

1949(昭和24年)

【和書】

赤い手帳 荒正人著	河出書房
或る女 有島武郎著	春陽堂文庫
美意識論史 大西克禮著	角川書店
新しい芸術の探求 岡本太郎ほか著 夜の会編	月曜書房
作家論 小田切秀雄著	世界評論社
文學論 小田切秀雄著	河出書房
戦後精神の探求−告白の書 梯明秀著 和	理論社
近代日本の作家と作品 片岡良一著	岩波書店
作家論(下) 唐木順三著	三笠書房
透谷全集(全3巻) 北村透谷著 勝本清一郎編	岩波書店
その日まで 椎名麟三著	筑摩書房
格子の眼 島尾敏雄著	全国書房
近代詩人研究 新日本文学会詩研究会編	眞善美社
意味形態を中心とする獨逸語前置詞の研究 關口存男著	日光書院
島崎藤村 瀬沼茂樹著	世界評論社
ニコライ・ハルトマンの哲学(世界哲学講座10) 高橋敬視著	光の書房
藝術の秘密 藝術批評における享受の問題 高橋義孝著	東大協同組合出版部
辯證法入門 高山岩男著	アテネ文庫・弘文堂
存在と存在社−ハイデッガーとハルトマン 竹田壽恵雄著	創元社
史的唯物論の成立 田中吉六著	理論社
文学論 中野重治著	ナウカ社
明治大正の文学者 中村武羅夫著	留女書店
門 夏目漱石著	岩波文庫
現代美術−近代芸術とレアリズム 土方定一著	吾妻書房
三木清著作集(全16巻) 三木清著	岩波書店
文學史方法論 三木清著	岩波書店
道標 第2部 宮本百合子著	筑摩書房
宮本百合子選集(全15巻) 宮本百合子著	安芸書房
ゾラの生涯と作品 山田珠樹著	六興出版社

【翻訳】

詩学 アリストテレス著 松浦嘉一訳	岩波文庫
藝術とはどういうものか トルストイ著 河野與一訳	岩波文庫
戯曲の技巧 フライターク著 島村民蔵訳	岩波文庫
民約論 ルソー著 平林初之輔訳	岩波文庫
ウェーバーとマルクス カール·レヴィット著 柴田治三郎ほか訳	アテネ新書

【詩集等】

中村憲吉歌集 斎藤茂吉ほか編	岩波文庫

【カタログ・その他】

個性 第2巻 第8號	思索社

1950(昭和25年)

【和書】

概説現代日本文學史 荒正人著	塙書房
近代精神とその限界 家永三郎著	角川新書
自然辯証法への入門 伊藤至郎著	古明地書店
日の果て 梅崎春生著	雲井書店
日本詩歌の象徴精神 岡崎義惠著	羽田書店
暢氣眼鏡 尾崎一雄著	新潮文庫
近代派文學の輪廓 片岡良一著	白楊社
自殺について 唐木順三著	弘文堂
夕鶴 木下順二著	アテネ文庫·弘文堂
文学論 新しい文学の前進のために 蔵原惟人著	世界評論社
マルクス主義芸術論入門 蔵原惟人ほか著	学芸社
文学入門 桑原武夫著	岩波新書
松江に於ける八雲の私生活(島根叢書11) 桑原羊次郎著	山陰新報社
小林秀雄全集(全8巻) 小林秀雄著	創元社
芭蕉の俳句 小宮豊隆著	要書房
橋のある風景 斎藤利雄著	冬芽書房
北村透谷 笹淵友一著	福村書店
多情佛心(前·後編) 里見弴著	岩波文庫
郷愁 瀧井孝作著	中央公論社
近代絵画事典 瀧口修造監修	紀伊國屋書店
忘れ得ぬ人々 辰野隆著	角川文庫
リルケ(生ける思想叢書) 谷友幸著	新潮社
天の夕顔 中河與一著	角川文庫
批評の人間性 戦後評論集 中野重治著	新日本文学会
善の研究 西田幾多郎著	岩波文庫
散文精神について 廣津和郎著	創藝社
ヰタ·セクスアリス 森鷗外著	岩波文庫

【翻訳】

細菌戦用兵器ノ準備及ビ使用ノ廉デ起訴サレタ元日本軍軍人ノ事件ニ関スル公判書類	外国語図書出版所・モスクワ
親友ピカソ ジェーム・サバルテ著 益田義信訳 [和]	美術出版社
リルケの思出 トゥルン・ウント・タクシス著 富士川英郎訳	養徳社
チェーホフ文庫(全7巻) チェーホフ著 米川正夫ほか訳	小山書店
クリスマス・カロル ディケンズ著 安藤一郎訳	角川文庫
カラマーゾフの兄弟(第1-3巻) ドストエーフスキイ著 米川正夫訳	岩波文庫
サルトルとマルセル 二つの実存主義 R.トロワフォンテーヌ著 安井源治訳 [和]	アテネ新書・弘文堂
ニーチェ全集 ニーチェ著 秋山英夫ほか訳	角川文庫
ドミニック フロマンタン著 市原豊太訳	岩波文庫
悪の華 ボードレール著 村上菊一郎訳	角川文庫
世界文学全集 19世紀篇(全40巻) プロスペル・メリメほか著 杉捷夫ほか訳	河出書房

【執筆・著作】

哲学雑誌 シラーの文芸様式説 ナイーフな文藝とセンチメンターリッシュな文藝	有斐閣

1951(昭和26年)

【和書】

合本三太郎の日記 阿部次郎著	角川文庫
白描 石川淳著	角川文庫
望みなきに非ず 石川達三著	新潮文庫
心理学序章 乾孝著	磯部書房
文芸学概論 岡崎義恵著	勁草書房
文學とは何か 加藤周一著	角川新書
現代人の研究 亀井勝一郎著	角川新書
近代日本文学 唐木順三著	アテネ文庫・弘文堂
国木田独歩作品集 国木田独歩著	創元社
乾山 小林太市郎著 [和]	全國書房
藝術家 小林秀雄著	新潮社
桐畑 里見弴著	岩波文庫
新しい生け花(智慧の実教室7) 重森三玲著	磯部書房
近代日本文学のなりたち 家と自我 瀬沼茂樹著	河出書房
文学史の方法の諸問題 高橋義孝ほか著 杉捷夫編	学風書院
フランス近代詩評釋 内藤濯著	白水社
啄木 中野重治著	アテネ文庫
世界の文学(毎日ライブラリー) 中野好夫編	毎日新聞社
萩原朔太郎 藤原定著	角川新書
経済学講座 宮川実編	青木文庫
炎の人 三好十郎著	市民文庫・河出書房
近代絵画の百年 柳亮著 [和]	美術出版社

【翻訳】

藝術二十講 アラン著 市原豊太ほか訳	河出書房

ドイツ文学史 J.F.アンジェロス著 原田義人訳	白水社
異邦人 アルベル·カミュ著 窪田啓作訳	新潮社
セシル コンスタン著 窪田啓作訳	新潮社
サルトル全集(全38巻) サルトル著 佐藤朔ほか訳	人文書院
森の小径·水晶 シュティフター著 山室静訳	新潮社
素朴文藝と情念文藝 シラー著 竹内敏雄訳	角川文庫
スタンダール ツヴァイク著 青柳瑞穂訳	新潮文庫
言語活動と生活 シャルル·バイイ著 小林英夫訳	岩波文庫
ロシア文学評論集(全2巻) ベリンスキー著 除村吉太郎訳	岩波文庫
歴史とは何ぞや ベルンハイム著 坂口昂ほか訳	岩波文庫
ベニスに死す トオマス·マン著 實吉捷郎訳	岩波文庫
モーリヤック小説集 モーリヤック著 杉捷夫ほか訳	目黒書店
文學研究1 アンドレ·モロワ著 片山敏彦訳	新潮社
ドイツ文学小史 G.ルカーチ著 道家忠道ほか訳	岩波書店

【詩集等】

大手拓次詩集	創元文庫
木下利玄全歌集 五島茂編	岩波文庫
日本現代詩大系(全10巻) 中野重治ほか編 日夏耿之介監修	河出書房
ランボオ詩集 金子光晴訳	角川文庫
リルケ詩集 ピエール·デグローブ編 大山定一ほか訳	創元社

【カタログ·その他】

アンリ·マチス展	国立博物館

1952(昭和27年)

【和書】

風雪 阿部知二著	角川文庫
夷齋俚言 石川淳著	文藝春秋新社
芸術とは何か 井島勉著	アテネ文庫·弘文堂
映画の世界 今村太平著 [和]	新評論社
啄木歌集研究ノート 岩城之徳著	第二書房
岩波文庫解説目録	岩波書店
ピカソ 藝術の五十年 植村鷹千代著	創元社
子をつれて 他八篇 葛西善藏著	岩波文庫
蛙昇天 木下順二著	未來社
畝傍·飛鳥 近畿日本鐵道·近畿文化會編	大和路新書·綜藝舎
藝術書簡 蔵原惟人著	青木文庫
マルクス主義哲学の発展 古在由重編	青木文庫
近代日本文学とキリスト教 笹淵友一著	ナツメ社
現代美術事典 瀧口修造ほか著	白揚社
文藝のジャンル 竹内敏雄著	弘文堂
日本イデオロギイ 竹内好著	筑摩書房
マルクス理論の解明 その追体験的再構成 田中吉六著 [和]	理論社

フランスの哲學 淡野安太郎著	角川新書
近代日本文学講座 中野重治ほか編	河出書房
文学試論集3 中野好夫著	東京大学出版会
現代日本小説大系（全65巻） 日本近代文学研究会編	河出書房
眞空地帯（下） 野間宏著	河出書房
昭和文学研究 平田次三郎ほか著 荒正人編	塙書房
国木田独歩の生涯 福田清人著	河出文庫
リルケ 人と作品 富士川英郎著	東和社
若き女性のために 古谷綱武著	創元文庫
廣場の孤獨 堀田善衞著	中央公論社
ロマン派音楽の潮流 諸井三郎著	創元文庫
ゴーリキー文学論 除村吉太郎ほか編	雄文書肆
ピカソ 吉井忠編	青木文庫

【翻訳】

二十世紀の知的冒険（上・下） アルベレース著 大久保和郎訳	みすず書房
絵画の歴史 ルイ・ウールチック著 関口俊吾ほか訳	文庫クセジュ
映画論 エイゼンシュテイン著 袋一平訳	三笠文庫
ロシヤ文学史 マルセル・エーラール著 神西清訳	文庫クセジュ
音楽の形式 アンドレ・オデール著 吉田秀和訳	文庫クセジュ
革命の研究 E.H.カー著 音田正巳訳	社会思想研究会出版部
現代世界文学全集（全46巻）	新潮社
秋の断想 アンドレ・ジイド著 辰野隆ほか訳	新潮文庫
新しい文学への道 シーモノフほか著 蔵原惟人編	学芸社
静かなるドン（1） ショーロホフ著 外村史郎訳	三笠文庫
意識の生理学 ポール・ショシャール著 吉岡修一郎訳	文庫クセジュ
催眠法と暗示 ポール・ショシャール著 新福尚武ほか訳	文庫クセジュ
アラン スタンダアル著 大岡昇平訳	創元社
音楽文化史 ジョージ・ダイスン著 大田黒元雄訳	音楽之友社
文学と生活 丁玲著 岡崎俊夫訳	青銅社
マヤコーフスキイ―詩と思い出 エルザ・トリオレ著 神西清訳	創元社
次は何か? トロツキー著 山西英一訳	創文社
ピカソ 芸術の五十年 アルフレッド・H・バー・ジュニアー著 植村鷹千代訳 [和]	創元社
条件反射学（上・中・下） パヴロフ著 林髞訳	創元文庫
ステロ ヴィニー著 平岡昇訳	岩波文庫
壊滅 ファデーエフ著 蔵原惟人訳	青木文庫
若き日の手紙 フィリップ著 外山楢夫訳	岩波文庫
実存主義 ポール・フールキエ著 矢内原伊作ほか訳	文庫クセジュ
アメリカ資本主義発達史 ヤングサン・ブラウン著 渡邊誠毅訳	みすず書房
失われた時を求めて 第1巻 スワンの恋（1・2） マルセル・プルースト著 淀野隆三ほか訳	新潮社
物質と記憶 ベルグソン著 高橋里美訳	岩波文庫
ピリュウスとシネアス ド・ボーヴォアル著 青柳瑞穂訳	新潮社

哲學の貧困 カール・マルクス著 山村喬訳	岩波文庫
レジスタンスの歴史 アンリ・ミシェル著 淡徳三郎訳	白水社
絵画は何処へ行く レオン・ムシナックほか著 内田巖編訳	三一書房
マルセル・プルーストを求めて(上・下) モロワ著 井上究一郎ほか訳	新潮社
若き娘達 モンテルラン著 新庄嘉章訳	新潮文庫
完譯 エリア随筆 ラム著 平田禿木訳	新潮文庫
世界を震撼させた十日間 ジョン・リード著 篠原道雄訳	三一書房
ヘーゲルからニーチェへ1 K.レヴィット著 柴田治三郎訳	岩波書店
国家と革命 レーニン著 堀江邑一訳	国民文庫

【詩集等】

エリュアール詩集 ルイ・パロオ編 加藤周一ほか訳	創元社
現代詩集 歴程篇 歴程同人編	角川文庫
日本詩人全集(全11巻) 北川冬彦ほか編	創元文庫
マヤコフスキー詩集 小笠原豊樹訳	彰考書院
リルケ詩集 大山定一ほか訳 ピエール・デグローグ編	創元社

1953(昭和28年)

【和書】

抵抗詩論 安東次男著	青木文庫
小説の方法 伊藤整著	市民文庫・河出書房
文学入門 伊藤整著	光文社
年刊日本文学 昭和27年度 伊藤整ほか編	筑摩書房
日本プロレタリア文學體系 伊藤貞助ほか著	青木文庫
映画芸術論 今村太平著	創元文庫
社会主義レアリズム 岩上順一編	青木文庫
雨月物語 上田秋成著 鈴木敏也校訂	岩波文庫
現代哲学 大井正著	青木文庫
青春ピカソ 岡本太郎著	一時間文庫・新潮社
社会の起源 梯明秀著	青木文庫
日本文学史の周辺 風巻景次郎著	塙書房
中国現代文学史 革命と文学運動 菊地三郎著	青木書店
写生説の研究 北住敏夫著	角川書店
小林多喜二全集(全12巻) 小林多喜二著	青木文庫
戯曲と詩的精神—ツックマイヤーの場合 小宮曠三著	東京大学出版会
夏目漱石(二) 小宮豊隆著	岩波書店
世界の名著(毎日ライブラリー) 佐々木基一ほか著	毎日新聞社
ドオミエ(人民美術選書) 須山計一編	青木文庫
今日の美術と明日の美術 瀧口修造著	読売新書
平和・民主・独立文献 徳田球一ほか著	駿台社
縮圖 徳田秋聲著	新潮文庫
現代文学入門 20世紀小説の課題 中村眞一郎著	東京大学出版部
竹澤先生と云う人 長與善郎著	岩波文庫

1953（昭和28年）

文学の探求 野間宏著	未來社
続文学の探求 野間宏著	未來社
現代日本文学入門 平野謙著	要書房
島崎藤村 平野謙著	市民文庫
夢 宮城音彌著	岩波新書
音楽芸術論 村田武雄著	音楽之友社
今日の詩論 村野四郎著	宝文館
藝術への招待 矢内原伊作著	河出新書
国語の将来 柳田国男著	創元文庫

【翻訳】

藝術論 アラゴン著 西田義郎訳	青木文庫
アクセルの城 E.ウィルスン著 大貫三郎訳	角川文庫
藝術の運命 ウェイドレー著 深瀬基寛訳	創文社
大衆の叛逆 オルテガ著 佐野利勝訳	筑摩書房
動物園に入った男 D.ガーネット著 龍口直太郎訳	角川文庫
不条理と反抗（現代フランス名作集） アルベール・カミュ著 佐藤朔ほか訳	人文書院
祖國解放戦争 金日成著 現代朝鮮研究会編訳	青木文庫
美わしき野生 ゴーガンの私記 ポール・ゴーガン著 式場隆三郎訳	新潮社
現代世界戯曲選集（全13巻） 鈴木力衛ほか編訳	白水社
文学理論（全2冊） チモフェーエフ著 東郷正延訳	青木文庫
丁玲作品集 丁玲著 尾坂徳司ほか訳	青木文庫
文学の社会的意義 ドブルイニン著 袋一平訳	知識文庫・岩崎書店
ツアラトストラはかく語りき ニーチェ著 竹山道雄訳	世界文庫・弘文堂
人民民主主義の國々―ルポタージュ バーチェット著 山田坂仁訳	青木文庫
孤独な青年 ロジェ・ヴァイヤン著 秋山晴夫訳	白水社
ヒュマニズムと芸術哲学 T.E.ヒューム著 長谷川鉱平訳 [国]	賓文館
音楽はどう思想を表現するか フィンケルシュタイン著 田村一郎訳	三一書房
藝術論 フロイド著 高橋義孝訳 [和]	日本教文社
時間と自由 ベルグソン著 服部紀訳	岩波文庫
ボードレール評論集（全3巻） ボードレール著 佐藤正彰ほか訳	創元文庫
藝術論 マルクス=エンゲルス著 川口浩訳	青木文庫
毛沢東選集（全10集） 毛沢東著 毛沢東選集刊行会編訳 [和]	三一書房
今日の絵画 バーナード・リーチ著 植村鷹千代訳	新潮社
マルテの手記 リルケ著 望月市恵訳	岩波文庫
実存主義かマルクス主義か G.ルカーチ著 城塚登ほか訳	岩波書店
唯物論と経験批判論（上・中） レーニン著 佐野文夫訳	岩波文庫
魯迅雑感選集 魯迅著 瞿秋白編 金子二郎訳	ハト書房
魯迅評論集 魯迅著 竹内好訳	岩波新書
現代フランス音楽 クロード・ロスタン著 吉田秀和訳	文庫クセジュ
獄中記 オスカー・ワイルド著 田部重治訳	角川文庫

【詩集等】

詩と詩論 第一集　荒地同人編	荒地出版社
ポエトロア第3集 最近フランス詩人特集　西条八十監修	小山書店

【カタログ・その他】

美術批評 10月号	美術出版社

【執筆・著作】

美術批評 7月号　あたらしいリアリズムのために―「ニツポン展」によせて	美術出版社
文学 4月号　劇的なるものの本質―戦後ヨーロッパ戯曲論の動向	岩波書店
文学 10月号　ルカーチの文学史の方法	岩波書店

1954(昭和29年)

【和書】

現代文学論大系(全8巻)　青野季吉ほか編	河出書房
壁　安部公房著	角川文庫
飢餓同盟　安部公房著	講談社
社会主義と自由　粟田賢三編	岩波新書
日本共産党闘争小史　市川正一著	国民文庫
小説の方法　伊藤整著	河出文庫
近代日本文學史研究　猪野謙二著	未來社
傑作と凡作の論理　植田壽蔵著	アテネ文庫・弘文堂
油絵のマティエール　岡鹿之助著	美術出版社
映画入門　岡田眞吉著	河出文庫
日本プロレタリア文学大系(2)　小田切秀雄ほか編	三一書房
泥絵とガラス絵 日本の民画　小野忠重著 [国]	アソカ書房
版画の歴史　小野忠重著 [国]	東峰書房
角川文庫解説目録	角川書店
現代音楽論　河上徹太郎著	河出文庫
聖ヨハネ病院にて　上林曉著	新潮文庫
由利旗江　岸田國士著	角川文庫
日本美の探求　北川桃雄著 [国]	法政大学出版局
火山灰地　久保栄著	新潮文庫
美術　児島喜久雄著	角川書店
アメリカン・スクール　小島信夫著	みすず書房
芸術と人生の環　杉浦明平著 [和]	未來社
昭和の文学　瀬沼茂樹著	河出文庫
國民文學論　竹内好著	東京大学出版会
現代選書 現代中国の作家たち　竹内好ほか編	和光社
現代中國論　竹内好著	河出文庫
人間・文學・歴史　武田泰淳著	厚文社
斜陽　太宰治著	角川文庫
現代日本作家研究　寺田透著	未來社
美学入門　中井正一著	河出文庫

二十世紀の小説 中村光夫著	角川文庫
日本文学講座(全7巻) 日本文学協会編	東京大学出版会
眞空地帯(上) 野間宏著	市民文庫·河出書房
作家論(1) 正宗白鳥著	新潮文庫
嵐の中の一本の木 真鍋呉夫著	理論社
日本人の娯楽 南博著	河出新書
美術八十年史 森口多里著	美術出版社
繪畫の見かた 矢崎美盛ほか著	岩波新書
私小説作家論 山本健吉著	角川文庫

【翻訳】

現代マルクス主義とその批判者 エルスナー著 崎山耕作訳	国民文庫
鋼鉄はいかに鍛えられたか(上) オストロフスキー著 横田瑞穂ほか訳	青木文庫
中国共産党の三十年 胡喬木著 尾崎庄太郎訳	国民文庫
外套·鼻 ゴーゴリ著 平井肇訳	岩波文庫
近代文化の崩壊 没落の文化II コードウェル著 増田義郎ほか訳	ダヴィッド社
党と文化問題 ジダーノフ著 除村吉太郎ほか訳	国民文庫
弁証法的唯物論と史的唯物論 他二篇 スターリン著 石堂清倫訳	国民文庫
レーニン主義の基礎 スターリン著 平沢三郎訳	国民文庫
社会主義レアリスムのために アンドレ·スチル著 小場瀬卓三訳	青木文庫
纏足を解いた中國 W.G.バーチェット著 山田坂仁ほか訳	岩波新書
フランス·ロマン主義 フィリップ·ヴァン·チーゲム著 辻昶訳	文庫クセジュ
ヒロシマ ジョン·ハーシー著 石川欣一ほか訳	法政大学出版局
物質と意識 ハスハチッヒ著 廣島定吉訳	青木文庫
現代フランス文学の展望 ガエタン·ピコン著 白井浩司訳	三笠書房
映画俳優論 プドフキン著 馬上義太郎訳	未來社
演劇論 ブレヒト著 小宮曠三訳	ダヴィッド社
精神分析入門(下) フロイド著 安田徳太郎訳	角川文庫
殺人者·狩猟者 ヘミングウェイ著 竜口直太郎訳	角川文庫
新中国の創作理論 茅盾ほか著 中国文学藝術研究会編訳	未來社
サドは有罪か ボーヴォワール著 室淳介訳	一時間文庫·新潮社
賃労働と資本 賃金、価格および利潤 マルクス=エンゲルス著 松本惣一郎訳	国民文庫
ソヴェト藝術論争 マレンコフほか著 鹿島保夫ほか編訳	青木文庫
ソ同盟共産党第十九回大会一般報告 マレンコフ著 本間七郎訳	国民文庫
小説の構造 ミュアー著 佐伯彰一訳	ダヴィッド社
冷房装置の悪夢 ヘンリー·ミラー著 大久保康雄訳 和	新潮社
実践論·矛盾論 毛沢東著 尾崎庄太郎訳	国民文庫
文芸講話 毛沢東著 毛沢東選集刊行会訳	国民文庫
国際主義と民族主義 劉少奇著 浅川謙次訳	国民文庫
帝国主義と民族·植民地問題 レーニン著 川内唯彦訳	国民文庫
レーニン文學論 レーニン著 藏原惟人ほか編訳	青木文庫

【詩集等】

状況の詩　エリュアール著　江原順ほか訳　未來社

【執筆・著作】

美学 3号　文献紹介 時間論的文芸学の動向―G・ミュラーの方法を中心に　美学会

1955（昭和30年）

【和書】

歴史のなかへ　阿部知二著　大月新書

現代詩作法　鮎川信夫著 [和]　牧野書店

市民文学論　荒正人著　青木書店

討論 日本プロレタリア文学運動史　荒正人ほか編　三一書房

ヘミングウェイ研究　石一郎著　南雲堂

歴史の遺産　石母田正著　大月新書

文章讀本　伊藤整編　河出新書

映画の本質　今村太平著　現代教養文庫

世界各国史4 ロシア史　岩間徹編　山川出版社

原子力と文学　小田切秀雄編　大日本雄弁会講談社

日本近代文学 近代日本の社会機構と文学　小田切秀雄著 [和]　青木書店

文学と政治　小田切秀雄著　東方新書

現代詩入門　小野十三郎著　創元社

現代文学の基準　片岡良一著　大地書房

角川文庫解説目録　角川書店

現代哲学講座　金子武蔵ほか著 [和]　河出書房

末期の眼　川端康成著　角川文庫

母の歴史　木下順二ほか編　河出新書

ロシヤ文学思潮　蔵原惟人著　新評論社

黒沢明集　黒沢明著 [和]　理論社

生活綴方ノート　国分一太郎著　新評論

国民文学と言語　竹内好編　河出新書

講談社版アート・ブックス　近藤市太郎ほか編　大日本雄弁会講談社

日本文学の方法　西郷信綱著　未來社

機械のなかの青春　佐多稲子著　角川小説新書

赤い孤獨者　椎名麟三著　河出新書

志賀直哉全集（全17巻）　志賀直哉著　岩波書店

民衆の座　思想の科学研究会編　河出新書

社会主義思想の成立／若きマルクスの歩み　城塚登著　アテネ新書・弘文堂

戦後文学の旗手 新しい倫理のために（双書・種まく人2）　進藤純孝著　ユリイカ

ルポルタージュ 台風13号始末記　杉浦明平著　岩波新書

現代芸術講座　瀬木慎一ほか著　現代芸術研究所編　河出新書

文芸の心理学　高橋義孝著　教文新書・日本教文社

無意識　高橋義孝著 [和]　新潮社

私の文学観　高見順著　現代教養文庫

1955(昭和30年)

16の横顔 ボナールからアルプへ 瀧口修造著	白揚社
風媒花 武田泰淳著	新潮文庫
流人島にて・ひかりごけ 武田泰淳著	新潮文庫
新劇辞典 田中千禾夫著	アテネ文庫・弘文堂
放浪の作家 谷崎精二著	現代新書・現代社
一兵卒の銃殺 田山花袋著	岩波文庫
文学五十年 中島健蔵ほか監修	時事通信社
死の影の下に 中村真一郎著	河出文庫
日本の近代小説 中村光夫著	岩波新書
米系日人 西野辰吉著	みすず書房
日本抵抗文学選 花田清輝ほか編	三一書房
文学の源をたずねて 土方辰三著	河出新書
作家論(二) 福田恆存著	角川文庫
浮雲 二葉亭四迷著	新潮文庫
いのちの初夜 北条民雄著	角川文庫
『白樺』派の文学 本多秋五著	大日本雄弁会講談社
ルポルタージュ・シリーズ 日本の証言(全8巻+増補) 柾木恭介ほか著 現在の会編 池田龍雄ほか・絵	柏林書房
祖国の地図 真鍋呉夫著	三一新書
小説家の休暇 三島由紀夫著	大日本雄弁会講談社
眞夏の死 他五篇 三島由紀夫著	角川文庫
現代の詩論 その展望と解説 村野四郎ほか編著	宝文館
芥川龍之介 山岸外史著	創藝社

【翻訳】

藝術の認識と典型(未来藝術学院13) アスムスほか著 鹿島保夫編訳	未來社
フランスにおける党芸術 アラゴン著 小場瀬卓三ほか訳	国民文庫
ソヴェト文学運動史 イワノフ著 鹿島保夫ほか訳	青木文庫
映画の弁証法 エイゼンシュテイン著 佐々木能理男訳	角川文庫
現代音楽の理解 ヘルマン・エルプ著 入野義郎訳	音楽之友社
雪どけ エレンブルグ著 泉三太郎訳	一時間文庫・新潮社
鋼鐵はいかに鍛えられたか(下) オストロフスキー著 横田瑞穂ほか訳	青木文庫
けものたち 死者の時 ガスカール著 渡辺一夫ほか訳	岩波書店
実存主義批判 ガロディーほか著 加藤九祚訳	青木文庫
文学と民族の伝統(未来藝術学院16) ケッツルほか著 西郷信綱編訳	未來社
弁証法的唯物論入門(全3巻) モーリス・コーンフォース著 藤野渉ほか訳	理論社
偉大なる道—朱徳の生涯とその時代(上・下) A.スメドレー著 阿部知二訳	岩波書店
ソヴェト心理学(上) ベ・エム・チェプロフ著 牧山啓訳	三一新書
詩とマルキシズム ジョージ・トムソン著 小笠原豊樹訳	和光社
ヘルダーリンの詩の解明 ハイデッガー著 手塚富雄ほか訳	理想社
若きパルク・我がファウスト ポール・ヴァレリイ著 鈴木信太郎ほか訳	新潮社

スターリン言語学と文学芸術論(未来藝術学院14) ヴィノグラードフほか著 山田広行編訳	未來社
フォークナー短篇集 フォークナー著 龍口直太郎訳	新潮文庫
小説と人民(未来藝術学院17) ラルフ・フォックス著 西川昌久訳	未來社
マルクス主義芸術論研究 ジャン・フレヴィル著 田中敬一訳	国民文庫
フランツ・カフカ マックス・ブロート著 辻瑆ほか訳	みすず書房
モルグ街の殺人事件 エドガー・A・ポオ著 佐々木直次郎訳	角川文庫
マルクス=エンゲルス選集(全23巻) マルクス=エンゲルス著 マルクス=レーニン主義研究所編	大月書店
侮蔑の時代 アンドレ・マルロー著 小松清訳	新潮文庫
ユング著作集(全5巻) C.G.ユング著 江野専次郎ほか訳	日本教文社
孤独なる群衆 D.リースマンほか著 佐々木徹郎ほか訳 [和]	みすず書房
最後のボヘミア人 ハーバート・リード著 飯沼馨訳	みすず書房
バルザックとフランス・リアリズム G.ルカーチ著 針生一郎ほか訳	岩波書店
階級意識論 ルカーチ著 平井俊彦訳	未來社
美学入門 アンリ・ルフェーヴル著 多田道太郎訳	理論社
マルクス主義 アンリ・ルフェーヴル著 竹内良知訳	文庫クセジュ

【詩集等】

戦後詩人全集	書肆ユリイカ
列島詩集1955 関根弘編	知加書房

【カタログ・その他】

美術批評 4月号	美術出版社

【執筆・著作】

早稲田大学新聞 9/6 原水爆と芸術(上) それは人間をとり戻す運動	早稲田大学新聞会
早稲田大学新聞 9/13 原水爆と芸術(中) 立ち上ったピカソやレジェ	早稲田大学新聞会
美術批評 7月号 座談会 新しい人間像にむかって	美術出版社
バルザックとフランス・リアリズム G.ルカーチ著 男沢淳との共訳	岩波書店

1956(昭和31年)

【和書】

文学の自己批判−民主主義文学への証言 秋山清著	新興出版社
講座現代詩(全3巻) 鮎川信夫ほか著	飯塚書店
昭和文學史 荒正人ほか編	角川文庫
戦後文学の展望 荒正人著	三笠書房
第二の青春 荒正人著	青木書店
夜行巡査・外科室 他五篇 泉鏡花著	岩波文庫
仲間のなかの恋愛 磯野誠一ほか編	河出新書
トロッコと海鳥 井上光晴著	三一新書
外国の映画界 その映画をつくる人、演ずる人 植草甚一著	同文館
近代文學論(上) 臼井吉見著	筑摩書房
日本の映画 瓜生忠夫著	岩波新書
夏目漱石(作家論シリーズ12) 江藤淳著	東京ライフ社

1956（昭和31年）

らくがき　近江絹糸紡績労働組合編	三一新書
文学者の革命実行力　大井広介著	青木書店
時間と死の藝術 V·ウルフ論　大澤實著	南雲堂
芸術と青春　岡本太郎著	河出新書
現代作家論　奥野健男著	近代生活社
講座日本近代文学史（全5巻）　小田切秀雄編	大月書店
詩と創造 その精神と方法（私の大学·文学の教室5）　小野十三郎著	理論社
日本人の典型　亀井勝一郎著	角川新書
木下順二評論集　木下順二著	未來社
現代日本の思想　久野収ほか著	岩波新書
ある党員の告白　窪田精著	大日本雄弁会講談社
経済学と弁証法　黒田寛一著	人生社
現代英米小説の問題点　佐伯彰一著	南雲堂
昭和文学の諸問題　佐々木基一著	現代新書
青春怪談　獅子文六著	新潮文庫
大和絵史 絵巻物史　下店静市著	冨山房
図説 日本文化史大系（全13巻+別巻1）	小学館
中国革命の思想　竹内好ほか著	岩波新書
昭和の精神史　竹山道雄著	新潮社
さようなら　田中英光著	現代新書
地下室から　田中英光著	現代新書
ヘミングウェイの肖像　谷口陸男著	南雲堂
落城·足摺岬　田宮虎彦著	新潮文庫
初期のマルクス　淡野安太郎著	勁草書房
同時代の文學者　寺田透著	大日本雄弁会講談社
昭和史　遠山茂樹ほか著	岩波新書
作家の肖像　十返肇著	近代生活新書
物質とは何か　朝永振一郎ほか著	アテネ文庫·弘文堂
戦後十年日本文学の歩み　中島健蔵ほか著	青木書店
続 小説の秘密 創作対談　中島健蔵編	中央公論社
二十世紀文学の展望　中村眞一郎著	河出文庫
明暗（上·下）　夏目漱石著	角川文庫
日本宗教思想史の研究　西田長男著	理想社
日本のプロレタリア文学　西田勝ほか著　窪川鶴次郎ほか編	青木書店
秩父困民党　西野辰吉著	大日本雄弁会講談社
真実の探求　野間宏著	理論社
文学の方法と典型　野間宏著	青木書店
われらにとって美は存在するか　服部達著	近代生活社
新編錯乱の論理　花田清輝著	青木書店
政治的動物について　花田清輝著	青木書店
淫売婦·移動する村落 他五篇　葉山嘉樹著	岩波文庫

1956（昭和31年）

政治と文学の間　平野謙著	未來社
戦後文芸評論　平野謙著	青木書店
現代日本文學論争史（上・中・下）　平野謙ほか編	未來社
批評の建設のために　深瀬基寛著	南雲堂
冥府・深淵　福永武彦著	大日本雄弁会講談社
現代文學研究　丸山静著	東京大学出版会
龜は兎に追いつくか　三島由紀夫著	村山書店
岡倉天心　宮川寅雄著	東京大学出版会
芭蕉 終焉まで　山本健吉著	新潮社
文学者の戦争責任　吉本隆明ほか著	淡路書房
悪い夏　吉行淳之介著	角川小説新書

【翻訳】

日本彫刻史　ラングドン・ウォーナー著　宇佐見英治訳　国	みすず書房
現代音楽 フランスを除く　アンドレ・オデール著　吉田秀和訳	文庫クセジュ
楡の木陰の欲情　オニール著　井上宗次訳	岩波文庫
近代芸術の状況　ジャン・カスー著　瀧口修造訳	人文書院
女たち　ピエール・ガスカル著　室淳介訳	大日本雄弁会講談社
飢餓術師　カフカ著　長谷川四郎訳	河出文庫
世界文学全集（全80巻）　クローデルほか著　中村真一郎ほか訳	河出書房
恋の駆引　マルキ・ド・サド著　澁澤龍彦訳	河出文庫
十八世紀フランス文学　V.L.ソーニエ著　山田稔ほか訳	白水社
マルクスレーニン主義美学（上）　ソ同盟科学アカデミー編　ソヴェト研究者協会訳	青木文庫
統一戦線と党内民主主義　モーリス・トレーズ著　フランス現代史研究会訳	未來社
パヴロフ選集（上） パヴロフ著　ハ・エス・コシトヤンツ編　東京大学ソヴェト医学研究会訳	蒼樹社
音楽と文学　アンリ・プリュニエールほか著　柿沼太郎編訳	音楽新書・音楽之友社
藝術論　フロイド著　高橋義孝訳	河出文庫
精神分析入門　フロイド著　安田徳太郎訳	角川文庫
ヘーゲル全集（全32冊）　ヘーゲル著　竹内敏雄ほか訳	岩波書店
チベット征族記　スヴェン・ヘディン著　吉田一次訳	彰考書院
現代絵画　ヴェントゥリ著　宇佐見英治訳	みすず書房
アメリカその日その日　ボーヴォワール著　河上徹太郎訳	新潮社
薔薇と十字架 ヨーロッパとは何か　サルヴァドール・マダリアーガ著　上原和夫訳　和	みすず書房
頭にいっぱい太陽を シャンソン歌手の回想記　イヴ・モンタン著　渡辺淳訳	大日本雄弁会講談社
芸術の草の根（岩波現代叢書）　H.リード著　増野正衛訳	岩波書店
モダンアートの哲学　ハーバート・リード著　宇佐見英治ほか訳	みすず書房
新しき芸術　ル・コルビュジェほか著　吉川逸治訳	河出新書
紀伊國屋アート・ギャラリー（全16巻） ジャン・レマリほか著　武者小路実光ほか訳　瀧口修造監修	紀伊國屋書店

【詩集等】

海 長谷川四郎訳詩集	飯塚書店

【カタログ・その他】

世界·今日の美術展	朝日新聞社
美術批評 1月号	美術出版社
文藝増刊号 戦後10年傑作小説集	河出書房新社

【執筆・著作】

現代芸術講座Ⅳ 現代芸術用語辞典　現代芸術研究所編　(演劇担当)	河出新書
続 小説の秘密 創作対談　中島健蔵編　解体と綜合(安部公房との対談)	中央公論社
東京大学新聞 11/5·12　戦争の本質えぐる「壁あつき部屋」を見て	東京大学新聞社
北國新聞 4/25　美術：批評精神を批評する 歴史の現実を動かす力	北國新聞社
体系文学講座 第1巻　阿部知二ほか編　文芸学	青木書店
芸術新潮 10月号　平和という名の美術	新潮社

1957(昭和32年)

【和書】

けものたちは故郷をめざす　安部公房著	講談社
宇宙文明論　荒正人著	平凡社
小説家 現代の英雄　荒正人著	カッパブックス
雪どけを越えて 政治と文学　荒正人著	近代生活社
白頭吟　石川淳著 [和]	中央公論
小説の認識　伊藤整著	河出新書
近代日本文学の風貌　稲垣達郎著 [和]	未來社
日本近代史　井上清ほか著	合同出版社
あすなろ物語·霧の道　井上靖著	三笠書房
與謝野晶子書誌　入江春行著	創元社
モゴール族探検記　梅棹忠夫著	岩波新書
詩の教室　大岡信ほか著	飯塚書店
嘉村礒多 人と作品　太田静一著	彌生書房
古典主義·浪漫主義　小場瀬卓三ほか著	三一書房
中間文化　加藤秀俊著	平凡社
現代史の課題　亀井勝一郎著	中央公論社
日本近代美術史　木村重夫著	造形芸術研究会
フォード·一九二七年　小林勝著 [和]	大日本雄弁会講談社
人間の條件(全6部)　五味川純平著	三一新書
椎名麟三作品集(全7巻)　椎名麟三著	大日本雄弁会講談社
新作の証言　椎名麟三著	筑摩書房
岩波講座 現代思想(全12巻)　清水幾太郎ほか著	岩波書店
灰色の眼の女　神西清著 [和]	中央公論社
世界美術全集(全30巻)	平凡社
二〇世紀の藝術　瀬木慎一著	昭森社
対談現代文壇史　高見順著	中央公論社
才子佳人·月光都市　武田泰淳著	新潮社
富嶽百景　太宰治著	新潮文庫

熊野 地方史研究所編	地方史研究所
グロッタの画家 東野芳明著	美術出版社
事実と解釈―盾の表がわを見よ 中野重治著	大日本雄弁会講談社
中村光夫作家論集（全3巻） 中村光夫著	大日本雄弁会講談社
文學のありかた 中村光夫著	筑摩書房
私の文学論 中村光夫著	新潮社
文学的映画論 野間宏著	中央公論社
映画の心理学 波多野完治著 [和]	新潮社
濠渠と風車 埴谷雄高著	未來社
鞭と獨樂 埴谷雄高著	未來社
現代の作家 平野謙著	角川文庫
組織のなかの人間 平野謙著	未來社
民衆と演芸 福田定良著	岩波新書
信貴山縁起繪巻 藤田經世ほか著 文化史懇談会編 [国]	東京大学出版会
認識論（現代哲学全書） 藤本進治著	青木書店
画壇 美術記者の手記 船戸洪吉著	美術出版社
時間 堀田善衞著	新潮文庫
転向文学論 本多秋五著	未來社
假面の告白 三島由紀夫著	新潮文庫
現代小説は古典たり得るか 三島由紀夫著	新潮社
三島由紀夫選集（全19巻） 三島由紀夫著	新潮社
荷車の歌 山代巴著	筑摩書房
文学の鑑賞（毎日ライブラリー） 山本健吉ほか著	毎日新聞社
二十世紀の音楽 吉田秀和著	岩波新書
高村光太郎 吉本隆明著	飯塚書店

【翻訳】

ガラスの動物園 テネシー・ウィリアムズ著 田島博訳	新潮文庫
映画シナリオ論 エイゼンシテインほか著 樹下節編訳 [和]	理論社
ナショナリズムの発展 E.H.カー著 大窪愿二訳	みすず書房
純粋理性批判（下） イマーヌエル・カント著 天野貞祐訳	岩波文庫
ポール・クレー 造形芸術論 作品と生涯 クレー著 勝見勝編訳 [国]	三笠書房
沙漠と闘う人々 リッチ・コールダー著 甲斐静馬訳	岩波新書
サルトル（永遠の作家叢書） F.ジャンソン著 伊吹武彦訳	人文書院
ヴィルヘルム・テル シラー著 桜井正隆ほか訳	岩波文庫
スターリン時代 A.L.ストロング著 大窪愿二訳	みすず書房
近代芸術の革命（美術選書） ハンス・ゼーデルマイヤ著 石川公一訳	美術出版社
世界芸術論大系 高橋義孝ほか編 [和]	河出書房新社
情念論（哲学叢書） デカルト著 伊吹武彦訳	創元社
ロートレアモン全集（全3巻） イジドール・デュカス著 栗田勇訳	ユリイカ
ケニヤからキリマンジャロへ R.トリュフオ著 近藤等訳	新潮社
笑いについて マルセル・パニョル著 鈴木力衛訳	岩波新書

民族社会主義革命 ハンガリヤ十年の悲劇 F.フェイト著 村松剛ほか訳	近代生活社
マノン・レスコー アベ・プレヴォ著 河盛好蔵訳	岩波文庫
モダン・デザインの展開 ニコラス・ペヴスナー著 白石博三訳 国	みすず書房
アンドレ・ジッド―人と作品 マルク・ベーグブデル著 渡辺淳訳	大日本雄弁会講談社
想像力 ジャンヌ・ベルニ著 原亨吉訳	文庫クセジュ
小説と詩の文体 J.M.マリイ著 両角克夫訳	ダヴィッド社
東西美術論(全3巻) マルロオ著 小松清訳	新潮社
変貌する人間 ルイス・マンフォード著 瀬木慎一訳	美術出版社
雀横丁年代記 W.ラーベ著 山下肇編註 国	南江堂
イコンとイデア ハーバード・リード著 宇佐見英治訳	みすず書房
インダストリアル・デザイン ハーバード・リード著 勝見勝ほか訳 国	みすず書房
彫刻の芸術 ハーバード・リード著 宇佐見英治訳 和	みすず書房
ゴビ砂漠探検記 ア・カ・ロジェストヴェンスキー著 南信四郎訳	ベースボール・マガジン社

【カタログ・その他】

LIVING DESIGN デザイン10年の歩み 季刊秋号No.1	美術出版社

【執筆・著作】

日本読書新聞 2/11 芸術の進化と"イメージ" 今日のアクチュアルな問題につながる発言	日本出版協会
世界芸術論大系 第9巻 ドイツ 現代 高橋義孝編 芸術の精神性(カンデインスキー著 針生一郎訳)	河出書房新社
日本読書新聞 12/23 動向と収穫 一九五七年回顧特集	日本出版協会
図書新聞 401号 6/1 中村光夫の「作家論集」	図書新聞社
みづゑ 1月号 物質と人間	美術出版社
みづゑ 10月号 ミッシェル・タピエ氏をかこんで 「座談会」東野芳明・中原祐介ほか	美術出版社
芸術新潮 7月号 変貌するピカソ	新潮社

1958(昭和33年)

【和書】

裁かれる記録 安部公房著	講談社
鑑真 安藤更生著	美術出版社
日本文學の近代と現代 猪野謙二著	未來社
好色五人女 井原西鶴著 暉峻康隆訳註	角川書店
世界の名画二十世紀 今泉篤男編	美術出版社
日本映画作家論 岩崎昶著 和	中央公論社
世界各国史 東欧史 梅田良忠編	山川出版社
奴隷の思想を排す 江藤淳著	文藝春秋新社
二十世紀美術 イズムとしての現代美術史 大下正男編	美術出版社
現代文学講座(全5巻) 小田切秀雄ほか著 日本文学学校編	飯塚書店
千利休 唐木順三著	筑摩書房
森鷗外 唐木順三著	現代教養文庫
日本の美術 河北倫明著	現代教養文庫
近代繪畫 小林秀雄著	新潮社
断層地帯 第三部 小林勝著	出版書肆パトリア

1958（昭和33年）

戦後作家研究　佐古純一郎ほか編著	誠信書房
浪漫主義文學の誕生　笹淵友一著	明治書院
裸の日本人　佐藤忠男著	カッパブックス
現代日本写真全集（全9巻）　座右宝刊行会編	東京創元社
雨は降り続いている　椎名麟三著	東京書房
美しい女　椎名麟三著	中央公論社
フォイエルバッハ（思想学説全書3）　城塚登著	勁草書房
革命文学と文学革命　杉浦民平著 [和]	弘文堂
現代の美術　瀬木慎一著	現代教養文庫
ゴッホ 生涯と芸術　瀬木慎一著	社会思想研究会出版部
昭和文学盛衰史1・2　高見順著	文藝春秋新社
岩波講座 日本文学史（全16巻）　高見順ほか著	岩波書店
日本文化研究（全9巻）　竹山道雄ほか著	新潮社
日本絵画史の展望　田中一松著	美術出版社
谷川雁詩論集 原点が存在する　谷川雁著	弘文堂
鳥海青児滞欧素描集　鳥海青児著 [和]	造形芸術研究所出版部
ヒロシマ　土門拳著 [和]	研光社
現代作家論　中村光夫著	新潮社
風俗小説論　中村光夫著	新潮文庫
二葉亭四迷傳　中村光夫著	講談社
日本革命文学の展望　西田勝著	誠信書房
映画的思考　花田清輝著	未來社
造形の心理 生きている絵画　土方定一著	新潮社
ランボオからサルトルへ―フランス象徴主義の問題　平井啓之著	弘文堂
藝術と實生活　平野謙著	講談社
自由と責任とについての考察　廣津和郎著	中央公論社
作家論　福田恆存著	新潮社
現代怪談集　堀田善衛著 [和]	創元社
亂世の文學者　堀田善衛著	未來社
文芸思想史（全5巻）　松田道雄ほか著	三一書房
異物　真鍋呉夫著	出版書肆パトリア
日本政治思想史研究　丸山眞男著	東京大学出版会
現代文學覺え書　山本健吉著	新潮社
横山大観の芸術―日本画近代化のたたかい　吉沢忠著 [国]	美術出版社

【翻訳】

尋問　アンリ・アレッグ著　長谷川四郎訳	みすず書房
現代藝術の精神　カンディンスキー著　斉藤正二訳 [和]	昭森社
メキシコ発見　E.E.キッシュ著　永戸多喜雄訳	講談社
不信の時代（現代文藝評論叢書）　N.サロート著　白井浩司訳	紀伊國屋書店
世界文學大系（全96巻＋別巻2） [和]	筑摩書房
芸術の歴史1　アーノルド・ハウザー著　高橋義孝訳	平凡社

世界美術史 ジェルマン・バザン著 秋山光和ほか訳	平凡社
ピランデルロ名作集 ピランデルロ著 岩田豊雄ほか訳	白水社
演劇の理念 フランシス・ファーガソン著 山内登美雄訳	未來社
ブレヒト戯曲選集 ブレヒト著 千田是也ほか訳	白水社
ゴッホの生涯 アンリ・ペリュショ著 今野一雄ほか訳 [国]	紀伊國屋書店
小説と政治 アーヴィング・ホウ著 中村保男訳	紀伊國屋書店
コミュニケーションの歴史(岩波現代叢書) L.ホグベン著 寿岳文章訳	岩波書店
抽象と感情移入—東洋藝術と西洋藝術 ヴォリンゲル著 草薙正夫訳	岩波文庫
マヤコフスキー選集(全3巻) マヤコフスキー著 小笠原豊樹ほか訳	飯塚書店
世界シナリオ選集1957年版 テレンス・ラティガンほか著 岩崎昶監修	みすず書房
パンチョー・ヴィラの国にて D.G.ラム著 黒沼健訳 [和]	新潮社
散文論 ハーバード・リード著 田中幸穂訳	みすず書房
若きマルクス G.ルカーチ著 平井俊彦訳	ミネルヴァ書房
告白録(上) ルソー著 井上究一郎訳	新潮文庫
ピエールとリュース ロマン・ロラン著 渡辺淳訳	角川文庫
ロルカ選集(全3巻+別巻1) ロルカ著 栗林種一ほか訳	書肆ユリイカ

【詩集等】

菅原克己詩集 日の底	飯塚書店

【カタログ・その他】

高雄山神護寺(案内)	神護寺

【執筆・著作】

週刊読書人 6/2 白熱した精神の冒険 歴史をのり超える美の創造性	読書人
二十世紀美術 イズムとしての現代美術史 大下正男編 表現主義	美術出版社
読売新聞 7/5(夕刊) 文学と美の問題/文学・その救済の途/感性変革の課題を放棄	読売新聞社
日本読書新聞 1/13 最も透徹した解明 歴史を軸に自律的法則を探る	日本出版協会

1959(昭和34年)

【和書】

石垣栄太郎 石垣栄太郎著 立石鉄臣編 [和]	美術出版社
近代日本思想史講座(全8巻) 伊藤整ほか編	筑摩書房
小説ガダルカナル戦詩集 井上光晴著	未來社
日本古代國家成立史の研究 上田正昭著	青木書店
海賊の唄 江藤淳著	みすず・ぶっくす
作家は行動する 江藤淳著	講談社
岩手の重要犯罪その捜査記録 及川常作編	熊谷印刷出版部
労働者の日本語 大久保忠利ほか編	三一書房
茶の本 岡倉覚造著 村岡博訳	岩波文庫
日本文学の病状 奥野健男著	五月書房
生きているユダ 尾崎秀樹著	八雲書店
屋根裏の独白 開高健著	中央公論社
自伝的な文学史 鹿地亘著	三一新書
神幸祭 加藤周一著 [和]	講談社

1959（昭和34年）

日本の彫刻　金子良運著	現代教養文庫
職場の群像　上坂冬子著	中公文庫
無用者の系譜（日本文化研究2）　唐木順三著	新潮社
近代の洋畫人　河北倫明ほか著　栗本和夫編 [和]	中央公論美術出版社
現代美術家シリーズ 髙山辰雄　菊池芳一郎編 [和]	時の美術社
髙山辰雄　菊地芳一郎著	時の美術社
ドラマの世界　木下順二著	中央公論社
原始美術論　木村重信著	三一新書
戦後日本の思想　久野収ほか著	中央公論社
千利休　桑田忠親著	角川文庫
現代日本文學全集（全99巻）	筑摩書房
日本浪曼派の運動　三枝康高著 [和]	現代社
現代芸術はどうなるか　佐々木基一著	講談社
明日なき日　椎名麟三著	人文書院
生きる意味　椎名麟三著	社会思想研究会出版部
断崖の上で　椎名麟三著	中央公論社
サド復活 自由と反抗思想の先駆者　澁澤龍彦著	弘文堂
現代社会の芸術　瀬木慎一著	三一新書
幻想画家論　瀧口修造著	新潮社
司馬遷 史記の世界　武田泰淳著	文藝春秋新社
誤解する権利―日本映画を見る　鶴見俊輔著	筑摩書房
文學 その内面と外面　寺田透著 [和]	弘文堂
詩的なるもの　寺田透著 [和]	現代思潮社
美学的空間（現代芸術論叢書）　中井正一著	弘文堂
文学の回帰　中村光夫著	筑摩書房
ドイツ文学特集 ゲーテ　日本独文学会編	郁文堂書店
日本美術全史（上･下）　野間静六ほか著　今泉篤男ほか編	美術出版社
感覚と欲望と物について　野間宏著	未來社
近代の超克　花田清輝著	未來社
國立西洋美術館 松方コレクション　浜口隆一ほか著	現代教養文庫
現代の批評　浜田泰三著	三一新書
中世文化の基調　林屋辰三郎著	東京大學出版會
日本文化史講座（全6巻）　肥後和男ほか著　大森志郎ほか編	明治書院
近代日本の画家たち　土方定一著	美術出版社
近代文学鑑賞講座（全25巻）　福永武彦ほか編	角川書店
現代思想としてのマルクス主義　藤野渉編	大月書店
上海にて　堀田善衛著	筑摩書房
鏡子の家（第一部･第二部）　三島由紀夫著	新潮社
道標　宮本百合子著	新潮文庫
久保栄論　村上一郎著 [和]	弘文堂
戦後思想史　山田宗睦著	三一新書

抒情の論理 吉本隆明著	未來社
娼婦の部屋 吉行淳之介著	文藝春秋新社

【翻訳】

点·線·面 カンディンスキー著 西田秀穂訳	美術出版社
世界の中の世界 自伝 第1部·第2部 スティーヴン·スペンダー著 高城楢秀ほか訳	南雲堂
神曲(下) ダンテ著 山川丙三郎訳	岩波文庫
エロティシズム ジョルジュ·バタイユ著 室淳介訳	ダヴィッド社
抽象芸術 マルセル·ブリヨン著 瀧口修造ほか訳	紀伊國屋書店
思考の表裏 ブルトンほか著 堀口大學編訳	昭森社
デミアン H.ヘッセ著 高橋健二訳	新潮社
東洋のリアリズム 茅盾著 加藤平八訳	新読書社出版部
アンドレ·ブルトンと超現実主義 ジャン·ポーランほか著 花崎皐平ほか編訳	昭森社
ヒューマニズムとテロル モーリス·メルロ=ポンティ著 森本和夫訳	現代思潮社
植民地 その心理的風土 アルベール·メンミ著 渡辺淳訳	三一書房
ダダの冒険1916−1922 ジォルジュ·ユニェ著 江原順訳 和	美術出版社
哲学者の危機 ルフェーヴル著 森本和夫訳 和	現代思潮社

【詩集等】

不安と遊撃 黒田喜夫詩集	飯塚書店

【執筆·著作】

東京大学新聞 392号 11/26 映画化された革新運動 記録映画「安保条約」をめぐって	東京大学新聞社
新日本文学 10月号 蝸牛角上の争いをみる	新日本文学会
図書新聞 2/14 既成概念の変革求む 早晩常識となるべき妥当性	図書新聞社
國立西洋美術館 松方コレクション ドラクロアとクールベ	現代教養文庫
日本読書新聞 7/5 内面生活への照明 求める、至高なものの表現	日本出版協会

1960(昭和35年)

【和書】

推理小説への招待 荒正人ほか編	南北社
中世的世界の形成 石母田正著	東京大学出版会
虚構のクレーン 井上光晴著	未來社
死者の時 井上光晴著	中央公論社
現代映画論 記録性と芸術性 今村太平著	へいぼんぶっくす
土偶 江坂輝彌著	校倉書房
作家論 江藤淳著	中央公論社
夏目漱石 江藤淳著	講談社
正法眼蔵随聞記 古田紹欽訳註 懐奘編	角川書店
芸術マイナス1 戦後芸術論(現代芸術論叢書) 大岡信著	弘文堂
日本古代共同体の研究 門脇禎二著	東京大学出版会
古代智識階級の形成 日本人の精神史研究 亀井勝一郎著	文藝春秋新社
建築の滅亡 川添登著	現代思潮社
菊池寛文学全集(全10巻) 菊池寛著	文藝春秋新社
現代美術家シリーズ 山本丘人 菊地芳一郎編著 国	時の美術社

1960（昭和35年）

メキシコの誘惑　北川民次著 [和]	新潮社
現代美術（全）	みすず書房
墓碑銘　小島信夫著	中央公論社
白痴　坂口安吾著	新潮文庫
密教美術論　佐和隆研著	便利堂
離島の幸福離島の不幸　島尾敏雄著	未來社
写真集 三池	麥書房
実存主義と革命　白井健三郎著	現代思潮社
石器時代の日本　芹沢長介著	築地書館
日本共産党史—神格化された前衛　田川和夫著	現代思潮社
芸術運動の未来像　武井昭夫著	現代思潮社
画壇青春群像　竹田道太郎著	雪華社
日本美術の研究　田中豊蔵著	二玄社
歴史における芸術と社会　田中日佐夫ほか著　日本史研究会編	みすず書房
民主主義の神話—安保闘争の思想的総括　谷川雁ほか著	現代思潮社
世界の歴史（全17巻+別巻1）　筑摩書房編集部編	筑摩書房
曹良奎画集　曹良奎著　曹良奎画集編集委員会編 [国]	美術出版社
日本経済入門 世界一の成長がもたらすもの　長洲一二著	光文社
円空の彫刻　土屋常義著	造形社
土門拳写真集 筑豊のこどもたち　土門拳著	パトリア書店
熱愛者　中村眞一郎著 [和]	講談社
京の魅力　中村直勝著　葛西宗誠・写真 [和]	淡交新社
戦争まで　中村光夫著	垂水書房
想像力について　中村光夫著	新潮社
罠　夏堀正元著	カッパブックス
日本美術大系（全11巻）	講談社
日本浪漫派批判序説　橋川文三著	未來社
雪舟等揚論—その人間像と作品　蓮実重康著	筑摩書房
幻視のなかの政治　埴谷雄高著	中央公論社
現代イデオロギー　日高六郎著	勁草書房
前近代の可能性　廣末保著	未來社
零から数えて　堀田善衞著	文藝春秋新社
物語戦後文学史　本多秋五著	新潮社
松浦武四郎蝦夷日誌集 釧路叢書 第一巻	釧路市
或る「小倉日記傳」　松本清張著	角川文庫
点と線　松本清張著	カッパブックス
象は鼻が長い　三上章著	くろしお出版
宴のあと　三島由紀夫著	新潮社
横井礼似自選画集（非売品）　横井礼似著	三彩社

【翻訳】

あしながおじさん　ウェブスター著　松本恵子訳	新潮文庫

カフカ全集(全6巻) カフカ著 大山定一ほか訳	新潮社
ある絵の伝記 ベン·シャーン著 佐藤明訳	美術出版社
人形劇の歴史 ルネ·シャヴァンス著 二宮フサ訳	文庫クセジュ
世界大思想全集 哲学·文芸思想篇(全31巻) ボワローほか著 小場瀬卓三ほか訳	河出書房新社
現代建築 ミッシェル·ラゴン著 高階秀爾訳	紀伊國屋書店
ロダンの言葉抄 ロダン著 高田博厚ほか編 高村光太郎訳	岩波文庫

【カタログ・その他】

相·SOH 現代芸術評論誌 4·5月号 1号 高階秀爾ほか編	[記載なし]

【執筆・著作】

読売新聞 5/14 きびしい"洋画"のたたかい/梅原芸術の新しい意味	読売新聞社
シリーズ現代美術6 ゴッホ ゴッホの原点	みすず書房
美術運動 59 前衛はどこにいるか	日本美術会
日本読書新聞 1051号 5/2 政治の「悪夢」に取り組む:文芸時評5月 (小林秀雄「ヒットラーと悪魔」·石原慎太郎「狼生きろ豚は死ね」·北杜夫「夜と霧の隅で」ほか)	日本出版協会
東京新聞 11/2 「動乱−眼に映る以上のもの−」(C·マイダンス著·須賀照雄訳)	東京新聞社
日本読書新聞 1077号 10/31 読者の書評選評:上野英信「追われゆく坑夫たち」(野中三郎執筆)	日本出版協会
読売新聞 5/22(夕刊) 文化:美術時評 新しい理念探究を	読売新聞社
写真集 三池 「暴力」考	麦書房
新日本文学 9月号 特集·現代日本の思想状況 三池コンミューン	新日本文学会
日本読書新聞 1073号 10/3 三池に生れた思想、その火は消えるのか	日本出版協会
新日本文学 7月号 われらのなかのコンミューン−三池からみた安保闘争	新日本文学会

1961(昭和36年)

【和書】

日本の近代文学 飛鳥井雅道著	三一書房
斥候よ 夜はなお長きや いいだもも著	角川書店
禅のこころ 飯塚関外著	講談社現代新書
池野清 池野清著 [和]	池野清画集刊行会
石川淳 井澤義雄著	彌生書房
アクチュアルな女 泉大八著	三一書房
飢える故郷 井上光晴著	未來社
小林秀雄 江藤淳著	講談社
円空·人と作品 江原順解説 後藤英夫·写真 [国]	三彩社
花影 大岡昇平著 [和]	中央公論社
俘虜記 大岡昇平著	新潮文庫
抒情の批判 日本的美意識の構造試論 大岡信著	晶文社
大島渚作品集 日本の夜と霧 大島渚著 [和]	現代思潮社
日光 その美術と歴史 岡田譲ほか著	淡交新社
忘れられた日本〈沖縄文化論〉 岡本太郎著	中央公論社
殺しの美学 尾崎秀樹著	三一新書

1961（昭和36年）

近代日本の精神構造 神島二郎著	岩波書店
中世から近世へ 唐木順三著	筑摩書房
デザインとは何か 川添登著	角川新書
河又松次郎写真集 小児マヒとたたかう母と子 河又松次郎著	研光社
大化の改新 北山茂夫著	岩波新書
釧路関係日記古文書集 釧路叢書 第二巻	釧路市
熊谷守一 熊谷守一刊行会編	美術出版社
芸術の理解のために 小林太市郎著 [国]	淡交新社
日本古墳の研究 斎藤忠著	吉川弘文館
佐藤直太朗郷土研究論文集 釧路叢書 第三巻 佐藤直太朗著	釧路市
日本における構造改革 佐藤昇編	三一書房
島尾敏雄作品集（全5巻） 島尾敏雄著	晶文社
長流（全8巻） 島本久恵著	みすず書房
世界名画全集（全25巻+別巻1）	平凡社
視覚芸術論 ポスターからTVまで 瀬木慎一著	老鶴圃新書
円空の彫刻 竹内博編 田枝幹宏・写真 丸山尚一・評論 [和]	紀伊國屋書店
不服従の遺産 竹内好著	筑摩書房
魯迅 竹内好著	未來社
政治家の文章 武田泰淳著	岩波新書
東京計画1960 その構造改革の提案 丹下健三研究室編 [国]	丹下健三研究室
折衷主義の立場 鶴見俊輔著	筑摩書房
作家論集 理智と情念（上・下） 寺田透著	晶文社
チャックの笑い—未開の國・文明の國 利根山光人著 [国]	三彩社
梶井基次郎 中谷孝雄著	筑摩書房
干潮のなかで 野間宏著	新潮社
ベルリン物語 長谷川四郎著 [和]	勁草書房
新劇評判記 花田清輝ほか著	勁草書房
虚空 埴谷雄高著	現代思潮社
墓銘と影繪 埴谷雄高著	未來社
ルネサンスの詩 平川祐弘著	老鶴圃新書
ゴーギャンの世界 福永武彦著	新潮社
海鳴りの底から 堀田善衞著	朝日新聞社
美の襲撃 三島由紀夫著	講談社
二つの庭 宮本百合子著	新潮文庫
現代のヒューマニズム 務台理作著	岩波新書
渡邊崋山 森銑三著	創元社
日光東照宮 矢島清文著	現代教養文庫
座談会 明治文学史 柳田泉ほか編	岩波書店
海南小記 山の人生 北の人 東奥異聞 猪・鹿・狸 柳田國男ほか著	平凡社

【翻訳】

わがキューバ革命 その思想と展望 フィデル・カストロ著 池上幹徳訳	理論社

私は魔術師 レナルド・キオ著 馬上義太郎訳	三一新書
グラムシ選集（全6巻） グラムシ著 竹久二編	合同出版社
クレーの日記 パウル・クレー著 南原実訳	新潮社
惡徳の栄え 普及版 マルキ・ド・サド著 澁澤龍彦訳	現代思潮社
近代絵画の見かた ゲオルグ・シュミット著 中村二柄訳	現代教養文庫
喜びは死を超えて マリーナ・セレーニ著 大久保昭男訳	弘文堂
わが生涯（上・中・下） トロツキー著 栗田勇ほか訳	現代思潮社
おばあさん ニェムツォヴァー著 栗栖継訳	岩波文庫
三文オペラ ベルトルト・ブレヒト著 千田是也訳	岩波文庫
初期マルクス研究 マルクーゼ著 良知力ほか訳	未來社

【カタログ・その他】

北川民次 版画総目録1929−1961 久保貞次郎編	[記載なし]
世紀の秘宝 インカ帝国黄金展	読売新聞社・東京国立博物館
中国宋元美術展目録	東京国立博物館
ルーブルを中心とするフランス美術展	朝日新聞東京本社

【執筆・著作】

美術手帖 10月号 現代イタリア美術の新人たち−神話時代の喪失	美術出版社
週刊読書人 399号 11/6 座談会：政治と芸術（木下順二・佐々木基一と）	読書人
美術手帖 6月号 特集：現代美術の実験 実験展という名の実験	美術出版社
読売新聞 12/16（夕刊） 文化：フランス芸術展をみて	読売新聞社

1962（昭和37年）

【和書】

砂の女 安部公房著	新潮社
新日本文学全集（全38巻） 荒正人編	集英社
澱河歌の周辺 安東次男著	未來社
岩波講座 日本歴史（全23巻） 家永三郎ほか編	岩波書店
新島 工作者の伝説 石田郁夫著	未來社
西洋の影 江藤淳著	新潮社
死者の奢り・飼育 大江健三郎著	新潮文庫
声の狩人 開高健著	岩波新書
女ひとり原始部落に入る アフリカ・アメリカ体験記 桂ユキ子著	カッパブックス
自然主義文学−各国における展開 河内清編	勁草書房
楡家の人びと 北杜夫著	新潮社
伝統の逆説 日本の美と空間 栗田勇著 和	七曜社
神聖受胎 澁澤龍彦著	現代思潮社
島へ 島尾敏雄著	新潮社
非超現実主義的な超現実主義の覚え書 島尾敏雄著	未來社
近代芸術（美術選書） 瀧口修造著	美術出版社
視点と非存在 20世紀文学批判 竹内泰宏著	現代思潮社
複製芸術論 多田道太郎著	勁草書房
大正期の文芸評論 谷沢永一著	塙書房

1962（昭和37年）

文化革新のヴィジョン　田村進編	合同出版社
現代コミュニズム史（下）　津田道夫ほか著	三一書房
やさしいドイツ語の手紙　永井一夫著	大學書林
美と集団の論理　中井正一著　久野収編	中央公論社
現代の作家　中野好夫編	岩波新書
ナンセンスの美学　中原佑介著	現代思潮社
文学の擁護　中村真一郎著 [和]	河出書房新社
佐藤春夫論　中村光夫著	文藝春秋新社
弘仁·貞観時代の美術　蓮実重康編 [和]	東京大学出版会
新編 映画的思考　花田清輝著	未來社
垂鉛と弾機　埴谷雄高著	未來社
罠と拍車　埴谷雄高著	未來社
京都　林屋辰三郎著	岩波新書
釧路漁業発達史　布施正著	釧路市
続·物語戦後文学史　本多秋五著	新潮社
牧野信一全集（全3巻）　牧野信一著	人文書院
美しい星　三島由紀夫著	新潮社
デザイナー誕生 近世日本の意匠家たち（美術選書）　水尾比呂志著	美術出版社
アメリカ感情旅行　安岡章太郎著	岩波新書
花祭　安岡章太郎著	新潮社
定本 柳田國男集（全36巻）　柳田國男著	筑摩書房
擬制の終焉　吉本隆明著	現代思潮社

【翻訳】

世界教養全集（全34巻+別巻4）　アランほか著　高村光太郎ほか訳	平凡社
芸術と芸術家　カンディンスキー著　西田秀穂ほか訳 [国]	美術出版社
戦争国家　フレッド·クック著　笹川正博訳	みすずぶっくす
愛と思想と人間と　アントニオ·グラムシ著　上杉聡彦訳	合同出版社
スターリン時代　クリヴィツキー著　根岸隆夫訳	みすず書房
パウル·クレー　フェリックス·クレー著　矢内原伊作ほか訳 [国]	みすず書房
マルキ·ド·サド選集（全6巻）　マルキ·ド·サド著　澁澤龍彦訳	桃源社
躓づいてた神　S.スペンダー著　海老塚敏雄訳 [和]	南雲堂
日本美の再発見　ブルーノ·タウト著　篠田英雄訳	岩波新書
ピカソの世界−その生活をめぐって　ダンカン著　中込純次訳	白水社
神·墓·学者　C.W.ツェーラム著　村田数之亮訳	中央公論社
現代革命へのアプローチ　E.トムソンほか著　田村進編	合同出版社
トロツキー選集（全12巻+補巻3）　トロツキー著　徳田準ほか訳 [和]	現代思潮社
近代人の疎外　F.パッペンハイム著　粟田賢三訳	岩波新書
大尉の娘　プーシキン著　神西清訳	岩波文庫
文学空間　モーリス·ブランショ著　粟津則雄ほか訳	現代思潮社
文学と人間像　J.B.プリーストリ著　阿部知二ほか訳	筑摩書房
今日の世界は演劇によって再現できるか　ブレヒト著　千田是也編訳	白水社

ノックの合図 中級読物 ハインリッヒ・ベル著 大澤峯雄編 国	朝日出版社
フルシチョフ時代 G.ボッファ著 石川善之助訳	三一新書
現代美術の四万年 ジャック・モーデュイ著 木村太郎ほか訳	角川書店
ぼく自身のための広告 ノーマン・メイラー著 山西英一訳 和	新潮社
美の前衛たち フランス現代絵画(美術選書) ミシェル・ラゴン著 小海永二訳	美術出版社
シンボルの哲学 S.K.ランガー著 矢野萬里ほか訳	岩波書店
近代絵画史 ハーバート・リード著 大岡信訳	紀伊國屋書店
ローザ・ルクセンブルク選集(全4巻) ローザ・ルクセンブルク著 高原宏平ほか訳	現代思潮社

【詩集等】

玉城徹歌集 馬の首	不識書院

【カタログ・その他】

磯辺行久 瀬木慎一・ピエール・レスタニー・文 和	東京画廊
木田金次郎新作展	朝日新聞社
釧路漁業発達史	釧路市
ピカソ・ゲルニカ展	国立西洋美術館
ミロ版画展 国立西洋美術館事業課編	読売新聞社

【執筆・著作】

新日本文学 3月号 アクチュアリティとは何か	新日本文学会
読売新聞 9/8 訪れた「空白の時代」ゼロにもどって立ち上がれ	読売新聞社
近代芸術(美術選書) 瀧口修造著 解題	美術出版社
美術手帖 9月号 現代日本の作家 真鍋博	美術出版社
日本読書新聞 1153号 4/30 業執ににた情念/定説をはみでて生きた作家 (書評:「牧野信一全集 全3巻」人文書院)	日本出版協会
週刊読書人 413号 2/19 書評:中村光夫「佐藤春夫論」(文藝春秋社)	読書人
週刊読書人 436号 7/30 知られざるピカソ/変貌の謎解く鍵 ピカソのピカソ (書評:ダンカン「ピカソの世界」白水社・「ピカソのピカソ」美術出版社)	読書人
週刊読書人 455号 12/17 一九六二年展望 芸術	読書人
美術手帖 6月号 20世紀美術の視点6 1916年/チューリッヒ	美術出版社
中部日本新聞 11/15 美術時評:権威主義と地方画壇/日展と北陸中日美術展をみて	中部日本新聞社
中部日本新聞 2/7 美術時評:時代錯誤の「県展選抜展」	中部日本新聞社
読売新聞 9/6 文明批評的な芸術論 ティンゲリーらの前衛作家通して	読売新聞社
読売新聞 3/6(夕刊) 読売アンデパンダンから/冒険と自由/水谷勇夫「狂宴」	読売新聞社

1963(昭和38年)

【和書】

映画美学入門(美術選書) 浅沼圭司著	美術出版社
白い塔 阿部知二著 和	岩波書店
グラムシ研究(全3巻) アントニオ・グラムシ研究所編 和	合同出版
地の群れ 井上光晴著	河出書房新社
藝術と伝統 大岡信著	晶文社
岩野泡鳴 大久保典夫著	南北社
戦後映画 破壊と創造 大島渚著 和	三一書房

1963（昭和38年）

私の現代芸術　岡本太郎著	新潮社
大きな肉体と小さな精神　映画による文明論　小川徹著 [和]	七曜社
角川版昭和文学全集（全60巻）　開高健ほか著	角川書店
ロビンソンの末裔ほか（昭和文学全集ルビー・セット9）　開高健ほか著	角川書店
戦後十五年の日本美術史　菊地芳一郎著	時の美術社
春の犠牲　木島始著	未來社
サド裁判（上・下）　現代思潮社編集部編	現代思潮社
今日の社会心理学（全6巻）　作田啓一著	培風館
現代の絵画（全7巻）　座右宝刊行会編 [和]	小学館
現代の経験　清水幾太郎著	現代思潮社
ドキュメント 田舎・炭鉱・部落　杉浦明平著 [和]	未來社
演歌の明治大正史　添田知道著	岩波新書
世紀末芸術　高階秀爾著	紀伊國屋新書
いやな感じ　高見順著 [和]	文藝春秋
点　瀧口修造著	みすず書房
創造運動の論理　武井昭夫著	晶文社
ニーチェからマルクスまで 実存的自由の冒険　竹内芳郎著 [和]	現代思潮社
私の映画鑑賞法　武田泰淳著	朝日新聞社
釧路の植物　田中瑞穂著	釧路市
影の越境をめぐって　谷川雁著	現代思潮社
祭りからの脱出　戸井田道三著 [和]	三一書房
アメリカのクリエイティビティ　中井幸一著	美術出版社
密航定期便　中薗英助著	新潮社
戦後文学の回想　中村真一郎著	筑摩書房
漱石全集　夏目漱石著	漱石全集刊行会
フォルクスワーゲンの広告キャンペーン　西尾忠久編著	美術出版社
磐井の叛乱−抹殺された英雄　原田大六著	河出書房新社
画家と画商と蒐集家　土方定一著	岩波新書
ブリューゲル（美術選書）　土方定一著	美術出版社
昭和文学史　平野謙著	筑摩書房
文藝時評　平野謙著	河出書房新社
芭蕉と西鶴　廣末保著	未來社
審判　堀田善衞著	岩波書店
戦時戦後の先行者たち　本多秋五著	晶文社
有効性の上にあるもの　本多秋五著	未來社
或る「小倉日記」伝　松本清張著	角川文庫
カルネアデスの舟板　松本清張著	角川文庫
映像の発見 アヴァンギャルドとドキュメンタリー　松本俊夫著	三一書房
午後の曳航　三島由紀夫著	講談社
東洋の美学（美術選書）　水尾比呂志著	美術出版社
宦官　三田村泰助著	中公新書

1963（昭和38年）

マス・カルチャー　南博監修　紀伊國屋書店

日本近代絵画全集（全24巻）　宮川寅雄ほか著　講談社

村の若者たち　宮本常一著　レインボウブックス・家の光協会

絵巻 プレパラートにのせた中世（美術選書）　武者小路穣著　美術出版社

村山槐多全集　村山槐多著 [和]　彌生書房

定本柳田國男集（全31巻+別巻5）　柳田國男著　筑摩書房

十二の肖像画　山本健吉著 [和]　講談社

山本周五郎全集（全13巻）　山本周五郎著　講談社

花束　吉行淳之介著 [和]　中央公論社

【翻訳】

パウル・クレー　パウル・クレー著　坂崎乙郎訳　瀧口修造・解説 [和]　草月出版部

ファン・ゴッホ書簡全集（全6巻）　みすず書房
ファン・ゴッホ著　二見史郎ほか訳　小林秀雄ほか監修

現代ソビエト短編集 りんご漬け　ソビエト社会主義共和国連邦大使館広報課
ウラジミール・ソロウーヒンほか著　ノーボスチ通信社編

Dali de Gala　ロベール・デシャルヌ著　大岡信訳 [国]　美術出版社

ミューズのおどろき 大衆文化の美学　R.デニー著　石川弘義訳　紀伊國屋書店

新しい世界の文学（全81巻+別巻1）　白水社
マルグリット・デュラスほか著　三輪秀彦ほか訳

新しい左翼—政治的無関心からの脱出　E.P.トムスン編　福田歓一ほか訳　岩波書店

中国現代文学全集（全20巻）　新島淳良編　平凡社

作家とその影　ガエタン・ピコン著　加納晃ほか訳　紀伊國屋書店

闇からの声　イーデン・フィルポッツ著　橋本福夫訳　東京創元新社

キューバの祭り　アニア・フランコ著　大久保和郎訳 [和]　筑摩書房

コイナさん談義　B.ブレヒト著　長谷川四郎訳　未來社

亡命者の対話　ベルトルト・ブレヒト著　野村修訳　現代思潮社

ホモ・ルーデンス 人類文化と遊戯　ヨハン・ホイジンガ著　高橋英夫訳　中央公論社

娘時代—ある女の回想　シモーヌ・ド・ボーヴォワール著　朝吹登水子訳　紀伊國屋書店

小説はどこへ行くか　ピエール・ド・ボワデッフル著　望月芳郎訳　講談社

【詩集等】

金子光晴全集（全5巻） [和]　昭森社

【カタログ・その他】

ティンゲリー 1963東京展 [和]　南画廊

MAILLOL マイヨール展　国立西洋美術館

前田常作 [和]　東京画廊

松本竣介回顧展 [国]　日本橋 白木屋

【執筆・著作】

小山田二郎展　小山田二郎健在　飯田画廊

片江政敏個展　櫟画廊

野崎貢展　花鳥画の復活　飯田画廊

倉石隆展　空間を聴く画家　飯田画廊

幻想の画家展　幻想の画家達	飯田画廊
Chagall　シャガールの生涯	国立西洋美術館·白木屋グランドホール
週刊読書人 5/27　座談会 大岡昇平、松下圭一と	読書人
週刊読書人 491号 9/9　自立主義の根拠を問う"政治と文学"論争の底にひそむもの	読書人
週刊読書人 12/16　一九六三年回顧 芸術	読書人
大正の六人展　大正の幻想画家	飯田画廊
豊田一男展〈天使を主題とする〉　天使誕生	飯田画廊
シオマ·バラム展　同行二人	飯田画廊·関西画廊
鶴岡政男展　美女と野獣	飯田画廊
現代の絵画 第3巻　座右宝刊行会編　変貌するレアリスム	小学館
水谷勇夫展 獲物の顔をテーマに　水谷勇夫について	飯田画廊
中野敦展　もののけのいる風景	飯田画廊

1964(昭和39年)

【和書】

アンフォルメル以後 日本の美術はどう動いたか	美術出版社
麥死なず　石坂洋次郎著	角川文庫
殉教の美学　磯田光一著	冬樹社
逆流の中の歌 詩的アナキズムの回想　伊藤信吉著	七曜社
インドの美術　上野照夫著	中央公論美術出版
大東亜戦争の意味　上山春平著	中央公論社
増補 人間論 マルクス主義における人間の問題　梅本克已著	三一書房
日常生活の冒険　大江健三郎著	文藝春秋新社
桂と日光　大河直躬著	平凡社
神秘日本　岡本太郎著	中央公論社
映画論集「鞭の用意」　小川徹著 [和]	芳賀書店
現代日本映画作家論　小川徹著 [和]	三一書房
文学は可能か　奥野健男著 [和]	角川書店
大衆文学　尾崎秀樹著	紀伊國屋新書
パリ燃ゆ(上)　大佛次郎著	朝日新聞社
奇妙な本棚 詩についての自伝的考察　小野十三郎著	第一書店
批評の自由　河上徹太郎著 [和]	垂水書房
20世紀を動かした人々(全16巻)　久野収ほか編	講談社
現代の空間　栗田勇著	三一書房
転形期の政治と文学(今日の状況叢書4)　栗原幸夫著	芳賀書店
日本考古学の諸問題　考古学研究会編	河出書房新社
フランス語のすすめ　小林正著	講談社現代新書
斎藤義重　斎藤義重著 [和]	美術出版社
新訂 梁塵秘抄　佐佐木信綱校訂	岩波文庫
禅のすすめ　佐藤幸治著	講談社現代新書
日本の美術(全25巻)　佐和隆研ほか著	平凡社
住宅建築　篠原一男著	紀伊國屋新書

夢の宇宙誌 コスモグラフィア ファンタスティカ（美術選書） 澁澤龍彦著	美術出版社
出発は遂に訪れず 島尾敏雄著	新潮社
現代思想事典 清水幾太郎編	講談社現代新書
町民大会前後 杉浦明平著	三一新書
芸術と疎外 杉山康彦著	紀伊國屋新書
サルトルの文学 鈴木道彦著	紀伊國屋新書
世界美術全集（全38巻）	角川書店
サインとシンボル 絵とことばの世界 瀬木慎一著 [国]	美術出版社
新聞小説史稿 第一 高木健夫著 [和]	三友社
ピカソ−剽窃の論理 高階秀爾著 [国]	筑摩書房
近代日本洋画の展開 匠秀夫著	昭森社
白隠 竹内尚次編著 [和]	筑摩書房
往還の記 日本の古典に思う 竹西寛子著	筑摩書房
近代日本文学史の構想 谷沢永一著	晶文社
ゴシップ10年史 内外タイムス社文化部編	三一新書
童話 かえるのエルタ 中川李枝子著 児童図書研究会編	福音館書店
暗い絵・崩解感覚 野間宏著	新潮文庫
俳優修業 花田清輝著	講談社
甕と蜉蝣 埴谷雄高著	未來社
振子と坩堝 埴谷雄高著	未來社
にっぽん診断 日高六郎ほか編	三一新書
芸術と実生活 平野謙著	新潮文庫
岩波講座現代（全14巻+別巻2） 福田歓一ほか著	岩波書店
脱出者の記録−喜劇的な告白 福田定良著 [和]	法政大学出版局
帝国軍隊に於ける学習・序 富士正晴著 [和]	未來社
銅鐸 藤森栄一著 [和]	學生社
鮫 真継伸彦著 [和]	河出書房新社
私の遍歴時代 三島由紀夫著	講談社
現代日本思想大系（全35巻） 吉本隆明ほか編	筑摩書房
砂の上の植物群 吉行淳之介著	文藝春秋新社

【翻訳】

アポリネール全集（全1巻） アポリネール著 鈴木信太郎ほか訳	紀伊國屋書店
ベル・デュレンマット・フリッシュ：中級読物 稲木勝彦編 [国]	朝日出版社
ウェスカー三部作 アーノルド・ウェスカー著 木村光一訳 [和]	晶文社
芸術家の運命（美術選書） イリヤ・エレンブルグ著 小笠原豊樹訳	美術出版社
芸術の都ミュンヒェン：中級読物 Hermann Kesten著 吉田正己編 [国]	朝日出版社
20世紀作家の没落 没落の文化 コードウェル著 増田義郎ほか訳	ダヴィッド社
現代日本作家論 E.G.サイデンステッカー著 佐伯彰一訳	新潮社
J・Dサリンジャー作品集 サリンジャー著 繁尾久ほか訳 [和]	文建書房
世界の文学（全54巻） サルトルほか著 白井浩司ほか訳	中央公論社
現象としての人間 シャルダン著 美田稔訳	みすず書房

服飾の歴史 その神秘と科学（美術選書） パスカル・セッセ著 日向あき子訳	美術出版社
開戦のころ：中級読物 Stefan Zweig著 浜川祥枝ほか編 [国]	朝日出版社
ふたつの嘘：中級読物 Heimito von Doderer著 岩崎英二郎編 [国]	朝日出版社
疎外と革命 マルクス主義の再建 ラーヤ・ドゥナエフスカヤ著 三浦正夫ほか訳 [和]	現代思潮社
ネオンのあかり：中級読物 Hans Erich Nossack著 稲木勝彦編 [国]	朝日出版社
Jener Donnerstag im November von Josef Martin Bauer/erläutert von Moritoshi Hayasaki [国]	朝日出版社
エロスの涙 G.バタイユ著 森本和夫訳 [和]	現代思潮社
ヴォルス ハフトマンほか著 瀧口修造ほか訳	みすず書房
転換期の歴史 G.バラクラフ著 兼岩正夫ほか訳	社会思想社
古代芸術と祭式 J.E.ハリソン著 佐々木理訳	筑摩書房
サイバネティックスへの認識 情報理論とその展望 J.R.ピアース著 鎮目恭夫訳	白揚社
赤い矢：中級読物 Heinz Piontek著 子安美知子ほか編 [国]	朝日出版社
世界少女名作全集（全15巻） フィールドほか著 久米元一ほか訳	講談社
幻影の時代 マスコミが製造する事実 D.J.ブーアスティン著 星野郁美ほか訳	東京創元社
ジャネットへの手紙：中級読物 George Forestier著 大賀小四郎編 [国]	朝日出版社
三文オペラ ベルトルト・ブレヒト著 千田是也訳	岩波文庫
美のはかなさと芸術家の冒険性 ベッカー著 久野昭訳	理想社
ルツィドール：中級読物 Hugo von Hofmannsthal著 宮下健三編 [国]	朝日出版社
もう一つの国 J.ボールドウィン著 野崎孝訳	集英社
三つの戦術－革命論の思想的背景 S.ムーア著 城塚登訳	岩波書店
一分間に一万語 リングの死闘と新実存主義 ノーマン・メイラー著 山西英一訳 [和]	河出書房新社
軽蔑 アルベルト・モラヴィア著 大久保昭男訳	至誠堂
進水式：中級読物 Elisabeth Langgasser著 藤本淳雄編 [国]	朝日出版社
動物裁判：初中級読物 Luise Rinser著 吉田六郎編 [国]	朝日出版社
わが父ルノワール ジャン・ルノワール著 粟津則雄訳	みすず書房
くろんぼノビの冒険 ルードヴィヒ・レン著 北通文訳	岩波書店
愛馬ロッテ：初中級読物 Siegfried Lenz著 小名木栄三郎編 [国]	朝日出版社

【カタログ・その他】

オノサト・トシノブ [和]	南画廊
オリンピック東京大会 日本古美術展	東京国立博物館
現代イギリス彫刻展 ディヴィット・トンプソン・文	ブリヂストン美術館・朝日新聞社
小出楢重	国立近代美術館京都分館
国宝 姫路城	朝日新聞社
ダリ展	毎日新聞社
TOYOFUKU	Cavallino venezia
美術手帖 10月号増刊 火の造形	美術出版社
フェルナン・レジェ	いとう画廊
ヴォルス展 [国]	南画廊
ヤングセブン展	南画廊

【執筆・著作】

三田新聞 1014号 6/3 アート·クリティクス 中途半端な新劇界	慶應義塾大学三田新聞会
週刊読書人 527号 5/25 作者の転回示す野心作／“二重の主題”を展開 （書評：大江健三郎「日常生活の冒険」文藝春秋社）	読書人
日本読書新聞 1287·1288号 12/14·21 「座談会 昭和10年＝昭和40年（上·下）」日高六郎·宮本研と	日本出版協会
週刊読書人 556号 12/21 一九六四年回顧 芸術	読書人
日本読書新聞 1276号 9/28 戦後批評家論 連載第7回 埴谷雄高	日本出版協会
中国新聞 3/8 中途半端な姿勢（「現代の美術」加藤周一編）	中国新聞社
新春彫刻グループ展 彫刻に関する八章	スルガ台画廊
週刊読書人 552号 11/23 “内面の劇”をえぐる／ 17人の芸術家への行届いた理解と友情 （書評：エレンブルグ「芸術家の運命」美術出版社）	読書人
美術手帖 4月号 二つの提案 アンデパンダン展将来のために	美術出版社
図書新聞 3/21 包括的な展望 総体的な状況にぶつかる中原佑介	図書新聞社

1965（昭和40年）

【和書】

榎本武揚 安部公房著	中央公論社
鮎川信夫詩論集 鮎川信夫著	思潮社
アメリカの英雄 いいだもも著	河出書房新社
大衆文化状況を超えるもの 文化と革命 いいだもも著	晶文社
中ソ論争と市民文化（今日の状況叢書7） いいだもも著	芳賀書店
創価学会 戦後民衆の思想とエネルギー 石田郁夫著	三一書房
井上光晴作品集（全3巻） 井上光晴著	勁草書房
荒廃の夏 井上光晴著	河出書房新社
ドラマトゥルギイ研究 内村直也著	白水社
日本のナショナリズム 上山春平著	至誠堂新書
われらの文学（全22巻） 江藤淳ほか編	講談社
厳粛な綱渡り 全エッセイ集 大江健三郎著	文藝春秋新社
超現実と抒情 昭和十年代の詩精神 大岡信著	晶文社
眼·ことば·ヨーロッパ 明日の芸術（美術選書） 大岡信著 [和]	美術出版社
罰当りは生きている 岡本潤著	未來社
島村抱月（日本近代劇の創始者たち1） 尾崎宏次著 [和]	未來社
大衆文学論 尾崎秀樹著	勁草書房
わが忘れなば 小林信男短篇集 小沢信男著 [和]	晶文社
漂泊の中国作家 小田嶽夫著	現代書房
戦後を拓く思想 小田実著	講談社
詩人、その生涯と運命 小高根二郎著	新潮社
昭和文学の成立 小田切進著	勁草書房
過去と未来の国々 開高健著	岩波新書
現代デザイン入門 勝見勝著 [国]	鹿島研究所出版会
現代史への試み 唐木順三著	筑摩書房

1965（昭和40年）

花のワルツ 川端康成著	新潮文庫
第三の死 北影一著	三一書房
労働者文学の条件 久保田正文著 [和]	現代書房
都市デザイン 黒川紀章著	紀伊國屋新書
革命運動の虚像と実像（今日の状況叢書5） 小山弘健著	芳賀書店
遊撃の思想 斎藤竜鳳著	三一書房
リアリズムの探求 佐々木基一著	未來社
古代専制国家の構造 増補版 塩沢君夫著	御茶の水書房
黒魔術の手帖 澁澤龍彦著	桃源社
日のちぢまり 島尾敏雄著	新潮社
夜のスケッチ 庄司肇著	南北社
戦国乱世の文学 杉浦明平著	岩波新書
日本の考古学（全7巻） 杉原荘介ほか編	河出書房新社
創造の美学 瀬木慎一著	合同出版
現代美術（グリーンベルト・シリーズ） 高階秀爾著	筑摩書房
高見順日記（全17巻） 高見順著	勁草書房
講座＝美学新思潮（全5巻） 竹内敏雄監修	美術出版社
毛沢東 その詩と人生 武田泰淳ほか著	文藝春秋新社
火炎の車－シェイクスピアとゲーテ 橘忠衛著	英宝社
堂本印象画集 堂本印象著 堂本四郎編 [和]	京都書院
広告のストラテジー 中井幸一著	三一書房
人間宇野浩二 長沼弘毅著	講談社
現代彫刻 中原佑介著	角川新書
日本の名画 洋画100選（全10巻） 中原佑介ほか編 富永惣一ほか監修 [和]	三一書房
現代の絵画 戦後20年の歩み 中村渓男著	三彩社
日本のやしろ	美術出版社
日本文化史（全8巻）	筑摩書房
徳田秋聲傳 野口冨士男著	筑摩書房
もう一つの日本美 前近代の悪と死（美術選書） 廣末保著	美術出版社
物語戦後文学史 完結編 本多秋五著	新潮社
芸術とはどういうものか 三浦つとむ著	至誠堂新書
第三の性 はるかなるエロス 森崎和江著	三一新書
日本の児童詩の歴史的展望 弥吉菅一著	少年写真新聞社
自然主義の研究（上・下） 吉田精一著	東京堂出版
模写と鏡 吉本隆明著	春秋社

【翻訳】

現代小説の歴史 R.M.アルベレス著 新庄嘉章ほか訳	新潮社
芸術と狂気 エドガー・ウィント著 高階秀爾訳	岩波書店
現代フランス文学13人集 カミュほか著 中村光夫ほか訳	新潮社
近代芸術と文化 クレメント・グリーンバーグ著 瀬木慎一訳 [和]	紀伊國屋書店
物質文明と唯物論：中級読物 Helmut Gollwitzer著 信貴辰喜編 [国]	朝日出版社

1965(昭和40年)

木の上の王女:初級読物 Paul Zaunert著 千代正一郎編 [国]	朝日出版社
夏の日:初·中級読物 Ina Seidel著 宮野悦義ほか編 [国]	朝日出版社
Die Leidenschaft zur Sprache : Autobiographie (朝日短篇双書4) von H. Schliemann/erläutert von K. Shiba [国]	朝日出版社
ピカソとの生活 F.ジローほか著 瀬木慎一訳 [国]	新潮社
バレエ 形式と象徴(美術選書) ゲルハルト·ツァハリアス著 渡辺鴻訳	美術出版社
ドイツの将来 その文化と政治経済 マリオン·G·デーンホフほか著 片岡啓治訳	弘文堂
恋文:初·中級読物 Heimito von Doderer著 岩崎英二郎編 [国]	朝日出版社
ヴィーチャと学校友だち ノーソフ著 福井研介訳	岩波書店
零度の文学 ロラン·バルト著 森本和夫訳	現代思潮社
現代建築の巨匠 ペーター·ブレイク著 田中正雄ほか訳	彰国社
複製技術時代の芸術 ベンヤミン著 川村二郎ほか訳 [国]	紀伊國屋書店
世界文学全集 20世紀の文学(全38巻) J.ボールドウィンほか著 野崎孝ほか訳	集英社
脱出:中級読物 E.T.A.Hoffmann著 吉田六郎編 [国]	朝日出版社
エロス的文明 H.マルクーゼ著 南博訳	紀伊國屋書店
資本論 カール·マルクス著 大内兵衛ほか監訳	大月書店
われわれは明日どこに住むか(美術選書) ミシェル·ラゴン著 宮川淳訳 [和]	美術出版社
Die schwarze Galeere : geschichtliche Erzählung Wilhelm Raabe/erläutert von Y. Takeuchi [国]	南江堂
新しいものの伝統 ローゼンバーグ著 東野芳明ほか訳 [和]	紀伊國屋書店
ローベルト·ワルザー小品集:中級読物 Robert Walser著 城山良彦編 [国]	朝日出版社

【詩集等】

イヴ·ボンヌフォア詩集 宮川淳訳	思潮社
ケストナァ詩集 板倉鞆音編訳	思潮社
さまざまな歌 詩集·訳詩集 長谷川四郎著訳 [和]	思潮社

【カタログ·その他】

磯辺行久	東京画廊
現代イタリア絵画展《その最新の傾向》	BSN新潟放送
Jasper Johns [国]	南画廊

【執筆·著作】

阿部合成 阿部合成君をはげます言葉	元町画廊
週刊読書人 582号 6/28 安保5年目の文学·芸術の動向	読書人
北陸中日新聞 2/5 これからの美術界 要求される創造性	中日新聞北陸本社
日本のやしろ 山霊と人工の対話	美術出版社
週刊読書人 570号 4/5 昭和の"文芸復興"と現代文学	読書人
日本読書新聞 1294号 2/8 自立的理論への道標/頑強な主題の一貫性に感銘 (書評:栗原幸夫「転形期の政治と文学」芳賀書店)	日本出版協会
読売新聞 12/8 ソビエト美術の印象 帝政時代の後進性を脱して達成された芸術革命	読売新聞社
美術手帖 2月号 長岡現代美術館賞の公開審査をめぐって	美術出版社
朝日新聞 4/10 春の公募展から(上) モダンアート展 現実からの逃避の傾向	朝日新聞社
朝日新聞 5/6 春の公募展から(下) 春陽会 微温的停滞に陥る 激しい作家たちの動揺	朝日新聞社

読売新聞 1/26 文学運動と文学者の自立性 奥野健男氏へ	読売新聞社
新日本文学 4月号 編集者の手帖 昭和十年前後と一九三〇年代	新日本文学会
横田建三個展(案内状) 横田建三の画面に…	スルガ台画廊

1966(昭和41年)

【和書】

戦後文学論 饗庭孝男著	審美社
山本五十六 阿川弘之著	新潮社
デザインの発見 粟津潔著	三一書房
ルドン 生と死の幻想(美術選書) 粟津則雄著	美術出版社
アポリネール(美術選書) 飯島耕一著	美術出版社
ドイツ現代政治史 名望家政治から大衆民主主義へ 飯田収治ほか著 [和]	ミネルヴァ書房
核を創る思想 いいだもも著 [和]	講談社
神の鼻の黒い穴 いいだもも著	河出書房新社
大衆運動の病理と論理 雑兵乱戦記 石田郁夫著 [和]	晶文社
怠惰への挑発 石堂淑朗著 [和]	三一書房
古都のデザイン 結界の美 伊藤ていじ·文 岩宮武二·写真 [和]	淡交社
映像とは何か(現代写真叢書) 伊藤美一編 [和]	写真同人社
幻影なき虚構 井上光晴著	勁草書房
明治の作家 猪野謙二著 [和]	岩波書店
黒い雨 井伏鱒二著	新潮社
美術史の哲学 岩山三郎著	創元社
美の哲学 ニーチェによる芸術と人間の研究 岩山三郎著	創元社
資本論の世界 内田義彦著	岩波新書
文明のなかの詩と芸術 大岡信著	思潮社
太宰治論〈決定版〉 奥野健男著 [和]	春秋社
宿命の抽象画家 坂田一男 小倉忠夫編	美術出版社
大衆文化論 活字と映像の世界 尾崎秀樹著 [和]	大和書房
現代デザイン理論のエッセンス－歴史的展望と今日の課題 勝見勝監修	ぺりかん社
近代日本の絵画〈日本の美と教養〉 加藤一雄著 [和]	河原書店
整理学 忙しさからの解放 加藤秀俊著	中公新書
現代のデザイン 川添登著	三一書房
機関士物語 機関車文学会編 [和]	労働旬報社
歴史としてのスターリン時代 菊地昌典著	盛田書店
無限軌道 木下順二著 [和]	講談社
手の変幻 清岡卓行著	美術出版社
サルトルの文学 その理論と作品 小島輝正著	ぺりかん社
小島信夫文学論集 小島信夫著	晶文社
戦後日本共産党史 小山弘健著 [和]	芳賀書店
微笑仏 木喰の境涯 五来重著 赤尾譲·写真 [和]	淡交新社
スペイン戦争 斎藤孝著	中公新書
現代作家論 佐々木基一著	未來社

1966（昭和41年）

島にて　島尾敏雄著	冬樹社
私の文学遍歴　島尾敏雄著	未來社
現代思想（上・下）　清水幾太郎著	岩波書店
哄笑の思想　杉浦明平著	講談社
棗の木の下　洲之内徹著	現代書房
大正の女　角圭子著	弘文堂
芸術・狂気・人間 その実態と本質を探る　高階秀爾著 国	番町書房
邪宗門（上・下）　高橋和巳著	河出書房新社
憂鬱なる党派　高橋和巳著	河出書房新社
余白に書く　瀧口修造著	みすず書房
現代日本の反動思想　武井昭夫著	晶文社
日本人にとっての中国像　竹内実著	春秋社
現実と創造 1946－1958　丹下建三・川添登編著	美術出版社
日本列島の将来像　丹下健三著	講談社現代新書
抒情の伝統　日本文学における浪曼精神　塚本康彦著 和	晶文社
レーニン 革命家の人間学　津田道夫著	至誠堂新書
日本人の生き方　鶴見俊輔ほか著	講談社現代新書
あゝ、荒野 長編小説　寺山修司著	現代評論社
戸坂潤全集（全5巻＋別巻1）　戸坂潤著	勁草書房
雲のゆき来　中村真一郎著	筑摩書房
こゝろ　夏目漱石著	新潮文庫
日本の記録 明治百年	世界出版社
天は東北山高く 旧制高等学校物語（二高篇）　野口明ほか著	財界評論社
暗い絵・崩解感覚　野間宏著	新潮文庫
模範兵隊小説集　長谷川四郎著 和	筑摩書房
長谷川四郎作品集（全4巻）　長谷川四郎著 和	晶文社
影絵の世界　埴谷雄高著	平凡社
対話・日本人論　林房雄・三島由紀夫著	番町書房
吾・君・彼 自由と人間存在　速水敬二著	筑摩書房
現代芸術と伝統　針生一郎編	合同出版
日本の近代美術　土方定一著	岩波新書
知識人の文学　平野謙著	講談社
天皇制国家の支配原理　藤田省三著	未來社
日本画の百年 明治・大正・昭和の名画　藤本韶三編 国	三彩社
ドイチェス・ゲミュート：初・中級読本　藤本直秀編 国	朝日出版社
光る声　真継伸彦著 和	河出書房新社
沈黙の思想　松原新一著	講談社
梨のつぶて　丸谷才一著	晶文社
毛沢東思想の系図　三浦つとむ著	至誠堂新書
機械文明と人間（NHK現代科学講座3）　南博著	日本放送出版協会
近代美術とその思想　宮川寅雄著	理論社

1966（昭和41年）

異端の哲学史 スターリン主義への葬送曲 山田宗睦著　弘文堂

吉田・ヴィルムス—新ドイツ語20時間 新版 吉田正己ほか著 [国]　朝日出版社

自立の思想的拠点 吉本隆明著　徳間書店

【翻訳】

中国革命の悲劇（上・下） ハロルド・R・アイザックス著 鹿島宗二郎訳　至誠堂

ハンガリア1956 アンディ・アンダースン著 広田広訳 [和]　現代思潮社

政治と犯罪—国家犯罪をめぐる八つの試論　晶文社
ハンス・マグヌス・エンツェンスベルガー著 野村修訳

反文明的考察（文明研究所シリーズ7） ホセ・オルテガ・イ・ガセ著 西澤龍生訳　東海大学出版会

深海の放浪者 ハンガリー短編小説集 工藤幸雄編訳　恒文社

聖ツェツィーリエ Heinrich von Kleist著 深見茂編 [国]　朝日出版社

零時以後のベルリン：初・中級読物（今日のドイツ4） 西郷啓造編 [国]　朝日出版社

エイゼンシュタイン（上・下） マリー・シートン著 佐々木基一ほか訳　美術出版社

ドストエフスキー論 シクロフスキー著 水野忠夫訳　勁草書房

三重の警告：中級読物 Arthur Schnitzler著 野村一郎編 [国]　朝日出版社

ベルリーン高速電車（Moderne Dichtung für den Schulgebrauch:Nr.79）　南江堂
Uwe Johnson著 藤本淳雄編注 [国]

空間としての建築 ブルーノ・ゼヴィ著 栗田勇訳　青銅社

燕山夜話 鄧拓著 毎日新聞社編訳　毎日新聞社

世界の思想（全24巻） トルストイほか著 中村融ほか訳 桑原武夫ほか編　河出書房新社

今日のアメリカ作家たち ピエール・ドンメルグ著 寺門泰彦訳　文庫クセジュ

シュールレアリスムの歴史 モーリス・ナドー著 稲田三吉ほか訳　思潮社

戦後のフランス小説 モーリス・ナドー著 篠田浩一郎訳　みすず書房

ピカソ／その成功と失敗 J.バージャー著 奥村三舟訳　雄渾社

ドイツの文学（全12巻） ペーター・ヴァイスほか著 渡辺健ほか訳　三修社

蠟燭の焰 G.バシュラール著 渋沢孝輔訳　現代思潮社

私の見るところ ポール・ヴァレリー著 佐藤正彰ほか訳　筑摩書房

人類の美術（全19巻） アンドレ・パロほか著 青柳瑞穂ほか訳 [国]　新潮社

母のこころ：初・中級読物 Ernst Wiechert著 信貴辰喜編 [国]　朝日出版社

現象学的文学論 ジャン・プイヨン著 小島輝正訳　ぺりかん社

奇妙な収容所：中級読物 Werner Bergengruen著 村井勇吾ほか編 [国]　朝日出版社

俳優：中級読物 Franz Werfel著 植村敏夫編 [国]　朝日出版社

迷宮としての世界 グスタフ・ルネ・ホッケ著 種村季弘ほか訳　美術出版社

ロシヤ思想史（全2巻） マサリック著 佐々木俊次ほか訳 [和]　みすず書房

眼と精神 M.メルロ=ポンティ著 滝浦静雄ほか訳　みすず書房

さかしま ユイスマンス著 澁澤龍彦訳　桃源社

ダダ—芸術と反芸術 ハンス・リヒター著 針生一郎訳　美術出版社

調書 ル・クレジオ著 豊崎光一訳　新潮社

【詩集等】

黒田喜夫詩集　思潮社

詩集 陽の扉 菅原克己著　東京出版センター

【カタログ・その他】

現代アメリカ絵画展	国立近代美術館
デザイン批評 '67=1-4	風土社
ドールフェスティバル=女の祭り 篠原有司男 和	東京画廊
日本浪曼派研究 1-3号 和	審美社
ミロ展 ミロ展カタログ実行委員会ほか編	毎日新聞社

【執筆・著作】

新日本文学 4月号 特集:新日本文学会第十二回大会への問題提起 今何が必要か1	新日本文学会
新日本文学 5月号 第十二回大会への問題提起 今何が必要か2	新日本文学会
現代芸術と伝統 針生一郎編 まえがき 他	合同出版
内藤道広個展 現代のプリミティフ	昭和画廊
新日本文学 12月号 特集:反戦の原理と10·21スト 人民戦争との連携	新日本文学会
週刊読書人 656号 12/26 一九六六年回顧 芸術	読書人
ダダー芸術と反芸術 ハンス・リヒター著 針生一郎訳	美術出版社
チャールズ·ヒンマン展 20世紀美術の凝縮	東京画廊

1967(昭和42年)

【和書】

内部の人間 秋山駿著 和	南北社
燃えつきた地図 安部公房著	新潮社
日は過ぎ去って 飯島耕一著 和	思潮社
池田満寿夫版画集 池田満寿夫著	美術出版社
至福千年 石川淳著 和	岩波書店
マンガ芸術論 石子順造著	富士新書·富士書院
石沢志郎評論集1(大崎文学の会叢書1) 石沢志郎著	大崎文学の会
消費の思想 犬田充著 南博監修	日経新書
乾草の車 井上光晴著	講談社
九月の土曜日 井上光晴著	潮出版社
清潔な河口の朝 井上光晴著	文藝春秋
アメリカ独立革命 今津晃著	至誠堂
地の底の笑い話 上野英信著	岩波新書
現代芸術の言葉 大岡信著	晶文社
マクルーハン その人と理論 大前正臣ほか著	大光社
橋の思想を爆破せよ 小川徹映画論集 食と性からの発想 小川徹著 和	芳賀書店
現代文学の基軸 奥野健男著 和	徳間書店
大阪—昨日·今日·明日 小野十三郎著	角川新書
純粋とユーモア 評論集 笠原芳光著 和	教文館
ある小学校長の回想 金沢嘉市著	岩波新書
地下のアメリカ 金坂健二著 和	学藝書林
ゴッホ 嘉門安雄著	旺文社文庫
伊豆の踊子 川端康成著	新潮文庫
鴨猟(詩と真実叢書) 吉良敏雄著	詩と真実社

1967（昭和42年）

芥川龍之介その前後　久保田正文著	現文社
異貌の神々 ゴシック・バロック・ガウディの空間（美術選書）　栗田勇著	美術出版社
文学理論の研究　桑原武夫編	岩波書店
春雪秋霜 小林和作画文集 1926−1967　小林和作著 [和]	求龍堂
熊野詣　五来重著	淡交新社
書のデザイン　榊莫山著	創元社
芸術論ノートI・II　佐々木基一著	合同出版
戦後の作家と作品　佐々木基一著	未來社
高校生のための芸術小事典（高校生新書84）　佐々木基一編	三一書房
幻想の画廊から　澁澤龍彦著 [国]	美術出版社
ブレヒト論　菅谷規矩雄著	思潮社
維新前夜の文学　杉浦明平著	岩波新書
新しき長城　高橋和巳著	河出書房新社
批評の復権　武井昭夫著	晶文社
現代藝術の美學　竹内敏雄著	東京大学出版会
イデオロギーの復興　竹内芳郎著	筑摩書房
揚子江のほとり　武田泰淳著	芳賀書店
限界芸術論　鶴見俊輔著	勁草書房
土橋醇作品集　土橋醇著	三彩社
シェイクスピアの面白さ　中野好夫著	新潮社
贋の偶像　中村光夫著 [和]	筑摩書房
人生と愛と幸福　野間宏著	合同出版
現代知識人の条件　橋川文三著	徳間書店
運動族の意見 映画問答　花田清輝ほか著 [和]	三一書房
朝鮮戦争史−現代史の再発掘　林英樹ほか著　民族問題研究会編 [和]	コリア評論社
建築に何が可能か−建築と人間と　原広司著	学藝書林
風景との対話　東山魁夷著	新潮社
ドイツ・ルネサンスの画家たち　土方定一著	美術出版社
純文学と大衆文学の間　日沼倫太郎著 [和]	弘文堂新社
存在の芸術 廃墟を越えるもの　日野啓三著 [和]	南北社
維新の精神　藤田省三著	みすず書房
日本農民詩史（上）　松永伍一著	法政大学出版局
大江健三郎の世界　松原新一著	講談社
表現の世界 芸術前衛たちとその思想　松本俊夫著 [国]	三一書房
「原爆の図」　丸木位里・丸木俊著	田園書房
美の終焉　水尾比呂志著	筑摩書房
邪鬼の性　水尾比呂志・文　井上博道・写真 [和]	淡交新社
現代日本の精神構造　見田宗介著	弘文堂新社
鏡・空間・イマージュ（美術選書）　宮川淳著 [和]	美術出版社
新・西遊記　宮本研著	ドリーム新書・ドリーム出版
主体と戦線 反戦と革命への試論　武藤一羊著 [和]	合同出版

屈原 目加田誠著	岩波新書
幕が下りてから 安岡章太郎著	講談社
政治小説研究（上） 柳田泉著	春秋社
秘境のキリスト教美術 柳宗玄著	岩波新書
不定形美術ろん 山口勝弘著	学藝書林
このアメリカ 山崎正和著 [和]	河出書房新社
どっきり花嫁の記 与謝野道子著	主婦の友社
趣味の価値 脇村義太郎著	岩波新書

【翻訳】

ウェスカー全作品（全3巻） アーノルド・ウェスカー著 木村光一ほか訳	晶文社
何よりだめなドイツ エンツェンスベルガー著 石黒英男訳	晶文社
現代東欧文学全集（全13巻） カザンザキスほか著 秋山健ほか訳	恒文社
冷血 トルーマン・カポーティ著 龍口直太郎訳	新潮社
ガントナーの美術史学 バーゼル学派と現代美学への寄与 ヨーゼフ・ガントナー著 中村二柄編訳	勁草書房
書顔 ケッセル著 堀口大学訳	新潮社
革命の回想 ゲバラ著 真木嘉徳訳	筑摩書房
フロイトの生涯と思想：中級読物 V-E.F. von Gebsattel著 浜川祥枝ほか編 [国]	朝日出版社
Klee W.グローマン解説 井村陽一訳 [国]	美術出版社
責任と歴史 知識人とマルクス主義 L.コラコフスキー著 小森潔ほか訳 [和]	勁草書房
マルクス その思想の歴史的・批判的再構成 カール・コルシュ著 野村修訳	未來社
アドルフ コンスタン著 大塚幸男訳	岩波文庫
1930年代 J.サイモンズ著 志水速雄訳	日本文献センター出版部
ヴェニスの商人 シェイクスピア著 大山敏子訳	旺文社文庫
歴史とユートピア E.M.シオラン著 出口裕弘訳	紀伊國屋書店
現象学の意味 フランシス・ジャンソン著 木田元訳	せりか書房
ボーヴォワール セルジュ・ジュリエンス・カフィエ著 岩崎力訳 [和]	人文書院
テレーズ・ラカン エミール・ゾラ著 小林正訳	岩波文庫
小説ドラマ フィリップ・ソレルス著 岩崎力訳 [和]	新潮社
ブレヒトの世界 ベルナール・ドール著 鈴村靖爾訳 [和]	勁草書房
革命の中の革命 レジス・ドブレ著 谷口侑訳	晶文社
ポール・ニザン著作集（全9巻+別巻2） ポール・ニザン著 海老坂武ほか訳 [和]	晶文社
マラーの迫害と暗殺 ペーター・ヴァイス著 内垣啓一ほか訳 [和]	白水社
七人の息子：初・中級読物 Ernst Wiechert著 信貴辰喜編 [国]	朝日出版社
文学の可能性 ビュトール著 清水徹ほか訳	中央公論社
秘法十七番 アンドレ・ブルトン著 宮川淳訳	晶文社
ドイツの大科学者：初・中級読物 Eduard Penkala著 稲木勝彦ほか編 [国]	朝日出版社
二十世紀の意味 K.ボールディング著 清水幾太郎訳	岩波新書
人間拡張の原理 メディアの理解 マーシャル・マクルーハン著 後藤和彦ほか訳	竹内書店
世界の名著（全81巻） マリノフスキーほか著 泉靖一ほか編	中央公論社
ザ・ニューヴィジョン ある芸術家の要約 L.モホリ=ナギ著 大森忠行訳	ダヴィッド社

芸術とは何か S.K.ランガー著 池上保太ほか訳	岩波新書
ポップ・アート 宮川淳訳 ルーシー・R・リパード編	紀伊國屋書店
愛のすべて：中級読物 Gertrud von Le Fort著 前田敬作編 [国]	朝日出版社

【詩集等】

長谷川龍生詩集	思潮社

【カタログ・その他】

現代イタリア美術展 東京国立近代美術館編	東京国立近代美術館
今日の作家'67年展 [和]	横浜市民ギャラリー
日本浪曼派研究 2号	審美社
版画・ジャスパージョーンズ展 [国]	南画廊

【執筆・著作】

池田満寿夫版画集 池田満寿夫が地球を…	美術出版社
戦争展 過去の戦争と現在の戦争	日本画廊
美術手帖 4月号 新人はどこにいる?	美術出版社
週間読書人 12/15 一九六七年回顧 芸術	読書人
東京新聞 3/9 文化：真の批判にならぬ／主体の論理をタナ上げ	東京新聞社
美術手帖 7月号 特集：第9回日本国際美術展 世界のヤンガー・ジェネレーション=4つの焦点 東京=現代美術の最前線をゆく若い世代	美術出版社
土橋醇作品集	三彩社

1968(昭和43年)

【和書】

ヨブ記—その今日への意義 浅野順一著	岩波新書
現代との対話 若き創造者へ 粟津潔編	学藝書林
七〇年への革命的試論 いいだもも編 [和]	三一書房
私の調書 池田満寿夫著	美術出版社
瘋癲通勤日記 泉大八著	講談社
ヨーロッパの言語 泉井久之助著	岩波新書
パトスの神話 磯田光一著	徳間書店
比較転向論序説 磯田光一著	勁草書房
日本デザイン論 伊藤ていじ著	鹿島出版会
階級 井上光晴著 [和]	講談社
黒い森林 井上光晴著	筑摩書房
残虐な抱擁 井上光晴著	講談社
他国の死 井上光晴著	河出書房新社
持続する志 全エッセイ集第二 大江健三郎著	文藝春秋
大島渚作品集 絞死刑 大島渚著	至誠堂
神聖喜劇 第一部 混沌の章(上・下) 大西巨人著	光文社
三匹の蟹 大庭みな子著	講談社
海からの光 小川国夫著	南北社
現代日本文學体系別冊(非売品) 現代文學風土記・付現代日本文學年表 奥野健男ほか著	筑摩書房
カラー版 国民の文学(全26巻) 大佛次郎ほか監修	河出書房新社

1968(昭和43年)

ドキュメント 犯罪の主役たち 小沢信男著	三一書房
尾竹竹坡伝 その反骨と挫折 尾竹親著 [和]	東京出版センター
輝ける闇 開高健著	新潮社
ロシア革命の現場証人 加瀬俊一著 [和]	新潮社
愛の生活 金井美恵子著	筑摩書房
鎧駅 川本松三著	文学通信社
蠍たち 倉橋由美子著	徳間書店
異貌の構図 高知聡思想文学論 高知聡著 [和]	永田書房
物の言葉ー詩の行為と夢 高良留美子著 [和]	せりか書房
抽象の源流 その先駆者たち 坂崎乙郎著 [国]	三彩社
魯迅と現代 佐々木基一ほか編	勁草書房
前衛の道 篠原有司男著	美術出版社
日本の政治風土 篠原一著	岩波新書
日を繋けて 島尾敏雄著 [和]	中央公論社
デザインの哲学 嶋田厚著	潮新書
12人のグラフィックデザイナー(全3巻)	美術出版社
坂口安吾 庄司肇著 [和]	南北社
シュルレアリスムのために 瀧口修造著	せりか書房
三岸好太郎 昭和洋画史への序章 匠秀夫著 [国]	北海道立美術館
想像的空間 想像力についての試論 竹内泰宏著 [和]	せりか書房
谷崎潤一郎全集(全28巻) 谷崎潤一郎著	中央公論社
技術と人間 丹下健三+都市・建築設計研究所 1955ー1964 丹下建三・川添登編著	美術出版社
小説への序章ー神々の死の後に 辻邦生著	河出書房新社
アメリカ「虚像培養国誌」 東野芳明著	美術出版社
現代デザインを考える 永井一正ほか著 林進編	美術出版社
現代シベリア 中薗英助著	潮新書
日本の前衛絵画 その反抗と挫折ーKの場合(美術選書) 中村義一著	美術出版社
源氏物語の世界 中村真一郎著	新潮社
中村宏画集 望遠鏡からの告示 中村宏著	現代思潮社
西洋の誘惑 中山公男著	新潮社
坂田一男の研究 西崎泰豪編著 [和]	西崎泰豪
日蝕 西原啓著	晶文社
アメリカひじき・火垂るの墓 野坂昭如著	文藝春秋
サルトル論 野間宏著	河出書房新社
京都画壇 橋本喜三著 [国]	三彩社
シベリヤ再発見 長谷川四郎著	三省堂新書
都市の論理 羽仁五郎著	勁草書房
朝明けの潮 東山魁夷著	三彩社
絵金 広末保ほか編	未來社
エンゲルス論ーその思想形成過程 廣松渉著 [和]	盛田書店
空気頭 藤枝静男著	講談社

1968(昭和43年)

革命の弁証法 藤本進治著	せりか書房
若き日の詩人たちの肖像 堀田善衞著	新潮社
認識と言語の理論 第一部 三浦つとむ著	勁草書房
戦車と自由 チェコスロバキア事件資料集(全2巻) みすず書房編集部編 [和]	みすず書房
中野重治論 満田郁夫著	新生社
昭和批評大系(全5巻) 村松剛ほか編	番町書房
埴谷雄高論 森川達也著	審美社
書 それは人間の生き方の結実である 森田子龍著	日本放送出版協会
志賀直哉私論 安岡章太郎著	文藝春秋
二年2組はヒヨコのクラス 山下夕美子著 長新太·絵	理論社
未來への問い 中国の試み 山田慶児著	筑摩書房
瑛九伝—誕生·幼少期·混沌期 山田光春著	山田光春
核時代を超える 湯川秀樹ほか編著	岩波新書
洞穴学ことはじめ 吉井良三著	岩波新書
日本美の探究 その背後にあるもの(NHKブックス) 吉田光邦著	日本放送出版協会
共同幻想論 吉本隆明著	河出書房新社
情況への発言 吉本隆明講演集 吉本隆明著	徳間書店
デザインスケッチ(新技法シリーズ5) 渡辺恂三著	美術出版社

【翻訳】

甦るマルクスI·II ルイ·アルチュセール著 河野健二ほか訳	人文書院
不条理の演劇(晶文選書11) マーティン·エスリン著 小田島雄志ほか訳	晶文社
エレンブルグ文学芸術論集 I.エレンブルグ著 鹿島保夫訳	至誠堂
アメリカの幻想 エリア·カザン著 村上博基訳 [和]	早川書房
現代人の思想(全22巻) カスーほか著 高階秀爾ほか編	平凡社
芸術の非人間化 オルテガ·イ·ガセット著 川口正秋訳 [和]	荒地出版社
永遠の現在—美術の起源 S.ギーディオン著 江上波夫ほか訳	東京大学出版会
映画とシュルレアリスム(上·下)(美術選書) アド·キルー著 飯島耕一訳	美術出版社
ゲバラ日記 エルネスト·チェ·ゲバラ著 朝日新聞外報部訳	朝日新聞社
現代の哲学と政治 ジョン·サマヴィル著 芝田進午編訳	岩波新書
世界文学全集(全70巻+別冊1) ショーロホフほか著 江川卓ほか訳	筑摩書房
美術史の理論と方法 ハンス·ゼードルマイア著 島本融訳 [国]	みすず書房
ドン·キホーテ 正篇1 セルバンテス著 永田寛定訳	岩波文庫
テレーズ·ラカン(上·下) エミール·ゾラ著 小林正訳	岩波書店
新しいソビエトの文学(全6巻) ソルジェニツィンほか著 江川卓ほか編 栗栖継ほか訳 [和]	勁草書房
現象学の展開 ピエール·テヴェナ著 丸山静訳	せりか書房
ロートレアモン全集(全1巻) イジドール·デュカス著 栗田勇訳	人文書院
言語と哲学 ミケル·デュフレンヌ著 長谷川宏訳	せりか書房
構造主義とは何か J.M.ドムナック編 伊藤守男ほか訳	サイマル出版
芸術と文学の社会史 アーノルド·ハウザー著 高橋義孝訳	平凡社
空と夢 運動の想像力にかんする試論 ガストン·バシュラール著 宇佐見英治訳	法政大学出版局
抽象芸術論 ピカソほか著 瀬木慎一編訳	昭森社

1968(昭和43年)

論理哲学論考(叢書·ウニベルシタス6) L.ヴィトゲンシュタイン著 藤本隆志ほか訳	法政大学出版局
フランツ·ファノン著作集(全4巻) フランツ·ファノン著 海老坂武ほか訳	みすず書房
絵画と社会(美術名著選書5) ピエール·フランカステル著 大島清次訳	岩崎美術社
シュールレアリスム運動の歴史 アンドレ·ブルトン著 大槻鉄男訳	昭森社
フロイド選集(全17巻) フロイド著 高橋義孝ほか訳	日本教文社
シモーヌ·ヴェーユ著作集(全5巻) シモーヌ·ヴェーユ著 橋本一明ほか訳	春秋社
アメリカの息子のノート ジェームズ·ボールドウィン著 佐藤秀樹訳 [和]	せりか書房
グーテンベルクの銀河系 マーシャル·マクルーハン著 高儀進訳	竹内書店
メディアはマッサージである マーシャル·マクルーハンほか著 南博訳	河出書房新社
マルセル·デュシャン語録 瀧口修造編訳 [和]	美術出版社
現代美術論 ジョセフ=エミール·ミュレル著 新関岳雄訳 [和]	求龍堂
ルカーチとの対話 ジェルジ·ルカーチ著 池田浩士訳	合同出版
美学Ⅲ第一部 美的なものの特性Ⅰ G.ルカーチ著 木幡順三訳	勁草書房
表現主義論争 ルカーチほか著 池田浩士編訳	盛田書店
漆黒の馬 ロープシン著 工藤正広訳 [和]	晶文社
ヒトラー強盗美術館 デヴィッド·ロクサンほか著 永井淳訳 [和]	月刊ペン社

【詩集等】

大阪文学学校詩集 小野十三郎編	葦書房
戦後フランス詩集 高村智編訳	思潮社
動物詩集 山本政一著	東京出版センター

【カタログ·その他】

アサヒグラフ増刊「われらが100年」	朝日新聞社
異色画家 野田英夫遺作展	南天子画廊
牛島憲之回顧展	フジカワ画廊
第8回現代日本美術展 [和]	毎日新聞社ほか
ダダ展	東京国立近代美術館
日本浪曼派研究 3号	審美社
美術手帖12月号増刊「写真 いま、ここに」	美術出版社
藤田嗣治追悼展	朝日新聞社
ボナール展	国立西洋美術館
ボナール展 生誕100年記念 ボナール展カタログ委員会編 [和]	毎日新聞社
Catalogo della XXXIV Esposizione biennale internazionale d'arte, Venezia [和]	[記載なし]
Marcel Duchamp and John Cage : Reunion by Shigeko Kubota	Takeyoshi Miyazawa

【執筆·著作】

榊莫山の書「記号と造形の間」·「鮮烈なポエジー」	ギャラリー·ユニバース
国際文化 9月号 苦悩のヴェネチア	国際文化振興会
ダダ展 現代にとってダダとは何か	東京国立近代美術館
SD 9月号 国際展の運命	鹿島出版会
若き創造者へ 現代との対話 粟津潔編 思想と芸術の課題	学藝書林
社会新報 8/4 文化:真の連帯もとめて/反戦と解放展	日本社会党

みづゑ 4月号 連載4 頽廃芸術展をめぐって〈2〉－危機の芸術家たち（1933～45）	美術出版社
芸術新潮 6月号 ハンス・リヒターの「8×8」	新潮社

1969（昭和44年）

【和書】

「岩宿」の発見 幻の旧石器を求めて 相沢忠洋著	講談社
かさぶた式部考 常陸坊海尊 秋元松代著 [和]	河出書房新社
環境開発論 浅田孝著	鹿島出版会
棒になった男 安部公房著	新潮社
デザインに何ができるか 粟津潔著 [和]	田畑書店
思考する眼 画家とことば（美術選書） 粟津則雄著	美術出版社
模倣と創造 偏見のなかの日本現代美術 池田満寿夫著	中公新書
日本文化論 石田英一郎著	筑摩書房
正統なき異端 磯田光一著	仮面社
戦後批評家論 磯田光一著	河出書房新社
文学・この仮面的なもの 磯田光一著	勁草書房
日本現代文学全集（全108巻） 伊藤整ほか編	講談社
井上光晴新作品集（全5巻） 井上光晴著	勁草書房
鬼池心中 井上光晴著 [和]	新潮社
ハワイの日系人 真珠湾体験からの出発 牛島秀彦著	三省堂新書
戦後日本の保守政治一政治記者の証言 内田健三著	岩波新書
革命の思想とその実験 梅本克己著	三一書房
崩壊からの創造 江藤淳著	勁草書房
モンパルナス動物誌 江原順著	ノーベル書房
肉眼の思想 現代芸術の意味 大岡信著	中央公論社
神聖喜劇 第三部 伝承の章 大西巨人著	光文社
戦争と性と革命 大西巨人批評集 大西巨人著 [和]	三省堂
二重の思考 長田弘著	晶文社
長篇小説 現代史（上・下） 小田実著	河出書房新社
ユートピアの論理 小野二郎著	晶文社
小山田二郎水彩画集 幻の鳩・花と風船 小山田二郎著 飯田祐三編 [和]	三彩社
黒潮の流れの中で 川添登著 [和]	筑摩書房
限界の文学 川村二郎著 [和]	河出書房新社
木島始短篇集 跳ぶもの匍うもの 木島始著	晶文社
列島綺想曲 木島始著	法政大学出版局
古都での作陶生活 1969清水六兵衛作品集 清水六兵衛著 [和]	清水六兵衛
憲法の論理 久野収著	みすず書房
暗い旅 倉橋由美子著	学藝書林
時間 黒井千次著 [和]	河出書房新社
フランス語会話 黒木義典ほか著	創元社
都市と蜂起 高知聡評論集 高知聡著 [和]	永田書房

1969(昭和44年)

生命の大陸 生と死の文学的考察 小林勝著	三省堂新書
反体制の芸術 坂崎乙郎著	中公新書
日本の即身佛 佐野文哉ほか著 [和]	光風社書店
懲役人の告発 椎名麟三著	新潮社
ルネサンスの女たち 塩野七生著	中央公論社
拒絶の精神 マルクーゼの全体像 城塚登著 [和]	大光社
椿園記·妖怪譚 杉浦明平著 [和]	講談社
わたしの華山 杉浦明平著 [和]	未來社
世界の歴史(全17巻)	中央公論社
世界歴史シリーズ(全23巻) 鈴木勤ほか編	世界文化社
視覚芸術 瀬木慎一著	造形社
戯話 乱世のヒーロー 関根弘著	三省堂新書
全集·現代世界文学の発見(全12巻)	学藝書林
大学占拠の思想 日大生の永久闘争宣言 秋田明大編	三一書房
近代美術の巨匠たち 高階秀爾著	美術出版社
名画を見る眼 高階秀爾著	岩波新書
高野斗志美評論集 存在の文学 高野斗志美著 [和]	三一書房
アリストテレスの藝術理論 竹内敏雄著	弘文堂
文化と革命 竹内芳郎著	盛田書店
藤田嗣治 田中穣著	新潮社
佐世保からの証言「70年の選択」を前に 田中哲也著	三省堂新書
彷徨の季節の中で 辻井喬著	新潮社
芸術の理路 寺田透著	河出書房新社
思想と造型 寺田透著 [和]	筑摩書房
変革期の思潮 長洲一二著 [和]	朝日新聞社
スウィフト考 中野好夫著	岩波新書
言葉·人間·ドラマ 中村雄二郎著	講談社
講座 マルクス主義(全12巻) 奈良本辰也ほか著 山崎春成ほか編	日本評論社
石川淳論 野口武彦著	筑摩書房
小説の書き方 作法叢書 野間宏編	明治書院
創造と批評 野間宏著	筑摩書房
ブレヒト·ノート 野村修著	晶文社
天国遊び 野呂重雄著 [和]	一ツ橋書房
お前はただの現在にすぎない テレビになにが可能か 萩元晴彦ほか著	田畑書店
近代日本文学における朝鮮像 朴春日著	未來社
荒木又右蕯衛 瞼の母他 長谷川伸著	河出書房新社
随筆三国志 花田清輝著	筑摩書房
羽仁五郎対談 現代とはなにか 羽仁五郎著	日本評論社
ミケルアンヂェロ 羽仁五郎著	岩波新書
架空と現実 埴谷雄高対話集 埴谷雄高著	未來社
針生一郎評論(全6巻) 針生一郎著	田畑書店

神奈川県美術風土記 幕末・明治初期篇 土方定一編 [国] [和]	神奈川県立近代美術館
文学運動の流れのなかから 平野謙著	筑摩書房
文藝時評（下） 平野謙著	河出書房新社
縄文の世界 古代の人と山河 藤森栄一著	講談社
大衆行動の権利 表現の自由 星野安三郎編	法律文化社
美しきもの見し人は 堀田善衛著	新潮社
小国の運命・大国の運命 堀田善衛著	筑摩書房
会津八一 宮川寅雄著	紀伊國屋書店
科学者の眼 三宅泰雄著	三省堂新書
斬られの仙太 三好十郎著	新泉社
現代革命の思想（全8巻） 武藤一羊ほか編	筑摩書房
旅の空の下で 森有正著	筑摩書房
現代日本文學大系（全97巻） 森鷗外ほか著	筑摩書房
実行と芸術 大正アナーキズムと文学 森山重雄著 [和]	塙書房
八木一夫作品集 八木一夫著 海上雅臣編 奈良原一高・写真 [和]	求龍堂
現代作家と文章 安岡章太郎著	三省堂新書
岩野泡鳴論考 柳田知常著	明治書院
瑛九伝 解放期・充実期・開花期・終焉 山田光春著 [国]	山田光春
道の思想史 神話 山田宗睦著	学藝書林
ろくろの唄 山田宗睦著	毎日新聞社
価値転轍器 山本明著	誠文堂新光社
夢野久作全集（全7巻） 夢野久作著 中島河太郎ほか編	三一書房
野間宏論 渡辺広士著 [和]	審美社

【翻訳】

大地・農耕・女性 比較宗教類型論 エリアーデ著 堀一郎訳 [和]	未來社
フリオ・フレニトの遍歴 イリヤ・エレンブルグ著 工藤精一郎訳	集英社
氷の上の魂 E.クリーヴァー著 武藤一羊訳 [和]	合同出版
わが隣人サド（晶文選書12） ピエール・クロソウスキー著 豊崎光一訳	晶文社
現代のシネマ（全10巻） ジャン・コレほか著 竹内健ほか訳 [和]	三一書房
言語と沈黙（上・下） ジョージ・スタイナー著 由良君美ほか訳	せりか書房
煉獄のなかでⅠ・Ⅱ ソルジェニーツィン著 木村浩ほか訳	タイムライフインターナショナル
ガン病棟（第一・二部） ソルジェニツィン著 小笠原豊樹訳	新潮社
ハノイで考えたこと（晶文選書15） スーザン・ソンタグ著 邦高忠二訳	晶文社
プラハの春 パーベル・ティグリット著 内山敏訳 [和]	読売新聞社
ビートルズ ハンター・デヴィス著 小笠原豊樹ほか訳	草思社
チェーザレ・パヴェーゼ全集（全17巻） チェーザレ・パヴェーゼ著 河島英昭ほか訳	晶文社
新しい小説・新しい詩 フーコーほか著 岩崎力訳 [和]	竹内書店
人間的時間の研究 ジョルジュ・プーレ著 井上究一郎ほか訳	筑摩書房
形の生命 アンリ・フォシヨン著 杉本秀太郎訳	岩波書店
ナジャ アンドレ・ブルトン著 稲田三吉訳	現代思潮社
先史時代の人類 R.J.ブレイドウッド著 泉靖一ほか訳	新潮社

1969(昭和44年)

未知への痕跡 エルンスト・ブロッホ著 菅谷規矩雄訳 [和]	イザラ書房
ヴァルター・ベンヤミン著作集(全15巻) ヴァルター・ベンヤミン著 野村修ほか編訳	晶文社
文学生産の理論 ピエール・マシュレー著 内藤陽哉訳 [和]	合同出版
死の名はエンゲルヒェン ムニャチコ著 栗栖継訳 [和]	勁草書房
七日目の夜 ラディスラヴ・ムニャチコ著 栗栖継訳 [和]	河出書房新社
イメージの力 芸術心理学のために ルネ・ユイグ著 池上忠治訳 [国]	美術出版社
狂信の時代・ドイツ作品群(全3巻) M.ライヒ=ラニッキー編 [和]	学藝書林
言葉と小説 J.リカルドゥー著 野村英夫訳	紀伊國屋書店
意味の意味 オグデンほか著 石橋幸太郎訳	新泉社
都市への権利 H.ルフェーヴル著 森本和夫訳	筑摩書房
アンダーグラウンド映画 シェルドン・レナン著 波多野哲朗訳 [和]	三一書房
ヴァイマル共和国成立史 1871−1918 A.ローゼンベルク著 足利末男訳 [和]	みすず書房
カフカ マルト・ロベール著 宮川淳訳 [和]	晶文社
シュルレアリスム パトリック・ワルドベルグ著 巖谷國士訳 [和]	美術出版社

【詩集等】

愛 後期恋愛詩集 ポール・エリュアール著 高村智編訳	勁草書房
シュルレアリスム詩集 アンドレ・ブルトンほか著 飯島耕一訳	筑摩書房
でっかい地図 山田今次詩集	昭森社
遠くと近くで 菅原克己著	東京出版センター

【カタログ・その他】

ARAKAWA	南画廊
飯田善國展	南画廊
小山田二郎水彩画集	飯田画廊
国際鉄鋼彫刻シンポジウム	大阪・後藤鍛工内特設アトリエ
1969.5〜7 Eggs in Orange プレイ氏のための朝食(池水慶一)	[記載なし]
第9回現代日本美術展	毎日新聞社ほか
高松次郎 中原佑介・文	東京画廊
闘争記 一	多摩美術大学全学闘争委員会
パウル・クレー展 東京新聞編 [和]	神奈川県立近代美術館
美術手帖12月号増刊 手帖小事典 現代美術家事典	美術出版社
ホアン ヘノヴェス 中原佑介・文 [和]	東京画廊
本の手帖 83号(特集 瀧口修造) 荒川修作ほか・文	昭森社
リーラン個展	みゆき画廊

【執筆・著作】

針生一郎評論1 芸術の叛乱	田畑書店
針生一郎評論2 リアリズム異説	田畑書店
針生一郎評論3 超デザイン・ノート	田畑書店
季刊「写真映像」 9 瑛九のフォトデザイン	写真評論社
図書新聞 2/1 強靭な変革の思想/大西巨人 神聖喜劇の主題	図書新聞社
美術手帖 1月号 原点への回帰ー第五回長岡現代美術館賞展にみる作品の完成度と観念の対立	美術出版社

1969（昭和44年）

世界 10月号 戦後民主主義の再生を求めて−8·15国民集会の報告と感想	岩波書店
国民文化 111号 特集：第九回国民文化全国集会（2） 第2分科会 文化闘争のあたらしい展開のために−主体をどうつくるか− 問題提起·1	国民文化会議
ルカーチ著作集 第7巻 月報10 ルカーチ理論と日本文学	白水社

60年代書評紙から

針生が捨ててはいけないと家人に言っていたのが,『日本読書新聞』『週刊読書人』などの書評紙だった。書庫には執筆原稿の古い掲載誌スクラップが1冊あり,またあふれるほどに切り抜きが段ボール箱に収納されていた。掲載誌紙が不明なものが多い。針生が評論の領域広げたのが顕著な60年代から,2紙へ執筆した書評書籍,針生本への書評,その他の記事をあげておく。

			『週刊読書人』
1960	332号	4/25	江藤淳『発言』河出書房新社
	335号	7/25	『KANAYAMA YASUKI』金山康喜遺作展実行委員会刊
	339号	8/29	倉橋由美子『パルタイ』文藝春秋社
	342号	9/19	『講座現代芸術1　芸術とは何か』勁草書房
1961	361号	2/6	中原佑介執筆評　針生一郎『芸術の前衛』
	399号	11/6	「座談会　政治と芸術」木下順二,佐々木基一と
1962	413号	2/19	中村光夫『佐藤春夫論』文藝春秋社
	423号	4/30	(記事)「危機に立つ国民文化会議」
	436号	7/30	ダンカン『ピカソの世界』白水社,『ピカソのピカソ』美術出版社
	437号	8/9	『グラムシ選集　第3巻』合同出版社
	445号	10/8	(記事)「現代文学の思想的状況論」
	455号	12/17	(記事)「1962年展望 芸術」桂ユキ子『女ひとり原始部落に入る』,多田道太郎『複製芸術論』他
1963	477号	5/27	「座談会 大衆文化論のすすめ方」大岡昇平,松下圭一と
	491号	9/9	(記事)「自立主義の根拠を問う“政治と文学”論争の底にひそむもの」
	505号	12/16	(記事)「1963年回顧 芸術」中井正一『美と集団の論理』,『燃えろ!アンテナ』他
1964	527号	5/25	大江健三郎『日常生活の冒険』文藝春秋社
	526号	6/1	いいだもも執筆評　針生一郎『われらのなかのコミューン』
	552号	11/23	エレンブルグ『芸術家の運命』美術出版社

1964	556号	12/21	(記事)「1964年回顧 芸術」谷川徹三『芸術の運命』, 杉山康彦『芸術と疎外』他
1965	570号	4/5	(記事)「昭和の“文芸復興”と現代文学」
	579号	6/7	東野芳明『現代美術　ポロック以後』美術出版社
	582号	6/28	(記事)「安保5年目の文学・芸術の動向」
1966	620号	4/11	真継伸彦『光る聲』河出書房新社
	637号	8/8	木下順二『無限軌道』講談社
	656号	12/26	(記事)「1966年回顧 芸術」丹下健三『日本列島の将来像』, 山崎正和『劇的なる精神』他
1967	697号	10/23	(記事)「チェコの新しい作家たちの志向するもの スターリン主義批判と文学」
	706号	12/25	(記事)「1967年回顧 芸術」北沢方邦『音楽の意味と発見』, 粟津潔『デザインの発見』他
1968	756号	12/23	(記事)「1968年回顧 芸術」池田浩士『表現主義論争』, 瀧口修造『シュルレアリスムのために』他
1969	806号	12/22	(記事)「1969年回顧 芸術」寺田透『芸術の理路』, 堀田善衛『美しきもの見し人は』他

『日本読書新聞』

1960	1036号	2/1	花田清輝『近代の超克』未來社
	1043号	3/7	文芸時評3月「日常性をどうつき破る」(中村真一郎『熱愛光』, 野間宏『わが稲妻』ほか)
	1046号	3/28	文芸時評4月「主体的な眼の「凝縮」」(黒田喜夫『蒼ざめたる牛』, 坂上弘『青い砂』, 島尾敏雄『離脱』ほか)
	1051号	5/2	文芸時評5月「政治の「悪夢」に取り組む」(小林秀雄『ヒットラーと悪魔』, 石原慎太郎『狼生きろ豚は死ね』, 北杜夫『夜と霧の隅で』ほか)
	1056号	6/6	文芸時評6月「作家のデーモンと夢」(椎名麟三『罠と毒』, きだみのる『東京気違い部落』, 室生犀星『告ぐるうた』ほか)
	1066号	8/15	(記事)「私の読書遍歴8・15の前と後　保田與重郎の影響」
	1073号	10/3	(記事)「三池に生まれた思想, その火は消えるか」
	1074号	10/10	加藤周一『二つの極の間で』(弘文堂), 『東京日記』(朝日新聞社)
	1077号	10/30	読者の書評選評　野中三郎執筆, 上野英信『追われゆく坑夫たち』
1961	1056号	1/9	佐々木基一執筆評　針生一郎『芸術の前衛』
	1056号	1/9	川添登『建築の滅亡』現代思潮社

1961	1016号	8/7	『島尾敏雄作品集』晶文社
	1130号	11/13	読者の書評選評　磯貝満執筆, 埴谷雄高『墓銘と影絵』
	1135号	12/18	(記事)「テロ・倍増・底辺の構造(回顧1961)」
1962	1148号	3/26	リフシッツ, エルベンベック編『マルクス, エンゲルス芸術論　上下』岩波書店
	1153号	4/30	『牧野信一全集』人文書院
1963	1217号	7/29	池田龍雄執筆　「人物スケッチ　針生一郎　茶色の大きな熊」
	1219号	8/12	安田武『戦争体験　1970年への遺書』未來社
	1225号	日付?	ソルジェニツィン『消された男』河出書房新社
1964	1241号	1/20	松本俊夫『映像の発見』三一書房
	1245号	2/17	(記事)「「反」と「自立」とのあいだ」—「反芸術か非か」ブリヂストンホール公開討論会を経て
	1263号	日付?	中原佑介執筆評　針生一郎『カンディンスキー』みすず書房
	1276号	9/28	(リレー連載記事)「戦後批評家論第7回　埴谷雄高」
	1287号 1288号	12/14 12/21	「座談会　昭和10年=昭和40年」日高六郎, 宮本研と(12/14上, 12/21下)
1965	1291号	1/18	ハフトマン, サルトル, ロッシュ『ヴォルス』みすず書房
	1294号	2/8	栗原幸夫『転形期の政治と文学』芳賀書店
1966	1363号	6/27	工藤幸雄訳『深海の放浪者　ハンガリー短篇小説集』恒文社
	1378号	10/17	(記事)「映画「アルトナ」と原作戯曲の間」
1967	1418	7/31	(記事)「モニュメントの思想　靖国神社「慰霊の泉」をめぐって」
1968	1473	9/9	(記事)「報告「反戦と開放」(本紙8/26日号)展への批判」

1970-1979

昭和45年—昭和54年

1970（昭和45年）

【和書】

秋浜悟史作品集 しらけおばけ　秋浜悟史著 [和]	晶文社
近代文化と社会主義　飛鳥井雅道著	晶文社
石の眼　安部公房著	新潮社
管理社会　荒川幾男著	講談社現代新書
粟津潔デザイン図絵　粟津潔著	田畑書店
近代芸術の意味　粟津則雄著 [和]	未來社
シュルレアリスムの彼方へ―昭和五年生れの一詩人の胸のうち　飯島耕一著	イザラ書房
リズミックな世界線を　いいだもも著 [和]	河出書房新社
池田満寿夫集（現代版画）　池田満寿夫著 [和]	筑摩書房
表現における近代の呪縛　石子順造著 [国]	川島書店
こがね虫たちの夜　五木寛之著	河出書房新社
岩波講座 哲学（全18巻＋別巻1）	岩波書店
法律家　潮見俊隆著	岩波新書
漱石とその時代 第一部　江藤淳著	新潮社
壊れものとしての人間 活字のむこうの暗闇　大江健三郎著	講談社
芸術マイナス1 戦後芸術論　大岡信著	弘文堂
現代美術家事典　大下敦編	美術出版社
岡崎義恵博士著作解題　岡崎義恵先生喜寿記念祝賀会編	宝文館出版
危機の結晶 現代美術覚え書　岡田隆彦著 [和]	イザラ書房
幻影的現実のゆくえ　岡田隆彦著 [和]	田畑書店
表現の自由とはなにか　奥平康弘著	中公新書
現代音楽を語る　小倉朗著	岩波新書
増補版 土着と情況　桶谷秀昭著	国文社
開かれた言葉　長田弘著	筑摩書房
好色と花　越知保夫著	筑摩書房
美と豪奢と静謐と悦楽と―レオナルド・ダ・ヴィンチの周辺　小野健一著	三省堂
幻想における生 片岡啓治評論集　片岡啓治著 [和]	イザラ書房
中野重治論　亀井秀雄著	三一書房
現代と広告 情報化社会におけるマスコミュニケーションと人間　川上宏編著 [和]	オリオン出版
名人　川端康成著	旺文社文庫
吉本隆明をどうとらえるか　北川透ほか著	芳賀書店
現象学　木田元著	岩波新書
文明は死の行進をはじめた　北沢方邦編	三一書房
アカシアの大連　清岡卓行著	講談社
わたしのなかのかれへ 全エッセイ集　倉橋由美子著	講談社
時の鎖　黒井千次著 [和]	新潮社
見知らぬ家路　黒井千次著 [和]	文藝春秋
一条の光　耕治人著 [和]	皆美館
回転扉　河野多恵子著	新潮社

1970（昭和45年）

現代文学の進退　小島信夫著	河出書房新社
日本文化の歴史（全16巻）　小西四郎ほか編	学研
チョッパリ 小林勝小説集　小林勝著	三省堂
文明とタブー ポリネシアの旅から　酒井傳六著 [和]	新潮社
書の歴史　榊莫山著	創元社
鏡の前の幻想　坂崎乙郎著 [和]	学藝書林
日本民間信仰論 増訂版　桜井徳太郎著	弘文堂
戦後文学の内と外　佐々木基一著	未來社
黒澤明の世界　佐藤忠男著	三一書房
佐藤信作品集 あしたのビートルズ　佐藤信著 [和]	晶文社
狂人なおもて往生をとぐ　清水邦夫著	中央公論社
顧之居書帖　白井晟一著　海上雅臣編 [和]	鹿島研究所出版会
われわれにとって自然とはなにか　菅谷規矩雄ほか著	社会思想社
思想を創る読書　須田禎一著	三省堂新書
世界の映画作家（全40巻）	キネマ旬報社
浮世絵師写楽　瀬木慎一著	学藝書林
批評の精神　高橋英夫著 [和]	中央公論社
まずたしからしさの世界をすてろ　多木浩二ほか編	田畑書店
人間の「原点」とは何か　滝沢克己著	三一書房
ランボーの沈黙　竹内健著	紀伊國屋新書
境界線の文学論－歴史と想像力　竹内泰宏著	河出書房新社
国家の原理と反戦の論理　竹内芳郎著	現代評論社
構造主義と弁証法　田島節夫著	せりか書房
つげ義春の世界	青林堂
われらの内なる差別 日本文化大革命の戦略問題　津村喬著	三一新書
ランボー着色版画集私解　寺田透著 [和]	現代思潮社
現代芸術の位相 芸術は思想たりうるか　刀根康尚著 [国]	田畑書店
行為と芸術 十三人の作家　富岡多恵子著	美術出版社
近代読者論　外山滋比古著	みすず書房
呪われた美　中本達也著	三省堂新書
三島由紀夫の世界　野口武彦著	講談社
不可視のコミュニケーション　野本三吉著	社会評論社
俳句歳時記	角川文庫
奥州げてとランカイ屋　羽黒童介著	コンノ書房
恐ろしい本　長谷川四郎著	筑摩書房
兜と冥府　埴谷雄高著	未來社
姿なき司祭　埴谷雄高著	河出書房新社
夏の花　原民喜著	晶文社
芸術の前衛（新装版）　針生一郎著	弘文堂
移民の生活の歴史 ブラジル日系人の歩んだ道　半田知雄著 [和]	サンパウロ人文科学研究所
魯迅 革命を生きる思想　檜山久雄著	三省堂新書

作家論 平野謙著	未來社
悪場所の発想 伝承の創造的回復 広末保著 [和]	三省堂
新島・アリの反乱 広野広著	現代評論社
社会変革と科学 福島要一著	三省堂新書
近代の政治思想 福田歓一著	岩波新書
抽象の形成 二見史郎著	紀伊國屋新書
別役実第二戯曲集 不思議の国のアリス 別役実著 [和]	三一書房
情況と演劇ー演出家の生と転生 程島武夫著	新報新書・社会新報
遠望近思 鬼石谷戸から 本多秋五著 [和]	筑摩書房
土着の仮面劇 松永伍一著	田畑書店
臥竜 丸木位里墨画集 丸木位里著 [和]	造形社
行動学入門 三島由紀夫著	文藝春秋
豊饒の海 第2・3巻 三島由紀夫著	新潮社
日本美術史 用と美の造型 水尾比呂志著	筑摩書房
現代作家論 生きている漱石 宮井一郎著 [和]	東洋出版社
ザ・パイロット 宮本研作品集 宮本研著	晶文社
播州平野・風知草 宮本百合子著	新潮文庫
海と人生 ビッグ・サイエンスの窓 三好寿著	三省堂新書
支配的構造の批判 武藤一羊著 [和]	筑摩書房
原子力と政治 村上隆著	三省堂新書
日本の震災 村松郁栄ほか著	三省堂新書
丹後ちりめん物語 八木康敞著	三省堂新書
ヴィーナスの神話（美術選書） 矢島文夫著	美術出版社
日本の美術史 保田與重郎著	新潮社
愛と鮮血 アジア女性交流史 山崎朋子著	三省堂新書
教科書 山住正己著	岩波新書
軍旗はためく下に 結城昌治著 [和]	中央公論社
ヨオロッパの世紀末 吉田健一著	新潮社
情況 吉本隆明著	河出書房新社
知られざる台湾 台湾独立運動家の叫び 林景明著	三省堂新書

【翻訳】

プリズム 文化批判と社会 Th.W.アドルノ著 竹内豊治ほか訳 [和]	法政大学出版局
職業としての学問 マックス・ウェーバー著 尾高邦雄訳	岩波文庫
意識産業 エンツェンスベルガー著 石黒英男訳	晶文社
第二の世界 W.H.オーデン著 中桐雅夫訳 [和]	晶文社
言語表現と象徴 エドモン・オルティグ著 宇波彰訳	せりか書房
キュビスムへの道 D.H.カーンワイラー著 千足伸行訳	鹿島出版会
青年とドイツ語：中級読本 クラウスヴィレ編 仁科武光訳・注釈	朝日出版社
ワイマール文化 ピーター・ゲイ著 到津十三男訳	みすず書房
古典作家の学校 ヤン・コット著 石原達二訳 [国]	せりか書房
スティグマの社会学 傷つけられたアイデンティティ アーヴィング・ゴッフマン著 石黒毅訳	せりか書房

1970（昭和45年）

彷徨 フランク・コンロイ著 稲田武彦訳 [和]	晶文社
われら ザミャーチン著 川端香男里訳	講談社
美しきヘレーネ：初・中級読物 Emil von Schönaich-Carolath著 山川丈平編 [国]	朝日出版社
20世紀の情熱：初・中級読物 志波一富編 [国]	朝日出版社
意味論序説 アダム・シャフ著 平林康之訳	合同出版
タブー フランツ・シュタイナー著 井上兼行訳	せりか書房
政治的ロマン主義 カール・シュミット著 大久保和郎訳 [和]	みすず書房
世界文学全集（全48巻） ショーロホフほか著 江川卓ほか訳	講談社
言語と思考 ポール・ショシャール著 吉倉範光訳	文庫クセジュ
現代的想像力 スティーヴン・スペンダー著 岡崎康一ほか訳 [和]	晶文社
叛逆者たちの年 スティーヴン・スペンダー著 徳永暢三訳 [和]	晶文社
やし酒飲み エイモス・チュツオーラ著 土屋哲訳	晶文社
ダダ宣言 トリスタン・ツァラ著 小海永二ほか訳	竹内書店
象徴の想像力 ジルベール・デュラン著 宇波彰訳	せりか書房
声と現象 フッサール現象学における記号の問題への序論 ジャック・デリダ著 高橋允昭訳	理想社
未来の小説 アナイス・ニン著 柄谷真佐子訳 [和]	晶文社
めぐりあえた二人：初級読物 長谷川登ほか編 [国]	朝日出版社
視覚時代（美術選書） カール・パヴェーク著 大久保良一ほか訳 [和]	美術出版社
ある芸術家の人間像 バルトークの手紙と記録 バルトーク著 羽仁協子編訳 [和]	冨山房
悲傷の樹（自伝的中国現代史1） ハン・スーイン著 長尾喜又訳	春秋社
死者の歌 エリ・ヴィーゼル著 村上光彦訳 [和]	晶文社
知の考古学 ミシェル・フーコー著 中村雄二郎訳	河出書房新社
エロスとタナトス N.O.ブラウン著 秋山さと子訳	竹内書店
五月革命の記録 フランス全学連ほか編 江原順訳	晶文社
眠る男 ジョルジュ・ペレック著 海老坂武訳 [和]	晶文社
オー・ヘンリー傑作集 オー・ヘンリー著 飯島淳秀訳	角川文庫
現代中国文学（全12巻） 茅盾ほか著 小野忍ほか編 竹内好ほか訳	河出書房新社
かくれた次元 エドワード・ホール著 日高敏隆ほか訳	みすず書房
理性の腐蝕 マックス・ホルクハイマー著 山口祐弘訳	せりか書房
マン家の人々－転回点1 クラウス・マン著 小栗浩訳 [和]	晶文社
反抗と亡命－転回点2 クラウス・マン著 渋谷寿一訳 [和]	晶文社
遅れたレポート ムニャチコ著 栗栖継訳 [和]	勁草書房
権力の味 ラディスラヴ・ムニャチコ著 栗栖継訳 [和]	河出書房新社
夜の軍隊 ノーマン・メイラー著 山西英一訳	早川書房
シーニュ M.メルロー＝ポンティ著 竹内芳郎ほか訳	みすず書房
セクシュアル・レボリューション 文化革命における性 W.ライヒ著 小野泰博ほか訳 [和]	現代思潮社
ファシズムの大衆心理（上・下） ヴィルヘルム・ライヒ著 平田武靖訳	せりか書房
社会人類学 G.リーンハート著 増田義郎ほか訳	岩波書店
マンダレーへの道：初・中級読物 Kelvin Lindemann著 稲木勝彦編 [国]	朝日出版社
美学Ⅲ第一部 美的なものの特性Ⅱ G.ルカーチ著 木幡順三訳	勁草書房
二十世紀アメリカ美術 バーバラ・ローズ著 桑原住雄訳 [和]	美術出版社

【詩集等】

手づくり諺 ジョアン・ミロに　瀧口修造著	南画廊
なるなり　姜舜著	思潮社
浜田知章詩集	日本ソノ書房

【カタログ・その他】

朝日アジアレビュー 4号・冬季号	朝日新聞社
瑛九遺作展	北九州市立八幡美術館
エドワルド ムンク展	神奈川県立近代美術館
木村賢太郎彫刻展	南画廊・プラザディック
月刊思想運動 第10号	活動家集団 思想運動
現代インド絵画展	東京国立近代美術館
現代美術野外フェスティバル　ブロンズ社編集部編	ブロンズ社
サンデー毎日緊急増刊 三島由紀夫の総括	毎日新聞社
週刊現代 三島由紀夫緊急特集号	講談社
週刊サンケイ増刊号 総集版三島由紀夫のすべて	産業経済新聞社出版局
第10回日本国際美術展　中原佑介ほか編 [和]	毎日新聞社
第10回日本国際美術展(図版)　中原佑介ほか編 [和]	毎日新聞社
ヒューマン・ドキュメント'70　ジョセフ・ラブ・文 [和]	東京画廊
保田春彦作品展	プラザディック

【執筆・著作】

芸術の前衛(新装版)　針生一郎著	弘文堂
針生一郎評論4 歴史の辺境	田畑書店
針生一郎評論5 サドの眼	田畑書店
針生一郎評論6 遊撃クロニクル	田畑書店
全集・現代世界文学の発見 第5巻　抵抗から開放へ　針生一郎編	学藝書林
日本文化の歴史15 参加する大衆−現代　加藤秀俊との共編	学研

1971(昭和46年)

【和書】

モンドリアン(美術選書)　赤根和生著	美術出版社
性差別への告発　亜紀書房編集部編	亜紀書房
内なる辺境　安部公房著	中央公論社
プロレタリア世界革命論序説　いいだもも著 [和]	三一書房
俗悪の思想 日本的庶民の美意識　石子順造著 [和]	太平出版社
光・運動・空間−境界領域の美術　石崎浩一郎著	商店建築社
空間へ　磯崎新著 [国]	美術出版社
吉本隆明論(戦後作家論叢書)　磯田光一著	審美社
日本の過疎地帯　今井幸彦著	岩波新書
ソルジェニツィン・ノート　内村剛介著 [和]	河出書房新社
漱石とその時代 第二部　江藤淳著	新潮社
言葉の出現　大岡信著	晶文社
日本浪漫派とはなにか 復刻版「日本浪漫派」別冊　大久保典夫ほか著	雄松堂書店

1971（昭和46年）

後方の思想 あるいは長征への出発 大沢真一郎著 和	ぺりかん社
大野忠男画集 大野忠男著	アポロン社
抒情の宿命「構造」としての詩的表現 岡庭昇著 和	田畑書店
美の呪力 岡本太郎著	新潮社
凝視と彷徨（上） 桶谷秀昭著	冬樹社
旧植民地文学の研究 尾崎秀樹著	勁草書房
情意の航跡 小寺和平著	三笠書房
人間の復権を求めて 折原浩著 和	中央公論社
逆表現の思想 片岡啓治評論集 片岡啓治著 和	三一書房
われわれにとって表現とはなにか 片桐ユズルほか著 和	社会思想社
死に絶えた風景－日本資本主義の深層から 鎌田慧著	ダイヤモンド社
日本共産党戦後重要資料集 神山茂夫編	三一書房
ナショナリズムの文学 明治の精神の探求（研究社叢書） 亀井俊介著 和	研究社出版
作品集 亀倉雄策 亀倉雄策著 国	美術出版社
わたしのどろ箱 随筆集 木内克著 海上雅臣編 和	求龍堂
鴉の死 金石範著	講談社
日本の中の朝鮮文化 その古代遺跡をたずねて 金達寿著	講談社
現代日本建築家全集（全24巻） 栗田勇監修	三一書房
プロレタリア文学とその時代 栗原幸夫著	平凡社
仮構と日常 黒井千次著 和	河出書房新社
走る家族 黒井千次著 和	河出書房新社
メカニズムNo.1 黒井千次著 和	三笠書房
現代の美術（全12巻+別巻1）	講談社
戦後思想家論 現代の眼編集部編	現代評論社
夜がときの歩みを暗くするとき 高史明著	筑摩書房
映像言語と想像力 近藤耕人著	三一書房
映像論 佐々木基一著	勁草書房
ヌーベルバーグ以後 自由をめざす映画 佐藤忠男著	中公新書
鳴呼鼠小僧次郎吉 佐藤信著 和	晶文社
夢の系列 島尾敏雄著	中央大学出版部
小説 渡辺華山（上·下） 杉浦明平著 和	朝日新聞社
杉浦明平記録文学選集（全4巻） 杉浦明平著 和	読売新聞社
鉄幹と晶子 須永朝彦著	紀伊國屋新書
第三の芸術 瀬木慎一著	読売新聞社
ピカソ 二十世紀美術の象徴 瀬木慎一著	読売新聞社
小説 吉原志 関根弘著	講談社
続 名画を見る眼 高階秀爾著	岩波新書
ルネッサンスの光と闇－芸術と精神風土 高階秀爾著 国	三彩社
安部公房論 高野斗志美著 和	サンリオ山梨シルクセンター出版部
白く塗りたる墓 高橋和巳著 和	筑摩書房
わが解体 高橋和巳著	河出書房新社

批判的主体の形成－キリスト教批判の現代的課題 田川建三著	三一書房
塔と橋 技術美の美学 竹内敏雄著 [国]	弘文堂
管理社会の影 複数の思想（読売選書） 多田道太郎著	読売新聞社
ロマン主義者は悪党か 田中美代子著 [和]	新潮社
革命への権利 具体性のほうへ 津村喬著 [和]	せりか書房
戦略とスタイル 津村喬著	田畑書店
北米体験再考 鶴見俊輔著	岩波新書
ことばの習俗－新しいコミュニケイション 外山滋比古著	三省堂新書
長崎莫人画集 長崎莫人著	富山新聞社
笑殺の美学 映像における笑いとは何か 中原弓彦著 [和]	大光社
戦後文学覚え書 西野辰吉著	三一書房
日本浪漫派（全）	雄松堂書店
吠え声・叫び声・沈黙－大江健三郎の世界 野口武彦著	新潮社
歎異抄（私の古典） 野間宏著 [和]	筑摩書房
スヴェンボルの対話 ブレヒト・コルシュ・ベンヤミン 野村修著 [和]	平凡社
冒険と日和見 花田清輝著	創樹社
林達夫著作集（全6巻） 林達夫著	平凡社
林光音楽の本 林光著 [和]	晶文社
変革と情報 日本史のしくみ 林屋辰三郎ほか編	中央公論社
作品集〈八月六日〉を描く（第1・2集） 原民喜ほか著 [和]	文化評論出版
歴史の京都（全6巻） 原田伴彦ほか著 [和]	淡交社
岸田劉生 土方定一著	日動出版部
大正・昭和期の画家たち 土方定一著	木耳社
神奈川県美術風土記 明治・大正篇 土方定一編	神奈川県立近代美術館
レンブラント・ファン・レイン 評伝 土方定一著	新潮社
絵金の白描 広末保ほか編 [国]	未來社
対談集 盲滅法 深沢七郎著 [和]	創樹社
自衛隊の作戦計画 防衛から侵攻へ 藤井治夫著	三一書房
金沢の文学 藤田福夫監修	北国出版社
ギリシア神話の世界観（新潮選書） 藤縄謙三著	新潮社
古井由吉集 古井由吉著 [和]	河出書房新社
方丈記私記 堀田善衛著	筑摩書房
戦後文学史論 本多秋五著 [和]	新潮社
戦後文学の作家と作品 本多秋五著	冬樹社
都市政策を考える 松下圭一著	岩波新書
共同討議 性 松田道雄編 [和]	筑摩書房
はじまりの意識 丸山静著	せりか書房
異族の原基 森崎和江著 [和]	大和書房
西洋の誕生 柳宗玄著	新潮社
アフリカの神話的世界 山口昌男著	岩波新書
人類学的思考 山口昌男著	せりか書房

本の神話学 山口昌男著	中央公論社
三島由紀夫における男色と天皇制 山崎正夫著 [和]	グラフィック社
劇的なる日本人 山崎正和著	新潮社
シュルレアリスム 資料と回想 山中散生著	美術出版社
未完への脱走 横尾忠則著	講談社
心的現象論序説 吉本隆明著	北洋社
転位と終末 吉本隆明ほか著 明治大学出版研究会編 [和]	明治大学出版研究会
源実朝 日本詩人選 吉本隆明著	筑摩書房
出会いを求めて 李禹煥著	田畑書店

【翻訳】

批判的モデル集（全2巻） Th.W.アドルノ著 大久保健治訳	法政大学出版局
不協和音 管理社会における音楽 Th.W.アドルノ著 三光長治ほか訳 [和]	音楽之友社
演劇－なぜ？ アーノルド・ウェスカー著 柴田稔彦ほか訳 [和]	晶文社
永遠回帰の神話－祖型と反復 エリアーデ著 堀一郎訳	未來社
エリアーデ著作集（全13巻） ミルチャ・エリアーデ著 前田耕作ほか訳 堀一郎監修	せりか書房
ハバナの審問 H.M.エンツェンスベルガー著 野村修訳	晶文社
愛 ユーリー・オレーシャ著 工藤正広訳 [和]	晶文社
遊びと人間 ロジェ・カイヨワ著 清水幾太郎ほか訳	岩波書店
聖なるものの社会学 ロジェ・カイヨワ著 内藤莞爾訳	弘文堂
長い暗闇の彼方に キム・ジハ著 渋谷仙太郎訳	中央公論社
ザ・ヌード 裸体芸術論 理想的形態の研究 ケネス・クラーク著 高階秀爾ほか訳	美術出版社
人種戦争（上・下） ロナルド・シーガル著 山口一信ほか訳	サイマル出版会
散文の理論 V.シクロフスキー著 水野忠夫訳	せりか書房
もう一人のサルトル フランシス・ジャンソン著 海老坂武訳 [和]	晶文社
欲望の現象学 ルネ・ジラール著 古田幸男訳	法政大学出版局
人間の歴史（上） イリーン・セガール著 袋一平訳	岩波書店
言語学序説 ソシュール著 山内貴美夫訳	勁草書房
反解釈 S.ソンタグ著 高橋康也ほか訳	竹内書店
天才の日記 サルバドル・ダリ著 東野芳明訳	二見書房
シュールレアリスム イヴ・デュプレシス著 稲田三吉訳	文庫クセジュ
文学の理論－ロシア・フォルマリスト論集 ツヴェタン・トドロフ編 野村英夫訳	理想社
世界女性史 ゴンザッグ・トリュック著 森乾ほか訳	久保書店
ジル・ド・レ論 ジョルジュ・バタイユ著 伊東守男訳	二見書房
イコロジー研究 ルネサンス美術における人文主義の諸テーマ エルヴィン・パノフスキー著 浅野徹ほか訳	美術出版社
神話作用 R.バルト著 篠沢秀夫訳	現代思潮社
零度のエクリチュール ロラン・バルト著 渡辺淳ほか訳	みすず書房
ドイツ表現主義（全5巻） クルト・ピントゥスほか著 高安国世ほか訳	河出書房新社
マルクス以後のマルクス主義 ピエール・ファーブルほか著 竹内良知訳	文庫クセジュ
現代批評の構造 ノースロップ・フライほか著 蟻二郎ほか編訳 [和]	思潮社
近代芸術と技術 P.フランカステル著 近藤昭訳	平凡社

1971（昭和46年）

なにもない空間（晶文選書32） ピーター・ブルック著 高橋康也ほか訳	晶文社
シュルレアリスム簡約辞典 アンドレ・ブルトンほか著 江原順編訳	現代思潮社
熱狂と中庸 ヘルマン・ブロッホ著 森田弘訳 [和]	晶文社
性の象徴的傷痕 ブルーノ・ベッテルハイム著 岸田秀訳	せりか書房
シュルレアリスムの20年 1939－1959 ジャン=ルイ・ベドゥアン著 三好郁朗訳	法政大学出版局
ホイジンガ選集（全6巻） ホイジンガ著 藤縄千艸ほか訳	河出書房新社
精神分析と文化論 マリー・ボナパルト著 林峻一郎訳 [和]	弘文堂
問いと反問 芸術論集 ヴィルヘルム・ヴォリンガー著 土肥美夫訳	法政大学出版局
仮面の男 ボワロ&ナルスジャック著 井上勇訳	創元推理文庫
世界喪失の文学 1909年以後の抽象文学 R.N.マイアー著 本郷義武訳	彌生書房
工業社会とマルクス主義 H.マルクーゼ著 片岡啓治訳	林書店
危機の芸術家たち－転回点3 クラウス・マン著 青柳謙二訳 [和]	晶文社
歴史と文学 ハインリヒ・マン著 小栗浩訳 [和]	晶文社
お菓子とビール モーム著 龍口直太郎訳	旺文社文庫
芸術の意味 ハーバート・リード著 瀧口修造訳	みすず書房
ルカーチ初期著作集 ジェルジ・ルカーチ著 池田浩士編訳	合同出版
言語と社会 アンリ・ルフェーヴル著 広田昌義訳	せりか書房

【詩集等】

阿部定 関根弘詩集	土曜美術社
萩原朔太郎詩集 河上徹太郎編	新潮文庫
ランボー詩集 堀口大學訳	彌生書房

【カタログ・その他】

池田満寿夫 撮影地と光景	南天子画廊
猪俣津南雄研究第5号	猪俣津南雄研究会
瑛九回顧展 [和]	美術出版デザインセンター
海老原喜之助展	毎日新聞社
画業50年記念「鳥海青児展」 [和]	毎日新聞社
神奈川県立近代美術館開館20周年記念 高橋由一とその時代展 [和]	神奈川県立近代美術館
久野真 [和]	東京画廊
現代アメリカ画壇の巨匠 リチャード・リンドナー展	新宿伊勢丹
現代ドイツ美術展	東京国立近代美術館
ゴヤ展	国立西洋美術館
第10回現代日本美術展	毎日新聞社ほか
TARO展 挑み 燃え ひらく [国]	朝日新聞東京本社企画部
眠りの理由 No.11 瑛九の会編 [和]	瑛九の会
瓢鰻亭通信	前田俊彦
復刻版「文藝文化」別冊付録	雄松堂書店
ロルジュー展カタログ	西武百貨店池袋店7階ファウンテンホール

【執筆・著作】

歴史の京都5 巧人と商人 狩野永徳	淡交社
現代アメリカ画壇の巨匠 リチャード・リンドナー展	新宿伊勢丹

現代の美術 第10巻 記号とイメージ　針生一郎編著	講談社
言葉とイメージ展　言葉と言葉ならざるもの	ピナール画廊
新日本文学11月号　第十回新日本文学賞	新日本文学会
日本浪漫派とはなにか 復刻版「日本浪漫派」別冊　日本浪漫派私論	雄松堂書店
第10回現代日本美術展　人間と自然—第10回現代日本美術展のテーマについて	東京都美術館
ボオパンとの出会い展　ボオパンとの出会い	ピナール画廊

1972(昭和47年)

【和書】

お父ッつぁまの微笑　相沢直人著 [和]	ツバメジャーナル社
追放された野次馬(非売品)　赤瀬川原平著	現代評論社
私の教科書批判　朝日新聞社編	朝日新聞社
西欧との対話 思考の原点を求めて　阿部良雄著 [和]	河出書房新社
悪魔の構造 作品行為論の展開　天澤退二郎著 [和]	田畑書店
解体と表現 現代文学論　粟津則雄著 [和]	筑摩書房
金史良　安宇植著	岩波新書
現代中国事典　安藤彦太郎編	講談社現代新書
中国通信 第一・第二　安藤彦太郎著 [和]	亜紀書房
芝居—見る・作る　飯沢匡著	平凡社
初期ルカーチ研究　池田浩士著	合同出版
池田満寿夫全版画作品集　池田満寿夫著 [和]	美術出版社
愛の終りの時　石川達三著	新潮文庫
沖縄—辺区からの逆攻　石田郁夫著 [和]	田畑書店
マヤ文明　石田英一郎著	中公新書
わが死民 水俣病闘争　石牟礼道子編	現代評論社
悪意の文学(読売選書)　磯田光一著	読売新聞社
行為と肉体　市川雅著 [和]	田畑書店
五木寛之作品集(全24巻)　五木寛之著	文藝春秋
小屋　井上光晴著 [和]	講談社
現代美術の作家たち　今泉篤男著	中央公論美術出版
幻想のかなたに　入江隆則著	新潮社
自然主義の成立と展開　岩永胖著 [和]	審美社
対談 毛沢東思想と現代の課題　梅本克己ほか著	三一書房
瑛九画集　瑛九著　久保貞次郎編 [和]	瑛九画集刊行会
講座・コミュニケーション(全6巻)　江藤文夫ほか編	研究社出版
鯨の死滅する日 全エッセイ集第三　大江健三郎著	文藝春秋
彩耳記—文学的断章　大岡信著	青土社
現代美術に生きる伝統　大岡信著 [和]	新潮社
革命的ロマン主義者の群れ 殉教と背教の美学　大久保典夫著	三省堂
大庭みな子集(新鋭作家叢書)　大庭みな子著 [和]	河出書房新社
近衛文麿—「運命」の政治家　岡義武著	岩波新書
美しいドイツ語：中級読本　岡田朝雄編 [国]	朝日出版社

現代日本映画論大系(全6巻) 小川徹ほか編	冬樹社
ヤマザキ、天皇を撃て! "皇居パチンコ事件"陳述書 奥崎謙三著 [和]	三一書房
煙へ飛翔 奥野忠昭著 [和]	一ツ橋書房
窓と破片 織田達朗評論集 織田達朗著	美術出版社
文学概論 小田切秀雄著	勁草書房
夏の闇 開高健著 [和]	新潮社
日本民族派の運動―民族派文學の系譜 影山正治著	光風社書店
芸術情報の理論 川野洋著 [和]	新曜社
近代朝鮮の思想 姜在彦著	紀伊國屋新書
日中の原点から 木下順二ほか著	河出書房新社
ことばの呪縛 金石範著	筑摩書房
陶芸家の随想 清水六兵衛著	天心社刊行会
日本ナンセンス画志 恣意の暴逆 草森紳一著 [国]	大和書房
久野収対話集(全4巻) 久野収著	人文書院
平和の論理と戦争の論理 久野収著	岩波書店
レオナルド・ダ・ヴィンチ研究 その美術家像 久保尋二著 [和]	美術出版社
神々の愛でし都 栗田勇著	中央公論社
失うべき日 黒井千次著 [和]	集英社
大正の文学 近代文学史2 紅野敏郎ほか編	有斐閣
憑依と仮面 劇的想像力の世界 小苅米晛著	せりか書房
黒田寛一論 戦後主体性論への考察 小林一喜著 [和]	田畑書店
石川淳 作家論 佐々木基一著	創樹社
妻たちの二・二六事件 澤地久枝著	中央公論社
行為者の思想 直原弘道状況論集 直原弘道著	構造改良社
共同研究 日本占領軍 思想の科学研究会編	徳間書店
ゲーテの木 戦闘的ヒューマニズムの文学 篠田浩一郎著 [和]	晶文社
国盗り物語(二)斎藤道三 後編 司馬遼太郎著	新潮文庫
贈る言葉 柴田翔著	新潮文庫
硝子障子のシルエット 葉篇小説集 島尾敏雄著	創樹社
新潮文庫解説目録	新潮社
飛鳥高松塚古墳 末永雅雄編 [国]	学生社
崋山探索 杉浦明平著 [和]	河出書房新社
現代詩論(全10巻) 関根弘ほか著	晶文社
炎の花 宗左近著	ニトリア書房
日本国改造試論 国家を考える 平恒次著	講談社現代新書
日本近代美術史論 高階秀爾著 [国]	講談社
井上光晴論 高野斗志美著	勁草書房
高橋和巳作品集(全9巻) 高橋和巳著	河出書房新社
ことばのない思考 事物・空間・映像についての覚え書 多木浩二著 [国]	田畑書店
リルケへの対決 田木繁著	南江堂
幻想画家論 新装改訂版 瀧口修造著	せりか書房

1972(昭和47年)

戦後思想への視角 主体と言語 竹内成明著 [和]	筑摩書房
毛沢東と中国共産党 竹内実著	中公新書
富士 武田泰淳著	中央公論社
しぐさの日本文化 多田道太郎著	筑摩書房
円空佛 棚橋一晃編	鹿島出版会
古墳の謎 田辺昭三著	祥伝社
ホモ·ハビタートル 巨大都市の終り 谷岡武雄著	三省堂新書
青春−あらかじめ失われた時代 田原総一朗著	竹内書店
背教者ユリアヌス 辻邦生著	中央公論社
歴史の奪還 現代ナショナリズム批判の論理 津村喬著	せりか書房
考える眼 絵画への愛と省察 寺田透著 [和]	平凡社
元禄小袖からミニ·スカートまで/三越三百年の経営戦略 戸板康二ほか著	サンケイ新聞出版局
芸術のすすめ(学問のすすめ22) 東野芳明編 [和]	筑摩書房
工場の哲学 中岡哲郎著	平凡社
中川とも芝居絵集 中川とも著 [和]	恵巴会
現代思想家論 中島誠著	レグルス文庫
適応の条件 中根千枝著	講談社現代新書
実朝考 ホモ·レリギオーズスの文学 中野孝次著	河出書房新社
ナンセンス芸術論 中原佑介著 [国]	フィルムアート社
人間と物質のあいだ−現代美術の状況 中原佑介著 [国]	田畑書店
見ることの神話 中原佑介著	フィルムアート社
制度と情念と(中公叢書) 中村雄二郎著 [和]	中央公論社
アメリカひじき/火垂るの墓 野坂昭如著	新潮文庫
混沌の中から未来を 野呂重雄著 [和]	一ツ橋書房
力と理性 実践的潜勢力の地平から 花崎皋平著 [和]	現代評論社
欧州紀行 埴谷雄高著	中公新書
橄欖と塋窟 埴谷雄高著	未來社
高橋和巳論 埴谷雄高編	河出書房新社
鬼の研究 馬場あき子著	三一書房
神奈川県美術風土記 高橋由一篇 3 土方定一編 [国]	神奈川県立近代美術館
純文学論争以後 平野謙著	筑摩書房
昭和文学の可能性 平野謙著	岩波新書
文学·昭和十年前後 平野謙著	文藝春秋
世界の共同主観的存在構造 廣松渉著	勁草書房
中国革命(叢書現代のアジア·アフリカ5) 藤村俊郎著 [和]	三省堂
中国社会主義革命 藤村俊郎著	亜紀書房
福井画壇を確立した北荘画会とその周辺 北美文化協会編 [国]	北美文化協会
白昼夢を撃て 松田政男著 [和]	田畑書店
現代への視角 松田道雄ほか著	三一書房
たった一人の反乱 丸谷才一著	講談社
小説とは何か 三島由紀夫著	新潮社

檸檬と爆弾 宮内豊評論集　宮内豊著 [和]	小沢書店
会津八一の文学　宮川寅雄著	講談社
近代美術の軌跡　宮川寅雄著	中央公論社
劇作家の転向　宮岸泰治著	未來社
あなたの町　宮原昭夫著 [和]	冬樹社
ビートルズの世界　ミュージックライフ編	新興楽譜出版社
日本文学の近代と反近代　三好行雄著 [和]	東京大学出版会
三菱川崎労働争議顛末 發端より無條件就業まで　無絃琴生編 [和]	社会運動資料刊行会
全体性と個性的個人 ルカーチの現代像　村上嘉隆著	啓隆閣
島尾敏雄論　森川達也著 [和]	審美社
月は東に　安岡章太郎著 [和]	新潮社
日本の美とこころ　保田興重郎著	読売新聞社
コミュニケーションの文明　山田宗睦著	田畑書店
戦後前衛所縁荒事十八番　ヨシダヨシエ著	ニトリア書房
風土記世界と鉄王神話　吉野裕著 [和]	三一書房
リトグラフ（新技法シリーズ12）　吉原英雄著	美術出版社

【翻訳】

スケッチ・ブック　アーヴィング著　吉田甲子太郎訳	新潮文庫
ヴァルター・ベンヤミン　Th.W.アドルノ著　大久保健治訳	河出書房新社
暗い時代の人々　H.アレント著　阿部斎訳	河出書房新社
ベル・フリッシュ・デュレンマット：中級読物　稲木勝彦編 [国]	朝日出版社
表現主義　J.ウィレット著　片岡啓治訳	平凡社
美学入門 芸術と人間（現代の教養6）　I.エドマン著　原田敬一訳 [和]	南雲堂
文芸批評論　T.S.エリオット著　矢本貞幹訳	岩波文庫
自然と美学　ロジェ・カイヨワ著　山口三夫訳	法政大学出版局
象徴形式の哲学　E.カッシーラー著　生松敬三ほか訳	竹内書店
百年の孤独　G.ガルシア=マルケス著　鼓直訳	新潮社
社会主義建設の偉大な推進力であるチョンリマ作業班運動をさらに深め、発展させよう キム・イルソン（述）	外国文出版社・平壌
わが革命における文学・芸術の任務　キム・イルソン（述）	外国文出版社・平壌
記号学 意味作用とコミュニケイション　ピエール・ギロー著　佐藤信夫訳	文庫クセジュ
現代芸術の膨張 人間環境の創造的変革への理論と実践について ユルゲン・クラウス著　古沢謙次ほか訳 [和]	社会思想社
言語の現象学　クワント著　長谷川宏ほか訳	せりか書房
ことばの世界　ジョン・コンドン著　斎藤美津子ほか訳	サイマル出版会
文学とテクノロジー（研究社叢書）　W.サイファー著　野島秀勝訳 [和]	研究社出版
革命のペテルブルグ　V.シクロフスキー著　水野忠夫訳 [和]	晶文社
武器なき民衆の抵抗 その戦略論的アプローチ　G.シャープ著　小松茂夫訳 [和]	れんが書房
マルクスの自然概念　アルフレート・シュミット著　元浜清海訳 [和]	法政大学出版局
マルクス兄弟のおかしな世界　ポール・D・ジンマーマン著　中原弓彦ほか訳 [和]	晶文社
脱領域の知性 文学言語革命論集　G.スタイナー著　由良君美ほか訳 [和]	河出書房新社

1972(昭和47年)

革命、そして革命… エドガー・スノー著 松岡洋子訳	朝日新聞社
一九一四年八月(上・下) ソルジェニーツィン著 江川卓訳 [和]	新潮社
根源の彼方に―グラマトロジーについて(上・下) ジャック・デリダ著 足立和浩訳	現代思潮社
イタリア・ルネサンス美術史(上・下) マクス・ドヴォルシャック著 中村茂夫訳 [国]	岩崎美術社
花嫁と独身者たち 現代芸術五人の巨匠 カルヴィン・トムキンズ著 中原佑介ほか訳 [和]	美術出版社
詩とマルキシズム ジョージ・トムスン著 小笠原豊樹訳 [和]	レンガ書房
ベトナム秘密報告 米国防総省の汚ない戦争の告白録(上・下) ニューヨーク・タイムス編 杉辺利英訳	サイマル出版会
兵士シュヴェイクの冒険1・2 ハシェク著 栗栖継訳	岩波文庫
ジョルジュ・バタイユ著作集(全15巻) ジョルジュ・バタイユ著 山本功ほか訳	二見書房
パゾリーニとの対話 ジョン・ハリデイ著 波多野哲朗訳 [和]	晶文社
エッセ・クリティック ロラン・バルト著 篠田浩一郎ほか訳	晶文社
モードの体系 その言語表現による記号学的分析 ロラン・バルト著 佐藤信夫訳	みすず書房
ベスト&ブライテスト(全3巻) デイビッド・ハルバースタム著 浅野輔訳	サイマル出版会
アイルランドの反逆者 ブレンダン・ビーアン著 逢坂収訳 [和]	晶文社
宇宙・生命・エゴ ライヒは語る M.ヒギンズほか編 小野泰博訳 [和]	現代思潮社
言葉めくら:初級読物 Peter Bichsel著 早崎守俊編 [国]	朝日出版社
回想と反省 文学とコミンテルンの間で エルンスト・フィッシャー著 池田浩士訳 [和]	人文書院
美しき街フィレンツェ ローランド・フージ著 内山洋子訳	ボネキ出版社・フィレンツェ
シンボルとメタファー マーティン・フォス著 赤祖父哲二訳	せりか書房
宇宙船「地球」号―フラー人類の行方を語る R.B.フラー著 東野芳明訳 [和]	ダイヤモンド社
マノン・レスコー アベ・プレヴォー著 青柳瑞穂訳	新潮文庫
ベルトルト・ブレヒトの仕事(全6巻) ベルトルト・ブレヒト著 石黒英男編 五十嵐敏夫ほか訳	河出書房新社
マルクスと革命 E.ブロッホほか著 花崎皋平訳 [和]	紀伊國屋書店
アール・デコ〈一九二五年様式〉の勝利と没落 ジウリア・ヴェロネージ著 西澤信彌ほか訳 [国]	美術出版社
ゴットフリート・ベン作品集 ゴットフリート・ベン著 内藤道雄ほか訳 [和]	三修社
シュルレアリスムとテロル カール・H・ポーラー著 西川賢一ほか訳 [和]	合同出版
未開社会における性と抑圧 B.マリノウスキー著 阿部年晴ほか訳	社会思想社
喪われた悲哀 ファシズムの精神構造 A.&M.ミッチャーリッヒ著 林峻一郎ほか訳	河出書房新社
女の由来 エレン・モーガン著 中山善之訳	二見書房
巨大なる過ち 現代の廃墟=都市 ミシェル・ラゴン著 吉坂隆正訳 [和]	紀伊國屋書店
戦争 ル・クレジオ著 豊崎光一訳 [和]	新潮社
告白(中・下) ルソー著 桑原武夫訳	岩波文庫
世界の大思想(全42巻) ルターほか著 村治能就ほか訳	河出書房新社
荒野は壺にのみこまれた ハロルド・ローゼンバーグ著 桑原住雄訳 [和]	美術出版社

【詩集等】

詩集 原住民の歌 長谷川四郎著 [和]	晶文社
菅原克己詩集(現代詩文庫49)	思潮社

【カタログ・その他】

茨城の美術史 明治·大正·昭和 茨城県立美術博物館編 [和]	茨城県立美術博物館ほか
宇治山哲平展 毎日新聞社ほか編 [和]	毎日新聞社·東京セントラル美術館
女の老い	婦人民主クラブ
快楽宣言 篠田守男著	南天子画廊
香月泰男〈シベリヤ·シリーズ〉 [和]	東京セントラル美術館
現代スウェーデン美術展	東京国立近代美術館
佐々木四郎	梅田画廊
ジェームズ·アンソール展	東京新聞
蝶恋花通信·廃刊号 汎アジア窮民革命特集 壇之浦夜合戦(全文)	蝶恋花舎
ドイツ民主共和国現代美術展	徳間美術サロン
フェルナン·レジェ 純粋造形の巨匠 瀬木慎一·文 [和]	フジテレビギャラリー
前田常作展 [和]	東京セントラル美術館·東京画廊ほか
メトロポリタン美術館展	読売新聞社
ヨーロッパ版画の巨匠たち	フジテレビギャラリー
萬鐵五郎展 [和]	読売新聞社
レジェ展 瀬木慎一編 [和]	毎日新聞社

【執筆・著作】

オモリとばね(空間·複数·関係) 原田典之の名を知ったのは…	アメリカンセンターホール
現代の美術 第11巻 行為に賭ける 針生一郎編著	講談社
私の教科書批判 図工·美術	朝日新聞社
ドイツ民主共和国現代美術展 ドイツ民主主義共和国の現代美術	徳間美術サロン

1973(昭和48年)

【和書】

いま学校で① 朝日新聞社編	朝日新聞社
あなたにのびるナチスの手を断て	救援連絡センター
箱男 安部公房著	新潮社
捕囚 阿部知二著 [和]	河出書房新社
闘いとしての現代 いいだもも著 [和]	ダイヤモンド社
日本文化の方位転換 いいだもも著 [和]	フィルムアート社
私自身のアメリカ 池田満寿夫著	朝日新聞社
心優しき叛逆者たち(上·下) 井上光晴著 [和]	新潮社
日本のプロレタリアートの戦略と戦術 猪俣津南雄著	猪俣津南雄著作·遺稿刊行会
美について 今道友信著	講談社現代新書
さんせう太夫考−中世の説教語り 岩崎武夫著	平凡社
古代の没落と美術 ミイラ肖像画とその時代(美術選書) 岩山三郎著 [和]	美術出版社
一族再会 江藤淳著 [和]	講談社
大衆文化の創造 江藤文夫ほか編	研究社出版
死海のほとり 遠藤周作著	新潮社
同時代としての戦後 大江健三郎著	講談社
装飾と非装飾 大岡信著	晶文社

岩野泡鳴の時代 大久保典夫著 [和]	冬樹社
大島哲以作品集 失なわれた風景 大島哲似著	羽黒洞
駐在巡査 大森澄著	木犀書房
茂吉の歌 私記 岡井隆著 [和]	創樹社
島尾敏雄 岡田啓著	国文社
御伽草子を歩く 岡部伊都子著	新潮社
若きマチュウの悩み わがバリエテ 小沢信男著 [和]	創樹社
日本の短編小説 昭和（中） 小田切進編	潮文庫
ウィリアム・モリス 小野二郎著	中公新書
運動としてのユートピア 小野二郎著	晶文社
東京大学 近代知性の病像 折原浩著 [和]	三一書房
10セントの意識革命 片岡義男著 [和]	晶文社
幻想薔薇都市 まぼろしのばらのまちにて 加藤周一著 [和]	新潮社
石川啄木論考 加藤悌三著 [和]	啓隆閣
銀河と地獄 幻想文学論 川村二郎著	講談社
吉本隆明論 菅孝行著	第三文明社
日本反文化の伝統（エナジー叢書） 上林澄雄著	エッソ・スタンダード石油広報部
1930年代論 歴史と民衆 菊池昌典著	田畑書店
モダン・アートへの招待 木村重信著	講談社現代新書
のぼり窯 ロマン 第一部（附・評論集・文献目録） 久保栄著 小笠原克編 [和]	北方文芸刊行会
彼と僕と非現実 黒井千次著 [和]	講談社
夢のいた場所 黒井千次著 [和]	文藝春秋
夜のぬいぐるみ 黒井千次著 [和]	冬樹社
吉本隆明論（日本思想家文庫1） 河野信子著	母岩社
挟み撃ち 後藤明生著 [和]	河出書房新社
古事記研究 西郷信綱著	未來社
人と書 榊莫山著	日本放送出版会
地平と喪失 昭和文学のイメージ 桜井琢己著	麥書房
佐藤章素描画集 山の民家 佐藤章著	矢来書院
斧と楡のひつぎ 澤田誠一著	青娥書房
座談会 わが文学、わが昭和史 椎名麟三ほか著	筑摩書房
東北と奄美の昔ばなし 島尾敏雄著	創樹社
島崎藤村研究 風雪十冊―シリーズ文学第二期 島崎藤村研究会編 [和]	教育出版センター
田園組曲 杉浦明平著 [和]	講談社
桃源郷の夢 わがバリエテ 杉浦明平著 [和]	創樹社
明日をつくるデザイナーたち 瀬木慎一著	誠文堂新光社
画狂人北斎 瀬木慎一著	講談社現代新書
平凡社ギャラリー（全30巻） 瀬木慎一ほか著	平凡社
浅草コレクション 関根弘著	創樹社
関根弘戯曲集 夢の落ちた場所 ブルース3部作 関根弘著	土曜美術社
宿命と表現 文学論集 芹沢俊介著 [和]	冬樹社

1973（昭和48年）

現代文学の射程と構造　高野斗志美著 [和]	潮出版社
北一輝 日本の国家社会主義　滝村隆一著 [和]	勁草書房
ドキュメント現代史（全16巻）　竹内実ほか編	平凡社
対話 私はもう中国を語らない　武田泰淳・堀田善衛著 [和]	朝日新聞社
言語と世界 現象学から構造の哲学へ　田島節夫著	勁草書房
昭和恐慌－日本ファシズム前夜　長幸男著	岩波新書
続・複製時代の思想　津村喬ほか著	富士ゼロックス
総合講座 日本の社会文化史（全7巻）　鶴見和子ほか編	講談社
漫画の戦後思想　鶴見俊輔著	文藝春秋
明治維新と現代　遠山茂樹著	岩波新書
文化としての数学　遠山啓著	大月書店
伝達の美学－「受け手」の可能性　外山滋比古著 [和]	三省堂
なぜ、植物図鑑か 中平卓馬映像論集　中平卓馬著	晶文社
宮本百合子　中村智子著	筑摩書房
私小説再発見 伝統継承の文学　西田正好著 [和]	桜楓社
近代文学の潜勢力　西田勝著	八木書店
革命的暴力と内部ゲバルト　日本革命的共産主義者同盟中央政治局編	新時代社
「誠実」の逆説 近代日本文学とエゴ　野島秀勝著 [和]	冬樹社
親鸞　野間宏著	岩波新書
講座比較文学（全8巻）　芳賀徹ほか編	東京大学出版会
順逆の思想 脱亜論以後　橋川文三著 [和]	勁草書房
知恵の悲しみ わがバリエテ　長谷川四郎著 [和]	創樹社
女文化の終焉（美術選書）　秦恒平著	美術出版社
駈けてくる朝　畑山博著 [和]	中央公論社
室町小説集　花田清輝著	講談社
歴史に何を学ぶか 羽仁五郎・井上清現代史対談　羽仁五郎・井上清著	現代評論社
林健小説集 境界にて 遠くの眼・ほか　林健著 [和]	土曜美術社
万葉集発掘　原田大六著	朝日新聞社
日本近代文学の出発　平岡敏夫著	紀伊國屋新書
吉原定次郎翁伝 油ひとすじ　平野成子著	吉原製油
辺界の悪所　広末保著	平凡社
盆栽老人とその周辺　深沢七郎著 [和]	文藝春秋
討論 日本のなかのアジア　堀田善衛ほか編 [和]	平凡社
事実とは何か　本多勝一著	未來社
近代読者の成立（有精堂選書25）　前田愛著	有精堂
争議屋心得　松浦豊敏著 [和]	葦書房
島尾敏雄の原質　松岡俊吉著 [和]	讃文社
不可能性のメディア　松田政男著 [和]	田畑書店
砲撃のあとで　三木卓著	集英社
宮崎滔天全集（全5巻）　宮崎滔天著　宮崎龍介ほか編	平凡社
解放への十字路　むのたけじ著 [和]	評論社

闇への越境 教育奪回の展望 村田栄一著 [和]	田畑書店
走れトマホーク 安岡章太郎著 [和]	講談社
鴎外 闘う家長 山崎正和著	河出書房新社
藤村論考 山室静著作集 山室静著 [和]	冬樹社
美の思索〈一般美学〉 山本正男著	美術出版社
砧をうつ女 李恢成著	文藝春秋
新帝国主義論争●第三世界革命論●先進国革命論 「連帯」編集部編 [和]	亜紀書房
天皇制の歴史心理 和歌森太郎著	弘文堂

【翻訳】

人文科学者·芸術家 アイスラーほか著 中矢一義ほか訳	みすず書房
アイデンティティ 青年と危機 E.H.エリクソン著 岩瀬庸理訳	金沢文庫
スペインの短い夏 H.M.エンツェンスベルガー著 野村修訳 [和]	晶文社
審判 カフカ著 原田義人訳	新潮文庫
ロルカ·スペインの死 イアン·ギブソン著 内田吉彦訳 [和]	晶文社
わが国における民主主義革命と社会主義革命のいくつかの経験について 金日成著	外国文出版社·平壌
芸術と神話 エルネスト·グラッシ著 榎本久彦訳	法政大学出版局
レーニン以後のヨーロッパ·マルクス主義（上·下） K.E.クレアほか編 川喜多喬ほか訳	現代の理論社
黒人の美学 アディソン·ゲイル·Jr.編 木島始ほか監訳 [和]	ぺりかん社
艶陽天1·2 浩然著 伊藤克訳 [和]	青年出版社
ルーヴルの戦い マティラ·サイモン著 関口英男訳 [和]	徳間書店
青髭の城にて 文化の再定義への覚書 ジョージ·スタイナー著 桂田重利訳	みすず書房
部族社会の芸術家 マリアン·W·スミス著 木村重信ほか訳	鹿島出版会
革命と芸術－10月革命の美学的探求 ユーリー·ダヴィドフ著 和久利誓一訳 [和]	啓隆閣
アジア的生産様式 F.テーケイ著 羽仁協子訳	未來社
スペクタクルと社会 ジャン·デュビニョー著 渡辺淳訳	法政大学出版局
天皇の陰謀（前後篇） ディヴィッド·バーガミニ著 いいだもも訳	れおぽーる書房
公共性の構造転換 ハーバーマス著 細谷貞雄訳	未來社
バクーニン著作集（全6巻） ミハイル·バクーニン著 中山毅ほか訳	白水社
兵士シュヴェイクの冒険 3 ハシェク著 栗栖継訳	岩波文庫
S／Z バルザック『サラジーヌ』の構造分析 ロラン·バルト著 沢崎浩平訳	みすず書房
毛沢東 ハン·スーイン著 松岡洋子編訳	毎日新聞社
わが闘争（上） アドルフ·ヒトラー著 平野一郎ほか訳	角川文庫
バルトーク晩年の悲劇 アガサ·ファセット著 野水瑞穂訳	みすず書房
キュビズム エドワード·F·フライ著 八重樫春樹訳	美術出版社
現代の絵画（全24巻） ジュリアーノ·ブリガンティほか著 高階秀爾ほか訳 [和]	平凡社
壁に隠れて 理髪師マヌエルとスペイン内乱 R.フレーザー著 長谷川四郎訳 [和]	平凡社
ブレヒトの思い出 W.ベンヤミンほか著 中村寿ほか訳 [和]	法政大学出版局
悪の華 ボードレール著 堀口大學訳	新潮文庫
ゴヤ論－サチュルヌ－ アンドレ·マルロー著 竹本忠雄訳 [和]	新潮社
ヴェニスに死す／トニオ·クレーゲル トーマス·マン著 高橋義孝訳	新潮文庫
新·英文学史入門 ピーター·ミルワード著 安西徹雄訳	三省堂新書

オルレアンのうわさ エドガール・モラン著 杉山光信訳	みすず書房
現代の思想家 ライヒ ライクロフト著 志摩隆訳	新潮社
現代の思想家 ルカーチ ジョージ・リヒトハイム著 古賀信夫訳	新潮社
抽象絵画—意味と限界 H.リュッツェラー著 西田秀穂訳	美術出版社
芸術への道 芸術の基礎(美術選書) ハインリヒ・リュッツェラー著 川上実訳 [和]	美術出版社
文学と芸術について レーニン著 プログレス出版所訳	プログレス出版所
今日のトーテミスム クロード・レヴィ=ストロース著 仲澤紀雄訳	みすず書房
ウォブリーズ アメリカ・革命的労働運動の源流 P.レンショウ著 雪山慶正訳 [和]	社会評論社
行為と行為者 ハロルド・ローゼンバーグ著 平野幸仁ほか訳	晶文社
文明化した人間の八つの大罪 K.ローレンツ著 日高敏隆ほか訳	思索社
モードは語る 服装とコミュニケーションの理論 G.ロマッツィ編 大石敏雄訳 [和]	サイマル出版会
エトルリアの遺跡(美術選書) D.H.ロレンス著 土方定一ほか訳	美術出版社

【詩集等】

海峡 呉林俊長篇叙事詩篇集成	風媒社
高村光太郎詩集	岩波文庫

【カタログ・その他】

アメリカの日本作家 京都国立近代美術館編 [和]	京都国立近代美術館
池田満寿夫・資料—別冊・現代版画15作家代表作品目録 青木裕隆編著 [国]	薔薇科社
大沢昌助作品展 上田晃ほか編 [和]	彩壺堂
オルデンバーグ	南画廊
画業60年 北川民次回顧展 [和]	毎日新聞社
グラフィックイメージ'73	東京セントラル美術館
現代版画15作家代表作品目録 青木裕隆編 [国]	薔薇科社
斎藤義重展 東京画廊編	東京画廊
サンパウロ美術館展	松坂屋
日月星辰 髙山辰雄展 [和]	村越画廊・浅木丸栄堂
白髪一雄	東京画廊
スペイン版画の全貌展 ゴヤからピカソ 神戸新聞社編	神戸新聞社
関根伸夫 [和]	東京画廊
第四回宣言 特集齣画集 齣委員会・前衛美術会編	齣委員会・前衛美術会
高橋秀	南天子画廊
田中岑展 ふるさとを詩う 佐々木静一編 [和]	香川母子休養ホーム
田渕安一展 色彩とフォルムの両界曼陀羅 [和]	フジテレビギャラリー
中華人民共和国河南省画像石・碑刻拓本展	日本中国文化交流会・日本経済新聞社
中華人民共和国出土文物展	朝日新聞東京本社企画部
中華人民共和国出土文物展覧 THE GENIUS OF CHINA [和]	Times Newspapers Ltd
ナウ・アメリカン・アート [国]	東京セントラル美術館
中本達也—人間讃歌 海上雅臣編 [和]	UNAC TOKYO
日本幻想絵画の明星 大島哲以展	日本橋三越
福沢一郎展	東京セントラル美術館
マッシモ・カンピリ展 よみがえるロマネスク [和]	フジテレビギャラリー

マン・レイ	南天子画廊
宮脇愛子 [国]	東京画廊
吉原治良展 明日を創った人　吉原治良展委員会編 [和]	神奈川県立近代美術館
来山500年記念特別展 雪舟 [国]	山口県教育委員会
李禹煥展 [和]	東京画廊

【執筆・著作】

山形新聞 12/10　文化：うわさの効力と魔力／不安の中に本質をえぐる想像力	山形新聞社
白髪一雄　上方あくしょんだんぎ(白髪一雄との対談)	東京画廊
新潟日報 5/24　公益と私益の倒錯／盗聴事件と小選挙区制	新潟日報社
あなたにのびるナチスの手を断て　公共性の概念を撃て	救援連絡センター
SD No.100　この風変わりな芸術家たち(1) ゲルハルト・リヒター	鹿島出版会
SD No.103　この風変わりな芸術家たち(3) ベッヒャー夫婦	鹿島出版会
SD No.105　この風変わりな芸術家たち(4) クリスト	鹿島出版会
SD No.106　この風変わりな芸術家たち(5) ベン・ヴォーティエからハ・シュルトへ	鹿島出版会
SD No.109　この風変わりな芸術家たち(8) コスースとウルリッヒス トートロジーの哲学者	鹿島出版会
SD No.112　この風変わりな芸術家たち(10) マーク・ボイル 地表の探検者	鹿島出版会
続・複製時代の思想　座談会「複製文化と近代の終焉」(北沢方邦・鎮目恭夫ら)	富士ゼロックス
山形新聞 7/6　文化：写真の新しい意味	山形新聞社
新潟日報 11/8　文化：大半、読まれずに消費／薄れる活字文化の権威	新潟日報社
東京タイムズ 9/12　学芸：テレビという同居人	東京タイムズ社
日本幻想絵画の明星 大島哲以展	日本橋三越
中国新聞 10/12　人間をあやつる広告	中国新聞社
SD No.108　三田村畯右×針生一郎：対談	鹿島出版会
大島哲以作品集 失われた風景　密室の中のドラマ	羽黒洞
吉岡 弘昭展	ピナール画廊

1974(昭和49年)

【和書】

宮沢賢治 修羅に生きる　青江舜二郎著	講談社現代新書
櫻画報 激動の千二百五十日 赤瀬川原平資本主義共和国　赤瀬川原平著 [国]	青林堂
手相術　浅野八郎著	光文社
発想の周辺 安部公房対談集　安部公房著	新潮社
デザイン夜講　粟津潔著 [和]	筑摩書房
「天下大乱」の時代へ　いいだもも編	ダイヤモンド社
思考する魚　池田満寿夫著 [国]	番町書房
My imagination map 未発表デッサン1956-1965　池田満寿夫著	講談社
実録水俣病闘争 天の病む　石牟礼道子編 [和]	葦書房
日本古代国家論 第一部　石母田正著	岩波書店
深夜の自画像　五木寛之著	創樹社
仏陀を背負いて街頭へ-妹尾義郎と新興仏教青年同盟　稲垣真美著	岩波新書
火の国　井上辰雄著 [和]	學生社
黒と褐色と灰褐色　井上光晴著	潮出版社

1974（昭和49年）

カルロス四世の家族―小説家の美術ノート　井上靖著 [和]	中央公論社
横断左翼論と日本人民戦線　猪俣津南雄著 [和]	而立書房
こんなコラムばかり新聞や雑誌に書いていた　植草甚一著	晶文社
眩暈を鎮めるもの　上田三四二著 [和]	河出書房新社
隠された十字架 法隆寺論　梅原猛著	新潮社
さまよえる歌集 赤人の世界　梅原猛著	集英社
瑛九・銅版画 scale2 [国]	林グラフィックプレス
ある風俗絵巻　遠藤健郎著 [和]	五月書房
ドイツで考えたこと ある哲学者の発見　大井正著 [和]	サイマル出版会
レイテ戦記（中・下）　大岡昇平著	中公文庫
三好十郎の手帳　大武正人編	金沢文庫
古典落語（大尾）　興津要編	講談社文庫
古典落語（続々）　興津要編	講談社文庫
状況から　小田実著	岩波書店
日本の短編小説 昭和（上）　小田切進編	潮文庫
性とは何か エロスの社会学　片岡啓治著	ダイヤモンド社
狐の大旅行　桂ゆき著 [和]	創樹社
続・狐の大旅行　桂ゆき著 [和]	創樹社
小説 大観園　加藤豊隆著	愛媛通信社
南ベトナム政治犯の証言　川本邦衛編	岩波新書
革命と民衆 国家論への試み　菊地正典著 [和]	潮出版社
東南アジアの叛乱　北沢洋子著 [和]	情況出版
黒井千次の世界（非売品）　北村耕著	[記載なし]
1945年夏　金石範著 [和]	筑摩書房
中国の旅 木村伊兵衛写真集　木村伊兵衛著 [国]	朝日新聞社
復刻版 土曜日　久野収・解説 [和]	三一書房
天皇の軍隊　熊沢京次郎著 [和]	現代評論社
昼の目と夜の耳　黒井千次著 [和]	潮出版社
東京昭和十一年 桑原甲子雄写真集　桑原甲子雄著 [国]	晶文社
満州昭和十五年 桑原甲子雄写真集　桑原甲子雄著 [国]	晶文社
アリラン峠の女―ある朝鮮女性革命家への回想　高峻石著	田畑書店
韓国言論抵抗史　高峻石著 [和]	二月社
戦後朝・日関係史　高峻石著	田畑書店
アラゴン・シュルレアリスト　小島輝正著 [和]	蜘蛛出版社
東京裁判（上・下）　児島襄著	中公新書
古代史発掘（全10巻）	講談社
70年代現代美術学習ドキュメント 現代美術の基礎　小林昭夫編	アサヒ書房
EX―POST通信 付オシャカ通信　小山俊一著 [和]	弓立社
日本の「私」を索めて　佐伯彰一著 [和]	河出書房新社
ワイドカラー旅（全15巻）　坂田貞和編	研秀出版
思想の冒険 社会と変化の新しいパラダイム　桜井徳太郎ほか著　鶴見和子ほか編	筑摩書房

ウィーン·鏡の中の都 佐々木基一著	河出書房新社
わが内と外なるヒトラー 佐々木基一ほか編 [和]	講談社
椎名麟三研究 佐々木啓一著 [和]	冬樹社
佐々木豊画集 浮気な女たち 佐々木豊著 坂崎乙郎·文 [和]	佐々木豊
樹々新緑 他六篇 佐多稲子著	旺文社文庫
20世紀評論集 批評のよろこび 篠田一士編 [和]	集英社
武器のない砦 篠原貞治小説集 篠原貞治著 [和]	土曜美術社
胡桃の中の世界 澁澤龍彦著	青土社
渋谷定輔評論集 大地に刻む 渋谷定輔著	新人物往来社
伊藤三郎 高くたかく遠くの方へ—遺稿と追憶 渋谷定輔ほか編	土筆社
日本の作家 島尾敏雄著	おりじん書房
海辺の生と死 島尾ミホ著 [和]	創樹社
フランス小文法 島岡茂著 [国]	白水社
モナ·リザ論考 下村寅太郎著 [和]	岩波書店
白井晟一の建築 白井晟一著 [和]	中央公論社
日本銅版画の研究 近世 菅野陽著 [国]	美術出版社
渥美だより 杉浦明平著 [和]	家の光協会
大田蜀山人 狂歌師の行方 杉浦明平著	淡交社
三とせの春は過ぎやすし 杉浦明平著 [和]	河出書房新社
マッカーサーの二千日 袖井林二郎著	中央公論社
十二人の芸術家 高階秀爾著	講談社現代新書
国家と殺意 保安処分=管理と虐殺の時代 高杉晋吾著 [和]	田畑書店
アジアのなかの日本文学 竹内泰宏著	筑摩書房
転形期—戦後日記抄 竹内好著	創樹社
近代日本と中国（上） 竹内好ほか編	朝日新聞社
昊天無情 竹間吾勝追悼 竹間久江編	竹間久江
天皇の研究 田中惣五郎著	三一書房
私生活主義批判 人間的自然の復権を求めて 田中義久著 [和]	筑摩書房
奇僧円空 棚橋一晃著 [和]	人間の科学社
なつの あさ 谷内こうた著	至光社 ブッククラブ国際版絵本
中国の劇画 連環画 田畑書店編集部編	田畑書店
ある韓国人のこころ—朝鮮統一の夜明けに 鄭敬謨著	朝日新聞社
日本人と韓国 鄭敬謨著 [和]	新人物往来社
定本古九谷図説 土岡究渓著	三彩社
大橋佐平翁伝 坪谷善四郎著	栗田出版会
メディアの政治 津村喬著 [和]	晶文社
経済学はむずかしくない 第2版 都留重人著	講談社現代新書
アジアからの直言 鶴見良行編	講談社現代新書
韓国からの通信—1972.11～1974.6 T.K生著 「世界」編集部編	岩波新書
野に起つ 私の三里塚闘争史 戸村一作著	三一新書
風景を描く（新技法シリーズ17） 中野淳著	美術出版社

1974(昭和49年)

現代の詩と詩人　中村稔ほか編	有斐閣
夜の幽閉者　南坊義道著	現代評論社
北方の古代文化　新野直吉ほか編 和	毎日新聞社
民衆の叫び−金芝河らを救え! 日本アジア・アフリカ作家会議国際救援委員会編	日本アジア・アフリカ作家会議国際救援委員会
日本生活文化史(全10巻)	河出書房新社
青年の環 2-4　野間宏著	筑摩書房
野間宏全集(全22巻)　野間宏著	筑摩書房
裸足の原始人たち 寿地区の子ども　野本三吉著	田畑書店
黒木太郎の愛と冒険　野呂重雄著 和	現代評論社
へそ人生 画廊一代記　長谷川仁著	読売新聞社
さまざまな戦後　花田清輝著	読売新聞社
日本のルネッサンス人　花田清輝著	朝日新聞社
箱の話　花田清輝著	潮出版社
黙示録の時代　羽仁五郎著	潮出版社
「青年の環」論集　埴谷雄高編 和	河出書房新社
黙示と発端　埴谷雄高著	未來社
内ゲバの論理 テロリズムとは何か　埴谷雄高編	三一新書
思想のドラマトゥルギー　林達夫ほか著	平凡社
世界のグラフィックデザイン(全7巻)　原弘ほか編 和	講談社
反覆 新興芸術の位相　彦坂尚嘉著 和	田畑書店
神奈川県美術風土記 幕末明治拾遺篇　土方定一編	神奈川県立近代美術館
戦後思想と歴史の体験　日高六郎著 和	勁草書房
此岸の家　日野啓三著 和	河出書房新社
迷路の小説論　平岡篤頼著 和	河出書房新社
平野謙全集(全13巻)　平野謙著	新潮社
藤枝静男作品集　藤枝静男著 和	筑摩書房
陛下は生きておられた!−ブラジル勝ち組の記録　藤崎康夫著	新人物往来社
現代史断章　藤田省三著	未來社
資料・「ベ平連」運動(中)　「ベトナムに平和を!」市民連合編 和	河出書房新社
ゴヤ(全4巻)　堀田善衛著	新潮社
日本人にとって天皇とは何であったか　松浦玲著 和	辺境社
円空風土記　丸山尚一著 国	読売新聞社
三上誠画集　三上誠画集編集委員会編	三彩社
現代の日本企業を考える　宮崎義一著	岩波新書
日本の幽霊の解放　森常治著 和	晶文社
長谷川利行(美術選書)　矢野文夫著 和	美術出版社
歴史・祝祭・神話　山口昌男著	中央公論社
思想としての風俗(朝日選書)　山本明著 和	朝日新聞社
覚書　吉田健一著 和	青土社
戦艦大和　吉田満著	角川文庫

1974(昭和49年)

言語にとって美とはなにか 第2巻 吉本隆明著	勁草書房
詩的乾坤 吉本隆明著	国文社
好太王碑の謎 李進熙著	講談社
幻想の論理 泉鏡花の世界 脇明子著	講談社現代新書

【翻訳】

マルセル・モースの世界 足立和浩ほか訳 アルク誌編	みすず書房
ワシプンゴ ホルヘ・イカサ著 伊藤武好訳	朝日新聞社
エドワード・オールビー全集(全6巻) エドワード・オールビー著 鳴海四郎訳	早川書房
婦人の革命化・労働者　階級化について 金日成著	外国文出版社・平壌
暗い夜の記録 許広平著 安藤彦太郎訳	岩波新書
スカイジャック トニー・ケンリック著 上田公子訳	角川文庫
彩霞 浩然著 [国]	外国文出版社・北京
ゲリラ・テレビジョン マイケル・シャンバーグほか著 中谷芙二子訳 [国]	美術出版社
ジャン=パウル文学全集 ジャン=パウル著 鈴木武樹訳 [和]	創土社
写真と芸術 接触・影響・成果 オットー・シュテルツァー著 福井信雄ほか訳	フィルムアート社
マルクス主義とフランクフルト学派 J.シュライフシュタインほか編 城塚登監訳 [和]	青木書店
クレムリンへの手紙 ソルジェニーツィン著 江川卓訳 [和]	新潮社
収容所群島 ソルジェニーツィン著 木村浩訳	新潮社
歴史の夜明け道 朝鮮作家同盟中央委員会四・一五文学創作団著作団編 朴春日訳	朝鮮画報社出版部
現代アラブ文学選 ムハンマッド・ディーブほか著 野間宏編 木島始ほか訳	創樹社
内なる神 ルネ・デュボス著 長野敬ほか訳	蒼樹書房
プルーストとシーニュ 文学機械としての「失われた時を求めて」 ドゥルーズ著 宇波彰訳	法政大学出版局
ベルクソンの哲学 ジル・ドゥルーズ著 宇波彰訳	法政大学出版局
小説の記号学 文学と意味作用 T.トドロフ著 菅野昭正ほか訳 [和]	大修館書店
太古史の謎 アンドルー・トマス著 中桐雅夫訳	角川文庫
文学形式の哲学 ケネス・バーク著 森常治訳	国文社
わたしは生きている! ライラ・バアルバキイ著 菊池淑子訳 [和]	M.I.C出版
兵士シュヴェイクの冒険 4 ハシェク著 栗栖継訳	岩波文庫
生きのびるためのデザイン ヴィクター・パパネック著 阿部公正訳	晶文社
表徴の帝国(叢書 創造の小径) ロラン・バルト著 宗左近訳	新潮社
アリストテレスとアメリカ・インディアン L.ハンケ著 佐々木昭夫訳	岩波新書
心理学とマルクス主義 J.ピアジェほか著 宇波彰訳	福村出版
わが闘争(上) アドルフ・ヒトラー著 平野一郎ほか訳	角川文庫
言葉と物—人文科学の考古学 ミシェル・フーコー著 渡辺一民ほか訳	新潮社
ホー・チ・ミン伝 チャールズ・フェン著 陸井三郎訳	岩波新書
アンドレ・ブルトン集成 アンドレ・ブルトン著 巖谷國士ほか訳	人文書院
韓国知識人 抗日・民主化闘争 白基琓ほか著 藤明編 [国]	藤明(加藤明義)
カタリーナの失われた名誉 ハインリヒ・ベル著 藤本淳雄訳	サイマル出版会
読み書き能力の効用 リチャード・ホガード著 香内三郎訳	晶文社
一次元的人間 ヘルベルト・マルクーゼ著 生松敬三ほか訳	河出書房新社
共産主義とは何か スターリン主義の起源と帰結(上・下) メドヴェーデフ著 石堂清倫訳	三一書房

1974(昭和49年)

社会主義的民主主義 ロイ・メドヴェーデフ著 石堂清倫訳	三一書房
ソルジェニーツィンの闘い(新潮選書) Z.メドヴェージェフ著 安井侑子訳	新潮社
意味と無意味 モーリス・メルロー=ポンティ著 永戸多喜雄訳	国文社
ピカソ 生と創造の冒険者 モンダドーリ社編 宮川淳訳 [国]	平凡社
モナ・リザ−レオナルド・ダ・ヴィンチ ルーヴル美術館(巨匠の名画) ルネ・ユイグ著 高階秀爾訳	美術出版社
階級意識とは何か ヴィルヘルム・ライヒ著 久野収訳	三一新書
トリックスター ポール・ラディンほか著 皆河宗一ほか訳	晶文社
小説のテクスト ヌーヴォー・ロマンの理論のために J.リカルドゥー著 野村英夫訳 [和]	紀伊國屋書店
ヴェトナム共産党史 ピエール・ルッセ著 角山元保訳 [和]	柘植書房
末亡人 ミシェル・ルブラン著 鈴木豊訳	創元推理文庫
現代美術と文化の死滅 H.R.ロークマーカー著 由水常雄訳 [国]	すぐ書房
ヴァイマル共和国史 A.ローゼンベルク著 吉田輝夫訳	東邦出版社
魯迅作品集(全3巻) 魯迅著 竹内好訳	筑摩書房
嫉妬 アラン・ロブグリエ著 白井浩司訳	新潮社

【詩集等】

金芝河詩集 姜舜訳	青木書店
詩集 ぐさい 大森澄著	木犀書房
詩集 ゴヤのファースト・ネームは 飯島耕一著	青土社
吃りの鼻唄 江原光太詩集	創映出版

【カタログ・その他】

アーキペンコ展 現代彫刻の先駆者 [和]	フジテレビギャラリー
AY-O	南画廊
アサヒグラフ臨時増刊 モナリザの微笑	朝日新聞社
吾妻兼治郎展 [和]	現代彫刻センター
アンディ・ウォーホル展 朝日新聞東京本社企画部編 [国]	朝日新聞東京本社企画部
Iida chromatophilologia [和]	Galerie Denise René
飯田善國展 Yoshikuni Iida chromatophilologia	南画廊
宇佐美圭司展	南画廊
瑛九石版画総目録 瑛九の会編 [和]	瑛九の会
大沢昌助画集 [和]	ギャルリー・ためなが
岡本信治郎展	フジテレビギャラリー
神々の美術 京都国立博物館編 [国]	京都国立博物館
桑原盛行展	南画廊
ケネス・アーミテイジ展	カサハラ画廊
現代イタリア彫刻の11人 現代イタリア彫刻選抜展 聖豊社編 [国]	日本橋髙島屋
現代詩手帖10月臨時増刊 瀧口修造	思潮社
戸方庵井上コレクション目録	群馬県立近代美術館
Since 1945・その1・抽象表現の世界 [国]	フジテレビギャラリー
SPAZIO 第5巻 第1号 No.7	日本オリベッティ
第1回 7/7/7	元町画廊

第11回日本国際美術展	毎日新聞社ほか
ダダの女流画家 ハンナ・ヘッヒの芸術　京都国立近代美術館編 [和]	京都国立近代美術館
中華人民共和国漢唐壁画展	北九州市立美術館
中華人民共和国明清工芸美術展	三越
toyofuku	Naviglio Milano
豊福知徳 [和]	東京画廊
NAMBATA 難波田龍起自選展	フジテレビギャラリー
从(ひとひと)展 黒い太陽・七人の画家	日本橋三越七階特設会場
PLAY　池水慶一ほか編	[記載なし]
ヘンリー・ムアによるヘンリー・ムア展	神奈川県立近代美術館
モローとその弟子たち展　ジルベルト・マルタン・メリイほか編 [和]	東武百貨店
吉岡弘昭銅版画個展	ギャルリーユマニテ
ルイーズ・ネヴェルソン　バーバラ・リー・ダイアモンスタイン・文	アメリカン・センター

【執筆・著作】

岩手日報 3/8　国外からゆさぶり／ソルジェニーツィン追放と複写	岩手日報社
発想の周辺 安部公房対談集　解体と綜合／ゴダールの可能性は何か	新潮社
阪本文男個展(案内状)　阪本文男個展によせて	ギャルリーワタリ
世界のグラフィックデザイン2 ポスター・歴史編　原弘編　戦争・革命とポスター	講談社
toyofuku　豊福知徳 その内面の弁証法	Naviglio Milano
NAMBATA 難波田龍起自選展　難波田龍起−その禁欲的な、情念の軌跡	フジテレビギャラリー
中国新聞 4/12　文化：にぎやかな意見広告	中国新聞社
平凡社ギャラリー 12 縄文土器　日本原人の想像力	平凡社

1975(昭和50年)

【和書】

夢泥棒−睡眠博物誌　赤瀬川原平著 [和]	学藝書林
岩波講座 日本歴史(全23巻+別巻3)　朝尾直弘ほか編	岩波書店
素人談義／三人ジェラール　飛鳥田一雄著	有隣堂
ウエー 新どれい狩り　安部公房著	新潮社
群衆の中の芸術家−ボードレールと十九世紀フランス絵画　阿部良雄著	中央公論社
造型思考ノート　粟津潔著 [和]	河出書房新社
日中関係の視点　安藤彦太郎著 [和]	龍渓書舎
戦後史の発見(上・下)　いいだももほか著	産報
二十世紀への対話(上・下)　池田大作・A.J.トインビー著	文藝春秋
俗聖の文学 「没理想」と「脱文学」その断絶と断続　池田岬著 [和]	講談社
建築の解体　磯崎新著	美術出版社
近代の迷宮　磯田光一著 [和]	北洋社
精神としての身体　市川浩著	勁草書房
異国の街角で　五木寛之著	文藝春秋
帰りなんいざ…　五木寛之・松永伍一著	講談社
深夜の自画像　五木寛之著	文春文庫
討論集 視想への旅立ち　五木寛之著	河出書房新社

1975（昭和50年）

評伝 与謝野鉄幹 晶子　逸見久美著	八木書店
天皇の戦争責任　井上清著	現代評論社
言の葉さやげ　茨木のり子著 [和]	花神社
今、教育の原点に立つ−静岡市教組10年の闘い　今、教育の原点に立つ編集委員会編	静岡市教職員組合
画集 今井俊満　今井俊満著　針生一郎·文　海藤日出男編 [和]	求龍堂
今西中通画集　今西中通著　今西中通画集編集委員会編 [和]	三彩社
ある昭和史 自分史の試み　色川大吉著	中央公論社
日本文化の起源　岩田慶治著	角川文庫
聖徳太子論 斑鳩の白い道のうえに　上原和著	朝日新聞社
ヤポネシア古代学の魅力　江上波夫ほか編	読売新聞社
成熟と喪失“母”の崩壊（河出文芸選書）　江藤淳著	河出書房新社
漱石とアーサー王伝説　江藤淳著	東京大学出版会
岡倉天心（朝日評伝選4）　大岡信著	朝日新聞社
生活の世界歴史（全10巻）　太田秀通ほか著　堀米庸三ほか監修	河出書房新社
巨人批評集　大西巨人著	秀山社
日本神話の構造　大林太良著	弘文堂
戦後秘史（全10巻）　大森実著	講談社
沖縄でひらかれる天皇裁判	天皇糾弾·皇居突入裁判闘争を支援する会·沖縄救援連絡センター
呪縛と陥穽 精神科医の現認報告　小沢勲編著 [和]	田畑書店
戯曲故事新編　小沢信男ほか著 [和]	河出書房新社
東京の人に送る恋文　小沢信男著 [和]	晶文社
小田実全仕事（全10巻）　小田実著	河出書房新社
漱石私論　越智治雄著	角川書店
恩地孝四郎版画集　恩地孝四郎著 [和]	形象社
ロンサム·カウボーイ　片岡義男著	晶文社
日本文学史序説（上）　加藤周一著	筑摩書房
自動車絶望工場 ある季節工の日記　鎌田慧著	現代史出版会
意味という病　柄谷行人著	河出書房新社
天皇論ノート　菅孝行著	田畑書店
はたちすぎ　木島始著	晶文社
エーゲ海に捧ぐ 木内克ローマ蠟型全作品　木内克著 [和]	UNAC TOKYO
口あるものは語れ　金石範著 [和]	筑摩書房
小説 在日朝鮮人史（上·下）　金達寿著	創樹社
ギュンター·グラス [和]	グリフィンスコーポレーション
子供の場所　草森紳一著 [和]	晶文社
30年代の思想家たち　久野収著	岩波書店
政治的市民の復権　久野収著 [和]	潮出版社
労働者文学 創造の現場から　久保田正文ほか編 [和]	社会新報
死者たちの日々　栗原幸夫著 [和]	三一書房
ズーズー先生随聞帖　国分一太郎著 [和]	晶文社
私の作家評伝Ⅲ−子規·綂漱石·鏡花·秋江·浩二（新潮選書）　小島信夫著	新潮社

君は天皇を見たか「テンノウヘイカバンザイ」の現場検証　児玉隆也著	潮出版社
この三十年の日本人　児玉隆也著	新潮社
小林勝作品集（全5巻）小林勝著　野間宏ほか編 [和]	白川書院
レタリングと書　榊莫山著	創元社
わが書　榊莫山著	創元社
ドキュメント昭和史（全8巻）相良竜介ほか編 [和]	平凡社
復讐するは我にあり（上・下）佐木隆三著 [和]	講談社
おまえを殺すのはおまえだ　佐々木基一著	新潮社
「赤軍」ドキュメント 戦闘の向示録　査証編集委員会編 [和]	新泉社
歯車　佐多稲子著	旺文社文庫
北の夏　澤田誠一著	河出書房新社
認識の風景　沢田允茂著	岩波書店
夢のかげを求めて－東欧紀行　島尾敏雄著	河出書房新社
反天皇制論　新日本文学会編	亜紀書房
腹腹時計と〈狼〉　鈴木邦男著	三一書房
ことばと社会　鈴木孝夫著	中央公論社
閉された言語・日本語の世界　鈴木孝夫著 [和]	新潮社
偽られた大王の系譜　鈴木武樹著	秋田書店
鹿島からの報告　関沢紀著	新泉社
影の美学　宗谷真爾著 [和]	新潮社
近代絵画史（上・下）高階秀爾著	中公新書
内ゲバ 公安記者メモから　滝川洋ほか著	三一新書
多木浩二対談集・四人のデザイナーとの対話　多木浩二著 [和]	新建築社
戦後文学とアヴァンギャルド 文学者の戦後責任　武井昭夫著 [和]	未來社
ことばが劈かれるとき　竹内敏晴著	思想の科学社
アジア学の展開のために（創樹選書）竹内好編	創樹社
近代日本と中国（下）竹内好ほか編	朝日新聞社
国家と文明（哲学叢書）竹内芳郎著	岩波書店
古代日本人の時間意識－その構造と展開　田中元著	吉川弘文館
日本美の構造　田中日佐夫著	講談社現代新書
幻視とアラベスク 谷川晃一美術論集　谷川晃一著 [和]	大和文庫
ポケットのなかのチャペック　千野栄一著	晶文社
無名戦士の手記 声なき声いまも響きて　鶴見俊輔ほか編	光文社
井上長三郎　寺田透ほか著 [和]	時の美術社
入谷雑談　寺田透著 [和]	筑摩書房
あゝ、荒野 新装版　寺山修司著 [和]	現代評論社
地球空洞説　寺山修司著 [和]	新書館
三酔人経綸問答　中江兆民著　桑原武夫ほか訳・校註	岩波文庫
夜の沈黙に自由の鐘を－韓国民主化闘争地下文献集　中川信夫編著 [和]	現代史出版会
現代思想の文学的領域　中島誠著 [和]	春秋社
八幡信仰史の研究（上・下）中野幡能著	吉川弘文館

1975（昭和50年）

大発明物語 中原佑介著	美術出版社
四季 中村眞一郎著	新潮社
宮沢賢治 中村稔著	筑摩書房
感性の覚醒（哲学叢書） 中村雄二郎著	岩波書店
深くわが汝より 南坊義道著	風濤社
長谷川四郎の自由時間 長谷川四郎著 [和]	土曜美術社
歎きの朝鮮革命 バック・カップ・トン著	三一書房
意識 革命 宇宙 埴谷雄高・吉本隆明著	河出書房新社
鐘と遊星 埴谷雄高著	未來社
荻原守衛ー忘れえぬ芸術家 林文雄著 [和]	新日本出版社
ヴェネツィア拾遺 針生一郎著	針生一郎
ソルジェニーツィンを考える 針生一郎ほか著 ロシア手帖の会編 [和]	集英社
美国横断鉄路 久生十蘭著 [和]	奢覇都館
彷徨の方向 日高てる著 [和]	昭森社
資料 昭和プロレタリア文化運動史 平出禾著 [和]	武蔵野学問の力舎
徹底討議 19世紀の文学・芸術 平島正郎ほか著	青土社
プラハの春モスクワの冬 藤村信著	岩波書店
青い水のなかの旗 古谷鏡子著	国文社
写真と権力 沖縄・フィルム押収事件闘争記録 報道の自由・吉岡カメラマンを守る会編 [和]	アディン書房
堀田善衛全集（全16巻） 堀田善衛著	筑摩書房
アメリカの大衆文化 本間長世ほか編 [和]	研究社出版
現代の工芸ー生活との結びつきを求めて 前田泰次著	岩波新書
闇のユートピア 松田修著	新潮社
歴史という闇ー近代日本思想史覚書 松本健一著 [和]	第三文明社
横しぐれ 丸谷才一著	講談社
パレスチナ 三留理男・報告 P.L.O.編集協力	現代史出版会
中国美術紀行 宮川寅雄著	講談社
いま、「公共性」を撃つ 宮崎省吾著	新泉社
新しい価格革命ー試練に立つ現代資本主義 宮崎義一著	岩波新書
根拠地と文化 第三世界との合流を求めて 武藤一羊著 [和]	田畑書店
近代日本文学における中国像 村松定孝ほか編 [和]	有斐閣
漂流と定着 生きかたを問う旅 守誠著 [和]	サイマル出版会
私説聊斎志異 安岡章太郎著	朝日新聞社
海岸公園 山川方夫著	新潮文庫
文化と両義性 山口昌男著	岩波書店
道化の民俗学 山口昌男著	新潮社
暴力と非暴力のあいだ 山口三夫著	蝸牛社
混沌の海へ 中国的思考の構造 山田慶児著	筑摩書房
ダダ論考 山中散生著	国文社
革命の社会学 非ヨーロッパ世界とマルクス主義 湯浅赳男著 [和]	田畑書店
言語文化のフロンティア 由良君美著 [和]	創元社

近代芸術学の成立と課題　吉岡健二郎著 [和]	創文社
比較神話学の現在 デュメジルとその影響　吉田敦彦編著	朝日出版社
〈普及版〉洟をたらした神　吉野せい著	彌生書房
満州里1941年 独ソ開戦前夜"揺れる国境の町"　吉野松男著 [和]	恒文社
書物の解体学　吉本隆明著	中央公論社
敗北の構造 吉本隆明講演集　吉本隆明著	弓立社
吉本隆明全著作集（全15巻）　吉本隆明著	勁草書房
日本の情報産業（全3巻）　YTV情報産業研究グループ編	サイマル出版会
描写の時代−ひとつの自然主義文学論　和田謹吾著	北海道大学図書刊行会

【翻訳】

虐殺された詩人　アポリネール著　窪田般彌訳	白水社
アニセーまたはパノラマ　アラゴン著　小島輝正訳	白水社
決闘は血を見てやめる　カトリーヌ・アルレー著　鈴木豊訳	創元推理文庫
芸術心理学のために　ルドルフ・アルンハイム著　上昭二訳 [国]	ダヴィッド社
オンリー・イエスタデイ 1920年代・アメリカ（研究社叢書）　F.L.アレン著　藤久ミネ訳	研究社出版
絵のない絵本　アンデルセン著　三好達治訳	岩波文庫
映画における記号と意味　ピーター・ウォーレン著　岩本憲児訳	フィルムアート社
ドン・キホーテに関する思索　オルテガ著　A.マタイスほか訳 [和]	現代思潮社
都市の景観　G.カレン著　北原理雄訳	鹿島出版会
不帰　金芝河著　李恢成訳	中央公論社
朝鮮小説史　金台俊著　安宇植訳	東洋文庫
意味論　ピエール・ギロー著　佐藤信夫訳	文庫クセジュ
芸術と文明　ケネス・クラーク著　河野徹訳	法政大学出版局
シュルレアリスムと性（朝日現代叢書）　グザヴィエル・ゴーチェ著　三好郁朗訳	朝日出版社
サハフロは発言する　アンドレイ・D・サハロフ著　原卓也訳 [和]	新潮社
弁証法的想像力 フランクフルト学派と社会研究所の歴史 1923−1950 マーティン・ジェイ著　荒川幾男訳	みすず書房
ズザナとマリエ　オルガ・シャインプルゴヴァー著　栗栖継訳 [和]	晶文社
美学入門（りぶらりあ選書）　エチエンヌ・スリヨ著　古田幸男ほか訳	法政大学出版局
アジアを犯す 新植民地主義の生態　マーク・セルデン編　武藤一羊ほか監訳	河出書房新社
収容所群島1　ソルジェニーツィン著　木村浩訳	新潮文庫
真の人民の政権−人民革命政府を樹立し　チョソン労働党中央委員会党歴史研究所著	外国文出版社・平壌
お国のために1 ペンタゴンのお小姓たち　ノーアム・チョムスキー著　いいだもも訳 [和]	河出書房新社
知識と自由　ノーアム・チョムスキー著　川本茂雄訳 [和]	番町書房
語る女たち　マルグリット・デュラスほか著　田中倫郎訳	河出書房新社
地獄のペン—告発するマーク・トウェイン マーク・トウェイン著　フレデリック・アンダーソン編　佐藤喬ほか訳	平凡社
シャトレ哲学史（全8巻）　ジル・ドゥルーズほか著　F.シャトレ編　中村雄二郎ほか監訳	白水社
ラスコーの壁画　ジョルジュ・バタイユ著　出口裕弘訳	二見書房
視覚的人間−映画のドラマツルギー　ベラ・バラージュ著　佐々木基一ほか訳 [国]	創樹社
時代からの逃走 ダダ創立者の日記　フーゴ・バル著　土肥美夫ほか訳 [和]	みすず書房

1975（昭和50年）

サド、フーリエ、ロヨラ　ロラン・バルト著　篠田浩一郎訳	みすず書房
西洋木造建築　ハンス・ユルゲン・ハンゼン編　白井晟一研究所編訳 [和]	形象社
絵画のなかの言葉（叢書 創造の小径）ミシェル・ビュトール著　清水徹訳	新潮社
時間割　ビュトール著　清水徹訳	中公文庫
ヒトラー（上・下）ヨアヒム・フェスト著　赤羽龍夫ほか訳 [和]	河出書房新社
タイのこころ　ククリット・プラモートほか著　田中忠治編訳	文遊社
物語のメッセージ　クロード・ブレモン著　阪上脩訳	審美社
イマージュ　ジャン・ド・ベルグ著　行方未知訳	角川文庫
さよなら・再見〈アジアの現代文学：台湾〉黄春明著　田中宏ほか訳	めこん
経済と文明　カール・ポランニー著　栗本慎一郎ほか訳	サイマル出版会
物が私語するとき ポンジュ、ソレルスの対話　フランシス・ポンジュほか著　諸田和治訳 [和]	新潮社
チェコ構造美学論集　ヤン・ムカジョフスキー著　平井正ほか訳	せりか書房
失われた範列 人間の自然性　エドガール・モラン著　吉田幸男訳	法政大学出版局
自然から抽象へ=モンドリアン論集　P.モンドリアン著　赤根和生編訳	美術出版社
魯迅 中国文化革命の巨人　姚文元著　片山智行訳	潮出版社
存在の大いなる連鎖　アーサー・O・ラヴジョイ著　内藤健二訳	晶文社
抽象芸術の冒険　ミッシェル・ラゴン著　高階秀爾ほか訳	紀伊國屋書店
今夜、自由を—インド・パキスタンの独立（上・下）ドミニク・ラピエールほか著　杉辺利英訳	早川書房
危険な言語　ウルリッヒ・リンス著　栗栖継訳	岩波新書
国家と革命　レーニン著　宇高基輔訳	岩波文庫
起源の小説と小説の起源　マルト・ロベール著　岩崎力ほか訳	河出書房新社

【詩集等】

泉（ファンタン）という駅　長谷川龍生著	サンリオ出版
詩画集 日本共和国初代大統領への手紙　木島始・詩　本田克己・画	創樹社
詩集 赤面申告　小沢信男著	朔人社
詩集 ラザロの死　山本政一著	大竹出版工房

【カタログ・その他】

朝日アジアレビュー 21 第一号・春季号	朝日新聞社
ARMAN展 フェルナンデス・アルマン　東野芳明・文 [和]	自由が丘画廊
植松奎二	植松奎二
香月泰男遺作展　東京国立近代美術館ほか編 [和]	朝日新聞社
河口龍夫展	南画廊
川島猛 [和]	南天子画廊
国吉康雄展	ブリヂストン美術館ほか
久野真 [和]	東京画廊
現代衣服の源流展 追補	京都国立近代美術館
坂田一男在郷作品展 [国]	e4画廊
Jeffrey Maron [国]	南画廊
ジャスパー・ジョーンズ展	南画廊
週刊アルファ 266 大世界百科	日本メール・オーダー
シュルレアリスム展	東京国立近代美術館

戦前の前衛展 二科賞、樗牛賞の作家とその周辺　東京都美術館編 [和]	東京都美術館
第11回現代日本美術展	毎日新聞社ほか
田中米吉作品展 [国]	大阪フォルム画廊
中国木版画展	群馬県立近代美術館
デ·クーニング展 [和]	フジテレビギャラリー
堂本尚郎	南画廊
特別企画展1975 日本の版画	栃木県立美術館
20世紀の巨匠たち 素描と彫刻小品展 [国]	フジテレビギャラリー
20世紀の美術から 南画廊'75年展 [和]	南画廊
浜田知明銅版画作品 1938―1975 [和]	北九州市立美術館
福井良之助展 [国]	フジヰ画廊
文化革命塾紀要第1号 日本文化革命への視座	文化革命塾
ホドラー展	国立西洋美術館
本郷新 彫刻50年展　朝日新聞社東京本社企画部編 [和]	現代彫刻センター
宮本三郎遺作展	朝日新聞社
保田春彦展	南画廊
山口薫展 [和]	群馬県立近代美術館
ルイーズ·ネヴェルスン	南画廊

【執筆・著作】

現代の絵画 第15巻　未来派の宣言　M.カルヴェージィ著　岩倉翔子との共訳	平凡社
新日本文学 9月号　小説のなかの非小説的なもの	新日本文学会
画集 今井俊満　海藤日出男編　東方の光 今井俊満 その芸術と生活の軌跡	求龍堂
ヤポネシア古代学の魅力　江上波夫ほか編　日本の青銅器時代	読売新聞社
ソルジェニーツィンを考える　江川卓との共著　表現の自由の二つの側面	集英社
ヴェネツィア拾遺	針生一郎
反天皇制論　新日本文学会編　まえがき	亜紀書房

1976(昭和51年)

【和書】

昭和文学私論　餐庭孝男著 [和]	小沢書店
想像力の風景 現代の小説と詩　餐庭孝男著 [和]	泰流社
島尾敏雄研究　響庭孝男編 [和]	冬樹社
鏡の町皮膚の町 新聞をめぐる奇妙な話　赤瀬川原平著	筑摩書房
図解暗室入門　秋本研著	有紀書房
寒村自伝(上)　荒畑寒村著	岩波文庫
寒村茶話　荒畑寒村著	朝日新聞社
ドフトエフスキイと日本文学　新谷敬三郎著 [和]	海燕書房
昭和十一年の女 阿部定　粟津潔ほか著 [和]	田畑書店
なぜ天皇制か　いいだもも著 [和]	三一書房
日本共産党を問う　いいだもも著 [和]	三一書房
美の王国の入口で―私のなかの世界美術　池田満寿夫著 [和]	芸術生活社
私の調書·私の技法(美術選書)　池田満寿夫著	美術出版社

1976（昭和51年）

昭和への鎮魂（読売選書） 磯田光一著	読売新聞社
戒厳令の夜（上・下） 五木寛之著	新潮社
深夜草紙（全6巻） 五木寛之著	朝日新聞社
芸術と解釈 今道友信編	東京大学出版会
啄木評伝 岩城之徳著	學燈社
石の船 岩間正男作品集 岩間正男著	岩間正男
親殺し地蔵 植木学著	青潮社
古代史のなかの仏と寺 上原和編 [和]	毎日新聞社
古代日本の美と呪術 上原和編 [和]	毎日新聞社
わが道に荊はみつれど 植松安太郎著	新日本文学会出版部
民権と国権のはざま 明治草莽思想史覚書 上村希美雄著	葦書房
労働過程論ノート マルクス主義哲学の構築のために 内山節著 [和]	田畑書店
棟方志功 美術と人生 海上雅臣著 [和]	毎日新聞社
流行の神話―ファッション・映画・デザイン 海野弘著 [和]	フィルムアート社
市民講座・日本古代文化入門（全5巻） 江上波夫ほか編	読売新聞社
教育・常識のウソとマコト（灯台ブックス） 遠藤豊吉著	第三文明社
言葉によって 状況・文学 大江健三郎著	新潮社
少年―ある自伝の試み 大岡昇平著 [和]	筑摩書房
文学における虚と実 大岡昇平著	講談社
近世社会の成立と崩壊 大阪歴史学会編	吉川弘文館
日本の世紀末 岡田隆彦著 [和]	小沢書店
花田清輝の生涯 小川徹著	思想の科学社
天心・鑑三・荷風 桶谷秀昭著	小沢書店
世界の中の韓国問題 緊急討論韓国問題国際会議の記録 小田実編 [和]	潮出版社
札幌プロ文学運動覚え書 笠井清著	新日本文学会出版部
維新幻想 片岡啓治著 [和]	田畑書店
現在のなかの歴史 加藤周一著 [和]	新潮社
満州国警察小史（全3編） 加藤豊隆著 [和]	満蒙同胞援護会愛媛県支部ほか
メディアの周辺 加藤秀俊著	文藝春秋
工場への逆攻―原発・開発と闘う住民 鎌田慧著	柘植書房
逃げる民―出稼ぎ労働者 鎌田慧著 [和]	日本評論社
労働現場に何が起こった―合理化とたたかう労働者たち 鎌田慧著 [和]	ダイヤモンド社
わが幻影工場地帯 鎌田慧著	風媒社
サーカスが来た! アメリカ大衆文化覚書 亀井俊介著	東京大学出版会
十人の版画家 川合昭三著 [和]	河出書房新社
影の現象学 河合隼雄著	思索社
流離の革命家 国崎定洞の生涯 川上武著	勁草書房
ことばとこころ 川本茂雄著	岩波新書
楠部彌弌 菊地芳一郎著	時の美術社
朋あり遠方より来る 北沢恒彦ほか著 [和]	風媒社
民族・ことば・文学 金石範著	創樹社

1976（昭和51年）

木村一生 1970−1975 木村一生著 [和]	現代創美社
アート・テクニック・ナウ（全20巻） 木村光佑ほか著	河出書房新社
黄昏のロンドンから 木村治美著 [和]	PHP研究所
悪のりドンファン テレビ・コマーシャルの20年 草森紳一著 [和]	フィルムアート社
権威主義国家の中で 久野収著	筑摩書房
岡本かの子の世界（異装叢書2） 熊坂敦子編	冬樹社
美術（お雇い外国人16） 隈元謙次郎著 [和]	鹿島出版会
私の写真史 桑原甲子雄著 [和]	晶文社
言論の自由の源流―ミルトン「アレオパジティカ」周辺 香内三郎著	平凡社
高群逸枝とボーヴォワール 高良留美子著	亜紀書房
戦後文学の領域 小久保実著	ぬ書房
夢かたり 後藤明生著	中央公論社
絵の言葉 小松左京ほか著	講談社学術文庫
岩波講座文学（全12巻） 西郷信綱ほか著	岩波書店
仮面の解釈学 坂部恵著	東京大学出版会
ニューヨーク武芸帳 坂本正治著 [和]	中央公論社
ジャンケンポン協定 佐木隆三著	講談社文庫
大罷業 佐木隆三著 [和]	田畑書店
重きに流れに（上） 佐多稲子著	講談社文庫
時に佇つ 佐多稲子著	河出書房新社
メイエルホルド 佐藤恭子著	早川書房
犬は空を飛ぶか 柴田翔著	筑摩書房
アンゴラ解放戦争 芝生瑞和著	岩波新書
夢と現実 六日間の対話 島尾敏雄ほか著	筑摩書房
破戒 島崎藤村著	岩波文庫
明治社会主義者の転向 しまねきよし著 [和]	東洋経済新報社
余白を駆けるオートバイ 現代感覚論ノート 清水哲男著	フィルムアート社
日本近代二百年の構造 謝世輝著	講談社現代新書
顧之居書帖 二 白井晟一著 [和]	形象社
埴谷雄高（現代作家入門叢書） 白川正芳ほか著	冬樹社
菅井汲 作品集1952−1975 菅井汲著 [和]	美術出版社
ことばの藝術 杉山康彦著	大修館書店
共和国を夢みる論理（すずさわ叢書） 鈴木武樹著	すずさわ書店
坂口安吾の世界 関井光男編	冬樹社
共同討議 芸術の精神史 蕪村から藤島武二まで 高階秀爾ほか編	淡交社
文学講座 高橋和巳著 [和]	河出書房新社
元素としての「私」―私小説作家論 高橋英夫著	講談社
歴史的類比の思想 田川建三著	勁草書房
生きられた家 多木浩二著 [国]	田畑書店
同時代としての中国 竹内実著 [和]	田畑書店
田中角栄研究 全記録 立花隆著 [和]	講談社

1976(昭和51年)

炎の画家横山操　田中穣著 [和]	講談社
アジア人との出会い 国際交流とは何か　田中宏著	田畑書店
西欧人の原像　田淵安一著 [国]	人文書院
中国近代史ノート　陳舜臣著	朝日新聞社
図説古九谷　土岡究渓著 [国]	高岡市立美術館
戦時体制下の文学者(笠間選書)　都筑久義著	笠間書院
グアダルーペの聖母　鶴見俊輔著	筑摩書房
柳宗悦　鶴見俊輔著	平凡社
迷路と死海ーわが演劇　寺山修司著	白水社
ドイツリアリズム	美術出版デザインセンター
ピーター・マックス　東野芳明著	PARCO出版局
新潮社八十年小史(非売品)　百目鬼恭三郎著	新潮社
小説 三里塚　戸村一作著	亜紀書房
日本絵画論　中井宗太郎著	文彩社
生きている空間ー主体的映画芸術論　中井正一著　辻部政太郎編	てんびん社
論理とその実践ー組織論から図書館像へ　中井正一著　中井浩編	てんびん社
沖縄戦後史　中野好夫ほか著	岩波新書
近代日本美術の側面　中村義一著	造形社
「風流夢譚」事件以後ー編集者の自分史　中村智子著 [和]	田畑書店
近代の詩と詩人　中村稔ほか編	有斐閣
評伝アルベール・カミュ　西永良成著 [和]	白水社
狭山裁判(上・下)　野間宏著	岩波新書
第三世界と現代文明　野間宏ほか編	潮新書
蕁麻の家　萩原葉子著	新潮社
韓国政治史　朴己出著	民族統一問題研究院
黙っている朝　橋本勝三郎著 [和]	冬樹社
長谷川四郎全集(全16巻)　長谷川四郎著 [和]	晶文社
建築をめぐる回想と思索　長谷川堯ほか著 [和]	新建築社
風はおのが好むところに吹く　花崎皋平著 [和]	田畑書店
自伝的戦後史　羽仁五郎著	講談社
石棺と年輪　埴谷雄高著	未來社
思索的渇望の世界(聞き手：吉本隆明・秋山駿)　埴谷雄高著	中央公論社
戦後の文学者たち　埴谷雄高著	構想社
埴谷雄高対話集 天啓と窮極　埴谷雄高著	未來社
北京三里屯第三小学校　浜口允子著	岩波新書
土方定一著作集(全12巻)　土方定一著	平凡社
精神の風通しのために　日高普著 [和]	創樹社
現代史への挑戦 中国の思想と科学技術　日高六郎ほか著　安藤彦太郎編	時事通信社
坂口安吾　兵藤正之助著	講談社現代新書
和魂洋才の系譜 内と外からの明治日本　平川祐弘著	河出書房新社
「リンチ共産党事件」の思い出　平野謙著	三一書房

1976（昭和51年）

パレスチナ 幻の国境 広河隆一著 [和]	草思社
サントス第十四埠頭 藤崎康夫著	中央公論社
詩呂都波貴 本庄米子遺稿集（非売品） 本庄一雄編	本庄一雄
日本の名著 毎日新聞社編	毎日新聞社
成島柳北 前田愛著	朝日新聞社
聞書ひたむきの女たち 無産運動のかげに（朝日選書） 牧瀬菊枝著	朝日新聞社
住民運動"私"論 実践者からみた自治の思想（現代の自治選書4） 正木洋ほか著 [和]	学陽書房
チョーサーの世界 桝井迪夫著	岩波新書
埴輪の古代史 増田精一著	新潮社
幻視の美学 松本俊夫著 [和]	フィルムアート社
ある軌跡―未来社25年の記録 松本昌次編 [和]	未來社
修羅の軌跡 丸山照雄宗教論集 丸山照雄著 [和]	田畑書店
象徴天皇主義とは何か 丸山照雄著 [和]	河出書房新社
自主参加 皆木育夫小説集 皆木育夫著 [和]	土曜美術社
沖縄の伝説 源武雄編著 [和]	第一法規出版
日本美術の流れ 源豊宗著	思索社
宮脇壇対談集―つくる術について五人のデザイナーたちと語った 宮脇壇ほか著 [国]	新建築社
漱石資料 文学論ノート 村岡勇編	岩波書店
聖なる無頼―坂口安吾の生涯 村上護著 [和]	講談社
金芝河 私たちにとっての意味 室謙二編	三一書房
文体の論理 小林秀雄の思考の構造 柳父章著	法政大学出版局
旅の文法 山崎昌夫著 [和]	晶文社
瑛九 評伝と作品 山田光春著 [国]	青龍洞
上昇と下降〈作家と作品研究〉 山中美和著	文学地帯社
社会主義運動半世記 山辺健太郎著	岩波新書
芸術運動の条件 湯地朝雄評論集 湯地朝雄著 [和]	土曜美術社
知の岸辺へ 吉本隆明講演集 吉本隆明著	弓立社
スケッチによるフランス語読本 渡辺明正ほか著 [国]	第三書房
評伝 宮崎滔天 渡辺京一著	大和書房
安部公房 渡辺広士著 [和]	審美文庫
小林秀雄と瀧口修造 渡辺広士著	審美社

【翻訳】

バシュラールの思想 ピエール・キエ著 篠沢秀夫訳	大修館書店
ルカーチとハイデガー 新しい哲学のために（叢書ウニベルシタス） リュシアン・ゴルドマン著 川俣晃自訳	法政大学出版局
私の話を聞いてくれ ザ・ストーリー・オブ・ジャズ ナット・シャピロほか編著 新納武正訳 [和]	筑摩書房
夢の象徴学（ドイツ・ロマン派叢書） G.H.シューベルト著 深田甫訳 [和]	青銅社
料理長が多すぎる レックス・スタウト著 平井イサク訳	早川書房
延安革命 第三世界解放の原点 マーク・セルデン著 小林弘二ほか訳	筑摩書房
石枕 韓民族への遺書（上・下） 張俊河著 安宇植訳 [和]	サイマル出版会
世界の文学（全38巻） ホセ・ドノソほか著 鼓直ほか訳	集英社

〈誠実〉と〈ほんもの〉 近代自我の確立と崩壊 ライオネル・トリリング著 野島秀勝訳	筑摩書房
イタリア共産党との対話 G.ナポリターノほか著 山崎功訳	岩波新書
三島由紀夫 ある評伝 ジョン・ネイスン著 野口武彦訳	新潮社
兵士シュヴェイクの冒険 2・3 ハシェク著 栗栖継訳	岩波文庫
ベスト&ブライテスト（全3巻） デイビッド・ハルバースタム著 浅野輔訳	サイマル出版会
三人のマリア―新ポルトガルぶみ（上） マリア・I・バレノほか著 藤枝澪子訳	人文書院
モーツァルトは誰だったのか ヴォルフガング・ヒルデスハイマー著 丸山匠訳 [和]	白水社
ポップ・アート オブジェとイメージ クリストファー・フィンチ著 石崎浩一郎訳	PARCO出版局
民衆の声―アメリカ文化とフォークロア ジーン・ブルースタイン著 皆河宗一訳	晶文社
シュルレアリスム簡約辞典 アンドレ・ブルトンほか編 江原順編訳 [和]	現代思潮社
絵画の教え（朝日現代叢書） マルスラン・プレーネ著 岩崎力訳 [国]	朝日出版社
黒猫・黄金虫 ポー著 佐々木直次郎訳	新潮文庫
伝奇集 現代の世界文学 ホルヘ・ルイス・ボルヘス著 篠田一士訳	集英社
ハプニングと沈黙―現代文学の可能性 ハンス・マイヤー著 古沢謙次訳	法政大学出版局
道化と革命 太陽劇団の日々 アリアーヌ・ムヌュシュキンほか著 佐伯隆幸編訳	晶文社
社会学と人類学（全2巻） M.モース著 有地亨ほか訳	弘文堂
自己批評 スターリニズムと知識人 エドガール・モラン著 宇波彰訳 [和]	法政大学出版局
失語症と言語学 R.ヤーコブソン著 服部四郎編・監訳	岩波書店
挑発としての文学史 H.R.ヤウス著 轡田収訳	岩波書店
スイート・ホーム殺人事件 クレイグ・ライス著 長谷川修二訳	ハヤカワ・ミステリ文庫
余白のあるカンヴァス リラン著 松岡和子訳	朝日新聞社
魯迅文集（全6巻） 魯迅著 竹内好訳	筑摩書房
レーニンの下のモスクワ―革命の在りし日々に アルフレッド・ロスメル著 浜田泰三ほか訳 [和]	柘植書房

【詩集等】

青い砂丘にて 砂澤ビッキ著	ビッキ・アーツ
詩歌集 チュチェのふるさとを訪ねて	チョソン・ピョンヤン 外国文出版社
詩画集 MIXED FRUIT 池田満寿夫著	南天子画廊
深夜―金芝河+富山妙子詩画集 鄭敬謨訳	土曜美術社
夢の代金 中正敏詩集	VAN書店

【カタログ・その他】

麻生三郎	南天子画廊
石元泰博写真 曼荼羅展 微細と極大の宇宙にみるエロス 教王護国寺蔵 伝真言院両界曼荼羅より [和]	西武美術館
ウイリアム・スコット展	カサハラ画廊
宇治山哲平展 美に向う遍歴者 [和]	神奈川県立近代美術館
岡本太郎展	日本橋髙島屋
川鉄の公害輸出を告発する フィリピンニュース 創刊号	反公害輸出通報センター アジアと日本を考え行動する会
カンディンスキー展	朝日新聞社・西武美術館
季刊三千里 5号	三千里社
金昌烈 [和]	東京画廊

キュービズム展	東京国立近代美術館
清水九兵衛	南画廊
具体美術の18年 [和]	「具体美術の18年」刊行委員会
公害研究Vol.6 No.2 鹿島コンビナートの環境と事前調査 中西準子ほか著	[記載なし]
古賀春江資料展 北九州市立美術館編 [国]	北九州市立美術館
斎藤義重 反対称 [和]	東京画廊
七人のイタリア作家と七人の日本作家 新しい認識への方法·美術の今日展	美術出版デザインセンター
信濃の仏像:中世 [国]	長野県信濃美術館
装飾古墳室	熊本県立美術館
高島北海展	日本経済新聞社
高松次郎 [和]	東京画廊
調査情報	TBSメディア総合研究所
パウル·クレーとその友だち展	小田急百貨店グランドギャラリーほか
福沢一郎展 [和]	群馬県立近代美術館
前田常作 [和]	東京画廊
連続射殺魔 永山則夫(No.3·5)	連続射殺魔 永山則夫の裁判の現状を知りカネを集める会
レンブラントの版画 ロバート·M·ライト編 [和]	南天子画廊

【執筆·著作】

新日本文学 11月号 鎌田慧おぼえ書き	新日本文学会
新日本文学 12月号 金芝河—日韓人民を照らす鏡	新日本文学会
小原流挿花 4月号 姿なきインヴェーダー 河原温個展	小原流出版事業部
新日本文学 7月号 文学運動·三十年と今後	新日本文学会

1977(昭和52年)

【和書】

猥褻の研究「愛のコリーダ」起訴記念出版 「愛のコリーダ」起訴に抗議する会編	三一新書
東南アジア学への招待(放送ライブラリー8) 青木保ほか著 矢野暢編	日本放送出版協会
松本竣介 朝日晃著	日動出版部
密会 安部公房著	新潮社
粟津潔のブック·デザイン 粟津潔著 [国]	河出書房新社
銀座細見 安藤更生著	中公文庫
武器としての笑い 飯沢匡著	岩波新書
ヒロヒトの赤い帽子 現代右翼と象徴天皇 いいだもも著 [和]	学藝書林
池田満寿夫20年の全貌 池田満寿夫著 美術出版社企画室編	美術出版社
エーゲ海に捧ぐ 池田満寿夫著	角川書店
鳥たちのように私は語った—池田満寿夫対談集 池田満寿夫著 [和]	角川書店
日付のある自画像 池田満寿夫著	講談社
傾く風景 石毛春人著	小峰書店
未成年 井上光晴著	新潮社
新発掘報告 中国の美術と考古 井上靖ほか編 [国]	六興出版
井上有一の書 井上有一著 海上雅臣編	UNAC TOKYO
日本文学の遠近I·II 猪野謙二著 [和]	未來社

1977（昭和52年）

芸術序説　今井清ほか著　今井清編　和	やしま書房
東南アジアの少数民族　岩田慶治著	NHKブックス
都市の生活空間 フィールドノート　上田篤ほか著　和	NHKブックス
作家論控え帳　臼井吉見著　和	筑摩書房
棟方志功　海上雅臣著	保育社
現代の建築家 白井晟一　SD編集部編	鹿島出版会
鉄の首枷 小西行長伝　遠藤周作著	中央公論社
レイテ戦記（上）　大岡昇平著	中公文庫
邪馬台国 入墨とポンチョと卑弥呼　大林太良著	中公新書
文学・可能性への展望―地方での根拠地づくり　岡田孝一著	オリジン出版センター
夢みる力　岡田隆彦著　和	小沢書店
古典落語（上・下）　興津要編	講談社文庫
古典落語（続）　興津要編	講談社文庫
沖縄戦記 鉄の暴風　沖縄タイムス社編	沖縄タイムス社
作家の表象・現代作家116　奥野健男ほか著　和	時事通信社
小熊秀雄全集（全5巻）　小熊秀雄著　和	創樹社
評論 山本周五郎　尾崎秀樹著	白川書院
越境者たち ゾルゲ事件の人びと　尾崎秀樹著　和	文藝春秋
列人列景　小田実著	講談社
私と朝鮮　小田実著	筑摩書房
若きニイチェの識られざる神　小野浩著　和	三修社
甲斐扶佐義写真集 京都・出町　甲斐扶佐義著　和	ほんやら洞
長谷川三郎1950年　橿尾正次著　国	版・梛
紀行随想 東洋の近代　加藤祐三著　和	朝日新聞社
近代精神の道程―ナショナリズムをめぐって　鹿野政直著	花神社
ガラスの檻の中で 原発・コンピューターの見えざる支配　鎌田慧著　和	国際商業出版
工場と記録 ルポルタージュを生きる　鎌田慧著	晶文社
狭山事件無罪の新事実　亀井トムほか著	三一書房
続・発想法KJ法の展開と応用　川喜田二郎著	中公新書
ひろばの創造 移動大学の実験　川喜田二郎著	中公新書
ポトラッチ戦史　かんべむさし著	講談社
ロシア革命論 歴史の復権　菊池昌典編　和	田畑書店
はなしが降ってきた　木島始著	筑摩書房
良寛遊戯　北川省一著	アディン書房
北村透谷選集　北村透谷著　勝本清一郎校訂	岩波文庫
負け犬・勝ち犬　吉良敏雄著　和	新日本文学会出版部
風の慟哭 在日朝鮮人女工の生活と歴史　金賛汀ほか著	田畑書店
神は細部に宿りたまう　久野収著　和	三一書房
アイヌの文学　久保寺逸彦著	岩波新書
肩書のない仕事　栗原幸夫著　和	三一書房
五月の巡歴　黒井千次著　和	河出書房新社

アメリカ絵画の系譜　桑原住雄著	美術出版社
文学序説　桑原武夫著	岩波書店
日本社会党の三十年 日本社会党結党三十周年記念　月刊社会党編集部編	日本社会党中央本部機関紙局
火の海の墓標　後藤乾一著	時事通信社
本居宣長　小林秀雄著	新潮社
鬼 斉藤隆画集　斉藤隆著 [和]	沖積舎
贋人形　佐江衆一著	筑摩書房
海の鎖 描かれた維新　酒井忠康著 [国]	小沢書店
書のこころ　榊莫山著	時事通信社
ドキュメント 狭山事件　佐木隆三著 [和]	文藝春秋
まだ見ぬ街　佐々木基一著	河出書房新社
地方文化の日本史（全10巻）　佐々木銀弥ほか編	文一総合出版
近代日本美術史　佐々木静一ほか編	有斐閣
佐多稲子全集（全18巻）　佐多稲子著 [和]	講談社
記号人間　佐藤信夫著	大修館書店
形象と文明 書くことの歴史　篠田浩一郎著	白水社
思考の紋章学　澁澤龍彦著	河出書房新社
死の棘　島尾敏雄著	新潮社
島尾敏雄対談集 内にむかう旅　島尾敏雄著	泰流社
日の移ろい　島尾敏雄著	中央公論社
ヤポネシア考 島尾敏雄対談集　島尾敏雄著 [和]	葦書房
ヤポネシア序説（創樹選書）　島尾敏雄編著 [和]	創樹社
昭和作家論 異端·無頼の系譜　島田昭男著 [和]	審美社
清水昭三批評集 創造と批評の原点　清水昭三著	オリジン出版センター
遠い城―ある時代と人の思い出のために　菅原克己著 [和]	創樹社
渥美の四季　杉浦明平著 [和]	家の光協会
崋山と長英　杉浦明平著	レグルス文庫
化政·天保の文人　杉浦明平著	日本放送出版協会
文学の紋帖　杉本秀太郎著 [和]	構想社
現代陶芸の解剖 ファンタジーとマチエール　鈴木健二著 [和]	講談社
古代史の魅惑と危険　鈴木武樹著 [和]	亜紀書房
江戸美術の再発見　瀬木慎一著	毎日新聞社
真贋の世界　瀬木慎一著	新潮社
謎の近世画家　瀬木慎一著	ジャパン·パブリッシャーズ
戦後社会の性と家族　芹沢俊介著 [和]	白川書院
ゼロックス人名簿 同時代の発言者たち	富士ゼロックス
激浪 郡上藩凌霜隊記 十幕十場　高田英太郎著 [和]	栄光出版社
ひく文化·おす文化　高津真也著 [和]	講談社
高橋和巳の思い出　高橋たか子著	構想社
狭山裁判と科学―法科学ノート　武谷三男著	現代教養文庫
近代日本画を育てた豪商 原三溪　竹田道太郎著	有隣新書

1977(昭和52年)

大正の日本画─現代美の源流を探る 竹田道太郎著 [和]	朝日新聞社
富士日記(上) 武田百合子著	中央公論社
リンチ事件とスパイ問題 竹村一編 [和]	三一書房
アディナタの街角 谷川晃一画集 谷川晃一著 [和]	沖積舎
絵画的理解 谷川晃一美術論集 谷川晃一著	昭和出版
谷川晃一ドローイング集(エクリチュール叢書1) 谷川晃一著 東野芳明・解説 [和]	深夜叢書社
稲作文化と日本人 玉城哲著	現代評論社
渡良瀬の思想史 農民運動の原型と展開 田村紀雄著 [和]	風媒社
ちくま学芸文庫解説目録	筑摩書房
韓国小説を読む 長璋吉著	草思社
ペガサス・ファンタジア─長新太の世界 長新太著	モービル文庫・モービル石油
東野芳明対談集─ダイアローグ・5 東野芳明著 [和]	新建築社
マルセル・デュシャン 東野芳明著	美術出版社
自然と人間のための経済学 中岡哲郎編	朝日新聞社
原爆民衆史 長岡弘芳著	未來社
枯木灘 中上健次著	河出書房新社
政治の現象学あるいはアジテーターの遍歴史 長崎浩著 [和]	田畑書店
回想の文学(全5巻) 中島健蔵著	平凡社
わが文学的フロンティア 中薗英助エッセイ集 中薗英助著 [和]	研究社出版
悪魔のいない文学─中国の小説と絵画 中野美代子著	朝日新聞社
哲学の現在 中村雄二郎著	岩波新書
生活のなかに美術を─造形のすべて 難波田龍起著	造形社
プロレタリア詩の達成と崩壊 西杉夫著 [和]	海燕書房
渚の光景 西田直二郎著 [和]	西田直二郎
一休 風狂の精神 西田正好著	講談社現代新書
世界の巨匠 素描画集 Master drawings 西脇順三郎責任監修 [和]	恒文社
日本文学研究資料叢書 小林秀雄 日本文学研究資料刊行会編	有精堂出版
現代の王国と奈落 野間宏著	転轍社
差別・その根源を問う(上・下) 野間宏ほか編 [和]	朝日新聞社
祈りの画集 戦没画学生の記録 野見山暁治ほか著 [和]	日本放送出版協会
ベンヤミンの生涯 野村修著	平凡社
毛沢東時代の中国 文化と革命 野村浩一編著	三一書房
寿生活館ノート 野本三吉著	田畑書店
もろともにかがやく宇宙の塵 野呂重雄著	一ツ橋書房
反=日本語論 蓮實重彦著	筑摩書房
「画・論=長谷川三郎」(全2冊) 長谷川三郎著 乾由明編 [和]	三彩社
「近代文学」創刊のころ 埴谷雄高ほか著 荒正人ほか編 [和]	深夜叢書社
影絵の時代 埴谷雄高著	河出書房新社
蓮と海嘯 埴谷雄高著	未來社
伝言 マルーシャ 林慶子著	中央公論事業出版
銀杏の木よ語れ! 林英樹著 [和]	成甲書房

原民喜のガリバー旅行記（ものがたり図書館1） 原民喜著 [和]	晶文社
岩野泡鳴論 伴悦著	双文社出版
魯迅と漱石 檜山久雄著	第三文明社
現代美術の地平 日向あき子著 [和]	NHKブックス
平野柏蔭遺稿集 平野柏蔭著 平野謙編 [和]	三一書房
古代工人史紀行 技術の神々 深沢武雄著 [和]	田畑書店
おやじの国史とむすこの日本史 福田紀一著	中公新書
現代美術の展開 藤枝晃雄著	美術出版社
しき石のあいだから 内申書裁判・教育と、文学と 保坂武義著	青生舎
本屋のみつくろい 私の読書 堀田善衛著 [和]	筑摩書房
気流の鳴る音 交響するコミューン 真木悠介著	筑摩書房
女絵かきの誕生 丸木俊著 [国]	朝日新聞社
戦中と戦後の間 1936−1957 丸山眞男著	みすず書房
近代文学（全10巻） 宮城達郎ほか著 三好行雄ほか編	有斐閣
宮城輝夫版画集 夜の旅から 宮城輝夫著	書肆博物館
書論 新装版 村上華岳著 [和]	中央公論美術出版
日本人＝〈殻なし卵〉の自我像 森常治著	講談社現代新書
文学としての革命転向 日本マルクス主義文学 森山重雄著 [和]	三一書房
翻訳の思想（平凡社選書54） 柳父章著	平凡社
おんりい・いえすたでい'60s 山崎正和著	文藝春秋
不機嫌の時代 山崎正和著	新潮社
入門ドイツ文法 山田広明ほか著 [国]	郁文堂
時間の風景 異をたてること 山田宗睦著	田畑書店
筑豊炭鉱絵巻（下） ヤマの暮らし 山本作兵衛著 [和]	葦書房
古典古代の社会と国家 弓削達ほか編 [和]	東京大学出版会
流氓の解放区 ヨシダヨシエ著	現代創美社
初期歌謡論 吉本隆明著	河出書房新社
古典落語（全10巻+別巻1） 落語協会編	角川文庫
ラジコン通信復刻版 ラジカル懇談会編	谷沢書房
見果てぬ夢（全6巻） 李恢成著	講談社
ロマン・ムック「江戸のデザイン」	小学館
スワヒリの世界にて 和崎洋一著	NHKブックス
エナジー対話・第七号・科学者の疑義 渡辺格ほか著	エッソ・スタンダード石油

【翻訳】

イレーヌのコン／夢の波 アラゴン著 江原順訳	現代思潮社
愚かものの失楽園 パトリック・クェンティン著 井上勇訳	創元推理文庫
フィリピン社会と革命 アマド・ゲレロ著 北沢正雄訳 [和]	亜紀書房
生活と環境 現代文化研究所編訳	モービル文庫
殺人はリビエラで トニー・ケンリック著 上田公子訳	角川文庫
具体的なものの弁証法 カレル・コシーク著 花崎皋平訳	せりか書房
筑摩世界文學大系（全89巻） サドほか著 澁澤龍彦ほか訳	筑摩書房

〈レバノン内戦記〉銃口よ敵は見えたか! マジダ・サルマンほか著 杉村昌昭訳 [和]	柘植書房
新しい建築様式への道 ルドルフ・シュタイナー著 上松佑二訳	相模書房
神智学 超感覚的世界の認識と人間の本質への導き R.シュタイナー著 高橋巖訳	イザラ書房
小説のシュルレアリスム（全12巻）	白水社
アメニティと都市計画 デヴィッド・L・スミス著 川向正人訳 [和]	鹿島出版会
成長とエネルギー 加瀬英明ほか訳	モービル文庫
映画の考古学 C.W.ツェーラム著 月尾嘉男訳	フィルムアート社
兵士シュヴェイクの冒険 1・4 ハシェク著 栗栖継訳	岩波文庫
社会科学論集2 神秘／芸術／科学 ジョルジュ・バタイユ著 山本功訳	二見書房
ピカソは語る エレーヌ・パルムラン著 瀬木慎一ほか訳 [国]	造形社
絞首台からのレポート ユリウス・フチーク著 栗栖継訳	岩波文庫
やつらを喋りたおせ!レニー・ブルース自伝 レニー・ブルース著 藤本和子訳 [和]	晶文社
無意味の意味 ジーン・ブロッカー著 山内登美雄訳 [和]	紀伊國屋書店
インドネシアのこころ アリフィン・ベイ著 奥源造編訳	文遊社
ルーツ（上・下） アレックス・ヘイリー著 安岡章太郎ほか訳	社会思想社
ルドルフ・シュタイナー ヨハネス・ヘムレーベン著 川合増太郎ほか訳 [和]	人智学研究会
資本主義の文化的矛盾（中・下） ダニエル・ベル著 林雄二郎訳	講談社学術文庫
フィリピンのこころ M.R.ホルンスタイナー編 山本まつよ訳	文遊社
中東の石油王国 オイル・パワー レナード・モズレー著 高田正純訳	早川書房
大あたり殺人事件 クレイグ・ライス著 小泉喜美子訳	ハヤカワ・ミステリ文庫
トロツキーの弁護人 歴史の闇のなかから ジェラール・ロザンタール著 浜田泰三ほか訳 [和]	柘植書房

【詩集等】

岡井隆歌集（現代歌人文庫）	国文社
技師 山田今次詩集	ガリバー
現代韓国詩選 申庚林詩集 農舞 姜舜訳	梨花書房
良寛詩集 大島花束ほか訳註	岩波文庫
私の川 飯岡亨著	VAN書房

【カタログ・その他】

AY-O 靉嘔 [和]	南画廊
エドゥアール・ヴュイヤール展 村木明編 [和]	読売新聞社
江戸の泥絵展 渡辺紳一郎氏コレクション 群馬県立近代美術館編 [和]	日本美術館企画協議会
エドヴァルト・ムンク展	新宿伊勢丹本館
オリジナル版画	日本現代版画商協同組合
Catastrophe and structure 守屋行彬編 [国]	Daiichi Kenkyukai
韓國・現代美術の断面 [和]	東京セントラル美術館
金煥基	東京画廊
駒井哲郎 [国]	Galerie VALEUR
シネマグラ 創刊号	百頭社
「白樺」と大正期の美術 武者小路実篤氏コレクションの寄贈を記念して	東京都美術館
素顔／新刊3 山本安英の会会誌	山本安英の会
須田寿展 [国]	東京セントラル美術館

1977島田章三展 [国]	銀座サエグサ画廊本店
素朴な画家たち	朝日新聞社
第8回 版画グランプリ展1977	日動画廊
斗い 第七号 主張.証言.討論シリーズ 天皇制と戦後民主主義−なぜ天皇制打倒を言うか ラジカル懇談会編	谷沢書房
手と土と炎のイベント	三好学園モニュメント制作実行委員会
特別展 西洋版画の魅力−近代から現代へ 兵庫県立近代美術館編	兵庫県立近代美術館
流政之展 空間を斬る衝撃 江藤淳・文 [和]	西武美術館ほか
ニコラ・ド・スタール 安福信二ほか編 [和]	自由が丘画廊
日独ヴィデオ・アート展 新しい認識への道	福井県立美術館
日本の現代美術−国内美術と国際美術と	栃木県立美術館
日本の山 片岡球子個展 [国]	名鉄丸栄百貨店
BRIDGESTONE MUSEUM OF ART	ブリヂストン美術館
ブリジット・ライリー展 [和]	南画廊
フンデルトワッサー展 [国]	西武美術館
別冊一億人の昭和史 昭和マンガ史	毎日新聞社
HORIUTI 堀内正和 [国]	現代彫刻センター
Masafumi Maita [国]	真板雅文
マックス・エルンスト展	西武美術館・兵庫県立近代美術館
「むつ」くるな! 報告集	反「むつ」条例をつくる会
湯浅一郎を中心とした近代日本洋画展 群馬県立近代美術館編 [和]	群馬県立近代美術館
吉原英雄展	南天子画廊
横山操遺作展 [和]	朝日新聞社
ルノアールと印象派展 [国]	伊勢丹
Bienal internacional de São Paulo ; XIV [和]	Fundação Bienal de São Paulo
Exposition des peintures récentes de Tabuchi [国]	Galerie Ariel・Fuji Television Gallery

【執筆・著作】

現代の絵画 第23巻 今日の日本の絵画 針生一郎編著	平凡社
新日本文学 2月号 第十五回新日本文学賞	新日本文学会
二人による三人展（案内状） 長谷川四郎は知る人ぞ知る…	檜画廊
季刊 三千里 11号 未完の旅路 金芝河とロータス賞	三千里社
新日本文学 8月号 対談 見るべきほどのことは見つ（藤田省三と）	新日本文学会
新日本文学 7月号 リンチ事件・スパイ問題・「非常時」共産党	新日本文学会

1978（昭和53年）

【和書】

少年とオブジェ 赤瀬川原平著	北宋社
鈴木大拙の言葉と思想 秋月龍珉著	講談社現代新書
治安裁判と破防法 続破防法裁判傍聴記 浅田光輝著 [和]	新泉社
戯れのエクリチュール 足立和浩著 [和]	現代思潮社
デザイン思考 阿部公正評論集 阿部公正著	美術出版社
刑吏の社会史 阿部謹也著	中公新書

弱者を捨てる―アメリカ型福祉観への問い　阿部秀雄著	田畑書店
無縁・公界・楽―日本中世の自由と平和　網野善彦著	平凡社
粟津潔作品集（全3巻）　粟津潔著 [和]	講談社
文体の発見 本居宣長から中島敦まで　粟津則雄著	青土社
現代社会主義再考（上・下）　いいだもも著 [和]	社会評論社
楼閣に向って　池田満寿夫著	角川書店
文林通信　石川淳著	中公文庫
イメージの王国 幻想の美学　石崎浩一郎著	講談社
別れる者たち　伊集院義勝著	新日本文学会出版部
画集・泉茂 1963年以後　泉茂著　木村重信ほか編 [和]	今橋画廊
建築の一九三〇年代―系譜と脈絡　磯崎新編	鹿島出版会
思想としての東京　磯田光一著	国文社
燃える秋　五木寛之著	角川書店
認識と創造 井手則雄美術教育評論集　井手則雄著	造形社
変貌する風土　井出孫六ほか著 [和]	三一書房
高井鴻山小傳　岩崎長思著	信濃毎日新聞社
民博誕生　梅棹忠夫著	中公新書
もう一つの戦後史　江藤淳著	講談社
日本美術界腐敗の構造　江原順著	サイマル出版会
小説の方法　大江健三郎著	岩波書店
表現する者　大江健三郎著	新潮社
文学を考える　大江健三郎ほか著　日本アジア・アフリカ作家会議編	毎日新聞社
遠くて近い国トルコ　大島直政著	中公新書
床の間 日本住宅の象徴　太田博太郎著	岩波新書
夕凪の街と人と　大田洋子著	三一書房
神聖喜劇（全）　大西巨人著	光文社
日本語の文法を考える　大野晋著	岩波新書
人類の知的遺産56 フロイト　小此木啓吾著	講談社
わたくし学校　尾崎正教著	博文社
日本人の世界地図　長田弘ほか著	潮出版社
ぼくの浅草案内　小沢昭一著 [和]	講談社
二〇年代・パリ あの作家たちの青春　小田基著 [和]	研究社出版
珈琲店のシェイクスピア　小田島雄志著 [和]	晶文社
実在への飛翔 オノサト・トシノブ文集　オノサト・トシノブ著　久保貞次郎編	叢文社
ロマネ・コンティ・一九三五年　開高健著	文藝春秋
加藤周一著作集（全24巻）　加藤周一著	平凡社
美と藝術への序章　金田民夫編著	法律文化社
土と人間の記録　鎌田慧著	現代書館
フンボルト　亀山健吉著	中公新書
マルクスその可能性の中心　柄谷行人著	講談社
小説と時間（朝日選書）　川端柳太郎著 [和]	朝日新聞社

沖縄·根からの問い　川満信一著	泰流社
内部の季節の豊穣　川村二郎著	小沢書店
限界の文学（河出文芸選書）　川村二郎著 [和]	河出書房新社
現代の部落差別と天皇制　菅孝行著	明石書店
髙山辰雄　菊地芳一郎著 [和]	時の美術社
天皇の美術 近代思想と戦争画　菊畑茂久馬著	フィルムアート社
フジタよ眠れ 絵描きと戦争　菊畑茂久馬著	葦書房
鉄笛と春曙 近代演技のはじまり　北見治一著 [和]	晶文社
私の日本地図　金泰生著	未來社
木村三山（徹）自作書肆集年代48−78　木村三山著	木村三山
マンハッタン自殺未遂常習犯　草間彌生著 [国]	工作舎
北川民次指導メキシコ児童画集　久保貞次郎編	現代美術社
日本人の美意識　久保田淳著	講談社
アジタート·マ·ノン·トロッポ 激しく、しかし、過ぎずに　黒沼ユリ子著 [和]	未來社
経営者の発言1	モービル文庫
刑法改正をどう考えるか この危険な現実 刑法改正·保安処分に反対する百人委員会編	三一新書
ギリシア·ローマ古典文学案内　高津春繁ほか著	岩波文庫
戦争とはなんであったか　国鉄労働者の戦争体験記編	国鉄動力車労働東京地本教宣部
昭和農村少年懐古　国分一太郎著	創樹社
アジアからみた近代日本　小島晋治著	亜紀書房
若き日の自画像　小島善太郎著 [和]	雪華社
討論 青年にとって労働とは何か　小中陽太郎編	三一新書
主体の転換　粉川哲夫著	未來社
斉藤清版画集　斉藤清著 第一出版センター編 [和]	講談社
斎藤真一放浪記　斉藤真一著 [和]	美術出版社
開化の浮世絵師清親　酒井忠康著	せりか書房
由縁の子　佐多稲子著	新潮社
佐藤忠良作品集 大きな帽子　佐藤忠良著 [和]	現代美術社
近代文学遠望　佐藤泰正著 [和]	国文社
構造と言語 書くことの論理　篠田浩一郎著 [和]	現代評論社
中世への旅 歴史の深層をたずねて（朝日選書118）　篠田浩一郎著	朝日新聞社
日本人の内と外　司馬遼太郎ほか著	中公新書
この風の音を聞かないか 愛と闘いの記録　渋谷黎子著 [和]	家の光協会
他者と私　庄幸司郎著 [和]	農山漁村文化協会
南風のさそい　島尾敏雄著	泰流社
夢日記　島尾敏雄著	河出書房新社
明治の諷刺画家·ビゴー　清水勲著	新潮社
バタイユの世界　清水徹ほか編	青土社
ジャズ 感性と肉体の祝祭　清水俊彦編 [和]	青土社
赤頭巾ちゃん気をつけて　庄司薫著	中公文庫

顧之居書帖 付語録 白井晟一著 海上雅臣編 [和]	UNAC TOKYO
白井晟一 建築とその世界 白井晟一著 [和]	世界文化社
闇と笑いの中 杉浦明平著	河出書房新社
列島文学探訪 杉浦明平著	オリジン出版センター
ムンク 世紀末までの青春史ドキュメント（美術選書） 鈴木正明著	美術出版社
主婦の生協づくり 10万の主婦・10年の体験 生活クラブ生活協同組合編	三一新書
現代美術の三十年－国際化時代の証言（藝術叢書） 瀬木慎一著	美術公論社
社会のなかの美術 瀬木慎一著	東京書籍
関根伸夫 関根伸夫著 植田実ほか編 [国]	ゆりあ・ぺむぺる工房
説教の歴史 仏教と話芸 関山和夫著	岩波新書
ロマン主義芸術 フリードリヒとその系譜（美術選書） 千足伸行著	美術出版社
指向と模索－千田是也演劇対話集（上） 千田是也著	未來社
私説 戦後美術史 宗左近著	美術公論社
言葉の海へ 高田宏著	新潮社
現代文学と北海道の作家群像 高野斗志美著	北海道新聞社
神話空間の詩学 高橋英夫著 [和]	青土社
神話の森の中で 高橋英夫著	河出書房新社
たたかう音楽 高橋悠治著	晶文社
ある浮世絵師の遺産 高見澤遠治おぼえ書 高見澤たか子著	東京書籍
髙山辰雄 聊斎志異 髙山辰雄著 松島三郎編	渓水社
言語と身体（岩波現代選書） 滝浦静雄著	岩波書店
方法としてのアジア わが戦前・戦中・戦後 1935－1976 竹内好著	創樹社
風俗学 路上の思考 多田道太郎著	ちくまぶっくす
「新日本文学」の運動 歴史と現在 田所泉著	新日本文学会出版部
言語からみた民族と国家 田中克彦著	岩波書店
箱の中の見知らぬ国 種村季弘著 [和]	青土社
むら社会と現代 玉城哲著	毎日新聞社
エコノミーとエコロジー 玉野井芳郎著	みすず書房
月岡芳年画集 月岡芳年著 瀬木慎一編 [和]	講談社
アジアから視る－新しい比較文化の視点 津田元一郎著 [和]	講談社
近代化とアフリカ（朝日選書112） 土屋哲著	朝日新聞社
蒼風造形＝The art of Sofu 勅使河原蒼風著 [和]	主婦の友社
安藤昌益の闘い（人間選書15） 寺尾五郎著	農山漁村文化協会
いたずらの発見－野に立つ教師五十年 1 戸塚廉著	双柿舎
児童の村と生活学校－野に立つ教師五十年 2 戸塚廉著	勁草書房
戦後地域改革とおやこ新聞－野に立つ教師五十年 3 戸塚廉著	勁草書房
紀州 木の国・根の国物語 中上健次著	朝日新聞社
文学の輪郭 中島梓著 [和]	講談社
「虚の城」サラリーマンの文学 中島誠著 [和]	転轍社
こころ 夏目漱石著	新潮文庫
権力と芸術 南坊義道著	三一書房

阿Qのユートピア　新島淳良著	晶文社
海鳴り　西原啓著 [和]	創樹社
アジアを歩く 東南アジア篇　日本アジア・アフリカ作家会議編	文遊社
狭山差別裁判 批判と闘い　野間宏編	三一新書
戦後短編小説傑作集　野間宏ほか編	新日本文学会出版部
夏目漱石論　蓮實重彦著	青土社
薄明のなかの思想—宇宙論的人間論　埴谷雄高著	筑摩書房
ロブ=グリエの小説美学—「ル・ヴォワユール」を中心に　浜田明著	牧神社
楽士の席から 私の戦後音楽史　林光著	晶文社
二十歳のエチュード　原口統三著	角川文庫
繋がる根　原田筧著	オリジン出版センター
視覚文化—メディア論のために　日向あき子著 [国]	紀伊國屋書店
デラシネの時代 文明のなかの野生　日向あき子著	九芸出版
区画整理法は憲法違反　平野謙著 [和]	潮出版社
哲学に何ができるか 現代哲学講義　廣松渉ほか著	朝日出版社
国際シンポジウム 戦後の日本 転換期を迎えて　福岡ユネスコ協会編	講談社現代新書
道教と古代の天皇制　福永光司ほか著	徳間書店
土曜の午後に 藤原田鶴子作品集　藤原田鶴子著	創樹社
ことばと空間　牧野成一著 [和]	東海大学出版会
天皇制と靖国を問う　松浦玲ほか著　反靖国・反天皇制連続講座実行委員会編 [和]	勁草書房
戦後文学とアジア　真継伸彦ほか著　日本アジア・アフリカ作家会議編	毎日新聞社
ガウディの設計態度　松倉保夫著 [和]	相模書房
パロディって何なのさ。　マッド・アマノ著 [和]	ブロンズ社
戦後日本文学史・年表　松原新一ほか著	講談社
井伏鱒二論　松本鶴雄著	冬樹社
未定豊画集　未定豊著	北美文化協会
地方文化の新展開　峰岸純夫編	文一総合出版
美術史とその言説　宮川淳著	中央公論社
会津八一の世界　宮川寅雄著	文一総合出版
中国文明の原像（上・下）（放送ライブラリー）　宮川寅雄ほか編	日本放送出版協会
特高の回想（聞き手：伊藤隆・中村智子）　宮下弘著	田畑書店
企業犯罪　室伏哲郎著 [和]	日本評論社
あたらしい太陽　八島太郎著	晶文社
冰魂記　保田與重郎著	白川書院
ノンセンソロギカ 擬態のテクスチュアリティ　柳瀬尚紀著	朝日出版社
環境芸術家キースラー　山口勝弘著	美術出版社
フランス一九二〇年代 状況と文学　山口俊章著	中公新書
知の遠近法　山口昌男著	岩波書店
生存のための表現　山崎正和著 [和]	構想社
ギリシア悲劇 その人間観と現代　山内登美雄著	NHKブックス
同化の芸術 異化の芸術　吉崎道夫著 [和]	朝日出版社

吉田松陰　吉田常吉ほか編　岩波書店

両洋の眼 幕末明治の文化接触（朝日選書117）　吉田光邦著 [和]　朝日新聞社

戦後詩史論　吉本隆明著　大和書房

夕暮まで　吉行淳之介著 [和]　新潮社

鉄人画論　萬鐵五郎著　中央公論美術出版

向う岸からの世界史 一つの四八年革命史論　良知力著 [和]　未來社

空間の神話学　渡辺守章著　朝日出版社

【翻訳】

世界劇場　フランセス・イエイツ著　藤田実訳　晶文社

デ・スティル　ポール・オヴリー著　由水常雄訳　PARCO出版局

治安維持　クロード・オリエ著　北嶋広敏訳 [和]　工作舎

アントニオ・ガウディ　エンリケ・カサネリュス著　入江正之訳　相模書房

ギリシア人の人間観 生命の起源から文化の萌芽へ　W.K.C.ガスリー著　岩田靖夫訳　白水社

建築、その変遷 古代ローマの建築空間をめぐって　S.ギーディオン著　前川道郎ほか訳 [和]　みすず書房

苦行 獄中におけるわが闘い　金芝河著　金芝河刊行委員会編訳　中央公論社

エロスの社会学　リチャード・キング著　中山容ほか訳　新泉社

天国と地獄 ジャック・オッフェンバックと同時代のパリ　クラカウァ著　平井正訳 [和]　せりか書房

一流について その1　現代文化研究所編訳　モービル文庫

自然 その1・その2　現代文化研究所編訳　モービル文庫

野望の血　ローレンス・サンダーズ著　中上守訳　集英社

アンディー・ウォーホル（パルコピクチャーバックス）　PARCO出版局
ピーター・ジダル著　チハーコヴァ・ヴラスタ訳

シンデレラの罠　セバスチアン・ジャプリゾ著　望月芳郎訳　創元推理文庫

視覚の革命　アラン・ジュフロワ著　西永良成訳　晶文社

わが友ベンヤミン　ゲルショム・ショーレム著　野村修訳 [和]　晶文社

グラムシ（岩波現代選書）　J.ジョル著　河合秀和訳　岩波書店

レオナルド・ダ・ヴィンチ ルネサンス万能の天才　杉浦明平編訳 [国]　平凡社

個体と主語　P.F.ストローソン著　中村秀吉訳　みすず書房

フロイトの美学 精神分析と芸術　ジャック・J・スペクター著　秋山信道ほか訳 [国]　法政大学出版局

シュルレアリスムと画家叢書 骰子の7の目（全11巻+別巻1）　河出書房新社
ジェラール・ズリゲーラほか著　ジャン・ソセ編　与謝野文子ほか訳　瀧口修造監修 [和]

現代芸術の原像 ヴィジョンと神話　ハインツ・デーミッシュ著　佃堅輔訳　法政大学出版局

デュシャンの世界　M.デュシャンほか著　岩佐鉄男ほか訳　朝日出版社

記憶の解体　ジャン・ドレー著　岡田幸夫ほか訳 [和]　海鳴社

革命の想像力=トロツキー芸術論　レオン・トロッキー著　杉村昌昭ほか訳　柘植書房

クールベ 画家のアトリエ（アート・イン・コンテクスト6）　B.ニコルソン著　阿部良雄訳　みすず書房

立ち上がる南部アフリカ1 アンゴラの解放　ウィルフレッド・バーチェット著　吉川勇一訳　サイマル出版会

世界ドキュメンタリー史　エリック・バーナウ著　近藤耕人訳 [和]　日本映像記録センター

歯と爪　B.S.バリンジャー著　大久保康雄訳　創元推理文庫

プレハーノフ―ロシア・マルクス主義の父　サミュエル・H・バロン著　白石治朗ほか訳　恒文社

芸術学入門　ヴィルヘルム・ピンダー著　浅井真男訳 [国]　白水社

外の思考 ブランショ・バタイユ・クロソウスキー ミシェル・フーコー著 豊崎光一訳	朝日出版社
大尉の娘 プーシキン著 神西清訳	岩波文庫
死の夏−毒雲の流れた街 ジョン・G・フラー著 野間宏監訳 [和]	アルヴィエル
世界資本主義と低開発 A.G.フランク著 大崎正治訳	柘植書房
音楽ノート ベートーヴェン著 小松雄一郎編訳	岩波文庫
美術アカデミーの歴史 N.ペヴスナー著 中森義宗ほか訳	中央大学出版部
資本主義の文化的矛盾(上) ダニエル・ベル著 林雄二郎訳	講談社学術文庫
藝術哲学の根本問題 D.ヘンリッヒほか著 新田博衛編 西谷裕作ほか訳	晃洋書房
スターリン主義を語る G.ボッファほか著 佐藤紘毅訳	岩波新書
現代アラブ小説全集(全10巻) ムールード・マムリほか著 菊池章一ほか訳	河出書房新社
ミロとの対話 これが私の夢の色 ジョアン・ミロほか著 朝吹由紀子訳 [国]	美術公論社
ソ連における少数意見 ロイ・メドヴェージェフ著 佐藤紘毅訳	岩波新書
失われた都市を求めてI(人と自然叢書) D.G.ラム著 黒沼健訳	新潮社
解釈の革新 ポール・リクール著 久米博ほか編訳	白水社
文体論序説 ミカエル・リファテール著 福井芳男ほか訳	朝日出版社
ルーマニアの民話 直野敦ほか編訳	恒文社
美学Ⅲ第一部 美的なものの特性Ⅲ G.ルカーチ著 後藤狷士訳	勁草書房
老子 老子著 小川環樹訳註	中公文庫
世界資本主義とアフリカ ウォルター・ロドネー著 北沢正雄訳	柘植書房
文学理論と構造主義 Yu.M.ロトマン著 磯谷孝訳	勁草書房

【詩集等】

猪飼野詩集 金時鐘著	東京新聞出版局
幻花行 浜田知章著	根の花社
詩集 乾湿記 伊藤正斉著	VAN書房
詩集 ひとひらの領地 栗原澪子著	詩学社
日本の詩(全10巻) 遠藤豊吉編	小峰書店

【カタログ・その他】

Accumulation ARMAN	Galerie VALEUR
朝倉響子彫刻展	ギャラリー・ユニバース
アルベルト・ジャコメッティ [国]	フジテレビギャラリー
飯田善國展〈物質と形態〉クロマトフィロロギアによる 中原佑介・文 [和]	南画廊
井上武吉	南天子画廊
榎倉康二 [和]	東京画廊
大田洋子文学碑建立記念誌 岩崎清一郎編	大田洋子文学碑建立委員会
Catastrophe and structure No.10 守屋行彬編 [和]	Daiichi Kenkyukai
環境庁 坐り込み斗争にゅうす 環境庁徹底追及水俣病患者坐り込み全面支援 3/18緊急総決起集会	環境庁内坐り込み患者・支援 緊急総決起集会参加者一同
季刊三千里 13号	三千里社
近代日本洋画展	群馬県立近代美術館
空間の美=美は生きている	栃木県立美術館
久野真	東京画廊

1978（昭和53年）

斎藤義重展　東京国立近代美術館編	東京国立近代美術館
榊莫山展 水と墨と土の芸術	西武百貨店・阪急百貨店
自主講座 号外 3.19全国集会実行委ニュースNo.1	「自主講座」編集室・亜紀書房
時代の証言＝パリ・ビエンナーレ'59-'73　西武美術館ほか編 [和]	西武美術館ほか
SIZU SIMADA　島田しづ展	南画廊
JASPER JOHNS	Galerie VALEUR
ジャスパー・ジョーンズ回顧展 [国]	西武美術館
Jasper Johns Screenprints	ギャルリー・ムカイ
障害者教育研究2　大西問題を契機として障害者の教育権を実現する会編	現代ジャーナリズム出版会
須田国太郎展	東京新聞
セガンチーニ展 アルプスの牧歌と幻想	群馬県立近代美術館
第三世界とわれわれ 人間と自然の復権展	東京都美術館
高松次郎	東京画廊
谷川晃一	グリフィンスコーポレーション
田渕安一近作展 大樹の連作	フジテレビギャラリー
中華人民共和国出土文物展	西洋美術館・日本経済新聞社
土谷武彫刻展 TAKESHI 7	現代彫刻センター
土の声、民の声創刊号 月刊「自主講座」改題	「土の声、民の声」編集室・発売：亜紀書房
デュビュッフェ展	フジテレビギャラリー
豊福知徳展　北九州市立美術館編 [和]	北九州市立美術館
中谷貞彦展	サエグサ画廊
難波田史男の世界 閉ざされた世界、そして開かれた窓	フジテレビギャラリー
野崎悠子 板と棒 [国]	桜画廊
野田哲也全作品 1964−1978（限定3000部の内特装版150部）[国]	フジテレビギャラリー
パウル・クレー展	フジテレビギャラリー
長谷川利行 未発表作品展	紀伊國屋画廊
8人の眼ノイエ・クンスト・オーサカ [国]	大阪ドイツ文化センター
反弾圧・連帯ニュース11号	反弾圧・住民運動連絡センター
ヴュイヤール展	仙台市民ギャラリーほか
ヴォルス展	尼崎市総合文化センター
三上誠展　福井県立美術館編 [国]	福井県立美術館
水俣病不作為違法の理解のための国・県犯科帳	水俣病認定患者協議会ほか
元永定正	桜画廊
藪野健展 [和]	日動画廊
山口薫展 [和]	ギャラリー上田
甦る思想家 安藤昌益	寺子屋教室
Lee Ufan	シロタ画廊

【執筆・著作】

文学を考える　日本アジア・アフリカ作家会議編　アジアのなかの日本文学	毎日新聞社
刑法改正をどう考えるか この危険な現実　刑法改正・保安処分に反対する百人委員会編 改正刑法草案と言論・表現の自由	三一新書

思想の科学 10 臨時増刊号 「管理社会と文化革命」論をこえて	思想の科学社
新日本文学 4月号 小林秀雄「本居宣長」批判	新日本文学会
新日本文学 6月号 三里塚闘争の展望 3.26以後	新日本文学会
美術手帖 7月号増刊〈創刊30周年記念〉 座談会:現代日本美術はどう動いたか 東野芳明·中原佑介ほか	美術出版社
木村三山(徹)自作書肆集年代48−78 書詩一体の木村三山	木村三山
難波田史男の世界 閉ざされた世界、そして開かれた窓 青春の内的記録 −難波田史男の道程	フジテレビギャラリー
戦後短編小説傑作集 野間宏らとの共編	新日本文学会出版部
第三世界とわれわれ 人間と自然の復権展 第三世界とわれわれ 人間と自然の復権展開催にあたって	東京都美術館
榊莫山展 水と墨と土の芸術 とぎすまされた思念の芸術	阪急百貨店
長谷川利行 未発表作品展 長谷川利行再評価のために	紀伊國屋画廊
戦後文学とアジア 日本アジア·アフリカ作家会議編 長谷川四郎と大陸の空	毎日新聞社
ヴォルス展 ヴォルス−その作品と伝説と生活と	尼崎市総合文化センター
アジアを歩く 東南アジア篇 日本アジア·アフリカ作家会議編 まえがき／アジアを歩くために	交遊社

1979(昭和54年)

【和書】

虹 靉嘔版画全作品集 1954−1979 靉嘔著 久保貞次郎編 [和]	叢文社
批評と表現−近代日本文学の「私」 饗庭孝男著	文藝春秋
新アサヒカメラ教室 朝日新聞社編	朝日新聞社
対談 文学の戦後 鮎川信夫ほか著	講談社
一つの予言 有島生馬芸術論集 有島生馬著 紅野敏郎ほか編 [和]	形象社
有吉佐和子の中国レポート 有吉佐和子著	新潮社
ガウディ全作品(全2巻) 粟津潔ほか編 [和]	六耀社
私語 ささめごと 安東幸子著	[記載なし]
先生少しは反省せよ 受験期の中学生 安藤操編	三一書房
帰ってきた鞍馬天狗 いいだもも著 [和]	現代書林
昭和史再考 いいだもも著 [和]	創樹社
反現代文学−いいだもも対論集 いいだもも著	現代書林
現代を読む座標 1920−30年代思想の意味 生松敬三著	西田書店
教養小説の崩壊 池田浩士著 [和]	現代書館
石川淳選集(全17巻) 石川淳著	岩波書店
余暇の戦後史 石川弘義著	東京書籍
はみだした殺人者 当世犯罪巷談 石田郁夫著 [和]	三一書房
始源の光 在日朝鮮人文学論 磯貝治良著	創樹社
建築の修辞 磯崎新著 [和]	美術出版社
手法が 磯崎新著 [和]	美術出版社
永井荷風 磯田光一著	講談社
裸の町 五木寛之著	文藝春秋

1979（昭和54年）

戯作者銘々伝 井上ひさし著	中央公論社
パロディ志願 エッセイ集1 井上ひさし著	中央公論社
カンヴァス日本の名画（全26巻） 井上靖ほか編	中央公論社
今泉篤男著作集（全6巻） 今泉篤男著	求龍堂
カミの人類学 岩田慶治著	講談社
宇宙模型としての書物 巖谷國士著 [和]	青土社
現代文化の境界線 上野昂志著 [和]	冬樹社
引用の想像力 宇波彰著	冬樹社
都市の神話学 海野弘著	フィルムアート社
芸人その世界 永六輔著	文春文庫
タレントその世界 永六輔著	文春文庫
忘れたことと忘れさせられたこと 江藤淳著 [和]	文藝春秋
食卓のない家（下） 円地文子著	新潮社
純文学書下ろし特別作品 同時代ゲーム 大江健三郎著	新潮社
野火 大岡昇平著	角川文庫
遥かなる斎藤茂吉 岡井隆著	思潮社
美術散歩50章 岡田隆彦著	大和書房
短歌の本 短歌の理論 岡野弘彦ほか編	筑摩書房
大東京24時間散歩 小沢信男著 [和]	現代書林
触手 小田仁二郎作品集 小田仁二郎著	深夜叢書社
装飾芸術 ウィリアム・モリスとその周辺 小野二郎著	青土社
歩く影たち 開高健著	新潮社
ことばの無明 存在と諸存在 筧次郎著 [和]	邯鄲アートサービス
ほんやら洞の詩人たち 自前の文化をもとめて 片桐ユズルほか編 [和]	晶文社
画集 香月泰男 香月泰男著	毎日新聞社
近代文学ノート1 勝本清一郎著	みすず書房
転形期80年代へ 共同討議 加藤周一ほか著 [和]	潮出版社
木に向かって話を（小説と詩と評論叢書） 加藤俶子著 [和]	金剛出版
金子國義アリスの画廊 金子國義著 [和]	美術出版社
カタロニアへの眼－歴史・社会・文化 樺山紘一著	刀水書房
失業－不況と合理化の最前線から 鎌田慧著 [和]	筑摩書房
倒産 嵐の中を生きる 鎌田慧著 [和]	三一書房
日本の兵器工場 鎌田慧著 [和]	潮出版社
保田與重郎論 神谷忠孝著	雁書館
メリケンからアメリカへ 日米文化交渉史覚書 亀井俊介著 [和]	東京大学出版会
唐十郎の世界	新評社
東京の原風景 都市と田園との交流 川添登著 [和]	日本放送出版協会
同時代の文学 川本三郎著 [和]	冬樹社
江藤淳論 菊田均著 [和]	冬樹社
文芸サロン 菊盛英夫著	中公新書
私のなかのアフリカ 北沢洋子著	朝日新聞社

1979（昭和54年）

子午線の祀り　木下順二著	河出書房新社
対馬まで　金達寿著	河出書房新社
落照　金達寿著	筑摩書房
日本に来た五人の革命家　木村毅著 [和]	恒文社
永遠回帰の美 アルカイック美術探検ノート　木村重信著 [和]	講談社
中野重治論 作家と作品　木村幸雄著	桜楓社
往生異聞　金石範著	集英社
戦後民主主義　久野収著	毎日新聞社
幻の画家 阿部合成と太宰治　黒田猛著	幻想社
桑沢洋子随筆集 遺稿　桑沢洋子著	桑沢学園
ソ連言語理論小史　桑野隆著	三一書房
経営者の発言2	モービル文庫
戦後思想家論　現代の眼編集部編	現代評論社
憲法読本（下）　憲法問題研究会編	岩波新書
素町人ものがたり　古賀孝之著	創樹社
ジーンズの平家たち　小中陽太郎著 [和]	毎日新聞社
昭和研究会 ある知識人集団の軌跡　酒井三郎著	TBSブリタニカ
管制塔に赤旗が翻った日 1978·3·26三里塚　三里塚を闘う全国青年学生共闘編 [和]	柘植書房
椎名麟三全集（全23巻+別巻1）　椎名麟三著　本多秋五編	冬樹社
批評の記号学　篠田浩一郎著 [和]	未來社
燕のいる風景　柴田翔著 [和]	筑摩書房
ビブリオテカ澁澤龍彦（全6巻）　澁澤龍彦著	白水社
タイ密林の解放戦線　芝生瑞和著	徳間書店
平和の中の主戦場 島尾敏雄対談集　島尾敏雄著	冬樹社
大正感情史　嶋田厚ほか著	日本書籍
さよなら快傑黒頭巾　庄司薫著	中公文庫
日本の流行歌手 東海林太郎からピンクレディまで　新藤謙著 [和]	三一書房
記録文学ノート　杉浦明平著 [和]	オリジン出版センター
現代美術のパイオニア　瀬木慎一著	美術公論社
ビッグ·コレクター　瀬木慎一著	新潮社
吉田松陰　関根悦郎著	創樹社
かの子撩乱　瀬戸内晴美著	講談社文庫
比叡　瀬戸内晴美著	新潮社
西欧芸術の精神　高階秀爾著	青土社
現代国家論の原点−富の支配と権力の支配　高島善哉著	新評論
花を見るかな 評伝小林和作　高橋玄洋著 [和]	三笠書房
シェイクスピア時代　高橋康也ほか著	中公新書
滝平二郎望郷篇　滝平二郎著 [和]	美術出版社
近代日本の美術と文学−明治 大正 昭和の挿絵　匠秀夫著	木耳社
美学総論　竹内敏雄著	弘文堂
特権と人権 不確実性を超える論理　武谷三男著	勁草書房

1979(昭和54年)

評伝 横山源之助 立花雄一著	創樹社
青銅の神の足跡 谷川健一著	集英社
アール・ポップの時代 谷川晃一著	皓星社
地球船に乗った子供たち 田沼武能著	モービル文庫
氷原 津島佑子著 [和]	作品社
わが映画発見の旅 不知火海水俣病元年の記録 土本典昭著	筑摩書房
しなやかな心とからだ 東洋体育道入門 津村喬ほか著	野草社
太夫才蔵伝 漫才をつらぬくもの(平凡社選書67) 鶴見俊輔著	平凡社
本と人と 鶴見俊輔著	西田書店
花伝書 勅使河原蒼風著 [国]	草月出版
ジャスパー・ジョーンズ そして/あるいは/(美術選書) 東野芳明著 [和]	美術出版社
東京美術市場史 東美研究所編	東京美術倶楽部
解放の美学 二〇世紀の画家は何を目ざしたか 富山妙子著 [和]	未來社
中國書畫話 長尾雨山著	筑摩書房
科学文明の曲りかど(朝日選書) 中岡哲郎著 [和]	朝日新聞社
文学への希望(朝日選書) 中野孝次著 [和]	朝日新聞社
現代芸術入門 中原佑介著	美術出版社
古層の村 沖縄民俗文化論(タイムス選書4) 仲松弥秀著 [和]	沖縄タイムス社
共通感覚論 中村雄二郎著	岩波書店
国際関係をみる眼2 崩壊する「支配と従属」 西川潤著 [和]	ダイヤモンド社
骨の音 二宮佳子著	関西書院
近代を考える 日本アジア・アフリカ作家会議編	毎日新聞社
李珍宇全書簡集 朴壽南編	新人物往来社
橋本正司の彫刻 橋本正司ほか編	橋本正司
「私小説」を読む(中公叢書) 蓮實重彦著	中央公論社
表層批評宣言 蓮實重彦著	筑摩書房
山猫通信 長谷川四郎著	青土社
復興期の精神 花田清輝著	講談社文庫
教育の論理 文部省廃止論 羽仁五郎著	ダイヤモンド社
続・都市の論理 羽仁五郎著	技術と人間
羽仁五郎の大予言 羽仁五郎著	話の特集
光速者−宇宙・人間・想像力 埴谷雄高著	作品社
戦後美術盛衰史(東書選書34) 針生一郎著	東京書籍
阿部合成 針生一郎編	新泉社
にっぽん音吉漂流記 春名徹著	晶文社
パロディ魔 エロ	PARCO出版局
伊藤千代子の死 東栄蔵著	未來社
ジャムナ河の聲 日野範之著 [和]	境涯準備社
新聞集成 夏目漱石像(全6巻) 平野清介編著	明治大正昭和新聞研究会
平野謙を偲ぶ(非売品) 平野田鶴子編 [和]	平野田鶴子
燃える石油帝国・イラン 広河隆一編 [和]	第三書館

1979（昭和54年）

悲しいだけ　藤枝静男著	講談社
ジャクソン・ポロック（美術選書）　藤枝晃雄著 [和]	美術出版社
あいつぐ部落差別事件を許すな 部落解放のために　部落解放同盟東京都連合会編	部落解放同盟東京都連合会
ロックアウト異聞　松浦豊敏著 [和]	創樹社
存在から存在学へ　松岡正剛著	工作舎
女と自由と愛　松田道雄著	岩波新書
小説日本芸譚　松本清張著	新潮文庫
ある編集者の作業日誌　松本昌次著 [和]	日本エディタースクール出版部
犀の如く一人往け 親鸞・日蓮を体して　丸山照雄著 [和]	毎日新聞社
わが愛と性の履歴書　丸山友岐子著	社会評論社
祭りと神々の世界－日本演劇の源流　三隅治雄著	NHKブックス
ある殉死 花田清輝論　宮内豊著 [和]	講談社
憲法講話　宮沢俊義著	岩波新書
茶の文化史　村井康彦著	岩波新書
アジア人の自画像　室謙二著 [和]	晶文社
水平線はまねく　八島太郎著 [和]	晶文社
放屁抄　安岡章太郎著	岩波書店
『「いき」の構造』を読む（朝日選書）　安田武ほか著	朝日新聞社
人間キリスト記 或いは神に欺かれた男　山岸外史著	木耳社
知の祝祭　山口昌男著	青土社
くずれる沼 画家・山下菊二の世界　山下菊二編 [国] [和]	すばる書房
私の夢日記　横尾忠則著	角川書店
日用品としての芸術 使う人の立場から　横山貞子著	晶文社
妖美と純愛 川端康成作品論　吉村貞司著 [和]	東京書籍
東西書肆街考　脇村義太郎著	岩波新書
分断時代の民族文化　和田春樹ほか編	社会思想社

【翻訳】

タイ民衆生活誌（1） 祭りと信仰　プラヤー・アヌマーンラーチャトン著　森幹男編訳	井村文化事業社
世界資本蓄積論　サミール・アミン著　野口祐ほか訳	柘植書房
アリストテレス　アリストテレス著　田中美知太郎責任編集　藤沢令夫ほか訳	中央公論社
地獄でなぜ悪い　カトリーヌ・アルレー著　安堂信也訳	創元推理文庫
自由の奪回 現代社会における「のびやかさ」を求めて　イヴァン・イリッチ著　岩内 亮一訳	佑学社
脱病院化社会 医療の限界　イヴァン・イリッチ著　金子嗣郎訳	晶文社
美学史　エーミール・ウーティッツ著　細井雄介訳	東京大学出版会
ノー・ノー・ボーイ　ジョン・オカダ著　中山容訳	晶文社
制度 その1・その2　菊地義明編訳	モービル文庫
タゴールの生涯（上・下）　K.クリパラーニ著　森本達雄訳	レグルス文庫
遺産 その1・その2　現代文化研究所編　仙名紀訳	モービル文庫
ECCE HOMO ナチ収容所の画家達とA.クリシェヴィッチの証言　坂西八郎ほか編 [国]	エイジ出版
モロ事件 テロと国家　L.シャーシャ著　千種堅訳	新潮社

1979（昭和54年）

わたしの戦線 アジアの現代文学–インド カーシーナート・シン著 荒木重雄訳	めこん
フェデリーコ・サンチェス回想録 スペイン共産党私史 ホルヘ・センプルーン著 緑川かおる訳 [和]	柘植書房
写真論 スーザン・ソンタグ著 近藤耕人訳 [国]	晶文社
アメリカ大衆芸術物語（全3巻） ラッセル・ナイ著 亀井俊介ほか訳	研究社出版
インド–傷ついた文明 V.S.ナイポール著 工藤昭雄訳	岩波書店
ラテンアメリカの革命と反革命 K.A.ハチャトゥーロフ著 福田豊ほか訳	ありえす書房
晩期資本主義における正統化の諸問題（岩波現代選書） J.ハバーマス著 細谷貞雄訳	岩波書店
ミハイル・バフチン著作集（全8巻） ミハイル・バフチン著 伊東一郎ほか訳	新時代社
ファッションの鏡 セシル・ビートン著 田村隆一訳 [和]	文化出版局
様式 その1 グレゴリー・ヴィティエロほか著 菊地義明編訳	モービル文庫
囚人組合の出現–イギリス囚人運動序説 マイク・フィッツジェラルド著 長谷川健三郎訳 [和]	法政大学出版局
クレオパトラ 消え失せし夢 J.ブノワ=メシャン著 両角良彦訳 [和]	みすず書房
記憶の女神ムネモシュネ–文学と美術の相関関係 マリオ・プラーツ著 前川祐一訳	美術出版社
被抑圧者の教育 パウロ・フレイレ著 小沢有作ほか訳	亜紀書房
ママと星条旗とアップルパイ ラッセル・ベイカーほか著 常盤新平訳 [和]	集英社
西洋美術全史（全12巻） モーリス・ベゼほか著 高階秀爾ほか訳	グラフィック社
さよなら・再見〈アジアの現代文学：台湾〉 黄春明著 田中宏ほか訳 [和]	めこん
構造主義と記号論 テレンス・ホークス著 池上嘉彦訳	紀伊國屋書店
文化を超えて エドワード・T・ホール著 岩田慶治ほか訳	TBSブリタニカ
カンボジアの悲劇–飢えと戦争 D.ボゲット・鵜戸口哲尚編 [和]	成甲書房
ベトナムを告発する「黒書」全訳 民主カンボジア外務省編 日本カンボジア友好協会監訳 [和]	社会思想社
ラテンアメリカと奴隷制（岩波現代選書） R.メジャフェ著 清水透訳	岩波書店
時代精神I 大衆文化の社会学 エドガール・モラン著 宇波彰訳	法政大学出版局
世界のかなたの森 ウィリアム・モリス著 小野二郎訳	晶文社
長雨 尹興吉著 姜舜訳	東京新聞出版局
文学と文化記号論（岩波現代選書） Yu.ロトマン著 磯谷孝編訳	岩波書店

【詩集等】

岡野弘彦歌集（現代歌人文庫）	国文社
詩集 冬の瞳 冬の貌 清水和子著	ゆりあ・ぺむぺる工房
ナンシーの鎧 飯田善国著 [和]	書肆山田
野間宏全詩集	文和書房

【カタログ・その他】

井田照一	東京画廊
YVES KLEIN展	フジテレビギャラリー
意味のメカニズム 進行中の著作 荒川修作の方法に	ギャラリーたかぎ
おー JAPAN No.18	[記載なし]
岡本一平・かの子展–その愛と芸術 朝日新聞社主催 漫画社編 [和]	漫画社
開館記念特別展 生誕一五〇年狩野芳崖	山口県立美術館

1979（昭和54年）

ガウディー名古屋展	名古屋市博物館
片岡球子展 人間心理の鮮烈な描写 [和]	日本経済新聞社
木田金次郎展	北海道立近代美術館
木との対話 小清水漸・彦坂尚嘉・最上寿之	西武美術館
巨匠画家の彫刻展 彫刻の森美術館編 [和]	サンケイ新聞社
幻想と神秘 ルドン展	群馬県立近代美術館
国立民族博物館 総合案内 国立民族博物館編	民族学振興会
坂田一男展 高澤学園企画編集室・出版部編 [和]	画廊アルファ
桜井孝身作品集〈パラダイスへの道〉シリーズ1979 [和]	画廊春秋
試行 古き調べは歌い終わったか	多摩美術大学学友会
JULES PASCIN 1885−1930 [和]	Art Salon Takahata
白い国の詩−自然・文化編（非売品）	東北電力
STELLA 8 DRAWINGS 馬場駿吉・文 [和]	Galerie VALEUR
「宣伝会議」別冊マスコミ電話帳	宣伝会議
第11回東京国際版画ビエンナーレ展	東京国立近代美術館
多賀谷伊徳展	北九州市立美術館
中華人民共和国シルクロード文物展	読売新聞社
鳥海青児展 [和]	周雅美術店
土岡秀太郎 遺稿から語録から [国]	土岡秀太郎追悼アートフェスティバル実行委員会
鶴岡政男の全貌 戦後洋画の異才 [和]	群馬県立近代美術館
鶴岡政男パステル展	フマギャラリー
寺田政明回顧展 [和]	板橋区立美術館
ドガ・彫刻のすべて−踊子・馬たち……73点 [和]	毎日新聞社・群馬県立近代美術館
中村直人	八重洲画廊
難波田龍起	画廊アルファ
野田英夫展 熊本県立美術館編 [和]	熊本県立美術館
野村清六墨彩画展（販売価格表ほか）	[記載なし]
パスキン展	フジカワ画廊
フランス国立民衆劇場 1979年日本公演 メゾン・デ・ザール編 [国]	国立劇場・厚生年金会館
フランスのポスター美術 18世紀から現代まで 京都国立近代美術館編 [国]	講談社
ポーランド国宝絵画展	読売新聞社
前田寛治展 没後50年記念	新宿 小田急百貨店・兵庫県立近代美術館
前田常作 [和]	スズカワ画廊・東京画廊ほか
マッキントッシュのデザイン展	西武美術館
みすず 223号 瀧口修造追悼 飯田善國ほか・文	みすず書房
村井正誠展	和歌山県立美術館
最上寿之 [和]	東京画廊
渡辺學の軌跡 [和]	東京セントラル絵画館
渡辺恂三の小宇宙展	春風洞画廊
Bienal internacional de São Paulo [和]	Fundação Bienal de São Paulo

【執筆・著作】

パロディ魔 エロ　イメージの百科事典、エロ	PARCO出版局
画集 香月泰男　香月泰男の芸術	毎日新聞社
阿部合成　針生一郎編　苦悩の画家ー阿部合成	新泉社
現代の眼 1月号　現代芸術の制度と自由	現代評論社
平和の中の主戦場 島尾敏雄対談集　島尾敏雄編 「死の棘」の土台	冬樹社ライブラリー
戦後美術盛衰史（東書選書34） 針生一郎著	東京書籍
文学 9月号　ソヴィエト文芸理論と日本プロレタリア文化	岩波書店
近代を考える　日本アジア·アフリカ作家会議編　第三世界からみた近代 黒沼ユリ子（対談）	毎日新聞社
タイ密林の解放戦線　芝生瑞和著　対談：タイの解放闘争と第三世界の全体像	徳間書店
本と批評 12 ダダの開祖から神秘家への軌跡ーフーゴ·バル「時代からの迷走」	日本エディタースクール出版部
週刊朝日百科 68　針生一郎編　伝統への回帰と戦争下の美術	朝日新聞社
美術評論　長岡国人展	中興企画
難波田龍起　難波田龍起展によせて	画廊アルファ
戦後思想家論　現代の眼編集部編　花田清輝	現代評論社
反現代文学 いいだもも対論集	現代書林
部落解放 第141　日付問題は石川無実の決定的証拠だ	解放出版社

『針生一郎評論』見出し・初出一覧

田畑書店より69年から刊行された6巻の評論集は針生の評論活動の広さをつかめるものである。編集は津野海太郎。ここでは見出しと（初出時と異同あり）各テキスト末尾に付けられた初出（掲載誌　年. 月. 日）をみることで，針生のフィールドを確認しておきたい。

評論1 —— 芸術の叛乱

直接民主主義の底流	世界	69.6
コンミューンの思想・1962	超克	62.6
「参加」と「占拠」の思想・1968	デザイン批評	68.10.
バリケードからの告発	月刊社会党	69.6
もうひとつのソヴェト美術	美術手帖	67.4
アルメニアの過去と現在	人類の美術サロン（4）	66.6
社会主義の苦悩と新生	世界	66.12
スターリン批判と東欧文学	週刊読書人	67.10.23
そのとき，チェコでは…	美術手帖	68.12
「灰とダイヤモンド」以後	映画芸術	68.11, 69.1
芸術家にとって抵抗とはなにか		記載なし
噫無情夜嵐お百　暴力と恍惚	デザイン批評	68.7
権力と暴力の環	デザイン批評	68.2
抗議から抵抗へ	現代の眼	68.2
ブラック・パワーと反戦運動	新日本文学	68.3
ヤコブソンとの対話	ことばの宇宙	67.10.
自己崩壊の神話	デザイン批評／読売新聞	67.3/68.2.13
ヴェネチア　夏の嵐	美術手帖	68.9
ドクメンタ「国境なき」美術展	芸術新潮	68.9
西ドイツの若い画家たち	美術手帖	67.11
芸術の自由と体制の変革	美術手帖	68.11
インターナショナルとは	三彩	67.7
万国博　国民不在の祭典	朝日ジャーナル	69.1.19

評論2 —— リアリズム異説

マルクス主義の芸術論	講座現代芸術VI	60.3
ルカーチの芸術論	近代文学	52.11
ルカーチ・ノート	朝日ジャーナル	69.2.2
「革命運動の革命的批判」の問題	記録映画	62.3

「文学の自律性」とは何か	文学	62.3
「文学の自律性」再論	新日本文学	62.6
「文芸復興」期と現代文学	週刊読書人	65.4.5
近代日本文学のヒーロー	新日本文学	66.1
「実行と芸術」論争への一視点	文学	65.4
現代小説の構造と文体	文学	58.7
組織と人間異説	現代芸術	58.10.
庶民意識への照明	新日本文学	59.1
そこに脱出路はあるか	新日本文学	59.4
文学理論の変革	文学	61.9
現代文学の思想的状況	週刊読書人	62.10.8
文学運動の転回点	新日本文学	64.6
垂直体の結合	新日本文学	66.7
田中英光	田中英光全集 第2巻解説	65.5
椎名麟三	新日本文学	60.7
野間宏	われらの文学 第1巻解説	66.8
島尾敏雄	文学	63.12
吉本隆明	文学	59.7
江藤淳	新日本文学	62.5

評論３—— 超デザイン・ノート

芸術の変貌とその意味	高校生のための 芸術小辞典	67.7
芸術の人間化と非人間化	新読書	58.5
気ばらしとしての芸術と 職業としての芸術	世代六三	63.10.
建築評論を斬る	国際建築	63.12
超デザイン・ノート	デザイン批評	66.11
現代芸術の主体	新日本文学	63.11
中井正一	中井正一全集 第2巻解説	65.1
瀧口修造	近代芸術 解題	62.12
白井晟一	SD	69.7
無関係の芸術	SD	69.2
機械時代の人間	新建築	57.7
芸術運動のために	美術手帖別冊美術年鑑	60.12
眼と手の衝突	美術ジャーナル	60.9
映像論争	映画芸術	67.3
現代芸術の記号の冒険	美術手帖	62.3
見る者の運命　現代美術の九人の 冒険者たち	アンリ・ミショオ 芸術新潮	60.9
	バルテュス 芸術新潮	60.3
	フンデルトワッサー 世界	66.12
	ジム・ダイン 芸術新潮	68.12
	トビー 芸術新潮	60.9
	ポロック 世界	64.6
	スティール 芸術新潮	60.9
	ティンゲリー 芸術新潮	60.9
	ジャスパー・ジョーンズ 世界	67.10

イタリアン・リアリズム以後		記載なし
リアリズム写真の新しい展開	週刊読書人	58.7.27
生活記録と文学	文学	56.4
大衆文化の二つの顔	中央公論	63.5
労働者像の転換	現代七つの課題 第4巻	61.2

評論4 —— 歴史の辺境

外から見た日本と内なる日本	教養	62.9
芸術と教育の草の根	美術手帖	65.7
「地方」コンプレックスを壊せ	美術手帖	68.4
戦後日本における伝統と近代化	現代美術と伝統	66.12
八月十五日前後	日本美術新聞	60.8.15
千利休		記載なし
浮世絵	日本文化史7	65.11
西鶴	解釈と鑑賞	61.1
つむじ曲りの古都巡礼	芸術新潮	65.4
日光再見	日本のやしろ	62.12
『楢山節考』の周辺	駿台論潮	56.12
近代の日本画	日本画の百年	66.9
大正期をどうみるか	三彩	63.10.
竹久夢二とその時代	三彩	69.3
日本のダダおぼえ書き	現代の眼	68.6
昭和期のリアリズムの問題	世界名画全集24	60.7
戦争下の美術	文学	61.5
戦後美術の一帰結	芸術新潮	59.1
新人の三つの世代	芸術新潮	59.1
危機のなかの前衛群	美術手帖	61.1
実体と虚像	芸術生活	69.3
靉光	美術手帖	58.12
福沢一郎	芸術新潮	57.8
斎藤義重	美術手帖	58.11
曹良奎	曹良奎画集	60.9
鶴岡政男	美術手帖	61.1
小山田二郎	美術ジャーナル	61.1
池田満寿夫	芸術生活	65.2

評論5 —— サドの眼

サドの眼	美術批評	56.8
アヴァンギャルド探偵	美術批評	56.6
ヴィルヘルム・テルの林檎	駿台論潮	57.6
もうひとつの芸術	みづゑ	67.1
オブジェの思想	みづゑ	57.10.
物質と空間と行為の総合	芸術新潮	66.2
芸術の堕落	芸術新潮	68.11

現代美術のフロンティア	第9回 現代日本美術展図録	69.5
ダダと現代	SD ／ダダ展図録抄	68.5 68.6
ハンス・リヒターとダダの思想	世界	66.7
表現主義	美術手帖	57.6.8
カンディンスキー 現代絵画のプロメテウス	現代美術23	64.5
ダリ　スキャンダル年代記	美術手帖	64.10.
ヨーゼフ・ボイス　関係の形而上学	美術手帖	70.1
プロイセン芸術アカデミー事件	みづゑ	68.1
亡命者の悲惨と栄光	みづゑ	68.2
頽廃芸術展をめぐって1	みづゑ	68.3
頽廃芸術展をめぐって2	みづゑ	68.4
独裁者とその旗手たち	みづゑ	68.5
ロンドンからの反撃	みづゑ	68.6
ピカソ	世界名画全集・続巻12	61.10.
モナ・リザの謎はつきない	芸術新潮	60.2

評論6 —— 遊撃クロニクル

文化権力と美術	朝日ジャーナル	69.9.28
バリケードのなかの芸術	美術手帖	69.9
日本映画の転機は来るか	季刊フィルム	69.2
大西巨人『神聖喜劇』	図書新聞	69.2.1
寺山修司論	映画芸術	69.6
反博=反戦運動の転機	現代の眼	69.10
ポスト万博のデザイン状況	デザイン・ジャーナル	70.2.15
多摩美術大学告発の原点	現代の眼	70.4
戦後文学をどうみるか	文学	58.12
瀧口修造『幻想画家論』	週刊読書人	59.2.23
江藤淳の作家論		記載なし
若い日本の会 『発言』をめぐって	週刊読書人	60.4.25
三池に生れた思想	日本読書新聞	60.10.3
倉橋由美子『パルタイ』	週刊読書人	60.8.29
新島の前衛	朝日ジャーナル	61.2.26
上野英信『日本陥没期』	図書新聞	61.2.5
安保闘争一年後の思想と芸術	新日本文学	61.7
二つの儀式	国民文化	61.9
『死の棘』遠望	島尾敏夫作品集 月報4	62.8
不在の国民を求めて	週刊読書人	62.4.30
埴谷雄高の評論集		記載なし
吉本隆明『擬制の終焉』	日本読書新聞	62.7.23
前衛芸術の終焉	芸術新潮	62.8
破産宣告者の破産	現代の眼	63.7

「家」は崩壊したか	現代の眼	62.8
「原体験」は存在するか	新日本文学	63.8
未完のスターリン批判	現代の眼	63.9
「反」と「自立」のあいだ	日本読書新聞	64.2.17
坑夫の生と死	世界	64.2
X氏への手紙	新日本文学	64.7
十九年めの過去と現在	新日本文学	64.8
ルポ創価学会	太陽	64.9
ああオリンピック	新日本文学	64.9
大江健三朗『厳粛な綱渡り』	展望	65.5
夜と霧はまだつづく	週刊読書人	65.6.28
ボディ・アートの誕生	美術手帖	65.10
長谷川四郎の不随意筋	長谷川四郎作品集月報1	66.2
真継伸彦『光る声』	週刊読書人	66.4.11
日本ポップの試み	芸術新潮	66.1
どこへ行く日宣美展	デザイン	66.10.
サルトルとデ・シーカ	日本読書新聞	66.10.17
中国文化大革命に関する四作家の声明	東京新聞	67.3.9
モニュメントの思想	日本読書新聞	67.7.31
基底への蒸発	映画芸術	67.9
文壇とはなにか	新日本文学	68.2

1980-1989

昭和55年—
昭和64年・平成元年

1980（昭和55年）

【和書】

続渾斎随筆　會津八一著　宮川寅雄·解説	中公文庫
若き小団次―幕末を彩った名優の修業時代　青木繁著	第三書館
悟りの分析 ユング心理学との接点　秋山さと子著	朝日出版社
朝倉響子彫塑集 光と波と　朝倉響子著　奈良原一高·写真 [和]	PARCO出版局
ファシズムの現在　浅沼和典ほか編	新評論
ユーモアー日一言　阿刀田高編	池田書店
絵画が偉大であった時代　阿部良雄著	小沢書店
日本中世の民衆像　網野善彦著	岩波新書
メキシコのマリンチェ　飯島正著 [和]	晶文社
絵画の距離　池田龍雄著	創樹社
闇の文化史 モンタージュ 1920年代　池田浩士著	駸々堂出版
私小説 わが青春の文学と性の遍歴　池田満寿夫著	文藝春秋
親しい友への手紙　池田満寿夫著 [和]	新潮社
ズボンの中の雲　池田満寿夫著 [和]	角川書店
複眼の思考　池田満寿夫著	白水社
狂風記（上·下）石川淳著	集英社
アメリカン·アート　石崎浩一郎著	講談社現代新書
イスラーム哲学の原像　井筒俊彦著	岩波新書
風の炎 稲越功一印度朱光　稲越功一著	北欧社
女性学とその周辺　井上輝子著	勁草書房
小林一茶　井上ひさし著	中央公論社
井上有一の「書」　井上有一著　海上雅臣編 [和]	UNAC TOKYO
男が女になる病気 医学の人類学的構造についての三〇の断片　植島啓司著	朝日出版社
絵画論 描くことの復権　宇佐美圭司著 [和]	筑摩書房
線の肖像 現代美術の地平から　宇佐美圭司著	小沢書店
ある微笑 わたしのヴァリエテ　牛島春子著 [和]	創樹社
あの鳥を撃て　薄井清著 [和]	日本経済評論社
ノー政の悲劇　薄井清著 [和]	日本農民新聞社
赤道下の朝鮮人叛乱　内海愛子ほか著	勁草書房
批評する機械　宇波彰著 [和]	ナツメ社
文学の中の被差別部落像―戦前篇　梅沢利彦ほか著 [和]	明石書店
性と婚姻のきしみ　大井正著 [和]	福村出版
現代伝奇集　大江健三郎著	岩波書店
生と死の弁証法（叢書文化の現在6）　大江健三郎ほか編	岩波書店
ハムレット日記　大岡昇平著	新潮社
同時代のルポルタージュ 生を掴むことばのメッセージ　大西赤人著 [和]	大和書房
日本語の世界（全16巻）大野晋ほか編	中央公論社
花田清輝と安部公房 アヴァンガルド文学の再生のために　岡庭昇著	第三文明社
岡本太郎著作集（全9巻）　岡本太郎著	講談社

1980（昭和55年）

にらめっこ問答　岡本太郎著	集英社
ピカソ「ピカソ講義」　岡本太郎ほか著	朝日出版社
沖縄にとって天皇制とは何か（タイムス選書3）	沖縄タイムス社
第七官界彷徨　尾崎翠著 [和]	創樹社
犯罪紳士録　小沢信男著	筑摩書房
全自然史的過程の思想 私の哲学的自伝における若干の断章　梯明秀著 [和]	創樹社
片岡球子画集　片岡球子著　土方定一編 [和]	朝日新聞社
アラビア・ノート アラブの原像を求めて　片倉もとこ著	NHKブックス
戦後漫画思想史　片寄みつぐ著	未來社
日本文学史序説（下）　加藤周一著	筑摩書房
イギリスとアジア－近代史の原画　加藤祐三著	岩波新書
ガリバーの足跡 滅びるか鉄鋼王国ニッポン　鎌田慧著 [和]	朝日新聞社
ルポルタージュの発見　鎌田慧著	西田書店
労働現場－造船所で何が起ったか　鎌田慧著	岩波新書
日本近代文学の起源　柄谷行人著 [和]	講談社
虫魚図　川崎彰彦著 [和]	編集工房ノア
口伝 亜砒焼き谷　川原一之著	岩波新書
鶴見俊輔論　菅孝行著	第三文明社
江戸の町　岸井良衞著	中公新書
私の会った革命家たち アジア・アフリカ30人　北沢洋子著 [和]	第三文明社
クレメンタインの歌　金時鐘著	文和書房
荒野に呼ぶ声－恨と抵抗に生きる韓国詩人群像　金学鉉著	柘植書房
現代ソビエトとの対話　木村浩著 [和]	TBSブリタニカ
ワルシャワ物語　工藤幸雄著	NHKブックス
人間の自己創造（日評選書）　久野収著	日本評論社
イスラームの心　黒田壽郎著	中公新書
メキシコからの手紙－インディヘナのなかで考えたこと　黒沼ユリ子著	岩波新書
自然このすばらしき教育者　国分一太郎著	創林社
小説 内申書裁判　小中陽太郎著 [和]	光文社
石川啄木と北一輝　小西豊治著	現代ジャーナリズム出版会
貝がらの町 声なき人びととの出会い　小林トミ著	思想の科学社
コレクター 1000人が賞を選ぶ1980年展作品集	美術情報センター企画室
野の扉 描かれた辺境　酒井忠康著 [和]	小沢書店
日本絵画論大系（全5巻）　坂崎担編	名著普及会
誰も語らなかった津軽キリシタン　坂元正哉著	青春出版社
櫻井孝身 1956－1980　桜井孝身著 [国]	櫂歌書房
鎮魂 小説阿佐谷六丁目　佐々木基一著 [和]	講談社
子どもの美術（全6巻）　佐藤忠良ほか著 [和]	現代美術社
近代日本文学の軌跡 シンポジウム（創造選書）　佐藤泰正編 [和]	聖文舎
和解　志賀直哉著	新潮文庫
閉ざされた時空 ナチ強制収容所の文学　篠田浩一郎著	白水社

1980（昭和55年）

戦後を疑う　清水幾太郎著	講談社
小林秀雄論　清水昭三著 [和]	オリジン出版センター
ヴァーグナー家の人々 30年代バイロイトとナチズム　清水多吉著	中公新書
城景都画集 女の変幻　城景都著 [和]	柴舟画廊
小説の発見I 女とはなに　庄司肇編	たいまつ社
懐霄館 白井晟一の建築　白井晟一著　辻邦生ほか解説 [和]	中央公論社
二十四時間の映画 映画・わが愛　白井佳夫著 [和]	PHP研究所
作家との午後　新日本文学会編	毎日新聞社
失踪記　杉浦明平著	講談社
養蜂記　杉浦明平著 [和]	中央公論社
私の家庭菜園歳時記　杉浦明平著	実業之日本社
瑛九抄　杉田正臣著	「根」発行所
幸福　瀬戸内晴美著	講談社
ルポ 闘う全逓労働者－70年代の生活と労働と　全逓文学活動家集団編	オリジン出版センター
日本近代美術史論　高階秀爾著	講談社文庫
美の回廊－ドラクロワからミロまで　高階秀爾著	美術公論社
画家の沈黙の部分　瀧口修造著	みすず書房
三夢三話　瀧口修造著	書肆山田
絵を描くこころ　匠秀夫著	岩波ジュニア新書
闊達な愚者 相互性のなかの主体　竹内成明著 [和]	れんが書房新社
友好は易く理解は難し 80年代中国への透視　竹内実著 [和]	サイマル出版会
アジア・アフリカの文学と心　竹内泰宏著	第三文明社
第三世界への想像力 現代文学はどこへ行くか　竹内泰宏著	現代書林
鏡のテオーリア　多田智満子著	大和書房
デザインの周辺　田中一光著 [和]	白水社
アール・ポップ　谷川晃一編	冬樹社
ヴォルプスヴェーデふたたび　種村季弘著 [和]	筑摩書房
ニッポン審判－ぬけがけ社会の構造　ヴラスタ・チハーコヴァー著	新評社
中国近代の群像（朝日選書）　陳舜臣著 [和]	朝日新聞社
司修画集 壊す人からの指令　司修著 [和]	小沢書店
ペストと劇場　津野海太郎著	晶文社
全共闘－持続と転形　津村喬編著 [和]	五月社
奥会津南山領　津山晋一著	新人社
アジア人と日本人　鶴見良行著	晶文社
江戸繁昌記（上・下）　寺門静軒原著　竹谷長二郎訳	教育社
断崖のある風景 小野十三郎ノート　寺島珠雄著 [和]	プレイガイドジャーナル社
曖昧な水 レオナルド・アリス・ビートルズ　東野芳明著　高橋徹編	現代企画室
裏切られた眼差 レオナルドからウォーホールへ　東野芳明著	朝日出版社
遠矢政己画集 葦　遠矢政己著	創思社出版
島崎藤村　十川信介著 [和]	筑摩書房
欧米人が沈黙するとき－異文化間のコミュニケーション　直塚玲子著	大修館書店

鳳仙花 中上健次著	作品社
ことばの政治学 永川玲二著	筑摩書房
転向論序説（叢書・同時代に生きる①） 中島誠著	ミネルヴァ書房
ブリューゲルへの旅 中野孝次著	河出文庫
中野重治全集（全28巻） 中野重治著	筑摩書房
中村宏作品集・車窓篇（エクリチュール叢書4） 中村宏著 [和]	深夜叢書社
モローの竪琴 世紀末の美術 中山公男著 [国]	小沢書店
詩学序説 新田博衞著	勁草書房
現象学（岩波全書） 新田義弘著	岩波書店
大江健三郎論 蓮實重彥著	青土社
九つの物語 長谷川四郎著 [和]	青土社
天頂と潮汐 埴谷雄高著 [和]	未來社
シンポジウム 三里塚の思想 針生一郎編	柘植書房
ベルリン1918−1922 悲劇と幻影の時代 平井正著	せりか書房
住民運動必勝法 広野広著	三一書房
〈近代の超克〉論 昭和思想史への一断想 廣松渉著	朝日出版社
叛逆の現場検証（日本の戦後を考える 戦後の若者たち） 福島菊次郎著 [国]	三一書房
正宗白鳥 福田清人ほか編	清水書院
ギリシア哲学と現代−世界観のありかた 藤沢令夫著	岩波新書
中原中也の復活 太宰治・小林秀雄の師 藤原明夫著	中原中也・太宰治研究所
現代短歌の光と翳 細井剛評論集 細井剛著 [和]	雁書館
オリーブの樹の蔭に 堀田善衞著	集英社
原発ジプシー 堀江邦夫著	現代書館
野のうた 氷の音楽 間宮芳生著	青土社
原爆の図 丸木位里・丸木俊著	講談社文庫
ドアの向こうに鬼はいない 自立のためのハンドブック 丸山友岐子著	社会評論社
日本美術史論究 源豊宗著作集 源豊宗著 [和]	思文閣出版
渦の道標 峰村雅夫著	水平社
イエロー感覚 不純なもの、あるいは都市への欲望 宮迫千鶴著 [和]	冬樹社
死を賭けた韓国学生の青春 民族統一新聞社編	エール出版社
1973年のピンボール 村上春樹著 [和]	講談社
仙台屋台誌 村上善男著	駒込書房
遥かなる故郷−ライと朝鮮の文学 村松武司著	皓星社
杢田たけを作品集 杢田たけを著 [和]	栄光出版社
80年代中東の挑戦 イランの次に火を噴くのはどこか 森詠著	祥伝社
性の深層 ヴィーナスの正体 矢島文夫著 [和]	朝日出版社
二十世紀の知的冒険 山口昌男対談集 山口昌男編著	岩波書店
そして地獄そして芸術 山田彊一著	ギャラリー安里
八〇年代の世界危機と社会主義 山田坂仁著 [和]	三一書房
情報を読む 山本明著	TBSブリタニカ
青べか物語 山本周五郎著	新潮文庫

1980（昭和55年）

ドキュメント 韓国は激動する 山本剛士著	教育社
ハーバマスの社会科学論 山本啓著 [和]	勁草書房
ルポルタージュ 教師の休日 吉岡忍著	サンマーク出版
神田村 吉川良著 [和]	集英社
戦中派の死生観 吉田満著	文藝春秋
世界認識の方法 吉本隆明著	中央公論社
労働者文学作品集I 労働者文学会議編 [和]	日本社会党中央本部機関紙局
インド最後の王 ティプー・スルタンの生涯 渡辺建夫著 [和]	晶文社
お楽しみはこれからだ PART3 和田誠著	文藝春秋

【翻訳】

ミメーシス（上）ヨーロッパ文学における現実描写 E.アウエルバッハ著 篠田一士ほか訳	筑摩書房
共犯同盟 カトリーヌ・アルレー著 小野萬吉訳	創元推理文庫
死ぬほどの馬鹿 カトリーヌ・アルレー著 安堂信也訳	創元推理文庫
目には目を カトリーヌ・アルレー著 安堂信也訳	創元推理文庫
文芸批評とイデオロギー（岩波現代選書） T.イーグルトン著 高田康成訳	岩波書店
対話 教育を超えて I・イリイチvsP・フレイレ I.イリイチほか著 角南和宏ほか訳 [和]	野草社
銀幕のいけにえたち ハリウッド★不滅のボディ&ソウル アレグザンダー・ウォーカー著 福住治夫訳	フィルムアート社
セザンヌ J.ガスケ著 與謝野文子訳 [和]	求龍堂
アフリカ革命と文化 アミルカル・カブラル著 白石顕二ほか訳	亜紀書房
80年代 その1・その2 菊地義明編訳	モービル文庫
様式 その2 菊地義明編訳	モービル文庫
傷痕と克服―韓国の文学者と日本 金允植著 大村益夫訳 [和]	朝日新聞社
エブドメロス ジョルジョ・デ・キリコ著 笹本孝訳	思潮社
太陽と生の荒廃から アフリカ共同体の詩と文学 マジシ・クネーネ著 竹内泰宏ほか編訳	アンヴィエル
ヘンゼルとグレーテル（グリム童話集II） グリム著 植田敏郎訳	新潮文庫
映画をわれらに ルネ・クレール著 山口昌子訳	フィルムアート社
インドネシアの諸民族と文化 クンチャラニングラット編 加藤剛ほか訳	めこん
芸術を生みだすもの ピーター・ゲイ著 川西進ほか訳	ミネルヴァ書房
抽象芸術と不条理文学 レオ・コフラー著 石井扶桑雄訳	法政大学出版局
エコロジスト宣言 アンドレ・ゴルツ著 高橋武智訳	技術と人間
シンボルの遺産 フリッツ・ザクスル著 松枝到ほか訳	せりか書房
弁証法的批評の冒険 フレドリック・ジェイムスン著 荒川幾男ほか訳 [和]	晶文社
革命後の社会 ポール・M・スウィージー著 伊藤誠訳	TBSブリタニカ
ランドルフ師と罪の報酬 チャールズ・メリル・スミス著 岡本浜江訳	角川文庫
趙世熙小品集 趙世熙著 むくげの会訳	むくげの会
アーサー王宮廷のヤンキー マーク・トウェイン著 大久保博訳	角川文庫
反暴力の手法 ランザ・デル・ヴァスト著 西尾昇訳 [和]	新泉社
故郷喪失者たち 近代化と日常意識 P.L.バーガーほか著 高山真知子ほか訳	新曜社
ドクトル・ジバゴ（全2巻） ボリス・パステルナーク著 江川卓訳 [和]	時事通信社
六日間 ハリーム・バラカート著 奴田原睦明訳 [和]	第三書館

1980（昭和55年）

映像の修辞学 ロラン・バルト著 蓮實重彦ほか訳	朝日出版社
ウラシマ・タロウの死 ロジャー・パルバース著 越智道雄訳 [和]	新潮社
テスト氏・未完の物語 ヴァレリー著 粟津則雄訳	現代思潮社
板門店	朝鮮人民軍出版社
霜葉は二月の花に似て紅なり 茅盾著 立間祥介訳	岩波文庫
物の体系 記号の消費 ジャン・ボードリヤール著 宇波彰訳	法政大学出版局
ショスタコーヴィチの証言 ソロモン・ヴォルコフ編 水野忠夫訳	中央公論社
文芸学と精神分析 P.V.マット著 高田淑訳 [和]	人文書院
私の製本装幀芸術の世界 ケルスティン・ティニ・ミウラ著 三浦永年訳 [和]	求龍堂
モスクワ日記 1956−1958 ヴェリコ・ミチューノヴィチ著 山崎那美子訳 [和]	恒文社
戦前日本の思想統制 リチャード・H・ミッチェル著 奥平康弘ほか訳	日本評論社
黄昏の家 尹興吉著 安宇植訳	東京新聞出版局
ワイマル文化を生きた人びと ウォルター・ラカー著 脇圭平ほか訳	ミネルヴァ書房
アルチュール・ランボー M.A.リュフ著 湯浅博雄ほか訳	人文書院
果てしなき道 モフタル・ルビス著 押川典昭訳	めこん

【詩集等】

句集 村 北園克衛著	瓦蘭堂
豊田一男詩画集 鏡の中の他人	蝋画社
瞳で泳ぐ 岡田隆彦著	思潮社

【カタログ・その他】

アールヴィヴァン 1号 特集 荒川修作	西武美術館
ARMAN 8 Sculptures : bronze 1978−1979 [国]	Galerie VALEUR
AWAZU the whole works of print 1970−80 粟津潔・全版画 近代美術研究会編	アート・フロント
アンデス古代裂展	ギャラリー上田
磯見輝夫木版画展	養清堂画廊
異端の天才画家 中村正義展	豊橋市美術博物館
井上長三郎展 1926−80	板橋区立美術館
いのちの響き−アートの祝祭 富山妙子・洪成潭作品展	光州
岩田恒介 1978−80	アートフロントギャラリー
瑛九展 前衛絵画の先駆者 20回忌記念展 [和]	宮崎県総合博物館
大沢昌助 オリジナル入り画集	現代版画センター
岡村崔写真展 ミケランジェロのヴァティカン壁画	西武美術館
小野忠弘展	小田急グランドギャラリー
回顧展 横山操 福井県立美術館編 [国]	福井県立美術館
桂ゆき展 山口県立美術館編	山口県立美術館
季刊マンパワー	マンパワージャパン
清川泰次の世界	東京セントラル美術館
清水九兵衛新作展	フジテレビギャラリー
近代の美術 第58号 日本の水彩画	至文堂
黒沼ユリ子ヴァイオリン独奏会	東京文化会館小ホール
芸術は爆発だ 岡本太郎展 小田急グランドギャラリー編 [和]	小田急グランドギャラリー

1980（昭和55年）

現代美術 ひとつのアンソロジー 岡本謙次郎著 飯塚八朗編 [和]	第七画廊
行動美術三十五年の小史 向井潤吉ほか編 [和]	行動美術協会
小清水漸	東京画廊
駒井哲郎銅版画展	東京都美術館
斎藤真一作品集・別冊	不忍画廊
斎藤義重 [和]	東京画廊
佐々木豊展	日動画廊
縮刷 新美術新聞1971－1977 Vol.1	美術年鑑社
白髪一雄 [和]	東京画廊
水牛通信	水牛編集委員会
菅井汲1980 オリジナル入り版画カタログ 北川フラム・文 [国]	現代版画センター
スペイン絵画・ベラスケスとその時代：スペイン国王・王妃両陛下来日記念展	東京国立博物館
生誕100周年記念 パウル・クレー展	西武美術館
世界に生きる 形とこころの結晶「現代彫刻・日本の八人」展 現代彫刻センター編 [和]	現代彫刻センター
世代展 [和]	世代会
第三世界とわれわれ 第2回	東京都美術館
宝塚大橋モニュメント「愛の手の裸婦像」設置反対運動の記録 1978年4月～1980年5月	宝塚大橋モニュメント「愛の手の裸婦像」 設置に反対する市民の会
崔広子 [国]	東京セントラル美術館
チベットの絵画 秘境の祈り	板橋区立美術館
勅使河原蒼風展 書と彫刻 西武美術館編 [和]	西武美術館
東大寺展	東京国立博物館・朝日新聞社
銅版画の巨匠 長谷川潔展 京都国立近代美術館編 [和]	京都国立近代美術館
難波田龍起・建畠覚造二人展	東邦画廊
パウル・クレー	南天子画廊
馬場彬作品集	横浜市民ギャラリー
浜口陽三名作展 [和]	池田20世紀美術館
浜田知明銅版画展	神奈川県立近代美術館
平塚良一 1980 [国]	[記載なし]
Brice Marden：painting & drawings（Catalogue Galerie Valeur no. 20）[国]	Galerie VALEUR
フランク・ステラ ドローイング'80 [和]	アキライケダギャラリー
ブリジット・ライリー展 1959年から1978年までの作品	東京国立近代美術館
FRED REICHMAN	地球堂ギャラリー
マンダラ 出現と消滅展	西武美術館
宮脇愛子 1960→1980 安達デザイン研究室編 [和]	ギャラリーたかぎ
明治から現代まで「日本の肖像名作展」 朝日新聞東京本社企画部編 [和]	上野松坂屋
山口長男・堀内正和展図録 東京国立近代美術館編	朝日新聞社
横尾忠則展	岡山美術館

【執筆・著作】

第三世界とわれわれ 第2回 アジア芸術祭によせて	東京都美術館
同時代批評「詩と思想」6月号増刊 アヴァンギャルドと第三世界	土曜美術社

磯見輝夫木版画展 磯見輝夫は近年の日本にはめずらしい…	養清堂画廊
井上長三郎展 1926−80 井上長三郎おぼえがき	板橋区立美術館
桂ゆき展 山口県立美術館編 桂ゆきの化けっぷりとユーモア	山口県立美術館
月刊かながわ 12 神奈川と私	月刊かながわ
黒沼ユリ子ヴァイオリン独奏会 黒沼ユリ子について	東京文化会館小ホール
沖縄タイムス 8/18 文化:現代芸術と民衆 針生一郎に聞く(1) 「夜の会」から出発/アバンギャルド芸術の位置	沖縄タイムス社
沖縄タイムス 8/19 文化:現代芸術と民衆 針生一郎に聞く(2) 歴史の意識が希薄な日本/重要なのは風俗の論理化	沖縄タイムス社
沖縄タイムス 8/20 文化:現代芸術と民衆 針生一郎に聞く(3) 問われる思想性/アバンギャルド再検討を	沖縄タイムス社
沖縄タイムス 8/21 文化:現代芸術と民衆 針生一郎に聞く(4) 耽美主義の危険性/容体化していく視点が必要	沖縄タイムス社
沖縄タイムス 8/22 文化:現代芸術と民衆 針生一郎に聞く(5) 批評を欠く地域文化	沖縄タイムス社
Print Communication No.62 現代版画の歩みと版画の可能性	現代版画センター
異端の天才画家 中村正義展 業執の画家 中村正義	豊橋市美術博物館
作家との午後 新日本文学会編	毎日新聞社
三里塚の思想 シンポジウム 針生一郎編	柘植書房
そして地獄そして芸術 山田彊一著 市井の芸術家の軌跡	ギャラリー安里
広告 9·10号 「第三世界」の創造的革新	博報堂
難波田龍起·建畠覚造二人展 建畠覚造の壮大な空間	東邦画廊
多摩地区に美術館建設を促進する会 広報第5号 地方美術館のヴィジョンを問い直す	多摩地区に美術館建設を促進する会
遠矢政己画集 葦 遠矢政己のこれまでとこれから	創思社出版
破防法を弾劾する! 4月号 戸村一作を語る	破防法研究会
ことばの現場 奔 No.8 戸村一作の生涯を偲ぶ	奔 ことばの現場研究所
FRED REICHMAN フレッド·ライクマン(和訳)	地球堂ギャラリー
アール·ポップ 谷川晃一編 文化·非文化·反文化の弁証法からみたアール·ポップ	冬樹社
早稲田文学12 みえない国家の壁をこえて	早稲田文学会
芸術新潮 9月号 特集:「ハングリー」が生んだ絵 横山操/中村正義/工藤哲巳	新潮社

1981(昭和56年)

【和書】

雨月物語 全訳注(下) 青木正次著	講談社学術文庫
試みのユダヤ·コンプレックス 純文学長篇小説 青野聰著 和	文藝春秋
われらが風狂の師(上·下) 青山光二著 和	新潮社
いかに読むか 記号としての文学 赤祖父哲二ほか著	中教出版
朝日の展覧会−その過去と未来 浅野敞一郎著	朝日新聞社
あなたにのびるナチスの手を断て(新版) 刑法改悪·保安処分と闘うために	救援連絡センター
スペイン巡礼 スペイン全土を廻る 天本英世著	話の特集
「思想と幻想」 鮎川信夫ほか著	思潮社
有元利夫と女神たち 有元利夫著 和	美術出版社

1981（昭和56年）

粟田哲夫作品集 1958年－1981年 粟田哲夫著 [国]	粟田哲夫
ガウディ讃歌 粟津潔著	現代企画室
小林秀雄論 粟津則雄著 [和]	中央公論社
にっぽん笑市民派 いいだもも著 [和]	創林社
マルクスとコミューン社会論 現代社会主義批判の原理 いいだもも著 [和]	社会評論社
震える空間 宇宙・人間・彫刻 飯田善國著 [和]	小沢書店
二十世紀思想渉猟 生松敬三著	青土社
世紀末と楽園幻想 池内紀著 [和]	白水社
闇は暁を求めて 池田大作ほか著	講談社
つれづれ随想－わたしの説話抄 池田大作著	潮出版社
吉原 石井良助著	中公新書
さかしまに 五木寛之著	文藝春秋
女性社会学をめざして 井上輝子ほか著 女性社会学研究会編	垣内出版
私家版 日本語文法 井上ひさし著	新潮社
私ではなく、不知火の海が 井上ひさしほか著 北川フラム責任編集	現代企画室
憑かれた人（上・下） 井上光晴著	集英社
人類の希望 イリイチ日本で語る イリイチ・フォーラム編	新評論
空間絵画・視覚透視空間・投象斜面理論 岩井昭太郎著	岩井昭太郎
現代短歌の世界（現代歌人文庫） 岩田正著	国文社
岩波文庫解説目録	岩波書店
上野誠全版画集 上野誠著 上野遒編 [和]	形象社
さよなら日本 絵本作家・八島太郎と光子の亡命 宇佐美承著	晶文社
轍を踏まず 宇野仟江子著	作家社
戦後思想の模索 森有正、加藤周一を読む 海老坂武著	みすず書房
パリと北京（玉川選書） 海老坂武ほか著 [和]	玉川大学出版部
フランツ・ファノン 海老坂武著	講談社
小林秀雄を〈読む〉（叢書・知の分水嶺1980's） 大江健三郎ほか著 [和]	現代企画室
交換と媒介（叢書文化の現在8） 大江健三郎ほか編	岩波書店
アイルランドに求めたかみ・ひと・かたち 宗教・社会・芸術のひろがりの中で 大野忠男著 [和]	泰流社
かたちの発見 時空間を超えて 岡田隆彦著	小沢書店
夢を耕す 幻想絵画論 岡田隆彦著 [和]	小沢書店
小川徹の映画裏目よみジュウタン大爆撃 小川徹著 [和]	現代企画室
中野重治 自責の文学 桶谷秀昭著 [和]	文藝春秋
あほうどりの唄（日本きゃらばん文庫8） 小沢信男ほか著 日本きゃらばんの会編 [和]	大和美術印刷出版部
HIROSHIMA 小田実著 [和]	講談社
韓国に自由と正義を！'81韓国民主化支援緊急世界大会 小田実ほか編	第三書館
父が消えた 尾辻克彦著	文藝春秋
本物そっくりの夢 尾辻克彦・赤瀬川原平著 [和]	筑摩書房
紅茶を受皿で イギリス民衆芸術覚書 小野二郎著	晶文社
ユートピアンの発語訓練 小野二郎著 [和]	晶文社
郭徳俊 郭徳俊著	郭徳俊

1981（昭和56年）

悲喜劇 一九三〇年代の建築と文化 柏木博ほか著 同時代建築研究会編	現代企画室
流行歌論（東書選書） 加太こうじ著 [和]	東京書籍
エロスの美学－比較文化講義 加藤周一ほか著	朝日出版社
日本語はどう変わるか－語彙と文字 樺島忠夫著	岩波新書
ビラの精神 鎌田慧著 [和]	晶文社
回想の戸村一作 鎌田慧編著	柘植書房
黄金街 上村一夫ほか著 [和]	けいせい出版
現代文化人類学のエッセンス 蒲生正男編	ぺりかん社
ことばの力 しゃべる・聞く・伝える 川崎洋著	岩波ジュニア新書
われら生涯の決意－大主教ニコライと山下りん 川又一英著 [和]	新潮社
語り物の宇宙 川村二郎著 [和]	講談社
長い陰 河本勝昭著	私声往来社
中野重治（近代日本詩人選15） 北川透著	筑摩書房
黒いアフリカ 北沢洋子著	聖文社
ドラマが成り立つとき 木下順二著	岩波書店
祭司なき祭り 金石範著	集英社
ぼくのポーランド文学 工藤幸雄著	現代企画室
父への手紙 窪島誠一郎著	筑摩書房
窓ぎわのトットちゃん 黒柳徹子著	講談社
民衆文化の記号学 桑野隆著	東海大学出版会
東山魁夷の世界－遍歴と祈りの旅 桑原住雄著	講談社文庫
憲法のしおり	草の実会
劇画キングシリーズ52 Ⅰ・餓男 復讐行〈力〉 小池一夫ほか著	スタジオ・シップ
ニューヨーク街路劇場 粉川哲夫著	北斗出版
批判の回路 粉川哲夫著 [和]	創樹社
景徳鎮紀行 中国陶磁のふるさと 小林徹ほか著 大塚清吾・写真 [和]	日本放送出版協会
五味康祐音楽巡礼 五味康祐著	新潮文庫
古代共同体史論 佐伯陽介著	新泉社
人間のいる絵との対話 ヨーロッパの画家たち 酒井忠康著 [和]	有斐閣
個人主義の運命－近代小説と社会学 作田啓一著	岩波新書
フィリピンの旅 笹原恭子著	すずさわ書店
天体の街 塩田長幸著 [和]	塩田長幸
石水館 建築を謳う 塩屋宗六編著	かなえ書房
空間のコスモロジー 篠田浩一郎著 [和]	岩波書店
ガン患者は待っている 篠原一著	サイマル出版会
ひとびとの跫音（上・下） 司馬遼太郎著	中央公論社
ポーランド・労働者の反乱 芝生瑞和編著 [和]	第三書館
島津純一画集 島津純一著	島津純一
日本語と女 寿岳章子著	岩波新書
白井晟一研究Ⅲ 「白井晟一研究」企画編集室編 [国]	南洋堂出版
監督の椅子 白井佳夫著	話の特集

1981（昭和56年）

新海竹太郎伝 新海竹太郎著 新海竹蔵·撰 [和]	新海尭
人生読本 ファッション	河出書房新社
新潮文庫解説目録	新潮社
詩の鉛筆手帖 詩の好きな若い人たちに 菅原克己著 [和]	土曜美術社
レジマンの火（私家版） 杉村光子著	河北印刷
世界で石油を探す	モービル文庫
北斎漫画歳時記 瀬木慎一著	美術公論社
創造の森 草月1927−1980 草月出版編集部編著 [和]	草月出版
南大阪·流民の倫理 労働者自主管理の可能性 総評全国金属労働組合山科鉄工支部編著 [和]	現代企画室
陶淵明ノート 帰去来の思想 高橋徹著 [和]	国文社
志賀直哉−近代と神話 高橋英夫著	文藝春秋
明治大正の美術 洋画·日本画·彫刻·版画·工芸のあゆみ 匠秀夫ほか著	有斐閣
審美歌篇 竹内敏雄著	弘文堂
美学事典 増補版 竹内敏雄編	弘文堂
人間の土地（上·下） 竹内泰宏著 [和]	河出書房新社
パスキン パリの憂愁（ミュージアム新書1） 武田厚著 北海道立近代美術館編	北海道新聞社
虹のいろいろ 武田裕著	檸檬社
エナジー対話18 関西−谷崎潤一郎にそって 多田道太郎ほか編	エッソ·スタンダード石油
田中一光のポスター その発想と造形 田中一光著 [和]	講談社
ことばと国家 田中克彦著	岩波新書
TOSHIYUKI TANAKA 田中稔之著	東美デザイン
視線はいつもB級センス 脱意味の美術 1979−1981 谷川晃一著 奥野栄編	現代企画室
刺青·秘密 谷崎潤一郎著	新潮文庫
水紀行−むらを訪ねて 玉城哲著 [和]	日本経済評論社
描けなかった風景 司修著 [和]	河出書房新社
虚人たち 筒井康隆著	中央公論社
小さなメディアの必要 津野海太郎著	晶文社
戦後思想三話（叢書·同時代に生きる⑤） 鶴見俊輔著	ミネルヴァ書房
マラッカ物語 鶴見良行著	時事通信社
文化からの架け橋−寺子屋教室10年の歩み 寺子屋教室著	寺子屋教室
絵と文 寺田透著	河出書房新社
水彩画家 大下藤次郎 土居次義著	美術出版社
メキシコ曼荼羅 利根山光人著	小沢書店
X社への手紙（レアリテ選書1） 中正敏著 [和]	レアリテの会
中井正一全集（全4巻） 中井正一著 久野収ほか編	美術出版社
十九歳の地図 中上健次著	河出文庫
東洋に位置する 中上健次ほか著	作品社
新国家主義の論理 中島誠著	日本工業新聞社
名取洋之助の時代 中西昭雄著 [和]	朝日新聞社
日本近代美術論争史 中村義一著	求龍堂

1981（昭和56年）

夏 中村眞一郎著	新潮社
中村正義画集 中村正義画集刊行委員会編	講談社
知の旅への誘い 中村雄二郎ほか著	岩波新書
西尾一三作品集 西尾一三著	現代創美社
戦後の象徴 平和･民主主義･天皇制 西島建男著 [和]	新泉社
記号学研究1 記号の諸相 日本記号学会編	北斗出版
髪の中の切粉 野川記枝著 [和]	オリジナル出版センター
中国文化史 近代化と伝統 野原四郎ほか著	研文出版
バイエルン革命と文学（白水叢書52） 野村修著	白水社
平賀源内 芳賀徹著 [和]	朝日新聞社
生きる場の哲学－共感からの出発 花崎皋平著	岩波新書
花田清輝の世界	新評社
図書館の論理－羽仁五郎の発言 羽仁五郎著	日外アソシエーツ
未来を紡ぐ女たち 林郁著	未來社
オーレニカは可愛い女か ロシア文学のヒロインたち 原卓也著	集英社
土方定一 遺稿 土方定一著	土方定一追悼刊行会
ベルリン1923－1927 虚栄と倦怠の時代 平井正著	せりか書房
わが文学的回想 平野謙著 [和]	構想社
都市住民への挑戦状 広野広著 [和]	現代書館
報告 中東の革命と戦争 オリーブと三日月のフロントから 布川プロダクション編 [和]	秀英書房
保安処分の現状とその問題	救援連絡会議
イメージ学ノート デカルトからメルロ＝ポンティまで 松岡俊吉著	弓立社
逆うらみの人生 死刑囚･孫斗八の生涯 丸山友岐子著 [和]	社会評論社
私という現象 同時代を読む 三浦雅士著	冬樹社
宮城県の歴史散歩（新版） 宮城県高等学校社会科教育研究会歴史部会著	山川出版社
向井隆豊作品集 向井隆豊著 [国]	向井隆豊
天平芸術の工房 武者小路穣著	教育社歴史新書･教育社
石油帝国危機の構図 森詠著 [和]	学陽書房
反西洋と非西洋 森本和夫著	春秋社
民衆蜂起と祭り－秩父事件と伝統文化 森山軍治郎著	筑摩書房
森芳雄素描集 森芳雄著 [和]	彌生画廊
流離譚（上･下） 安岡章太郎著 [和]	新潮社
起草および制定の事実に立脚した憲法第九条の解釈 安澤喜一郎著	成文堂
柳原義達作品集 柳原義達著 [和]	現代彫刻センター
現代に生きる中世 横井清著 [和]	西田書店
横尾忠則画帖 横尾忠則著 [和]	美術出版社
美学を学ぶ人のために 吉岡健二郎編 [和]	世界思想社
街の夢学校の力 吉岡忍著	日本書籍
調和の幻想 吉田秀和著	中央公論社
労働者文学作品集Ⅱ 労働者文学会議編 野間宏ほか監修	日本社会党中央本部機関紙局

【翻訳】

民族・歴史・文学 アフリカの作家グギ・ワ・ジオンゴとの対話　アフリカ文学研究会編 [和]　三一書房

死体銀行　カトリーヌ・アルレー著　加藤尚宏訳　創元推理文庫

ソヴェト・コミューン　R.G.ウェッソン著　広河隆一訳 [和]　河出書房新社

世界の現代版画　リヴァ・カッスルマン著　川合昭三訳　講談社

「ユーロコミュニズム」と国家　サンティアゴ・カリリヨ著　高橋勝之ほか訳　合同出版

アイデンティティ その2　菊地義明編訳　モービル文庫

創造性 その1　菊地義明編訳　モービル文庫

第三世界と民衆文学 韓国文学の思想　金学鉉編訳　社会評論社

ポーランド「連帯」の挑戦　工藤幸雄監修　水谷驍ほか訳　柘植書房

ひらめ（上・下）　ギュンター・グラス著　高木研一ほか訳　集英社

中国の女たち（アジア文化叢書）　ジュリア・クリステヴァ著　丸山静ほか訳　せりか書房

民衆の結晶 韓国民主化運動の底流にあるもの　グループ・草の根編訳 [和]　現代書館

無限の造形（上・下）　パウル・クレー著　南原実訳　新潮社

マイ・フェア・レディーズ　トニー・ケンリック著　上田公子訳　角川文庫

ルネッサンス巷談集　フランコ・サケッティ著　杉浦明平訳　岩波文庫

革命映画の創造　ホルヘ・サンヒネスほか著　太田昌国訳 [和]　三一書房

シャーロック・ホームズの記号論―C.S.パースとホームズの比較研究　岩波現代新書
T.A.シービオクほか著　富山太佳夫訳

一粒の麦 独立の陰に埋もれた無名の戦士たち　グギ・ワ・ジオンゴ著　小林信次郎訳　門土社

社会問題の核心　ルドルフ・シュタイナー著　廣嶋準訓訳 [和]　人智学出版社

米国のエネルギー政策に対する提言（モービル・ニュース7）　ウィリアム・P・タバラリアス著　モービル石油

わが秘められた生涯　サルバドール・ダリ著　足立康訳 [和]　新潮社

ことばと社会生活　陳原著　松岡栄志ほか訳　凱風社

死の鉄路 泰緬鉄道―ビルマ人労務者の記録　リンヨン・ティッルウィン著　田辺寿夫訳 [和]　毎日新聞社

社会と歴史（フィロソフィア双書3）　M.トイニッセン著　小牧治ほか訳 [和]　未來社

カフカ―マイナー文学のために　ジル・ドゥルーズほか著　宇波彰ほか訳　法政大学出版局

ゲルニカードキュメント ヒトラーに魅入られた町　ゴードン・トマスほか著　古藤晃訳　TBSブリタニカ

資本のパラドックス ネオ・マルクス主義をこえて　ポール・ピッコーネ著　粉川哲夫編訳　せりか書房

世界短編名作選 東南アジア編　新日本出版社
シー・ブーラパーほか著　川本邦衛ほか編　松山納ほか訳　蔵原惟人監修

形象の解読1 芸術の社会学的構造　P.フランカステル著　西野嘉章訳　新泉社

ピカソ〈ゲルニカ〉の誕生　A.ブラント著　荒井信一訳 [和]　みすず書房

ブレヒト青春日記　ベルトルト・ブレヒト著　野村修訳 [和]　晶文社

生涯の鏡　ジャン・ボードリヤール著　宇波彰ほか訳　法政大学出版局

ノーメンクラツーラ―ソヴィエトの赤い貴族　中央公論社
ミハイル・S・ヴォスレンスキー著　佐久間穆ほか訳

アヴァンギャルド芸術論　H.E.ホルトゥーゼン著　佃堅輔訳 [和]　国文社

美的次元 他　ヘルベルト・マクルーゼ著　生松敬三訳　河出書房新社

映画と精神分析　クリスチャン・メッツ著　鹿島茂訳　白水社

仮面劇とマダン劇 韓国の民衆演劇　梁民基ほか編訳　晶文社

内なる外国『菊と刀』再考 C・ダグラス・ラミス著 加地永都子訳 和	時事通信社
毛沢東 エドワルド・リウス著 戸田徹訳	現代書館
マン・レイ自伝 セルフポートレイト マン・レイ著 千葉成夫訳	美術公論社
マニラ 光る爪（アジアの現代文学 フィリピン） エドガルド・M・レイエス著 寺見元恵訳	めこん出版

【詩集等】

熱い日の下で 長谷川七郎著	梨花書房
木島始詩集 回風歌・脱出	土曜美術社
詩画集 蒼 難波田龍起著 和	アトリエ・楡
じかんはじぶんを 木坂涼著	水脈社
棚谷理加詩集 ボタン落しの難所 和	潮流出版社
歴程	草野心平

【カタログ・その他】

阿部展也展	東京画廊
有本利夫展 塩田佳弘編 和	彌生画廊
アントニ・タピエス展 和	カサハラ画廊
池田龍雄展 梵天シリーズ第五章「点生」	ギャラリーさんよう
石本正素描集 塩田佳弘編 和	弥生画廊
印象主義－フランスと日本	栃木県立美術館
上野泰郎展 生命の讃歌 日本画 国	日本橋高島屋
宇治山哲平展 大分県立芸術会館編 和	大分県立芸術会館
大沢昌助の世界	池田二十世紀美術館
岡倉天心と日本美術展	福井県立美術館
開館記念特別展第1部 現代日本の美術	宮城県美術館
香月泰男－その造形と抒情の軌跡	山口県立美術館
軽井沢財団法人 高輪美術館（所蔵品カタログ）	高輪美術館
川俣正 '80DOCUMENT 和	PHスタジオ
巨匠たちのリトグラフ展 高見堅志郎ほか監修 国	国際芸術文化振興会
現代の絵画 東欧と日本	国立国際美術館
現代美術の動向I 1950年代－その暗黒と光芒展	東京都美術館
後藤比奈夫×河口龍夫 河口龍夫編	後藤比奈夫先生句碑建立会
現代ラテン・アメリカ美術と日本 国立国際美術館編 和	国立国際美術館
佐藤忠良展 ブロンズの詩 現代彫刻センター編 和	現代彫刻センター
サム・フランシス「紙に描いた作品」展	ボストン現代美術館
シャガール展 愛と生の讃歌 群馬県立近代美術館・フジテレビギャラリー編 和	群馬県立近代美術館
ジャポニズムとアール・ヌーボー	兵庫県立近代美術館ほか
縮刷 新美術新聞1978－1979 Vol.2	美術年鑑社
JOL'IINKOMO 2号	京都大学南部アフリカ問題研究会
新作ポーランド映画祭	現代ポーランド映画祭上映委員会
関根正二と村山槐多 夭折の天才画家 朝日新聞東京本社企画部編 和	朝日新聞社
1960年代－現代美術の転換期 東京国立近代美術館編	東京国立近代美術館

全国のあいつぐ差別事件 「同和対策事業特別措置法」強制改正要求国民運動中央実行委員会編 [和]	「同和対策事業特別措置法」強制改正要求 国民運動中央実行委員会
第7回从（ひとひと）展 特集三上誠	从会
高橋秀新作81展	北九州市立美術館
竹久夢二	群馬県立近代美術館
田中保展	東急百貨店
中山王国文物展　東京国立博物館ほか編	日本経済新聞社
勅使河原蒼風の眼展	銀座松坂屋
ドイツ美術500年展カタログ　中部日本放送編	中部日本放送
難波田史男展	西武美術館
西尾一三展	東京セントラル美術館
馬場彬展	東邦画廊
パウル・クレー展	フジテレビギャラリー
ハンガリー国立美術館名作展	群馬県立近代美術館
反芸術「ダダ」の巨匠 見るひとが芸術をつくる マルセル・デュシャン展	西武美術館
ピカソ 秘蔵のピカソ展 生誕100年記念	ピカソ展実行委員会
美術手帖11月号増刊　写真 道具から表現へ	美術出版社
フィラスティン・びらーでぃ　PLO駐日代表部編	PLO駐日代表部
PLAY 1967→1980 [和]	The Play
馬越陽子展	ギャラリー玉屋
マチス展	読売新聞社
水本修二	村松画廊・ときわ画廊
モーリス・ドニ展	国立西洋美術館
最上壽之	東京画廊・村松画廊
山田正亮	佐谷画廊
山本丘人 私画展	東京セントラル絵画館

【執筆・著作】

阿部展也　阿部展也の生涯と作品	東京画廊
KIRYU　桐生出身で高崎高校を出たのち…	桐生市文化センターに協力する会
馬場彬展　結実の時期を迎えた作家	東邦画廊
Print Communication No.65　現代日本版画家群像（7）靉嘔と池田満寿夫	現代版画センター
Print Communication No.68　現代日本版画家群像（8）加納光於と横尾忠則	現代版画センター
中村正義　業執の芸術家中村正義	講談社
難波田史男展　詩魂昇天―難波田史男の再評価のために	西武美術館
勅使河原蒼風の眼展　私欲と友情と共感の輪としての蒼風コレクション	銀座松坂屋
三田新聞 6/1　性急なテーマ主義 内容生かす方法論を持て：美術時評	慶応義塾大学三田新聞会
花田清輝の世界　瀧口修造と花田清輝	新評社
太佐豊春自選展（案内状）　太佐豊春は…	川上画廊
回想の戸村一作　鎌田慧編　戸村一作の闘争と芸術	柘植書房
西尾一三展　西尾一三と知りあって…	東京セントラル美術館
西尾一三作品集　西尾一三の生と芸術の軌跡	現代創美社

濱野年宏展（案内状） 日本の美術家には…	ギャラリーミキモト
ヴァルター・ベンヤミン著作集8 シュルレアリスム 針生一郎編・解説	晶文社
甲斐清子デッサン展（案内状） フランス語で…	川上画廊
人生読本 ファッション ヘルメット考	河出書房新社
新作ポーランド映画祭 ポーランド美術の基本性格	現代ポーランド映画祭上映委員会
沖縄タイムス 3/11 文化：ローマ教皇の残したもの	沖縄タイムス社
社会新報 3/16 文化：論壇時評 社会主義の再生と管理国家の克服が課題	日本社会党
社会新報 4/10 文化：論壇時評 中国の矛盾を多角的に分析	日本社会党
社会新報 5/15 文化：論壇時評「世直し」民主主義の連帯に期待	日本社会党
社会新報 8/28 文化：論壇時評 戦後史の基軸の転換を求めて	日本社会党

1982（昭和57年）

【和書】

雨月物語 全訳注（上） 青木正次著	講談社学術文庫
象徴と記号－芸術の近代と現代 浅沼圭司著 [和]	勁草書房
お笑いを一席 阿刀田高ほか著	新潮文庫
人間の住んでいる島 阿波根昌鴻著	阿波根昌鴻
ひとでなしの詩学 阿部良雄著 [和]	小沢書店
対談中世の再発見－市・贈与・宴会 網野善彦ほか著	平凡社
青い壺 有吉佐和子著	文春文庫
美っつい庵主さん 有吉佐和子著	新潮文庫
真砂屋お峰 有吉佐和子著	中公文庫
デザイン巡遊 粟津潔著	現代企画室
「縮み」志向の日本人 イー・オリョン著	学生社
エコロジーとマルクス主義 いいだもも著	緑風出版
マンハッタン・ラプソディ 池田満寿夫著 [和]	角川書店
紫苑物語 石川淳著	新潮文庫
ルソーを継承するもの－石田宇三郎教育論集 石田宇三郎著	双柿舎
名誉白人（オノラリーホワイト）ジャパニーズ 石田甚太郎著	創樹社
歌行燈・高野聖 泉鏡花著	新潮文庫
身体の宇宙性（叢書文化の現在Ⅱ） 市川浩ほか著 大江健三郎ほか編	岩波書店
まなざしの人間関係 井上忠司著	講談社現代新書
暴力のオントロギー 今村仁司著	勁草書房
雨月物語・春雨物語 上田秋成著 神保五彌ほか訳	現代教養文庫
哲学とカタルシス イデアへの論理と直観 内田克孝著 [和]	昭和堂
文学の中の被差別部落像－戦後篇 梅沢利彦ほか著 [和]	明石書店
都市風景の発見 日本のアヴァンギャルド芸術 海野弘著	求龍堂
色名の由来 江幡潤著	東京書籍
「雨の木」を聴く女たち 大江健三郎著 [和]	新潮社
核の大火と「人間」の声 大江健三郎著	岩波書店
フランスへの献花 岡鹿之助文集 岡鹿之助著	美術出版社
美の世界旅行 岡本太郎著	新潮社

1982（昭和57年）

岡山県の歴史散歩（全国歴史散歩シリーズ） 岡山県高等学校教育研究会社会科部会歴史分科会著	山川出版社
整理前の玩具箱 尾辻克彦著 [和]	大和書房
優柔不断読本 尾辻克彦著 [和]	文藝春秋
伯林ー一八八八年 海渡英祐著	講談社文庫
江戸結髪史 金沢康隆著	青蛙房
イスラームの挑戦 加納吾郎著	講談社
地中海の誘惑 樺山紘一著	TBSブリタニカ
日本の原発危険地帯 鎌田慧著	潮出版社
去るも地獄残るも地獄 三池炭鉱労働者の二十年 鎌田慧著 [和]	筑摩書房
芸術・記号・情報（現代美学双書5） 川野洋著	勁草書房
講座・記号論（全4巻） 川本茂雄ほか編	勁草書房
コミュニティ その1・その2 菊地義明編	モービル文庫
創造性 その2 菊地義明編	モービル文庫
戦後美術の原質 菊畑茂久馬著 [国]	葦書房
幽冥の肖像 金石範著	筑摩書房
行基の時代 金達寿著	朝日新聞社
ヴィーナス以前 木村重信著	中公新書
九鬼周造全集（全11巻+別巻1） 九鬼周造著 天野貞祐ほか編	岩波書店
尾てい骨 熊谷宗秀著	北国出版社
ガラスの美ーアール・ヌーヴォーから現代へ（ミュージアム新書2） 倉田公裕ほか著 北海道立近代美術館編	北海道新聞社
管理社会と民衆理性ー日常意識の政治社会学 栗原彬著	新曜社
ブタペスト物語 現代思想の源流をたずねて 栗本愼一郎著 [和]	晶文社
建築論ー日本的空間へ 黒川紀章著 [和]	鹿島出版会
わが祖国チェコの大地よ ドヴォルジャーク物語 黒沼ユリ子著	リブリオ出版
メディアの牢獄 粉川哲夫著	晶文社
別れる理由（全3巻） 小島信夫著 [和]	講談社
現代のラテンアメリカーこの激動の20年 後藤政子著	時事通信社
精神医学と哲学の間 小西祐一著 [和]	論創社
中東危機の構造 小林弘一著	五月社
見える像と見えない像 近藤耕人著	創樹社
青春の画像 酒井忠康著 [和]	美術公論社
彫刻の庭 現代彫刻の世界 酒井忠康著 [和]	小沢書店
書のイメージ 榊莫山著	美術公論社
中国見聞記 榊莫山著	人文書院
軍縮の政治学 坂本義和著	岩波新書
時の音 佐々木基一著	講談社
私の画廊 現代美術とともに 佐谷和彦著	佐谷画廊出版部
美しい女 椎名麟三著	新潮文庫
表現の装置 来るべき言葉のために 塩見鮮一郎著 [和]	批評社

1982（昭和57年）

歌の現実 新しいリアリズム論 篠弘評論集　篠弘著 [和]	雁書館
小説はいかに書かれたか－『破戒』から『死霊』まで　篠田浩一郎著	岩波新書
都市の記号論　篠田浩一郎著	青土社
再びセーヌは流れる 歴史の中のフランス作家群像　篠田浩一郎著 [和]	TBSブリタニカ
島尾敏雄全集（全17巻）　島尾敏雄著	晶文社
一億人から離れてたつ 異貌の画家菅井汲の世界　菅井汲著 [国]	現代企画室
花田清輝 砂のペルソナ　絓秀実著 [和]	講談社
ボラの哄笑 渥美風物誌　杉浦明平著 [和]	河出書房新社
中世の町－風景　鈴木成高著 [和]	東海大学出版会
織田信長　鈴木良一著	岩波新書
わが版画師たち－近代日本版画家伝　関野準一郎著 [和]	講談社
路地裏から　関根弘著	草思社
プラトンと資本主義　関曠野著	北斗出版
高取正男著作集（全5巻）　高取正男著 [和]	法藏館
さよなら、ギャングたち　高橋源一郎著	講談社
装いせよ、わが魂よ　高橋たか子著 [和]	新潮社
高原秋一郎画集　高原秋一郎著	神無書房
田木繁全集（全3巻）　田木繁著　秋山清ほか編 [和]	青磁社
文化の理論のために－文化記号学への道　竹内芳郎著	岩波書店
多田美波	多田美波研究所
彫刻　建畠覚造著	緑地社
日本の色彩 JAPANESE COLORING　田中一光・小池一子・構成 [和]	リブロポート
パレスチナ問題とは何か　中東の平和をもとめる市民会議編 [和]	未來社
おれに関する噂　筒井康隆著	新潮文庫
戦時期日本の精神史1931－1945年　鶴見俊輔著	岩波書店
東京ローズ　ドウス昌代著	文春文庫
テキストの記号論　富山太佳夫著	南雲堂
千年の愉楽　中上健次著	河出書房新社
放浪貴族　永瀬義郎著 [和]	ネオアカシア
麦熟るる日に　中野孝次著	河出文庫
続日本近代美術論争史　中村義一著	求龍堂
西洋人の歌舞伎発見　中村哲郎著 [和]	劇書房
近代をどう超えるか　南坊義道著	現代書館
樫の木のある風景　西原啓著 [和]	創樹社
新しい時代の文学　野間宏著 [和]	岩波書店
戦後その光と闇　野間宏著	福武書店
鑑賞日本現代文学（全35巻+別巻1）　野間宏ほか著　小笠原克ほか編	角川書店
五塵録 民俗的自伝　橋浦泰雄著 [和]	創樹社
白昼に神を視る　長谷川潔著　長谷川仁ほか編 [和]	白水社
核戦争の危機と日本　服部学監修 [和]	学習の友社
近代への呪術師・石牟礼道子　羽生康二著 [和]	雄山閣出版

1982（昭和57年）

浜田知明作品集：取引・軍隊・戦場　浜田知明著 [和]	現代美術社
冬の時代の文学ー秋水から「種蒔く人」へ　林尚男著	有精堂出版
言葉と言葉ならざるもの 針生一郎評論集　針生一郎著	三一書房
私の戦争体験 若い世代に語りつぐ　日高六郎・総評教宣局編	労働教育センター
流行と不易 花田清輝論　平野栄久著 [和]	近代文藝社
私のなかの「ユダヤ人」　広河ルティ著 [和]	集英社
西鶴の小説 時空意識の転換をめぐって（平凡社選書77）　廣末保著	平凡社
いま、民衆の科学技術を問う（シリーズプラグを抜く0）　フォーラム・人類の希望編	新評論
永遠の画像ーレオナルド・ダ・ヴィンチ　藤沢友一著	童心社
ローマでエプロンかけて　藤田桜著	新潮社
精神史的考察（平凡社選書72）　藤田省三著	平凡社
父親としての道程ー内申書裁判・教育と、文学と　保坂武義著	現代出版
情熱の行方ースペインに在りて　堀田善衛著	岩波新書
農民の旗の下に 戦後農民文学運動の二十五年　堀江泰紹著 [和]	日本農民文学会
岡倉天心考　堀岡弥寿子著 [和]	吉川弘分館
古い記憶の井戸　本多秋五著 [和]	武蔵野書房
古寺辿歴　町田甲一著	保育社
ことばの社会学 意味の復権を求めて　松島浄ほか著 [和]	世界思想社
パロディ毒本　マッド・アマノ著	新潮文庫
松本英一郎作品集 1966ー1982　松本英一郎著 [和]	半七写真印刷工業K.K
歴史の精神 大衆のエトスを基軸として　松本健一著 [和]	柏書房
私論 青木繁と坂本繁二郎　松本清張著	新潮社
ワヤン人形図鑑　松本亮著 [国]	めこん
裏声で歌へ君が代　丸谷才一著 [和]	新潮社
後衛の位置からー「現代政治の思想と行動」追補　丸山真男著	未來社
満鮮原始墳墓の研究ー東北アジア史研究 第一　三上次男著	吉川弘文館
翔べない身体ー身体性の社会学　三橋修著	三省堂
序の舞（上）　宮尾登美子著	朝日新聞社
秋艸道人随聞　宮川寅雄著	中公文庫
注文の多い料理店　宮沢賢治著	角川文庫
父の詫び状　向田邦子著	文春文庫
黒の機関 ブラックチェンバー　森詠著 [和]	ダイヤモンド社
悪魔の飽食　森村誠一著	カッパ・ノベルス
説き語り記号論　山口昌男監修	日本ブリタニカ
東洋文化の深層 心理学と倫理学の間　湯浅泰雄著 [和]	名著刊行会
反核の論理ー欧米・第三世界・日本　吉川勇一ほか著	柘植書房
女人 吉屋信子　吉武輝子著 [和]	文藝春秋
解体劇の幕降りてー60年代前衛美術史　ヨシダ・ヨシエ著	造形社
空虚としての主題　吉本隆明著	福武書店
源氏物語論　吉本隆明著	大和書房
教えるヒント学ぶヒント（新潮選書）　ジョセフ・ラヴ著	新潮社

【翻訳】

世界は周辺部から変る　サミール・アミーン著　北沢正雄監訳 [和]	第三書館
金日成主義大業の輝かしい継承　ムハマド・アル・ミツリ著	外国文出版社・平壌
大いなる幻影 死者の入江　カトリーヌ・アルレー著　安堂信也訳	創元推理文庫
死の匂い　カトリーヌ・アルレー著　望月芳郎訳	創元推理文庫
白墨の男　カトリーヌ・アルレー著　安堂信也訳	創元推理文庫
文学的芸術作品　R.インガルデン著　瀧内槇雄ほか訳	勁草書房
金日成主席と朝鮮　外国文出版社編集部編訳	外国文出版社・平壌
国家の神話　E.カッシーラー著　宮田光雄訳	創文社
イノベーション その1　菊地義明編訳	モービル文庫
全社会のインテリ化について　金日成著	外国文出版社・平壌
祖国統一の3大原則について 北と南の高位級政治会談に参加した南朝鮮側代表との談話　金日成（述）	外国文出版社・平壌
朝鮮労働党は栄えある「トゥ・ドゥ」の伝統を継承したチュチェ型の革命的党である 金日成（述）	外国文出版社・平壌
主体思想について　金正日著	外国文出版社・平壌
巫女 乙火（韓国文化選書3）　金東里著　林英樹訳	成甲書房
フィーバー　ロビン・クック著　林克己訳	早川書房
ひまつぶし　クロード・クロッツ著　村上香住子訳	ハヤカワ文庫
国境を超える革命 エルネスト・チェ・ゲバラ著　世界革命運動情報編集部編訳 [和]	インパクト出版会
サキ短篇集　サキ著　中村能三訳	新潮文庫
家の馬鹿息子 ギュスターヴ・フローベール論（1821−1857） ジャン=ポール・サルトル著　平井啓之ほか訳	人文書院
ワヤンの基礎　セノ・サストロアミジョヨ著　松本亮ほか訳	めこん
地球の運命　ジョナサン・シェル著　斎田一路ほか訳 [和]	朝日新聞社
シオニズム　ジャンセン著　奈良本英佑訳	第三書館
小さな土曜日　アーウィン・ショー著　小泉喜美子訳	早川書房
大衆文化の神話　A.スウィングウッド著　稲増龍夫訳 [和]	東京創元社
ペーパー・マネー　アダム・スミス著　風間禎三郎訳	TBSブリタニカ
魔法の国の旅人　ロード・ダンセイニ著　荒俣宏訳	ハヤカワ文庫
朝鮮概観	外国文出版社・平壌
朝鮮民主主義人民共和国統一方案集	外国文出版社・平壌
流行の社会心理学　M.A.デカン著　杉山光信ほか訳	岩波書店
《マルセル・デュシャン語録》新版　マルセル・デュシャン著　瀧口修造編訳	美術出版社
ドイツ世界に冠たるドイツ「黄金」の20年代・ワイマール文化の鏡像 クルト・トゥホルスキー著　ジョン・ハートフィールド・写真　野村彰訳　平井正・解説 [和]	ありな書房
戦争ですよ　マーティン・バーク著　小林宏明訳	晶文社
ミッシング　トマス・ハウザー著　古藤晃訳	ダイナミックセラーズ
孤独の迷宮（叢書・ウニベルシタス114）　オクタビオ・パス著　高山智博ほか訳	法政大学出版局
イデア　E.パノフスキー著　中森義宗ほか訳 [和]	思索社

舞台の上の権力－政治のドラマトゥルギ　G.バランディエ著　渡辺公三訳	平凡社
ロシア・アヴァンギャルド　ステファニー・バロンほか編　五十殿利治訳	リブロポート
フッサール書簡集1915－1938 フッサールからインガルデンへ エドムント・フッサールほか著　桑野耕三ほか訳	せりか書房
とうに夜半を過ぎて　レイ・ブラッドベリ著　小笠原豊樹訳	集英社文庫
ウィリアム・ブレイクの芸術　アンソニー・ブラント著　岡崎康一訳	晶文社
風が吹くとき　レイモンド・ブリッグズ著　小林忠夫訳	篠崎書林
イタリア・ルネサンスの文化（下）　ブルクハルト著　柴田治三郎訳	中公文庫
伝達か対話か 関係変革の教育学（A.A.LA教育・文化叢書Ⅵ） パウロ・フレイレ著　里見実ほか訳	亜紀書房
希望の原理（全3巻）　エルンスト・ブロッホ著　山下肇ほか訳	白水社
この時代の遺産　エルンスト・ブロッホ著　池田浩士訳	三一書房
レオナルド・ダ・ヴィンチ　ロバート・ペイン著　鈴木主税訳	草思社
韓国民衆文学論 白楽晴評論集　白楽晴著　安宇植編訳	三一書房
教育としての遊び　ヴァルター・ベンヤミン著　丘沢静也訳	晶文社
モスクワの冬　ヴァルター・ベンヤミン著　藤川芳朗訳	晶文社
聊斎志異（上・下）　蒲松齢著　常石茂ほか訳　和	平凡社
象徴交換と死　ジャン・ボードリヤール著　今村仁司ほか訳	筑摩書房
幸運な死体　クレイグ・ライス著　小泉喜美子訳	ハヤカワ・ミステリ文庫
革命の肖像画 カール・ラデック評論集1918－1934 カール・ラデック著　A.J.カミングス編　大中弥生子訳　和	三一書房
影の学問、窓の学問　C・ダグラス・ラミス著　加地永都子ほか訳	晶文社
イスラエルからの証言 ユダヤ女性弁護士の記録　フェリシア・ランゲル著　広河隆一訳　和	群出版
反乱するメキシコ（筑摩叢書278）　ジョン・リード著　野田隆ほか訳	筑摩書房
リウスの現代思想学校3 資本主義って何だろうか　リウス著　山崎カヲル訳	晶文社

【詩集等】

アジア・アフリカ詩集（世界現代詩文庫1）　高良留美子編訳	土曜美術社
炙り絵　下沢勝井著	信州白樺
長谷川四郎詩集（日本現代詩文庫）	土曜美術社

【カタログ・その他】

R アール Vol.1 No.1　柏木博編	グループR
アール・デコ展	PARCO出版・英国大使館
青木敏郎展　和	[記載なし]
有元利夫展	彌生画廊
ANDY WARHOL REVERSAL SERIES,MARILYNS　和	アキライケダギャラリー
磯部草丘・大沢雅休展　和	群馬県立近代美術館
IDA SHOICHI　紫紅社編	ギャラリー上田
一木平蔵展　北九州市立美術館編	北九州市立美術館
失われた「タトリン」の作品の再現　マーチン・チョーク・文	東京画廊
ヴラディミール・タマリ展	スペース・ニキ
M 7号	Mの会

1982（昭和57年）

核戦争の危機を訴える文学者の声明 全記録 伊藤成彦ほか編	「核戦争の危機を訴える文学者の声明」署名者
北辻良央展	村松画廊
木村賢太郎彫刻展	ギャラリー・ユニバース
郷土の生んだ国吉康雄とその時代の画家たち展　福武書店編 [和]	福武書店
清水九兵衛展	フジテレビギャラリー
久野真	東京画廊
クリスト 包まれた遊歩道 資料展　原美術館ほか編 [和]	アルカンシェール美術財団
桑原盛行展	ギャラリー上田
芸術と革命	西武美術館
形象の詩人 難波田龍起展　北海道立近代美術館学芸部編 [国]	北海道立旭川美術館
行為と創造=現代美術からの啓示　国際交流基金編	国際交流基金
国際自由大学の実現可能性について（研究報告増補改訂版） キャロライン・ティスドール著	国際自由大学
今日のイギリス美術展	朝日新聞社
昆野恒彫刻展 仙台駅前広場「青葉の風」設置一周年記念	現代彫刻センター
坂本繁二郎展	東京国立近代美術館
佐藤忠良　本間正義・文　石元泰博・撮影 [和]	現代彫刻センター
シモン・アンタイ展	カサハラ画廊
ジャン・デュビュッフェ展	西武美術館ほか
自由家族 創刊号	吉沢演劇塾
縮刷 新美術新聞1980−1981 Vol.3	美術年鑑社
杉全直自選集1980／杉全直展1982	東京画廊・ギャラリー上田
鈴木信太郎展 メルヘンを描いて70年 [和]	読売新聞社
第一回現代芸術祭 瀧口修造と戦後美術	富山県立近代美術館
太陽の征服　木島始・上演台本 [国]	西武美術館
高松次郎 [和]	東京画廊
高山良策展 哀しき二等兵−軍隊スケッチ	地球堂ギャラリー・川上画廊
多田美波	東京画廊
丹阿弥丹波子展	ギャラリー上田
中国の油絵画家 衛天霖遺作展	丸の内画廊
勅使河原宏カタログ　草月出版編集部編	草月出版
ながさき原爆の記録　長崎市国際文化会館編	長崎市国際文化会館
中本達也と戦後美術の一断面	山口県立美術館
難波田龍起新作展	東邦画廊
難波田史男遺作展全図録 未発表の水彩画による	東邦画廊
ニコラ・ド・スタール展カタログ　アートセンター編	アートセンター
日本銅版画史展−キリシタン渡来から現代まで	東京都美術館
パレスチナ連帯通信No.45	三多摩パレスチナと連帯する会
フランク・ステラ ワーキング・ドローイング1956−1982展 [和]	北九州市立美術館

ブリヂストン美術館開館30周年記念 具象絵画の革命 セザンヌから今日まで フランス大統領来日記念	ブリヂストン美術館
古沢岩美展 板橋区立美術館編 和	板橋区立美術館
ブロンズの詩・佐藤忠良展	宮城県立美術館
文学空間8 構想と視線 20世紀文学研究会編	創樹社
別冊宝島30 映像メディアのつくり方	宝島社
ベン・ニコルソン展 アートセンター編 和	アートセンター
VOID 創刊号	カサハラ画廊
松崎真一展	福井県立美術館
保田春彦	南天子画廊
夜想7 世紀末 今野裕一編	ペヨトル工房
湯原和夫展	神奈川県立近代美術館
Joseph Beuys	ギャルリーワタリ
ルイス ベネディット展	ストライプハウス美術館
ルドン展 幻想と神秘 群馬県立近代美術館編 和	群馬県立近代美術館
わたくしの町美術館展	わたくしの町美術館刊行会
XIIe Biennale de Paris	[記載なし]

【執筆・著作】

Print Communication No.78 現代日本版画家群像(11) 島州一と野田哲也	現代版画センター
Print Communication No.80 現代日本版画家群像(12) 高松次郎と井田照一	現代版画センター
言葉と言葉ならざるもの 針生一郎評論集	三一書房
高山良策展 哀しき二等兵－軍隊スケッチ 高山良策再評価の原点	地球堂ギャラリー・川上画廊
難波田龍起新作展 抽象のなかの生と死－難波田龍起の軌跡	東邦画廊
難波田史男遺作展 未発表の水彩画による 難波田史男遺作展によせて	東邦画廊
Artistas 7 日本美術家外遊誌5	[記載なし]
ヴラディミール・タマリ展 パレスチナの画家 タマリの個展によせて	スペース・ニキ
Joseph Beuys ボイスへの手紙	ギャルリーワタリ
湯原和夫展 湯原和夫の持続と変貌の軌跡	神奈川県立近代美術館
中本達也と戦後美術の一断面 歴史としての絵画－中本達也	山口県立美術館
わたくしの町美術館展 「わたくしの町美術館」建設運動について	わたくしの町美術館刊行会
甲斐清子デッサン展 第2回(案内状) わたしがカタログ…	川上画廊

1983(昭和58年)

【和書】

構造と力 浅田彰著	勁草書房
新人国記3(宮城県・群馬県・岐阜県・岡山県・北海道) 朝日新聞社編	朝日新聞社
光芒の1920年代 朝日ジャーナル編集部編	朝日新聞社
にせユダヤ人と日本人 浅見定雄著 和	朝日新聞社
梅原日本学を嗤う－隠された天皇制ファシズム 有城乃三朗著	幸洋出版
恍惚の人 有吉佐和子著	新潮文庫
三婆 有吉佐和子著	新潮文庫
安藤昌益全集(全21巻+別巻1) 安藤昌益著 安藤昌益研究会編	農村漁村文化協会

1983（昭和58年）

ピカソ 飯田善國著	岩波書店
ことばの詩学 池上嘉彦著	岩波書店
大衆小説の世界と反世界 池田浩士著 [和]	現代書館
私のピカソ 私のゴッホ 池田満寿夫著 [和]	中央公論社
街頭の断層 APHORISM 石垣りんほか著	共同通信社
流人島物語 石田郁夫著 [和]	三一書房
戦後史の空間（新潮選書） 磯田光一著	新潮社
鹿鳴館の系譜 磯田光一著	文藝春秋
魯迅と日本人 伊藤虎丸著	朝日新聞社
ビッグ・パレード 今泉省彦著	赤組
増補 梶井基次郎とその周辺 遠藤誠治著 [和]	近代文藝社
朝を見ることなく 徐兄弟の母呉己順さんの生涯 呉己順さん追悼文集刊行委員会編	現代教養文庫
マルクス思想の学際的研究 大井正ほか著 石塚正英ほか編 [和]	長崎出版
新しい人よ眼ざめよ 大江健三郎著	講談社
太田聴雨作品集 太田聴雨著 [和]	太田喜多子
村からポストが消える日 大森昭著	平原社
アンリ・ルソー 楽園の謎 岡谷公二著	新潮社
岩橋英遠−道産子の眼（ミュージアム新書3） 奥岡茂雄著 北海道立近代美術館編	北海道新聞社
保田與重郎 桶谷秀昭著	新潮社
大きな顔 小野二郎の人と仕事 長田弘ほか著 [和]	晶文社
いま・むかし 東京逍遥 小沢信男著	晶文社
雪野 尾辻克彦著 [和]	文藝春秋
幻想彫刻の世界 恩田静子著	酣灯社
憂鬱な風景 人間画家・内田巌の生涯 風間道太郎著	影書房
芸術の記号論 加藤茂ほか著 井村寿二編 [和]	勁草書房
死刑台からの生還 鎌田慧著	立風書房
エナジー小事典 第2号「日米文化の交流小事典」 亀井俊介ほか編著	エッソ石油広報部
プラスハイウエイの夢 河合勇著 河合勇エッセイ集編集委員会編 [和]	八ッ杉現代美術研究所
芸術の論理 川野洋著	早稲田大学出版部
象型文字盤 木島始著	創樹社
チュサイサンの鞭 紀田祥著	檸檬社
近代知の反転（シリーズプラグを抜く2） 北沢方邦編	新評論
マルクス没後100年 その現代的意義 北沢洋子ほか著 [和]	新地書房
かべにえがく−壁画の世界（子ども美術館22） 絹谷幸二著	ポプラ社
本郷 木下順二著	講談社
郷愁は終り、そしてわれらは 金鶴泳著	新潮社
日本遠近 ふだん着のパリ遊記 久野収著	朝日新聞社
信濃デッサン館日記 窪島誠一郎著 [和]	平凡社
社会科学の変換を求めて〈経済学〉批判を中心に 栗本慎一郎ほか著	現代企画室
アジア・アフリカ文学入学 高良留美子著 [和]	オリジン出版センター
これが「自由ラジオ」だ 粉川哲夫編	晶文社

1983（昭和58年）

反核·軍縮宣言集 1982年の証言　国際教育フォーラム編 [和]	新時代社
国際語エスペラントの鍵	セーモの会
国分一太郎文集（全10巻）　国分一太郎著　大田尭ほか編	新評論
これからどうなる 日本·世界·21世紀	岩波書店
歴史の涙 炎のかげの女たち　今野勉著	現代史出版会
方丈記殺人事件　斎藤栄著	光文社
影の町 描かれた近代　酒井忠康著	小沢書店
書の講座（全8巻）　榊莫山著	角川書店
霧の中　佐川一政著 [和]	話の特集
昭和文学交友記　佐々木基一著 [和]	新潮社
島尾敏雄　佐藤順次郎著	沖積舎
透明大怪獣時代の広告　佐野山寛太著	廣松書店
ハルハ河幻想　塩見鮮一郎著 [和]	せきた書房
優しいサヨクのための嬉遊曲　島田雅彦著	福武書店
日本共産党スパイ史　しまね·きよし著 [和]	新人物往来社
冷たいパフォーマンス–ポスト·モダン講義　清水徹ほか著	朝日出版社
黙示の時代 埴谷雄高と現代の文学　白川正芳著 [和]	河出書房新社
大宅壮一とその時代　新藤謙著 [和]	東京書籍
ジェームス·アンソール　末永照和著	小沢書店
絓秀実メタクリティーク　絓秀実著 [和]	国文社
歎異抄 古典を読む　杉浦明平著	岩波書店
超管理列島ニッポン 私たちは本当に自由なのか　杉本良夫著	光文社
セザンヌの塗り残し 気まぐれ美術館　洲之内徹著	新潮社
世界人権宣言35周年と部落解放–人権差別撤廃条約の早期批准のために 世界人権宣言 35周年中央実行委員会編（発売：解放出版社）	世界人権宣言 35周年中央実行委員会
近世美の架橋　瀬木慎一著 [和]	美術公論社
ハムレットの方へ　関曠野著	北斗出版
風景から広場へ 環境装置としての美術　関根伸夫&環境美術研究所編	商店建築社
核時代を生きる 生活思想としての反核　高木仁三郎著	講談社現代新書
美の思索家たち　高階秀爾著	青土社
プラハからの道化たち　高柳芳夫著	講談社文庫
北川民次に学ぶもの　滝本正男著	黎明書房
異端の画家たち　匠秀夫編	求龍堂
思想の群馬 風外慧薫·関孝和·内村鑑三　竹内尚次ほか著　高崎哲学堂設立の会編 [和]	あさを社
日本伝説集　武田静澄著	現代教養文庫
日本画 繚乱の季節　田中日佐夫著 [和]	美術公論社
鉄路のサヴァンナ　谷透著	ユニウス
意識の海のものがたりへ　谷川雁著	日本エディタースクール出版部
Rの肖像 谷川晃一版画集（限定200部）　谷川晃一著	新泉社
冗句パノラマ館 アート鑑賞自由自在　谷川晃一著	沖積舎
スクラップBOOK–谷川晃一の世界　谷川晃一著　水島一生編 [和]	邯鄲アートサービス

1983（昭和58年）

美術史論の断章　谷口鉄雄著 [和]	中央公論美術出版
汽車喰われ　司修著 [和]	福武書店
いつもと同じ春　辻井喬著 [和]	河出書房新社
火の河のほとりで　津島佑子著 [和]	講談社
笑うな　筒井康隆著	新潮文庫
危ない食品から家族を守る法 害食時代を生のびる知恵　津村喬著	光文社
語らぬ筈の自分の事 ほか　寺田透著 [和]	筑摩書房
マルクス葬送　戸田徹著	五月社
はじけ!鳳仙花 美と生への問い　富山妙子著 [和]	筑摩書房
蝋画の技術　豊田一男著	北関東造形美術専門学校出版部
チベットのモーツァルト　中沢新一著	せりか書房
技法入門シリーズ 日本画の描き方　中島千波著	講談社
アラブと日本　中谷武世著	原書房
愛しき者へ（上·下）　中野重治著	中央公論社
明暗·心·道草（岩波書店創業七十年記念 夏目漱石3作復刻版）　夏目漱石著	岩波書店
日本と朝鮮の間 京城生活の断片、その他　西順蔵著	影書房
広重の構図−東海道五拾三次について　西崎泰豪著	西崎泰豪
あそびの再発見　日本文化デザイン会議編	紀尾井書房
何とも知れない未来に　日本ペンクラブ編	集英社文庫
青年の環（全5巻）　野間宏著	岩波文庫
文学的回想　長谷川四郎著	晶文社
青春の証言 今、これだけは言っておきたい　羽仁五郎著 [和]	幸洋出版
父が息子に語る歴史講談　羽仁五郎·羽仁進著 [和]	文藝春秋
今あえて「社会主義」へのラブ·コール　ばばこういち著	講談社
草莽への挽歌　濱田美智子著	校倉書房
満州·その幻の国ゆえに　林郁著	筑摩書房
わが愛憎の画家たち　針生一郎著	平凡社
平復帖／澄清堂帖（古碑帖臨書精選）　比田井南谷臨書	日貿出版社
仮面の罪 戦後作家論　平野栄久著 [和]	近代文藝社
ベイルート大虐殺　広河隆一著 [和]	三一書房
ベイルート1982 イスラエルの侵攻と虐殺　広河隆一編 [国]	PLO中央評議会「サブラ·シャティーラ特別委員会」
心中天の網島　廣末保著	岩波書店
楢山節考　深沢七郎著	新潮文庫
槿　古井由吉著 [和]	福武書店
アーバンルネッサンス　槇文彦ほか著 [和]	パンリサーチインスティテュート
岸田劉生晩景　松本清張著	新潮文庫
金閣寺　三島由紀夫著	新潮文庫
序の舞（下）　宮尾登美子著	朝日新聞社
宮沢賢治没後50年記念シリーズ2 水仙月の四日 宮沢賢治著　高松次郎·画　C.W.ニコルほか訳	十代の会
カンガルー日和　村上春樹著	平凡社

1983(昭和58年)

羊をめぐる冒険 村上春樹著	講談社
村田拓小説集2 シュウの脱出 村田拓著	現代社会・文化研究所
元永定正作品集 1955−1983 Sadamasa Motonaga works 元永定正著 [和]	灰塚輝三
日米レモン戦争 守誠著	家の光協会
反逆する絵画 八重樫春樹著	日本経済新聞社
知の辺鏡 文化のトポロジー 矢島文夫著 [和]	青土社
山川暁夫政治評論集 新たなる戦前 山川暁夫著 [和]	緑風出版
山川暁夫政治評論集 85年体制への序章 山川暁夫著	緑風出版
消費のメタファー 男の女の政治経済学批判 山本哲士著	冬樹社
経済セックスとジェンダー(シリーズプラグを抜く1) 山本哲士ほか編	新評論
彼女たち眼あげ 吉野令子著	荒地出版社
「反核」異論 吉本隆明著	深夜叢書社
兵士の歌(朝日選書) 米田利昭著	朝日新聞社
サハリンへの旅 李恢成著	講談社
井伏鱒二の世界 小説の構造と成立 涌田佑著 [和]	集英社
アール・イダンティスム Art l'aikisme Le monde de Mitsu−Massa 渡辺光雅著	青年社

【翻訳】

罠に落ちた女 カトリーヌ・アルレー著 安堂信也訳	創元推理文庫
アリラン峠の旅人たち 聞き書朝鮮民衆の世界 安宇植編訳	平凡社
宇宙樹・神話・歴史記述(岩波現代選書) V.V.イワーノフほか著 北岡誠司訳	岩波書店
タイタニック沈没 H.M.エンツェンスベルガー著 野村修訳	晶文社
霊廟−進歩の歴史からの37篇のバラード H.M.エンツェンスベルガー著 野村修訳	晶文社
オーウェル評論集 ジョージ・オーウェル著 小野寺健編訳	岩波文庫
カストロの提言 世界の経済的社会的危機 フィデル・カストロ著 岡部廣治訳 [和]	ほるぷ出版
不可触民の父 アンベードカルの生涯 ダナンジャイ・キール著 山際素男訳	三一書房
イノベーション その2 菊地義明編・訳	モービル文庫
調和 その1・2 菊地義明編・訳・監修	モービル文庫
連続性 その1・2 菊地義明訳・監修	モービル文庫
金日成著作集 金日成著	外国文出版社・平壌
高麗民主連邦共和国創立方案について 金日成著	外国文出版社・平壌
新興諸国における民族文化の発展のために 金日成(述)	外国文出版社・平壌
テルクテの出会い ギュンター・グラス著 高木研一訳 [和]	集英社
グレアム・グリーン語る グレアム・グリーンほか著 三輪秀彦訳	早川書房
ジョージ・オーウェル(上・下) B.クリック著 河合秀和訳	岩波書店
万物寿命事典 フランク・ケンディッグほか著 川勝久ほか訳	講談社
狂人日記 他二篇 ゴーゴリ著 横田瑞穂訳	岩波文庫
コンラッド中短篇小説集(全3巻) J.コンラッド著 土岐恒二ほか訳 篠田一士編	人文書院
中国美術史(新潮選書) マイケル・サリバン著 新藤武弘訳	新潮社
マラルメ論 サルトル著 平井啓之ほか訳	中央公論社
わたしの見た朝鮮民主主義人民共和国(1980−1982) ノロドム・シアヌーク著	外国文出版社・平壌
寝台車の殺人者 セバスチアン・ジャプリゾ著 望月芳郎訳	創元推理文庫

吸血鬼ドラキュラ ブラム・ストーカー著 平井呈一訳	創元推理文庫
退屈な話・六号病室 チェーホフ著 湯浅芳子訳	岩波文庫
チュチェ思想 解説	外国文出版社・平壌
金日成主席革命活動史 朝鮮労働党中央委員会党歴史研究所著	外国文出版社・平壌
異文化の女性たち ポール・デザルマン著 福井美津子訳	新評論
鄧小平文選1975−1982 鄧小平著 中共中央マルクス・エンゲルス・レーニン・スターリン著作編訳局編	東方書店＋北京・外文出版社
赤の広場 ブレジネフ最後の賭け E.トーポリほか著 原卓也訳 [和]	中央公論社
ラテンアメリカ文学のブーム−作家の履歴書（東海選書） ホセ・ドノソ著 内田吉彦訳	東海大学出版会
ルカーチ パーキンソン著 青木順三ほか訳 [和]	未來社
「通夜」のあとに 現代アヴァンギャルド芸術論 クリストファー・バトラー著 和田旦ほか訳 [和]	芸立出版
不滅のピカソ 1881−1907 ジュゼップ・パラウ・イ・ファブレ著 永澤峻訳	平凡社
表現主義 芸術のための戦いの記録 ヘアヴァルト・ヴァルデン著 本郷義武ほか編訳 [和]	白水社
吸血鬼カーミラ レ・ファニュ著 平井呈一訳	創元推理文庫
蜘蛛女のキス（ラテンアメリカの文学16） プイグ著 野谷文昭訳	集英社
黒いカーニバル レイ・ブラッドベリ著 伊藤典夫訳	ハヤカワ文庫
10月はたそがれの国 レイ・ブラッドベリ著 宇野利泰訳	創元推理文庫
ちはやふる奥の細道 W.C.フラナガン著 小林信彦訳	新潮社
現代社会学の諸相 社会学理論への補遺 フランクフルト社会研究所著 山本鎮雄訳 [和]	恒星社厚生閣
英国の私家版 コリン・フランクリン著 大竹正次訳 [和]	アトリエ・ミウラ
友人たち／恋人たち 友愛の比較人類学 ロバート・ブレイン著 木村洋二訳 [和]	みすず書房
幸福論 ヘッセ著 高橋健二訳	新潮文庫
西ドイツ緑の党とは何か ハンス・ヴェルナーほか編 荒川宗晴ほか訳	人智学出版社
それを言うとマウンターヤの言いすぎだ マウンターヤ著 田辺寿夫訳 [和]	新宿書房
美しい本 ケリスティン・ティニ・ミウラ著 三浦永年訳 三浦功大・写真 [和]	求龍堂
偉大な金日成主席の社会・経済・政治思想 T.B.ムケルジー著	外国文出版社・平壌
詩学から言語学へ−妻ポモルスカとの対話 ロマーン・ヤーコブソン著 伊藤晃訳	国文社
アフリカ昔話叢書（全5巻） 米山俊直ほか編	同朋舎出版
ファンタジーの文法 ジャンニ・ロダーリー著 窪田富男訳	筑摩書房

【詩集等】

相原幸彦詩集 不在者のうた [和]	芸風書院
井上靖全詩集	新潮文庫
光州詩片 金時鐘著	福武書店
郡山弘史 詩と詩論 郡山吉江編 [和]	郡山弘史・詩と詩論刊行会
酔いどれ歌仙 石川淳ほか著	青土社

【カタログ・その他】

アールヴィヴァン 9号 特集 ペインティング・ナウ	西武美術館
アールヴィヴァン 11号 特集 フルクサス	西武美術館
青木繁＝明治浪漫主義とイギリス	石橋美術館
アジアの平和と文学を語る集い	ナガサキ国際フォーラム実行委員会
有本利夫展 塩田佳弘編 [和]	彌生画廊

1983（昭和58年）

アンソール展 仮面と幻想の巨匠	兵庫県立近代美術館
アンディ・ウォーホール展 1983−1984 [国]	現代版画センター
アンリ・ミショー展 未知への眼差し、未知の「かたち」へ	西武美術館ほか
飯室哲也展 橋田尚之展 宿沢育夫展 [和]	ときわ画廊
石橋学	弘文堂画廊
猪熊弦一郎展 [和]	ギャラリーミキモト
榎倉康二	東京画廊
円空研究−10〈円空歌集I〉 円空学会編	円空学会
大井正教授退職特別講義 家族・市民社会・国家 正水会編 [和]	正水会
太田聴雨展	宮城県美術館
小田襄展	神奈川県立近代美術館
小山田二郎 水彩新作展	東邦画廊
開館五周年記念 1983年現代作家220人 裸婦デッサン展 亀谷美術館編 [和]	亀谷美術館
甲斐清子 デッサン'83	Gallery TAMAYA
回想 岡崎義恵先生 早坂禮吾編	岡崎義恵先生追悼記念会
課外講演記録 大都市の衰退と再生 宮本憲一	和光大学一般教育委員会
加納光於−瀧口修造に沿って：第3回オマージュ瀧口修造展	佐谷画廊
川端実	東京画廊
瓦林睦生	東京画廊
韓国現代美術展 70年代後半・ひとつの様相	東京都美術館・国際交流基金
金昌烈	東京画廊
近代日本画の歩み展	三重県立美術館
日下賢二 木版画作品集	川上画廊
草間彌生 OBSESSION	フジテレビギャラリー
グッゲンハイム美術館展図録 トーマス・M・メッサーほか編	日本テレビ放送網ほか
月報 公害を逃すな!	反公害輸出通報センター
幻想と造形展 ホログラフィと振動の不思議な世界 岐阜県美術館編 [和]	岐阜県美術館
現代日本の美術2 風景との出会い	宮城県美術館
現代のリアリズム	埼玉県立近代美術館
現代美術における写真−1970年代の美術を中心として	東京国立近代美術館
現代美術の動向II 1960年代−多様化への出発	東京都美術館
小清水漸 [和]	東京画廊
Costa 83：cosmos：acryliques sur toiles [国]	Hanae Mori the Space, Tokyo
コワルスキー展 アラン・ジュフロワ・文 [和]	原美術館
CONTINUUM'83	日本・オーストラリア文化交流推進委員会
今日の作家展'83	横浜市民ギャラリー
Salomé（Catalogue Akira Ikeda Gallery：no. 52）[国]	アキライケダギャラリー
SHIGERU UEKI 現代彫刻センター編 [和]	現代彫刻センター
篠原有司男展	ギャラリー山口
ジャコメッティ展	西武美術館
ジャン・ティンゲリー展	カサハラ画廊

1983（昭和58年）

シュヴィッタース展 都会でひろったDADA 西武美術館編 [国]	西武美術館・軽井沢高輪美術館
「勝利への決意」上映記念−赤土と黒土の国の民もまた起つ−反乱する中央アメリカ	「第一の敵」上映委員会
新生代展	サロンドゥボナ
勝呂忠油彩新作展	東邦画廊
鈴木治 泥象展	壺中居
鈴木信太郎油絵展 [和]	和光
Soocheon Jheon	Gallery Zero
台湾高砂族の服飾	渋谷区立松濤美術館
タンカ展 チベット密教の謎を解く 板橋区立美術館編 [和]	板橋区立美術館
中国内蒙古 北方騎馬民族文物展	日本経済新聞社
中国研究月報1983年10月	社団法人中国研究所
彫金の詩 帖佐美行展	東京銀座 和光ホール
土岡秀太郎と北荘・北美と現代美術	福井県立美術館
ディーター・ユング展	原美術館
デュフィ展 1983 千足伸行監修 [和]	アートライフ
Donald Sultan [国]	アキライケダギャラリー
中川一政近作展 山田幸男編 [国]	彌生画廊
中野弘彦展	東京画廊
中村正義展	神奈川県立近代美術館
日本戦後美術研究	日本戦後美術研究会
ニューヨーク近代美術館所蔵による20世紀アメリカのポスター [和]	京都国立近代美術館
野田哲也展	フジテレビギャラリー
馬場彬展	東邦画廊
ビアズレイと日本の装幀画家たち 原美術館編 [国]	阿部出版
ピエロ・マンゾーニ展	鎌倉画廊
美術手帖11月号増刊 全国画廊案内	美術出版社
フォートリエ展	フジテレビギャラリー
藤島武二展	三重県立美術館
「古い顔」のうた 「古い顔」のうた刊行会編	「古い顔」のうた刊行会
「古い顔」連名−仙台学生演劇連盟の頃の芝居仲間たち	古い顔の仲間
フランシス・ベーコン展	東京国立近代美術館
文学的立場（第三次）第八号 小田切秀雄編	日本近代文学研究所
別冊太陽 木喰の微笑仏 梅原猛ほか・文	平凡社
馬越陽子展	ギャラリー玉屋
三岸好太郎展	宮城県美術館
水井康雄巡回展	カサハラ画廊
元永定正−いろとかたちのユーモア：第15回日本芸術大賞受賞記念 千葉篁一編	なんばシティホールほか
山口薫展 梅田近代美術館編 [和]	梅田近代美術館
山口長男作品集	彌生画廊
山田正亮新作展	イノウエギャラリー
横尾忠則の世界 西宮市大谷記念美術館編 [和]	西宮市大谷記念館

臨界芸術・'83年の位相展	村松画廊
ロイ・リキテンスタイン展 ポップの神話を超えて 西武美術館編 国	西武美術館
Tomie Ohtake／Casimiro Xavier de Mendonça 和	Editora Ex Libris

【執筆・著作】

図書 10 アジア文学者広島会議に参加して	岩波書店
中村正義展 運命を凝視する眼	神奈川県立近代美術館
小山田二郎 水彩新作展 小山田二郎の新たなる挑戦への再出発	東邦画廊
甲斐清子 デッサン'83（カタログ） 甲斐清子のデッサンの衝撃力	Gallery TAMAYA
甲斐清子デッサン展 第3回（案内状） 甲斐清子のデッサンの衝撃力	Gallery TAMAYA
馬場彬展 虚無の上に花ひらく抽象	東邦画廊
出水淳展 第1回（案内状） 雲か山か呉か越えか、	ギャラリー TAMAYA2F
街頭の断層 APHORISM 石垣りんほか著 芸術と生活	共同通信社
早稲田大学新聞 7/5 コラム「文学と美の問題」「文学・その救済の途」を読んで（上）	早稲田大学新聞会
篠原有司男展 篠原有司男、その伝説をこえる現在	ギャラリー山口
蝋画の技術 豊田一男著 序文 天使誕生	北関東造形美術専門学校出版部
Soocheon Jheon 全寿千展に寄せて	Gallery Zero
日本戦後美術研究 戦後美術史盛衰史－一九六〇年代	日本戦後美術研究会
別冊 草月 多様な探求と実験を見る	草月出版
土岡秀太郎と北荘・北美と現代美術 土岡秀太郎－芸術運動家の足跡	福井県立美術館
光芒の1920年代 朝日ジャーナル編集部編 ハートフィールド	朝日新聞社
三彩 426号 特集 片岡球子 フォークロアの伝統とその再生	三彩社
勝呂忠 油彩新作展 無限空間に畏怖する人間	東邦画廊
日下賢二 木版画作品集 木版における抽象の可能性－日下賢二を中心に複数芸術の価値	川上画廊
わが愛憎の画家たち 針生一郎著	平凡社

1984（昭和59年）

【和書】

相笠昌義作品集 スペイン・レポート 1979－1984 相笠昌義著	彩鳳堂画廊
娑婆は、どうかね？ 会田綱雄著	矢立出版
東京ミキサー計画 ハイレッド・センター直接行動の記録 赤瀬川原平著	PARCO出版局
非暴力トレーニング 阿木幸男著	野草社
核・貧困・抑圧 '83アジア文学者ヒロシマ会議報告 アジア文学者ヒロシマ会議実行委員会編	ほるぷ出版
秩父事件の妻たち（東書選書） 新井佐次郎著	東京書籍
有元利夫作品集1979－1984 有元利夫著 和	彌生画廊
管理社会の神話 いいだもも著 和	批評社
いまマルクスを問う いいだももほか編 和	幸洋出版
池田満寿夫推理ドキュメント これが写楽だ 池田満寿夫ほか著 和	日本放送出版協会
楽園のこちら側 池田満寿夫著 和	中央公論社
中学生の春夏秋冬 石川逸子著	岩波ジュニア新書
〈身〉の構造 市川浩著	青土社

二つの絵 今泉篤男著 乾由明ほか編	用美社
講座 美学(全5巻) 今道友信編	東京大学出版会
現代世界の危機と未来への展望 岩波書店編集部編 和	岩波書店
WOMEN 351 女たちは21世紀を	岩波書店
写真万葉録 筑豊(全10巻) 上野英信ほか監修	葦書房
デュシャン(20世紀思想家文庫13) 宇佐美圭司著 和	岩波書店
図説「西洋美術史」 馬杉宗夫ほか著 和	八坂書房
海盗り(青林舎ブックレット)	青林舎
教育の話(ほるぷ現代ブックス003) 梅根悟著	ほるぷ出版
ドストエフスキー 江川卓著	岩波新書
千人の戦鬼 江先光著 和	叢文社
自由と禁忌 江藤淳著 和	河出書房新社
ミクロコスモス瀧口修造 大岡信著	みすず書房
エナジー小事典 第3号「日本の詩人小事典」 大岡信ほか編著	エッソ石油広報部
動詞の陰翳 演出手帖 太田省吾著	白水社
時はいつ美となるか 大橋良介著	中公新書
ゾロアスター教の悪魔払い 岡田明憲著	平河出版社
ラファエル前派 美しき〈宿命の女〉たち 岡田隆彦著 和	美術公論社
犯罪紳士録 小沢信男著	講談社文庫
「ベトナム以後」を歩く 小田実著	岩波新書
毛沢東 小田実著	岩波書店
ドナルド・ダックの世界像 小野耕世著	中公新書
日用品のデザイン思想 柏木博著	晶文社
日本文化のかくれた形 加藤周一ほか著 武田清子編	岩波書店
秋 加藤衛脚本集(よこはま演劇叢書No.6) 加藤衛著	横浜演劇研究所
アジア絶望工場 鎌田慧著	現代史出版会
自動車王国の暗闇 その後の絶望工場 鎌田慧著	すずさわ書店
ドキュメント・労働者! 1967−1984 鎌田慧著 和	筑摩書房
ユングの生涯 河合隼雄著	レグルス文庫
夜がらすの記 川崎彰彦著	編集工房ノア
地下道 木内廣著	叢文社
芸術キャバレー 菊盛英夫著	論創社
絹谷幸二画集 絹谷幸二著 第一出版センター編 和	講談社
敦煌遠望−莫高窟の美術史ノォト 木下長宏著	五柳書院
アリランの歌−韓国伝統音楽の魅力をさぐる 草野妙子著	白水社
久保貞次郎 美術の世界(全12巻) 久保貞次郎著 和	叢文社
エアブラシ・アートinジャパン グラフィック社編 和	グラフィック社
GRAPHIC陶芸図鑑'85	マリア書房
永遠なる子供エゴン・シーレ 黒井千次著	河出書房新社
群棲 黒井千次著 和	講談社
ミッシェル・フーコー 1926−1984 桑田禮彰ほか編	新評論

1984(昭和59年)

講座 現代と変革(全6巻) 「講座 現代と変革」編集委員会編	新地平社
国境を越えて 私たちのフィリピンレポート	グループ多摩じまん・グループU
都市の記憶 粉川哲夫著	創林社
ニューメディアの逆説 粉川哲夫著	晶文社
小学教師たちの有罪 国分一太郎著	みすず書房
イスラムの文様 Design manual 小杉泰ほか著 [和]	講談社
冬咲き模様 小谷剛著	作家社
生命のパトロギー 小西祐一著 [和]	論創社
美意識の現象学 木幡順三著	慶應通信
さかい・ゆきお 人と作品 さかい・ゆきお著	さかい・ゆきお作品集刊行会
自尊と懐疑 文芸社会学をめざして 作田啓一ほか編 [和]	筑摩書房
同時代の作家たち その風貌 佐々木基一著 [和]	花曜社
随筆集 出会った縁 佐多稲子著	講談社
自白崩壊ー狭山裁判20年 狭山事件再審弁護団編	日本評論社
いま、なぜ薄井清なのか? 山海野玄ほか著	耕余舎
都市社会と差別 塩見鮮一郎著 [和]	れんが書房新社
ベイルート 1982年夏 重信房子著	話の特集
亡命旅行者は叫び呟く 島田雅彦著	福武書店
ベンヤミンの憂鬱 清水多吉著	筑摩書房
城景都 花の形而上学 城景都著 [和]	美術出版社
講座女性学1 女のイメージ 女性学研究会編	勁草書房
白井晟一研究 5 「白井晟一研究」企画編集室編	南洋堂出版
ピカソの道化師たち 末永照和著 [和]	小沢書店
賤民文化と天皇制 菅孝行著 [和]	明石書店
老いの一徹、草むしり 杉浦明平著	PHP研究所
天下太平に生きる 江戸のはみだし者 杉浦明平著	筑摩書房
神田日勝ー北辺のリアリスト(ミュージアム新書4) 鈴木正實著 北海道立近代美術館編	北海道新聞社
ソウルの練習問題 異文化への透視ノート 関川夏央著	情報センター出版局
絵の想念 瀬高政良著 [和]	葦書房
過ぎたれど終わらぬ日々ー私たちの8・15 総評教宣局編	労働教育センター
天皇アンソロジー 1 第三書館編集部編	第三書館
明けの星を見上げてー大道寺将司獄中書簡集 大道寺将司著 [和]	れんが書房新社
ゴッホの眼 高階秀爾著	青土社
ヘルマン・ヘッセー危機の詩人(新潮選書) 高橋健二著	新潮社
HAPPY JACK 鼠の心ー村上春樹の研究読本 高橋丁未子編	北宋社
棟方志功讃 匠秀夫著 [和]	平凡社
ことばの食卓 武田百合子著 野中ユリ・画 [和]	作品社
(1979…1984) KEIICHI TANAAMI 田名網敬一著	田名網敬一デザイン室
巨匠たちの原風景(新潮選書) 田中日佐夫著 [和]	新潮社
場の顔 たなべしゅん著	オリジン出版センター
スターリン時代の国家と社会 溪内謙ほか編	木鐸社

1984(昭和59年)

構造と解釈 谷川渥著	世界書院
今日の美術とサブカルチャー 谷川晃一著 [和]	国文社
着信人払い地球郵便局 田部光子著	葦書房
中国女性解放の先駆者たち 中国女性史研究会編	日中出版
中国の成語故事② 黄梁一夢	朝華出版社
朝鮮の歴史 朝鮮史研究会編	三省堂
追憶 日本支配時代の思い出 「追憶」刊行委員会編	日本青年交流センター
虚航船団 純文学書き下ろし特別作品 筒井康隆著 [和]	新潮社
戦後日本の大衆文化史1945−1980 鶴見俊輔著	岩波書店
つくり手たちとの時間−現代芸術の冒険 東野芳明編著	岩波書店
東松照明 東松照明の戦後の証明(昭和写真・全仕事シリーズ15) 東松照明著 [和]	朝日新聞社
戸津侃彫刻集 戸津侃著	美術年鑑社
愉しき西洋骨董 豊福知徳著 [国]	新潮社
残照の画家「昭和初期のポピュラーアーティストたち」 中井幸一著	パッケージング社
十九歳の地図 中上健次著	河出書房新社
冬 中村眞一郎著	新潮社
鮮烈なる断片 日本の深層と創作現場の接点 中村英樹著	杉山書店
日本美術の基軸 現代の批評的視点から 中村英樹著 [和]	杉山書店
平野謙論 文学における宿命と革命 中山和子著	筑摩書房
ガウディを〈読む〉 中山公男ほか著	現代企画室
木橋 永山則夫著	立風書房
ナム・ジュン・パイク タイム・コラージュ ナム・ジュン・パイク著 福住治夫編	ISSHI PRESS
中国・グラスルーツ 西倉一喜著	めこん
朝鮮人虐殺・矢作事件 西田耕三著 [和]	NSK地方出版・さんりく文庫
日本文学研究の方法 近代編 日本文学研究資料刊行会編	有精堂出版
ラテンアメリカ文学案内 野谷文昭ほか編著	冬樹社
絵画の領分 近代日本比較文化史研究 芳賀徹著	朝日出版社
戦後の先行者たち 同時代追悼文集 埴谷雄高著	影書房
液晶の虹彩 馬場駿吉著 [国]	書肆山田
インディアスを〈読む〉(叢書 知の分水嶺1980's) 原広司ほか著	現代企画室
ウホッホ探検隊 干刈あがた著	福武書店
指示する表出 現代美術の周辺で 平井亮一著 [和]	新門出版社
学問のすゝめ 福沢諭吉著	岩波文庫
高田博厚 その内部における東西の遭遇 福田真一編	煥乎堂
造形教育のこれから−私の造形教育論 藤沢典明著	サクラクレパス出版部
文芸読本 宮沢賢治	河出書房新社
日々の過ぎ方 堀田善衛著	新潮社
新しい教師たちへ(ほるぷ現代ブックス005) ほるぷ出版編集部編	ほるぷ出版
マンダラの旅 前田常作対話集(法蔵選書) 前田常作著 [和]	法蔵館
空海の夢 松岡正剛著 [和]	春秋社
カセット版「般若心経入門」 276文字が語る人生の知恵 松原泰道著 [和]	祥伝社

子育て、子別れ−わが人間論ノート 丸木政臣編	星林社
文化のフェティシズム 丸山圭三郎著	勁草書房
漂流記1972 三田誠広著	河出書房新社
中野重治の茂吉ノオト 滿田郁夫著	童牛社
宮崎進作品集 宮崎進著 小川正隆文	彌生画廊
《女性原理》と「写真」−来るべき“水瓶座の時代”のために 宮迫千鶴著	国文社
超少女へ 宮迫千鶴著	北宋社
宮沢賢治没後50年記念シリーズ3 やまなし 宮沢賢治著 金昌烈・画 C.W.ニコルほか訳	十代の会
島崎藤村論 三好行雄著	筑摩書房
日本国家の仮面をはがす アジア民衆の文脈のなかで 武藤一羊著 和	社会評論社
からいも交流 鹿児島の地球人たち 村瀬章著	はる書房
大世紀末サーカス 安岡章太郎著	朝日新聞社
近世日本の哲学−安藤昌益・平賀源内・三浦梅園 安永寿延ほか著 高崎哲学堂設立の会編	あさを社
ロマンの誕生 山内昶著 和	論創社
流行論（週刊本1） 山口昌男著	朝日出版社
柔らかい個人主義の誕生 山崎正和著	中央公論社
中学が爆発する ツッパリ君たちとの365日 山田彊一著	風媒社
銀色の影 エッセイ&ゼログラフィー 山本美智代著	大和美術印刷出版部
エナジー小事典 第4号「2001年小事典」 吉田夏彦ほか著	エッソ石油広報部
戦後思想論 吉田傑俊著	青木書店
冷い夏、暑い夏 吉村昭著 和	新潮社
相対幻論 吉本隆明ほか著	冬樹社
大衆としての現在 吉本隆明（語り）・安達史人（聞き手）	北宋社
マス・イメージ論 吉本隆明著	福武書店
大学教師の実践記録−和光大学の場合（和光学園教育実践シリーズ5） 和光学園教育実践シリーズ出版委員会編	明治図書出版
わたしの始末書 キリスト教・革命・戦争 和田洋一著	日本基督教団出版局
夜の歌 渡辺克彦著	福武書店
TAKASHI WANAJO 1976−1983 和南城孝志著	和南城孝志

【翻訳】

呪われた女 カトリーヌ・アルレー著 安堂信也訳	創元推理文庫
ハラーム〔禁忌〕 ユーセフ・イドリース著 奴田原睦明訳 和	第三書館
現代美術コテンパン トム・ウルフ著 高島平吾訳	晶文社
永遠の兄弟的友好： 金日成主席のソ連およびヨーロッパ社会主義諸国公式友好訪問 1984年5月16日〜7月1日	外国文出版社・平壌
開かれた作品 ウンベルト・エーコ著 篠原資明ほか訳	青土社
トロツキーとの七年間 ジャン・ヴァン・エジュノール著 小笠原豊樹訳	草思社
オリーブの森で語りあう ファンタジー・文化・政治 M.エンデほか著 丘沢静也訳	岩波書店
サーカス物語 M.エンデ著 矢川澄子訳	岩波書店
誰がユダヤ人か アキバ・オール著 広河隆一ほか訳 和	話の特集

1984（昭和59年）

ハーブと影　アレッホ・カルペンティエール著　牛島信明訳	新潮社
生産性 その1・その2　菊地義明訳・監修	モービル文庫
日本社会党代表団との談話　金日成（述）	外国文出版社・平壌
わが国におけるインテリ政策について　金日成（述）	外国文出版社・平壌
金日成主義の独創性を正しく認識するために 党の理論宣伝活動家との談話　金正日著 国	外国文出版社・平壌
チェチェ哲学の理解で提起される若干の問題について　金正日著	外国文出版社・平壌
不滅のチュチェ思想　金昌河著	外国文出版社・平壌
グリーナムの女たち　アリス・クックほか著　近藤和子訳	八月書館
行動・第三の道 イニシアティブの構築　高島平吾ほか訳	ISSHI PRESS
人、中年に到るや　諶容著　林芳訳	中公文庫
画家たちの社会史　シーダ・シャピロ著　荒井信一訳	三省堂
テクスト詩学の原理　S.J.シュミット著　菊池武弘ほか訳 和	勁草書房
ベンヤミンの肖像　G.ショーレムほか著　好村冨士彦監訳	西田書店
F.ショニール・ホセ選集（全3巻）　フランシスコ・ショニール・ホセ著　山本まつよ訳	めこん
ソ連潜水艦U137―人工地震エンマ作戦　E.トーポリ著　江川卓訳	中央公論社
私にも話させて アンデスの鉱山に生きる人々の物語（インディアス群書1）　ドミティーラほか著　唐澤秀子訳	現代企画室
ドナルド・ダックを読む　A.ドルフマンほか著　山崎カヲル訳 国	晶文社
ドイツ・ロマン主義絵画 フリードリヒとその周辺　H・J・ナイトハルト著　相良憲一訳	講談社
彩鳳の夢 台湾現代小説選I（研文選書）　方方ほか著　松永正義ほか訳	研文出版
自由のための文化行動 補論＝横浜・寿識字学校からの報告　パウロ・フレイレ著　柿沼秀雄訳	亜紀書房
ナチ・ドイツ清潔な帝国　H.P.ブロイエル著　大島かおり訳	人文書院
宮沢賢治の理想　マロリ・フロム著　川端康雄訳	晶文社
春の嵐　ヘッセ著　高橋健二訳	新潮文庫
キャッチ=22　ジョーゼフ・ヘラー著　飛田茂雄訳	ハヤカワ文庫
被抑圧者の演劇　アウグスト・ボアール著　里見実ほか訳	晶文社
エコロジー・ヒューマニズム 成長妄想からの決別―地球略奪への対案としての第三の道　ヨーゼフ・ボイスほか著　ヴィルフリート・ハイト編　石井良ほか訳 和	人智学出版社
人間―過去・現在・未来（下）　L.マンフォード著　久野収訳	岩波新書
モーリヤック著作集（全6巻）　モーリヤック著　遠藤周作編　品田一良ほか訳	春秋社
ガンディーはなぜ暗殺されたか　V.T.ラージシェーカル著　いいだもも訳	社会評論社
ジョージア・オキーフ　ローリー・ライル著　道下匡子訳	PARCO出版局
現代のロシア文学（全20巻）　ラスプーチンほか著　安岡治子ほか訳	群像社
終戦の賠償 台湾現代小説選II（研文選書）　李双沢ほか著　陳正醍ほか訳 和	研文出版
生きられた思想―対話による自伝　ジェルジ・ルカーチ著　池田浩士訳	白水社
ロシア・アヴァンギャルドを読む　ロートマンほか著　桑野隆編訳	勁草書房
イラスト クワイ河捕虜収容所　L.ローリングズ著　永瀬隆訳	現代教養文庫

【詩集等】

猪飼野・女・愛・うた 宗秋月詩集	ブレーンセンター

1984（昭和59年）

栗原貞子詩集（日本現代詩文庫17）	土曜美術社
詩集 泳ぐ馬　石川逸子著	花神社
詩集 魚を食べた夜　松本友子著 [和]	不動工房
詩集 双飛のうた　木島始著	青土社
ブレヒト愛の詩集　野村修訳	晶文社
ラテン・アメリカの小太陽 飯島耕一詩集	青土社

【カタログ・その他】

ART NOW'84	兵庫県立近代美術館
アールヴィヴァン14号 特集 ボイス 1984.5.29−6.5（カセットテープ付）	西武美術館
アジア伝統芸能の交流'84旅芸人の世界	国際交流基金
アンドリュー・ワイエス展	飯田画郎
生きることについて（同和教育学習資料12）　佐江衆一ほか著 [和]	枚方市・枚方市教育委員会
インド古代彫刻展	東京国立博物館・日本経済新聞社
梅根悟著作目録　和光大学附属梅根記念図書館編	和光大学
梅原龍三郎展　朝日新聞社・西武美術館編 [和]	朝日新聞社
AALA展	川崎市立労働会館
エコール・ド・パリ展−永遠の詩情と哀愁の画家たち	群馬県立近代美術館
江戸大美術展 その記録と反響	国際交流基金
大國章夫展 ヨーロッパへの回想 [国]	ギャラリーミキモト
OSAWA 1984　大沢昌助展 [和]	東京銀座アートセンター
奥田善巳（今日の作家シリーズ） [国]	大阪府立現代美術センター
小山田二郎新作展−油彩	東邦画廊
開館記念展第3部 現代東北美術の状況展	福島県立美術館
加守田章二	彌生画廊
河口龍夫	ギャラリー K&M
川島猛 [和]	南天子画廊
キース・ソニア展　原美術館編 [国]	アルカンシェール美術財団
北山善夫展	村松画廊
絹谷幸二展	西武百貨店
木村三山書詩展作品集 底辺の美 松永伍一詩文より	現代書詩創風会
木村俊夫記念 朝鮮・韓国問題 シンポジウム	国民外交懇話会
ギュンター・ウッカー展　峯村敏明・文 [和]	鎌倉画廊
CUECO	東京日仏学院ギャラリー
クエコ展	フジテレビギャラリー
クリスト展　佐谷画廊編 [和]	佐谷画廊
現代ドイツ美術展 新表現派の精鋭たち	原美術館
現代美術の動向Ⅲ 1970年以降の美術−その国際性と独自性	東京都美術館
現代美術への視点−メタファーとシンボル	東京国立近代美術館
建築家ブルーノ・タウトのすべて展	武蔵野美術大学
斎藤義重展	東京都美術館ほか
信濃デッサン館	窪島誠一郎

1984（昭和59年）

篠原有司男展	かわさきIBM市民文化ギャラリー・ギャラリー山口
島田しづ展	フジテレビギャラリー
市民の手に哲学を1　高崎哲学堂設立準備会編	高崎哲学堂設立準備会
18世紀フランスロココの巨匠たち	飯田画廊
所有・雰囲気・振動 NOTES（若林奮）	雅陶堂ギャラリー
スーラージュ展　西武美術館編 [和]	西武美術館
鈴木隆 [国]	Ando Gallery
鈴木実木彫展	日本橋高島屋
第29回現代版画展	H.Mihara
第34回 県展	佐賀県美術展覧会
高山良策の世界遺産展	ギャラリー Y
田窪恭治展	フジテレビギャラリー
戯れなる表面	Tama Vivant企画室
小さな美術館 オリジナルセリグラフコレクション 大島哲以	鈴廣蒲鉾工業
チェコスロヴァキア キュビズム展 建築／家具／工芸の世界	パルコ
CHUNG KYUNG-YOUN 鄭瑗娟展	村松画廊
デイヴィット・ナッシュ－樹のいのち、樹のかたち	栃木県立美術館
手で見る工芸 前田泰次を偲んで	ギャラリー TOM
デビッド・ナッシュ展	鎌倉画廊
ドイツ表現主義展　神奈川県立近代美術館ほか編	東京新聞
飛べ鳥たちよ！「冤罪と人権」展	川上画廊・椿近代画廊
豊島弘尚展	ギャラリーミキモト
名古屋文学	新日本文学名古屋読書会
'70年代展 [国]	鎌倉画廊
ナムジュン・パイク展	東京都美術館
庭・フォルムへの遡行 青木野枝・高橋雅之・内藤晴久	ギャラリー 21
野見山暁治　宮崎進　脇田和　新作三人展　信藤正雄編 [国]	杏美画廊
パキスタン・ガンダーラ美術展	日本放送協会
長谷川潔展	群馬県立近代美術館
馬場彬展	東邦画廊ほか
パリ－東京 現代美術交流展　千葉成夫監修	朝日新聞社
バルテュス展　京都国立近代美術館・朝日新聞社編 [和]	朝日新聞社
ピカソ版画展－リノカットを中心として	カジカワ美術資料室
ピカビア展－百の顔をもつダダイスト	西武美術館
美術手帖 9月号増刊 全国美術館ガイド	美術出版社
从展 第10回	从会
平福百穂展　宮城県美術館編 [和]	宮城県美術館
ブラック全版画展　ドラ・ヴァリエ監修　海上雅臣・編成 [国]	読売新聞社・美術館連絡協議会
古い顔のうたII　「古い顔のうたII」刊行会編	「古い顔のうたII」刊行会
VOID 2	カサハラ画廊
蜂章記－我等激動の四十年	第二高等学校昭和十九年卒文集編集委員会

歿後六十年記念 中村彝展	三重県立美術館・東京新聞・日動出版
前川佳子展	鎌倉画廊
マン・レイ展	神奈川県立近代美術館
魅惑の100年・グラフィック美術展図録 1820−1936 Doi文化事業室編 [和]	Doi文化事業室
棟方志功展 [和]	宮城県美術館
村井正誠	鎌倉画廊
村上華岳展	日本経済新聞社
Meret Oppenheim	南天子画廊
モノリー展	フジテレビギャラリー
やめろ原発! なくせヒバク! 反原発全国集会1983報告集	反原発全国集会1983実行委員会
ヨーゼフ・ボイス展	西武美術館
横尾忠則	南天子画廊
吉川勉・ヴェニス展 [国]	GALLERY UNIVERSE
ルオーとその周辺展 [国]	彌生画廊
当代中国画 華君武・主編 呉作人・撰序 張安治・撰文 [和]	新世界出版社
The Fifth Biennale of Sydney : private symbol, social metaphor [和]	Biennale of Sydney

【執筆・著作】

現代の眼 350 アメリカ・ポスターの社会史	東京国立近代美術館
石井勢津子 個展(案内状) 石井勢津子は東京工業大学で…	スルガ台画廊
篠原有司男展 オートバイ野郎「ギュウちゃん」	かわさきIBM市民文化ギャラリー・ギャラリー山口
小さな美術館 オリジナルセリグラフコレクション 大島哲以 大島哲以の仕事	鈴廣蒲鉾工業
小山田二郎新作展 −油彩 小山田二郎の内的時間	東邦画廊
アート・トップ No.84 片岡球子 評論2「民衆的想像力をさぐる面構」	芸術新聞社
新建築学大系・月報no.30 木の可能性と白井晟一の思想	彰国社
TAKASHI WANAJO 1976−1983 原型にむかって、原型をこえる道	和南城孝志
破防法を弾劾する! 5月号 証言集を読んで	破防法研究会
第34回 県展 審査評	佐賀県美術展覧会
AALA展 第三世界ポスター展	川崎市立労働会館
甲斐清子デッサン展 第4回(案内状) 大地に横たわる裸婦たち	Gallery TAMAYA
赤心4 茶の間に対話と「付き合い」の回復を	日本観光サービス
高山良策の世界遺産展(案内状) 2年前…	ギャラリー Y
馬場彬展	東邦画廊ほか
从展 第10回 从会の前史と創立十周年に寄せて	从会
日本文学研究の方法 近代編 日本文学研究資料刊行会編 文学理論の新しい地平	有精堂
Joseph Beuys MAGAZINE2 ボイスとわたしとのかかわり	えるまあなカンパニー
村井正誠 村井正誠展	鎌倉画廊
トポスvol.3 山口長男追悼	夜の会
群馬の森 美術館ニュース No.38 ヨーゼフ・ボイスの芸術と思想	群馬県立近代美術館

1985(昭和60年)

【和書】

そうれぃば 死体焼却処理場風景 相沢直人著 [和]	河出書房新社

花なき薔薇　相沢直人著	青英舎
喚起する織物　餐庭孝男著	小沢書店
いまやアクションあるのみ!〈読売アンデパンダン〉という現象　赤瀬川原平著	筑摩書房
物語・差別・天皇制（フィールドワークシリーズⅢ）　赤坂憲雄ほか編	五月社
通俗的芸術論 ポップ・アートのたたかい　秋山祐徳太子著 [国]	土曜美術社
粟津潔・8夜快談集 青春のこと。都市のこと。デザインのこと。　粟津潔著 [和]	文化出版局
ソウル−パリ−東京 絵と民族をめぐる対話　李應魯ほか著 [国]	記録社
刻　李良枝著	講談社
コミンテルン再考 第三インタナショナル史と植民地解放　いいだもも著 [和]	谷沢書房
戦争責任　家永三郎著	岩波書店
評伝・山岸外史　池内規行著	万有企画
仮設縁起絵巻　池田浩士著　貝原浩・戯画 [和]	現代書館
はいてくのろじー・あーと Hitecârte　池田満寿夫・文　岨野行雄・写真 [和]	毎日新聞社
いま、見えない都市　磯崎新著	大和書房
昭和作家論集成　磯田光一著	新潮社
緑の合掌　一柳信二著	樹芸書房
風の王国　五木寛之著	新潮社
現在美術　伊東順二著 [和]	PARCO出版局
伊藤整氏 奮闘の生涯　伊藤礼著	講談社
腹鼓記　井上ひさし著	新潮社
私の美と哲学　井上房一郎著　高崎哲学堂設立の会編 [国]	あさを社
今井俊満 花鳥風月　今井俊満著	美術出版社
排除の構造−力の一般経済序説　今村仁司著	青土社
資本制と家事労働 マルクス主義フェミニズムの問題構制　上野千鶴子著	海鳴社
ああ祖国よ恋人よ きけ わだつみのこえ　上原良司著　中島博昭編	昭和出版
自画道　上前智祐著 [和]	共同出版社
神話と科学 ヨーロッパ知識社会 世紀末−20世紀　上山安敏著	岩波書店
記号から形態へ　宇佐美圭司著	筑摩書房
意味の果てへの旅−境界の批評　宇野邦一著	青土社
菊と日本刀（上・下）　鵜野晋太郎著	谷沢書房
日本の仏者　梅原猛ほか著 [和]	高崎哲学堂設立の会
一九二〇年代の画家たち　海野弘著 [和]	新潮社
ヘーゲル学派とキリスト教　大井正著	未來社
いかに木を殺すか　大江健三郎著 [和]	文藝春秋
生き方の定義 再び状況へ　大江健三郎著	岩波書店
凧の時　大江志乃夫著	筑摩書房
抽象絵画への招待　大岡信著	岩波新書
眼の至福 絵画とポエジー　岡田隆彦著 [和]	小沢書店
ラミス、日本の平和と民主主義を語る　岡部朗一著 [国]	桐原書店
支配の「経済学」　小倉利丸著	れんが書房新社
犯罪専科　小沢信男著	河出文庫

1985（昭和60年）

少年とグルメ　尾辻克彦著	講談社
オロシ底から吹いてくる風は 山本作兵衛追悼録	葦書房
ならの大仏さま　加古里子・文・絵	福書館書店
デザインされた木－木の文化・その歴史と現状　且原純夫著	筑摩書房
アメリカの影　加藤典洋著	河出書房新社
転機に立つフェミニズム　金井淑子著	毎日新聞社
わが戦後俳句史　金子兜太著	岩波新書
アイヌの碑　萱野茂著	朝日新聞社
批評とポスト・モダン　柄谷行人著	福武書店
反昭和思想論 十五年戦争期の思想潮流をめぐって　菅孝行著	れんが書房新社
菊畑茂久馬 特集：『七色パンフ』創刊号	なないろ文庫
美の本体　岸田劉生著	講談社学術文庫
聖マルクス教会炎上　草間彌生著	PARCO出版局
詩人たちの絵　窪島誠一郎著	平凡社
野田英夫スケッチブック　窪島誠一郎著 和	彌生書房
科学技術を考える　グラフィケーション編集部編	晶文社
文化のなかの政治（叢書 社会と社会学2）　栗原彬ほか編	新評論
日本浪曼派・その周辺　栗原克丸著	高文研
建築論I 日本的空間へ　黒川紀章著	鹿島出版会
新・私の好きな言葉　講談社編	講談社
ニューヨーク情報環境論　粉川哲夫著	晶文社
小谷章作品集 これだけの生　小谷章著　労働者文学会議編	オリジン出版センター
ことばの贈物－岩波文庫の名句365（岩波文庫別冊）	岩波文庫
言葉の小宇宙6 一九八五 新・コスモス感覚	キャノン販売
美と芸術の論理－美学入門　木幡順三著	勁草書房
斎藤清墨画集　斎藤清著 和	講談社
隠された思考－市場経済のメタフィジックス　佐伯啓思著	筑摩書房
蛍　桜井薫著	沖積舎
同年代の作家たち その世界　佐々木基一著 和	花曜社
広告化文明　佐野山寛太著 和	洋泉社
ニューヨークの次郎長　篠原有司男著	講談社
ニューヨークは今日も大変だ!　篠原有司男著	講談社
魚雷艇学生　島尾敏雄著	新潮社
社会的左翼の可能性　清水慎三ほか著	新地平社
北海道の文学（かたりべ叢書1）　志村有弘著	宮本企画
漢字百話　白川静著	中公新書
人魚を見た人 気まぐれ美術館　洲之内徹著 和	新潮社
文字の宇宙　杉浦康平企画・構成 和	写研
信州の美術館　鈴木潔著	保育社
写楽実像　瀬木慎一著	美術公論社
日本美術の流出　瀬木慎一著 和	駸々堂出版

半自伝 美術と都市と絵空事 関根伸夫著 [和]	PARCO出版局
資本主義―その過去・現在・未来 関曠野著	影書房
私小説 瀬戸内晴美著	集英社
総評文学賞受賞作品集・3 総評教宣・文化局編	オリジン出版センター
終りからの始め 高岡忠洋著	オリジン出版センター
多様性の秩序 批評の現在 高橋敏夫著 [和]	亜紀書房
20世紀思想家文庫（全17巻） 高橋英夫ほか著	岩波書店
兄 小林秀雄 高見澤潤子著	新潮社
モダニズムの神話 多木浩二著	青土社
竹海衆（狭間嘉明）獄中小論集 囲壁の対峙帯にて 竹海衆（狭間嘉明）著 竹海衆（狭間嘉明）獄中小論集編集委員会編 [和]	現代社
田中一村作品集 NHK日曜美術館「黒潮の画譜」 [和]	日本放送出版協会
現代画人伝（二） 悲劇の画家 田中穣著 [和]	読売新聞社
日本の戦争画 その系譜と特質 田中日佐夫著	ぺりかん社
賢治初期童話考 谷川雁著	潮出版社
アール・ポップの世界 谷川晃一著 [和]	廣松書店
短文楽園 コラムパラダイス 谷川晃一著 [和]	洋泉社
毒曜日のギャラリー 谷川晃一著	リブロポート
謎のカスパール・ハウザー 種村季弘著	河出書房新社
一本の鉛筆から 丹下健三著 [国]	日本経済出版社
思想の舞台―メディアへのダイアローグ 鶴見俊輔ほか著	田畑書店
戦後とは何か 鶴見俊輔ほか著	青弓社
現代と戦略 永井陽之助著	文藝春秋
二十世紀の遺産 永井陽之助編 [和]	文藝春秋
長崎県の歴史散歩 長崎県高等学校教育研究会科部会著	山川出版社
夢のかけ橋―晶子と武郎有情 永畑道子著	新評論
アートギャラリー現代世界の美術（全21巻） 中山公男ほか編 [国]	集英社
クレー 日本アート・センター編	新潮社
文化の支配と民衆の文化 日本アジア・アフリカ作家会議編	社会評論社
日本洋画商史 日本洋画商協同組合編	美術出版社
日本の聖と賤 中世篇 野間宏ほか著	人文書院
仮面戯と放浪芸人―韓国の民俗芸能 野村伸一著	ありな書房
エナジー小事典 第5号「海外の日本人小事典」 芳賀徹ほか編著	エッソ石油広報部
井伏鱒二聞き書き 萩原得司著	潮出版社
エナジー小事典 第6号「映画小事典」 蓮實重彦ほか編著	エッソ石油広報部
物語批判序説 蓮實重彦著	中央公論社
糸の別れ 林郁著	筑摩書房
京都文化の座標 林屋辰三郎著 [和]	人文書院
クリフォード・ギアツの経済学 アジア研究と経済理論の間で 原洋之介著 [和]	リブロポート
崩壊の季節 原石寛著	中央公論事業出版
ピースボート出航!―「平和の船」の夢と挑戦 ピースボート'85編	三友社出版

1985（昭和60年）

お前が悪い！ 火浦功著	角川文庫
ねずみおんなは食み破る わたしの監獄考 日方ヒロコ著 [和]	社会評論社
高橋由一篇 神奈川県美術風土記 土方定一編	神奈川県立近代美術館
平沢貞通 祈りの画集 獄中37年、生と死のはざまより 平沢武彦編著 [和]	ダイナミックセラーズ
山陽路の女たち 広島女性史研究会編著	ドメス出版
平和事典 広島平和文化センター編	勁草書房
純粋一等国民序曲 福田純一著 [和]	誠文堂新光社
工場 福元早夫著	編集工房ノア
ロシアの影－夏目漱石と魯迅（平凡社選書87） 藤井省三著	平凡社
ギリシア文化の創造者たち 社会史的考察 藤縄謙三著 [和]	筑摩書房
ブループリント作品集 益田凡夫著	教育図書
TATEMONO（松本竣介手帖全6冊の内第1冊） 松本竣介著	綜合工房
疑惑 松本清張著	文春文庫
風の道－編集者の40年の思い出 松本道子著	ノラブックス
三雲祥之助作品集 三雲祥之助著 [和]	美術出版社
ゆかりの人びと－山陽道厚狭の町 水沢耶奈著	築地書館
現代美術へ－抽象表現主義から 三井滉著	文彩社
僕と炎と唇と 三輪龍作著 [和]	求龍堂
仙台起絵図 村上善男著	用美社
津軽北奥舎201 村上善男著	用美社
村山知義の美術の仕事 「村山知義の美術の仕事」刊行委員会編	未來社
文学理論のポリティーク ポスト構造主義の戦略 室井尚著	勁草書房
写真との対話 森山大道著 [和]	青弓社
保田與重郎全集（全40巻＋別巻5） 保田與重郎著	講談社
柳原義達美術論集 孤独なる彫刻 柳原義達著	筑摩書房
パフォーマンス原論（週刊本41） 山口勝弘著	朝日出版社
ロボット・アヴァンギャルド 20世紀芸術と機械 山口勝弘著	PARCO出版局
解放の神学と日本－宗教と政治の交差点から 山田経三ほか著	明石書店
ガリバーと巨人の握手 吉岡忍著 [和]	中央公論社
反聖畸人伝 吉野亨著 [和]	青弓社
ジャンボ墜落 unable to control! 吉原公一郎著 [和]	人間の科学社
対幻想－n個の性をめぐって 吉本隆明ほか著	春秋社
女性画家列伝 若桑みどり著	岩波新書
性の実験 我妻洋著	文春文庫
半解釈－誤読ノススメ 渡部直己著 [和]	白夜書房

【翻訳】

美の理論 テオドール・W・アドルノ著 大久保健治訳	河出書房新社
文学とは何か 現代批評理論への招待 T.イーグルトン著 大橋洋一訳	岩波書店
文化とは レイモンド・ウィリアムズ著 小池民男訳	晶文社
そしてみんな軽くなった トム・ウルフの一九七〇年代革命講座 トム・ウルフ著 青山南訳	大和書房
エレメント その1・その2 菊地義明訳・監修	モービル文庫

1985（昭和60年）

競争について その2　菊地義明監修　志賀徹ほか訳	モービル文庫
戦争について その1　菊地義明訳・監修	モービル文庫
「世界」編集長の質問にたいする回答　金日成著	外国文出版社・平壌
ユーゴスラビア国際政治社社長兼責任主筆の質問にたいする回答　金日成（述）	外国文出版社・平壌
ちょっとピンぼけ　ロバート・キャパ著　川添浩史ほか訳	文春文庫
オーストラリア名画の旅　ジェイムス・グリーソン著　麻生雍一郎ほか訳	PMC出版
テクストとしての小説　ジュリア・クリステヴァ著　谷口勇訳	国文社
全記録光州蜂起 虐殺と民衆抗争の十日間 80年5月 全南社会運動協議会編　光州事件調査委員会訳	柘植書房
薔薇十字会の神智学 シュタイナー講演集　ルドルフ・シュタイナー著　西川隆範訳 [和]	平河出版
白い平和（インディアス群書4）　ロベール・ジョラン著　和田信明訳	現代企画室
20世紀美術 フォーヴィスムからコンセプチュアル・アートまで ニコス・スタンゴス編　宝木範義訳	PARCO出版局
新潮世界文学全集（全48巻）　スタンダールほか著　小林正ほか訳	新潮社
ヘルメティック・サークル 晩年のユングとヘッセ　ミゲール・セラノ著　小川捷之ほか訳	みすず書房
三本足の馬 台湾時代小説撰Ⅲ　鄭清文ほか著　中村ふじゑほか訳 [和]	研文出版
哲学のポスト・モダン（叢書 知のパサージュ１）　今村仁司監訳	ユニテ
愛人 ラマン　マルグリット・デュラス著　清水徹訳	河出書房新社
現代の鎖国－アジアから日本の実像が見える　卓南生著　田中宏ほか訳	めこん
韓国現代短編小説　中上健次編　安宇植訳	新潮社
アンデスの反乱 独立の先駆者トゥパク・アマル　ダニエル・バルカルセル著　染田秀藤訳 [和]	平凡社
現代韓国小説選Ⅲ－客地ほか　黄晳暎ほか著　李丞玉訳 [和]	同成社
宇宙船「地球号」操縦マニュアル　バックミンスター・フラー著　東野芳明訳	西北社
郷愁（ペーター・カーメンチント）　ヘッセ著　高橋健二訳	新潮文庫
クヌルプ　ヘッセ著　高橋健二訳	新潮文庫
荒野のおおかみ　ヘッセ著　高橋健二訳	新潮文庫
シッダールタ　ヘッセ著　高橋健二訳	新潮文庫
知と愛　ヘッセ著　高橋健二訳	新潮文庫
デミアン　ヘルマン・ヘッセ著　実吉捷郎訳	岩波文庫
空間の日本文化　オギュスタン・ベルク著　宮原信訳	筑摩書房
ボードレール全集（全6巻）　ボードレール著　阿部良雄訳	筑摩書房
チューレの最後の王　ジャン・マローリー著　柾木恭介訳	講談社
デリダとマルクス　マイケル・ライアン著　今村仁司ほか訳 [和]	勁草書房
宿命の道化たち ドイツ・オーストリア演劇によるユダヤ人像　C.A.リー著　柳川三郎ほか訳 [和]	ありな書房
デッサンの歴史と技法　ジャン・リュデル著　岡部あおみ訳	文庫クセジュ
世界の根源 先史絵画・神話・記号　アンドレ・ルロワ=グーランほか著　蔵持不三也訳	言叢社
フィリピン大衆文化への招待　シンシア・N・ルンベラほか編　福永敬ほか訳	井村文化事業社
故事新編　魯迅著　竹内好訳	岩波文庫

【詩集等】

海としての信濃　谷川雁著	深夜叢書社
風琴 宮川寅雄歌集　宮川ちとせ編	短歌新聞社

【カタログ・その他】

甕嘔版画展	信天画廊
アンリ·マティス展 素描·版画	フジテレビギャラリー
井口環誠展	石橋美術館1Fギャラリー
イヴ·クライン展 背=Yves Klein　高輪美術館ほか編 [和]	高輪美術館
イサムノグチ展	カサハラ画廊
石川寒巌展 振動する宇宙　竹山博彦編 [国]	栃木県立美術館
出水徹展：第15回	香川県文化会館
井上武吉新作展	東京都美術館
岩間正男展 鳥と人	和光ホール
大沢昌助油彩新作展	東邦画廊
Otto Fried	フジテレビギャラリー
甲斐清子デッサン展	玉屋画廊
カナダの自然と美術 アレックス·コルヴィル展	東京都庭園美術館
加納光於「波動説」インタリオをめぐって [和]	アキライケダギャラリーほか
君島聡追悼文集「西郷さんのような君島さん」を偲ぶ	[記載なし]
京都国立近代美術館所蔵 近代京都の日本画と工芸展	群馬県立近代美術館
近代陶芸の巨匠 富本憲吉展	群馬県立近代美術館
近代日本画の胎動 横山大観とその周辺：開館特別記念展　練馬区立美術館編 [和]	練馬区立美術館
現代彫刻の歩み−木の造形：開館10周年記念	神奈川県立県民ホール·ギャラリー
小牧源太郎−その軌跡と展望展	いわき近代美術館
コンスタンティン·ブランクーシ	ギャルリー·ところ
再興院展七十年の歩み展	日本美術院
斎藤真一 明治吉原細見記展	河出書房新社
榊莫山展　ダイコロ企画室編·制作 [国]	サンケイ新聞社
坂本善三展	熊本県立美術館
SIZU SIMADA　島田しづ展 水彩·パステル	ギャラリー上田
写真のモダニズム 中山岩太展	西武美術館
JAPAN IMPACT ART NOW '85	京都国際芸術センター
銃後史ノート 復刊7号 特集 女たちの戦後·その原点　女たちの現在を問う会編	JCA出版
スペイン美術展I−16·17世紀エル·グルコ、ベラスケスの時代展	西武美術館
生誕100年記念 アルプ展	富山県立近代美術館ほか
髙山辰雄展 日月星辰	日本橋髙島屋
瀧口修造：第5回オマージュ瀧口修造展	佐谷画廊
田辺栄次郎展	日動画廊
多様な図像を追って 瑛九	西武百貨店池袋店 ザ·コンテンポラリー·アートギャラリー
東京モンパルナスとシュールレアリスム	板橋区立美術館
中西夏之展　北九州市立美術館編 [和]	北九州市立美術館
並河萬里写真展 日本回廊	「日本回廊」写真展実行委員会
二科70年史（全2巻）	二科会
ニュージャパニーズスタイルペインティング−日本画材の可能性	山口県立美術館

1985（昭和60年）

ノロ燐「押絵飛宮」展	地球堂ギャラリー
パウル・クレー展 1933−1940	フジテレビギャラリー
橋本平八と円空展	三重県立美術館
馬場彬新作展	東邦画廊
羽生真展	ギャラリイK
パリ・ニューヨーク・東京	つくば写真美術館'85・宮城県美術館
春澤振一郎個展	ギャラリー山口
福井尚敏個展：第8回	日本画廊
福井良之助展 わが心の回廊 [国]	フジヰ画廊
藤沢典明の世界展	福井県立美術館
フランス現代美術展−空間の中の12人 西武美術館編 [和]	西武美術館
松本弘二	東京銀座アートセンター
三上誠・星野真吾二人展	福井県立美術館
宮川寅雄著作目録	和光大学人文学部芸術学科 「宮川寅雄著作目録」を刊行する会
みやぎの5人展：第3回	宮城県美術館
棟方志功展	東京国立近代美術館
杢田たけを PART3	鎌倉画廊
山口薫展 群馬県立近代美術館編	群馬県立近代美術館
山村コレクション コレクション・リスト	国立国際美術館
山本弘遺作画集	山本弘遺作画集刊行委員会
憂愁の日系画家・野田英夫展 ルース・シェイファー・コレクションを中心に [国]	信濃デッサン館
吉井忠展	愛宕山画廊
ライフタイム プリント レンブラント銅版画展 天方光彦編 [和]	フジカワ画廊
李正枝 Lee,Chung-ji [国]	村松画廊
EXPOSITION−PETIT FOYER	Centre Georges Pompidou

【執筆・著作】

靉嘔版画展 靉嘔は気さくで…	信天画廊
岩間正男展 鳥と人 岩間正男〈鳥と人〉展によせて	和光ホール
井口環誠展 円・環の世界を追求する芸術	石橋美術館1Fギャラリー
ホリック HOLIC 5月号 海外の3人のパフォーマー ヨーゼフ・ボイス	少年社
小牧源太郎=その軌跡と展望=展 観念の信号と図式の世界へ	いわき近代美術館
EXPOSITION−PETIT FOYER 崔広子のガラスの世界	Centre Georges Pompidou
春澤振一郎個展 雑多な物体を寄せ集める	ギャラリー山口
纐纈敏郎個展（チラシ）〈地獄〉のはての〈世界〉	紀伊國屋画廊
大沢昌助油彩新作展 自在な飛翔とかがやく空間	東邦画廊
榊莫山展 現代によみがえる「詩書画一体」の境	西武アート・フォーラムほか
出水徹展：第15回 序文	香川県文化会館
三上誠・星野真吾二人展 戦後日本画変革の双璧	福井県立美術館
同時代版画四十年展 INDEX 戦後版画の歴史と現在	現代版画センター
戦後とは何か 鶴見俊輔ほか著 戦後文学と現在	青弓社

第8回 福井尚敏個展	日本画廊
第3回「みやぎの5人」展　地方の美術と〈みやぎの5人〉展	宮城県美術館
沖縄タイムス 8/12　文化:地方美術館建設の問題点／まず独自の理念を	沖縄タイムス社
沖縄タイムス 8/13　文化:地方美術館建設の問題点／手作りの美術館を	沖縄タイムス社
月刊 状況と主体 No.115　日本を照らす鏡としての第三世界の文学	谷沢書房
ノロ燐「押絵飛宮」展　ノロ燐の〈押絵・飛宮〉展に寄せて	地球堂ギャラリー
部落解放 第233　腹だたしい	解放出版社
文化の支配と民衆の文化　日本アジア・アフリカ作家会議編　微妙に異なる顔立ち	社会評論社
宮川寅雄著作目録　宮川寅雄論序説	和光大学人文学部芸術学科 「宮川寅雄著作目録」を刊行する会
甲斐清子デッサン展 第5回(案内状)　宮崎でデッサン教室を…	Gallery TAMAYA
杢田たけを PART3　杢田たけをといえば、プリミティヴな…	鎌倉画廊

1986(昭和61年)

【和書】

異人論序説　赤坂憲雄著	砂子屋書房
排除の現象学　赤坂憲雄著	洋泉社
短編小説礼讃　阿部昭著	岩波新書
死に急ぐ鯨たち　安部公房著	新潮社
異形の王権　網野善彦著	平凡社
日本文化の深層を考える　網野善彦ほか著	日本エディタースクール出版部
赤と緑 社会主義とエコロジスム　いいだもも著 [和]	緑風出版
いいだもも六十年の跫音	いいだもも還暦記念会
永い刻　菴とき子著	作家社
文化の顔をした天皇制　池田浩士著	社会評論社
池田満寿夫の陶芸II　池田満寿夫著	美術出版社
左翼がサヨクになるとき−ある時代の精神史　磯田光一著	集英社
現代フランス思想への誘いアンチ・オイディプスのかなたへ　市倉宏祐著	岩波書店
風の対話集　五木寛之著	ブロンズ新社
旅の幻燈　五木寛之著	講談社
朝鮮を知る事典　伊藤亜人ほか監修	平凡社
無限へのヴィザ 伊藤紫虹作品集 伊藤紫虹著　アラン・ジュフロア・詩　長峰八州男編　大岡信訳	毎日新聞社
エナジー小事典 第8号「地中海小辞典」　伊東俊太郎ほか編著	エッソ石油広報部
革命家チャンドラ・ボース　稲垣武著 [和]	新潮社
キネマの天地　井上ひさし著	文藝春秋
花よりタンゴ−銀座ラッキーダンスホール物語　井上ひさし著	集英社
野球盲導犬チビの告白　井上ひさし著 [和]	実業之日本社
ミカドの肖像　猪瀬直樹著	小学館
現代中国百景 ヒゲで撫でた胡同　今田好彦著	中公新書
遠景 雀 復活　色川武大著	福武書店
世紀末ドイツの若者(歴史のなかの若者たち4)　上山安敏著	三省堂

1986(昭和61年)

キャンパスの生態誌 潮木守一著	中公新書
外のエティカ−多様体の思想 宇野邦一著	青土社
雑種文化のアイデンティティ−林達夫、鶴見俊輔を読む 海老坂武著	みすず書房
シングル・ライフ 女と男の解放学 海老坂武著	中央公論社
M/Tと森のフシギの物語 大江健三郎著	岩波書店
河馬に噛まれる 大江健三郎著	文藝春秋
山づくり 林業最前線 大橋和子著 [和]	大橋和子
南ヴェトナム戦争従軍記 岡村昭彦著	筑摩書房
旅化生 奥山民枝著 永井一正構成 宮澤壯佳編 [和]	美術出版社
ネットワーク支配解体の戦略 小倉利丸著	影書房
書生と車夫の東京 小沢信男著	作品社
われ=われの哲学 小田実著	岩波新書
カメラが欲しい 尾辻克彦著 [和]	新潮社
東京路上探検記 尾辻克彦著	新潮社
日本のなかの韓国・朝鮮人、中国人 神奈川県内在住外国人実態調査 神奈川県内在住外国人実態調査委員会著	明石書店
大国ニッポンの退廃 教育と文化と人間と 鎌田慧著 [和]	すずさわ書店
美の心 河北倫明著	河北倫明先生叙勲祝賀会実行委員会
昭和文学全集(全35巻+別巻1) 川端康成ほか著 井上靖ほか編	小学館
「酔いどれ船」の青春 もう一つの戦中・戦後 川村湊著	講談社
反芸術綺談 菊畑茂久馬著	海鳥社
紅焔 木下径子著	成瀬書房
英語と私 わが半生のリズム 木村香代子著	大和書房
木村重信著作目録 木村重信著 講談社第一出版センター編 [和]	講談社第一出版センター
巨石人像(モアイ)を追って−南太平洋調査の旅 木村重信著	日本放送出版協会
半日労働社会へ 情報資本主義を超えて 木村隆美著 [和]	技術と人間
神々の笑い 肝苦りさや−沖縄 金城実著 [和]	径書房
草間彌生 Driving Image 草間彌生著 [和]	PARCO出版局
ファシズムの中の一九三〇年代 久野収著	リブロポート
信濃デッサン館日記2 窪島誠一郎著	平凡社
アマノン国往還記 倉橋由美子著	新潮社
本の宇宙あるいはリリパットの遊泳 倉本四郎著 [和]	平凡社
ブロッホの生涯 希望のエンサイクロペディア 好村冨士彦著 [和]	平凡社
真昼の決闘 花田清輝・吉本隆明論争 好村冨士彦著	晶文社
北に向かいし枝なりき 国分一太郎著 国分一太郎追悼文集刊行委員会編	国分久枝・ミチコ・真一
菅野満子の手紙 小島信夫著	集英社
平安 小島信夫著 [和]	講談社
壁の中 後藤明生著	中央公論社
ことばの饗宴 読者が選んだ岩波文庫の名句365(岩波文庫別冊)	岩波文庫
美意識論 付・作品の解釈 木幡順三著	東京大学出版会
小説伝・純愛伝 小林恭二著	福武書店

1986（昭和61年）

中野重治論−日本への愛と思索　小林広一著	而立書房
エンデと語る 作品・半生・世界観（朝日選書）　子安美知子著	朝日新聞社
新・岩波講座哲学（全16巻）　坂部恵ほか編	岩波書店
塩原友子画集　塩原友子著	上毛新聞社
障害児の教育権　篠原睦治著	現代書館
農民哀史から六十年　渋谷定輔著	岩波新書
大サンショウウオ物語　清水昭三著 [和]	新読書社
中国還魂紀行　庄幸司郎著 [和]	影書房
本・そして本 読んで書いて五十年　杉浦明平著 [和]	筑摩書房
俺たちのエッセンス　すずき・まさあき著	オリジン出版センター
60年代からこんにちは 関根弘対談集　関根弘著	土曜美術社
一つ足りないこと　関屋綾子著	日本基督教団中渋谷教会
想像力と幻想 西欧十九世紀の文学・芸術　高階秀爾著	青土社
ドイツ反戦・反ファシズム小説研究　高村宏著	創樹社
〈在日〉という根拠　竹田青嗣著	国文社
立ち止まってデザイン　竹原あき子著	鹿島出版会
今も時だ／ブリキの北回帰線　立松和平著	福武文庫
ヤポネシアの旅　立松和平著 [和]	主婦の友社
部落に伝わる根っ子話・第1集 被差別部落の民話　田中龍雄著	明石書店
江戸の想像力　田中優子著	筑摩書房
亡命の文化 メキシコに避難場所を求めた人たち　田辺厚子著 [和]	サイマル出版会
アジアの市場 雪の青森から灼熱のインドまで　谷川晃一編 [和]	洋泉社
外国語上達法　千野栄一著	岩波新書
現代美術逸脱史 1945−1985　千葉成夫著	晶文社
赤羽モンマルトル　司修著 [和]	河出書房新社
国分一太郎 転向と抵抗のはざま　津田道夫著	三一書房
歩く書物 ブックマンが見た夢　津野海太郎著	リブロポート
海山かけて　寺田透著 [和]	みすず書房
ジャスパー・ジョーンズ アメリカ美術の原基　東野芳明著 [国]	美術出版社
ロビンソン夫人と現代美術　東野芳明著	美術出版社
みみずのたはこと（上・下）　徳冨健次郎著	岩波文庫
豊田一男蠟画集　豊田一男著 [和]	群馬ルネサンスフォーラム豊田一男蝋画集刊行委員会
ザ・宣伝部 消費文化のクリエィターたち　中井幸一著 [和]	読売新聞社
メキシコと日本の間で−周辺の旅から　中岡哲郎著	岩波書店
人工知能−実用化の時代へ　長尾真著	新潮文庫
野性の火炎樹　中上健次著	マガジンハウス
ブランクーシ　中原佑介著	美術出版社
繪玻璃　中山爾郎ほか著	中山爾郎ほか
ソオ連の旅芸人 パロール・パロディストの一日　永山則夫著 [和]	言葉社
不戦への出航「日本海・アジア平和の船」三国訪問の記録 「日本海・アジア平和の船」三国訪問の記録編集委員会編 [和]	「日本海・アジア平和の船」実行委員会

1986（昭和61年）

語り 文化のナラトロジー　日本記号学会編	東海大学出版会
日本の聖と賤 近代篇　野間宏ほか著	人文書院
ビーアマンは歌う　野村修著	晶文社
「バイ・バイ・キップリング」ナム・ジュン・パイク ナム・ジュン・パイク著　佐藤義雄編　和多利志津子監修 和	リクルート出版部
誰が悪いのでもない 明子は何処へ　萩原葉子著 和	海竜社
現代版画イメージの追跡　長谷川公之著	美術出版社
いつか汽笛を鳴らして　畑山博著	文春文庫
解放の哲学をめざして　花崎皋平著	有斐閣新書
ザ・清輝 花田清輝全一冊　花田清輝著	第三書館
ラインの白い霧とアクロポリスの円柱　埴谷雄高著 和	福武書店
徒然感覚　早川良雄著　藤原千晴編 和	用美社
日本社会党に警告する! 結党40年の歴史を省みて　葉山敏夫著 和	日本政治経済調査機構
エナジー小事典 第7号「世界女性史小事典」　原ひろ子ほか編著	エッソ石油広報部
土方定一日記 一九四五年　土方定一著 和	土方雪江
平野甲賀《装丁》術・好きな本のかたち　平野甲賀著 和	晶文社
近代民主主義とその展望　福田歓一著	岩波新書
「私」という白道　古井由吉著 和	トレヴィル
裏窓ニューヨーク　古川吉重著	筑摩書房
邪馬一国の証明　古田武彦著	角川文庫
定家明月記私抄　堀田善衛著	新潮社
巨像の風景 インド古道に立つ大仏たち　前田耕作著	中公新書
ええじゃないかドブロク－ドブロク裁判全記録　前田俊彦編著	三一新書
森と里の思想－大地に根ざした文化へ　前田俊彦ほか著	七つ森書館
仏像の美しさに憑かれて　町田甲一著	保育社
囚われのロシア文学　水野忠夫著	中公新書
日本的自我　南博著	岩波新書
反近代の彼方へ　宮内豊著 和	論創社
宮川寅雄のこと　「宮川寅雄のこと」刊行委員会編	「宮川寅雄のこと」刊行委員会
世界経済をどう見るか　宮崎義一著	岩波新書
うつろい 宮脇愛子　宮脇愛子著	美術出版社
パン屋再襲撃　村上春樹著	文藝春秋
盛岡風景誌　村上善男著	用美社
ニューヨーク・シティ・マラソン　村上龍著	集英社
村上春樹 シーク&ファインド　村上龍ほか著	青銅社
名匠無頼 加藤唐九郎　室伏哲郎著 和	三天書房
ヤマガタ・ヒロミチ物語　室伏哲郎著	東京書籍
メトロポリタン美術全集（全12巻+別巻2）	福武書店
午後の砲声　森詠著	講談社
兵法家伝書 付・新陰流兵法目録事　柳生宗矩著　渡辺一郎校註	岩波文庫
墜落の夏 日航123便事故全記録　吉岡忍著 和	新潮社

塵劫記 吉田光由著 大矢真一校註 ―― 岩波文庫

エロスと創造のあいだ 22人の美術家との対話 ヨシダ・ヨシエ著 [和] ―― 展転社

李禹煥 李禹煥著 ―― 美術出版社

井伏鱒二―作家の思想と方法 涌田佑著 ―― 明治書院

ミル・マルクスとその時代 和光大学経済学部著 ―― 白桃書房

演戯する都市 渡辺守章ほか著 [和] ―― 平凡社

胎児からの黙示（社会科学選書） 綿貫礼子著 [和] ―― 世界書院

キャット・ウォーク・プロムナーダー わら・たかし著 ―― 近代文藝社

【翻訳】

ホテル・ニューハンプシャー（上・下） ジョン・アーヴィング著 中野圭二訳 ―― 新潮社

暗い時代の人々 H.アレント著 阿部斉訳 ―― 河出書房新社

批評の政治学 マルクス主義とポストモダン テリー・イーグルトン著 大橋洋一ほか訳 ―― 平凡社

ルドルフ・シュタイナー その人物とヴィジョン コリン・ウィルソン著 中村保男ほか訳 ―― 河出書房新社

カラーパープル アリス・ウォーカー著 柳沢由実子訳 ―― 集英社文庫

現代文学の時代的使命 金日成（述） ―― 外国文出版社・平壌

ある英国外交官の明治維新 ミットフォードの回想 ヒュー・コータッツィ編著 中須賀哲朗訳 [和] ―― 中央公論社

世界史の秘密 ルドルフ・シュタイナー著 西川隆範訳 ―― 創林社

男の半分は女 張賢亮著 北霖太郎訳 [和] ―― 二見書房

ペシャーワル急行 現代インド文学選集① ［ウルドゥー］ クリシャン・チャンダル著 謝秀麗ほか訳 ―― めこん

アンチ・オイディプス G.ドゥルーズほか著 市倉宏祐訳 ―― 河出書房新社

ヨーゼフ・ボイスの社会彫刻 フォルカー・ハーランほか著 伊藤勉ほか訳 [国] ―― 人智学出版社

パフォーマンス その1 元吉宏子ほか訳 ―― モービル文庫

客地 ほか五篇 黄晳暎著 高崎宗司訳 ―― 岩波書店

これはパイプではない ミシャル・フーコー著 豊崎光一ほか訳 ―― 哲学書房

シュタイナーの学校・銀行・病院・農場 アントロポゾフィーとは何か? ペーター・ブリュッゲ著 子安美知子ほか訳 [和] ―― 学陽書房

ブレヒト全書簡 ベルトルト・ブレヒト著 野村修訳 ―― 晶文社

写真と社会 メディアのポリティーク ジゼル・フロイント著 佐復秀樹訳 ―― 御茶の水書房

異化 エルンスト・ブロッホ著 船戸満之ほか訳 ―― 白水社

積極的中立 資本主義と共産主義の克服―1985年1月、スイス、ロルジャッハ市での講演と討論 ヨーゼフ・ボイス著 針生一郎訳 ―― FIU JAPAN

経済の文明史 カール・ポランニー著 玉野井芳郎ほか編訳 ―― 日本経済新聞社出版局

［空白］を読む R.C.ホルブ著 鈴木聡訳 ―― 勁草書房

ユートピアだより ウィリアム・モリス著 松村達雄訳 ―― 岩波文庫

戦後日本文学管窺 中国的視点 李徳純著 杉山太郎ほか訳 ―― 明治書院

リーコック ユーモア短篇集 リーコック著 西尾朗編注 [国] ―― 三修社

ポストモダン通信 こどもたちへの10の手紙 ジャン=フランソワ・リオタール著 管啓次郎訳 ―― 朝日出版社

リビーの書簡―明治初期のマーケット・リサーチ リビー著 菊地義明訳 ―― モービル文庫

ロルカ・ダリ―裏切られた友情 アントニーナ・ロドリーゴ著 山内政子ほか訳 [和] ―― 六興出版

【詩集等】

石川逸子詩集 千鳥ヶ淵へ行きましたか	花神社
詩集 状況 木場康治著 [和]	沖積舎
ツッツッと 木坂涼詩集	詩学社
鳥の眼 津高和一著 [和]	書肆季節社
星とあやとり 保坂登志子著	かど創房

【カタログ・その他】

ART IN TOKYO'86 IMA vol.1 横尾忠則・山本富章・舟越桂・深井隆	サッポロビール恵比寿倉庫
アールヴィヴァン 20号 特集 ランド・アート	西武美術館
アールヴィヴァン 21号 特集 再構成：日本の前衛1945－1965	西武美術館
有本利夫展 塩田佳弘編 [和]	彌生画廊
アルマン ARMAN展 榎本了壱・文 [和]	フジテレビギャラリー
アントニ・クラベ展 東京都庭園美術館・清春白樺美術館編 [和]	東京都文化振興会
イヴ・クライン展	フジテレビギャラリー
井田照一 [和]	東京画廊
今村幸生展	kameya museum
内海信彦展 記憶の形象	ぎゃらりぃセンターポイント
瑛九とその周辺	読売新聞社・美術館連絡協議会
エゴン・シーレとウィーン世紀末 神奈川県立近代美術館編	東京新聞
海老原喜之助展 熊本県立美術館編 [和]	熊本県立美術館ほか
大沢昌助個展 小品100点による アートセンター編 [和]	アートセンター
小山田二郎展	ギャラリー新居
神奈川「芸術－平和への対話」展	大倉山記念館
川端龍子展 群馬県立近代美術館編 [和]	群馬県立近代美術館
カンディンスキー展 バウハウス&パリ時代 1922－44 [和]	フジテレビギャラリー
強靭なマチエールの魅惑 鳥海青児展 土方明司編 [和]	練馬区立美術館
清水九兵衛 庄司恵一編 [和]	大雅堂
草間彌生展	フジテレビギャラリー
クリスト展 CHRISTO WRAPPED REICHSTAG PROJECT for BERLIN	佐谷画廊
芸術と素朴 世田谷美術館開館記念展 世田谷美術館編	世田谷美術館
ケネス・ノーランド展	佐谷画廊
現代の白と黒	埼玉県立近代美術館
現代版画の表現と技法展	練馬区立美術館
小堀四郎	渋谷区立松濤美術館
COMPUTER AND UNIVERSITY 1985・No.3	和光大学「コンピューター社会と大学の未来像」研究グループ
埼玉の画人 田中保をめぐって パリ－ニューヨーク 西武百貨店編 [和]	西武百貨店
佐々木正芳	極星画郎
佐藤多持 代表作展	青梅市立美術館
指紋拒否者の国外追放を許すな! 討論資料第1集	反外登法運動情報センター
JUNICHI MORIMOTO	ギャラリーオカベ
戦後生まれの作家たち 現代日本の美術3	宮城県美術館

1986（昭和61年）

戦後日本画の一断面 模索と葛藤	山口県立美術館
第一回現代彫刻の5人 柳原義達・建畠覚造・土谷武・加藤昭男・掛井五郎	ギャルリー・ところ
大黄河文明の流れ 山東省文物展	西武美術館
第三世界とわれわれ第五回展 民衆のアジア	東京都美術館
高島北海展 下関市立美術館編 [国]	下関市立美術館
田中信太郎	東京画廊
デュビュッフェ展 [国]	東京銀座アートセンター
東京の肖像1920'S	板橋区立美術館
土佐の泥繪師 繪金 前田憲二監督作品	前田プロモーション
中井克巳展 ものはひらく フジテレビギャラリー編 [国]	フジテレビギャラリー
難波田龍起・柳原義達・須田寿 三人展	ギャルリー・ところ
NIKI DE SAINT PHALLE EXHIBITION	SPACE NIKI
日本画の現在をみる−戦後日本画における古典と現代	三重県立美術館
日本中東学会年報 第1号	日本中東学会
長谷川三郎 河崎晃一・文 [和]	ザ・コンテンポラリー・アートギャラリー
版・一原有徳のネガとポジ	NDA画廊
比叡山と天台の美術	東京国立博物館
ピカソ展	群馬県立近代美術館
美術手帖 3月号 増刊 福田繁雄：イラストリック412	美術出版社
船田玉樹	ギャラリーさんよう
ベンティンク・ティッセン・コレクション展	日本橋高島屋ほか
没後10年 小野木学の世界展 練馬区立美術館編 [和]	練馬区立美術館
堀内正和：渋谷区立松濤美術館 開館5周年記念特別展 [和]	渋谷区立松濤美術館
前川強作品集	山木美術
町田甲一年譜・著作目録 町田甲一先生古稀祝賀会編	町田甲一先生古稀祝賀会
宮川寅雄 偲ぶ会	万葉洞
宮崎進の世界	池田20世紀美術館
ムンク版画名作展	フジカワ画廊
杢田たけを新作展 樹霊の宿る造形	東邦画廊
横山操展図録	西武美術館・新潟県美術博物館
四方田草炎全貌展	ストライプハウス美術館
ルチオ・フォンタナ展	フジテレビギャラリー
若林奮作品集1986	彌生画廊
脇田和展 神奈川県立近代美術館ほか編 [和]	神奈川県立近代美術館
渡辺恂三の昨日・今日・明日 [和]	池田20世紀美術館
呉潤版畫集 [和]	韓国

【執筆・著作】

石井勢津子 個展（チラシ） 石井勢津子が…	スルガ台画廊
内海信彦展 記憶の形象 一枚の紙の上に…	ぎゃらりぃセンターポイント
女の四季 第3号 エッセイ 愛すればこそ パート1	「女の四季」会
小山田二郎展 小山田二郎の芸術	ギャラリー新居

豊田一男蠟画集 パンフレット 彼の回想によれば…	あさを社
船田玉樹 近代日本画の異端で正統の画家、船田玉樹	ギャラリーさんよう
版・一原有徳のネガとポジ 「現代の声」を推す	NDA画廊
社会運動70 国家に対抗する民衆文化	社会運動研究センター
佐藤多持 代表作展 佐藤多持論	青梅市立美術館
公明新聞 7/31 文化：シャガールの芸術と生涯	公明党機関紙局
杢田たけを新作展 樹霊の宿る造形 樹霊の宿る造形	東邦画廊
花田勝太郎展(案内状) すいせんの言葉	銀座スルガ台画廊
Art'86 スタイルは多様に 加山又造対談	アリア書房
積極的中立 資本主義と共産主義の克服 −1985年1月、スイス、ロルジャッハ市での講演と討論 ヨーゼフ・ボイス著 針生一郎訳	FIU JAPAN
戦後日本画の一断面 模索と葛藤 戦後日本画の風雲児	山口県立美術館
アールヴィヴァン 21号 特集 再構成：日本の前衛1945−1965 戦後日本小説の一断面	西武美術館
世界 第493 中国画家が描いた魯迅の世界	岩波書店
たて組よこ組 14 デザイン批評	モリサワ
デュビュッフェ（アートギャラリー 現代世界の美術 20） 針生一郎責任編集	集英社
土佐の泥繪師 繪金 前田憲二監督作品	前田プロモーション
60年代からこんにちは 関根弘対談集 新島と工作者の論理／「夜の会」以後	土曜美術社
NIKI DE SAINT PHALLE EXHIBITION	SPACE NIKI
いのち 愛 人権 部落解放基本法制定要求国民運動中央実行委員会編 抜本的解決へ	部落解放基本法制定要求 国民運動中央実行委員会
神奈川「芸術−平和への対話」展 広島・長崎への原爆投下で…	大倉山記念館
佐々木正芳 諷刺から存在の凝視へ−佐々木正芳の道程	極星画廊
小山田チカエ展(案内状) 夢幻展に際して	紅寮実験ギャラリー企画
堀内正和：渋谷区立松濤美術館 開館5周年記念特別展 明晰な神秘	渋谷区立松濤美術館
夜想 19 山下菊二 怪鳥年代記 他	ペヨトル工房
横山操展 横山操のなかの「地獄」とそこからの解放	西武美術館・新潟県美術博物館

1987(昭和62年)

【和書】

学校の草 秋葉安茂著	近代文藝社
「スパイ防止法」消すな! われらの表現 浅野健一編	社会評論社
バロックの愉しみ 荒俣宏ほか著	筑摩書房
飯田善国 ミラーモビール 飯田善國著 [和]	美術出版社
池田満寿夫 愛の瞬間 池田満寿夫著 宮澤壯佳編	美術出版社
教師たちの憂鬱 石川逸子著	国土社
新アジア学 板垣雄三ほか編 [和]	亜紀書房
大人の時間（上・下） 五木寛之著	新潮社
ガウディの夏 五木寛之著	角川書店
漫画集 百態草子 井上洋介著	メリーウエルズ
幻想の東洋 オリエンタリズムの系譜 彌永信美著	青土社
岩波文庫総目録1927−1987	岩波書店

1987(昭和62年)

檜山民俗建築照相譜 岩淵啓介・文 津山正順・写真	北海道建築会檜山支部
「私」探しゲーム 上野千鶴子著	筑摩書房
現代日本経済批判 宇沢弘文著	岩波書店
韓国民衆版画集 ウリ文化研究所編 [国]	御茶の水書房
私の"パートナー"へ シングル人間の位置から 海老坂武著	筑摩書房
懐かしい年への手紙 大江健三郎著	講談社
岡倉天心 驚異的な光に満ちた空虚 大久保喬樹著	小沢書店
鏡としての異境 太田昌国著 [和]	記録社
山づくり 林業最前線 大橋和子著	大橋和子
岡田徹画集 岡田徹著 [和]	岡田徹画集編纂委員会
回想の島尾敏雄 小川国夫著	小沢書店
源さんの木の根物語 小川源・三里塚開拓と闘いの四十年 小原吉苗著 [和]	ひろば編集委員会
回想の福井良之助 「回想の福井良之助」編集委員会編著 [和]	「回想の福井良之助」編集委員会
直感の海へ 柏原えつとむ1961−1987 柏原えつとむ著 [国]	現代企画室
エナジー小事典 第10号「現代イスラム小事典」 片倉もとこほか編著	エッソ石油広報部
批評へ 加藤典洋著	弓立社
女たちの「銃後」 加納実紀代著	筑摩書房
ドキュメント・人間列島 鎌田慧著 [和]	ぎょうせい
日本のダダ 神谷忠孝著 [和]	響文社
幽霊船長 河原晋也遺稿 河原晋也著	文藝春秋
メッセージのゆらぎ 論文・作品集 1979−1987 河村正之著 [和]	木村郷子
革命は来たれども 北影一著	河出書房新社
道鏡 北川あつ子著 [和]	沖積舎
揺れる言葉 喪われた明治をもとめて 木下長宏著 [和]	五柳書院
三七全伝 南柯の夢 曲亭馬琴著 平岡正明訳	創樹社
沖縄を彫る 金城実著 [和]	現代書館
現代日本を考える 久野収ほか著 日高六郎編	筑摩書房
発言 久野収著 [和]	晶文社
雪月花の心 栗田勇著	祥伝社
共生の思想 未来を生きぬくライフスタイル 黒川紀章著 [和]	徳間書店
地域研究の方法と中東学(国際大学・現代中東選書1) 黒田壽郎編	三修社
バフチン−〈対話〉そして〈解放の笑い〉 桑野隆著	岩波書店
東南アジアの現在−開発のなかの人びと 小泉允雄著	日本貿易振興会
ミクロポリティクス 粉川哲夫著	平凡社
日本文学の構造 小西甚一ほか編	創樹社
ゼウスガーデン衰亡史 小林恭二著	福武書店
蒲鉾太平記 小林伸男著	神奈川新聞社
シュルレアリスムの実証《貌》 小牧源太郎著	講談社
「モモ」を読む シュタイナーの世界観を地下水として 子安美知子著	学陽書房
謀略戦−ドキュメント陸軍登戸研究所 斎藤充功著	時事通信社
時間の身振り学 市場社会の表層へ 佐伯啓思著 [和]	筑摩書房

1987 (昭和62年)

I REVOCSID JESUS CHRIST IS A WOMAN 桜井孝身編	櫂歌書房
異国の響きが聞こえてくる 佐多稲子著	作品社
小さい山と椿の花 佐多稲子著 [和]	講談社
現代科学と人間 人類は生き残りうるか 佐藤進著 [和]	三一書房
木田金次郎 生まれ出づる悩み(ミュージアム新書7) 佐藤友哉著 北海道立近代美術館編	北海道新聞社
日本人よ、侵略の歴史を忘れるな 旧日本軍一兵士の記録と回想 澤昌利著 武隈喜一編	御茶の水書房
80年代論 世紀末の経済・政治・思想 佐和隆光ほか著	新曜社
わが友マキアヴェッリ フィレンツェ存亡 塩野七生著	中央公論社
未確認尾行物体 島田雅彦著 [和]	文藝春秋
伊那谷の方言歳時記 下澤勝井著	郷土出版社
国鉄を葬る人たちへの手紙―妻と子どもは訴える 人材活用センター全国連絡会編 [和]	教育史料出版会
かくも長き痙攣の時 末永照和著	小沢書店
人間の零度、もしくは表現の脱近代 鈴木貞美著 [和]	河出書房新社
テレフォン 村上春樹、デリダ、康成、プルースト 鈴村和成著 [和]	洋泉社
絵画の見方買い方 瀬木慎一著 [和]	新潮社
野蛮としてのイエ社会 関曠野著	御茶の水書房
逆噴射家族の時代 関井光男ほか著 [和]	青弓社
花田清輝 関根弘著	リブロポート
漂流へ 芹沢俊介家族論集 芹沢俊介著	春秋社
「こと・もの・いのち」への序説 高岡忠洋著	未來社
長編小説 雪古九谷 高田宏著	光文社
百花事典 第一号 女神 高橋睦郎編	真理花
日本随筆紀行(全24巻) 高橋元吉ほか著	作品社
大地を行く 髙山辰雄中国墨画集 髙山辰雄著 [和]	講談社
日本の近代美術と文学 挿絵史とその周辺 匠秀夫著	沖積舎
一衣帯水 中国随想 (蒼蒼スペシャル・ブックレット) 竹内実著 [和]	蒼蒼社
〈世界〉の輪郭 竹田青嗣著 [和]	国文社
この人を見よ―私の小林秀雄 武田友寿著	教文館
遠雷 立松和平著	河出文庫
境界の誘惑 小説と民俗の想像力 立松和平著 [和]	岩波書店
タイガーバームガーデン 谷川晃一ほか編著 乙咩雅一・写真	新潮文庫
サラダ記念日 俵万智著	河出書房新社
智内兄助 智内兄助著 川上宗男編	青年社
プラハ幻景 ヴラスタ・チハーコヴァー著	新宿書房
ミニマル・アート 千葉成夫著 [和]	リブロポート
パレスチナ問題とは何か 中東の平和をもとめる市民会議編	未來社
紅水仙 司修著 [和]	講談社
労働者文学その側面 佐多稲子と「驢馬」の周辺 塚本雄作著 [和]	労働者文学会議
時代の相を求めて 富山の美術20年 津山昌著 [和]	桂書房
勅使河原宏作品集 変幻 勅使河原宏著 [国]	草月出版
不思議な半世紀 鼎談 この時代を我々は生きた 中村雄二郎ほか著 [和]	創樹社

1987（昭和62年）

平野謙研究 中山和子ほか著 論究の会編	明治書院
捨て子ごっこ 永山則夫著 [和]	河出書房新社
70年のソ連	「70年のソ連」刊行委員会事務局
難波田史男画集	講談社
演劇思想の冒険 西堂行人著	論創社
日本歴史地名大系（全52巻）	平凡社
HIDEO NODA 野田英夫画集 野田英夫著 窪島誠一郎編 [国]	平凡社
東西南北浮世絵草書 わたしの読書と生活 野間宏著 [和]	集英社
悲しい子ども 野呂重雄著	一ツ橋書房
毀れた仮面 萩原葉子著	読売新聞社
蘇った遙なる邪馬壹国 橋詰和人著 [和]	土佐上古代史研究所
空間〈機能から様相へ〉 原広司著	岩波書店
現代生活指導小論集 春田正治著	[記載なし]
版画の技法と表現	町田市立国際版画美術館
はぐれんぼの海 日方ヒロコ著	れんが書房新社
中国書道史事典 比田井南谷著 [和]	雄山閣出版
比田井南谷作品集 比田井南谷著 [和]	書学院出版部
現代日本を考える 日高六郎編	筑摩書房
新見庄 生きている中世 備北民報社編	備北民報社
破られた友情 ハーンとチェンバレンの日本理解 平川祐弘著 [和]	新潮社
破断層 広河隆一著 [和]	講談社
パレスチナ 広河隆一著	岩波新書
危険な話—チェルノブイリと日本の運命 広瀬隆著	八月書館
ポスト・チェルノブイリを生きるために—暮しと原発 藤田祐幸著	御茶の水書房
幻世 藤原新也著	講談社
竹久夢二と抒情画家たち 細野正信著 [和]	講談社
アジア・女・民衆〈アジアが見えてくる1〉 松井やより著	新幹社
東京ポスト・モダン（都市のジャーナリズム） 松葉一清著	三省堂
「文明論之概略」を読む（上・中・下） 丸山真男著	岩波新書
はじめての愛 丸山友紀子著	かのう書房
生きる日 死ぬ日 水上勉著	福武書店
若狭日記 水上勉著	主婦の友社
身近なところから平和を	かながわ国際平和年推進協議会
美術史散策 宮川寅雄著	恒文社
スラウェシの海辺から—もうひとつのアジア・太平洋 村井吉敬著	同文館
国家論の系譜 村上和光著 [和]	世界書院
ノルウェイの森（上） 村上春樹著	講談社
松本俊介とその友人たち 村上善男著 [和]	新潮社
鍋の中 村田喜代子著	文藝春秋
笑う男 村松孝明著 [和]	彩流社
バルセローナの冬 森詠著	青樹社

1987（昭和62年）

定本·薔薇は生きてる 山川弥千枝著 稲垣真美編 [和]	創樹社
映像空間創造 山口勝弘著 [国]	美術出版社
カンヴァスの柩 山田詠美著	新潮社
みみずく英学塾 由良君美著	青土社
芸術 生命と場とかたち 由利啓著 [和]	由利啓
異質との共存 尹健次著	岩波書店
在日韓国人「政治犯」と私 吉松繁著 [和]	連合出版
新しい世界史（全12巻） 吉見義明ほか著	東京大学出版会
奥吉野巡歴—山村工作隊から34年 脇田憲一著 [和]	本音を語る会
スペクタクルの60年代 渡辺淳著	平凡社
造形芸術の記号論 作品と解釈 渡辺眞著	勁草書房

【翻訳】

クラリッサの凌辱 T.イーグルトン著 大橋洋一訳	岩波書店
マルクス主義と文芸批評 テリー·イーグルトン著 有泉学宙ほか訳	国書刊行会
エンタープライズ 今西主ほか著 ジェイスン·G·チョウイほか訳	モービル文庫
アパルトヘイト白書 英連邦調査団報告 英連邦賢人調査団著 笹生博夫ほか訳 [和]	現代企画室
人間好き ディドロについての対話 H.M.エンツェンスベルガー著 野村修訳	晶文社
現代中国文学選集（全12巻+別巻1） 王蒙ほか著 市川宏ほか訳	徳間書店
文化の解釈学I（岩波現代選書118） C.ギアーツ著 吉田禎吾ほか訳	岩波書店
シュタイナー 危機の時代を生きる W.クグラー著 久松重光訳	晩成書房
記号の横断 ジュリア·クリステヴァ著 中沢新一ほか訳	せりか書房
造形思考（上·下） パウル·クレー著 土方定一ほか訳	新潮社
ドイツの中のユダヤ ピーター·ゲイ著 河内恵子訳	思索社
生と死の演出—先端医療の衝撃 B.D.コウレン著 長尾史郎ほか訳	文眞堂
オリエンタリズム エドワード·W·サイード著 今沢紀子訳	平凡社
精神の非植民地化 アフリカ文学における言語の政治学 グギ·ワ·ジオンゴ著 宮本正興ほか訳	第三書館
ルネサンスのオカルト学 ウェイン·シューメイカー著 田口清一訳 [和]	平凡社
シュタイナー 芸術と美学 R.シュタイナー著 西川隆範編訳 [和]	平河出版社
タゴール著作集（全11巻+別巻1） タゴール著 山室静ほか編訳	第三文明社
チューリヒ 予兆の十字路 増田義男ほか訳 土肥美夫編	国書刊行会
フーコー ジル·ドゥルーズ著 宇野邦一訳	河出書房新社
パフォーマンス その2 元吉宏子ほか訳	モービル文庫
一般記号学 エリーザベト·ヴァルター著 向井周太郎ほか訳 [和]	勁草書房
テクストの出口 ロラン·バルト著 沢崎浩平訳	みすず書房
最底辺 トルコ人に変身して見た祖国·西ドイツ ギュンター·ヴァルラフ著 マサコ·シェーンエック訳	岩波書店
アヴァンギャルドの理論 ペーター·ビュルガー著 浅井健二郎訳	ありな書房
反美学 ポストモダンの諸相 ハル·フォスター著 室井尚ほか訳	勁草書房
知識人の覇権 20世紀フランス文化界とサルトル A.ボスケッティ著 石崎晴己訳 [和]	新評論
ミシェル·フーコー 権力と自由 ジョン·ライクマン著 田村俶訳	岩波書店

1987（昭和62年）

あのころはフリードリヒがいた　ハンス・ペーター・リヒター著　上田真而子訳	岩波少年文庫
ダダ－芸術と反芸術 新装版　ハンス・リヒター著　針生一郎訳	美術出版社
昔話 その美学と人間像　マックス・リュティ著　小澤俊夫訳	岩波書店
祟りの村　ベルナール・レーヌ著　高橋武智訳	筑摩書房

【詩集等】

阿部岩夫詩集（現代詩文庫87）	思潮社
仮面の声　高良留美子著	土曜美術社
サッフォーたちの饗宴　城景都・画　白石かずこ・詩 [国]	PARCO出版局
詩集 オキナワ島唄　井之川巨著 [和]	海風社

【カタログ・その他】

アールヴィヴァン 25号 特集 骰子の7番目の目	西武美術館
相笠昌義その世界　彩鳳堂画廊編 [和]	彩鳳堂画廊
有本利夫展　塩田佳弘編 [和]	彌生画廊
アンデスの染織と工芸展	東京都庭園美術館
今井俊満展 東方の光・40年の軌跡　中村哲也ほか編 [和]	マトリックスジャパン
植木茂展 1987年2月21日－3月29日	下関市立美術館
内海信彦展	ぎゃらりぃセンターポイント
Exhibition 4-G.D 亀倉雄策・田中一光・永井一正・福田繁雄 [和]	読売新聞社
オブジェ－逸脱する物質　西武美術館主催　つかしんホール編 [和]	つかしんホール
オブジェ TOKYO展	パルコ
小山田二郎新作展 －水彩	東邦画廊
絵画1977－1987：開館10周年記念　国立国際美術館編 [和]	国立国際美術館
風立ちぬ 今井俊満展	東京日仏学院
片岡球子展	東急百貨店
香月泰男展　下関市立美術館編 [和]	下関市立美術館
川上峰仙個展 国際コンクール日仏現代美術展受賞記念	富山県民会館2Fギャラリー C室
カンディンスキー展　東京国立近代美術館編	日本経済新聞社
機關14 美術をめぐる思想と評論 赤瀬川原平特集	ゆー・コピア
草間彌生展	北九州市立美術館
クリスト展	軽井沢・高輪美術館ほか
芸術と革命Ⅱ	西武美術館
現代美術になった写真　栃木県立美術館編 [国]	栃木県立美術館
ゴーギャン展－楽園を求めて　東京国立近代美術館編	東京新聞
今日の作家 難波田龍起展	東京国立近代美術館
ザオ・ウーキー展　伊東順二・文 [和]	フジテレビギャラリー
サム・フランシスの世界　大岡信・東野芳明・米倉守・文 [和]	Ogawa Art Foundation・彌生画廊
ジュリオ・パオリーニ展　ICA,Nagoya編 [和]	ICA,Nagoya
ジョルジュ・ビゴー展 明治日本を生きたフランス人画家 [和]	美術館連絡協議会
白と黒の会 ある交遊の軌跡、世田谷的な。	世田谷美術館
杉全直展	品川文化振興事業団・O美術館
生誕100年 小出楢重展図録　神奈川県立近代美術館ほか編 [和]	生誕100年小出楢重展実行委員会

1987（昭和62年）

第3回日本アンデパンダン誌上'87	京都国際芸術センター
高松次郎	東京画廊
Tatsuo Takayama [和]	Kodansha International
特別展覧会 絵巻	京都国立博物館
戸谷成雄 1984−1987	佐谷画廊
長崎アトリエ村史料 豊島区立郷土資料館編	豊島区教育委員会
中野和高とその時代	宮城県美術館
永山則夫・被告人供述調書	永山裁判ニュース刊行会
ニーベルングの指環 対訳	ベルリン・ドイツ・オペラ
日本のCGアート展 ARTS ON COMPUTER	O美術館
日本の美術館建築展	世田谷美術館
林武展 女性美でたどる・生への確証	富山県立近代美術館・毎日新聞社
原栄三郎展	ギャラリー溜
菱田春草展	小田急グランドギャラリー
風土と伝統の見直し 戦後日本画変革の戦士たち 菊屋吉生・文 [和]	西武百貨店
ブールデル／デュフェ展 東京都庭園美術館編 [和]	東京都文化振興会
別冊 新雑誌X アジアの民衆文学	新雑誌エックス
ベルリン アーティスト6人展	原美術館
菩薩：特別展 奈良国立博物館編 [国]	奈良国立博物館
ボロフスキー展	東京都美術館
松田正平 山口県立美術館編 [和]	山口県立美術館
マルセル・デュシャン エッチングシリーズ：《恋人たち》《大ガラス》	Mギャラリー
みちのくの造形 THE TOHOKU IMAGE	宮城県美術館
水俣病−その30年	青林舎・シグロ
ミンモ・パラディーノ展 丹生谷貴志・文 [和]	フジテレビギャラリー
村井正誠 油彩 素描 版画	ギャルリー・ところ
名作に見る日本版画	町田市立国際版画美術館
明治日本を生きたフランス人画家 ジョルジュ・ビゴー展 酒井忠康ほか編	美術館連盟協議会ほか
モンドリアン展 東京新聞編	東京新聞
山口長男展 [和]	練馬区立美術館
山中信夫全作品	栃木県立美術館
吉屋敬個展 イヴの記憶3	フジヰ画廊アートサロン
リズムと色彩 ソニア・ドローネー 西武百貨店編 [和]	西武百貨店
Charles Ginnever [和]	Anne Kohs & Associates, Inc
Documenta 8：Kassel,1987 [和]	Weber & Weidemeyer

【執筆・著作】

季刊 三千里 50号 あとに続くものを信ず	三千里社
オブジェ TOKYO展 オブジェの歴史と現在	パルコ
音楽鑑賞教育 12 おんがくさろん	音楽鑑賞教育
Art'87 No.119 怪物中村正義の内幕	マリア書房
吉屋敬個展 イヴの記憶3 軽やかな転位能力	フジヰ画廊アートサロン

川上峰仙個展 国際コンクール日仏現代美術展受賞記念 川上峰仙は…	富山県民会館2Fギャラリー C室
難波田史男画集 青春の画家・難波田史男	講談社
ダダ―芸術と反芸術 新装版 ハンス・リヒター著 針生一郎訳	美術出版社
河北新報 3/26 文化：彫刻家のデッサン―佐藤忠良版画シリーズ	河北新報社
みちのくの造形 THE TOHOKU IMAGE 東北造形論序説	宮城県美術館
小山田二郎新作展 ―水彩 遠く内面を旅する小山田二郎	東邦画廊
原栄三郎展 光と色彩の哲学を語る絵画	ギャラリー溜
内海信彦展 噴出する宇宙のカオス	ぎゃらりぃセンターポイント

1988(昭和63年)

【和書】

ジグソーパズル・アジア 相原なおみ著 [和]	現代書館
芸術原論 赤瀬川原平著	岩波書店
ひかりほのかに 秋月賢弥著	創栄出版
恋愛の発見 現代文学の原像 秋山駿著	小沢書店
エンスージズアム 阿部秀明著	モービル文庫
日本王権論 網野善彦ほか著	春秋社
死なないために／TO NOT TO DIE 荒川修作ほか著 西武美術館編	リブロポート
アジアへの視点 荒木重雄編 [和]	勁草書房
おなつかしや鞍馬天狗 いいだもも著	NRK出版部
これで昭和もおしまいだ いいだもも著 [和]	NRK出版部
大原美術館美術講座2 近代絵画の光と影 池上忠治ほか著	用美社
映画は僕のレストラン 池田八朗著	北白川書房
女のいる情景 池田満寿夫著 [和]	日本経済新聞社
年月の流れの底に 池田みち子著	新潮社
夷斎風雅 石川淳著 [和]	集英社
一木平蔵の素描 一木平蔵著	美術出版社
グラムシと現代―グラムシ研究国際シンポジウム報告 伊藤成彦ほか編	御茶の水書房
いまマルクスが面白い 伊東誠ほか編	有斐閣新書
狂人日記 色川武大著 [和]	福武書店
上野英信と沖縄 上野英信追悼文集刊行会編 [和]	ニライ社
上原二郎第2作品集“鬼子” 上原二郎著	上原二郎
現代美術 僕の場合 上前智祐著	上前智祐
内田義彦著作集(全10巻) 内田義彦著	岩波書店
アジアから来た出稼ぎ労働者たち 内海愛子ほか編	明石書店
宇宙・生命・人間 野間宏と現代文学を語る	「野間宏と現代文学を語る」実行委員会
やきもの この時代 海上雅臣著	文化出版局
混成系 死と批評 宇野邦一著 [和]	青土社
日中アヘン戦争 江口圭一著	岩波新書
江差の繁次郎 江差かわら版同人会編	江差文庫社
コンテスタシオン〈個〉のスタイルへ向けて 海老坂武著	筑摩書房
最後の小説 大江健三郎著	講談社

1988（昭和63年）

自分の中に毒を持て 岡本太郎著	青春出版社
現代の批評理論（全3巻） 岡本靖正ほか編	研究社出版
父のいる場所 小川徹著 [和]	三一書房
犯罪百話 昭和篇 小沢信男編	ちくま文庫
贋金づかい 尾辻克彦著 [和]	新潮社
生命の風物語 シルクロードをめぐる12の短篇 甲斐大策著	トレヴィル
狭山事件を推理する Vの悲劇 甲斐仁志著 [和]	三一書房
第二・第三の矢—現代美術作家論 蔭山恭一評論集 蔭山恭一著 [和]	燎原社
君と世界の闘いでは、世界に支援せよ 加藤典洋著	筑摩書房
物語 自治体文化行政史 神奈川からキック・オフ 10年の歩み 神奈川県文化室編 [和]	新曜社
白夜の廻廊 世紀末文学逍遥 川村二郎著 [和]	岩波書店
ともかく道づれ 木島始著	青土社
小さな異国 北川あつ子著	沖積舎
小説 司法書士 北田玲一郎著	日本評論社
人間ってすごいね先生 久津見宣子著	授業を創る社
三岸好太郎—夭折のモダニスト（ミュージアム新書8） 工藤欣弥ほか著 北海道立近代美術館編	北海道新聞社
親鸞とその弟子 弁円の討たれ 熊谷宗秀著 [和]	光雲社
イスラーム経済 理論と射程 黒田壽郎編 [和]	三修社
時の迷路・海は問いかける 高良留美子著	オリジン出版センター
連作長篇 発つ時はいま 高良留美子著	彩流社
小島輝正著作集（全5巻） 小島輝正著	浮游社
昭和の終焉と天皇制の現在（講座・天皇制論） 小西誠ほか著 天皇の戦争責任を追求し、沖縄訪問に反対する東京会議編	新泉社
半島記・群島記 小林恭二著	新潮社
私を生かした一言 勇気と自信を与えてくれる「生きる知恵」の座右銘 小松左京ほか著 扇谷正造監修	大和出版
構造としての語り 小森陽一著	新曜社
ニューヨーク現代美術 1960—1988 近藤竜男著 [和]	新潮社
東京の都市計画—行政上の問題点 斉藤一雄著	斉藤一雄
洋風画のコンセプトとマテリアルをめぐって（日本近代美術論1） 佐々木静一著 [和]	瑠璃書房
炎の白面にためらふ如く 村山槐多大正六年作『湖水と女』ノオト 佐々木央著	佐々木央
スイスを愛した人々 笹本駿二著	岩波新書
画廊のしごと 佐谷和彦著	美術出版社
人間縮小の原理 メディアの新理解 佐野山寛太著	洋泉社
影のような男 塩見鮮一郎著 [和]	せきた書房
その夏の今は・夢の中での日常 島尾敏雄著	講談社文芸文庫
老人たちの熊と猿 清水昭三著	新読書社
城景都全版画集 城景都著	阿部出版
国際版色の手帖 尚学図書・言語研究所編	小学館
白井晟一全集（全6巻+別巻2） 白井晟一著	同朋舎出版

1988（昭和63年）

日本のダダ1920－1970　白川昌生編	書肆風の薔薇
色彩自由自在　末永蒼生著	晶文社
春雷記　杉浦康平著 [和]	杉浦康平プラスアイズ
農の情景　杉浦明平著	岩波新書
進化しない日本人へ　杉本良夫著	情報センター出版局
未だ／既に－村上春樹と「ハードボイルド・ワンダーランド」　鈴村和成著	洋泉社
日本の幽霊　諏訪春雄著	岩波新書
俳画粋伝　瀬木慎一著	美術公論社
鉄を喰う男たち　関沢紀著 [和]	新泉社
現代の差別を考える　全国同和教育研究協議会事務局編 [和]	全国同和教育研究協議会
小島信夫 ファルスの複層　千石英世著 [和]	小沢書店
長くきびしい道のり－徐兄弟・獄中の生　徐京植著	影書房
沖縄・読谷村のフォークロア 旗焼く島（ムラ）の物語　高澤秀次著	社会評論社
ジョン・レノン対火星人　高橋源一郎著	新潮文庫
虹の彼方に オーヴァー・ザ・レインボウ　高橋源一郎著	新潮文庫
優雅で感傷的な日本野球　高橋源一郎著	河出書房新社
ロフト版作品集2 高見沢文雄　高見沢文雄著	点
中国漢詩の旅（全5巻）　田川純三著　井上靖監修	世界文化社
天皇の肖像　多木浩二著	岩波新書
物語昭和洋画壇史（全2巻）　匠秀夫著	形文社
現代彫刻集5 舟越保武（札幌芸術の森叢書）　匠秀夫ほか編	札幌芸術の森
時満ちくれば 愛へと至らんとする15の歩み　竹内敏晴著	筑摩書房
大正天皇の「大葬」－「国家行事」の周辺で　田中伸尚著 [和]	第三書館
円空佛　棚橋一晃編	弘生書林
魔術的リアリズム－メランコリーの芸術　種村季弘著	PARCO出版局
中公文庫解説目録	中央公論社
水俣映画遍歴 記録なければ事実なし（水俣＝語りつぎ2）　土本典昭著	新曜社
辺境学ノート　鶴見良行著	めこん
甦る!安藤昌益　寺尾五郎ほか編著	社会評論社
行動する画家 印象派よりポップアートまで　東大寺乱著	沖積舎
交番のウラは闇 イラスト・マンガ版　中野豪著 [和]	第三書館
夜の電話　中野孝次著	文藝春秋
アジア主義者中野正剛　中野泰雄著 [和]	亜紀書房
大系日本の歴史（全15巻）　永原慶二ほか著	小学館
残酷日記　永松習次郎著	成瀬書房
いのち輝け－親鸞への道（上・下）　中村了権著	同朋舎
書を語る（全5巻）　二玄社編集部編	二玄社
脱原発しかない バクとマサルのイラスト・ノート　西尾漠ほか著	第三書館
日本の戦後小説　西川長夫著	岩波書店
サルトルの晩年　西永良成著	中公新書
NHK趣味講座 書道に親しむ　日本放送協会編	日本放送協会

1988（昭和63年）

現象としての〈現在〉 丹羽一彦著 [和]	大和書房
野間宏作品集（全14巻） 野間宏著	岩波書店
大河流れゆく アムール史想行 林郁著	朝日新聞社
断罪の政治思想 葉山敏夫著	公正主義社会国民会議出版局
速水史朗 道標 速水史朗著 宮澤壯佳編	美術出版社
クリティーク11 特集 文化の批判力 針生一郎ほか・文 石塚正英ほか編 [和]	青弓社
日生連物語 戦後生活教育運動のうねり 春田正治著	民衆社
書の伝統と創造 天来翁書話抄 比田井天来著 比田井南谷編・校訂 [和]	雄山閣出版
明日の日本を考える 日高六郎編	筑摩書房
夢の島 日野啓三著	講談社文芸文庫
テキストと実存 平井啓之著	青土社
われ、死すとも瞑目せず 平沢貞通獄中記 平沢武彦編 [和]	毎日新聞社
四番目の恐怖 広瀬隆ほか著	講談社
西洋美術史への視座 藤枝晃雄ほか著 新田博衛編	勁草書房
彼者誰時の肖像―パンリアル美術協会結成への胎動 不動茂弥著 [和]	不動茂弥
現代彫刻集Ⅳ 堀内正和（札幌芸術の森叢書） 堀内正和著	札幌芸術の森
私の近代美術論集（全2巻） 本間正義著	美術出版社
文学テクスト入門 前田愛著	ちくまライブラリー
巡査部長のホンネ手帳 幕田敏夫著	第三書館
外のアジアへ、複数のアジアへ 松枝到著	思潮社
群論 ゆきゆきて、神軍 松田政男ほか編	倒語社
評伝 火宅の人 檀一雄 真鍋呉夫著	沖積舎
魅惑のマーブル・ペーパー 三浦永年著 [和]	アトリエ・ミウラ
宇宙の旅人 三浦清宏著	創樹社
井出則雄追悼文集 箕田源二郎ほか文 井出則雄追悼文集編集委員会編 [和]	矢野和江
日本への遠い道（第1部・第2部） 三留理男著 [和]	東京書籍
徳海院釈研章―宮本研 宮本静著	宮本静
政治的創造力の復権 武藤一羊著 [和]	御茶の水書房
1973年のピンボール 村上春樹著	講談社文庫
回転木馬のデッド・ヒート 村上春樹著	講談社文庫
ザ・スコット・フィッツジェラルド・ブック 村上春樹著	TBSブリタニカ
世界の終わりとハードボイルド・ワンダーランド（下） 村上春樹著	新潮文庫
ダンス・ダンス・ダンス（上・下） 村上春樹著	講談社
色彩の磁場 北奥・思いあたる風景 村上善男著	NOVA出版
ポストアート論 室井尚著	白馬書房
山下菊二画集 山下菊二画集刊行委員会著	美術出版社
くつわの音がざざめいて―語りの文芸考 山本吉左右著	平凡社
族譜の果て 梁石日著	立風書房
タクシードライバー日誌 梁石日著	ちくま文庫
「事件」を見にゆく 吉岡忍著 [和]	文藝春秋
うたかた／サンクチュアリ 吉本ばなな著	福武書店

1988(昭和63年)

キッチン 吉本ばなな著	福武書店
時の震え 李禹煥著	小沢書店
象の風景 渡辺千尋銅版画集 渡辺千尋著 サイモン順子訳	用美社

【翻訳】

結婚しよう ジョン・アップダイク著 岩元巌訳	新潮文庫
パリの農夫 ルイ・アラゴン著 佐藤朔訳	思潮社
批評の機能 ポストモダンの地平 テリー・イーグルトン著 大橋洋一訳	紀伊國屋書店
ワルター・ベンヤミン 革命的批評にむけて テリー・イーグルトン著 有満麻美子ほか訳	勁草書房
表現主義論争 池田浩士編訳	れんが書房新社
浮世の画家 カズオ・イシグロ著 飛田茂雄訳	中央公論社
闇の考古学 画家エトガー・エンデを語る ミヒャエル・エンデほか著 丘沢静也訳	岩波書店
満州近現代史 王魁喜ほか著 志賀勝訳	現代企画室
分子革命 フェリックス・ガタリ著 杉村昌昭訳	法政大学出版局
おじいさんの思い出 トルーマン・カポーティ著 村上春樹訳	文藝春秋
タイ人たち(アジアの現代文学 タイ) ラーオ・カムホーム著 星野龍夫訳	めこん
フランス革命下の一市民の日記 セレスタン・ギタール著 レイモン・オベール編 河盛好蔵監訳	中公文庫
ロマン主義の反逆 ダヴィッドからロダンまで13人の芸術家 ケネス・クラーク著 高階秀爾訳	小学館
ブブノワさんというひと 日本に住んだロシア人画家 ゴジェーヴニコワ著 三浦みどり訳 [和]	群像社
アート・ディーラー 現代美術を動かす人々 ローラ・ディ・コペットほか著 木下哲夫訳	PARCO出版局
現代文学と美術における自我の喪失 ワイリー・サイファー著 河村錠一郎訳	河出書房新社
楽園・味覚・理性 嗜好品の歴史 ヴォルフガング・シヴェルブシュ著 福本義憲訳	法政大学出版局
アドルノ マーティン・ジェイ著 木田元ほか訳	岩波書店
言語の牢獄 構造主義とロシア・フォルマリズム フレドリック・ジェイムソン著 川口喬一訳	法政大学出版局
荘子(全4巻) 金谷治訳註	岩波文庫
イマージュの力 トリスタン・ツァラ著 宮原庸太郎訳 [和]	書肆山田
七つのダダ宣言とその周辺:セリ・クレアシオンI トリスタン・ツァラ著 小海永二ほか訳 [国]	土曜美術社
さよなら瀬戸内海 鄧友梅著 菱沼彬晁ほか訳 [和]	図書出版
メコンに死す ピリヤ・パナースワン著 桜田育夫訳	めこん
明るい部屋 写真についての覚書 ロラン・バルト著 花輪光訳	みすず書房
インターメディアの詩学(クラテール叢書12) ディック・ヒギンズ著 岩佐鉄男ほか訳	国書刊行会
俺は書きたいことを書く 黒人意識運動の思想 スティーヴ・ビコ著 峯陽一ほか訳 [和]	現代企画室
風土の日本—自然と文化の通態 オギュスタン・ベルク著 篠田勝英訳	筑摩書房
社会彫刻のための拡大された芸術概念の機関 ヨーゼフ・ボイスほか著 針生一郎訳	自由国際大学
ペルーの現実解釈のための七試論 ホセ=カルロス・マリアテギ著 原田金一郎訳 [和]	柘植書房
残夜行 苗秀著 福永平和ほか訳	めこん
ブリューゲル・さかさまの世界 カシュ・ヤノーシュ編 早稲田みか訳	大月書店
緑豆の花 韓国マダン劇集 梁民基編訳	素人社
シュタイナー学校の芸術教育 M.ユーネマンほか著 鈴木一博訳	晩成書房
最後のタヌキ 英語で考え、日本語で考える C・ダグラス・ラミス著 中村直子訳	晶文社
フダン着の国際人たち 日本人の国際性を問う ダグラス・ラミス著 板坂元ほか訳 [和]	バベル・プレス

世紀末ウィーンの精神と性　ニーケ・ワーグナー著　菊盛英夫訳	筑摩書房

【詩集等】

鹿児島壽蔵全歌集（全4巻）	新星書房
水誌 第4輯	葉山修平
高間筆子詩画集（復刻） [和]	高間米太郎
唐詩選（上・中・下）　前野直彬・注解	岩波文庫
俳句・イン・ドローイング　俳句・イン・ドローイング実行委員会編	ふらんす堂

【カタログ・その他】

aala（日本アジア・アフリカ作家会議通信）第1号〜第40号合冊 [国]	日本アジア・アフリカ作家会議
アールヴィヴァン 28号 特集 レーモン・ルーセル	西武美術館
アールヴィヴァン 30号 特集 アメリカ都市彫刻紀行	西武美術館
靉光—青春の光と闇	練馬区立美術館
吾妻兼治郎展	美術館連絡協議会
荒川修作展　ぎゃらりーたかぎ編 [和]	ぎゃらりーたかぎ
荒川修作展 意味のメカニズム	西武美術館
荒川修作展カタログ注釈 意味のメカニズム　市川浩監修	リブロポート
ALBELTO BURRI アルベルト・ブッリの版画 [和]	M.ギャラリー
池田龍雄展 連作BRAHMAN第10章・場の相	ギャルリーユマニテ名古屋
池袋モンパルナス展 松本竣介とその周辺	西武百貨店
海のシルクロード「古代シリア文明展」	NHKサービスセンター
梅原幸雄 栗原幸彦 西田俊英 1983−1987 No.1−No.5　彩鳳堂画廊編	彩鳳堂画廊
瑛九とその仲間たち展	町田市立国際版画美術館
描かれた道展	宮城県美術館
エドワード・ルッシェ展	ICA,Nagoya
海老塚耕一　所明義編	ギャルリー・ところ
エンリコ カステッラーニ展　加藤義夫ほか編 [和]	児玉画廊
岡本信治郎の世界 東京少年	新潟市美術館
荻太郎展 [国]	刈谷市美術館
オットー・ディックス展　神奈川県立近代美術館・兵庫県立近代美術館ほか編 [和]	朝日新聞社
開館5周年記念 日本画戦後の歩みII　いわき市立美術館編 [和]	いわき市立美術館
加山又造屏風絵展　日本経済新聞社編 [和]	日本経済新聞社
北園克衛とVOU　「北園克衛とVOU」刊行会編 [和]	「北園克衛の世界」刊行会
九州派展 反芸術プロジェクト　福岡市美術館編 [和]	福岡市美術館
日下部濱江	ギャラリーヤマグチ
呉冠中展 現代中国絵画の巨匠 [和]	西武百貨店
今日の作家たちI−'88江口週・渡辺豊重展	神奈川県立近代美術館
阪本文男回顧展	横浜市民ギャラリー
JAALA第三世界とわれわれ第6回展「アジアに吹くあたらしい風」	東京都美術館
ジャスパー・ジョーンズ 版画 1960−1986　原美術館編 [和]	アルカンシェール美術財団
徐悲鴻絵画展 中国近代美術の曙光　読売新聞社・西武美術館編 [和]	読売新聞社
シルクロード大文明展 シルクロード・海の道	なら・シルクロード博協会

1988（昭和63年）

シルクロード大文明展 シルクロード·オアシスと草原の道	なら·シルクロード博協会
シルクロード大文明展 シルクロード·仏教美術伝来の道	なら·シルクロード博協会
スウェン·ヘディンと桜蘭王国展 [和]	日本対外文化協会
菅木志雄	かねこ·あーとギャラリー
西洋近代版画にみる夢と幻想の系譜　群馬県立近代美術館編 [和]	群馬県立近代美術館
1920年代日本展	東京都美術館
染色の美−いろとかたち	新潟市美術館
戦争の刻印と鎮魂 戦後美術の原像展　いわき市立美術館編 [国]	いわき市立美術館
大エジプト展	東京国立博物館
高見沢文雄	博進堂
竹田康宏	ヒルサイドギャラリー
竹久夢二とその周辺　和歌山県立近代美術館·宮城県美術館編 [和]	和歌山県立近代美術館
タゴール展 偉大なる生涯とその芸術	西武美術館
ダダと構成主義展　神奈川県立近代美術館·西武美術館編	東京新聞
中国近代美術の曙光 徐悲鴻絵画展	読売新聞社ほか
抽象彫刻の形成期1945−1960	練馬区立美術館
追悼=杢田たけを展	東邦画廊
辻耕治1950−1987　楠本正明ほか著	辻耕治遺作展準備委員会
トミエ オオタケ展　原美術館編	アルカンシェール美術財団
ドォール·コブリック	ヒルサイドギャラリー
中川一政墨彩展88	彌生画廊
長崎莫人展 戦後日本画の一軌跡 [和]	青梅市立美術館
ニコラ·デ·マリア図録	西武百貨店池袋店
日本画 昭和の熱き鼓動　山口県立美術館編 [国]	山口県立美術館
日本画壇不滅の鬼才 中村正義展	上野松坂屋
長谷川三郎とその時代	下関市立美術館
馬場彬の世界展　M.ギャラリー編	池田20世紀美術館
版画悠久の中国百景 日中共同企画　慶友社編·製作 [国]	造形センター
美術史探索学入門 美術館時代が掘り起こした作家達展	目黒区美術館
美術の現在 水平と垂直 日本·韓国作家による　つかしんホール編 [和]	つかしんホール
从展：第14回	从会
フォンターナと空間主義展	児玉画廊
福沢一郎展	群馬県立近代美術館·世田谷美術館
別冊美術手帖 New York Art Guide	美術出版社
ベルリン−東京 現代美術交流展図録　朝日新聞東京本社企画第1部編	朝日新聞社
BOC DOG 1987　田野邉尚人編	武石雅行
馬越陽子展　生命の詩1984−1988　生活の友社企画·制作	東京セントラル絵画館
マリオ·メルツ展　杉尾涼子ほか訳　逢坂恵理子編	ICA,Nagoya
Miki Tomio	ギャルリー·ところ
山崎善久	ギャラリー山口
ヤン·トーロップ展	東京都庭園美術館

1988（昭和63年）

湯原和夫展　三重県立美術館編 [和]	三重県立美術館
吉岡弘昭全版画 1967−1987	ギャルリーユマニテ名古屋
リュブリアナ国際版画ビエンナーレ日本展	坂出市民美術館
レオナール・フジタ展	東京都庭園美術館
ロベルト・フェレオ展　福岡市美術館編 [和]	福岡市美術館
脇田和 野見山暁治 宮崎進　第4回新作三人展	杏美画廊
和光おりおり−和光学園創立五十五周年記念出版	和光学園
Lee U Fan : ex oriente [和]	Quadrante, Torino

【執筆・著作】

从展：第14回　アウシュヴィッツ・広島以後の画家 名井萬亀	从会
読売新聞 1/25（夕刊）文化：アスコーナ・コロニー再評価	読売新聞社
追悼＝杢田たけを展　遺作に憶う	東邦画廊
私を生かした一言 勇気と自信を与えてくれる「生きる知恵」の座右銘　扇谷正造監修 一期一会	大和出版
トミエ オオタケ展　原美術館編　大竹富江おぼえ書き	アルカンシェール美術財団
岡本信治郎の世界 東京少年　岡本信治郎の芸術と大衆文化	新潟市美術館
季刊 民濤 冬号　鏡としての韓国・朝鮮をめぐって	影書房
山下菊二画集　山下菊二画集刊行委員会著　かけがえのない画家	美術出版社
宇宙・生命・人間 野間宏と現代文学を語る　刊行にあたって	「野間宏と現代文学を語る」実行委員会
上原二郎第2作品集 "鬼子"　虚無の極北をこえて −上原二郎の道程を思う	上原二郎
美育文化 vol.38　コピー時代の文化と美術教育 針生一郎＋新川昭一	美育文化協会
社会彫刻のための拡大された芸術概念の機関 ヨハネス・シュトゥットゲン、ヨーゼフ・ボイス ヨーゼフ・ボイスほか著　針生一郎訳　あとがき	自由国際大学
現代の差別を考える　差別の根源はどこにあるのか	全国同和教育研究協議会
読売新聞 11/7（夕刊）昭和を読む1　悲喜劇的なジレンマ	読売新聞社
読売新聞 11/8（夕刊）昭和を読む2　前衛の芽摘む戦争	読売新聞社
読売新聞 11/9（夕刊）昭和を読む3　戦後の展望に混乱	読売新聞社
読売新聞 11/10（夕刊）昭和を読む4　ネオ・ダダの新地平	読売新聞社
読売新聞 11/11（夕刊）昭和を読む5 「文化的飽食」の進行	読売新聞社
石井勢津子 個展（案内状）スルガ台画廊の新春幕あけに…	スルガ台画廊
うえの 第349号　追憶の東ドイツ	上野のれん会
解放新聞 7/18　戦争・天皇制・芸術観に語りべの面目躍如 （図書紹介：「沖縄を彫る」金城実著）	解放新聞社
長崎莫人展 戦後日本画の一軌跡　長崎莫人の制作道程	青梅市立美術館
開館5周年記念 日本画戦後の歩みⅡ　日本画1965年以後の諸問題	いわき市立美術館
リュブリアナ国際版画ビエンナーレ日本展　日本展の実現までとその意義	坂出市民美術館
日本のダダ1920−1970　白川昌生編　日本のアヴァンギャルド芸術	書肆風の薔薇
出版ダイジェスト 臨時増刊号　日本美術再検討の契機に	出版梓会
円空佛　棚橋一晃編　木彫のルネサンス	弘生書林
アート86 114号　プリミティーヴへと転生した画家	マリア書房
クリティーク11 特集 文化の批判力　石塚正英ほか編　ボイス、ステーク、ハーケ	青弓社

JAALA第三世界とわれわれ第6回展「アジアに吹くあたらしい風」 メッセージ	東京都美術館
吉岡弘昭全版画 1967−1987 吉岡弘昭の道程をふりかえる	ギャルリーユマニテ名古屋
朝日新聞 4/5（夕刊） 夜の会の周辺を振り返って	朝日新聞社

1989（昭和64・平成元年）

【和書】

超私小説の冒険 赤瀬川原平著 [和]	岩波書店
宮沢賢治の彼方へ 新増補改訂版 天沢退二郎著	思潮社
幻種交配 荒木海踏著 [和]	沖積舎
定住と移動 有馬敲著 [和]	土曜美術社
粟津潔の仕事 1949−1989 粟津潔著	河出書房新社
大原美術館美術講座3 近代絵画の成熟と展開 粟津則雄ほか著	用美社
近代日本と中国−日中関係史論集 安藤彦太郎編 [和]	汲古書院
由熙 李良枝著	講談社
世紀末危機の巨きな物語 いいだもも著	社会評論社
中野重治との日々 石堂清倫著 [和]	頸草書房
イタリアの近代美術 井関正昭著	小沢書店
磯崎新対談集 建築の政治学 磯崎新著	岩波書店
〈私さがし〉と〈世界さがし〉 市川浩著	岩波書店
金沢望郷歌 五木寛之著	文藝春秋
青春の門 第一部 筑豊篇 五木寛之著	講談社
オリンポスの神話 井手則雄著 [和]	筑摩書房
伊藤公象 伊藤公象著 [和]	博進堂美術出版事業部
女性雑誌を解読する COMPAREPOLITAN−日·米·メキシコ比較研究 井上輝子·女性雑誌研究会編	垣内出版
日々の絶筆 井上有一全文集 井上有一著 海上雅臣編 [和]	芸術新聞社
引越貧乏 色川武大著	新潮社
地球人として生きる 市民による海外協力 岩崎駿介著	岩波ジュニア新書
岩波文庫解説目録	岩波書店
ニューヨーク午前0時 美術館は眠らない 岩渕潤子著	朝日新聞社
祝婚 上田三四二著	新潮社
読書日録大全 植田康夫編	講談社
スカートの下の劇場 ひとはどうしてパンティにこだわるのか 上野千鶴子著	河出書房新社
クリオの手鏡−二十世紀イタリアの思想家たち（平凡社選書128） 上村忠男著	平凡社
フロイトとユング 上山安敏著	岩波書店
宇治山哲平作品集（全2冊） 宇治山哲平著 海上雅巨編 [和]	西日本新聞社
荒れた農村から戦争の足音が聞える 薄井清著	御茶の水書房
陪審制·市民が裁く：冤罪構造の克服 梅沢利彦著 [和]	社会評論社
モダン東京案内（モダン都市文学1） 海野弘ほか著 海野弘編	平凡社
愛と性の自由「家」からの解放 江刺昭子編著 [和]	社会評論社
リアリズムの源流 江藤淳著	河出書房新社
離脱と回帰と 昭和文学の時空間 江藤淳著 [和]	日本文芸社

靉光デッサン集 大井健ほか編	岩崎美術社
大岡昇平の世界 大江健三郎著	岩波書店
小川孝子画集 小川孝子著	用美社
片岡球子─個性（こころ）の旅路（ミュージアム新書9） 奥岡茂雄著 北海道立近代美術館編	北海道新聞社
上海1930年 尾崎秀樹著	岩波新書
東京の池 小沢信男ほか著	作品社
東京百景 小沢信男著 [和]	河出書房新社
フェミニズム批判 理論家をめざして 織田元子著	勁草書房
パレスチナ民衆蜂起とイスラエル（パレスチナ選書） 小田原紀雄ほか編 [和]	第三書館
小山田チカエ作品集 小山田チカエ著	小山田チカエ
現代美術家 郭徳俊作品集 郭徳俊著	美術公論社
ポストモダン・フェミニズム 差異と女性 金井淑子著	勁草書房
反骨 鎌田慧著	講談社
上條陽子画集 上條陽子著	PARCO出版局
意味という病 柄谷行人著	講談社文芸文庫
立ちあがる中国知識人 方励之と民主化の声 刈間文俊ほか編 [和]	凱風社
冬晴れ 川崎彰彦著 [和]	編集工房ノア
私の街から戦争が見えた 川崎市中原平和教育学級編	教育史料出版会
アジアという鏡─極東の近代 川村湊著	思潮社
大原美術館美術講座1 近代絵画の曙光と展開 神吉敬三ほか著	用美社
ゆとりの時代へ 完全週休2日制・土曜日を社会の休日にする推進会議編 [和]	日本評論社
絶筆─いのちの炎 菊畑茂久馬著	葦書房
群鳥の木 出会い・ポエトリー・交響 木島始エッセイ集 木島始著 [和]	創樹社
眼の神殿 北澤憲昭著	美術出版社
暮らしのなかの第三世界 北沢洋子著	聖文社
女作家養成所 木下径子著	沖積舎
航跡 清塚紀子著 宮澤壯佳編 [和]	美術出版社
心中櫻ヶ塚 草間彌生著 [和]	而立書房
母の日記 窪島誠一郎著 [和]	平凡社
リゴリズムの生態 久保田正文著	木精書房
やさしさの存在証明 若者と制度のインターフェイス 栗原彬著	新曜社
歴史の道標から 日本的「近代」のアポリアを克服する思想の回路 栗原幸夫著 [和]	れんが書房新社
ノマド（新遊牧騎馬民族）の時代 情報化社会のライフスタイル 黒川紀章著 [和]	徳間書店
村上春樹─ザ・ロスト・ワールド 黒古一夫著 [和]	六興出版
メキシコの輝き─コヨアカンに暮らして 黒沼ユリ子著	岩波新書
電子国家と天皇制 粉川哲夫著	河出書房新社
模索する中国─改革と開放の軌跡 小島朋之著	岩波新書
文体としての物語 小森陽一著	筑摩書房
夢人館3 フリーダ・カーロ 小柳玲子編	岩崎美術社
産業文明とポストモダン 佐伯啓思著	筑摩書房

1989（昭和64・平成元年）

酒井真右の十八行小説　酒井真右著	労働教育センター
後宮小説　酒見賢一著	新潮社
蟲物としての言葉　佐々木孝次著	有斐閣
思うどち　佐多稲子著	講談社
推理ドキュメント 写楽が現れた―新発見で迫る幻の浮世絵師の謎 定村忠士著 TBS文化情報部編	二見書房
ドキュメントリゾート　佐藤誠＋NHKおはようジャーナル取材班著　佐藤誠編	日本評論社
永劫回帰マシーンの華やぎ 変身の系譜学　島田雅彦著 [和]	岩波書店
僕は模造人間　島田雅彦著	新潮社
無常庵の人　清水昭三著	新読書社
宮沢賢治とドストエフスキー　清水正著	創樹社
新潮文庫解説目録	新潮社
都に死す　進藤純孝著 [和]	福武書店
明平、歌と人に逢う 昭和戦争時代の青春　杉浦明平著 [和]	筑摩書房
写楽まぼろし　杉本章子著	文春文庫
「昭和文学」のために フィクションの領略　鈴木貞美著	思潮社
砂澤ビッキ作品集　砂澤ビッキ著	用美社
ねぇ きいてきいて―生活者トーク 生活クラブ神奈川 ねぇきいてきいて編集委員会編	生活クラブ神奈川
異貌の美術史 近代日本の作家たち　瀬木慎一著	青土社
迷宮の美術 真贋のゆくえ　瀬木慎一著	芸術新聞社
関根伸夫 位相絵画2　関根伸夫著　林芳史編 [和]	環境美術研究所
白あんずの花のように 金正淑の生涯　成律子著 [和]	彩流社
論集 江戸の思想　高崎哲学堂設立の会著	高崎哲学堂設立の会
世紀末の美神たち　高階秀爾著	集英社
文学がこんなにわかっていいかしら　高橋源一郎著 [和]	福武書店
ペンギン村に陽は落ちて　高橋源一郎著	集英社
ぼくがしまうま語をしゃべった頃　高橋源一郎著	新潮文庫
マケドニア聖堂壁画　高橋久雄著	ぱる出版
それぞれのユートピア 危機の時代と芸術　多木浩二著	青土社
ハイテク時代のデザイン　竹原あき子著	鹿島出版会
太宰治全集（全10巻）　太宰治著	ちくま文庫
晩年　太宰治著	新潮文庫
国家語をこえて 国際化のなかの日本語　田中克彦著	筑摩書房
ファデイッシュ考現学'89　田中康夫著 [和]	朝日新聞社
ものがたり交響　谷川雁著	筑摩書房
芭蕉の狂　玉城徹著	角川書店
智内兄助画集　智内兄助著 [和]	展開堂
中国漢詩の旅	世界文化社
言挙げする女たち　円谷真護著	社会評論社
講座昭和文学史（全5巻）　東郷克美ほか編	有精堂

1989（昭和64・平成元年）

メヒコ·マヒコ エッセイ&スケッチ 利根山光人著	筑摩書房
馬油と梅雲丹の研究 直江昶著	安部栄一
朝鮮人被爆者―ナガサキからの証言 長崎在日朝鮮人の人権を守る会編	社会評論社
大括弧 緩やかにみつめるためにいつまでも佇む、装置 中西夏之著 [和]	筑摩書房
中野重治と私たち―「中野重治研究と講演の会」記録集 中野重治研究会編	武蔵野書房
愛と美と文学 わが回想 中村真一郎著	岩波新書
少年アート 中村信夫著	弓立社
象徴天皇制への道 中村政則著	岩波新書
越境するラテンアメリカ 野谷文昭著	PARCO出版局
サンパウロの暑い夏―日系テロリスタの闘い 野呂義道著	講談社
エナジー小事典 第9号「江戸東京八十景小辞典」 芳賀徹ほか編著	エッソ石油広報部
置き去りにされたマリア 萩原葉子著	読売新聞社
橋本福夫著作集（全3巻） 橋本福夫著	早川書房
小説から遠く離れて 蓮實重彦著	日本文芸社
女と男、生きかた問題集 林郁著 [和]	晶文社
現世に怒る 葉山学聖著	創樹社
語りかけることばⅡ 葉山峻著	有隣堂
絵をかく人に贈る遺言 三国同盟から三里塚まで 丸木位里·丸木俊との対話 平松利昭著 [和]	樹芸書房
虹と鎖 藤蔭道子著	菁柿堂
人麻呂の暗号 藤村由加著 [和]	新潮社
ベトナム戦争の記録 ベトナム戦争の記録編集委員会編	大月書店
文学の泉へ―読み手の芸術論 北條元一著	新日本出版社
フェロノサ―「日本美術の恩人」の影の部分 保坂清著 [和]	河出書房新社
随想 ハイトマルスベル 本間正義著	形象社
いま沖縄を考える 丸木政臣著	岩崎書店
黒い紳士たち 経済復興期に暗躍した108人のゴースト 丸山実著 [和]	新雑誌エックス
中部新国際空港の疑惑 丸山実著	星雲社
夢幻の刻 三尾公三著 加藤寿浩編	便利堂
エェジャナイカ、花のゲリラ戦記 水田ふうほか著	径書房
宮本研戯曲集（全6巻） 宮本研著 [和]	白水社
愉楽の園 宮本輝著	文藝春秋
スワヒリ文学の風土 宮本正興著	大阪外国語大学アフリカ研究室
文学から見たアフリカ 宮本正興著	第三書館
ジュニアは戦場へ行った 村上玄一著 [和]	創樹社
世界の終りとハードボイルド·ワンダーランド（上） 村上春樹著	新潮文庫
ラッフルズホテル 村上龍著	集英社
さかのぼれぬ舟よひとたびかいま見せよ 師岡笑子著 [和]	創樹社
文芸時評 語る言葉、起つ言葉 山縣熙著 [和]	蜘蛛出版社
人間太宰治 山岸外史著	ちくま文庫
ナチス通りの出版社 山口知三ほか著	人文書院
詩とことば ヤコブソンの言語科学1 山中桂一著 [和]	勁草書房

無想庵物語　山本夏彦著　[和]	文藝春秋
ルーカス・クラナッハの飼い主は旅行が好き　山本容子著	徳間書店
死よりも遠くへ　吉岡忍著　[和]	新潮社
日本人ごっこ　吉岡忍著　豊田健次編　[和]	文藝春秋
女ひとり 熱砂を行く　よしかわつねこ著	古川書房
現代思想論 プレモダン・モダン・ポストモダン批判　吉田傑俊著	白石書店
職業としての編集者　吉野源三郎著	岩波新書
フリーメイソン　吉村正和著	講談社現代新書
TUGUMI つぐみ　吉本ばなな著	中央公論社
文学における共同制作　四方章夫著	れんが書房新社
日本歴史と天皇 古代から現代まで50問50答　歴史教育者協議会編	大月書店
アートゲームス　若林直樹著	洋泉社
異色画家論ノート　ワシオ・トシヒコ著	舷灯社

【翻訳】

ロラン・バルト　スティーヴン・アンガー著　千葉文夫訳	勁草書房
聖人と学者の国　テリー・イーグルトン著　鈴木聡訳　[和]	平凡社
モスクワ人民戦線－下からのペレストロイカ　ボリス・カガルリツキー著　佐久間邦夫ほか訳	柘植書房
レーモン・ルーセルの生涯　フランソワ・カラデック著　北山研二訳　[和]	リブロポート
モダンの五つの顔－モダン・アヴァンギャルド・デカダンス・キッチュ・ポストモダン　マテイ・カリネスク著　富山英俊ほか訳	せりか書房
資本主義、共産主義、そして共存　J.K.ガルブレイスほか著　中村達也訳	ダイヤモンド社
クレーの手紙1893－1940　パウル・クレー著　南原実訳	新潮社
イギリスのマルクス主義歴史家たち　ハーヴェイ・J・ケイ著　桜井清訳	白桃書房
ルネサンス精神の深層 フィチーノと芸術　アンドレ・シャステル著　桂芳樹訳	平凡社
ユリシーズ（1）（2）　ジェイムズ・ジョイス著　丸谷才一ほか訳	河出書房新社
ユダヤ人の友への手紙　イブラーヒーム・スース著　西永良成訳	岩波書店
河殤 中華文明の悲壮な衰退と困難な再建　蘇暁康ほか編　辻康吾ほか訳	弘文堂
ガイドブック 現代文学理論　ラマーン・セルデン著　栗原裕訳	大修館書店
シュルセクシュアリティ シュルレアリスムと女たち 1924－47　ホイットニー・チャドウィック著　伊藤俊治ほか訳	PARCO出版局
差異について　ジル・ドゥルーズ著　平井啓之訳	青土社
哭きいさちる神 スサノオ　ネリー・ナウマン著　檜枝陽一郎ほか訳	言叢社
母権論序説　バハオーフェン著　吉原達也訳	創樹社
裏切られたドイツ革命 ヒトラー前夜　S.ハフナー著　山田義顕訳　[和]	平凡社
カミーユ・クローデル　レーヌ=マリー・パリス著　なだいなだほか訳	みすず書房
芸術の手相　ガエタン・ピコン著　末永照和訳	法政大学出版局
古代芸術のコスモロジー 神話と寓意表現　ロジャー・ヒンクス著　安村典子ほか訳	平凡社
テクストとしての社会 ポストモダンの社会像　リチャード・H・ブラウン著　安江孝司ほか訳	紀伊國屋書店
芸術の終焉・芸術の未来　H.フリードリヒほか著　神林恒道監訳	勁草書房
シュルレアリスム宣言・溶ける魚　アンドレ・ブルトン著　巖谷國士訳	学藝書林
中国よ変われ－民主は賜わるものではない　方励之著　末吉作訳	学生社

ちょっと見るだけ 世紀末消費文化と文学テクスト レイチェル・ボウルビー著 高山宏訳 [和]	ありな書房
形・生命・創造ー科学と宗教を超える「体験の宇宙」 ランスロット・L・ホワイト著 木村雄吉訳 [和]	学会出版センター
ポーランド（上・下） ジェイムズ・A・ミッチェナー著 工藤幸雄訳 [和]	文藝春秋
ポスト・モダンの条件 ジャン=フランソワ・リオタール著 小林康夫訳	書肆風の薔薇
ワイマル共和国の予言者たち ウルリヒ・リンゼ著 奥田隆男ほか訳	ミネルヴァ書房
ルカーチとハンガリー ルカーチほか著 松岡晋ほか訳	未來社
スンダ・過ぎし日の夢 アイプ・ロシディ著 粕谷俊樹訳	めこん

【詩集等】

アンダルシアの犬 出海溪也著	詩学社
詩集 かくなる憂い 草間彌生著 [和]	而立書房
詩集 風景異風景 山田今次著	書肆とい
似たような食卓 栗原澪子詩集	詩学社
屋根の上のシーサー 比嘉辰夫詩集	西田書店

【カタログ・その他】

アートウイルス 日本グラフィック展1980−1989 榎本了壱監修 [和]	PARCO出版局
アールヴィヴァン 33号 特集「マヴォ」の時代	西武美術館
秋山泰計の版画	渋谷区立松濤美術館
浅岡慶子 九つの箱	ギャルリームカイ
アジア美術展：第3回	福岡市美術館
新しいミュジオロジーを探る 西武美術館からセゾン美術館へ セゾン美術館編	西武美術館
磯見輝夫'89展 [国]	UCPギャラリー上田
井上武吉 bukichi inoue my sky hole [和]	ヴァンテアン
今井俊満展 IMAI A RETROSPECTIVE 1950−1989 国立国際美術館ほか編	今井俊満展実行委員会
ウィーン世紀末 クリムト、シーレとその時代 セゾン美術館編	セゾン美術館
With Winds Lee U-fan	ギャラリー上田ほか
江戸東京四〇〇年記念展覧会 江戸美術の祝祭 東京都庭園美術館学芸課編 [和]	東京都文化振興会
エンデ父子展 エドガーからミヒャエルへ ファンタジーの継承 岩波書店ほか編 [和]	朝日新聞社・西武美術館
遠藤利克展 ギャラリーたかぎ編 [和]	ギャラリーたかぎ
大川美術館 松本峻介をめぐる近代洋画の展望	大川美術館
大野俶嵩展	O美術館
岡義実油絵展：第14回	小田急百貨店新宿店別館
岡本敦生展	ギャラリー山口
オディロン・ルドン展ー光と闇 東京国立近代美術館編	東京新聞
OBJECT TOKYO EXHIBITION1989	パルコ
小山田二郎新作展	東邦画廊
外国人出稼ぎ労働者 新聞きりぬき帳 No.12（新聞切り抜き資料）	カラバオの会
カミーユ・コロー展 アート・ライフ編 [和]	アート・ライフ
紙と現代美術展 たにあらた監修 [和]	現代美術今立紙展実行委員会
かめ座のしるし：第25回今日の作家展 峯村敏明・構成	横浜市民ギャラリー
加山又造 1988 戸田禎祐・文 [和]	村越画廊

1989（昭和64・平成元年）

TATSUO KAWAGUCHI 河口龍夫 関係—種子・農園	HILLSIDE GALLERY
季刊 日本を考える 第28・29号	「日本を考える」編集委員会
北関東の近代美術—茨城・栃木・群馬三県交流名品展 [和]	茨城県立近代美術館ほか
YOSHIO KITAYAMA 1979—1989 北山善夫著	北山善夫
近代絵画—東北の100年展 宮城県美術館・山形美術館ほか編 [和]	日本放送協会仙台放送局
国吉康雄展	京都国立近代美術館
現代絵画の展望—祝福された絵画：第19回現代日本美術展・企画部門	現代日本美術展事務局
現代美術の断面 日韓80年代中期の現況	京都国際芸術センター
現点 現代日本文学研究 特集：情報	「現点」の会
顧庵 李應魯展	東京有楽町朝日ギャラリー
小森幹雄追悼展	ぎゃらりいセンターポイント
今日の日本画：第10回山種美術館賞展 [和]	群馬県立近代美術館
ザッキン展	読売新聞社
佐藤達	博進堂
下村良之介展 鳥の歌・翔く形象 品川文化振興事業団O美術館編 [和]	品川文化振興事業団O美術館
写真と文で綴る・金城実の世界 創造への新たな出発	金城実彫刻展実行委員会
写楽が現れた！「謎の浮世絵師・写楽」特別展 三浦和郎編	東京放送
ジャン・アルプ展 [国]	佐谷画廊
昭和の美術 所蔵作品による全館陳列	東京国立近代美術館
初期独立展の作家たち：開館五周年記念展 [和]	青梅市立美術館
白川昌生	ギャラリーシマダ
菅野由美子 [和]	東京画廊
勝呂忠展 かわさきIBM市民文化ギャラリー編 [国]	かわさきIBM市民文化ギャラリー
洲之内コレクション—気まぐれ美術館	宮城県美術館
須山計一展	目黒区美術館
石窟の時間 難波田龍起個展 東京銀座アートセンター編	東京銀座アートセンター
セルジオ・カペリーニ彫刻展 [国]	ギャラリー・ユニバース
線の優美 久保田昌孝	ザ・コンテンポラリー・アートギャラリー
千百年の神秘 醍醐寺展 密教美術と桃山の粋 醍醐時・日本経済新聞社編	日本経済新聞社
高橋甲子男展	かわさきIBM市民文化ギャラリー
高橋秀展 エロス・極限の赤と黒 広島市現代美術館編 [和]	広島市現代美術館
髙山辰雄展	東京国立近代美術館ほか
ダダ展 加藤義夫ほか編	児玉画廊
建畠朔弥彫刻新作展	東邦画廊
田渕安一展 輝くイマージュ 品川文化振興事業団O美術館編 [和]	品川文化振興事業団O美術館
智内兄助展 童女幻戯 [和]	川上画廊
デ・キリコ展	アート・ライフ
デイヴィッド・ホックニー展 アート・ライフ編 [和]	アート・ライフ
ドイツ・ロマン派の時代 ハンス・A・ペーターズほか監修 [和]	ホワイトPR
戸谷成雄新作展	佐谷画廊
豊福知徳	東京画廊

「内申書裁判」全記録（上・中・下） 内申書裁判をささえる会編	内申書裁判をささえる会
中里斉 [和]	東京画廊
長沢秀之 [国]	イノウエギャラリー
中西夏之展	西武美術館ほか
中村宏展	アートギャラリー環
難波田龍起画集 石窟の時間 [和]	東京銀座アートセンター
ニュージャパニーズスタイルペインティング 日本画材の可能性 山口県立美術館編 [和]	山口県立美術館
パウル・クレー版画展 [和]	アルカディア
原之夫銅版画	浜せんアートギャラリー
原之夫銅版画展	永井画廊
パリ・コミューン諷刺画展 神奈川大学図書館所蔵 神奈川大学図書館編 [国]	神奈川大学
美術の国の人形たち	宮城県美術館ほか
藤島武二展 東京都庭園美術館編	美術館連絡協議会
FRANK STELLA [国]	ギャラリー KURANUKI
フンデルトワッサー展 いわき市立美術館ほか編	美術館連絡協議会ほか
平城京展	京都国立博物館・朝日新聞社
法隆寺とシルクロード仏教文化 法隆寺編 [国]	法隆寺
没後百年 狩野芳崖展 下関市立美術館編 [和]	下関市立美術館
Marisol [国]	ギャルリー・ところ
峯の会I	東邦アート
宮崎進展：湧現（ゆげん）する内なる風景 毎日新聞社ほか編 [和]	西武アート・フォーラム
魅力ある都市へ 横浜市都市デザイン白書1989+1983	横浜市都市計画局計画部都市デザイン室
メキシコ・ルネサンス展−オロスコ、リベラ、シケイロス	名古屋市美術館・西武美術館
モダーンズ：CINE SWITCH vol.8	ヘラルドエース

【執筆・著作】

浅岡慶子 九つの箱 浅岡慶子のブルー	ギャルリームカイ
顧庵 李應魯展 李應魯の生涯と遺作展の意義	東京有楽町朝日ギャラリー
写真と文で綴る・金城実の世界 創造への新たな出発 「沖縄を彫る」出版記念会での話から	金城実彫刻展実行委員会
小山田二郎新作展	東邦画廊
小山田チカエ作品集 小山田チカエとその作品の道程	小山田チカエ
小川孝子画集 自己新化、そして昇華の芸術	朋美社
砂澤ビッキ作品集 砂澤ビッキの生死と造形	用美社
毎日新聞 5/1（夕刊） 文化：思想性のある画家の死 北川民次氏を悼む	毎日新聞社
公明新聞 8/13 文化：昭和の美術の歴史的矛盾	公明党機関紙局
高橋甲子男展 高橋甲子男の道程と近作	かわさきIBM市民文化ギャラリー
新しい感動 No.2 中国絵画をみるための前提	造形センター
Art world 8 東欧のビエンナーレ	日本美術出版
読書日録大全 植田康夫編	講談社
豊福知徳 豊福知徳の新作展によせて	東京画廊
小森幹雄追悼展 日本の現代美術はまた一人誠実で貴重なプロモーターを失った	ぎゃらりいセンターポイント

1989（昭和64・平成元年）

OBJECT TOKYO EXHIBITION1989	対談：熱烈に、表現するために。	パルコ
原之夫銅版画	原之夫と銅版画	浜せんアートギャラリー
美術旭川 No.54	ビッキの壮烈な戦死	美術旭川
原之夫銅版画展	不在のものたちへ	永井画廊
向井隆豊展（案内状）	安井賞などをみるたび…	ギャラリー風

雑誌一覧

針生の原稿掲載誌は自宅にあるものをリスト内に収録したが，他に雑誌が書庫と物置のあちこちにに山と積まれていた。以下に主な雑誌，年報，機関誌名をあげておく。

あ	アート '91
	アートトップ
	アートマインド
	アールヴィヴァン
	赤心
	あごら
	アジア研究
	アジアセンターニュース
	アスベスト館通信
	アソシエ
	新しい感動
	あてのき
	アムネスティ
い	いのち 愛 人権
	イリプス
	インパクション
う	うえの
	うた
	宇宙・生命・人間
	海
	海盗り
	エー・シードゥー
	エスキス
	エナジー対話
	円空研究
お	小原流挿花
	音楽鑑賞教室
か	かがり
	核・安保を考える
	神奈川県県立美術館年報
	神奈川大学評論
き	季刊aala
	季刊青丘
	季刊あおもり草子
	季刊三千里
	季刊前夜
	季刊象
	季刊ソヴェート文学
	季刊僧伽サンガ
	季刊トランソニック
	季刊トロツキー研究
	季刊ハヌルハウス
	繒
	キュレーターズ・エッグ
	キリン・アート・ニューズレーター
く	クォータリーかわさき
	グラフィケーション
	クリティーク
	現代彫刻
	くれない
	群系
	軍縮
	群像
	群馬県立近代美術館研究紀要
	群馬の森
け	芸術家たち［坂田一男］
	芸術新潮
	藝術評論
	月刊あいだEXTRA
	月刊アドバタイジング

け　月刊オルタ
月刊かながわ
月刊健康
月刊交流センター
月刊社会民主
月刊状況と主体
月刊美術
月刊ビル
月刊ポリティカ
月刊本の窓
現代の眼
建築文化

こ　広告
国際交流
国立国際美術館ニュース
五彩
コスモスクラブ［秋山清］
子どもと教科書

さ　雑談
狭山差別裁判
三彩

し　潮流　女と男の四季
思想の科学
社会運動
週刊朝日百科世界の美術
週刊金曜日
週刊読書人
四九会だより
自由美術
終末期宣言・ブックレット
朱夏
出版ダイジェスト
情況
採蓮(シレン)
新・現代詩
新現実
人権と教育
人生読本
新潮
新日本
新日本文学
新美術新聞

す　水牛通信
すばる

せ　生活・労働・余暇
世界

そ　草月
ソカロ

た　たいせつな風景
高沢「宿命」に対する我々の見解
たて組ヨコ組

た　短歌

ち　ちくま
綱手

て　デザインの現場
デフォルマシオン
寺門興隆
伝統と現代
展望

と　東京都庭園美術館ニュース
東西南北
図書
図書新聞
同時代批評
徳島県立近代美術館ニュース
飛ぶ教室
ともに

な　名古屋文学

に　二高柔道
二美
日本読書新聞

ね　ネアンデールタール21
ネオ・ベソル

の　野間宏の会会報

は　破防法研究
早く救援を!
版画センターニュース

ひ　美
美庵
美育文化
美学、考
悲劇喜劇
美術旭川
美術京都
美術ジャーナル
美術通信

ひ	美術手帖
	美術の窓
	美術批評
	批評空間
	広島文藝派
ふ	フィラスティン・ぴらーでぃ
	フィリピンニュース
	婦人ニュース
	部落解放
	プラネタリー・ブックス
	文学
	文学界
ふ	文学世紀
	文藝
	文藝春秋
へ	別冊宝島
	へるめす
ほ	ホリック
	本と批評
	本の手帖
み	三重詩人
	みすず
	みづゑ
め	迷宮
や	夜想
ら	螺旋階段
れ	煉瓦
ろ	六分儀
	ロシア手帖
わ	早稲田文学
	わだつみのこえ
A	ACRYLART アクリラート別冊
	ARTTLET
	ART WORLD
	ARTの森
B	B#
	Book World
C	C.A.R.
F	FRAME
I	IEIあつめる
	INSIDER
L	LR
P	P
	POSI
	Print Communication
R	R　金沢21世紀美術館 建設事務局研究紀要
S	SAP
T	TARO

1990-1999

平成2年—平成11年

1990（平成2年）

【和書】

千利休 無言の前衛　赤瀬川原平著	岩波新書
街並みの美学（同時代ライブラリー）　芦原義信著	岩波書店
イメージの魅惑　阿部良雄著	小沢書店
社会主義の終焉と資本主義の破局　いいだもも著	論創社
方法の革命＝感性の解放 徳川の平和の弁証法　いいだもも著 [和]	社会評論社
パウル・ツェラン（小沢コレクション28）　飯吉光夫著 [和]	小沢書店
小泉八雲の日本　池田雅之著	レグルス文庫
夢・現・記―画家の時代への証言　池田龍雄著	現代企画室
池野巖画集　池野巖画集刊行会編	池野巌画集刊行会
石井武夫作品集　石井武夫著 [和]	芳山明
ヒロシマ・死者たちの声　石川逸子著 [和]	径書房
民の理 世直しへの伏流（シリーズ思想の海へ「解放と変革」4）　石渡博明編著 [和]	社会評論社
輪廻と転生 死後の世界の探究　石上玄一郎著 [和]	人文書院
アジアと近代日本 反侵略の思想と運動　伊東昭雄編著 [和]	社会評論社
造形芸術学序説　稲葉大受著 [和]	稲葉初代
アジアの開発・民衆レポート　伊従直子著 [和]	明石書店
池袋モンパルナス　宇佐美承著	集英社
詩人・菅原道真　大岡信著	岩波書店
百姓の義 ムラを守る・ムラを超える　大野和興編著 [和]	社会評論社
夢一つ　大畑靖著 [和]	沖積舎
大原美術館美術講座5 二〇世紀絵画の夢と反逆　岡田隆彦ほか著	用美社
次元律　奥津彦重著	奥津松枝
大原美術館美術講座4 二〇世紀絵画の出発と生成　小倉忠夫ほか著	用美社
搾取される身体性 労働神話からの離脱　小倉利丸著 [和]	青弓社
定本 犯罪紳士録　小沢信男著	ちくま文庫
ガラス絵と泥絵　小野忠重著	河出書房新社
珠玉　開高健著	文藝春秋
現代中国の黎明 天安門事件と新しい知性の台頭　加々美光行著 [和]	学陽書房
ポスト・モダニズム批判　笠井潔ほか著	作品社
昭和の写真家　加藤哲郎著 [和]	晶文社
東欧革命と社会主義　加藤哲郎著 [和]	花伝社
表現と自由（ぷろぱあ叢書）　加藤豊仭著	世界書院
大正の夢の設計家 西村伊作と文化学院（朝日選書）　加藤百合著	朝日新聞社
芸術作品の現象学　金田晉著	世界書院
自我の彼方へ 近代を超えるフェミニズム（思想の海へ22）　加納実紀代編著	社会評論社
非国民!? 法を撃つ人びと（同時代ライブラリー）　鎌田慧著	岩波書店
危機の時代と転向の意識　上條晴史ほか編著 [和]	社会評論社
終りなき世界 90年代の論理　柄谷行人ほか著 [和]	太田出版
展望　久野収著 [和]	晶文社

1990（平成2年）

漂泊 日系画家野田英夫の生涯　窪島誠一郎著 [和]	新潮社
辻潤への愛 小島キヨの生涯　倉橋健一著 [和]	創樹社
意味とイメージ「非ー意味」をめざす文化　倉林靖著	青弓社
革命幻談・つい昨日の話　栗原幸夫著	社会評論社
芸術の革命と革命の芸術　栗原幸夫編著 [和]	社会評論社
建築論Ⅱ 意味の生成へ　黒川紀章著 [和]	鹿島出版会
未完のポリフォニーーバフチンとロシア・アヴァンギャルド　桑野隆著	未來社
私の尊敬する人　講談社出版研究所編	講談社
天皇と自衛隊の現在を読むーアジア民衆の視座から新皇軍を撃て　小西誠ほか著 [和]	社会批判社
小林淳短編集（全3巻）　小林淳著 [和]	日本イスラーム友好連盟
サール・シュワルツ彫刻作品集1933－1990	愛宕山画廊
目食帖 斎藤松洲二幻の写生帖 昭和初期の「贈り物・食べ物」集成 斎藤松洲著　斎鹿逸郎編	学生社
遠い太鼓 日本近代美術私考　酒井忠康著	小沢書店
酒井真右追想集 消えない言葉　酒井真右追想集編集委員会編 [和]	労働教育センター
新・路傍の書　榊莫山著 [和]	本阿弥書店
哀惜無限ー昌谷忠海追悼遺稿録　昌谷忠海追悼遺稿録刊行会編	昌谷忠海追悼遺稿録刊行会
サンテ　佐川一政著 [和]	角川書店
私のチェーホフ　佐々木基一著	講談社
中野重治私記　定道明著	構想社
美と教育のポエジア　佐藤完児郎著	北冬書房
この国のかたち（一）　司馬遼太郎著	文藝春秋
風車通信　柴田翔著	筑摩書房
都心ノ病院ニテ幻覚ヲ見タルコト　澁澤龍彦著	立風書房
対談集 平和の中の主戦場　島尾敏雄著	冬樹社
光と緑の討論会　清水昭三著	新読書社
悪態の精神 時代の巻頭言・「告知版」寸言集　庄幸司郎著 [和]	影書房
ジェンダーと性差別　女性学研究会編	勁草書房
シリーズ東欧革命①「シリーズ東欧革命」編集委員会編	緑風出版
東アジアのなかの日本歴史（全13巻）　沈才彬ほか著	六興出版
新入生に対する学長講話集 1966－1990 和光大学創立25周年記念	和光大学
夜逃げ町長　杉浦明平著	講談社
江戸期の開明思想 世界へ開く・近代を耕す　杉浦明平ほか編著 [和]	社会評論社
大岡昇平論ー柔軟にそして根源的に（以文選書32）　鈴木斌著 [和]	教育出版センター
女性 反逆と革命と抵抗と（思想の海へ21）　鈴木裕子編	社会評論社
砂澤ビッキ素描 北の女　砂澤ビッキ著	用美社
書かれざる美術史　瀬木慎一著	芸術新聞社
蕪村 画俳二道　瀬木慎一著 [国]	美術公論社
姓名判断入門　銭天牛著	土屋書店
ラジカルな床屋政談　仙波輝之著	JCA出版
フランス絵画史　高階秀爾著	講談社学術文庫

1990（平成2年）

港の世界史 高見玄一郎著	朝日新聞社
空想の森から 由布院空想の森美術館の四季 高見乾司著	青弓社
瀧口修造 パウルクレー論集（付：解題） 瀧口修造著 土渕信彦・解題 [和]	佐谷画廊
滝沢克己講演集 滝沢克己著	創言社
多田美波 多田美波著 [和]	平凡社
デザインの仕事机から 田中一光著	白水社
月映の画家たち－田中恭吉・恩地孝四郎の青春 田中清光著	筑摩書房
喜劇の方へ 玉城徹著 [和]	邑書林
Jae-Eun Choi Seiko Mikami（ART RANDOM34） 崔在銀・三上晴子著	京都書院
美術の現在地点 千葉成夫著	五柳書院
幽子・愛 司修著	講談社
夢は逆夢 司修著	白水社
東日流六郡誌大要 東日流中山史跡保存会編	八幡書店
村の名前 辻原登著	文藝春秋
島尾敏雄論 日常的非日常の文学 對馬勝淑著 [和]	海風社
抽象絵画を語る 津高和一著 大阪府「なにわ塾」編 [和]	大阪府
中野重治 ある昭和の軌跡 円谷真護著	社会評論社
倒幕の思想＝草莽の維新 寺尾五郎編著 [和]	社会評論社
マルセル・デュシャン「遺作論」以後 東野芳明著	美術出版社
検証国家儀礼1945－1990 戸村政博ほか著 [和]	作品社
二度わらべの母と生きる 中島誠著	農山漁村文化協会
フェミニズム繚乱 冬の時代への烽火（思想の海へ23） 永畑道子ほか編著	社会評論社
北斎万華鏡 ポリフォニー的主体へ 中村英樹著	美術出版社
女子高生コンクリート詰め殺人事件 彼女のくやしさがわかりますか? 中山千夏ほか著 おんな通信社編 [和]	社会評論社
異水 永山則夫著	河出書房新社
木橋 永山則夫著	河出文庫
永山則夫の獄中読書日記－死刑確定前後 永山則夫著	朝日新聞社
無知の涙 永山則夫著	河出書房新社
変らぬ街 夏堀正元著	福武文庫
昭和の終わりに 南条信郎著 [和]	日本放送教育協会
彗星のように 20世紀を生きた三人の女性 野村修著 [和]	平凡社
暗野 橋本治著	河出文庫
住居に都市を埋蔵する 原広司著	住まいの図書館出版局
修羅の画家－評伝 阿部合成（同時代ライブラリー41） 針生一郎著	岩波書店
カダフィ正伝 平田伊都子著 川名生十・撮影 [和]	集英社
村上春樹の歌 深海遥著 [和]	青弓社
何もすることがない 彫刻家は釣りにでる 福岡道雄著	ブレーンセンター
取材拒否 権力のシナリオ、プレスの蹉跌 藤岡伸一郎著	創風社出版
山猫の夏（下） 船戸与一著	講談社文庫
現代文学で遊ぶ本 別冊宝島編集部編	JICC出版局

1990（平成2年）

志賀直哉（上・下） 本多秋五著	岩波新書
難民問題とは何か 本間浩著	岩波新書
季節はずれのキリギリス 松井美文著	西田書店
アジアの終焉－吉本隆明と吉本ばななのあいだ 松岡祥男著 [和]	大和書房
松島正幸画集 松島正幸著 藤武企画編	松島正幸画集刊行会
續 明暗 水村美苗著	筑摩書房
みのわ淳作品集 1957－1990 みのわ淳著	正進社
新生ドイツの大乱 巨大マルク経済圏の誕生 宮崎正弘著	学習研究社
宮脇愛子版画集 1975－1990 宮脇愛子著	サン・ギョーム
ゴッホ巡礼 向田直幹ほか著	新潮社
森岡完介全版画 1973－1990 森岡完介著 [和]	MOK
森口宏一作品集 1955－1990 森口宏一著 [和]	講談社
横尾忠則の版画 横尾忠則著	講談社
未来の親鸞 吉本隆明著	春秋社
斎藤茂吉 米田利昭著	砂子屋書房
わたしの漱石 米田利昭著 [和]	勁草書房
渡辺直己の生涯と芸術 米田利昭著	沖積舎
脇村義太郎対談集 産業と美術と 脇村義太郎著 鈴木三千代ほか編	日本経営史研究所

【翻訳】

現在を読む世界近代史－アジアを基軸として ウィリアム・ウッドラフ著 千本祥子訳	TBSブリタニカ
告白 ボリス・エリツィン著 小笠原豊樹訳	草思社
ヨーロッパ半島（双書20世紀紀行 別巻） H.M.エンツェンスベルガー著 野村修ほか訳	晶文社
ミハイール・バフチーンの世界 カテリーナ・クラークほか著 川端香男里ほか訳	せりか書房
文学と〈二〇年代〉－ドイツ文学における歴史主義の克服 ロタール・ケーン著 藤本淳雄ほか訳	ありな書房
コーラン（上・中・下） 井筒俊彦訳	岩波文庫
ベンヤミン－ショーレム往復書簡1933－1940 ゲルショム・ショーレム編 山本尤訳	法政大学出版局
第二の罪 ドイツ人であることの重荷 ラルフ・ジョルダーノ著 永井清彦ほか訳	白水社
文化としての他者 ガヤトリ・C・スピヴァック著 鈴木聡ほか訳	紀伊國屋書店
文化の政治学 ミシェル・ド・セルトー著 山田登世子訳	岩波書店
二つの世界のはざまで メトロポリタン商会のミュリエル ミリアム・トラーディ著 楠瀬佳子訳	新水社
われわれの政治的課題－戦術上及び組織上の諸問題 トロツキー著 藤井一行ほか訳	大村書店
レーニン・ダダ ドミニク・ノゲーズ著 鈴村和成訳	ダゲレオ出版
近代の小道具たち エンゲルハルト・ヴァイグル著 三島憲一訳	青土社
パウル・クレー 造形思考への道 W.ハフトマン著 西田秀穂ほか訳	美術出版社
ハイデガーとナチズム ヴィクトル・ファリアス著 山本尤訳	名古屋大学出版会
私が愛したグリンゴ カルロス・フエンテス著 安藤哲行訳	集英社
写真論 その社会的効用（叢書ウニベルシタス290） ピエール・ブルデュー著 山縣熙ほか訳	法政大学出版局
プレームチャンド短篇集 厳寒の夜 プレームチャンド著 坂田貞二編	日本アジア文学協会
海の向こうの火事 ベトナム戦争と日本1965－1975 トーマス・R・H・ヘイブンズ著 吉川勇一訳	筑摩書房

ホーキング、宇宙を語る〈ビックバンからブラックホールまで〉 S・W・ホーキング著 林一訳	早川書房
諸君の大統領われらの首相 ポーランド「連帯」政権を読み解く ポーランド資料センター編訳 和	大村書店
啓蒙の弁証法 マックス・ホルクハイマーほか著 徳永恂訳	岩波書店
スパイだったスパイ小説家たち（新潮選書） アンソニー・マスターズ著 永井淳訳 和	新潮社
ネルソン・マンデラ伝 こぶしは希望より高く ファティマ・ミーア著 楠瀬佳子ほか訳 和	明石書店
ポーランド文学の贈りもの ミツキェーヴィッチほか著 関口時正ほか訳	恒文社
差異のダブルクロス エリザベス・A・メーシー著 清水和子ほか訳	彩流社
これいただくわ（新しいアメリカの小説） ポール・ラドニック著 小川高義訳	白水社
朝鮮文学選（1） 解放前編（20世紀民衆の世界文学7） 李海朝ほか著 李恢成ほか監修	三友社出版
ラテンアメリカ怪談集 ルゴネスほか著 鼓直編	河出文庫
他者のユマニスム エマニュエル・レヴィナス著 小林康夫訳	書肆風の薔薇
発禁カタルーニャ現代史 モンセラー・ローチ著 セスク・画 山道佳子ほか訳 国	現代企画室

【詩集等】

楔状の記号 芦田みゆき著	思潮社
三人句集 潮見台 一原有徳ほか著	シララ社
鶴岡美直子詩集 マライカ	潮流出版社
吉田欣一詩集 日の断面	小川町企画

【カタログ・その他】

相笠昌義作品展 日常生活	彩鳳堂画廊
青木允・知多秀夫・出口道吉	ギャラリーαM
足立美術館陶芸名品選 河井寛次郎	足立美術館
足立美術館陶芸名品選 北大路魯山人	足立美術館
アメリカに渡った美術家たち展 荻原碌山から池田満寿夫まで 長野県信濃美術館編 国	テレビ信州
安藤昌益 切り抜き帳 第二集（新聞切り抜き資料）	安藤昌益の会
アンリ・ミショー展	フジテレビギャラリー
イギリス美術は、いま 内なる詩学	世田谷美術館
石井勢津子 小林進との対談 和	アーティスト・ネットワーク
SHOICHI IDA 上田カルチャープロダクツほか編 和	ギャラリー上田
井田照一セラミック新作展1990	大塚オーミ陶業
イタリア・ルネサンスの華 ウルビーノの宮廷美術展 群馬県立近代美術館ほか編 和	読売新聞社
異端の日本画家 長崎莫人	相澤美術館
祈りのコスモロジー ミティラー民俗画の新しい世界	たばこと塩の博物館
岩橋英遠展	Bunkamura ザ・ミュージアム
植松奎二	西武百貨店
エドワード・ホッパー展	東京都庭園美術館
海老原喜之助展 その生涯と作品	鹿児島市立美術館ほか
大阪絵画トリエンナーレ1990 第1回国際現代造形コンクール	大阪府文化振興財団
Shinro Ohtake Recent Works 1988－1990 所明義編 和	ギャルリー・ところ
岡義実油絵新作展 精緻な絵画詩の世界 国	GALLERY SANYO
開館5周年記念 近代日本画の息吹き展図録－幕末・明治 激動期の巨匠たち	練馬区立美術館
片岡球子展 文化勲章受章記念 朝日新聞社東京本社企画第一部編 和	朝日新聞社東京本社企画第一部

1990（平成2年）

外国人出稼ぎ労働者 新聞きりぬき帳 No.13（新聞切り抜き資料）	カラバオの会
カミーユ・コロー展	ウイルデンスタイン東京
紙による作品100 ピエロ・ドラーツィオ展カタログ [和]	児玉画廊
加山又造版画展 1955−1990 [和]	村越画廊・版画廊
河口龍夫展	京二画廊
岸本清子 1939−1988 [国]	岸本清子遺作展準備委員会
木村秀樹 works1972−1990	ノマルエディション
'90「絵画,今…」展	京都市美術館
〈具体〉未完の前衛集団：特別展	渋谷区立松濤美術館
クリスト：ザ・アンブレラズ 日本とアメリカ合衆国のためのジョイント・プロジェクト [和]	佐谷画廊
黒蕨壮木彫展 [国]	松坂屋美術部
芸術が都市をひらく フランスの芸術と都市計画 [国]	「芸術が都市をひらく」展実行委員会
「幻想の力」展	宮城県美術館
現代中国巨匠絵画展	造形センター
現代彫刻の歩みⅢ「1970年代以降の表現−物質と空間の変容」	神奈川県立県民ホールギャラリー
ゴーギャンとナビ派の仲間たち展 [和]	ゴーギャンとナビ派の仲間たち展実行委員会
古代ギリシャ美術展	東京都庭園美術館
今日の作家展 1964−1989	横浜市教育委員会
坂井眞理子	ギャラリイK
榊莫山展 四季 花うるわし 榊莫山編 [和]	産経新聞社
ザッキン展	群馬県立近代美術館
作法の遊戯 '90年春・美術の現在：開館記念展	水戸芸術館現代美術ギャラリー
SANDRO CHIA	ギャラリー KURANUKI
JAALA 抵抗と人権 第三世界とわれわれ：第7回展	東京都美術館
ジェミナイ版画工房の軌跡 西武百貨店編	西武百貨店
ジャコモ・バッラ展カタログ 上村清雄ほか訳 加藤義夫ほか編 [和]	児玉画廊
GEORGE SEGAL	ギャルリー・ところ
助右衛門窯 新庄貞嗣展	横浜そごう美術部
砂澤ビッキ展	北海道立旭川美術館
生誕150年 ロダン展	宮城県美術館
戦後日本画の精華	青梅市立美術館
第10回日韓現代絵画展 日韓現代美術展実行委員会編 [国]	日韓現代美術展実行委員会
大正期美術の煌き	宮城県美術館
脱走する写真 11の新しい表現	水戸芸術館現代美術ギャラリー
Shintaro Tanaka New Works	ギャルリー・ところ
谷川晃一の世界展	池田20世紀美術館
中国書画 The chinese painting & calligraphy 楊仁愷ほか編 [和]	上海古籍出版社
彫金の芸術 帖佐美行展	東急百貨店ほか
東京アヴァンギャルドの森 1946−1956	板橋区立美術館
陶芸の現在−京都から 10人の陶芸家が演出する空間のドラマ 乾由明著 田中愛子編 [和]	髙島屋美術部
銅版画の巨匠 浜口陽三展	東京都庭園美術館

1990（平成2年）

時のアナーキー 2 水留周二展	ギャラリー・サージ
中山巍展 [和]	武蔵野市
西島千春展ー幻影のSTRUCTURE	東邦画廊
20周年記念フジテレビギャラリー 1970ー1990 フジテレビギャラリー編 [和]	フジテレビギャラリー
20周年記念フジテレビギャラリー 1990 フジテレビギャラリー編 [和]	フジテレビギャラリー
日本文化デザイン会議'89幕張ダイジェスト	日本文化デザイン会議事務局
二村裕子展	Gallery ARIES
パウル・クレー展	佐谷画廊
白州 1988ー1990 芸能のと工作・大地との共存 [和]	白州・夏・フェスティバル実行委員会
百点美術館1	百点美術館
パスキンと国吉康雄展	フジカワ画廊
八田豊 朝倉俊輔編	土岡秀太郎生誕100年記念プレイベント実行委員会
林敬二展 斑について	美術出版デザインセンター
林忠彦50年写真総集展ー半世紀の断面 岡井耀毅編 [和]	林忠彦50年写真総集展実行委員会
パリ国立図書館蔵 海を渡った浮世絵展	小田急グランドギャラリー
彦坂尚嘉	ギャラリー手・東京画廊
平川敏夫展	豊橋市美術博物館
平野遼展 その宇宙のリズムより 平野遼展実行委員会編 [国]	平野遼展実行委員会
福田美蘭	東京画廊
浮遊する彫刻	練馬区立美術館
プライマルスピリット：今日の造形精神 原美術館編	アルカンシェール美術財団
プリンテッド・アート展 版画と写真の臨界点から	山口県立美術館
古い顔のうたⅢa・b 「古い顔のうたⅢ」編集委員会編	「古い顔のうたⅢ」編集委員会
マリオ・ライス展	ギャラリー・ヴェル青山
三上誠展ー自己凝視から「宇宙」へ 品川文化振興事業団・O美術館編	品川文化振興事業団・O美術館
水谷興志作品集 1990 [国]	銀座アートセンター
三つの啓示 島田章三・野田弘志・宮崎進展	東邦アート
森芳雄展 茨城県近代美術館・三重県立美術館編	日本経済新聞社ほか
山内龍雄画集	ギャラリー・タイム
米坂ヒデノリ 漂泊する魂の痕跡（現代彫刻家シリーズ vol.4） [和]	札幌芸術の森
四百年忌 千利休展：特別展覧会 京都国立博物館ほか編 [和]	表千家・裏千家・武者小路千家
ラ・タマ'90展	東京セントラルアネックス
Light Seed展	ワタリウム美術館
ルディー・バーコート展	パルテノン多摩
露光時間1989 中島加寿子	ギャラリー現
若林奮 版画・素描・彫刻展 町田市立国際版画美術館編	町田市立国際版画美術館
Imai Ka-Cho-Fu-Getsu	Gallery Urban, Paris
Madhat M Ali	Gallery Soobtoung

【執筆・著作】

私の尊敬する人 講談社出版研究所編 アジアの芸術家の風貌 テプシリ・スークソパ	講談社
異端の日本画家 長崎莫人 異端こそ正統だー長崎莫人論序説	相模美術館

海老原喜之助展 海老原喜之助の芸術的道程　鹿児島市立美術館

アート・トップ No.119 織田広喜への再評価と注文　芸術新聞社

マリオ・ライス展 川を描いた絵画　ギャラリー・ヴェル青山

現代中国巨匠絵画展 現代中国画の鳥瞰図　造形センター

プリンテッド・アート展 版画と写真の臨界点から 写真と版画の新しい関係　山口県立美術館

修羅の画家―評伝 阿部合成(同時代ライブラリー 41) 針生一郎著　岩波書店

石井勢津子 個展(案内状) スルガ台画廊は…　スルガ台画廊

戦後日本画の精華 日本画変革の運動史から　青梅市立美術館

八田豊　土岡秀太郎生誕100年記念プレイベント実行委員会

あつめる 派手好みとしぶ好み　I.E.Iあつめる編集室

新美術新聞 No.560 東ヨーロッパの激変と美術 2　美術年鑑社

新美術新聞 No.561 東ヨーロッパの激変と美術 3　美術年鑑社

Madhat M Ali マドハット・ムハマッド・アリの…　Gallery Soobtoung

みのわ淳作品集 1957―1990 みのわ淳の道程をふりかえって　正進社

JAALA 抵抗と人権 第三世界とわれわれ:第7回展 メッセージ　東京都美術館

潮流 女と男の四季 第7号 45年目の8月15日に　長友智恵子

1991(平成3年)

【和書】

死ニイソギ 相沢直人著 [和]　作品社

絵画記録 テレジン強制収容所 アウシュヴィッツに消えた子どもたち
「アウシュヴィッツに消えた子らの遺作展」を成功させる会編　ほるぷ出版

なぜわたしは逮捕されなくてはならなかったのか 青山吉伸著　オウム出版

ルーブル美術館の楽しみ方 赤瀬川原平ほか著　新潮社

非常階段 秋葉安茂著　菁柿堂

批判のエロス 消費文化のなかの「天皇制」 浅見克彦著　青弓社

作品集「SHUZO AZUCHI GULLIVER」 安土修三著　Gulliver Network Committee

現代女性詩人論―時代を駆ける女性たち 麻生直子著　土曜美術社

俺はかなり疲れている あつし丸著　M企画

死に急ぐ鯨たち 安部公房著　新潮文庫

天明糸絹運上騒動 新井佐次郎著　創樹社

定型論争 飯島耕一著　風媒社

マルクスは死せり、マルクス万歳! いいだもも著 [和]　論創社

アプレ・フォーディスムの時代とグラムシ いいだもも著 [和]　御茶の水書房

池田満寿夫全版画 池田満寿夫著　美術出版社

出版界「独断批評」 池野高理ほか著 第三書館編　第三書館

中野重治と社会主義 石堂清倫著　勁草書房

《建築》という形式1 磯崎新著　新建築社

ワルシャワの燕たち 五木寛之著 [和]　集英社

僕にとっての同時代文学 猪野謙二著 [和]　筑摩書房

グラジオラスの耳 井上荒野著　福武書店

岩谷徹銅版画集 岩谷徹著　オスカーアート

1991(平成3年)

いま、裁判が面白い!! 上田誠吉ほか著 [和]	創樹社
アメリカでいま、権力闘争が起きている 宇野正美著	学習研究社
快医学 瓜生良介著	徳間書店
謎とき『カラマーゾフの兄弟』 江川卓著	新潮社
オヴニー・パリガイド エディション・イリフネ編	草思社
フォークロアとエスノロジー インドネシアの農耕儀礼(社会科学選書) 大井正著 [和]	世界書院
永遠の法 大川隆法著	角川書店
SO 大竹伸朗の仕事 1955−91 大竹伸朗著 都築響一編	UCA宇和島現代美術
Vegetables 大橋正イラストレーション 大橋正著	美術出版社
プリスマ 川村二郎をめぐる変奏 岡部仁ほか著 川村二郎先生退職記念文集刊行会編 [和]	小沢書店
新版 岡山県の歴史散歩(新全国歴史散歩) 岡山県高等学校教育研究会社会科部会歴史分科会著	山川出版社
ベトナムから遠く離れて1 小田実著	講談社
運慶 小田三月著	河出書房新社
オノサト・トシノブ伝 生きること・そして生きることの記録 オノサト・トモコ著 [和]	アートスペース
八文字屋の美女たち 甲斐扶佐義著	八文字屋
村上春樹をめぐる冒険 対話篇 笠井潔ほか著 [和]	河出書房新社
海外派兵! 手記・ゆれる自衛隊員たちの心 片岡顕二著	社会批評社
グラムシ 片桐薫著	リブロポート
文学史を越えて 片山晴夫著	響文社
ホーロー質 加藤典洋著	河出書房新社
加藤正義日記 昭和五十五年 加藤正義著 [和]	漉林書房
とりかへばや、男と女 河合隼雄著	新潮社
川崎彰彦エッセイ集 蜜蜂の歌 川崎彰彦著	海坊主社
樹の声・鳥の歌 川崎彰彦ほか著 [和]	すみれ通信舎
アレゴリーの織物 川村二郎著	講談社
青丘学術論集 第一集 韓国文化研究振興財団編	韓国文化研究振興財団
芸術現代論−モダンからポスト・モダンへ 神林恒道編 [和]	昭和堂
東介波瀾万丈 民族美術に賭けた一生 木村東介著 酒井邦恭編 [和]	銀座屋出版社
絵の散歩道 工藤幸雄著 [和]	阿部出版
市民主義の立場から 久野収著	平凡社
燕雀雑稿 久保田正文著	永田書房
久里洋二作品集 久里洋二著	求龍堂
共生の思想 未来を生きぬくライフスタイル 黒川紀章著 [和]	徳間書店
水の温度 黒川創著	講談社
影に映る 毛塚正一著	青磁社
生きることと読むこと(ちくまプリマーブックス53) 高史明著 [和]	筑摩書房
音楽のピクニック 小杉武久著 [和]	書肆風の薔薇
試されることば 小浜逸郎ほか著	JICC出版局
起源と根源 カフカ・ベンヤミン・ハイデガー 小林康夫著	未來社
山は北、海は南 駒井妙子著	編集工房ノア

1991（平成3年）

小本章作品集　小本章著	美術出版社
反近代のトポス　近藤洋太著	葦書房
西園寺公一回顧録「過ぎ去りし、昭和」 西園寺公一著	アイペックプレス
ア・ルース・ボーイ　佐伯一麦著	新潮社
恋愛小説の陥穽　三枝和子著	青土社
奇妙な画家たちの肖像　酒井忠康著 [和]	形文社
現代日本論を解体する　坂内仁著	御茶の水書房
大和慕情　榊莫山著	本阿弥書店
佐々木豊画集　佐々木豊著 [和]	京都書院
自然と芸術のあいだ　澤田俊一著 [和]	形文社
弾左衛門とその時代　塩見鮮一郎著	批評社
共生・共学か発達保障か '80年代日教組全国教研の争論　篠原睦治著	現代書館
Shingu－自然のリズム　新宮晋著 [和]	ブレーンセンター
いま国家を超えて　新日本文学会編	御茶の水書房
なつかしい大正　杉浦明平著	福武書店
ゆきのまち幻想文学賞小品集①　杉山陸子編	NTTメディアスコープ
中米＝干渉と分断の軌跡　寿里順平著	東洋書店
わが鹿島－鹿島からの報告・第三集　関沢紀著	新泉社
美術経済白書　瀬木慎一著	美術年鑑社
私の西洋美術巡礼　徐京植著 [和]	みすず書房
立原正秋　高井有一著 [和]	新潮社
日本美術を見る眼 東と西の出会い　高階秀爾著	岩波書店
ヴァルター・ベンヤミン－近代の星座　高橋順一著	講談社現代新書
ブルーノ・タウト　高橋英夫著 [和]	新潮社
高山良策の世界I　高山良策著　山田正巳ほか編 [和]	高山良策の記録を残す会
コレクション瀧口修造（全13巻＋別巻1）　瀧口修造著	みすず書房
世紀末の思想と建築　多木浩二ほか著 [和]	岩波書店
日本の近代美術と西洋　匠秀夫著	沖積舎
少年たちの戦争　竹内泰宏著	河出書房新社
第三世界の文学への招待 アフリカ・アラブ・アジアの文学・文化　竹内泰宏著	御茶の水書房
歴史にみる東北の方位　多田道太郎ほか著	河北新報社
天の穴、地の穴 野間宏生命対話　立松和平編	現代教養文庫
昭和短歌まで その生成過程　玉城徹著 [和]	短歌新聞社
美しく濃く 岐阜の美術家たち　玉田幸人編著 [和]	岐阜県美術振興会
風のめぐみ－アイヌ民族の文化と人権　チカップ美恵子著	御茶の水書房
パレスチナ問題とは何か　中東の平和をもとめる市民会議編	未來社
追悼 野間宏	藤原書店
奏迷宮　司修著 [和]	河出書房新社
ぴんくのいず 気功的生活　津村喬著	同友館
対論・革命運動史の深層　寺尾五郎ほか著 [和]	谷沢書房
中島和寿子 写真集	光村印刷

1991（平成3年）

中島清之画集 中島清之著 [和]	日本放送出版協会
高校生が追う陸軍登戸研究所 長野・赤穂高校平和ゼミナール 神奈川・法政二高平和研究会著	教育史料出版会
明治の彫塑「像ヲ作ル術」以後 中村傳三郎著	文彩社
束の間の幻影 銅版画家駒井哲郎の生涯 中村稔著 [和]	新潮社
かたちのオディッセイ 中村雄二郎著	岩波書店
報道のなかの女の人権－『女子高生コンクリート詰め殺人事件』をめぐって 中山千夏ほか編著 おんな通信社編 [和]	社会評論社
言葉とまなざし－現代の画家23人 中山幹雄著	創現社
時空 野間宏著	福武書店
万有群萌 ハイテク病・エイズ社会を生きる 野間宏ほか著	藤原書店
生々死々 野間宏著 [和]	講談社
親鸞から親鸞へ－現代文明へのまなざし 野間宏ほか著	藤原書店
サハリンからのレポート 朴亨柱著 民涛社編	御茶の水書房
現代思想はいま何を考えればよいのか 橋爪大三郎著 [和]	勁草書房
巨人の首 畑村達著	沖積舎
在日朝鮮人日本語文学論 林浩治著	新幹社
土屋文明私観 原一雄著	高崎哲学堂設立の会
「和英対峙」現代美術演習Ⅲ BゼミSchooling System編	現代企画室
ゲッベルス メディア時代の政治宣伝 平井正著	中公新書
コンピュータソフト（シリーズ プロの台所） 藤井久子著	現代書館
伝説なき地（上・下） 船戸与一著	講談社文庫
山猫の夏（上） 船戸与一著	講談社文庫
裁かれる成田空港 降旗節雄ほか編	社会評論社
建築文化はどこへ 三沢浩著	新日本新書
戦後ドイツ 三島憲一著	岩波新書
芸術とは無慚なもの－評伝・鶴岡政男 三田英彬著 [和]	山手書房新社
緑の午後 宮迫千鶴著	東京書籍
はじめもなく終りもない－ある彫刻家の軌跡 宮脇愛子著 [和]	岩波書店
萬鐵五郎－土沢から茅ヶ崎へ 村上善男著	有隣新書
元永定正作品集 元永定正著 [和]	博進堂
森芳雄（日経ポケット・ギャラリー）	日本経済新聞社
森本紀久子作品集 森本紀久子著	黒田事務所
墓なんかいらない－愛すればこそ自然葬 安田睦彦著	悠飛社
ベッドタイムアイズ 山田詠美著	河出文庫
ナゴ・ハラ 名古屋・ハラスメント：山きょう吼える！ 山田彊一著	アドア出版
Lの贈り物 山本容子著	集英社
戦争と美術館 由布院空想の森美術館編	不知火書房
美と略奪－詩的生態学へのまなざし 與謝野文子著 [和]	筑摩書房
鏡の国のクーデター ソ連8月政変後を歩く 吉岡忍著 [和]	文藝春秋
女ひとりのアルジェリア よしかわつねこ著 [和]	三一書房

市民運動の宿題 吉川勇一著	思想の科学社
吉村芳生365日の自画像 吉村芳生著 [和]	吉村芳生
「アリランの歌」覚書 キム・サンとニム・ウェールズ 李恢成ほか編	岩波書店
奥秩父山行 渡辺千昭写真集 渡辺千昭著	ユニバース出版社

【翻訳】

ヴァルター・ベンヤミン テオドール・W・アドルノ著 大久保健治訳	河出書房新社
デイヴィッド・スミス カレン・ウィルキン著 小倉洋一訳	美術出版社
ペギー 現代芸術に恋した“気まぐれ令嬢” ジャクリーン・ボグラド・ウェルト著 野中邦子訳 [国]	文藝春秋
現代音楽のポリティックス C.ウォルフほか著 小林康夫編 [和]	書肆風の薔薇
木綿のチョゴリとオンマ（コリア児童文学選 第2巻） ウリ文化研究所編 梁民基ほか監修 [和]	素人社
ドイツはどこへ行く? H.M.エンツェンスベルガー著 石黒英男ほか訳	晶文社
三つのエコロジー フェリックス・ガタリ著 杉村昌昭訳	大村書店
ぼくはボートピープルだった フィン・カオ・グェン著 徳留徳構成・文	ほるぷ出版
メキシコの夢 ル・クレジオ著 望月芳郎訳	新潮社
美しき「ライフ」の伝説 写真家マーガレット・バーク・ホワイト ビッキー・ゴールドバーグ著 佐復秀樹訳 [和]	平凡社
物語のディスクール方法論の試み ジェラール・ジュネット著 花輪光ほか訳	水声社
読みのプロトコル ロバート・スコールズ著 高井宏子ほか訳 [和]	岩波書店
公共性の喪失 リチャード・セネット著 北山克彦ほか訳	晶文社
シモーヌ・ヴェーユ クロード・ダルヴィほか著 稲葉延子訳	春秋社
言葉と語りI（エラノス叢書8） V.ツカーカンドルほか著 芦津丈夫ほか訳	平凡社
上海の長い夜（上） 鄭念著 篠原成子ほか訳	原書房
人間のイメージII（エラノス叢書4） G.デュランほか著 久米博ほか訳	平凡社
批評の批評 ツヴェタン・トドロフ著 小林文生ほか訳	法政大学出版局
完訳 千一夜物語（全13巻） 豊島与志雄ほか訳	岩波文庫
超現実の時代 P.ナヴィル著 家根谷泰史訳	みすず書房
アイヌ・フォークロア ニコライ・ネフスキー著 エリ・グロムコフスカヤ編 魚井一由訳	北海道出版企画センター
マルセル・デュシャン論 オクタビオ・パス著 柳瀬尚紀訳	書肆風の薔薇
ポストモダニズムの政治学（叢書ウニベルシタス337） リンダ・ハッチオン著 川口喬一訳	法政大学出版局
美術史の終焉? ハンス・ベルティング著 元木幸一訳	勁草書房
クルド民族―中東問題の動因 S.C.ペレティエ著 前田耕一訳	亜紀書房
時の現象学II（エラノス叢書2） E.ベンツほか著 山内貞男ほか訳	平凡社
汚された世界 ヨハン・ホイジンガ著 磯見昭太郎訳	河出書房新社
一なるものと多なるものI（エラノス叢書6） A.ポルトマンほか著 桂芳樹ほか訳	平凡社
メルヴィル選集I：他（サボテン叢書） メルヴィル著 原光訳	原光
PLOと湾岸戦争 バカル・アブデル・モネム著 関場理一訳	第三書館
わが心のパレスチナ バカル・アブデル・モネム著 関場理一訳	社会批評社
ヨーロッパ革命の前線から ラリサ・ライスナー著 野村修訳 [和]	平凡社
マヤ文明の旅（世界紀行冒険選書12） ロナルド・ライト著 池田比佐子訳 [和]	心交社

1991（平成3年）

モダニズム・瓦礫と星座　ユージン・ラン著　兼松誠一訳	勁草出版サービスセンター
回想（上・下）　レニ・リーフェンシュタール著　椛島則子訳	文藝春秋
ブダペストの世紀末　ジョン・ルカーチ著　早稲田みか訳	白水社
モダン・アートの終焉　キム・レヴィン著　山下真由美訳　伊東順二監修・解説	東京書籍

【詩集等】

歌集 おとうと　丸木政臣著	星林社
月がまるみをおびる地点まで　小林万利子著 [和]	花神社
眠らない鳥　古谷鏡子著 [和]	花神社
ゆれる木槿花　石川逸子著	花神社
私はひまわり 子どもの歌集（民衆のうたシリーズ⑤）付：カセットテープ	ウリ文化研究所

【カタログ・その他】

ARTWORKS KIKUKO MORIMOTO	髙島屋美術部
アイデア別冊'91・11月号 FUKUDA 福田繁雄偉作集　瀧田実編 [和]	誠文堂新光社
赤間関本陣伊藤家－海峡人物往来	下関市立長府博物館
アバカノヴィッチ展 [和]	マルボローファインアート東京
アメリカン・リアリズム　宮城県美術館編 [和]	宮城県美術館
荒川修作の実験展	東京国立近代美術館ほか
或るグループ展の軌跡－「知求会」の場合	青梅市立美術館
安西啓明日本画展 [国]	時の美術社
磯崎新1960－1990建築展	東京ステーションギャラリー
インカの風－越石幸子展 南米に根付いた福井現代美術の系譜	福井アートフォーラム
上田桑鳩遺墨展	東洋書芸院出版部
江口週 1957－1991	東京画廊・愛宕山画廊
越前のこどう－現代美術今立紙展を支えた仲間達	現代芸術研究講座
大きな井上有一展	UNAC TOKYO
大阪絵画トリエンナーレ1991 第2回国際現代造形コンクール	大阪府文化振興財団
大沢昌助／ニューヨーク	S.O.88会
岡部昌生＋佐藤時啓	TEMPORARY SPACE
オディロン・ルドン展	フジカワ画廊
画業七十年 片岡球子展 [国]	松坂屋美術館
拡張する美術 アメリカン・アート 1960－1990	世田谷美術館ほか
カッサンドル展 ポスター英雄時代の巨匠　東京都庭園美術館編 [和]	東京都文化振興会
神奈川アート・アニュアル91	神奈川県立県民ホール・ギャラリー
軽やかさへの一考展	児玉画廊
Kawamata Field Work	かねこ・あーとギャラリー
企業コレクションによる「世界の名作展」	東京都庭園美術館
北辻良央　上田カルチャープロダクツ編 [和]	ギャラリー上田SC
北辻良央 1970－1985 初期グラフィック作品からオブジェ彫刻の誕生まで [和]	なびす画廊
木村嘉子展	メイシアター
'91 CONTEMPORARY ART FESTIVAL [和]	C・A・F実行委員会
巨匠の名作鑑賞展	フジカワ画廊

1991（平成3年）

久世建二展	いづみ画廊
クリスト展 ヴァレーカーテンの全貌とアンブレラ・プロジェクトのためのドローイング	水戸芸術館現代美術ギャラリー
芸術と日常−反芸術／汎芸術	国立国際美術館
月刊aala 1991年6月	日本アジア・アフリカ作家会議
源氏物語の世界 王朝文化への憧憬　宇治市歴史資料館編 和	宇治市歴史資料館
現代日本絵画展	中国芸術祭基金会
小磯良平遺作展	読売新聞大阪本社
興正菩薩叡尊 七百年遠忌記念 奈良西大寺展　奈良国立博物館編	日本経済新聞社
構造と記憶　戸谷成雄・遠藤利克・剣持和夫	東京都美術館
国際シンポジウム「美術の未来」報告書	国際交流基金+「アート・サミット・東京」実行委員会
駒井哲郎回顧展	資生堂ギャラリー
コレクションからのメッセージ 野生の復権：開館5周年記念展　世田谷美術館学芸課編	世田谷美術館
斎藤義重 和	東京画廊
色相の詩学展 現代絵画・平面からのメッセージ	川崎市市民ミュージアム
実験工房と瀧口修造：第11回オマージュ瀧口修造展	佐谷画廊
史としての現在 8人の作家と1人の批評家による展覧会（第27回今日の作家展）	横浜市民ギャラリー
清水登之展 和	武蔵野市
Jae-Eun Choi 崔在銀	ギャラリー上田
昭和の絵画 第一部「戦前−伝統と近代」	宮城県美術館
昭和の絵画 第三部「戦後美術−その再生と展開」	宮城県美術館
ジョエル・シャピロ展 彫刻 木・ブロンズ	ギャルリームカイ
白井美穂 和	ヒルサイドギャラリー
資料「金時鐘論」　金時鐘詩集『原野の詩』を読む会編	金時鐘詩集『原野の詩』を読む会
Shinjuku：Shinoyama Kishin	ギャルリーところ
新潮 4月臨時増刊 この一冊でわかる 20世紀の世界文学	新潮社
スウェーデン現代美術展	読売新聞大阪本社・美術館連絡協議会
末松正樹展	新潟市美術館
スタジオ200活動誌[1979−1991]　スタジオ200編 和	西武百貨店
SPAZIO 第22巻 第2号 No.44	日本オリベッティ
世界の版画インカナガワ91	神奈川県立県民ホール・ギャラリー
石彫家5人展	小西ギャラリー
世代展 第35回 和	世代会
セルフ 1961−1991　ルーカス・サマラス展	横浜美術館ほか
総括記録報告書 特別講座「芸術とエコロジー」	武蔵野美術大学
高橋秀の立体	現代彫刻センター
多田美波−光の迷宮	渋谷区立松濤美術館
田名網敬一 森の祝福 和	佐野画廊
田中繁一展 四辺形から1991	画廊春秋
谷川晃一展 スイランの月 和	乃木坂アートホール
谷川晃一版画展	ギャラリー池田美術

1991（平成3年）

中国の漆工芸	渋谷区立松濤美術館
ドイツ フォン・デア・ハイト美術館所蔵 水彩・素描・版画に見る20世紀西洋の絵画展	読売新聞社
ドイツ・トゥルファン探検隊 西域美術展　東京国立博物館ほか編	朝日新聞社
東京画廊の40年	東京画廊
銅版に刻む魅惑の詩 深沢幸雄展　山梨県立美術館編 [和]	山梨県立美術館
ドミニック・チノー	イノウエギャラリー
Tom Wesselmann	ギャルリーところ
豊田一男回顧展	高崎市美術館
中村一美展	児玉画廊
西島千春新作展－葉山	東邦画廊
日本近代絵画の青春 大正の絵画	星野画廊
ねりまの美術'91－彫刻の現在	練馬区立美術館
野島康三とその周辺 日本近代写真と絵画の一断面	京都国立近代美術館
野間コレクション 近代日本画の名作展	練馬区立美術館
野間宏は生きている 野間宏さんを偲ぶ会記念誌　部落解放同盟著	部落解放同盟中央本部
ミサワホーム・バウハウス・コレクション図録　バウハウス・コレクション委員会編	ミサワホーム総合研究所
白州・夏・フェスティバル'91ガイドブック [和]	白州・夏・フェスティバル実行委員会
80年代美術100のかたち INAXギャラリー＋中原佑介　中原佑介編 [和]	INAX
福井の美術・現代 Vol.2 八田豊　後々田寿徳編 [和]	福井県立美術館
フランソワ・ブーシェ展	ウイルデンスタイン東京
古い顔のうたⅢc「古い顔のうたⅢ」編集委員会編	「古い顔のうたⅢ」編集委員会
PLAY 1981→1990 [和]	THE PLAY
ベルリン・アート・シーン展　土田久子ほか訳	読売新聞社ほか
ベルリン東洋美術館名品展　京都国立博物館ほか編	ホワイトPR
変身と変貌 大沢昌助展	練馬区立美術館
墨彩変幻：齋藤眞成展　横垣明美編	AC GRAPHICA
墨人四十年　墨人会編	墨人会
没後60年 湯浅一郎展－甦る明治・大正の光	群馬県立近代美術館
堀田清治展	武蔵野市民文化会館
堀浩哉展－1970年代作品	村松画廊
堀文子展－草木と共に 旅の歳月　有楽町アート・フォーラム編 [和]	朝日新聞東京本社企画第一部
牧進 春夏秋冬生命の詩 [和]	村越画廊
馬越陽子の世界	池田20世紀美術館
松本哲男－抒情を描く　牟礼田久生ほか編 [和]	靖雅堂夏目美術店
真鍋淳朗展	モリスギャラリー・なるせ村田画廊・エスパース・たからし
マニエラの交叉点 版画と映像表現の現在	町田市立国際版画美術館
マン・レイと友人たち展　熊倉敬聡ほか訳　読売新聞社編 [和]	読売新聞社
MITO ANNUAL'91 美術とメッセージ VOL.2	水戸芸術館現代美術ギャラリー
三輪龍作 卑弥呼の書展　田中学而編	有楽町西武
ヨーゼフ・ボイス展－国境を越えユーラシアへ	ワタリウム
YOSHIO SHIRAKAWA 白川昌生	ヒルサイドギャラリー

裸眼 9号 裸眼による美術館 国	美術読本出版
Bienal Internacional de São Paulo 和	Fundação Bienal de São Paulo
LYDIA OKAMURA	KATE ART GALLERY
Seven Artists Siete Artistas	Santa Monica Museum of Art
Visions of Japan（1）–（3）和	Japan Forum

【執筆・著作】

一原有徳展—版 そのネガとポジの世界（案内状） 一原有徳は俳句と登山を趣味とする	画廊EL SUR
岡本信治郎展（案内状） 岡本信治郎展に寄せて	GALLERY光彩
ヨーゼフ・ボイス 国境をこえたユーラシアへ 〈革命〉のアクション	ワタリウム
神奈川県アート・アニュアル91 神奈川アート・アニュアル91によせて	神奈川県立県民ホール・ギャラリー
映画芸術 狷介孤独な一匹狼の風貌があった	映画芸術新社
繪 no.327 現代美術におけるリアリズムの問題	日動画廊
インカの風～越石幸子展 南米に根付いた福井現代美術の系譜 越石幸子展によせて	福井アートフォーラム
いま国家を超えて 新日本文学会編 国家と民族のずれときしみ	御茶の水書房
部落解放 第331 国家・民族そして差別	解放出版社
Jae-Eun Choi 崔在銀 崔在銀の作品をじかに…	ギャラリー上田
美術の窓 昭和美術の分水嶺としての戦争画	生活の友社
YOSHIO SHIRAKAWA 白川昌生の人と作品	ヒルサイドギャラリー
P 59 菅原克己の風貌と仕事	サークルP
世界の版画インカナガワ91 世界の版画 イン・カナガワ91の実現まで	神奈川県立県民ホール・ギャラリー
石彫家5人展	小西ギャラリー
東京画廊の40年 1960年代を中心に	東京画廊
昭和の絵画 第三部「戦後美術—その再生と展開」 戦後日本の美術をふりかえって	宮城県美術館
追悼 野間宏 全体小説家野間宏	藤原書店
野間宏は生きている 野間宏さんを偲ぶ会記念誌 部落解放同盟著 全体小説家野間宏の未完性	部落解放同盟中央本部
部落解放文学賞 臨時号 327号 選評	解放出版社
田中繁一展 四辺形から1991 田中繁一新作展に寄せて	画廊春秋
藝術公論 45号 ダリの伝説と実像	藝術公論出版
差別とたたかう文化 第二期増刊号 ドイツ統一をめぐって考えたこと	差別とたたかう文化会議
豊田一男回顧展 豊田一男の絵画と詩	高崎市美術館
中国新聞 1/7 文化：野間宏氏を悼む	中国新聞社
新日本文学 春号 追悼野間宏 野間宏闘病・臨終の記 他	新日本文学会
パレスチナ問題とは何か 中東の平和をもとめる市民会議編 パレスチナ革命と文学芸術	未來社
展 北陸美術俯瞰図	能美印刷
堀田清治展 堀田清治の道程をふりかえって—昭和ひとケタ期と晩年を中心に	武蔵野市民文化会館
Art'91 No.134 堀文子の表現の振幅	マリア書房
ARTWORKS KIKUKO MORIMOTO 森本紀久子の芸術的道程	髙島屋美術部
LYDIA OKAMURA	KATE ART GALLERY

1992（平成4年）

【和書】

赤瀬川原平の名画読本 鑑賞のポイントはどこか 赤瀬川原平著	カッパ・ブックス
麻田辨自作品集 麻田浩編	麻田浩
イウサラム（隣人）－ウトロ聞き書き 朝日新聞社編	議会ジャーナル
パレスチナへのまなざし アジア太平洋資料センター編	アジア太平洋資料センター
作家のアジア体験－近代日本文学の陰画 芦谷信和ほか編	世界思想社
密会 安部公房著	新潮文庫
シュルレアリスムという伝説 飯島耕一著	みすず書房
アフター・フォーディズムと日本 いいだもも編	御茶の水書房
派兵と開発「覇者ニッポン」のゆくえ いいだもも著 [和]	社会評論社
探偵実話 黒岩涙香 いいだもも著 [和]	リブロポート
教育カルトの時代 五十嵐良雄著	現代書館
陶 vol.5 池田満寿夫 池田満寿夫著 [国]	京都書院
戦後日本文学のなかの朝鮮韓国 磯貝治良著 [和]	大和書房
石の叫びに耳を澄ます 中東和平の探索 板垣雄三著 [和]	平凡社
虹の記憶 一之宮久著	新日本文学会
世界漂流 五木寛之著	集英社
午後の自画像 五木寛之著	角川書店
よみがえるロシア－ロシア・ルネッサンスは可能か？ 五木寛之著	文藝春秋
女性学への招待 変わる／変わらない 女の一生（有斐閣選書） 井上輝子著	有斐閣
黒い雨 井伏鱒二著	新潮文庫
覚書・狭山戦災史 農村から見て戦争とは（「戦争と平和」市民の記録⑩） 今坂柳二著	日本図書センター
子規のことなど 糸瓜の家のめぐりに 今西久穂著	六法出版社
今村幸生作品集 1952－1991 今村幸生著 [和]	美術出版社
男流文学論 上野千鶴子ほか著	筑摩書房
家父長制と資本制 上野千鶴子著	岩波書店
求道の画家 松本竣介 宇佐美承著	中公新書
実戦・世界言語紀行 梅棹忠夫著	岩波新書
お白洲裁判の鼎装置 人権低国の刑事訴訟法批判 梅沢利彦著	社会評論社
対談《熊野》太平記 梅原猛・神坂次郎著 [和]	創樹社
ラディカル・フェミニズム再興 江原由美子著	勁草書房
パリからの旅1989－1991 いま、ヨーロッパは 海老坂武著	中公新書
エピタフ EPITAPH 遠藤利克著	五柳書院
ロシアアヴァンギャルド遊泳 大石雅彦著	水声社
山のあけくれ 大橋和子著	大橋和子
三匹の蟹 大庭みな子著	講談社文芸文庫
アシッド・キャピタリズム 小倉利丸著	青弓社
群像 日本の作家（全23巻） 尾崎佐永子ほか著	小学館
トーマス・マンとドイツの時代 小塩節著	中公新書
ドイツの森 小塩節著	英友社

小田実全小説（全12巻＋別巻1） 小田実著 [和]	第三書館
恩地孝四郎装幀美術論集 装本の使命 恩地孝四郎著 恩地邦郎編 [和]	阿部出版
恩地孝四郎装幀美術論集 抽象の表情 恩地孝四郎著 恩地邦郎編	阿部出版
八文字屋の美女たち'92 甲斐扶佐義著	大場美術印刷
ぼくの散歩帖 地図のない京都 甲斐扶佐義著	径書房
終焉の終り―1991文学的考察 笠井潔著	福武書店
金子國義銅版画集《換喩》METONYMIE 金子國義著	アスタルテ書房
白い画布 私の履歴書 加山又造著 [和]	日本経済新聞社
河口龍夫作品集 河口龍夫著	現代企画室
赤瓦の家 川田文子著	筑摩書房
国家は戦争をおこなっていいのだろうか 川本兼著	すずさわ書店
思想史としてのゴッホ 複製受容と想像力 木下長宏著	学藝書林
旅の重さ 木下径子著	沖積舎
世界の都市の物語（全16巻） 木村浩ほか著	文藝春秋
草間彌生版画集 草間彌生著	阿部出版
沼に迷いて 草間彌生著	而立書房
陶 vol.32 國安孝昌 國安孝昌著 [和]	京都書院
田中恭吉ふあんたぢあ「月映」に生きたある夭折画家の生涯 窪島誠一郎著 [和]	彌生書房
わが愛する夭折画家たち 窪島誠一郎著	講談社現代新書
塔のある町で 倉持正夫著	樹と匠社
二世ファーブル昆虫記 久里洋二著 [和]	新潮社
呉冠中作品集 呉冠中著	芸術新聞社
書物の近代 メディアの文学史 紅野謙介著	筑摩書房
吾妻鏡人名索引 御家人制研究会編	吉川弘文館
モンゴル風物誌 ことわざに文化を読む 小長谷有紀著	東京書籍
危機の認識―変わりゆく国際軍事情勢と国連・PKO 小西誠著	社会批評社
なければなくても別にかまいません 小林勇著 [和]	自然社
近代川崎の民衆史 明治人とその風土 小林孝雄著	けやき出版
椎名麟三論―回心の瞬間 小林孝吉著	菁柿堂
樹影 佐多稲子著	講談社文芸文庫
ひたむきな目 佐藤清三郎画集 佐藤清三郎画集刊行委員会編 [和]	佐藤清三郎画集刊行委員会
城下町飯田 塩沢仁治著	ほおずき書籍
トランスエステティーク 篠原資明著	岩波書店
風の彫刻 柴橋伴夫著 [和]	響文社
小説 俳風韮崎宿の哀歓 清水昭三著	新読書社
世界文学全集 清水義範著	集英社
昭和も初め 少年の伊那谷 下沢勝井著	信濃毎日新聞社
ポスト・ペレストロイカの世界像「帝国」はなぜ崩壊したのか 進藤榮一著	筑摩書房
教行信証 親鸞著 金子大栄校訂	岩波文庫
偽「最後の晩餐」 杉浦明平著 [和]	筑摩書房
名画はなぜ心を打つか 瀬木慎一著	講談社

1992(平成4年)

色と空の日本美術－近世美術史異説 瀬木慎一著	里文出版
関根伸夫 A message from environment art studio 関根伸夫著 林芳史編	プロセスアーキテクチュア
ゼッテコルン：ドイツ女性の日本スケッチ Marion Settekorn・岡田浩平著 [国]	郁文堂
写真集 東京下町親子二代 高田行庸・写真 小沢信男・文	童牛社
作品集 花火 高橋玄洋著 [和]	創樹社
かくれんぼの森 ぼくの山海遊行記 高橋義夫著 [和]	創樹社
三岸好太郎 昭和洋画史への序章 匠秀夫著	求龍堂
竹内欽吾作品集 KINGO 竹内欽吾著 [和]	六耀社
ちくま日本文学全集(全60巻) 武田泰淳ほか著	筑摩書房
日日雑記 武田百合子著 [和]	中央公論社
ふしぎのアーティストたち 信楽青年寮の人たちがくれたもの 田島征三著 秋元茂・写真 [和]	労働旬報社
建畠覚造作品集 建畠覚造著 [和]	講談社
女の夢男の夢 田邊園子著 [和]	作品社
歎異抄 金子大栄校註	岩波文庫
戦争と美術 司修著	岩波新書
辻晉堂著作集 泥古庵雑記 辻晉堂著	三彩社
少女目にみゆ 昭和童年私記 角田秀雄著	新評論
民族強姦と処女膜幻想 日本近代・アメリカ南部・フォークナー 寺沢みづほ著	御茶の水書房
彫刻 宇宙空間 豊田豊作品集 豊田豊著	日本製版
市民と自民の真中で 永尾俊彦著	第三書館
森のバロック 中沢新一著	せりか書房
新現代日本画家素描集4 中島千波 桜花抄 中島千波著	日本放送出版協会
針槐 中野武彦著	新日本文学会
陶 vol.15 中村錦平 中村錦平著	京都書院
ウルトラC級名古屋グルメ 食べる美術館 105人のキーパーソンが推奨する 名古屋を考える美術家の会編	アドア出版
夫を拾った人 野川記枝著	新日本文学会
15000人のアンネ・フランク テレジン収容所に残された4000枚の絵 野村路子著	径書房
白秋と柳川	北原白秋生家保存会
佐多稲子論 長谷川啓著 [和]	オリジン出版センター
イギリスはおいしい 林望著	平凡社
作家煉獄－小説 葉山嘉樹 はらてつし著	オリジン出版センター
虹と落日 原田八束著	伯方町教育委員会
地球はまだ青いだろうか? ピースボート環境チーム編 [和]	第三書館
病める舞姫 土方巽著	白水社
土方定一美術批評 1946－1980 土方定一著 匠秀夫ほか編 [和]	形文社
統一ドイツと女たち－家族・労働・ネットワーク 姫岡とし子著	時事通信社
平沢貞通画集 平沢貞通著 [和]	アオイコーポレーション
銃とオリーブ－パレスチナ人最新ドキュメントin中東9カ国 平田伊都子著	第三書館
波の国から巡り来る 平松礼二著 [和]	ビジョン企画出版社
平松礼二画集 平松礼二著	求龍堂グラフィックス

1992（平成4年）

戦火の4都市　広河隆一著	第三書館
ニーナ先生と子どもたち　広河隆一著	小学館
夜の子供　深沢夏衣著 [和]	講談社
神話の果て（上）　船戸与一著	講談社文庫
写真記録 全国水平社七十年史　部落解放同盟中央本部編 [国]	解放出版社
古川通泰画集 1986−1992　古川通泰著 [国]	古川通泰画集刊行会
時空の端ッコ　堀田善衛著	筑摩書房
南京大虐殺の研究　洞富雄ほか編	晩聲社
フォトモンタージュ Fusion　益田凡夫著	益田凡夫
密語のゆくえ　松枝到著	岩波書店
報道協定−日本マスコミの緩慢な自死　丸山昇著	第三書館
哲学が好きになる本'92改訂　御厨良一著	エール出版社
緑川廣太郎画集　緑川廣太郎著 [和]	美術出版社
〈コンチクショウ〉考 江戸の心性史　三橋修著	日本エディタースクール出版部
宮脇愛子ドキュメント　宮脇愛子著 [和]	美術出版社
陶 vol.13 三輪龍作　三輪龍作著 [和]	京都書院
津軽〈明朝舎〉101発　村上善男著	北方新社
村田正夫詩論集 詩人の姿勢　村田正夫著	潮流出版社
JRジプシー日記 国労の仲間達とともに　村山良三著	新日本文学会
日本語根ほり葉ほり　森本哲郎著	新潮社
メディア時代の天神祭　山口勝弘著	美術出版社
山口勝弘 1950−1992 UBU 遊不遊　山口勝弘著	絶版書房
吉仲太造画集 1955−1984　吉仲太造著 [国]	新潮社
博覧会の政治学 まなざしの近代　吉見俊哉著	中公新書
戦没教師の手紙　米田利昭著 [和]	勁草書房
流域へ　李恢成著	講談社
歴史としての社会主義　和田春樹著	岩波新書

【翻訳】

行為としての読書　W.イーザー著　轡田収訳	岩波書店
メディアの理論　フレッド・イングリス著　伊藤誓ほか訳	法政大学出版局
ウンベルト・エーコの文体練習　ウンベルト・エーコ著　和田忠彦訳	新潮社
芸術と政治をめぐる対話　ミヒャエル・エンデほか著　丘沢静也訳	岩波書店
水墨画テキスト 中国・中央美術学院方式による　関乃平著　川浦みさき訳	日貿出版社
神話・寓意・徴候　カルロ・ギンズブルグ著　竹山博英訳	せりか書房
アフリカ創世の神話 女性に捧げるズールーの讃歌　マジシ・クネーネ著　竹内泰宏ほか訳	人文書院
パウル・クレー 絵画と音楽　アンドリュー・ケーガン著　西田秀穂ほか訳	音楽之友社
始まりの現象 意図と方法　エドワード・W・サイード著　山形和美ほか訳	法政大学出版局
書物から読書へ　ロジェ・シャルチエ編　水林章ほか訳	みすず書房
ポスト植民地主義の思想　G.C.スピヴァック著　清水和子ほか訳	彩流社
諸国民の富（一）　アダム・スミス著　大内兵衛ほか訳	岩波書店
全獄中書簡　徐俊植著　西村誠訳	柏書房

1992（平成4年）

大英帝国の階級・人種・性―W・ホガースにみる黒人図像学 デイヴィッド・ダビディーン著 松村高夫訳	同文館出版
アヴァンギャルド芸術論 ジョルジョ・デ・マルキス著 若桑みどり訳	現代企画室
〈美術〉を超えて A.ドルナー著 嶋田厚ほか訳	勁草書房
実験音楽 ケージとその後 マイケル・ナイマン著 椎名亮輔訳 [和]	水声社
私小説 自己暴露の儀式 イルメラ・日地谷=キルシュネライト著 三島憲一ほか訳	平凡社
ルイス・カーン―建築の世界 デヴィッド・B・ブラウンリーほか編著 東京大学工学部建築学科香山研究室監訳 [和]	デルファイ研究所
地中海（全5巻） フェルナン・ブローデル著 浜名優美訳	藤原書店
ボヴァリー夫人 フローベール著 生島遼一訳	新潮文庫
プロテスタンティズムの倫理と資本主義の精神 マックス・ヴェーバー著 大塚久雄訳	岩波文庫
白楽晴評論選集（全2巻） 白楽晴著 李順愛編訳	同時代社
色彩の魔術：ヘッセ画文集（同時代ライブラリー） ヘルマン・ヘッセ著 V.ミヒェルス編 岡田朝雄訳	岩波書店
宝を集める人 ボツワナの村の物語 ベッシー・ヘッド著 酒井格訳 [和]	創樹社
来たるべき哲学のプログラム ヴァルター・ベンヤミン著 道籏泰三訳	晶文社
陶酔論 ヴァルター・ベンヤミン著 飯吉光夫訳	晶文社
社会彫刻のための拡大された芸術概念の機関 ヨハネス・シュトゥットゲン ヨーゼフ・ボイス ヨーゼフ・ボイスほか著 針生一郎訳	自由国際大学
失われた美学 マーガレット・A・ローズ著 長田謙一ほか訳	法政大学出版局
バフチン以後〈ポリフォニー〉としての小説 デイヴィット・ロッジ著 伊藤誓訳	法政大学出版局

【詩集等】

海へ―失われた詩 ヒネス・セラン―パガン著 山口正子ほか訳 [国]	ギャラリー・アート・ロベ
浦へ 福井桂子著	れんが書房新社
オフェリア遺文 井上晶子著	編集工房ノア
詩集 河馬 山本政一著	東京出版センター

【カタログ・その他】

アーティストとクリティック 批評家・土方定一と戦後美術	三重県立美術館
AJAC現代芸術文化1992	東京都美術館
アノーマリー展 レントゲン芸術研究所第9展覧会	池内美術レントゲン芸術研究所
阿部典英	ギャラリイK
アルテ・ポーヴェラ展カタログ	児玉画廊
アルナワブ展	児玉画廊
Anzaï―homage to Isamu Noguchi 安斎重男	ギャルリーところ
アンゼルム・キーファー フジテレビギャラリー編 [和]	フジテレビギャラリー
飯田四郎展 郷土作家シリーズ8	山梨県立美術館
五十嵐彰雄	いづみ画廊
イサム・ノグチ展	東京国立近代美術館
石川光陽 激動の昭和 東京大空襲の全記録展	目黒区美術館
板橋の現況 清塚紀子・米林雄一展	板橋区立美術館
イタリアの叛乱 イタリアンポップとその時代 高見堅志郎ほか構成・監修	フジタヴァンテ

1992（平成4年）

異端の日本画家三人展 岩崎巴人・谷口山郷・長崎莫人 [国]	朝日町立ふるさと美術館
猪熊弦一郎展	ミキモトホール
インスタレーション・エイジー空間と視覚	東京都写真美術館
宇佐美圭司回顧展ー世界の構成を語り直そう セゾン現代美術館編	セゾン現代美術館
牛島芸術をたどる静の風土詩展	フジカワ画廊
内田晴之展	ギャラリー山口
大阪彫刻トリエンナーレ1992展 大阪府文化振興財団編 [和]	大阪府文化振興財団
OSCAR SAITO OIWA 1983-1992	Asacloth Gallery
核・安保を考える	和光大学〈核・安保などを考える会〉教員有志
郭徳俊展	横浜美術館
Catalog No.28（版画目録）	養清堂画廊
上條陽子の世界	池田20世紀美術館
季刊 墨スペシャル第10号 現代の書 半世紀の歩みと展望 [国]	芸術新聞社
木内克のすべて	練馬区立美術館
金昌永 sand play [和]	Han il gallery,Pusan
清里現代美術館まるごと楽しいBOOK 不思議の国の美術館	清里現代美術館
近代日本画への招待I 洋風化への軌跡 [和]	山種美術館
近代日本画への招待II 古典への回帰 [和]	山種美術館
群像 5月 臨時増刊号 柄谷行人&高橋源一郎	講談社
ケーテ・コルヴィッツ	パルテノン多摩・神奈川県立近代美術館
鯉江良二陶展 [国]	髙島屋美術部
児玉靖枝	ギャラリー 21+葉
ことばの姿ー草玄の書	相澤美術館
小宮彌栄子	小宮彌栄子
ゴヤ・4大連作版画展：初版による	日本経済新聞社
齋鹿逸郎展 白と純白とのあひだ	古心堂画廊
探し求める魂 田口安男の全貌展 いわき市立美術館編 [和]	いわき市立美術館
佐藤多持の世界 水芭蕉曼陀羅が生まれるまで 1939ー1965（1）	たましん地域文化財団
see+hear YUKIO FUJIMOTO 藤本由紀夫	児玉画廊出版部
鴫剛 ENOSHIMA	西村画廊
篠田桃紅 時のかたち	岐阜県美術館
シャガール展	三重県立美術館
ジャン=ピエール・レイノー展	水戸芸術館現代美術ギャラリー
庄田常章展	石川県立美術館
ジョゼフ・コーネル展	神奈川県立近代美術館
書と絵画の熱き時代 1945ー1969 品川文化振興事業団O美術館編	O美術館
末松正樹 その抽象と舞踏の時代	板橋区立美術館
菅木志雄 千葉成夫・文 [和]	東京画廊
菅野由美子	東京画廊
スキタイ黄金美術展	三越美術館ほか
墨と五十年・榊莫山展	近鉄あべの店

1992（平成4年）

生誕100年記念 スーチン展	小田急美術館·毎日新聞社
関根伸夫	東京画廊
戦後写真と東北2	宮城県美術館
第三世界とわれわれ 第8回「いま国境を越えて」	JAALA
卓上の芸術 フランスのテーブル·アート200年　東京都庭園美術館編 [和]	日本経済新聞社
田名網敬一の世界 [国]	池田20世紀美術館
田中栄作 [和]	東京画廊
多摩秀作美術展：第6回	青梅市立美術館
多和圭三	hino gallery
地域と大学をむすぶ 和光移動大学	和光大学
朝鮮研究／特集 豊臣秀吉と朝鮮　松枝到ほか著	和光大学朝鮮研究会
帝展期の日本画展	練馬区立美術館
陶芸の現在 京都から	日本橋高島屋
東南アジアのニュー·アート「美術前線北上中」展	国際交流基金
都市風景の発見 近代の一視点·描かれた都市：開館5周年記念	茨城県近代美術館
豊島弘尚·谷川晃一 二人展	東邦画廊
豊平ヨシオ展	TEMPORARY SPACE
中村節也展　群馬県立近代美術館·高岡市美術館編 [国]	群馬県立近代美術館
名栗湖野外美術展'92	名栗湖野外美術展実行委員会
日本のリアリズム1920s−50s	北海道立近代美術館ほか
野田哲也全作品II 1978−1992	フジテレビギャラリー
廃墟としてのわが家 都市と現代美術　世田谷美術館編 [和]	世田谷美術館
白州·夏·フェスティバル'92ガイドブック [和]	白州·夏·フェスティバル実行委員会
橋場信夫	不忍画廊
林保二郎	林保二郎
パラダイスへの道'92 「パラダイスへの道」編集委員会編 [和]	「パラダイスへの道」出版委員会
巴里·モダン 1910−30年代	産経新聞社
はるかなる宇宙学 矢柳剛の40年　北海道立帯広美術館編 [和]	北海道立帯広美術館
ヒーマット·アリ	愛宕山画廊
ピエール·ビュラグリオ展	ギャラリー五辻
飛花落葉 今井俊満	東京日仏学院ギャラリー
从展 第18回	東京都美術館
美の使徒たち 柳宗悦をめぐる作家	宮城県美術館
百点美術館2　百点美術館編	寿ビル
表現の自由を考える有志展　藤江民ほか編	[記載なし]
風刺の毒 The Sting of Satire	埼玉県立近代美術館
ベン·ニコルソン展	小田急美術館
ほとばしる生命·画業50年 須田剋太展　飯田市美術博物館ほか編 [和]	朝日新聞社文化企画局大阪企画部
堀浩哉	ギャラリー上田
本の宇宙展	栃木県立美術館
マーガレット·バーク=ホワイト展 世界を駆けぬけた情熱のフォトジャーナリスト	小田急美術館

1992（平成4年）

眞板雅文展 地・水・万象	ギャラリー山口
丸木位里展	広島市現代美術館
みちのくの造形Ⅱ−人のかたち	宮城県美術館
MITO ANNUAL'92 大きな日記／小さな物語	水戸芸術館現代美術ギャラリー
みなみかた国際アートフェスティバル 現代彫刻の7人	宮城県登米郡南方町
宮城県美術館所蔵作品総目録	宮城県美術館
宮田重雄展 和	武蔵野市
未来派 1909−1944	東京新聞
杢田たけを全貌展	ストライプハウス美術館
木版画−明治末から現代展 練馬区美術館編	練馬区美術館
八木一夫 木村重信・文 和	集雅堂ギャラリー
山本丘人初期作品展：第2回資生堂ギャラリーとそのアーティスト達 抒情の原点	資生堂企業文化部
ユーリクーパー	吉井画廊
洋画の動乱−昭和10年 帝展改組と洋画壇−日本・韓国・台湾 東京都庭園美術館編	東京文化振興会
YOSHINO TATSUMI WORKS 和	佐野画廊
Josef Albers	ギャルリーところ
よみがえる古代大国 伽耶文化展	東京国立博物館
ルイーズ・ネヴェルスン展	ウィルデンスタイン東京
ルシアン・フロイド展	栃木県立美術館
ロシアのこころ・イコン展：RUSSIAN ICONS,13−19C 定村忠士ほか編	毎日新聞社
ロバートメイプルソープ展	東京都庭園美術館

【執筆・著作】

悲劇喜劇 6 「うつし」と「しるし」の総合を求めて	早川書房
POSI 創刊号 企業は芸術をささえるのか?	調布画廊 POSI編集室
パレスチナへのまなざし アジア太平洋資料センター編 距離をとおして物語を分泌する画家たち	アジア太平洋資料センター
ポリティカ 1号 具体的問題に変革の方向を打ち出せ	総評センター
呉冠中作品集 呉冠中の道程と画家の意義	芸術新聞社
朝日新聞 7/20（夕刊） 自分と出会う／「近代文学」で思想的解放	朝日新聞社
社会彫刻のための拡大された芸術概念の機関 ヨハネス・シュトゥットゲン ヨーゼフ・ボイス ヨーゼフ・ボイスほか著 針生一郎訳 あとがき	自由国際大学
篠田桃紅 時のかたち展 書の限界をこえて書の原点へ	岐阜県美術館
書と絵画の熱き時代 1945−1969 戦後日本の前衛書−絵画との密月時代をこえて	O美術館
多摩秀作美術展：第6回 選評	青梅市立美術館
美育文化 vol.42 続・美術教育1000人に聞きました	美育文化協会
第三世界とわれわれ 第8回「いま国境を越えて」	東京都美術館・JAALA
中野重治 絵を描く楽しみ（案内状） 中野重治がかけがえない文学者だったことは、	永井画廊
从展 第18回 日本画変革の原点に立つ星野真吾	東京都美術館
ヒーマット・アリ ヒーマット・アリの近作展によせて	愛宕山画廊
ほんばこ 92秋号 美術書を読む	ハートブック&メディア社
森田信夫個展（案内状） 森田信夫と知りあってから…	地球堂画廊

1992(平成4年)—1993(平成5年)

核·安保を考える 湾岸戦争とその後	和光大学〈核·安保などを考える会〉教員有志

1993(平成5年)

【和書】

磐城巡礼 相沢直人著 [和]	文園社
歯車 他二篇 芥川龍之介著	岩波文庫
朝井閑右衛門 不動明王画集 朝井閑右衛門著 日動出版部編 [和]	朝井閑右衛門の会
「新しい社会」をつくる 新しい社会を創る研究会編	第三書館
カーブの向こう·ユープケッチャ 安部公房著	新潮文庫
他人の顔 安部公房著	新潮文庫
都市への回路 安部公房著	中央公論社
箱男 安部公房著	新潮文庫
方舟さくら丸 安部公房著	新潮文庫
現代美術トーク 安斎重男+篠田達美対談集 安斎重男ほか著	美術出版社
バルザック随想 飯島耕一著 [和]	青土社
小国日本の理想−せめて富士の見える日本に いいだもも著	論創社
政治改革と九条改憲 いいだもも著	論創社
マシアス·ギリの失脚 池澤夏樹著	新潮社
モノクローム 石内都著	筑摩書房
「従軍慰安婦」にされた少女たち 石川逸子著	岩波ジュニア新書
差別の重構造と階級支配 狭山闘争の歴史的勝利へ 石田郁夫著	御茶の水書房
ステッセルのピアノ 五木寛之著	文藝春秋
ちいさな物みつけた 五木寛之著	集英社
日本幻論 五木寛之著	新潮社
死ぬのがこわくなくなる薬(井上ひさしエッセイ集8) 井上ひさし著	中央公論社
ニホン語日記 井上ひさし著	文藝春秋
マンザナ、わが町 井上ひさし著	集英社
小説の書き方(新潮選書) 井上光晴著	新潮社
自然哲学序説 今道友信著	講談社学術文庫
アルチュセールの思想 今村仁司著	講談社学術文庫
NGOは人と地球をむすぶ 岩崎駿介著	第三書館
イタリアを丸焼き! 意地悪な日本人が見た文化国家のウソ·ホント 岩渕潤子著 [和]	PHP研究所
十勝平野(上·下) 上西晴治著	筑摩書房
ドイツの見えない壁 女が問い直す統一 上野千鶴子ほか著	岩波新書
絆を求めて 画壇交遊録 内田信著	沖積舎
日本人の「あの世」観 梅原猛著	中公文庫
S.P.G.エディションクラブ シリーズ−I ③宮迫千鶴版画集／タオスの月	水島一生
漱石とその時代 第三部(新潮選書) 江藤淳著	新潮社
燃えあがる緑の木 第一部「救い主」が殴られるまで 大江健三郎著	新潮社
「書」フォルムと身体 大滝昭一郎著	西田書店
洞 UTSURO 大塚数理著	近代文芸社
フォークナー 大橋健三郎著	中公新書

1993（平成5年）

芸術の生活化 モリス、ブレイク、かたちの可能性　岡田隆彦著	小沢書店
アート・シード ポンピドゥ・センター美術映像ネットワーク　岡部あおみ著	リブロポート
詩人とその妻 小熊秀雄とつね子　小川恵以子著	創樹社
焼かれた魚　小熊秀雄著	透土社
パリで日本語新聞をつくる　小沢君江著 [和]	草思社
あの人と歩く東京　小沢信男著 [和]	筑摩書房
評伝マルコムX　長田衛著	第三書館
なまけものの読書　影山和子著	第三書館
シリパ燃える　かなまるよしあき著 [和]	響文社
蘭の季節　川崎賢子著 [和]	深夜叢書社
文化の空白と再生 差別観を克服する視座　川元祥一著	解放出版社
文学散歩 東京編　関西文学散歩の会編	関西書院
菊畑茂久馬著作集（全4巻）　菊畑茂久馬著	海鳥社
ほんとの誕生日　木島始著	楡出版
冒険小説論　北上次郎著	早川書房
ハイデガーの思想　木田元著	岩波新書
岸田劉生と大正アヴァンギャルド　北澤憲昭著	岩波書店
紅い花 ある女の生涯（埼玉文学学校文庫）　金泰生著	埼玉文学学校出版部
言い残したこと　木村東介著 [和]	羽黒洞木村東介
怪獣使いと少年 ウルトラマンの作家たち　切通理作著	宝島社
彫塑 金城実作品集　金城実著	東方出版
ミッチアマヤーおじさん　金城実著	宇多出版企画
雨季茫茫　久鬼高治著	朝日書林
同時代の画家集成 中島千波（アート・トップ叢書）　芸術新聞社編	芸術新聞社
額のない絵 三十一人の画家の肖像　窪島誠一郎著	形文社
講談社文庫解説目録	講談社
与謝野晶子−昭和期を中心に　香内信子著	ドメス出版
哲学講和　河野興一著　渡辺義雄編	岩波書店
児島善三郎の手紙 1940−1951 大久保泰宛書簡　児島善三郎著　匠秀夫編 [和]	形文社
ゴトウ・シュウの仕事　ゴトウ・シュウ著　塩見隆之介監修	プロジェクトG−501A
闇の男 野坂参三の百年　小林峻一ほか著 [和]	文藝春秋
現代美術論−行為の芸術を中心として　斎藤俊徳著	大学教育出版
USHIO SAKUSABE 1990−1993 WORKS　作左部潮著	作左部潮
あとや先き　佐多稲子著	中央公論社
佐藤幸子作品集　佐藤幸子著	[記載なし]
作家と差別語　塩見鮮一郎著	明石書店
暗夜行路　志賀直哉著	新潮文庫
小僧の神様／城の崎にて　志賀直哉著	新潮文庫
騒々しい静物たち：モダンアート100年（1）　篠田達美ほか著	新潮社
メディア時代の美術教育　柴田和豊編	国土社
死の棘　島尾敏雄著	新潮文庫

1993（平成5年）

内田百閒 ひとりぼっちのピエロ（作家論叢書） 庄司肇著	沖積舎
少年の美術2・3/Ⅱ	現代美術社
詩でしかとらえらえないもの 1910−1975詩人論 新城明博著	文芸旬報社
ヴェネツィアの宿 須賀敦子著	文藝春秋
遠い城 ある時代と人の思い出のために 菅原克己著 和	西田書店
様式の喪失 瀬木慎一著	芸術新聞社
〈他者〉の消去 吉行淳之介と近代文学 関根英二著	勁草書房
20世紀美術 高階秀爾著	ちくま学芸文庫
夜間中学生 タカノマサオ 武器になる文字とコトバを 高野雅夫著	解放出版社
髙山辰雄画集 聖家族1993	講談社
杜甫の旅（新潮選書） 田川純三著	新潮社
詩人の戦後日記 武内辰郎著	オリジン出版センター
歌の翼、言葉の杖 武満徹対談集 武満徹著	TBSブリタニカ
晩年 太宰治著	新潮文庫
Gaudi's Ocean 田島伸二著 和	晩聲社
埋火 立原正秋著	新潮文庫
紬の里 立原正秋著	新潮文庫
北上する南風 東南アジアの現代美術 谷新著	現代企画室
美学の逆説 谷川渥著	勁草書房
犬婿入り 多和田葉子著	講談社
どうなる世紀末のゆくえ？（実学百論1） 筑紫哲也ほか著 和	第三書館
智内兄助「蔵」さしえ画集	毎日新聞社
男でもなく女でもなく−新時代のアンドロジナスたちへ 蔦森樹著	勁草書房
断筆宣言への軌跡 筒井康隆著	光文社
路地裏の大英帝国 角山榮ほか編	平凡社
シンポジウム 南北劇への招待 鶴屋南北研究会編	勉誠社
あゝ、荒野 寺山修司著	河出文庫
黄金時代 寺山修司著	河出文庫
戯曲 毛皮のマリー 寺山修司著	角川文庫
三酔人経綸問答 中江兆民著 桑原武夫ほか訳	岩波文庫
長岡国人作品集 長岡国人著	ギャラリー無有
地の果て 至上の時 中上健次著	新潮文庫
東方的 中沢新一著	せりか書房
変容の時代の日本学 中島誠著	春秋社
日本文学における「私」 中西進編	河出書房新社
時間の迷路 中村真一郎著	中央公論社
青少年へ贈る言葉 わが人生論 宮城編（下） 中村輝雄編	文教図書出版
舞踏 西原啓著	創樹社
教科書を日韓協力で考える 日韓歴史教科書研究会編	大月書店
思想としての20世紀 新田義弘ほか編	岩波書店
牛波 NIU BO	現代企画室

望郷－二つの祖国　河正雄著　成甲書房

浜田知明作品集〈コンプリート1993〉　浜田知明著　和　求龍堂

濱谷浩写真集 學藝諸家　濱谷浩著　和　岩波書店

和光学園に生きて　春田正治著　聖林社

ドイツ・悲劇の誕生 ダダ／ナチ（全3巻）　平井正著　せりか書房

漱石『こゝろ』どう読むか、どう読まれてきたか　平川祐弘ほか編　新曜社

プラハの世紀末 カフカと言葉のアルチザンたち　平野嘉彦著　岩波書店

神話の果て（下）　船戸与一著　講談社文庫

メビウスの時の刻　船戸与一著　中公文庫

すべての力をひとつに アンソロジー狭山事件30年　部落解放同盟中央本部ほか編　和　解放出版社

INANNA　古郡弘著　五柳書院

日本共産党にたいする干渉と内通の記録（上）－ソ連共産党秘密文書から　不破哲三著　新日本出版社

一閃の光　本多秋五著　和　筑摩書房

和尚館長頑張る 美術に挑んだ25年の回想　牧田喜義著　和　西田書店

学芸員のひとりごと 昨今美術館事情　増田洋著　芸艸堂

アジアが見えてくる3 アジアの観光開発と日本　松井やより著　新幹社

親指Pの修業時代（上・下）　松浦理英子著　河出書房新社

記号的世界と物象化　丸山圭三郎ほか著　和　情況出版

忠誠と反逆 転形期日本の精神史的位相　丸山眞男著　筑摩書房

超闘 死刑囚伝　丸山友岐子著　現代教養文庫

三澤憲司の仕事　三澤憲司

消えた名画　溝口敦著　講談社

峰村リツ子画集　峰村リツ子著　井上憲彦ほか編　時の美術社

世界のトップ・コレクター　宮下夏生ほか著　和　新潮社

民族と国家－イスラム史の視角から　山内昌之著　岩波新書

修辞と飛翔 現代画家の想像力　ヨシダヨシエ著　北宋社

戦争と民衆　米田利昭ほか著　和　沖積舎

李禹煥　都市出版

中野重治 連続する転向　林淑美著　八木書店

ヤマタイ国は阿蘇にあった　渡辺豊和著　光文社

INAX ALBUM13 汽車住宅物語／乗り物に住むということ　渡辺裕之著　アルシーヴ社ほか編　INAX

偽りの烙印－伊藤律・スパイ説の崩壊　渡部富哉著　和　五月書房

【翻訳】

作者の死　ギルバート・アデア著　高儀進訳　和　早川書房

芸術の空間 造形芸術の言語への道　ディーター・イェーニッヒ著　嶺秀樹ほか訳　青土社

物語における読者　ウンベルト・エーコ著　篠原資明訳　青土社

エーコの読みと深読み　ウンベルト・エーコほか著　ステファン・コリーニ編　柳谷啓子ほか訳　岩波書店

国際大移動　H.M.エンツェンスベルガー著　野村修訳　晶文社

ハーメルンの死の舞踏　ミヒャエル・エンデ著　佐藤真理子ほか訳　朝日新聞社

パウロ・フレイレを読む　モアシル・ガドッチ著　里見実ほか訳　亜紀書房

ポストモダン・シーン　アーサー・クローカーほか著　大熊昭信訳　法政大学出版局

存在の耐えられない軽さ ミラン・クンデラ著 千野栄一訳	集英社
履歴なき時代の顔写真 フランク・E・シャーマンが捉えた戦後日本の芸術家たち フランク・エドワード・シャーマン著 米倉守監修 [和]	アート・テック
モンゴル大草原遊牧誌 内蒙古自治区で暮らした四年 張承志著 梅村坦編訳	朝日新聞社
文化帝国主義 ジョン・トムリンソン著 片岡信訳	青土社
ハザール事典 夢の狩人たちの物語 女性版 ミロラド・パヴィチ著 工藤幸雄訳 [和]	東京創元社
バロックの神秘 エルンスト・ハルニッシュフェガー著 松本夏樹訳	工作舎
ベンヤミンの黒い鞄 亡命の記録 リーザ・フィトコ著 野村美紀子訳 [和]	晶文社
E.M.フォースター著作集（全12巻+別冊1） E.M.フォースター著 北條文緒ほか訳	みすず書房
自由からの逃走 エーリッヒ・フロム著 日高六郎訳	東京創元社
トリスタン・イズー物語 ベディエ編 佐藤輝夫訳	岩波文庫
ドイツ悲劇の根源（叢書ウニベルシタス62） ヴァルター・ベンヤミン著 川村二郎ほか訳	法政大学出版局
パサージュ論（全5巻） ヴァルター・ベンヤミン著 今村仁司ほか訳	岩波書店
マン・レイ ニール・ボールドウィン著 鈴木主税訳	草思社
中東和平会議の内幕 バカル・アブデル・モネム著 関場理一訳 [和]	社会批評社
現代インドネシア文学への招待 アイプ・ロシディ編 松尾大ほか訳	めこん
忘れることのできない歴史 731細菌部隊の記録：不能忘記的歴史 政治協商会議黒龍江省委員会文史資料弁公室原本 兵庫県日中教育文化交流会訳 [国]	兵庫県日中教育文化交流会

【詩集等】

片道書簡 よしかわつねこ著	花神社
歌文集 門 稲田大著	ウニタ書舗
草の円柱 芦田みゆき著	思潮社
句集 草の罠（精選作家双書 未来図叢書第47集） 禰寝雅子著	本阿弥書店
佐藤渓詩画集 どこにいるのかともだち [和]	由布院美術館
詩集 彼方から 唯野一郎著	埼玉文学学校出版部
瀬 歌集 保坂武義著	保坂圭子
操車場にて 青木実詩集	イワキ出版
瀧井葉子遺作集 追悼集「黒き蟻」	邑書林
だれにロシアは住みよいか ネクラーソフ著 大原恒一訳	論創社
小さな表札 木坂涼著	思潮社
牛波（ニュウポ）詩集 浅見洋二訳	書肆山田
パウル・ツェラン詩集 飯吉光男編訳	小沢書店
薄明のヨブ記 中田敬二著	思潮社
原田夏子歌集 小女 彩光叢書第55篇	短歌新聞社
ラッキー・ミーハー 阿賀猥著	思潮社

【カタログ・その他】

アートラボオープン・コラボレーション展 第1回 サイコスケープ アートからの精神観測	O美術館
アグネス・マーティン展 乾由明・文	ウイルデンスタイン東京
安達博文作品集 佐藤博一編 [国]	太陽アート企画
アフリカ彫刻展 カルロ・モンズィーノ コレクション	美術館連絡協議会・群馬県立近代美術館・宮城県美術館
アルカンジェロ展	児玉画廊

アンドレ・ブルトンと瀧口修造：第13回オマージュ瀧口修造展	佐谷画廊
異形のFigure－東北の3人 斎藤隆・針生鎮郎・吉野辰海展	宮城県美術館
SHOICHI IDA Painting1970－1993	NOB Gallery
IKEMIZU KEIICHI1964－1993 池水慶一著	［記載なし］
伊藤敏光 sculpture [和]	野村国際文化財団
印象派とヨーロッパ近代絵画展 中村隆夫・谷口雄一編	谷口事務所・宮城県美術館
ウィーン幻想派展	いわき市立美術館
梅原幸雄・栗原幸彦・西田俊英	彩鳳堂画廊
越川修身	ギャラリー21＋葉
エンバ美術コンクール'93入賞・入選作品展：第15回 [国]	植野アジア文化振興財団
大沢昌助展－90歳を迎える春に	鎌倉画廊
大竹伸朗	ギャルリーところ
大沼かねよ・加藤正衛・二宮不二麿展：特別展	宮城県美術館
岡鹿之助展	群馬県立近代美術館
尾崎愛明の世界展 エロスとタナトスの博物誌 尾崎愛明編 [和]	池田20世紀美術館
楽興の時 音楽のあるイメージⅡ	ARCADIA
金山明 第一回個展	ギャラリーたかぎ
川井昭夫	［記載なし］
河口龍夫 関係－蓮の時	ギャラリーマロニエ
川島猛	TSKエンタープライズ
神吉善也	横浜ガレリアベリーニの丘
画廊の視点'93：第1回 現代美術画廊の会編	現代美術画廊の会
季刊トロツキー研究8	トロツキー研究所
企業とアート	国際コンテンポラリーアートフェア実行委員会
北山善夫展	神奈川県立県民ホール・ギャラリー
木村荘八展 大正モダンと回想的風俗	練馬区立美術館
ギャラリー現作品集Ⅰ 倉重光則	ギャラリー現
93 CONTEMPORARY ART FESTIVAL [和]	C・A・F実行委員会
巨大都市の原生 東京－大阪行為芸術1992年ヨーロッパ・ツアー ギャラリー・サージ編 [和]	国際現代美術交流展実行委員会
近代日本画への招待Ⅲ 戦後日本画の展開 [和]	山種美術館
近代の文人画	宮城県美術館
草間彌生展：第45回ヴェニス・ビエンナーレ	国際交流基金
黒田アキ 廻廊＝メタモルフォーゼ	東京国立近代美術館
月光と祈り－近藤弘明展 [和]	髙島屋美術部
ケンイチ・カネコ展 横浜市民ギャラリーほか編 [和]	横浜市教育委員会
現代絵画の一断面－「日本画」を越えて	東京都美術館
現代作家シリーズ'93 岡部昌生展 Vol.1・2・3	神奈川県立県民ホール・ギャラリー
現代作家シリーズ'93 小本章 森口宏一	神奈川県立県民ホール・ギャラリー
現代中国画の動向 中国画研究院会員作品展	日中友好会館美術館
現代のジャワ更紗	国立国際美術館

1993(平成5年)

KOSO HARANAKA Recent Works1991−1992 原仲裕三著	[記載なし]
国画創作協会回顧展 京都国立近代美術館編	京都国立近代美術館
児島善三郎展	三重県立美術館
小清水漸展	UCPギャラリー湯河原
牛腸達夫	ギャラリー 21+葉
これが現代中国の絵画だ−その最高峰から新鋭まで	赤坂プリンスホテル クイーンホール
再制作と引用	板橋区立美術館
齋藤求一 裸婦PART3	資生堂ギャラリー
斉藤智 第5回国際コンテンポラリーアートフェスティバル	東京ビッグサイト 東4ホール・ブースNo.7.D−7 シロタ画廊
「色彩」としてのスフィンクス−加納光於	セゾン美術館
信濃デッサン館 所蔵作品集 信濃デッサン館編 [和]	信濃デッサン館出版
篠原猛史 消えた森=Deforestation 1972−1993 ギャラリー風編 [和]	ギャラリー風
島田しづ展	フジテレビギャラリー
沈文燮 [和]	東京画廊
写真で見る岩波書店80年(非売品)	岩波書店
ジャワ更紗−その多様な伝統の世界	平凡社
昭和日本画の軌跡 1930−50年代展	練馬区立美術館
Shintaro Tanaka DELTA	ギャルリー・ところ
「新日本文学」復刻縮刷版(全)	第三書館
杉浦邦恵展 [和]	鎌倉画廊
澄川喜一近作展 [和]	髙島屋
世界の版画 イン カナガワ'93−アジアからのメッセージ 世界の版画 イン カナガワ'93開催実行委員会編 [国]	神奈川県立県民ホール・ギャラリー
石彫群−アニミズムの森(冨長敦也・山口さとこ)	コスモスの里
接点 1984−1993	接点出展人
前衛芸術の日本 1910−1970年展	国際交流基金
全国美術館コレクション名品展	全国美術館コレクション名品展実行委員会
戦後日本画の転換期−1950年代を中心に	栃木県立美術館
仙台一中・一高百年史 仙台一中・一高百年史編纂委員会編	宮城県仙台第一高等学校 創立百周年記念事業実行委員会
そこには限りない未来と希望があった…「洋画家の夢・留学展」	星野画廊
素材の予感 男のネック 樋田豊次郎・文 [和]	マスダプランニングスタジオ
素材の予感…紙	マスダスタジオ 正芳庵
大正日本画 その闇ときらめき	山口県立美術館
大正日本画の若き俊英たち−今村紫紅と赤曜会	東京都庭園美術館
太陽 4月号 特集 瀧口修造のミクロコスモス 門崎敬一編	平凡社
高橋久雄フレスコ画展 [国]	三越
高山登	ギャラリー 21+葉
武満徹展−眼と耳のために 秋山邦晴ほか・文 中藤千佳編 [和]	文房堂ギャラリー
建畠覚造展	ギャラリー山口

1993（平成5年）

田中一光：世界のグラフィックデザインシリーズ5	ギンザ・グラフィック・ギャラリー
中国現代美術の歩み 星星15年	東京画廊
長重之展 Vol.1	M画廊
土谷武展 呼吸するかたち [国]	ギャルリーユマニテ
常木新二展	福岡県立美術館・GALLERYとわーる
鶴岡政男デッサン展：群馬県立近代美術館所蔵	伊丹市立美術館
デ・キリコ展	なるせ村田画廊
伝統と現代 中島清之の場合：財団設立四十周年記念 特別展 三渓園保勝会編 [国]	三渓園保勝会
東京焼・中村錦平展 メタセラミックスで現在をさぐる [和]	北國新聞社・富山新聞社
「東南アジア祭'92」報告書	東南アジア祭'92実行委員会
ドーム・ガラス展	東京都庭園美術館
戸谷成雄 [和]	佐谷画廊
富山国際現代美術展：第5回	新川文化ホール
永井一正：世界のグラフィックデザインシリーズ6	ギンザ・グラフィック・ギャラリー
長崎莫人 滞欧スケッチ展	相澤美術館
中里斉展 [和]	東京画廊
中ハシ克シゲ展 [和]	ギャラリー日鉱
中村忠二	アート・ミュージアム・ギンザ
ナディム・モイーズ・カラム展	ヒルサイドギャラリー
ナム・ジュン・パイク フィード・バック&フィード・フォース	ワタリウム美術館
NICAF YOKOHAMA'93 白石正美編	NICAF実行委員会
日本アンデパンダン展全記録1949－1963 瀬木慎一ほか編	総美社
日本近代版画の歩み展	練馬区立美術館
日本・タイ現代美術展 ビヨンド・ザ・ボーダー 境界を越えて	国際交流基金アセアン文化センター
日本文化デザイン会議'92山梨 [和]	日本文化デザインフォーラム会議事務局
ニューヨーク近代美術館展	ニューヨーク近代美術館展実行委員会
ねりまの美術'93 斎藤長三・深沢紅子展	練馬区立美術館
野間宏論－親鸞の視座から 張偉著	福島大学大学院教育学研究科教科教育専攻国語教育専修
野見山暁治展	ギャラリー上田
パウル・クレーの芸術展	愛知県美術館
朴炫基 鍵岡正謹・文 [和]	児玉画廊
橋場信夫	不忍画廊
長谷川潔展	東京都庭園美術館
Panamarenko：cars & other stuff [国]	ギャルリー・ところ
馬場美文展	ぎゃらりぃセンターポイント
パラダイスへの道'93 「パラダイスへの道」出版委員会編 [和]	パラダイス企画
美術手帖11月号増刊 アート・ウォッチング2 近代美術編 田中為芳編	美術出版社
備前藤原三代展 朝日新聞社文化企画局大阪企画部編 [和]	朝日新聞社文化企画局大阪企画部
フォーヴィズムと日本近代洋画	京都国立近代美術館
福本潮子－藍色の世界 メアリー・ジェイン・ジェイコブ [和]	高島屋
舟越桂	西村画廊

1993(平成5年)

舟越保武の世界 信仰と詩心の彫刻六十年	世田谷美術館·茨城県近代美術館ほか
冬の国 ムンクとノルウェー絵画	国立西洋美術館
フラビオ·シロー展 熱い魂の叫び 原美術館編 [国]	アルカンシェール美術財団
フランス絵画20世紀への旅立ち	岐阜県美術館ほか
プリミティヴィズムの系譜–収蔵品を中心として 世田谷美術館編 [和]	世田谷美術館
堀川紀夫	ヒルサイドギャラリー
ポルトガルと南蛮文化展	セゾン美術館ほか
前田常作 マンダラへの道 安田火災東郷青児美術館編 [和]	安田火災東郷青児美術館
宮城県仙台第一高等学校 石彫モニュメント	宮城県仙台第一高等学校
宮城県美術館「SYNC IN ART」 VOL.5 宮城県美術館10周年記念 連続公開活動の記録	宮城県美術館
村井正誠展カタログ	鎌倉画廊
MONDRIAN in New York	ギャルリー·ところ
やさしいまなざしのエッチング 山本容子展	読売新聞大阪本社
安原喜明展 土の詩人 いにしえの詩·モダンのかたち 目黒区美術館編	目黒区美術館·日本経済新聞社
山崎博展 櫻–EQUIVALENT	TEMPORARY SPACE
山田光造展	ベルリン国立博物館·東洋美術館
山本芳翠の世界展	朝日新聞社
遊歩者展	和光大学人文学部芸術学科
ヨーゼフ·ボイス	フジテレビギャラリー
横の会展 現代日本画の行方:第10回	セゾン美術館
吉田哲也	吉田哲也
吉仲太造と仲間たち	玉屋画廊
吉屋敬絵画展 ネーデルラント·夢 風の紡いだ画像 [国]	和光
ラモン デ ソト「法然院 静寂の道」	いづみ画廊
李禹煥展 [和]	鎌倉画廊
Lee Ufan	神奈川県立近代美術館
流動する美術Ⅲ ネオ·ダダの写真 黒田雷児編 [国]	福岡市美術館
レオノーラ·キャリントン作品展	日本画廊
ロベルト·マッタ展 みずからの大海 対談:ロベルト·マッタ×フェリックス·ガタリ [和]	フジテレビギャラリー
Giappone : la biennale di Venezia [和]	Japan Foundation
Imaï : hommages à Venise [和]	Mudima, Milano
Kimio Tsuchiya 土屋公雄	Scotish Arts Counsil Travelling Gallery
Yoko Makoshi	Galerie Romanet,Paris

【執筆·著作】

片谷美香 木版画展(案内状) 片谷美香は人も知る…	シロタ画廊
金城実作品集 作品集刊行によせて	東方出版
隔月刊 あおもり草子 首都圏での個展をみて 大いなる飛躍を!	企画集団「ぷりずむ」
短歌現代 6 随筆 坂口弘歌集を読んで	短歌新聞社
クォータリー かわさき No.38 生活者に勇気を与える人	川崎市
新日本文学 4月号 戦後文学と現在	新日本文学会
馬場美文展 存在の彫刻と構築の彫刻	ぎゃらりぃセンターポイント

梨の花通信 第8号 追悼佐々木基一ー中野重治との関連で	中野重治の会
公明新聞 11/4 にしひがし/公と私	公明党機関紙局
公明新聞 12/2 にしひがし/狂者の芸術に学ぶもの	公明党機関紙局
月刊美術 4月号 反骨の理想と現実 木村東介	サン・アート
これが現代中国の絵画だ-その最高峰から新鋭まで 東アジア版画からのメッセージをうけとるために	赤坂プリンスホテル クイーンホール
峰村リツ子画集 ポエジーとユーモア	時の美術社
YOKO MAKOSHI 馬越陽子の人間の河	Galerie Romanet,Paris
遊歩者展 和光大学の芸術学科は…	和光大学人文学部芸術学科

1994(平成6年)

【和書】

決定版 与謝野晶子研究-明治、大正そして昭和へ 赤塚行雄著	学藝書林
志賀直哉(上・下) 阿川弘之著	岩波書店
日本画を語る(なにわ塾叢書) 秋野不矩著	ブレーンセンター
絵そして人、時 麻生三郎著	中央公論美術出版
説教節-山椒太夫・小栗判官他 荒木繁ほか編注	東洋文庫
自意識の昭和文学 現象としての「私」(国文学書下ろしシリーズ) 安藤宏著	至文堂
現代詩が若かったころ シュルレアリスムの詩人たち 飯島耕一著	みすず書房
「日本」の原型-鬼界ヶ嶋から外ヶ濱まで いいだもも著	平凡社
池田満寿夫の陶芸 古代幻視 池田満寿夫著 [和]	同朋舎出版
石田甚太郎短編小説集 陽だまりの刺 石田甚太郎著 [和]	埼玉文学学校出版部
イルボネ チャンピョク 磯貝治良著	風琳堂
午後の自画像 五木寛之著	角川文庫
みみずくの散歩 五木寛之著	幻冬舎
蓮如-聖俗具有の人間像 五木寛之著	岩波新書
伊東昭義の世界 kelvin 生命の色温度 伊東昭義編著	鳳鳴堂書店
木の肉・土の刃 僕の胸造形ノート 伊藤公象著	学芸通信社
餓鬼大将の論理 エッセイ集10 井上ひさし著	中央公論社
「日本国憲法」を読み直す 井上ひさしほか著	講談社
文学強盗の最後の仕事 エッセイ集9 井上ひさし著	中央公論社
北村透谷 色川大吉著	東京大学出版会
声のないところは寂寞 詩人・何其芳の一生 宇田禮著 [和]	みすず書房
きらい・じゃないよ-百年まちのビートニクス 内田栄一著 [和]	洋泉社
ドゥルーズ横断 宇野邦一編	河出書房新社
大往生 永六輔著	岩波新書
謎とき「白痴」(新潮選書) 江川卓著	新潮社
久生十蘭 江口雄輔著	白水社
同時代ゲーム 大江健三郎著	新潮文庫
揺れ動く(ヴァシレーション)-燃えあがる緑の木 第二部 大江健三郎著	新潮社
われらの狂気を生き延びる道を教えよ 大江健三郎著	新潮文庫
大藪雅孝画集 山水鳥話	朝日新聞社

1994（平成6年）

岡義実画集 1969－1994 岡義実著 [和]	求龍堂
歌と星と山と ある元職業軍人の"転向"の軌跡（上・下） 尾形憲著 [和]	オリジン出版センター
ブリューゲル、飛んだ 荻野アンナ著	新潮文庫
ラブレー出帆 荻野アンナ著	岩波書店
カルチャー・クラッシュ 制度の壁に挑む文化のアクティビスト 小倉利丸著	社会評論社
アヴァンギャルドの戦争体験 小沢節子著	青木書店
美女365日 甲斐扶佐義写真集 甲斐扶佐義著 [和]	東方出版
狼火はいまだあがらず 井上光晴追悼文集 影書房編集部編	影書房
岩野泡鳴研究 鎌倉芳信著	有精堂出版
椎の若葉に光あれ 葛西善蔵の生涯 鎌田慧著	講談社
日本人の不安 鎌田慧著 [和]	晶文社
なだしお事件 全記録－潜水艦なだしお・第一富士丸衝突事故 上村淳著 [和]	第三書館
女像 JOZO 亀倉雄策ほか編 [和]	講談社
言葉と悲劇 柄谷行人著	講談社学術文庫
彼等の昭和 川崎賢子著	白水社
現代美術演習Ⅳ 川俣正ほか著 BゼミSchooling System編	現代企画室
神々の魅惑 旅のレリギオ 川村二郎著	小沢書店
島木健作論 北村巖著	近代文芸社
水平運動史研究－民族差別批判 キム・キョンミ著	現代企画室
失われた文明を求めて 木村重信著 [和]	KBI出版
民族美術の源流を求めて 木村重信著	NTT出版
変貌する大学（シリーズ1～5） 巨大情報システムを考える会編	社会評論社
支倉常長と胆沢町－常長の終焉地を探る 切田未良著	秋桜社
浮島丸 釜山港へ向かわず 金賛汀著 [和]	かもがわ出版
南アフリカを読む－文学・女性・社会 楠瀬佳子著	第三書館
美術館のある風景 窪島誠一郎著 [和]	彌生書房
イスラームとは何か－その宗教・社会・文化 小杉泰著	講談社現代新書
現代中東とイスラーム政治 小杉泰著 [和]	昭和堂
知の技法 東京大学教養学部「基礎演習」テキスト 小林康夫ほか編	東京大出版会
金津町合併四〇周年記念 ふる里の手帖 坂本豊著	金津町企画環境課
白と紫－佐多稲子自選短篇集 佐多稲子著	学藝書林
自然の恵み・祖母の為に祈る 佐野晶著 佐野竜馬編	[記載なし]
野坂参三と伊藤律 粛清と冤罪の構図 三著出版記念講演会実行委員会編	社会運動資料センター
ためいきの紐育 篠原乃り子著 [和]	三心堂出版社
市民＝民衆の新党－結成のための"道しるべ" 「市民＝民衆の側からの提案と構想」委員会編 [和]	第三書館
新宮晋 Shingu principal works 1991－1994 新宮アトリエ著 [和]	新宮アトリエ
日本のかたち・アジアのカタチ 万物照応劇場 杉浦康平著	三省堂
第四回ゆきのまち幻想文学賞・小品集④ 杉山陸子編	NTTメディアスコープ
チュツオーラとアフリカの大地の想像力（トーキングヘッズ叢書）	トーキングヘッズ編集室
村上春樹クロニクル1983－1995 鈴村和成著 [和]	洋泉社

1994（平成6年）

ず・ぼん 図書館とメディアの本	新泉社
諏訪直樹作品集 1976−1990 諏訪直樹著 北澤憲昭ほか・文 国	美術出版社
伏流水日本美 宗左近著	スカイドア
戦争体験の真実 滝口岩夫著	第三書館
日本の近代美術と幕末 匠秀夫著	沖積舎
Takenaka : a book of buildings 竹中ビルディングの本 竹中工務店編 国	竹中工務店
異議あり!! 日本の「常任理事国入り」 田中秀征ほか著	第三書館
小説 椎名麟三 田靡新著 和	武蔵野書房
安部公房レトリック事典 谷真介著	新潮社
奇蹟の器 千葉成夫著	五柳書院
言葉のアヴァンギャルド ダダと未来派の20世紀 塚原史著	講談社現代新書
虹の岬 辻井喬著	中央公論社
トーマス・マン（同時代ライブラリー） 辻邦生著	岩波書店
中野重治 甲乙丙丁の世界 津田道夫著	社会評論社
帰ってきた脱走兵 ベトナムの戦場から25年 鶴見俊輔ほか編	第三書館
人の〈かたち〉人の〈からだ〉東アジア美術の視座 東京国立文化研究所編	平凡社
美術史を解きはなつ 富山妙子ほか著	時事通信社
さあ馬にのって 長岡弘芳遺稿集 長岡弘芳著 遠丸立ほか編 和	武蔵野書房
鳥のように獣のように 中上健次著	講談社文芸文庫
悪党的思考 中沢新一著	平凡社ライブラリー
はじまりのレーニン 中沢新一著	岩波書店
リアルであること 中沢新一著	メタローグ
人生を闘う顔（同時代ライブラリー） 中野孝次著	岩波書店
父・中野正剛 その時代と思想 中野泰雄著 和	恒文社
一九三〇年代のメキシコ 中原佑介著 和	メタローグ
人びとのアジア 中村尚司著	岩波新書
田中英光私研究（全8輯） 西村賢太著	西村賢太
日本洋画商史 再版 日本洋画商協同組合編 国	日本洋画商協同組合
退学 野口泰彦著 和	近代文藝社
「超」整理法 野口悠紀雄著	中公新書
真説「陽明学」入門 林田明大著	三五館
全身小説家 もうひとつの井上光晴像 製作ノート・採録シナリオ 原一男著 和	キネマ旬報社
和光学園におけるリーダーシップの歴史 春田正治編	星林社
マルクスの夢の行方 日高普著	青土社
平松礼二 ニューヨークシーン 平松礼二著	求龍堂
中東共存への道−パレスチナとイスラエル 広河隆一著	岩波新書
精霊と土と炎−南太平洋の土器 福本繁樹著	東京美術
女優原泉子 中野重治と共に生きて 藤森節子著	新潮社
カルナヴァル戦記 船戸与一著	講談社文庫
もの食う人びと 辺見庸著	共同通信社
細川宗英 細川宗英著 林芳史編 和	信濃毎日新聞社

1994（平成6年）

堀愼吉作品集 草茅の楽土　堀愼吉著　中沢新一·文	ギャラリー華
優しい去勢のために　松浦理英子著	筑摩書房
カルタゴ興亡史　松谷健二著	白水社
怪物弁護士·遠藤誠のたたかい　松永憲生著 和	社会批評社
戦後文学と編集者　松本昌次著	一葉社
笹まくら　丸谷才一著	新潮文庫
フェティシズムと快楽　丸山圭三郎著	紀伊國屋書店
武甲山殺人事件　丸山友岐子著	一葉社
醍醐の櫻　水上勉著	新潮社
水谷勇夫作品集　水谷勇夫編著	水谷勇夫
テクノロジー·アート 20世紀芸術論　三井秀樹著	青土社
ストレスとのつき合い方 心と体の関係性　南博著	三一新書
日本人論 明治から今日まで　南博著	岩波書店
ミス·カエルのお正月　宮川芙美子著	編集工房ノア
「いのち」からの贈り物　宮迫千鶴著	大和出版
文化的再生産の社会学　宮島喬著	藤原書店
ねじまき鳥クロニクル 第1部·第2部　村上春樹著	新潮社
やがて哀しき外国語　村上春樹著	講談社
海のタリョン　村松武司著	皓星社
百合子さんは何色 武田百合子への旅　村松友視著 和	筑摩書房
風の伝説　やまぐち·けい著	青樹社
野間宏論−欠如のスティグマ　山下実著	彩流社
名古屋発·おもしろ老後生活術　山田彊一ほか著	黎明書房
村上春樹×九〇年代 再生の根拠　横尾和博著 和	第三書館
みずうみの家　吉屋敬著 和	毎日新聞社
日本近代文学と〈差別〉　渡辺直己著	太田出版
渡辺直己全集（全1巻）　杉浦明平ほか編	創樹社

【翻訳】

人間を幸福にしない日本というシステム カレル·ヴァン·ウォルフレン著　光田烈編　篠原勝訳	毎日新聞社
冷戦から内戦へ　H.M.エンツェンスベルガー著　野村修訳	晶文社
水墨画テキスト·実習篇 樹木法　関乃平著　川浦みさき訳	日貿出版社
洗脳の科学　リチャード·キャメリアン著　兼近修身訳	第三書館
ザーネンのクリシュナムルティ　J.クリシュナムルティ著　ギーブル恭子訳 和	平河出版社
パウル·クレー 記号をめぐる伝説（同時代ライブラリー）　R.クローンほか著　太田泰人訳	岩波書店
エクリ　ジャコメッティ著　矢内原伊作ほか訳	みすず書房
愛の断想·日々の断想　ジンメル著　清水幾太郎訳	岩波文庫
千のプラトー　ジル·ドゥルーズほか著　宇野邦一ほか訳	河出書房新社
三つのブルジョワ物語　ドノーソ著　木村榮一訳	集英社文庫
徳王自伝　ドムチョクドンロプ著　森久男訳	岩波書店
天皇の逝く国で　ノーマ·フィールド著　大島かおり訳	みすず書房

1994（平成6年）

ベンヤミンの仕事（全2巻） ヴァルター・ベンヤミン著 野村修編訳	岩波文庫
サハラの砂、オーレスの石 アルジェリア独立革命史 アリステア・ホーン著 北村美都穂訳	第三書館
伝奇集 J.L.ボルヘス著 鼓直訳	岩波文庫
同時代人ベンヤミン ハンス・マイヤー著 岡部仁訳	法政大学出版局
文学生産の哲学 サドからフーコーまで ピエール・マシュレ著 小倉孝誠訳	藤原書店
戦後ドイツを生きて－知識人は語る 三島憲一編訳	岩波書店
カウガール・ブルース トム・ロビンズ著 上岡伸雄訳	集英社

【詩集等】

飯島耕一定型詩集 さえずりきこう	角川書店
砕かれた花たちへのレクイエム 石川逸子著	花神社
聖女の記憶 歌集 片山昭子著	六法出版社
天の柩 芦田麻衣子著	花神社
長岡三夫詩集（定本） [和]	書肆山田
「火」以後 渓さゆり歌集	六法出版社
ファイズ詩集 片岡弘次編訳 [和]	花神社
複数の署名 00-Collaboration詩と美術 芦田みゆきほか編	思潮社

【カタログ・その他】

相笠昌義個展 日常生活 彩鳳堂画廊編 [和]	日本橋高島屋美術部
青木野枝	アキライケダギャラリー
浅岡慶子展「珠」と「ALAYA」と	文房堂ギャラリー
アジア競技大会広島アートフェスティバル アジアの心とかたち	アジアの心とかたち実行委員会
アジア現代作家シリーズⅦ ドルヴァ・ミストリー展	福岡市美術館
アジアの創造力	広島市現代美術館
麻生三郎展	神奈川県立近代美術館
荒川修作 ドローイング1961－74 建畠晢・文 [和]	原美術館
アルベルト・ジャコメッティと矢内原伊作 佐谷画廊編 [和]	佐谷画廊
アンドレ・マッソン&ロベルト・マッタ それぞれの宇宙	横浜美術館
磯辺行久	南天子画廊
伊丹潤展 開廊五周年記念企画展	GALLERY光彩
井上武吉展 my sky hole 94 森	彫刻の森美術館
祈りと野生－戦後日本画の鬼才・長崎莫人展	福野文化創造センター
伊原宇三郎展－生誕百年を記念して	目黒区美術館
今村源	galerie16
印象派展	群馬県立近代美術館
上野慶一展	ギャラリーなつか
内海信彦展	ギャラリーなつか
漆の現在性：特別展	神奈川県立県民ホール・ギャラリー
瑛九 [和]	鎌倉画廊
海老塚耕一展	日本橋高島屋
エンバ美術コンクール'94入賞・入選作品展：第16回 [国]	植野アジア文化振興財団
エンバ美術コンクール：第17回	エンバ中国近代美術館

1994（平成6年）

大浦信行 空無の襞 [国]	代官山フォーラム
大阪トリエンナーレ1994－版画　大阪府文化振興財団編 [和]	大阪府
大森澪銅版画新作展	東邦画廊
小山田二郎展	栃木県立美術館
恩地孝四郎 色と形の詩人　横浜美術館ほか編	横浜美術館・読売新聞社
河口龍夫 種子の周囲に	ヒルサイド・ギャラリー
画廊の視点'94：第2回	現代美術画廊の会
木田金次郎 木田金次郎美術館編 [和]	木田金次郎美術館
北代省三「エントロピー－造型における無秩序の実験」：第14回オマージュ瀧口修造展 [和]	佐谷画廊
金恵敬展カタログ	金恵敬展実行委員会
木村嘉子	OXYギャラリー
ギュンター・ウッカー展	鎌倉画廊
清水九兵展 京空間　乾由明・文 [和]	フジテレビギャラリー
金月炤子 SHOKO KINGETSU BOX	スタジオアートライフ
ギンザ・グラフィック・ギャラリー 1994	ギンザ・グラフィック・ギャラリー
空間概念と美意識を培う美術教育 環境デザインに建築を取り入れた指導を通して 東京都中野区立第九中学校 教諭 シュティーベリング育子著	シュティーベリング育子
工藤哲巳回顧展 異議と創造	国立国際美術館
クプカ展	愛知県美術館ほか
クリティカル・クエスト ジャパン〈批評の役割ゲーム〉	クリティカル・クエスト実行委員会
クルド15人画家展	ストライプハウス美術館
『芸縁冥利』版画家笹島喜平を偲ぶ	『芸縁冥利』版画家笹島喜平を偲ぶ刊行会
現代と展望38（終刊号）　社会主義への代替戦略研究グループ編	稲妻社
現代日本画・50年 山種美術館所蔵作品による　群馬県立近代美術館編 [国]	群馬県立近代美術館
現代日本木刻フェスティバル：第4回	関市文化会館
現代美術シンポジウム1994 アジア思潮のポテンシャル	国際交流基金アセアン文化センター
神戸須磨離宮公園現代彫刻展：第14回 [国]	神戸市立須磨離宮公園
国際美術館会議日本総会報告書　三木あき子ほか編 [和]	国際美術館会議日本総会開催実行委員会
国境の狭間の国 大久保英治	児玉画廊
小林英樹 色彩行為 1983-1993	ギャラリーたぴお
駒井哲郎・清宮質文二人展	練馬区立美術館
混沌 蔡國強　田原潮二ほか訳　長谷川祐子ほか編 [和]	ノマルエディション
蔡國強	東京画廊
蔡國強－環太平洋より	いわき市立美術館
斎藤義重 [和]	東京画廊
三枝茂雄展	山梨県立美術館
札幌アヴァンギャルドの潮流展　岡部昌生編 [和]	札幌アヴァンギャルドの潮流展実行委員会
沢居曜子展	ガレリア フィナルテ
33回忌記念 石井茂雄作品集 完全犯罪と芸術　アートギャラリー環編 [国]	アートギャラリー環
視覚の魔術展	神奈川県立近代美術館
時間・空間・思索：彫刻家 ダニ・カラヴァン [和]	「時間・空間・思索：彫刻家 ダニ・カラヴァン」実行委員会

1994（平成6年）

詩魂の画家 山口薫展	練馬区立美術館
静岡の美術Ⅶ 川村清雄展 静岡県立美術館編	静岡県立美術館
春陽会70年史 春陽会70年史刊行委員会編	春陽会
昭和洋画の先達たち 1930年協会回顧 開館10周年記念展 [和]	青梅市立美術館
所蔵品図録 セゾン現代美術館 セゾン現代美術館編 [和]	セゾン現代美術館
秦の始皇帝とその時代展	日本放送協会
須田国太郎 第1回個展再現展	資生堂企業文化部
洲之内コレクション 気まぐれ美術館	宮城県美術館
戦後絵画20年の軌跡－拾遺篇	星野画廊
戦後日本の前衛美術	横浜美術館
第一回場所・群馬	北関東造形美術館
第三世界とわれわれ：第9回展 アジアの平和と共生のために	第9回「第三世界とわれわれ展」実行委員会
大英博物館所蔵 インドの仏像とヒンドゥーの神々	東武美術館・朝日新聞社
滝波重人展（企画94.01）	ギャラリーなつか
立石大河亞 1963－1993展 筑豊・ミラノ・東京、そして…	田川市美術館
タデウシュ・カントル 我が芸術＝旅＝我が人生	セゾン美術館
田名網敬一［ドローイングと版画の仕事］ 西嶋憲生・文	彩の美術館
田名網敬一［版画の仕事1967－1994］	川崎市市民ミュージアム
團伊久磨 オペラ「素戔嗚」	神奈川芸術文化財団
チバ・アート・ナウ'94－PAPER'S SPLENDOR：佐倉市制40周年記念展	佐倉市立美術館
丁昌燮 [和]	東京画廊
彫刻評論集 彫刻の森美術館開館25周年記念 彫刻の森美術館編 [和]	彫刻の森美術館
土屋公雄－来歴：斎藤記念川口現代美術館開館記念展	斎藤記念川口現代美術館
デイヴィッド・スミス	セゾン美術館
「手」の冒険 構想図［イメージ・スケッチ］の世界 宮城県美術館編 [和]	宮崎県美術館
東京藝術大学大学院博士後期課程研究発表展	東京藝術大学陳列館
陶芸・三輪龍作の世界－愛（エロス）と死の造形 下関市立美術館編 [和]	下関市立美術館
Tone Fink展 [和]	石川画廊
戸谷成雄 山－森－村 町立久万美術館編 [和]	町立久方美術館
豊福知徳展 具象と抽象の間（はざま）で 三鷹市美術ギャラリー編 [和]	三鷹市美術ギャラリー
中西勝の世界展 1942－1994 三浦久美子編 [国]	池田20世紀美術館
NAGI MUSEUM OF CONTEMPORARY ART	奈義町現代美術館
ナム＝ジュン・パイク展	福岡市美術館
難波田龍起展	世田谷美術館
新見隆 未来の娘たち展	児玉画廊
NICAF YOKOHAMA'94 中島利文編	NICAF実行委員会
日本画の装飾美 金銀の煌めき展	練馬区立美術館
日本画の抽象－その日本的特質	O美術館
日本画の名作に見る 女性たちの情景	星野画廊
日本の自画像展「私」を視る私	三鷹市美術ギャラリー
日本文化デザイン会議'93山形 山とカタチ [国]	日本文化デザインフォーラム事務局

1994（平成6年）

ねりまの美術'94 平面とイメージの魅惑	練馬区立美術館
朴栖甫	東京画廊
朴栖甫 [和]	栖甫美術文化財團
パブリック・アート・プロポーザルズ3−空間とアート	国際コンテンポラリーアートフェア実行委員会
ハンガリー構成主義1918−1936	ワタリウム美術館
ピーター・フォーゲル展 [国]	アートスペース虹
HISTORY OF JAALA年史1977−1993	日本アジアアフリカラテンアメリカ美術家会議
ファン・アッベ美術館所蔵 変貌する20世紀絵画	小田急美術館ほか
フィールドワークイン藤野 立ち上がる蒼い迷路	フィールドワークイン藤野
藤江民展 蘇生するもの	村松画廊
舞台美術 PART5	近鉄劇場
渕上照生展	ギャラリイK
フランチェスコ・クレメンテ 浮遊する身体・夢想する自我 セゾン美術館編 [和]	セゾン美術館
ブルーノ・タウト1880−1938	セゾン美術館
没後100年 高橋由一展 近代洋画の黎明	神奈川県立近代美術館
Forma 1 [国]	児玉画廊
馬越陽子 魂を揺さぶる人間の賛歌：第17回安田火災東郷青児美術館大賞 安田火災東郷青児美術館編 [和]	安田火災美術財団
machi no kao TOYAMA	富山県
松澤宥 死を念え ミメントゥ・モーライ	山口県立美術館
松永久展	松永久
宮崎進展	下関市立美術館
武蔵野のいぶき	武蔵野市
村井正誠展 [和]	鎌倉画廊
村上隆展 明日はどっちだ Fall in Love 白石コンテンポラリーアート編 [国]	白石コンテンポラリーアート
山田正亮初期作品展	佐谷画廊
山本丘人展	東京国立近代美術館
山本貞油絵展−遠のいていく風景	日本橋三越
Yuji Yamamoto Exhibition [国]	山本祐嗣
ヨーゼフ・ボイス展 マルチプル・博愛のヴィークル フジテレビギャラリー編 [国]	フジテレビギャラリー
ヨーロッパ工芸新世紀展	東京都庭園美術館
吉田芳夫展	小田急美術館
吉仲太造展 それでもやはり生き往く人へ 小島静二・文 [和]	玉屋画廊
吉原英雄 ペインティング展 ギャラリー白編 [和]	読売新聞大阪本社
ラインハルト・サビエ展《地獄》	東邦画廊
リキシャ・ペインティング−バングラデシュのトラフィック・アート 第4回アジア美術展 特別部門	福岡市美術館
LES 3 DUCHAMPS 東野芳明ほか・文	ギャルリー・ところ
ロダン館	静岡県立美術館
ロダン大理石彫刻展 パリ・ロダン美術館所蔵 静岡県立美術館編 [国]	静岡県立美術館
Masayuki Nagare 流政之	Ny Weatherhill Tokyo

Mio Shirai : ill seen ill said	East-West Cultural Studies, NY

【執筆・著作】

月刊美術 12月号 偉大なる矛盾のかたまり 横山大観	サン・アート
山本弘遺作展(案内状) 一年半ほど前…	東邦画廊
朝日新聞 1/28(夕刊) 小山田二郎展 苦悩の生涯彩る芳醇な画質	朝日新聞社
小山田二郎展 小山田二郎の生涯と芸術	栃木県立美術館
綱手 11 歌集「"火"以後」にふれて	綱手短歌会
アート・マインド 7 上條蓉芳の木のオブジェたち	ジャパンアート
POSI 第2号 これでいいのか美術館(座談会)	調布画廊 POSI編集室
HISTORY OF JAALA年史1977−1993 JAALAのこれまでとこれから	日本アジアアフリカラテンアメリカ美術家会議
アジア競技大会広島アートフェスティバル アジアの心とかたち 材質からみたアジアの造形	アジアの心とかたち実行委員会
難波田龍起展 詩的抽象の求心力と遠心力	世田谷美術館
読売新聞 7/28(夕刊) 文化:生の意味 必死の造形/無頼の画家山本弘の現代性	読売新聞社
伊東昭義の世界 kelvin 生命の色温度 伊東昭義編 生命のふるさとの原光景	鳳鳴堂書店
第17回エンバ美術コンクール 第17回エンバ美術コンクール審査評	エンバ中国近代美術館
エスキス 94 彫刻家吉田芳夫の全体像のために	和光大学人文学部
ラインハルト・サビエ展《地獄》 特異な北欧画家との出会い	東邦画廊
豊福知徳展 具象と抽象の間(はざま)で 豊福知徳の彫刻を40年みつめて	三鷹市美術ギャラリー
日本画の抽象−その日本的特質 日本画の抽象おぼえ書き	O美術館
POSI 第3号 日本に美術市場はあるのか	調布画廊 POSI編集室
POSI 第4号 美術教育の現状を見直すために	調布画廊 POSI編集室

1995(平成7年)

【和書】

続 花なき薔薇 相沢直人著 [和]	夢譚書房
カルトのかしこい脱け方・はまり方 青山あゆみ著 [和]	第三書館
連続〈小法廷〉の記録11 音楽・美術の戦争責任 アジアに対する日本の戦争責任を問う民衆法廷準備会編	樹花舎
「世間」とは何か 阿部謹也著	講談社現代新書
〈真善美社版〉終りし道の標べに 安部公房著	講談社文芸文庫
シャルル・ボードレール−現代性の成立 阿部良雄著	河出書房新社
建築−宿命反転の場 荒川修作+マドリン・ギンズ著 工藤順一ほか訳	水声社
1995年の日本 20世紀とはどういう時代であったか いいだもも著 [和]	論創社
空漠の礼服 伊賀正博著	リーブル
池田満寿夫の造形 般若心経 池田満寿夫著 [国]	同朋舎出版
音楽によせて 池田満寿夫著	M&Y事務所
至福千年 石川淳著	岩波文庫
幻の美術館 甦る松方コレクション 石田修大著	丸善
マンゴーの花咲く戦場 石田甚太郎著	新読書社
日本の近代美術・入門1800−1990 井関正昭著	明星大学出版部

1995（平成７年）

デビューのころ　五木寛之著	集英社
流されゆく日々（抄） 1975−1987　五木寛之著	講談社
流されゆく日々（抄） 1988−1995　五木寛之著	講談社
蓮如物語　五木寛之著	角川書店
豊饒なるフォルム 井上三綱の世界 井上三綱著　豊饒なるフォルム井上三綱の世界編集委員会編	豊饒なるフォルム井上三綱の世界編集委員会
日本のフェミニズム（全8巻）　井上輝子ほか編	岩波書店
黙阿彌オペラ　井上ひさし著	新潮社
雪、ふりつもる　猪浦節子著	武蔵野書房
ペルソナ 三島由紀夫伝　猪瀬直樹著 [和]	文藝春秋
兵馬俑と始皇帝（新潮選書）　今泉恂之介著	新潮社
野生のテクノロジー　今福龍太著	岩波書店
ベンヤミンの〈問い〉（講談社選書）　今村仁司著	講談社
現代美術終焉の予兆 1970·80年代の名古屋美術界　岩田信市著 [和]	スーパー企画
孤立の道　上前智祐著 [国]	上前智祐
あいまいな日本の私　大江健三郎著	岩波新書
大いなる日に−燃えあがる緑の木 第三部　大江健三郎著	新潮社
迷宮　大西巨人著	光文社
夏目漱石 近代という迷宮（メーズ）　大橋健三郎著 [和]	小沢書店
ザンベジのほとり　大洞酵著 [和]	埼玉文学学校出版部
自画像 大山千賀子写真集　大山千賀子著	風雅書房
中野重治自由散策　岡田孝一著	武蔵野書房
「殺すな」と「共生」 大震災とともに考える　小田実著	岩波ジュニア新書
「べ平運」·回顧録でない回顧　小田実著 [和]	第三書館
二代 開発文七作品集 Wan　開発文七著	開発文七
形見のハマチ　笠井一成著	近代文藝社
検証 平山郁夫の仕事　金田弘治著 [和]	秀作社出版
戦後文学を問う−その体験と理念　川村湊著	岩波新書
差別と表現 画一から差異へ　川元祥一著	三一書房
部落問題とは何か　川元祥一著	三一新書
ふたつの戦後と日本 アジアから問う戦後五〇年　姜尚中著 [和]	三一書房
ニューヨーク便り ひとり旅入門　木坂涼著	沖積舎
変貌する大学 国際化と「大学立国」 巨大情報システムを考える会編	社会評論社
傷痍軍人金成寿の「戦争」　金成寿著　藤田博雄編	社会批評社
中野重治論 思想と文学の行方　木村幸雄著	おうふう
KIYOMIZU 清水九兵衛野外彫刻作品1973−1994　清水九兵衛著 [和]	フジテレビギャラリー
お前がセカイを殺したいなら　切通理作著	フィルムアート社
信濃デッサン館日記3　窪島誠一郎著	平凡社
カキバカ 黒田征太郎作品集　黒田征太郎·長友啓典著 [和]	求龍堂
内田栄一全活動ビブリオグラフィ 1930−1995　児島美奈子編 [和]	薔薇の詩刊行会=アンカーズ出版局
五味秀夫作品集　五味秀夫著 [和]	生活の友社

1995（平成7年）

護憲に生きる−くらしの中に憲法を活かす　斉藤一雄著	論創社
斎藤博之ペン画集 死の影の兵士たち　斎藤博之著	笛田舎
芸術文化のエコロジー　斎藤稔著	勁草書房
黄落　佐江衆一著	新潮社
新版・カフカの『審判』　坂内正著	創樹社
停れる時の合間に　佐々木基一著 [和]	河出書房新社
英国ユダヤ人　佐藤唯行著	講談社
青の構図　佐野ぬい著 [和]	美術出版社
日本のシュールレアリスム　澤正宏ほか編	世界思想社
アトミズムと共同性　渋谷要ほか著　文人正編	実践社
芸術の非精神的なことについて−展覧会プロデューサーから見た美術世界　新藤信著	勁草書房
小川原脩−遥かなるイマージュ（ミュージアム新書15） 新明英仁著　北海道立近代美術館編	北海道新聞社
ゆきのまち幻想文学賞／小品集⑤　杉山陸子編	NTTメディアスコープ
アントナン・アルトーの帰還　鈴木創士著	河出書房新社
名画修復 保存・復元が明かす絵画の本質（ブルーバックス）　瀬木慎一著	講談社
日本の現代演劇　扇田昭彦著	岩波新書
モーツァルトの肖像をめぐる15章　高階秀爾著	小学館
記憶のエチカ　高橋哲哉著	岩波書店
霧の湯布院から 空想の森のアート・エッセイ　高見乾司著	海鳥社
戦後デモクラシーの源流　武田清子著	岩波書店
立花隆対話篇 生、死、神秘体験　立花隆著	書籍情報社
あだし野　立原正秋著	新潮文庫
北がなければ日本は三角　谷川雁著	河出書房新社
幻夢の背泳　谷川雁著 [和]	河出書房新社
戦後風景と美術 傷ついた地平線　谷川晃一著	風媒社
被爆舞踏曲　田端展著	溪水社
丹阿彌岩吉作品集　丹阿彌岩吉著　丹阿弥谷津子ほか編 [和]	美術出版社
部落 曺智鉉写真集　曺智鉉写真　鈴木常勝ほか著 [和]	筑摩書房
南京大虐殺と日本人の精神構造　津田道夫著	社会評論社
東南アジアを知る−私の方法　鶴見良行著	岩波新書
くるくるアート　東京都図画工作研究会編	PARCO出版局
忘れられた伝説　徳留徳著 [和]	創樹社
フランクフルト学派再考　徳永恂編	弘文堂
モンゴロイドの地球（全5巻）　百々幸雄ほか編	東京大学出版会
ヴァイツゼッカー大統領演説集　永井清彦著	岩波書店
サラリーマン死生の書　永井守昌著	ゾディアック
重力の都　中上健次著	新潮文庫
ことばの政治学（同時代ライブラリー）　永川玲二著	岩波書店
哲学の東北　中沢新一著	青土社
中野重治の画帖 付・娘への手紙と遺言状　中野重治著　中野重治の会編 [和]	新潮社

中村宏画集1953−1994 タブロオ機械　中村宏著 [和]	美術出版社
ヌード写真の展開（横浜美術館叢書①）　二階堂充ほか著	有隣堂
地球時代の民族=文化理論 脱「国民文化」のために　西川長夫著	新曜社
生心リポートセレクション（全18巻）　日本生活心理学会編	河出文庫
団談文庫8 外在化する脳　日本文化デザインフォーラムほか編	栄光教育文化研究所
団談文庫9 秩序のダイナミズム　日本文化デザインフォーラムほか編	栄光教育文化研究所
団談文庫10 時感都市計画　日本文化デザインフォーラムほか編	栄光教育文化研究所
団談文庫11 アジア的·日本的　日本文化デザインフォーラムほか編	栄光教育文化研究所
団談文庫12 映像最前線　日本文化デザインフォーラムほか編	栄光教育文化研究所
団談文庫13 都市のジャイロスコープ　日本文化デザインフォーラムほか編	栄光教育文化研究所
団談文庫14「やりすぎ」の存在　日本文化デザインフォーラムほか編	栄光教育文化研究所
生命の値だん　野川記枝著	オリジン出版センター
性こそ吾れなり 老いてなお艶失わず　波多野完治著	光文社
私の平和論−戦前から戦後へ　日高六郎著	岩波新書
素敵な訪問者 五年目の百点美術館　百点美術館編 [和]	百点美術館
大江健三郎−わたしの同時代ゲーム　平野栄久著	オリジン出版センター
福井正治作品集　福井正治著	福井路可
戦後建築の終焉 世紀末建築論ノート　布野修司著 [和]	れんが書房新社
アラビアン·ナイトの世界　前嶋信次著	平凡社ライブラリー
オペラを知っていますか−愛好家のためのオペラ史入門　増井敬二著	音楽之友社
青春の遺書　松居りゅうじ著 [和]	新読書社
さまざまな戦後 第一集　松下竜一著	日本経済評論社
小説 帝銀事件　松本清張著	角川文庫
日本の黒い霧（上·下）　松本清張著	文春文庫
パンリアル美術運動の旗手 三上誠評論日記　三上誠著　嶋田正編 [和]	三上誠資料館
天皇ごっこ　見沢知廉著 [和]	第三書館
サイバネティックスと経済動学　水上健造著	和光大学社会経済研究所
私小説　水村美苗著	新潮社
アダンの画帖 田中一村伝　南日本新聞社編	小学館
ベンヤミンの使命　三原弟平著	河出書房新社
美術史序説／抄録　宮川寅雄著　宮川ちとせ編	宮川ちとせ
木下順二論　宮岸泰治著	岩波書店
童話集 風の又三郎 他十八篇　宮沢賢治著	岩波文庫
童話集 銀河鉄道の夜 他十四篇　宮沢賢治著	岩波文庫
花いちもんめ 還らざる一機　宮本研著	晩成書房
風のエッセイ　森瑶子著 [和]	創樹社
「挫折」の昭和史　山口昌男著	岩波書店
映画伝来　吉田喜重ほか編	岩波書店
日本人は思想したか　吉本隆明ほか著	新潮社
宮沢賢治の手紙　米田利昭著	大修館書店
新版 日本文化と朝鮮　李進熙著	日本放送出版協会

労働者文学作品集 結成十五周年記念号 労働者文学会議編 [和]	労働者文学会議
現代画家へのメッセージ50人 ワシオ・トシヒコ著	MADO美術文庫・生活の友社
農村の救世主 安藤昌益 渡辺大濤著	農山漁村文化協会
ざくろの空 頓珍漢人形伝 渡辺千尋著 [和]	河出書房新社
夢 渡辺秀明 渡辺秀明著 上條陽子編 [和]	渡辺秀明画集刊行会
ロトチェンコの実験室 和多利恵津子編	新潮社

【翻訳】

ユングをめぐる女性たち マギー・アンソニー著 宮島磨訳	青土社
マルティン・ハイデガー フーゴ・オット著 北川東子ほか訳	未來社
カフカ短篇集 カフカ著 池内紀訳	岩波文庫
變身 カフカ著 髙橋義孝訳	新潮文庫
モダンの五つの顔－モダン・アヴァンギャルド・デカダンス・キッチュ・ポストモダン マテイ・カリネスク著 富山英俊ほか訳	せりか書房
幸福な無名時代 G.ガルシア=マルケス著 旦敬介訳	ちくま文庫
自己の変容 クリシュナムルティ著 松本恵一訳	めるくまーる
ウンベルト・エーコ ジュール・グリッティ著 谷口勇訳	ユーシープランニング
芸術論の歴史 U.クルターマン著 神林恒道ほか訳	勁草書房
世界・テキスト・批評家 エドワード・W・サイード著 山形和美訳	法政大学出版局
ガンジュ侯爵夫人 マルキ・ド・サド著 橋本到訳	水声社
恋の罪 マルキ・ド・サド著 澁澤龍彦訳	河出文庫
民俗文化と民衆 韓国伝統文化の自生的伝承 沈雨晟著 梁民基編 李京叡ほか訳 [和]	行路社
クレオールとは何か パトリック・シャモワゾーほか著 西谷修訳	平凡社
魂の隠れた深み－精神分析を超えて ルドルフ・シュタイナー著 冥王まさ子ほか訳	河出書房新社
怒れる女たち アンドレア・ジュノーほか編 越智道雄訳 [和]	第三書館
文学にみる二つの戦後 日本とドイツ アーネスティン・シュラントほか編 大社淑子ほか訳	朝日新聞社
ヨーロッパの中世 芸術と社会 デュビィ著 池田健二ほか訳	藤原書店
フエンテス短篇集 アウラ・純な魂 他四篇 フエンテス著 木村榮一訳	岩波文庫
ある日本軍「慰安婦」の回想 マリア・ロサ・L・ヘンソン著 藤目ゆき訳	岩波書店
鏡の中の言葉 ハンス・ベンマン著 平井吉夫訳	河出書房新社
歴史入門 フェルナン・ブローデル著 金塚貞文訳	太田出版
女性・ネイティブ・他者 トリン・T・ミンハ著 竹村和子訳	岩波書店
記号の殺戮 フランソワーズ・ルヴァイアン著 谷川多佳子ほか訳	みすず書房
同志キスリャコフ パンテレイモン・ロマーノフ著 渋谷義久訳	草思社

【詩集等】

あかっ恥のうた－「ボクの学校」その私史と詩篇 山本良夫著	創樹社
逝ける日のうた 高岡忠洋著	花神社
岡井隆歌集	砂子屋書房
トーキョー駅はどっちですか? 中田敬二著	思潮社
長岡弘芳詩集－方向感覚叢書I 遠丸立編	方向感覚出版
中庭詩集 日本定型詩協会著	思潮社
日本語で歌うインターナショナル 稲木豊実詩集	武蔵野書房

1995（平成7年）

人は成熟するにつれて若くなる　ヘルマン・ヘッセ著　岡田朝雄訳	草思社
日について　栗原澪子著 [和]	詩学社
未完成な週末　平岡けいこ著	近代文藝社
夢死 松平修文歌集	雁書館

【カタログ・その他】

アートキャンプ白州'95 天地即響ー生命即興 [和]	アートキャンプ白州'95実行委員会
アートポストカードブック 伊藤清永　金子寿美子編	ビジョン企画出版社
アートポストカードブック 上村淳之　金子寿美子編	ビジョン企画出版社
アートポストカードブック 上村松篁　金子寿美子編	ビジョン企画出版社
アートポストカードブック 織田廣喜　金子寿美子編	ビジョン企画出版社
アートポストカードブック 後藤純男　金子寿美子編	ビジョン企画出版社
アートポストカードブック 島田章三　金子寿美子編	ビジョン企画出版社
アートポストカードブック 千住博　金子寿美子編	ビジョン企画出版社
アートポストカードブック 髙山辰雄　金子寿美子編	ビジョン企画出版社
アートポストカードブック 西村龍介　金子寿美子編	ビジョン企画出版社
アートポストカードブック 野村義照　金子寿美子編	ビジョン企画出版社
アートポストカードブック 東山魁夷　金子寿美子編	ビジョン企画出版社
アートポストカードブック 平松礼二　金子寿美子編	ビジョン企画出版社
アートポストカードブック 松本哲男　金子寿美子編	ビジョン企画出版社
アートポストカードブック 三岸節子　金子寿美子編	ビジョン企画出版社
青木野枝 近作展ー19	国立国際美術館
アメリカに生きた日系人画家たち 希望と苦悩の半世紀 1896ー1945	日本テレビ放送網
赤瀬川原平の冒険 脳内リゾート開発大作戦	名古屋市美術館
アジアのモダニズム	国際交流基金アジアセンター
アメリカン・シーンの日本人画家たち展	練馬区立美術館
池田満寿夫 第4回「国際コンテンポラリーアートフェスティバル」	不忍画廊
池田満寿夫版画展 黒田コレクションから	そごう美術館
一瞬の刻印 ロバート・マザウェル展 [和]	現代グラフィックアートセンター
IMA「絵画の今日」展	新宿・三越美術館
岩本拓郎展	駒ヶ根高原美術館
インサイド・ストーリー 同時代のアフリカ美術	美術館連絡協議会
ウィンザー城王立図書館所蔵 レオナルド・ダ・ヴィンチー人体解剖図展	中部日本放送
歌川派 江戸ー現代デザイン展　歌川派門人会編 [国]	創栄出版
描かれた魔力 1930年代バリ島バトゥアンの絵画展	福岡市美術館
エコール・ド・ニース1950ー1995	目黒区美術館
絵のなかの女たち	群馬県立近代美術館
大岩オスカール幸男展	アートプレイス青山
大木泉	Gallery Schubert,Milano
大畠裕展	椿近代画廊
小野忠弘 1985ー1993　戸田正寿ほか編 [国]	アートハウスギャラリー
岡本敦生展	ギャラリー山口

1995（平成7年）

荻太郎と亀本信子・山口都展	日本女子大学成瀬記念館
沖縄近現代美術家展 沖縄戦後美術の流れ シリーズ1・モダニズムの系譜	沖縄県
家族の肖像 日本のファミリーポートレート	宮城県美術館
神奈川国際版画アンデンパンダン展：第18回 [国]	神奈川国際版画アンデンパンダン展委員会事務局
金沢健一	ギャラリーなつか
菊畑茂久馬のデッサン	アートギャラリー環
北関東の文人画－茨城、栃木、群馬三県交流展	栃木県立美術館ほか
木村秀樹1995	CP Project
ギャルリー・ドゥ	ギャルリー・ドゥ
95 CONTEMPORARY ART FESTIVAL	埼玉県立近代美術館
クリストとジャンヌ=クロード：梱包されたライヒスタークと進行中のプロジェクト [和]	アート・フロント・ギャラリー
クロッシング・スピリッツ カナダ現代美術展1980－94	世田谷美術館・京都国立近代美術館ほか
群馬アート・ナウ 群馬の作家たち1	群馬県立近代美術館
芸術化都市 彼らがみた前橋	日本文化デザイン会議
芸術の危機－ヒトラーと《退廃美術》 神奈川県立近代美術館編	神奈川県立近代美術館ほか
ケネス・スネルソン展	現代彫刻センター
現代中国油画展	日中友好会館美術館
現代ドイツ美術－ボイス以降の若き作家たち	国立国際美術館
現代美術シンポジウム1994「アジア思潮のポテンシャル」報告書	国際交流基金アセアン文化センター
現代美術ビエンナーレ・フレームレス95 in 三重	三重県総合文化センター
現代美術の手法（1） コラージュ	練馬区立美術館
幸福幻想－アジアの現代美術作家たち	国際交流基金アセアン文化センター
こころの領域－1990年代の韓国美術	水戸芸術館現代美術ギャラリー
後藤寿之1989－1995	後藤寿之
昆野恆展 宮城県美術館・板橋区立美術館編	昆野恆展実行委員会
ザ・版画 刻まれた現代史 世界の版画・戦後50年：第2回神奈川芸術フェスティバル	神奈川芸術文化財団
朔太郎と私 前橋文学館編	水と緑と詩のまち 前橋文学館
ジョー・グッド展	南天子画廊
SHIRAKAWA 白川昌生作品集 安達眞枝編 [和]	現代企画室
知られざるヘルマン・ヘッセの世界 水彩画展 酒井忠康ほか編 [和]	毎日新聞社
震災と美術をめぐる20の話 1月17日を通過して	ギャラリー ラ・フェニーチェ
鈴木幸永	ギャラリー 141
スチュアート・デイヴィス展－ジャズを愛し、ニューヨークを生きた	郡山市立美術館
世界地図 山口啓介 西武アートフォーラム編 [和]	西武百貨店
1995年度 愛知県立芸術大学美術学部卒業・修了作品集	愛知県立芸術大学美術学部
戦後50年 1945－1995 沖縄の美術 那覇市文化局文化振興室編 [和]	那覇市
戦後文化の軌跡 1945－1995 目黒区美術館ほか編	朝日新聞社
増殖するイメージ 小牧源太郎遺作展	京都国立近代美術館
第5回東京都平和の日記念写真展・絵画展・学童疎開展	東京都生活文化局コミュニティ文化部
第26回卒業修了制作展出品目録	愛知県立芸術大学美術学部大学院
第46回 ヴェニス・ビエンナーレ トランスカルチャー展	国際交流基金

1995（平成7年）

大写楽展	東武美術館
大正期の日本画 金鈴社の五人展	練馬区立美術館
TAMA VIVANT'95 感嘆詞が消えた時から	多摩美術大学美術学部芸術学科
着陸と着水 舞踏空間から絵画場へ 中西夏之展	神奈川県立近代美術館
中国の石仏－荘厳なる祈り	大阪市立美術館
土岡秀太郎生誕100年記念 沃土－八田豊と福井の現代アート 吉田富久一編	現代芸術研究会
椿会展'95	資生堂企業文化部
銅版画家 深澤幸雄 魂の彷徨1955－1995	佐倉市立美術館
特別展「斉藤紅一・山田文子展」山田文子図録	青梅市立美術館
利根山光人展	世田谷美術館
富山妙子 時代を刻む	「アジアへの視座と表現」実行委員会・現代企画室
戸谷成雄展 視線の森	広島市現代美術館
戸谷成雄展 視線の森（別冊）	広島市現代美術館
長澤知明 臨界空域	新桜画廊
中島千波の世界 ひと・はな・いのちのフォルム [国]	朝日新聞社
中野淳教授作品展	武蔵野美術大学美術資料図書館
中村功	ギャラリーαM
中村彝展	小田急美術館
難波田龍起展 NAMBATA	川越画廊
NICAF YOKOHAMA'95	NICAF実行委員会
21世紀への序章－日韓現代美術家たちの世紀末アートメッセージ	被爆地長崎50周年展実行委員会
日本の映像展	福井県立美術館
日本の美 平成6年度国立博物館・美術館地方巡回展	群馬県立近代美術館
日本表現派の主張2 長崎莫人展 [和]	朝日町立ふるさと美術館
日本ブラジル修好100周年記念 ブラジル現代日系作家展	ブラジル現代日系作家展事務局
日本文化デザイン会議'94福岡 アジアがふく・おか 時感空感人感 [国]	日本文化デザインフォーラム
New Asian Art Show－1995	国際交流フォーラム
野積記	尾久拓二氏の山の家
敗戦50周年記念 尾藤豊作品集 失われた土地1947－1991 川妻さち子編 [国]	アートギャラリー環
バウハウス1919－1933	セゾン美術館
パウル・クレー展	大丸ミュージアム
橋本裕臣展 ギャラリーせいほう編 [国]	ギャラリーせいほう
八田豊	八田豊
林武史	東京画廊
林武史展	ギャラリーなつか
薔薇刑 大島哲以の世界 [国]	羽黒洞木村東介
ピーター・ヴォーコス展	セゾン美術館
表現としてのいけばな	名古屋市民ギャラリー
フィールドワークイン藤野	フィールドワークイン藤野実行委員会
深井隆展	西村画廊
深沢幸雄展 銅版画と共に40年	多摩美術大学附属美術館

1995（平成7年）

福田美蘭 和	東京画廊
伏木澄夫展 気・エスキース 福野を描く12人展シリーズ 和	福野文化創造センター
ブブノワ 1886−1983	町田市立国際版画美術館
ブリューゲルの世界	東武美術館
ヴェネチア・ビエンナーレ−日本参加の40年	国際交流基金
ホリゾント・黙示 辻井喬・宇佐美圭司二人展 和	南天子画廊
前川直展	長銀アトリウムギャラリー
松井紫朗展	東京画廊
松澤宥：第15回オマージュ瀧口修造展	佐谷画廊
丸木位里・丸木俊の世界 史料	原爆の図丸木美術館ほか
丸木位里の世界展 和	原爆の図丸木美術館ほか
丸木俊の世界展 和	原爆の図丸木美術館ほか
ミズ・テツオの世界 アルカイックからクラシックモダンへ：1974−1995	日本橋三越本店
道標−生のあかしを刻む 柳原義達展 芳野明ほか編	読売新聞社・美術館連絡協議会ほか
見て、ふれて、聞いて、五感で体感するアート&サイエンスの展覧会 メビウスの卵展	O美術館
MINAMOTO	源敏彦
ミロ、夢の迷宮展	メルシャン軽井沢美術館
6つの座標 垂直の記憶、横たわる自然	O美術館
村上善男展	村松画廊
毛利武士郎展	富山県立近代美術館
母袋俊也展	ギャラリーなつか
桃山の春・光悦展 京都文化博物館学芸第二課編	京都文化博物館
安井賞展：第38回	セゾン美術館
保田春彦展	神奈川県立近代美術館ほか
柳澤紀子 NORIKO YANAGISAWA FRAGMENTS	養清堂画廊
山本敬輔展	姫路市立美術館
山本弘遺作展	東邦画廊
湯原和夫	ヒルサイドギャラリー
夢翔ける 宮崎兄弟の世界へ	荒尾市宮崎兄弟資料館
ヨーロッパ染織の美	京都府京都文化博物館
洋上の宇宙 アジア太平洋の現代アート：第30回今日の作家展	横浜市民ギャラリー
横浜市民ギャラリー 30周年記念誌 1964−1994	横浜市民ギャラリー
ラインハルト・サビエ展《レクイエム》	東邦画廊
L'ARBRE de La Vie sculptor Shinji GOZU 合津眞治	［記載なし］
李禹煥	東京画廊
李中夫	六義園画廊
ロイ・リキテンスタイン エンラブラチュア→ヌード	現代グラフィックアートセンター
和光大学創立30周年・和光大学ぱいでいあ開設記念 荻太郎作品展	和光大学人文学部芸術学科資料室
渡辺豊重展	大黒屋
Art as witnes：Kwangju biennale 1995 和	Life & Dream
Beyond the borders：Kwangju biennale 1995 和	Life & Dream

Info art：'95 Kwangju biennale [和]	Kwangju biennale Foundation
Michiko Edamitsu Exhibition	Keen Gallery, NY

【執筆・著作】

美育文化 vol.45 No.9　芸術の終焉と美術教育の終焉	美育文化協会
ザ・版画 刻まれた現代史 世界の版画・戦後50年：第2回神奈川芸術フェスティバル　世界と日本の版画・戦後の展開	神奈川芸術文化財団
情況 変革のための総合誌　谷川雁ー工作者の軌跡	情況出版
POSI 第5号　なぜいま美術の最前線が問題か	調布画廊 POSI編集室
難波田龍起展 NAMBATA　難波田龍起は	川越画廊
21世紀への序章ー日韓現代美術家たちの世紀末アートメッセージ	被爆地長崎50周年展実行委員会
銅版画家 深澤幸雄 魂の彷徨1955ー1995　深澤幸雄 その豊かではるかな軌跡	佐倉市立美術館
日本ブラジル修好100周年記念 ブラジル現代日系作家展　ブラジルの日系作家について	ブラジル現代日系作家展事務局
あかっ恥のうたー「ボクの学校」その私史と詩篇　山本良夫著　文学運動の支え役	創樹社
ヴェネチア・ビエンナーレー日本参加の40年　ヴェネチアビエンナーレを通してみる日本の美術	国際交流基金
ラインハルト・サビエ展《レクイエム》　ラインハルト・サビエの〈レクイエム〉展まで	東邦画廊
大法輪 12　わがおそまきの仏教熱	大法輪閣
月刊 美術　Toward the sound of the Buddha	中央日報社・韓国

1996（平成8年）

【和書】

相笠昌義 日常生活　相笠昌義著 [和]	美術出版社
越後の空 地方政治ソノ側面戦後十年史　相沢直人著 [和]	無譚書房
風景　相部みどり著 [和]	相部みどり
日本にある世界の名画入門 美術館がもっと楽しくなる　赤瀬川原平著	カッパ・ブックス
砂澤ビッキー風に聴く（ミュージアム新書16）　浅川泰著　北海道立近代美術館編	北海道新聞社
エロチックな旅　池田満寿夫著 [和]	求龍堂
在日疾風純情伝　磯貝治良著	風琳堂
磯崎新の革命遊戯　磯崎新著　田中純編 [和]	TOTO出版
磯崎新の仕事術 建築家の発想チャンネル　磯崎新著 [和]	王国社
建築家捜し　磯崎新著	岩波書店
闇に消えた怪人ーグリコ・森永事件の真相　一橋文哉著	新潮社
こころ・と・からだ　五木寛之著	集英社
正統的異端ー五木寛之対話集　五木寛之著	深夜叢書社
日本幻論　五木寛之著	新潮文庫
井上照子作品集　井上照子著	井上リラ
ニホン語日記②　井上ひさし著	文藝春秋
Bukichi Inoue／my sky hole　井上武吉著	鹿島出版会
書の解放とは　井上有一著	芸術新聞社
現代思想の冒険者たち（全18巻）　今村仁司ほか編	講談社
森の思想が人類を救う　梅原猛著	小学館

ABLE ART 魂の芸術家たちの現在	たんぽぽの家
日本語と日本人の心　大江健三郎ほか著	岩波書店
日本の「私」からの手紙　大江健三郎著	岩波新書
越佐の埋み火　大倉宏ほか著　新潟日報社編	新潟日報事業社
性愛と資本主義　大澤真幸著	青土社
「慰安婦」への償いとは何か　大島孝一ほか編	明石書店
大森運夫画集　大森運夫著	求龍堂
BODY 大山美信作品集（偶景シリーズIII）　大山美信著	大山美信
詩人秋山清の孤独　岡田孝一著	土曜美術社出版販売
一平 かの子 心に生きる凄い父母　岡本太郎著	チクマ秀版社
縄文の衣　尾関清子著	学生社
玄　小田実著 [和]	講談社
南京大虐殺を記録した皇軍兵士たち　小野賢二ほか編	大月書店
全共闘からリブへ—銃後史ノート戦後篇（第8回配本）　女たちの現在を問う会編	インパクト出版会
京都写真帖 笑う鴨川　甲斐扶佐義著	リブロポート
洲之内徹の風景　「回想の現代画廊」刊行会編 [和]	春秋社
百姓入門 奪ワズ汚サズ争ワズ　筧次郎ほか著	新泉社
「パサージュ論」熟読玩味　鹿島茂著	青土社
歴史的にみた染織の美と技術—染織文化財に関する八章　柏木希介著	丸善ブックス
物語とふしぎ　河合隼雄著	岩波書店
文学の方法　川本皓嗣ほか編	東京大学出版会
もうひとつの現代　川元祥一著	三一書房
オリエンタリズムの彼方へ—近代文化批判　姜尚中著	岩波書店
大地の乱 成田闘争—三里塚反対同盟事務局長の30年　北原鉱治著	御茶の水書房
KIYOMIZU 清水九兵衛屋内彫刻作品1968—1995　清水九兵衛著 [和]	フジテレビギャラリー
市民主義の成立　久野収著 [和]	春秋社
絵画放浪　窪島誠一郎著 [和]	小沢書店
B級詩人のつぶやき　黒川洋著	皓星社
切腹　黒瀬昇次郎著	致知出版社
桑原住雄美術評論集 アメリカ篇　桑原住雄著	沖積舎
桑原住雄美術評論集 日本篇　桑原住雄著	沖積舎
向日葵が咲いていた　小林勇著 [和]	自然社
出来事としての読むこと　小森陽一著	東京大学出版会
バタイユ入門　酒井健著	ちくま新書
水芭蕉曼陀羅屏風絵 佐藤多持の世界　佐藤多持著 [和]	日貿出版社
〈日本美術〉誕生　佐藤道信著	講談社
21世紀的生活　佐野寛著	三五館
がんばりません　佐野洋子著	新潮文庫
澤田俊一作品集　澤田俊一著	形文社
原子心母 芸術における「心霊」の研究　椹木野衣著	河出書房新社
新潮社100年図書総目録·索引（全2冊） [和]	新潮社

サザエさんとその時代 新藤謙著	晩聲社
遺言－丸木位里・俊の五十年 菅原憲義著	青木書店
モンゴル帝国の興亡(上) 軍事拡大の時代 杉山正明著	講談社現代新書
ゆきのまち幻想文学賞小品集⑥ 杉山陸子編	NTTメディアスコープ
梶井基次郎 表現する魂 鈴木貞美著	新潮社
そりのあるかたち 澄川喜一著 [和]	平凡社
ウォルフレンを読む 関曠野編 [和]	窓社
回想 曽宮一念 夕雲会編	夕雲会
孤高のカプリース 関口亮一著	沖積舎
さらば「よど号」!－25年の軌跡 高沢皓司著 [和]	批評社
西欧絵画の近代 ロマン主義から世紀末まで 高階秀爾著	青土社
日光東照宮の謎 高藤晴俊著	講談社現代新書
竹田青嗣コレクション(全4巻) 竹田青嗣著	海鳥社
駆け抜けた前衛 九州派とその時代 田代俊一郎著	花書院
新能 立原正秋著	角川文庫
冬のかたみに 立原正秋著	新潮文庫
アジアの時代 田中直毅著	東洋経済新報社
画人・小松均の生涯－やさしき地主神の姿 田中日佐夫著	東方出版
犬について 1996年のデッサン・ノート 谷川晃一著 [和]	南庭工房
土から空へ－伊豆高原のアトリエにて 谷川晃一著 [和]	夢譚書房
多摩くいしんぼうブック 1	けやき出版
有志(こころざしありて)－激闘24年中公闘争勝利の軌跡 中央公論社労働組合有志編著 [和]	中央闘争支援共闘者会議
イーハトーヴォ幻想 司修著 [和]	岩波書店
賢治の手帳 司修著	岩波書店
危機と飛翔 鶴岡善久著	沖積舎
安保条約の成立 豊下楢彦著	岩波新書
魔都江戸の都市計画 徳川将軍家の知られざる野望 内藤正敏著	洋泉社
濹東綺譚 永井荷風著	新潮文庫
蛇淫 中上健次著	講談社文芸文庫
中畑艸人画集 中畑艸人著 一井建二編	生活の友社
特撮と怪獣 わが造形美術 成田亨著 滝沢一穂編	フィルムアート社
森林への招待 西口親雄著	八坂書房
新版 きけわだつみのこえ 日本戦没学生の手記 日本戦没学生記念会編	岩波文庫
大藪春彦伝説 遥かなる野獣の挽歌(バラード) 野崎六助著 [和]	ビレッジセンター出版局
物語の国境は越えられるか 戦後・アメリカ・在日 野崎六助著	解放出版社
猫町 萩原朔太郎著	透土社
ボクは奥さま!? 花井愛子著	扶桑社文庫
個人／個人を超えるもの 花崎皋平著	岩波書店
いま、阪神被災地で 破防法研究会編	アール企画
破防法がやってきた－新安保時代の有事体制 破防法研究会編 [和]	アール企画

1996（平成８年）

ふたつの街　原之夫著	新読書社
原田隆吉図書館学論集　原田隆吉図書館学論集刊行委員会編	雄松堂出版
にごりえ・たけくらべ　樋口一葉著	新潮文庫
21世紀 私たちの選択　日高六郎ほか編	日本評論社
希望のヒロシマ－市長はうったえる　平岡敬著	岩波新書
カフカ 身体のトポス　平野嘉彦著	講談社
保田與重郎と昭和の御代　福田和也著	文藝春秋
「染め」の文化　福本繁樹著	淡交社
教科書が教えない歴史　藤岡信勝ほか著	産経新聞ニュースサービス
ウィリアム・モリスへの旅　藤田治彦著	淡交社
しなやかに女たち 婦人民主クラブ50年の歩み　婦人民主クラブ編	婦人民主クラブ
詩と小説のコスモロジィ－戦後を読む　古谷鏡子著	創樹社
定家明月記私抄　堀田善衛著	ちくま学芸文庫
定家明月記私抄 続篇　堀田善衛著	ちくま学芸文庫
日本馬事文化の源流　増田精一著	芙蓉書房出版
アジア言遊記 ことば、峠をわたる　松枝到著	大修館書店
文化とレイシズム 統一ドイツの知的風土　三島憲一著	岩波書店
公私　溝口雄三著	三省堂
浅草木馬館日記　美濃瓢吾著 [和]	筑摩書房
泰山木の花　三輪正道著 [和]	編集工房ノア
森野眞弓作品集　森野眞弓著 [和]	阿部出版
美術の解剖学講義　森村泰昌著	平凡社
江戸を読む（全5巻+別巻1）　安田義章監修 [和]	二見書房
ジェイムズ・ジョイスの謎を解く　柳瀬尚紀著	岩波新書
血族　山口瞳著	文春文庫
認識論者と技術論（こぶし文庫）　山田坂仁著　いいだもも編	こぶし書房
反復論序説　湯浅博雄著	未來社
浜田知明聞書 人と時代を見つめて　吉田浩著	西日本新聞社
あふち散る日に　吉田良子著	海風社
死者と生者の市　李恢成著	文藝春秋
天安門　リービ英雄著	講談社
ケインズ・バーナードとその時代　和光大学経済学部創立30周年記念号　和光大学経済学部編	白桃書房
韓国言語風景－揺らぐ文化・変わる社会　渡辺吉鎔著	岩波新書
日本近代文学と〈差別〉　渡辺直己著	太田出版

【翻訳】

否定弁証法　テオドール・W・アドルノ著　木田元ほか訳	作品社
資本論を読む（上）　ルイ・アルチュセールほか著　今村仁司訳	ちくま学芸文庫
美のイデオロギー　テリー・イーグルトン著　鈴木聡ほか訳	紀伊國屋書店
民族主義・植民地主義と文学（叢書ウニベルシタス516）　テリー・イーグルトン著　増渕正史ほか訳	法政大学出版局
エーコの文学講義　ウンベルト・エーコ著　和田忠彦訳	岩波書店

アーレントとハイデガー エルジビェータ・エティンガー著 大島かおり訳	みすず書房
妖精たちの夜Ⅰ・Ⅱ ミルチャ・エリアーデ著 住谷春也訳	作品社
カルメル修道会に入ろうとしたある少女の夢 マックス・エルンスト著 巖谷國士訳	河出文庫
百頭女 マックス・エルンスト著 巖谷國士訳	河出文庫
読むだけで絶対やめられる 禁煙セラピー アレン・カー著 阪本章子訳	KKロングセラーズ
パレスチナとは何か エドワード・W・サイード著 島弘之訳	岩波書店
ルドルフ・シュタイナー 遺された黒板絵 ルドルフ・シュタイナー 著 高橋巖ほか訳 ワタリウム美術館監修	筑摩書房
彼が彼女になったわけ デイヴィッド・トーマス著 法村里絵訳	角川文庫
女のいえに男がひとり（『新しいドイツの文学』シリーズ⑧） ウラ・ハーン著 越智和弘訳	同学社
フォースター評論集 フォースター著 小野寺健編訳	岩波文庫
エコロジーと社会 マレイ・ブクチン著 藤堂麻理子ほか訳	白水社
シュルレアリスム宣言・溶ける魚 アンドレ・ブルトン著 巖谷国士訳	岩波文庫
庭仕事の愉しみ ヘルマン・ヘッセ著 岡田朝雄訳	草思社
シルクロード（上・下） ヘディン著 福田宏年訳	岩波文庫
都市の日本 所作から共同体へ オギュスタン・ベルク著 宮原信ほか訳	筑摩書房
ベンヤミン アドルノ往復書簡 1928－1940 ベンヤミンほか著 ヘンリー・ローニツ編 野村修訳	晶文社
ユートピアだより ウィリアム・モリス著 松村達雄訳	岩波文庫
よみがえるシルクロード国家－中央アジア最新事情 アハメド・ラシッド著 坂井定雄ほか訳	講談社
絵画と象徴 イングリット・リーデル著 城眞一訳	青土社
中国が海を支配したとき－鄭和とその時代 ルイーズ・リヴァシーズ著 君野隆久訳	新書館

【詩集等】

歌集 春の星 田井安曇著	不識書院
金色の網 木坂涼著	思潮社
詩画集 植物の睡眠 岡田隆彦・詩 柄澤齋・版画	シロタ画廊
新編 宮沢賢治詩集 天沢退二郎編	新潮文庫
星宿集 三木宮彦著	花神社
辻征夫詩集成	書肆山田
綱手通信集成 田井安雲著	甑岩書房
百姓譜 鮫島義一朗著 西村伝三郎編	南島往来社
漂流 土方鐵著	解放出版社
ブリコラージュの温 唯野一郎著	ゆにおん出版
実の種の一 みくも年子著	土曜美術社出版
雪の黄昏 武田隆子著	宝文館出版
向井孝の詩 和	ウリージャパン出版部

【カタログ・その他】

アートキャンプ白州'96 和	アートキャンプ白州'96実行委員会
ART JAPAN NETWORK	ART JAPAN NETWORK
アート・ナウKANAZAWA 第35回 北陸中日美術展	石川県立美術館
アートポストカードブック 中根寛 金子寿美子編	ビジョン企画出版社
アートラボ第6回企画展「モレキュラーインフォマティクス－視線のモルフォロジー」	アートラボ

1996（平成8年）

あいだvol.2 美術と美術館のあいだを考える　美術と美術館のあいだを考える会編	桂書房
AKIO IGARASHI 五十嵐彰雄	BASE GALLERY
AJAC展22 NEW ART in TOKYO	東京都美術館
安部公房写真展	ウイルデンスタイン東京
アンジェラ・グラウワーホルツ展　リチャード・ローズ・文 [和]	ギャラリー・ドゥ
アントニ・クラーベ展	吉井画廊
アントニ・タピエス展　丸亀市猪熊弦一郎現代美術館ほか編 [和]	アート・ライフ
EACH SELECTION−Out of Paintings 高野麻紀・千葉鉄也・会田誠	ギャラリーなつか
飯田操朗と前衛の時代展	姫路市立美術館
池田政治展 現象と象徴と　全通企画編	ギャラリーせいほう
IKEDA Tatsuo Object「箱の中へ…」Ⅳ−あとのまつりの為に	ギャルリーユマニテ東京
池田満寿夫展 黒田コレクションを中心に、初期から最新作まで 長野県信濃美術館編 [国]	信濃毎日新聞社
イサム・ノグチと北大路魯山人	セゾン美術館ほか
「位相−大地」の考古学	西宮市大谷記念美術館
磯江毅 GUSTAVO ISOE	彩鳳堂画廊
今野央輔 交・紫線の連作	村松画廊
印象派はこうして生まれた展	東武美術館
牛島智子	アートプレイス青山
エコロジカル・コンテキスト 磯辺行久新作展1970−96 小倉正史・文 [和]	エコロジカル・コンテキスト実行委員会
M.C.エッシャー生誕100年記念展 甲賀コレクション　野地秩嘉ほか編 [和]	甲賀正治
エンツォ・クッキ展	セゾン美術館ほか
遠藤彰子 [和]	神奈川県立県民ホール・ギャラリー
岡部昌生	Gallery BAZAREZ
岡部昌生 MASAO OKABE	日本経済新聞社
岡部昌生 MASAO OKABE N'OUBLIEZ PAS	TEMPORARY SPACE
掛井五郎展−三つの領域	愛宕山画廊
橿尾正次	鎌倉画廊
神奈川アート・アニュアル'96	神奈川芸術文化財団
鹿沼市立川上澄生美術館 木版画大賞展：第2回	鹿沼市民文化センター
画廊の視点'96：第4回	大阪府立現代美術センター
河合勇展　福井県立美術館編 [国]	福井県立美術館
河合勇作展−ANOTHER FIELD　荒川洋治・文 [和]	ギャラリー日鉱
川上キヨ子	日辰画廊
カンディンスキー&ミュンター 1901−1917	東京新聞
菊畑茂久馬展	カサハラ画廊
北大路魯山人展 美食もてなしの芸術	朝日新聞社文化企画局名古屋企画部
北山泰斗自選展	東京國際美術館
木津文哉作品	木津文哉
金泰浩	鎌倉画廊

1996（平成 8 年）

ギャラリイK・トーク「知性の触覚」針生一郎氏「芸術の役割」を語る	ギャラリイK
90年代の韓国美術から－等身大の物語	東京国立近代美術館
京の町家 長沢英俊	小西明子
ギンザ・グラフィック・ギャラリー 1996	大日本印刷
クガ・マリフ全貌展 [和]	ストライプハウス美術館
久保俊郎	久保俊郎
現代作家シリーズ'96 島谷晃展	神奈川県立県民ホールギャラリー
現代中国の美術	長崎県立美術博物館
現代日本画家の青春群像 瑠爽画社と一采社の画家たち 山種美術館編 [和]	山種美術館
小泉雅代	galerie16
国展：第70回記念	国画会
小杉小二郎作品集 [和]	彌生画廊
小松崎広子	アートフォーラム谷中
コラボレーション：岡本敦生＋野田裕示展 [和]	愛知県美術館ほか
サーカス、サーカス シャガール、ルオー、マティス、レジェの版画の世界 [和]	群馬県立近代美術館
在仏30周年記念 高橋久雄フレスコ画展 [国]	三越
佐々木四郎 回転から移動する空間へ	梅田近代美術館
佐藤時啓 光－呼吸	ギャラリーなつか
さまざまな眼80 斎藤美奈子展	かわさきIBM市民文化ギャラリー
沢居曜子展	ガレリアフィナルテ
沢村美佐子'70－'95展	沢村美佐子
GAドキュメント・エクストラ05〈磯崎新〉	エーディーエー・エディタ・トーキョー
鴫剛 PROLOGUE	西村画廊
自然を愛す・草花と語る 橋本八百二・橋本花展	東京ステーションギャラリー
ジム・ダイン展－身体の比喩	宮城県美術館・芸術の森美術館ほか
19,20世紀ヨーロッパ美術にみる 物語の世界	群馬県立近代美術館
庄田常章ペルー展	庄田常章
ジョージ・シーガル展 セゾン美術館ほか編	セゾン美術館ほか
白石由子 Yuko Shiraishi	Cantz
シルクロード大美術展 東京国立博物館編	読売新聞社
菅木志雄 [和]	東京画廊
須田國太郎展 自画像と滞欧作品 [和]	白銅鞮画廊
須田国太郎の「筆石村」	静岡県立美術館
スミソニアン博物館 大宝石・ミレラル展	スターネット・インターナショナル
生誕二百年記念 廣重の世界展 毎日新聞社編 [国]	毎日新聞社
生誕100年記念 林武展 東京庭園美術館・毎日新聞社編 [和]	毎日新聞社
1953年ライトアップ－新しい戦後美術像が見えてきた 1953年ライトアップ展実行委員会編 [和]	目黒区美術館・多摩美術大学
続 蜂章記－弧燈のもとに	第二高等学校昭和十九年卒「続蜂章記」発行委員会
第8回「美術展カタログ」コンクール・大阪1996 大阪トリエンナーレ事務局編	大阪文化振興財団
高橋克之水彩展	東邦画廊

1996（平成8年）

高松次郎の現在 神田直子·浅倉祐一郎編	新潟市美術館·三鷹市美術ギャラリー
篁牛人の画業 第二集=彩色画の世界	富山市篁牛人記念美術館
髙山辰雄展	日本橋三越本店
建畠覚造展 鉛の被覆	ギャラリー山口
田中隆博	ギャラリーαM
谷口仙太郎展−黒衣の詩	朝日町立ふるさと美術館
TAMA VIVANT'96 浮遊するP／美術と現実	多摩美術大学八王子校舎
追悼 堀井英男展−最後のドローイングと版画	プリントアートセンター
テキスタイルの冒険	京都国立近代美術館·目黒区美術館
TOPORの眼 川妻さち子編 [国]	アートギャラリー環
TOYOHISA AMANO シュレーディンガーの赤い猫	ギャラリー·サージ
TRAUMATRAUMA 中村政人 出原均·文 [和]	SCAI THE BATHHOUSE
ドリート·ヤーコビ	在日カナダ大使館·大阪府立現代美術センター
直島コンテンポラリーアートミュージアム	鹿島出版会
長澤知明 臨界空域 1995−1996	新桜画廊
楢原健三·鳥居敏文展 ねりまの美術1996 練馬区立美術館編 [国]	練馬区立美術館
南京1937 The Nanking massacre art exhibition [国]	南京1937絵画展実行委員会
NIPAF'96 記念カタログ	NIPAF'96実行委員会
日本工芸の青春期1920s−1945	北海道立近代美術館
日本の美「琳派」展一九九六	福岡天神·大丸ほか
Viking 海の王国の秘宝展 木村尚三郎監修	Viking海の王国の秘宝展実行委員会
破防法の団体適用を絶対阻止しよう 96.9.26反弾圧全人民集会報告集	破防法の団体適用に反対する反弾圧全人民運動
浜田知明の全容	小田急美術館ほか
針生一郎自筆年譜	和光大学
パリ展帰国記念 ひと·はな·いのちのフォルム 中島千波展	髙島屋
遥かなる東洋紀行 ジョージ·チネリ−知られざる19世紀広東·マカオ·香港の美術展	東京都庭園美術館
版画80年の軌跡 明治初年から昭和20年まで 町田市立国際版画美術館編	町田市立国際版画美術館
ハンス·ペーター·クーン展	鎌倉画廊
光という実在 是枝開	ギャラリーαM
ヴィクトル·ユゴーの世界 ブレーントラスト編 [国]	「ヴィクトル·ユゴーの世界」展カタログ委員会
美術家の冒険 多面化する表現と手法	国立国際美術館
火の起源と神話 日中韓のニューアート [国]	埼玉県立近代美術館
日の出の森が消えていく	日の出の森と作品を守る会
氷点下のポリフォニー	ラ·フェニーチェ
フィリップス·コレクションによるアメリカン·モダンの旗手たち	埼玉県立近代美術館
フランス絵画と浮世絵−東西文化の架け橋 林忠正の眼展	読売新聞社ほか
古川吉重	ギャラリー山口
プロジェクト·フォー·サバイバル 1970年以降の現代美術再訪	京都国立近代美術館ほか
星野眞吾展 記憶の痕跡 豊橋市美術博物館ほか編 [和]	豊橋市美術博物館
ボストン美術館の至宝 中国宋·元画名品展	そごう美術館

1996(平成 8 年)

没後60年記念 冨田溪仙展	京都市美術館
北方騎馬民族の黄金マスク展	旭通信社
堀内正和・田中薫・竹内三雄 三人展	ギャラリー青羅
前山忠展	アトリエ我廊
MAC : movimento arte concreta 1948−1958 Luciano Caramel・文 [国]	児玉画廊・大阪
マナブ間部展 ブラジル−躍動する色彩 日本経済新聞社編 [国]	日本経済新聞社
緑の森の一角獣座 若林奮著	WIWP
宮城県美術館「SYNC IN ART」 VOL.6 新妻健悦のワークショップ「美術探検・演習 子供と美術をめぐって」	宮城県美術館
「未来派の父」露国画伯来朝記!!	西宮市大谷記念美術館
村井正誠展	鎌倉画廊
明治日本画の新情景	山口県立美術館
母袋俊也	ギャラリーなつか
百瀬寿 東北の現代作家 Vol.1(分冊)	宮城県美術館
百瀬寿・小野皓一展　東北の現代作家	宮城県美術館
森通図録(分冊) 特別展 : 森通・寺島穰展	青梅市立美術館
森村泰昌 美に至る病−女優になった私	横浜美術館
森本紀久子	夢土画廊
モンゴル秘宝展 チンギス・ハーンと草原の記憶 日本経済新聞社編 [国]	日本経済新聞社
矢萩春恵展−書、そして、シェイクスピア	美術出版デザインセンター
山下菊二展	山下菊二展実行委員会
湯原和夫展	スカイドア
尹錫男	鎌倉画廊
ヨーゼフ・ボイス展 再生するイデア 経済の価値 フジテレビギャラリー編 [和]	フジテレビギャラリー
ヨーロッパとアジアの交錯 第二回宮川寅雄記念講座	和光大学人文学部芸術学科
ラインハルト・サビエ展《内線》	東邦画廊
リチャード・ロング 山行水行 展覧会ドキュメント	世田谷美術館
ル・コルビュジェ 1996−1997	セゾン美術館
レオン・ゴラブ&ナンシー・スペロ展 : 第3回ヒロシマ賞受賞記念	広島市現代美術館
若江漢字 千年紀 [国]	室空間
忘れられた画家シリーズ25「幻の文人画家・不染鉄遺作展」	星野画廊
'96上海美術双年展 : Shanghai Biennale [和]	上海美術館
'96上海美術双年展 学術研討会文集 : Shanghai Biennale [和]	上海美術館
Shigeko Kubota [和]	Whitney Museum of American Art

【執筆・著作】

自由美術 '96 井上長三郎追悼 −わが哀情の焦点	自由美術協会
ギャラリイK・トーク「知性の触覚」針生一郎氏「芸術の役割」を語る	ギャラリイK
続 蜂章記−弧燈のもとに 近況断片	第二高等学校昭和十九年卒「続蜂章記」発行委員会
POSI 第7号 芸術運動が地方を変える	調布画廊 POSI編集室
ラインハルト・サビエ展《内線》 サビエは何を見、何を描くのか	東邦画廊
POSI 第6号 終末からみた戦後美術	調布画廊 POSI編集室

アート・ナウKANAZAWA 第35回 北陸中日美術展　審査評	石川県立美術館
月刊美術 No.247　滞日作家列伝－日本からの視線	サン・アート
SPACE MODULATOR　東京都現代美術館の建築	日本硝子
南京1937　日本人にも避けられない主題	南京1937絵画展実行委員会
野間宏の会会報 No.4　野間宏の人と作品	野間宏の会
針生一郎自筆年譜	和光大学
大森運夫画集　民衆像のイコンを求めて	求龍堂

1997(平成9年)

【和書】

マカオ物語(新潮選書)　浅井信雄著	新潮社
戦後美術展略史1945－1990　浅野徹一郎著	求龍堂
ヨーロッパを読む　阿部謹也著	石風社
安部公房全集(全29巻+別巻1)　安部公房著	新潮社
ゴリラを描きたくて 世界のゴリラを訪ねて　阿部知暁著 [和]	ポプラ社
20世紀の〈社会主義〉とは何であったか　いいだもも著	論創社
楽しい終末　池澤夏樹著	文春文庫
米軍がなぜ日本に 市民が読む新ガイドライン　池田五律著 [和]	創史社
いきもの抄　石和鷹著	集英社文庫
米軍に土地を奪われた沖縄人　石田甚太郎著	新読書社
モンテンルパへの道　石田甚太郎著 [和]	新読書社
海市 もうひとつのユートピア　磯崎新監修	NTT出版
オペラシティの彼方に エッジを測量する17の対話　磯崎新編 [和]	NTT出版
空間へ　磯崎新著	鹿島出版会
建築の解体　磯崎新著	鹿島出版会
手法が－カウンター・アーキテクチュア　磯崎新著	鹿島出版会
混沌からの出発 道教に学ぶ人間学　五木寛之ほか著 [和]	到知出版社
美術館革命　伊藤俊治監修　美術館メディア研究会編	大日本印刷ICC本部
井上ひさしの農業講座　井上ひさし・こまつ座編	家の光協会
映画道楽のひとりごと一九七二年～一九九六年　猪浦宏三著	武蔵野書房
日本の美林　井原俊一著	岩波新書
カント　岩崎武雄著	勁草書房
教育をどうする　岩波書店編集部編	岩波書店
岩波文庫1927－1996 解説総目録(下)　岩波文庫編集部編	岩波文庫
ひとつの「死」　印南正著 [和]	文藝書房
AV・オデッセイ　元秀一著 [和]	新幹社
抵抗への招待　鵜飼哲著	みすず書房
新宿中村屋 相馬黒光　宇佐美承著 [和]	集英社
コーヒーが廻り世界史が廻る 近代市民社会の黒い血液　臼井隆一郎著	中公新書
はじめてのラテン語　大西英文著	講談社
中野鈴子 付遺稿・私の日暮し、他　大牧冨士夫著	幻野工房
ポンピドゥー・センター物語　岡部あおみ著	紀伊國屋書店

1997（平成9年）

岡本太郎 歓喜 岡本太郎文 岡本敏子編 [和]	二玄社
岡本太郎に乾杯 岡本敏子著	新潮社
昨日少年録―その1 亀山厳 小沢信男著	エディトリアルデザイン研究所
学問が情報と呼ばれる日	社会評論社
残照―詩人田木繁のこころ 笠松斎子編 [和]	笠松斎子
田中一村の彼方へ 奄美からの光芒 加藤邦彦著 [和]	三一書房
敗戦後論 加藤典洋著	講談社
村上春樹 イエローページ 加藤典洋編	荒地出版社
ドキュメントの時代 GRAPHICATION創刊30周年記念 樺山紘一ほか著 [国]	富士ゼロックス
世界の美術館 川成洋編	丸善
評伝 埴谷雄高 川西政明著	河出書房新社
満州崩壊「大東亜文学」と作家たち 川村湊著	文藝春秋
ヒエロニムス・ボスの図像学 神原正明著	人文書院
岸田劉生 内なる美 岸田劉生著 北澤憲昭編	二玄社
良寛と子どもたち―親と教師のために 北川省一著	現代企画室
帝国主義と世界の一体化 木谷勤著	山川出版社
北村垒作品集 1996年 北村垒著 竹田幸子編 [国]	かねこ・あーとギャラリー
笹舟の記―戦国大名葦名氏の興亡 切田未良著	本の森
ノモンハン―それは日本陸軍崩壊の序章であった! 楠裕次編著	楠裕次
「無言館」への旅 戦没画学生巡礼記 窪島誠一郎著	小沢書店
久保貞次郎を語る 「久保貞次郎を語る」編集委員会編	文化書房博文社
日本人の起源の謎 倉橋秀夫ほか著 山口敏監修	日本文芸社
アメリカ自動車産業の労使関係―フォーディズムの歴史的考察 栗木安延著	社会評論社
吾妻鏡 第一 黒坂勝美編	吉川弘文館
現代史の中で考える（新潮選書） 高坂正堯著	新潮社
X氏との対話 小島信夫著	立風書房
マルチメディア時代の芸術と社会 児玉房子ほか著	富士ゼロックス
暮らしがわかるアジア読本 モンゴル 小長谷有紀著	河出書房新社
糖尿病はあなたが主治医 小林健一監修	北國新聞社
戦後の大衆運動 斉藤一雄著	斉藤一雄
妊娠小説 斎藤美奈子著	ちくま文庫
活断層 佐伯敏光著 [和]	編集工房ノア
彫刻の絆 現代彫刻の世界 酒井忠康著	小沢書店
死産される日本語・日本人 酒井直樹著	新曜社
みやぎ艶笑風流譚 佐々木徳夫著 [和]	無明舎出版
触ることから始めよう 佐藤忠良著	講談社
小谷博貞―未開の眼（ミュージアム新書17） 佐藤幸宏著 北海道立近代美術館編	北海道新聞社
月の家族 島尾伸三著 [和]	晶文社
ジミー鈴木作品集	ジミー鈴木
新しい京都駅 彰国社編 [和]	彰国社
現代アダタラ近郷夜話 新城明博著	文芸旬報社

1997（平成9年）

暗い夜の記念に 杉浦明平著	風媒社
第七回ゆきのまち幻想文学賞・小品集⑦ 杉山陸子編	NTTメディアスコープ
世界の中の日本文学	清泉女子大学人文科学研究所
浮世絵世界をめぐる 瀬木慎一著	里文出版
短歌の私的展景 関原英治著	砂子屋書房
孫雅由作品集：色波動／身体・物質・宇宙 孫雅由著	光淋社出版
新装版 評伝・小林和作－花を見るかな 高橋玄洋著	創樹社
レディ・ジョーカー（上・下） 高村薫著 [和]	毎日新聞社
ドイツ反戦・反ファシズム小説研究 高村宏著	創樹社
僕は文明をかなしんだ 沖縄詩人山之口貘の世界 高良勉著 [和]	彌生書房
シジフォスの笑い アンセルム・キーファーの芸術 多木浩二著	岩波書店
森の世界爺－樹へのまなざし 多田智満子著	人文書院
帰路 立原正秋著	新潮文庫
剣ケ崎・白い罌粟 立原正秋著	新潮文庫
春の鐘（上・下） 立原正秋著	新潮文庫
やぶつばき 立原正秋著	新潮文庫
昭和天皇の和歌 田所泉著 [和]	創樹社
「戦争の記憶」その隠蔽の構造 田中伸尚著	緑風出版
谷川晃一作品集 1976－1980 記憶の街 谷川晃一著	ギャラリー新居
受胎藝術 田部光子著 [和]	花書院
チンギス・ハーン新聞 チンギス・ハーン新聞編纂委員会編	アスペクト
アヴァンギャルドの時代 塚原史著	未來社
ピアニシモ 辻仁成著	集英社文庫
土谷武作品集 TSUCHITANI TAKESHI 土谷武著 [和]	美術出版社
装飾する魂 日本の文様芸術 鶴岡真弓著	平凡社
桂冠 鶴田幸子著	龍書房
刀根眞澄作品集	ときの忘れもの
豊福知徳 遥かなる漂流 土井国男編 [和]	かたりべ文庫・ゼネラルアサヒ
山月記・李陵 他九篇 中島敦著	岩波文庫
樟樹 中野武彦著 [和]	創樹社
美術と教育・1997 中村政人著	commandN
遺稿集 日本 永山則夫著	冒険社
無知の涙 永山則夫著	河出文庫
近松 南北 黙阿弥 歌舞伎ノート 中山幹雄著 [和]	高文堂出版社
奈良岡正夫画集 奈良岡正夫著 一井建二編 [和]	生活の友社
美術から都市へ－インディペンデント・キュレーター 15年の軌跡 南條史生著	鹿島出版会
ニキ・ド・サンファル ニキ美術館編	彩樹社
森のゲリラ 宮沢賢治 西成彦著	岩波書店
平和を創り出すために 西川重則著 [和]	いのちのことば社
ビジュアル版 世界の歴史（全20巻） 西川正雄ほか著	講談社
文学1997 日本文藝家協会編	講談社

1997（平成9年）

完本 狭山裁判（限定1000部） 野間宏著 野間宏『狭山裁判』刊行委員会編	藤原書店
リアリズム詩論のための覚書 浜田知章著	風濤社
戦後非日文学論 林浩治著	新幹社
電子筆記出版私記 林浩治著	ゆにおん出版
被爆の底で 原之夫著	新読書社
アマゾンには森がない 原後雄太著 [和]	実業之日本社
ウイルスと他者の世紀 エイズ意味論、エイズ芸術 日向あき子著	中央法規出版
かながわの野外彫刻 藤島俊會著	かもめ文庫・神奈川新聞社
写真と社会 小史 藤田省三著 [和]	みすず書房
〈性〉のミステリー 伏見憲明著	講談社現代新書
インターネットが変える世界 古瀬幸広ほか著	岩波新書
本多勝一集（全30巻） 本多勝一著	朝日新聞社
本多秋五全集（全16巻+別巻2） 本多秋五著	菁柿堂
調律の帝国 見沢知廉著 [和]	新潮社
えものがたり 戦争は終わった 水野昌美著	日本図書刊行会
ベンヤミン解読 道籏泰三著	白水社
世界史の海へ 宮崎正勝編	小学館
アンダーグラウンド 村上春樹著	講談社
風の歌を聴け 村上春樹著	講談社文庫
カンガルー日和 村上春樹著 佐々木マキ・絵	講談社文庫
世界の終りとハードボイルド・ワンダーランド（上・下） 村上春樹著	新潮文庫
1973年のピンボール 村上春樹著	講談社文庫
羊をめぐる冒険（下） 村上春樹著	講談社文庫
萬鐵五郎を辿って 村上善男著	創風社
土の文学－長塚節・芥川龍之介 村上林造著 [和]	翰林書房
星影暗くして 室堂聖司著 [和]	文藝書房
近代日本の知識人と農民 持田恵三著	家の光協会
森を守る文明 支配する文明 安田喜憲著	PHP新書
あ・じゃ・ぱん!（上・下） 矢作俊彦著	新潮社
甘い蜜 山川健一著	幻冬舎アウトロー文庫
カナリア 山川健一著	幻冬舎アウトロー文庫
学校解体新書 山岸駿介著	小学館
ヨーロッパ・ロマン主義を読み直す 山内久明ほか著	岩波書店
山中宣明 韻の形	山中宣明
月の松山 山本周五郎著	新潮文庫
続町長日記 柚木春雄著	北日本新聞開発センター
東京見おさめレクイエム 横尾忠則著	朝日新聞社
流産した視覚 美の現在・現代の美術 米倉守著 [和]	芸術新聞社

【翻訳】

ポストモダニストは二度ベルを鳴らす ギルバート・アデア著 池田栄一訳	白水社
プリズメン テオドール・W・アドルノ著 渡辺祐邦ほか訳	ちくま学芸文庫

資本論を読む（中・下）	ルイ・アルチュセールほか著　今村仁司訳	ちくま学芸文庫
ニューイングランドへ、ようこそ	ロナルド・イェーガー著　鷲見徹也ほか訳 和	創元社
日本／権力構造の謎（上・下）	カレル・ヴァン・ウォルフレン著　篠原勝訳	ハヤカワ文庫
キューバガイド	カルメン・R・アルファンソ・エルナンデス著　神代修訳 和	海風書房
アンビヴァレント・モダーンズ：江藤淳・竹内好・吉本隆明・鶴見俊輔	ローレンス・オルソン著　黒川創ほか訳	新宿書房
レイモンド・カーヴァー傑作選	レイモンド・カーヴァー著　村上春樹編訳	中央公論社
エレンディラ	G.ガルシア=マルケス著　木村榮一ほか訳	ちくま文庫
文化の読み方／書き方	クリフォート・ギアーツ著　森泉弘次訳	岩波書店
親和力	ゲエテ著　実吉捷郎訳	岩波文庫
クレー「大はしゃぎ」	ヴォルフガング・ケルステン著　池田祐子訳	三元社
シュルレアリスム	ジャクリーヌ・シェニウー=ジャンドロン著　星埜守之ほか訳	人文書院
現象学的社会学の応用	アルフレッド・シュッツ著　桜井厚訳　中野卓監修	御茶の水書房
哲学とは何か	ジル・ドゥルーズほか著　財津理訳	河出書房新社
蒙古史（上・下）	ドーソン著　田中萃一郎訳	岩波文庫
さよなら、ノーマ・ジーン（ドイツ文学セレクション）	クラウディア・ネクロ著　田邊玲子訳	三修社
力持ちのマクサニ（コリア児童文学選）	ヒョン・キルオン著　ヤン・ミンギほか訳	素人社
アルト=ハイデルベルク	マイヤー=フェルスター著　丸山匠訳	岩波文庫
ユートピアの精神	エルンスト・ブロッホ著　好村富士彦訳	白水社
アンドレ・ブルトン伝	アンリ・ベアール著　塚原史ほか訳	思潮社
わが心の故郷 アルプス南麓の村	ヘルマン・ヘッセ著　フォールカー・ミヒェルス編　岡田朝雄訳 和	草思社
ベンヤミン・コレクション（全6巻）	ヴァルター・ベンヤミン著　久保哲司ほか訳	ちくま学芸文庫
資本主義の世界史1500−1995	ミシェル・ボー著　勝俣誠ほか訳	藤原書店
輪廻転生 驚くべき現代の神話	J.L.ホイットンほか著　片桐すみ子訳	人文書院
残るものは何か？	クリスタ・ヴォルフ著　保坂一夫訳	恒文社
南京の真実	ジョン・ラーベ著　エルヴィン・ヴィッケルト編　平野卿子訳 和	講談社

【詩集等】

列島詩人集	木島始編 和	土曜美術社出版販売

【カタログ・その他】

嫛嘔展 美（うま）し郷（くに）−入善のために	入善町教育委員会編	入善町教育委員会
明日への作家たち		神奈川県立県民ホール・ギャラリー
麻生三郎のデッサン		神奈川県立近代美術館 別館ほか
東典男展		東京セントラル美術館
アタマトテ1986−1996WORKS		アタマトテ・インターナショナル
天野純治 JUNJI AMANO		YOSEIDO GALLERY,NICAF TOKYO'97 TOKYO BIG SIGHT
アルザスとフランス近代美術の歩み ストラスブール近代美術館展		東京都庭園美術館
アルフレッド・スティーグリッツとその仲間たち	東京都写真美術館ほか編 和	東京都歴史文化財団ほか
アンコールワットとクメール美術の1000年展		朝日新聞社
池田龍雄・中村宏展		練馬区立美術館
池田宗弘彫刻展		日本橋髙島屋

1997（平成9年）

異彩の江戸美術・仮想の楽園	静岡県立美術館
いざなぎ流の宇宙 神と人のものがたり 高知県立歴史民俗資料館編 [国]	高知県立歴史民俗資料館
インドネシアリアリズム絵画とその変容：Indonesia−Japan Friendship Festival [和]	国際交流基金
ウィリアム・モリス展	京都国立近代美術館ほか
植松奎二展 知覚を超えてあるもの	西宮市大谷記念美術館
宇佐美圭司展	南天子画廊
失われた風景−幻想と現実の境界：現代の写真	横浜美術館
宇部の彫刻ガイド	宇部市
絵巻の世界：福井県立美術館開館20周年記念 芹川貞夫ほか編 [和]	福井県立美術館
大阪トリエンナーレ1997 第8回：版画 大阪府文化振興財団編 [国]	大阪府
大竹伸朗：Printing Painting 現代グラフィックアートセンター企画展	現代グラフィックアートセンター
大津の大仏 一千年の造形	大津市歴史博物館
オペラ全三幕 初演「忠臣蔵」	オペラ「忠臣蔵」プログラム
大谷地下美術展1984−1989	大谷資料館地下採掘場跡
岡部昌生展 N'OUBLIEZ	エスパスOHARA
神奈川県美術展の記録 1965−1995 [和]	神奈川県美術展委員会
下保昭展−日本の山水	小川美術館
環境と表現−磯辺行久 [和]	アート・フロント・ギャラリー
関係−河口龍夫	千葉市美術館
菅野聖子展−詩と絵画と音楽と 芦屋市立美術博物館ほか編	菅野聖子展実行委員会
北脇昇展	東京国立近代美術館
木下宏彫刻新作展−発生	東邦画廊
KIM,TSCHOON-SU, YOON,YOUNG-SEOK, YOU,YOUNG-HEE	GALLERY SEOMI・東京ビッグサイト
97 コンテンポラリー・アート・フェスティバル C・A・F	C・A・F実行委員会
共鳴する場へ 日本・フランス現代美術交流 京都市パリ市共同プロジェクト [国]	芸術計画Z・A
近代陶芸の文人 河合卯之助展	宮城県美術館
近代日本画の革新と創造 国画創作協会の画家たち展 京都新聞社編 [和]	京都新聞社
グラバーの息子 倉場富三郎の生涯	劇団民藝
ケルン東洋美術館展	東武美術館ほか
現代グラフィックアートセンター 1995−1996	現代グラフィックアートセンター
現代日本彫刻展：第17回	宇部市
小杉小二郎コラージュ展	彌生画廊
古代出雲文化展 島根県教育委員会・朝日新聞社編	島根県教育委員会・朝日新聞社
こんなアヴァンギャルド芸術があった！−高知の1960年代 高知県立美術館編	高知新聞社
佐々木敏雄	ヒルサイドギャラリー
塩出千鶴子遺作展「主に導かれて」	日本基督教団銀座教会 東京福音会センター
ジェームズ・ローゼンクイスト展	現代グラフィックアートセンター
ジェームズ・タレル展 夢のなかの光はどこからくるのか？	世田谷美術館
シガ・アニュアル'97 紙−生まれ変わる造形 滋賀県立近代美術館編 [和]	滋賀県立近代美術館
紫禁城の后妃と宮廷芸術 北京故宮博物院展	セゾン美術館
シャルル・デスピオ展	宮城県美術館

1997（平成9年）

ジャン・デュビュッフェ展	富山県立近代美術館
新世代への視点'97「環境・生命」画廊からの発言	東京現代画廊会議
シンポジウム「再考：アジア現代美術」 古市保子ほか編	国際交流基金アジアセンター
SHIN Myeong-eun Pooooodle 申明銀	白石コンテンポラリーアート
スピリチュアリズムへ・松澤宥 1954−1997 斎藤記念川口現代美術館編 [国]	斎藤記念川口現代美術館
スルガ台画廊35年史 1962−1997	銀座スルガ台画廊
創作の森 入居創作家募集要項	福井県金津町
「組織犯罪対策法」の今国会上程を阻止する3・28集会	3・28集会実行委員会 呼びかけ団体／北条氏を守る会・獄中者組合通信委員会・解放派弾対部
祖母井郁 此岸と彼岸の皮膜	ギャラリーαM
それぞれの「季」 中野嘉之	村越画廊
大正日本画の異才 いきづく情念 甲斐庄楠音展 京都国立近代美術館ほか編 [和]	日本経済新聞社
高橋秀	SOKO TOKYO Gallery
高橋秀 画家とコレクター 瀬戸内収蔵作品による	ふくやま美術館
田口安男：退官記念展	東京藝術大学藝術資料館陳列館
ダニ・カラヴァン展「空 水はそこに」	佐賀町エキジビット・スペース
たべ・けんぞう 1997	たべ・けんぞう
多摩秀作美術展 第11回	青梅市立美術館
地下宮殿の遺宝 中国河北省定州北宋塔基出土文物展	出光美術館
中国現代美術展'97	ワタリウム美術館
彫刻家・淀井敏夫の世界展	世田谷美術館
追悼 大沢昌助展	練馬区立美術館
追悼 池田満寿夫展 初期から絶作まで [国]	池田満寿夫美術館
土谷武展	伊丹市立美術館
デ・ジェンダリズム 回帰する身体	世田谷美術館
勅使河原宏展 舞竹	広島市現代美術館
デ・ステイル 1917−1932展	セゾン美術館ほか
天空の秘宝 チベット密教美術展 朝日新聞社文化企画局東京企画部編	朝日新聞社文化企画局東京企画部
東京インターナショナルアートフェスティバル'97	東京国際フォーラム
東京芸術大学美術学部+デュッセルドルフ美術アカデミー 現代美術交流展	東京芸術大学
東南アジア 近代美術の誕生	福岡市美術館ほか
時の記憶 アートラビリンス2	岡山県立美術館
豊島弘尚新作展	村松画廊
中西夏之展	東京都現代美術館
中村正義展	豊橋市美術博物館
20世紀絵画の新大陸 ニューヨーク・スクール：ポロック、デ・クーイング…そして現在	東京都現代美術館
20世紀美術の冒険 宇都宮美術館開館記念 愛知県美術館ほか編 [国]	20世紀美術の冒険展開催実行委員会
日本−韓国合流展'97：かみ	現代芸術研究会
日本の夏 1960−64 浅井俊裕ほか編	水戸芸術館現代美術センター
日本文化デザイン会議'97岩手	岩手県盛岡市
人間が人間を描く刻ドラマが始まる エピローグ 母と子、そして子供たちへ	星野画廊

1997（平成9年）

河正雄講演集「伯仲」−誠心の交わりを求めて	河正雄を囲む会
ぱいでいあ和光21 都市川崎を読むⅢ【市民大学公開講座】	ぱいでいあ和光21運営委員会
林武史　斉藤友美ほか編 [国]	東京画廊・ギャラリーなつか
パリ国立オペラ座衣装展	東京都庭園美術館
阪神間モダニズム	兵庫県立近代美術館ほか
光と闇 華麗なるバロック絵画展	平塚市美術館
「美術館とボランティア」誌上シンポジウム ミュージアム・セッション	水戸芸術館現代美術ギャラリー
从展 第23回	東京都美術館
響きと祈り−生としての絵画 二木直巳、小山利枝子	そうま画廊
開光市	美術サロンゆたか
ヒロシマ 今井俊満展	ギャラリー GAN
「HIROSHIMA MEMOIRE'96」'96夏のワークショップ報告書	広島市現代美術館
プーシキン美術館所蔵 イタリア・バロック絵画展	東京都庭園美術館ほか
フォンタネージと日本の近代美術 志士の美術家たち	東京都庭園美術館
福岡道雄	アートスペース虹
藤松博未発表作品展 mask	麻布美術工芸館
古い顔のうたⅣ　山本敏行ほか編	山本敏行
星川忠資 works'87−1997　飯田裕子編	星川忠資
ポンピドー・コレクション展	東京都現代美術館
眞板雅文展−音・竹水の閑　入善町教育委員会編	入善町教育委員会
マウリッツハイス美術館展	栃木県立美術館・佐倉市立美術館ほか
MASAO OKABE 岡部昌生	エスパスOHARA
松本竣介没後50年展−人と街の風景　朝日晃・文 [和]	南天子画廊
眼差しのゆくえ 現代美術のポジション1997　名古屋市美術館編 [和]	名古屋市美術館
丸山芳子 1986−1996　高山登・文 [和]	丸山芳子
水戸芸術館現代美術センター編 現代美術辞典90s	水戸芸術館現代美術センター
宮城県美術館所蔵作品選集	宮城県美術館
村井正誠展カタログ	鎌倉画廊
村岡三郎展	東京国立近代美術館ほか
ムンク展　世田谷美術館編 [和]	世田谷美術館
毛利眞美展	村松画廊
桃山絵画讃歌：開館100周年記念	京都国立博物館
安元亮祐新作展「沈黙の詩劇」	不忍画廊
尹熙倉 そこに在るもの	静岡県立美術館
横山操・加山又造展	新潟県立近代美術館
吉田穂高展	三鷹市美術ギャラリー
吉野辰海新作展	東邦画廊
ラインハルト・サビエ展《記憶喪失》	東邦画廊
ラインハルト・サビエ展《ノルウェイの犠牲者》	東邦画廊
ルイーズ・ブルジョワ展　横浜美術館学芸部編 [国]	横浜美術館
レオノーラ・キャリントン展　東京新聞編 [和]	東京新聞

若林奮－1989年以後 神奈川県立近代美術館編 [和]	東京新聞
枠組みの間で Between the frames Muntadas著 関ひろ子ほか編	枠組みの間で：フォーラム実行委員会
XLVII esposizione internazionale d'arte [和]	La Biennale di Venezia
Das buch zur documenta X :politics－poetics [和]	Cantz Verlag
Materialien zur Documenta X : ein Reader für Unterricht und Studium [和]	Cantz
Mednarodni grafični bienale [和]	International centre of graphic arts, Ljubljana
Międzynarodowe Triennale Grafiki, Kraków '97 [和]	Galeria Sztuki Współczesnej Bunkier Sztuki
MOMI1997（WILD RICE） IN SITU CONSERVATION 田辺光彰 [和]	Pathum Thai, Thailand
Shingu : message from nature [和]	Abbeville Press
Tanaka Yonekiti Works 田中米吉	コンジット画廊・ダラス
Unmapping the Earth : 97 Kwangju Biennale [和]	Kwangju Biennale Press, Korea

【執筆・著作】

池田龍雄・中村宏展 池田龍雄と中村宏－現代絵画の思想的実験の双璧	練馬区立美術館
藝術評論11 近代日本美術の中での斎藤義重	TSA研究室＋ND
ラインハルト・サビエ展《記憶喪失》 こどもと人形による現代史	東邦画廊
塩出千鶴子遺作展「主に導かれて」 塩出千鶴子遺作展に寄せて	日本基督教団銀座教会 東京福音会センター
ネアンデルタール21 増刊号 書評 柴谷篤弘「われらが内なる隠蔽」（径書房）	ネアンデルタール21社
多摩秀作美術展 第11回 選評	青梅市立美術館
美術と教育・1997 中村政人著 対談	commandN
高橋秀 画家とコレクター 瀬戸内収蔵作品による 髙橋秀の仕事	ふくやま美術館
从展 第23回 追悼 山本政雄 山本政雄を偲ぶ	東京都美術館
POSI 第8号 なぜアジアの美術に注目するか	調布画廊 POSI編集室
P 69 人間の生死を省察した詩人	サークルP
日本の夏 1960－64 ネオ・ダダの季節をふりかえる	水戸芸術館現代美術ギャラリー
ラインハルト・サビエ展《ノルウェイの犠牲者》 〈ノルウェイの犠牲者〉展に寄せて	東邦画廊
学問が情報と呼ばれる日 美術系大学・学科の改革のために	社会評論社
横山操・加山又造展 横山操・加山又造－同時代の眼でみた	新潟県立近代美術館

1998（平成10年）

【和書】

存在論的、郵便的 ジャック・デリダについて 東浩紀著	新潮社
砂の女 安部公房著	新潮文庫
君はオリンピックを見たか 天野恵一編著 [和]	社会評論社
サヨナラだけが人生、か。 いいだもも著 [和]	はる書房
変容するアジアと日本 アジア社会に浸透する日本のポピュラーカルチャー 五十嵐暁郎編 [和]	世織書房
バタンガスの空の下で 石田甚太郎著 [和]	新読書社
敗戦国民の精神史 文芸記者の眼で見た四十年 石田健夫著	藤原書店
磯崎新の発想法 建築家の創作の秘密 磯崎新著 [和]	王国社
海市 もうひとつのユートピア 磯崎新監修	NTT出版
建物が残った 近代建築の保存と転生 磯崎新編著	岩波書店
イスラーム世界がよくわかるQ&A100 板垣雄三監修 山岸智子ほか編 [和]	亜紀書房
大河の一滴 五木寛之著	幻冬舎

1998（平成10年）

ハオハオ亭忘憂録　五木寛之著	角川書店
森の自然学校　稲本正著	岩波新書
父と暮せば　井上ひさし著	新潮社
貧　井上有一著　海上雅臣編	岩崎美術社
今井ロヂン作品集	今井喜久子
ある人への返書　上前智祐著	上前智祐
緑の中はエロスがいっぱい　薄井清著 [和]	風濤社
ファザーファッカー　内田春菊著	文春文庫
海と毒薬　遠藤周作著	新潮文庫
書と共通感覚「筆蝕」論への批判として　大滝昭一郎著	西田書店
「慰安婦」問題とアジア女性基金　大沼保昭ほか編	東信堂
心ここに－エッセイ集　大橋健三郎著	松柏社
心ここに－文芸批評集　大橋健三郎著	松柏社
むかし女がいた　大庭みな子著	新潮文庫
下町の神父－青年労働者と共に生きて　大原猛著 [和]	海風書房
ひたすら造形のことばで 岡鹿之助文集　岡鹿之助著 [和]	中央公論美術出版
日本の現代アート 越境する文化　岡林洋著 [和]	丸善
岡本太郎の本（全5巻）　岡本太郎著	みすず書房
餃子ロード　甲斐大策著	石風社
青春で何を学ぶか 自分を探す12通の手紙　影山和子著	光文社文庫
同時代人丸山眞男を語る（転換期の焦点6）　加藤周一ほか著　国民文化会議編	世織書房
文学がもっと面白くなる 近代日本文学を読み解く33の扉　金井景子ほか著	ダイヤモンド社
森林再生 水を育む豊かさを　神奈川新聞社編集局編	神奈川新聞社
上條陽子作品集1995－1998	上條陽子
戦後批評論　川村湊著	講談社
戦後・文学の五十年　菊池章一著	武蔵野書房
幕末 その常識のうそ　北岡敬著 [和]	鷹書房弓プレス
長い呟き　木下径子著 [和]	講談社出版サービスセンター
四季・豊の国 木下陽一写真集　木下陽一著	海鳥社
すみれ強迫　草間彌生著	作品社
フランス恋愛小説論　工藤庸子著	岩波新書
「無言館」ものがたり　窪島誠一郎著	講談社
戦後論存疑 レヴィジオン（再審）第1輯　栗原幸夫編	社会評論社
詩人が唄うとき猫（のら）が欠伸する　黒川洋著 [和]	皓星社
反対称の物学　黒川雅之著	TOTO出版
震災日録抄 一九九五年・芦屋　桑原昭著	編集工房ノア
広場の芸術 パブリックアート［記録］1977－1992　桑原住雄著　千葉真編 [和]	桑原住雄
青春の夢 風葉と喬太郎　小中陽太郎著	平原社
難波田龍起　小林俊介著	美術出版社
日本絵画のあそび　榊原悟著	岩波新書
わが沖縄ノート　佐木隆三著	潮出版社

琉球弧・文学における奄美の戦後　里原昭著	本処あまみ庵
長谷川潔の世界(中・下)　猿渡紀代子著　横浜美術館学芸部編	有隣堂
アーバン・グラフィティ 病める心の都市風景　澤柳義晴著	はる書房
日本・現代・美術　椹木野衣著	新潮社
墨を読む　篠田桃紅著	小学館文庫
随想 繊維問屋にて インターネットの「散歩者の夢想メーリングリスト」より　島田一郎著 [和]	三信図書
私の東京案内 連作小説集　清水克二著 [和]	創樹社
差別の連鎖　末永泉著 [和]	晩聲社
時のかけらたち　須賀敦子著	青土社
リヒター、グールド、ベルンハルト　杉田敦著	みすず書房
アヴァンギャルド芸術 体験と批判　瀬木慎一著	思潮社
岸田劉生–美と生の本体　瀬木慎一著	東京四季出版
となりに脱走兵がいた時代 ジャテック、ある市民運動の記録　関谷滋ほか編 [和]	思想の科学社
主題としての吉本隆明　芹沢俊介著 [和]	春秋社
アジアのなかの日本文学　千年紀文学の会編	皓星社
評伝 中上健次　高澤秀次著	集英社
いま見直す有島武郎の軌跡　高山亮二著　飯田勝幸・有島記念館構成・編 [和]	ニセコ町・有島記念館
芸苑雑事記　瀧悌三著 [和]	生活の友社
日本の経済格差　橘木俊詔著	岩波新書
花のいのち　立原正秋著	新潮文庫
冬の旅　立原正秋著	新潮文庫
舞いの家　立原正秋著	新潮文庫
問いなき回答 オブジェと彫刻　建畠晢著 [和]	五柳書院
追想 金達寿　「追想金達寿」刊行委員会編	青丘文化社
松樹路人–はるかへの想い(ミュージアム新書18)　苫名真著　北海道立近代美術館編	北海道新聞社
中上健次選集(全12巻)　中上健次著	小学館文庫
中村孝平作品集　中村孝平著 [和]	[記載なし]
百合子めぐり　中村智子著	未來社
創造は醜なり　中村正義著 [和]	美術出版社
文章学ノート　永山則夫著　佐木隆三監修	朝日新聞社
ラフカディオ・ハーンの耳　西成彦著	岩波書店
すこやか食生活シリーズ 痛風の人の食事　西岡久寿樹ほか著	保健同人社
古独楽　野川義秋著 [和]	埼玉文学学校出版部
戦争と罪責　野田正彰著	岩波書店
縁えにし–朝鮮人無縁仏の霊に捧げる　河正雄著	河正雄を囲む会
不夜城　馳星周著	角川文庫
民衆主体への転生の思想 弱さをもって強さに挑む　花崎皋平著 [和]	七つ森書館
日本人らしい生き方　林田明大著	三五館
東北帝国大学女子学生の記録–昭和十八年十月に入学して　晩夏会編著 [和]	晩夏会
土方巽全集1　土方巽著　種村季弘ほか編	河出書房新社
シュメールからの贈りもの 日高てる評論集　日高てる著 [和]	沖積舎

日野啓三自選エッセイ集 魂の光景 日野啓三著	集英社
〈複数文化〉のために ポストコロニアリズムとクレオール性の現在 複数文化研究会編	人文書院
南京事件をどうみるか 藤原彰編	青木書店
布·染み染み 福本繁樹作品集 福本繁樹著 [和]	光琳社出版
白髪の唄 古井由吉著	新潮文庫
太宰治 細谷博著	岩波新書
天上大風 堀田善衛著	堀田れい
ラ·ロシュフーコー公爵傳説 堀田善衛著	集英社
堀尾貞治80年代の記録 堀尾貞治著	光琳社出版
西からの音 音楽と美術 前川誠郎著 [和]	彩流社
アヴァン·チャイナー中国の現代アート 牧陽一著	木魂社
囚人狂時代 見沢知廉著	新潮文庫
ベンヤミン 破壊·収集·記憶 三島憲一著	講談社
宮崎静夫作品集 1956−1998	宮崎静夫
宮崎進画集 私のシベリア 森と大地の記憶 宮崎進著 [和]	文藝春秋
4本足のニワトリ 現代と子どもの表現 宮脇理編 [和]	国土社
辺境·近境 村上春樹著 [和]	新潮社
その愛と芸術 杢田たけを著 [和]	オリーブ
いま伝えたい 細菌戦のはなし 隠された歴史を照らす 森正孝著	明石書店
老子·荘子 森三樹三郎著	講談社学術文庫
芸術家Mのできるまで 森村泰昌著 [和]	筑摩書房
山田風太郎明治小説全集（全14巻） 山田風太郎著	ちくま文庫
フランス美術基本用語 山梨俊夫ほか著	大修館書店
血と骨 梁石日著 [和]	幻冬舎
快楽と救済 梁石日ほか著	日本放送出版協会
テレビの中のテレビ 吉居和弘著	文芸社
路上のおとぎ話 吉岡忍著 [和]	朝日新聞社
箱の夫 吉田知子著 [和]	中央公論社
空ニモ書カン 保田與重郎の生涯 吉見良三著 [和]	淡交社
遺書 吉本隆明著	角川春樹事務所
芸術の哲学 渡邊二郎著	筑摩書房
現代文学の読み方·書かれ方 渡部直己著 [和]	河出書房新社

【翻訳】

ポストコロニアルの文学 ビル·アッシュクロフトほか著 木村茂雄訳	青土社
灰とダイアモンド（上·下） アンジェイェフスキ著 川上洸訳	岩波文庫
やぁ、ガラルノー ジャック·ゴドブー著 小畑精和訳	彩流社
知識人とは何か エドワード·W·サイード著 大橋洋一訳	平凡社ライブラリー
シュタイナー 霊的宇宙論 ルドルフ·シュタイナー著 高橋巖訳	春秋社
中野重治とモダン·マルクス主義 ミリアム·シルババーグ著 林淑美ほか訳	平凡社
日本人はどのように森をつくってきたのか コンラッド·タットマン著 熊崎実訳	築地書館
トム·ソーヤーの冒険 マーク·トウェイン著 大久保康雄訳	新潮文庫

1998（平成10年）

襞−ライプニッツとバロック　ジル・ドゥルーズ著　宇野邦一訳	河出書房新社
青空　ジョルジュ・バタイユ著　天沢退二郎訳	晶文社
アドルノ入門　R.ヴィガースハウス著　原千史ほか訳	平凡社ライブラリー
八月の光　フォークナー著　加島祥造訳	新潮文庫
フランクル回想録 20世紀を生きて　V.E.フランクル著　山田邦男訳	春秋社
イアン・ブルマの日本探訪 村上春樹からヒロシマまで　イアン・ブルマ著　石井信平訳 [和]	TBSブリタニカ
ナヌムの家のハルモニたち 元日本軍慰安婦の日々の生活　慧眞著　金京子ほか訳	人文書院
感性の思考　W.ヴェルシュ著　小林信之訳	勁草書房
阿Q正伝・狂人日記 他十二篇（吶喊）　魯迅著　竹内好訳	岩波文庫
カフカのように孤独に　マルト・ロベール著　東宏治訳	平凡社ライブラリー
癒す心、治る力　アンドルー・ワイル著　上野圭一訳	角川文庫

【詩集等】

閻王　今野好江著	北溟社
川に棄てられていた自転車 松岡政則詩集	澪標
川の傷口　津久井ひろみ著	書肆山田
琴酒堂遺歌集　田井淳夫著	田井淳夫先生を偲ぶ会
句集 足の裏　小沢信男著	夢人館
詩画集 シーソーゲーム　倉橋健一・詩　成田和明・画	澪標
詩集 マクドナルドの休日　三好由紀彦著	ふらんす堂
身世打鈴　朴貞花著	砂子屋書房
竹の異界 木津川昭夫詩集	砂子屋書房
妻へ… 妻を恋うる十二か月俳句日記　永井守昌著	ゾディアック
錦米次郎全詩集	鳥語社

【カタログ・その他】

Art in the ruins AIR 空気展	東京画廊
アートラボ第8回企画展 Sound Creatures	ヒルサイドプラザ
愛の翼−絹谷幸二展　髙島屋美術部編 [和]	髙島屋美術部
秋田・美の人びと	第20回日本文化デザイン会議'98秋田実行委員会
浅野庚一・建畠朔弥新作彫刻展：開廊10年記念	ギャルリ・プス
アジアの紙 素材と表現−かみ−展	せとうち現代美術
明日への作家たち 神奈川アート・アニュアル'98	神奈川県立県民ホール・ギャラリー
アムネスティニュースレター No.294	アムネスティインターナショナル日本支部
井口大介展	文房堂ギャラリー
池田晶一 SUN&MOON	成羽町美術館
イタリアの7人展　守田均編	アール・プランニング
一原有徳・版の世界 生成するマチエール　徳島県立近代美術館・北海道立近代美術館編	徳島県立近代美術館・北海道立近代美術館
伊藤和子 敗戦からの出発展	アートギャラリー環
稲垣三郎	稲垣三郎
Imaï Nagasaki,Hiroshima 今井俊満	ギャラリー GAN
インド現代美術展：神話を紡ぐ作家たち　古市保子編	国際交流基金アジアセンター

1998（平成10年）

永遠性の終りの時に「工芸的なるもの」をめぐって vol.1	連続企画「工芸的なるもの」をめぐって展
英国3世代による抽象構成主義展	東京画廊
榎本和子「無限のヴィジョン·8面体」 A.デューラー〈メレンコリアI〉 第18回 オマージュ瀧口修造展	佐谷画廊
絵本原画の世界「こどものとも」の絵画表現1956−1997	宮城県美術館
オーブリー·ビアズリー展 世紀末芸術の華 井上芳子ほか編 [和]	アート·ライフ
大沢昌助の世界	アルカディア
岡田伊登子展 天に上る水	村松画廊
思い出の池田満寿夫 没後1年·特別企画展 [国]	池田満寿夫美術館
解放19号 革命的労働者協会総務委員会編	現代社
加害／被害：シリーズ·ART IN TOKYO NO.10	板橋区立美術館
カサハラ画廊25年史 1972−1997 太田善規ほか編 [和]	カサハラ画廊
Kanagawa Arts Foundation	神奈川芸術文化財団
神奈川国際版画トリエンナーレ'98 [国]	神奈川県立県民ホール·ギャラリー
加山又造展	東京国立近代美術館
カルメン·コレクション展 風景画の輝き−印象派を中心に	読売新聞社·東京都美術館ほか
華麗なる馬たち 馬と人間の美術史·バロックから近代まで	日本経済新聞社
河口龍夫 封印された時間	水戸芸術館現代美術ギャラリー
河原温 全体と部分 1964−1995 南雄介ほか編 [和]	東京都現代美術館
完全特集 永山則夫（文藝別冊） 阿部晴政編	河出書房新社
菊畑茂久馬 1983−1998 天へ、海へ	徳島県立近代美術館
岸本吉弘展	ギャラリーαM
北御牧村立梅野記念絵画館	北御牧村立梅野記念絵画館·ふれあい館
KIM HYE KYUNG−Life and then Life	麻布美術工芸館
金原京子	金原京子
久野真·庄司達展	愛知県美術館
群馬県立近代美術館年報	群馬県立近代美術館
研究紀要	新潟県立近代美術館
芸術と環境−エコロジーの視点から 加須屋明子編	国立国際美術館
現代中国絵画展	現代中国絵画展実行委員会
工芸のジャポニズム展 東京都庭園美術館ほか編	NHKプロモーション
後藤和子展 大野正勝·文 [和]	ギャラリー山口
斎藤義重展 入善町教育委員会編	入善町教育委員会
坂井榮雄展 1957−1998 坂井榮雄編 [和]	熊本県立美術館
佐々木豊個展 悦楽と不安と	髙島屋美術部
佐多稲子さん ありがとう−お別れ会の記録	婦人民主クラブ
ザッキン 彫刻と素描展	茨城県近代美術館
SIGA ANNUAL'98 精霊の宿るところ 見えざるものの啓示	滋賀県立近代美術館
四季のための二十七晩	慶應義塾大学アート·センター
'98上海美術双年展 Shanghai Biennale	上海美術館
昭和の時代を見つめた眼 靉光	小田急美術館

女性画家が描く日本の女性たち展　内山武夫監修 [和]	朝日新聞社文化企画局大阪企画部
ジョルジュ・モランディ 花と風景	東京都庭園美術館
シンポジウム「再考：アジア現代美術」報告書　野呂昌彦ほか著　古市保子編	国際交流基金アジアセンター
菅木志雄	東京画廊
菅木志雄展	神奈川県立県民ホール・ギャラリー
聖イグナチオ教会新聖堂ステンドグラス完成記念 上野泰郎展[聖書物語] [和]	上野泰郎
關敏―石に聴く　たましん歴史・美術館編 [国]	たましん地域文化財団
戦後日本のリアリズム1945―1960	名古屋市美術館
戦争の刻印と鎮魂 戦後美術の原像展	いわき市立美術館
第19回日本文化デザイン会議'97福井ダイジェスト	日本デザインフォーラム
高橋克之新作展	東邦画廊
建石修志コラージュ展 Distance [和]	ギャラリーイヴ
田中栄作	東京画廊
魂の表出―表現主義とその周辺 ドイツ版画の近代	宮城県美術館
多摩秀作美術展 第12回	青梅市立美術館
茅ヶ崎―光と心の画家たち：開館記念所蔵作品展	茅ヶ崎市美術館
地球の音を聞いてごらん	サウンディング・スフィア企画委員会
蝶と貝殻―三岸好太郎の夢の視覚詩	三岸好太郎美術館
土谷武展	東京国立近代美術館・京都国立近代美術館ほか
ディアギレフのバレエ・リュス展 1909―1929　セゾン美術館ほか編 [国]	セゾン美術館
ディヴィッド・サーレ展	伊藤忠ギャラリー
テキスタイルの発言：イギリスの今日	京都国立近代美術館
遠い影 田井淳　アトリエat編 [和]	アトリエat
十勝の川 流木アートキャンプ'98	北海道幕別町
特別講演会『戦後日本の美術をどううけつぐか』 針生一郎著	［記載なし］
豊島弘尚新作展	村松画廊
豊島弘尚―空に播く種子または宙の花	安田火災美術財団
トライアングル 芽・種・土	HeARTプロジェクト「森のゆうびん局」みやしろ
なぜ、これがアートなの？	水戸芸術館現代美術ギャラリー
難波田龍起追悼文集「翔」	東京オペラシティ文化財団
難波田龍起・史男記念美術館 図録	難波田龍起・史男記念美術館
ニキ・ド・サンファル	ニキ美術館
西成田育男 Ikuo Nishinarita ASYLUM	シロタ画廊
西雅秋+古郡弘展「ご破算」	佐賀町エキジビット・スペース
20世紀の証言 ピュリツァー賞写真展　虹工房ほか編	日本テレビ放送網
「日本画」：純粋と越境―90年代の視点から	練馬区立美術館
日本の美・間の芸術：東京国立近代美術館・京都国立近代美術館所蔵品による	新潟県立近代美術館
ニュース「ソカロ」 NO.62	埼玉県立近代美術館
ネオ・ダダJAPAN1958―1998 磯崎新とホワイトハウスの面々	大分市教育委員会
〈ネオ・ラグーン〉北東アジアの現代美術	新潟アジア文化祭実行委員会
朴栖甫 [和]	東京画廊

八田豊とその周辺展	現代芸術研究会
パトロンと芸術家 井上房一郎の世界 [国] [和]	群馬県立近代美術館·高崎市美術館
美術の星座	なるせ美術座
日高頼子展 自然への憧憬 工藤健編 [和]	ギャラリーせいほう
尾藤豊の戦後美術1947−1963 平井亮一·文 川妻さち子編 [和]	アートギャラリー環
美と土俗 近現代美術の中の"日本" 北海道立旭川美術館学芸課編 [国]	北海道立旭川美術館
被爆者補償の原点 朝鮮人被爆者孫振斗裁判の記録 中島竜美編著	在韓被爆者問題市民会議
ブッダ展 大いなる旅路 東武美術館·奈良国立博物館ほか編	NHKプロモーション
Preview4 難波田龍起追悼展 −1988年以降の近作から	東京オペラシティ文化財団
ベルギー美術コレクション	姫路市立美術館
変貌する紙のカタチ 橿尾正次展 長縄宣編	入善町教育委員会
VOCA展'98「現代美術の展望−新しい平面の作家たち」	上野の森美術館
北陸中日美術展：第37回	石川県立美術館
没後10年 杢田たけを展 姫路市立美術館編 [和]	姫路市立美術館友の会
没後50年 松本竣介展	練馬区立美術館
没後90年記念 浅井忠展 京都国立近代美術館ほか編 [和]	京都新聞社
堀江進展	村松画廊
馬越陽子洋画展	三越
マリナ·アブラモヴィッチ：インビトゥイーン [和]	現代美術センター CCA北九州
マンガの時代 The MANGA Age 矢口國夫ほか編	東京都現代美術館
水谷勇夫 50年の造形の軌跡−終りから始りから	池田20世紀美術館
水邊の言語オブジェ 吉増剛造−詩とオブジェと写真 [和]	斎藤記念川口現代美術館
みのわ淳展	日辰画廊
宮崎準之助 特別企画展	福岡県立美術館
宮脇愛子 彫刻家の軌跡	神奈川県立近代美術館
ミュゼ浜口陽三·ヤマサコレクション ミュゼ浜口陽三·ヤマサコレクション編 [和]	ヤマサ醤油
村井正誠展	鎌倉画廊
メキシコ現代版画と日本 1 メキシコ 長谷川ていほか編 [国]	読売新聞社·美術館連絡協議会
メキシコ現代版画と日本 2 日本 長谷川ていほか編 [国]	読売新聞社·美術館連絡協議会
眼と精神−フランス現代美術展	群馬県立近代美術館ほか
モボ·モガ展 1910−1935	神奈川県立近代美術館
「森村泰昌·空装美術館−絵画になった私」vol.1	東京都現代美術館
森本紀久子	アートスペース虹
モンドリアン展	東京新聞
柳澤紀子展	養清堂画廊
ようこそアートハウスへ1987−1998	アートハウス
ラインハルト·サビエ〈点呼〉	東邦画廊
李禹煥 全版画 1970−1998 浅倉裕一郎編	李禹煥全版画展実行委員会
リキステンスタイン展 版画の宇宙1948−1997	小田急美術館·川村記念美術館
蓮如と本願寺−その歴史と美術	京都国立博物館
Kawashima [和]	Walter Wickiser Gallery,NY

【執筆・著作】

あいだ EXTRA31' 意見書	美術と美術館のあいだを考える会
伊藤和子 敗戦からの出発展 伊藤和子の歩み	アートギャラリー環
現代中国絵画展 展示図録 監修者のことば	現代中国絵画展実行委員会
追想 金達寿 「追想金達寿」刊行委員会編 金達寿の思い出	青丘文化社
絵本原画の世界「こどものとも」の絵画表現1956−1997 「こどものとも」のイラストレーション	宮城県美術館
ラインハルト・サビエ〈点呼〉 サビエ訪問から「点呼」展まで	東邦画廊
みのわ淳展 詩人的気質で…	日辰画廊
第37回 北陸中日美術展 審査評	石川県立美術館
月刊美術 No.271 戦後日本美術の模索、そして…	サン・アート
ネオ・ダダJAPAN1958−1998 −磯崎新とホワイトハウスの面々 戦後美術におけるネオ・ダダの位相	大分市教育委員会
朱夏 秋季号 戦争美術、その現在までの位相	せらび書房
多摩秀作美術展 第12回 選評	青梅市立美術館
特別講演会『戦後日本の美術をどううけつぐか』 針生一郎著	
清泉文苑 15 日本のポストコロニアリズム	清泉女子大学
美育文化 vol.48 美育インタビュー	美育文化協会
森本紀久子	アートスペース虹
隔月刊 あおもり草子 よみがえってほしい根源的な野生	企画集団「ぷりずむ」

1999(平成11年)

【和書】

続 越後の空 相沢直人著 [和]	夢譚書房
優柔不断術 赤瀬川原平著	毎日新聞社
老人力自慢 赤瀬川原平著	筑摩書房
河童・或阿呆の一生 芥川龍之介著	新潮文庫
北京芸術村 抵抗と自由の日々 麻生晴一郎著	社会評論社
戦争責任・戦後責任 日本とドイツはどう違うか(朝日選書) 粟屋憲太郎ほか著	朝日新聞社
大世紀末−世界が変わる私が変わる−いいだももの大預言 いいだもも著	情況出版
共産主義者、奔走す「20世紀社会主義」大崩壊のなかでの建党協議会の挑戦 生田あい著 [和]	論創社
石井武夫作品集2 Sのための物語	生活の友社
沖縄 基地 文学 石坂蔵之助著 [和]	新日本文学会
日本(ハポン)の冬 石田甚太郎著 [和]	新読書社
栖すみか十二(住まい学大系100) 磯崎新著 [和]	住まいの図書館出版局
風の記憶 五木寛之著 [和]	角川書店
東京セブンローズ 井上ひさし著	文藝春秋
わが友フロイス 井上ひさし著	ネスコ・文藝春秋
my sky hole 1997 井上武吉著	鹿島出版会
ペルソナ 三島由紀夫伝 猪瀬直樹著	文春文庫
象徴天皇の発見 今谷明著	文春新書
ぼっけえ、きょうてえ 岩井志麻子著	角川書店

1999(平成11年)

宇佐美圭司作品集 宇佐美圭司著	美術出版社
詩と権力のあいだ 宇野邦一著	東京大学出版会
エロス コスモス 大沢泰夫鉛筆画集 大沢泰夫著 和	美術出版社
日本語練習帳 大野晋著	岩波新書
中部の戦後文学点描 岡田孝一著	中日新聞社
太郎神話 岡本敏子編	二玄社
歴史の点景−実朝·明恵·ノ貫·秋成 小田三月著	審美社
渇いたむら·少年 小野悌次郎著 和	新幹社
美と政治−ロマン主義からポストモダニズムへ 小野紀明著	岩波書店
シャリマール シルクロードをめぐる愛の物語 甲斐大策著 和	石風社
生命の風物語 シルクロードをめぐる12の短篇 甲斐大策著 和	石風社
親には言えないこと お母さん、お父さん、あきらめないで 影山和子著	海竜社
阿佐田哲也 色川武大 人生修羅場ノオト 春日原浩著 和	KKベストセラーズ
可能性としての戦後以後 加藤典洋著	岩波書店
銀幕の東京−映画でよみがえる昭和 川本三郎著	中公新書
近代日本少年少女感情史考−けなげさの系譜 北田耕也著	未來社
木村重信著作集(全8巻) 木村重信著	思文閣出版
what? 木村恒久著 末井昭編 和	白夜書房
虚実空間 木村嘉子 木村嘉子著	A&Aパブリッシング
Takao Kurioka Series Nature of Nature 1993−1996 栗岡孝於著	栗岡孝於
鼎と槐多 わが生命の焔 信濃の天にとどけ 窪島誠一郎著	信濃毎日新聞社
信濃デッサン館20年 夭折画家を追って 窪島誠一郎著 和	平凡社
哲学サミット グループ·ミネルヴァ編 和	角川春樹事務所
転形期における中国の知識人 小谷一郎ほか編	汲古書院
浮かび上がりたくない 小林勇著 和	森光社
フェルメールの世界 17世紀オランダ風俗画家の軌跡 小林頼子著	日本放送出版局
ゴッホの遺言 贋作に隠された自殺の真相 小林英樹著	情報センター出版局
小説と批評 小森陽一著	世織書房
多摩丘陵の"むら"から 生田だより 佐伯美年子著	講談社出版サービスセンター
画風泥棒 十二人のアーティストの場合 佐々木豊著 和	芸術新聞社
アート·マネージメント 佐谷和彦著	平凡社
カエサルを撃て 佐藤賢一著	中央公論新社
現代芸術への誘い COCA編	東方出版
塩原友子画集II 塩原友子著 塩原友子画集2編集委員会編 和	上毛新聞社
裁判に花を:らい予防法違憲国賠訴訟第1回公判口頭弁論に至るまで 島比呂志著	八十路書房
近代日本漫画百選 清水勲編	岩波文庫
文学作品の中の村と農民像 下澤勝井著	武蔵野書房
小ブル急進主義批評宣言 絓秀実著	四谷ラウンド
キケロ−ヨーロッパの知的伝統 高田康成著	岩波新書
都市と科学の論理 阪神·淡路大震災がつきつけたもの 武谷三男·小田実対談 和	こぶし書房
歌くらべ 明治天皇と昭和天皇 田所泉著	創樹社

1999（平成11年）

長澤蘆雪と三つの短篇 田靡新著	宝塚出版
パステルと月 谷川晃一画文集 谷川晃一著 [和]	日貿出版社
細雪 谷崎潤一郎著	中公文庫
明平さんのいる風景－杉浦明平生前追想集 玉井五一ほか編	風媒社
常田健 常田健著	角川春樹事務所
花のピカソと呼ばれ 勅使河原純著	フィルムアート社
南天堂 松岡虎王麿の大正・昭和 寺島珠雄著 [和]	皓星社
決定版 百冊の時代小説 寺田博著	文藝春秋
戸津侃彫刻集 1983－1999 戸津侃著 [和]	戸津侃
画家たちの札幌－雪と緑のメモワール（ミュージアム新書19） 苫名直子著 北海道立近代美術館編	北海道新聞社
青い絵具の匂い 松本竣介と私 中野淳著	中公文庫
小説・昭和記 第一部 ゆくさきしらず 中村凉三著 [和]	皓星社
改訂新版 明日からタバコがやめられる 中村正和ほか著	法研
正念場－不易と流行の間で 中村雄二郎著	岩波新書
梨の花通信 第31号	中野重治の会
夫・画家 ガンとともに12年 奈良幸子著	NECクリエイティブ
奈良達雄作品集 奈良達雄作品集遺作展実行委員会著 [和]	奈良達雄作品集遺作展実行委員会
難波田龍起作品集 魂の風景 1905－1997 難波田龍起著 竹ノ内いつ子ほか編 [和]	三和研磨工業
難波田史男作品集 浸透する夢 1941－1974 難波田史男著 竹ノ内いつ子ほか編 [和]	三和研磨工業
国民の歴史 西尾幹二著 新しい歴史教科書をつくる会編	産経新聞ニュースサービス
韓国人は不景気に負けない! 仁科健一ほか編	社会評論社
シュタイナー入門 西平直著	講談社現代新書
桜井教バンザイ 西村勝嘉著	出版研
天皇と倒錯 現代文学と共同体 丹生谷貴志著	青土社
実存の戸村一作 私の中に生きる 日本キリスト教団三里塚教会戸村一作没後20年記念行事実行委員会編 [和]	れんが書房新社
がん病院ランキング 丹羽幸一著	メディアワークス
野坂徹夫作品集 水の祈り 野坂徹夫著 [和]	路上社
コリアン世界の旅 野村進著	講談社+α文庫
〈転向〉の明暗－「昭和十年前後」の文学 文学史を読みかえる③ 長谷川啓編	インパクト出版会
ヘーゲル『精神現象学』入門 長谷川宏著	講談社
リアスの海辺から 畠山重篤著 [和]	文藝春秋
一月物語 平野啓一郎著	新潮社
平松礼二画集 印象派・ジャポニスムへの旅	求龍堂
路 印象派への旅 平松礼二著	里文出版
百萬人の身世打鈴 朝鮮人強制連行・強制労働の「恨」 百萬人の身世打鈴編集委員編 [和]	東方出版
戦争の死 戦後の死 廣岡尚利著 [和]	叢書見る
四国・お遍路謎とき散歩 ひろたみを著	廣済堂出版
群れ翔ぶ 佐多稲子追悼集 婦人民主クラブ編 [和]	婦人民主クラブ
フランクフルト学派の今を読む 船戸満之ほか著 情況出版編集部編	情況出版

俺の仕事は俺一代 利根川源流の男たち 松葉豊著 [和]	水曜社
絵を描く俘虜 宮崎静夫著 [和]	石風社
野獣系でいこう!! 宮台信司著 [和]	朝日新聞社
〈戦後日本国家〉という問題 武藤一羊著 [和]	れんが書房新社
スプートニクの恋人 村上春樹著	講談社
鬼ノ城と大廻り小廻り(吉備考古ライブラリィ②) 村上幸雄ほか著 近藤義郎編集協力	吉備人出版
保田與重郎(作家の自伝97)	日本図書センター
現代絵画入門 山梨俊夫著	中公新書
アジア的身体 梁石日著	平凡社ライブラリー
フルハウス 柳美里著	文春文庫
いい人はガンになる 吉川勇一著	KSS出版
患者さん、これだけはわかってよ(講談社ニューハードカバー) 米山公啓著	講談社
前衛詩詩論 四方章夫著	思潮社
竜のおたけび 礼田時生著	新幹社
退屈な美術史をやめるための長い長い人類の歴史 若林直樹著	河出書房新社
変容するモンゴル世界−国境にまたがる民 和光大学モンゴル学術調査団編	新幹社
渡邉敬介画集 渡邉敬介著	渡邉敬介
不敬文学論序説 渡部直己著	太田出版

【翻訳】

イデオロギーとは何か テリー・イーグルトン著 大橋洋一訳	平凡社ライブラリー
フィンランド駅へ 革命の世紀の群像(上・下) エドマンド・ウィルソン著 岡本正明訳	みすず書房
カフカ寓話集 カフカ著 池内紀訳	岩波文庫
金大中拉致事件の真相 金大中先生拉致事件の真相糾明を求める市民の会(韓国)編著 大畑正姫訳	三一書房
コーラン(上) 井筒俊彦訳	岩波文庫
近代芸術の五つのパラドックス アントワーヌ・コンパニョン著 中地義和訳	水声社
パレスチナへ帰る エドワード・サイード著 四方田犬彦訳	作品社
文化と帝国主義1 E.W.サイード著 大橋洋一訳	みすず書房
ソドム百二十日 マルキ・ド・サド著 澁澤龍彥訳	河出文庫
神秘学概論 ルドルフ・シュタイナー 著 高橋巖訳	ちくま学芸文庫
アルベルト・ジャコメッティのアトリエ ジャン・ジュネ著 鵜飼哲訳	現代企画室
泥棒日記 ジャン・ジュネ著 朝吹三吉訳	新潮文庫
ロビンソン漂流記 デフォー著 吉田健一訳	新潮文庫
盲者の記憶 ジャック・デリダ著 鵜飼哲訳	みすず書房
映画に反対して ドゥボール映画作品全集(上・下) ギー・ドゥボール著 木下誠訳	現代思潮社
ツァラトゥストラはこう言った(上・下) ニーチェ著 氷上英廣訳	岩波文庫
森なしには生きられない−ヨーロッパ・自然美とエコロジーの文化史 ヨースト・ヘルマント編著 山縣光晶訳	築地書館
魯迅評論集 魯迅著 竹内好訳	岩波文庫

【詩集等】

越境 長い四行詩話−四十篇に聯弾する 木島始著 [和]	土曜美術社出版販売

1999（平成11年）

サンパギータ フィリピン詩篇　高良勉著 [和]	思潮社
詩集 バラの熱　松川穂波著	白地社
是風 西家孝子歌集 [和]	銅林社
春の泥 高村三郎作品集	高村三郎を支援する会
御庄博実第二詩集	思潮社
吉増剛造詩集	ハルキ文庫

【カタログ・その他】

アートイング東京1999 21×21展	セゾン現代美術館セゾンアートプログラム
アートってなぁに	倉敷芸術大学芸術学部美術学科 高橋秀教室
アート・メゾンインターナショナル Vol.14−1・2 ペドロ・フランシスコ・ガルシア・グティエレス監修 [国]	麗人社
ACRYL AWARD1998	ターナー色彩・ギャラリーピアザ
アジアの森から	金津創作の森財団
AJAC展	東京都美術館
飛鳥和子検証展	奈義町現代美術館
新しいミュジオロジーを探る 西武美術館からセゾン美術館へ	セゾン美術館
阿部展也：第19回オマージュ瀧口修造展	佐谷画廊
荒川修作、マドリン・ギンズ	セゾンアートプログラム
荒木経惟 センチメンタルな写真、人生	東京都現代美術館
アルン−在日コリアン美術展	京都市美術館
飯島一次追悼展 [和]	フジカワ画廊
いいだもも「新著」を祝う会 記録集	いいだもも「新著」を祝う会 事務局
命 もう一つの温羅伝説	総社市民劇団「温羅」
AICA JAPAN CONGRESS	美術評論家連盟
映像工夫館作品展 ビーイング・デジタル−アニメーションとメディア 東京都写真美術館編	東京都歴史文化財団ほか
エディンバラの工芸 [和]	Edinburgh College of Art
エンソ ラクア&ホアン セグラ 日本にて	ダイムラー・クライスラープラザ
役行者と修験道の世界	大阪市立美術館
大森運夫展−荒寥の季節	ギャラリーサンセリテ
岡部昌生展「ダニ・カラヴァンへの23の手紙」	札幌アリアンス・フランセーズギャラリー
岡山県立大学デザイン学部第3回卒業制作展作品集	岡山県立大学
加賀谷武 ウィーン,ベルリン,富山	月刊ギャラリー編集部
神奈川県美術展：第35回	神奈川県立県民ホール・ギャラリー
金津創作の森グラス・アート・ドキュメント'98	金津創作の森アートコア
河口龍夫−関係・京都：特別展　京都市美術館編 [和]	特別展「河口龍夫−関係・京都」実行委員会
河尻隆次展：特別展 [和]	青梅市立美術館
菊畑茂久馬	東京画廊
絹の染織工芸展	群馬県立近代美術館
98玄土社書展	石川県立美術館
99コンテンポラリー・アート・フェスティバル	埼玉県立近代美術館

近代京都画壇と『西洋』日本画革新の旗手たち　京都国立近代美術館編 [和]	京都新聞社
草間彌生 ニューヨーク／東京 Love forever [国]	淡交社
草間彌生 ニューヨーク／東京 In full bloom　東京都現代美術館編 [国]	淡交社
クシュシトフ・ウディチコ展：第4回ヒロシマ賞受賞記念	広島市現代美術館
クリストファー・ライオン展	gallery αM
桑原史成―水俣	清里フォトアートミュージアム
群馬青年ビエンナーレ'99：第23回県民芸術祭参加	群馬県立近代美術館
現代アーティストブックの世界展：第15回現代美術こうふ展	甲府市総合市民会館
現代作家シリーズ'99 清水伸展	神奈川県立県民ホール・ギャラリー
現代作家シリーズ'99 田辺光彰	神奈川県立県民ホール・ギャラリー
現代作家の眼 クロスオーバー 10展	創文社
現代中国絵画の四人―唐允明・梁文博・王宏剣・段正渠	日中友好会館美術館
現代美術の手法④―和紙のかたち展	練馬区立美術館
国際現代美術展「波動 1999～2000」[和]	国際現代美術展「波動1999～2000」実行委員会
国際シンポジウム1999 アジアの美術：未来への視点 [国]	国際交流基金アジアセンター国内事業課
国際シンポジウム1999「アジアの美術：未来への視点」発表論文 [国]	国際交流基金アジアセンター
国際美評 創刊号	国際美評編集局
最後の七人展	岡山県総合文化センター
斎藤義重展	神奈川県立近代美術館
酒井香奈展	ギャラリーαM
作間敏宏 colony	アートフォーラム谷中
笹井弘 環境彫刻・版画・写真展	小野画廊
サラームNo.47	特定非営利活動法人パレスチナ子どもキャンペーン
GA DOCUMENT57 世界の建築	エーディーエー・エディタ・トーキョー
死刑廃止国際条約の批准を求める FORUM90	フォーラム90実行委員会
時刻法 犬と林剛 [和]	林剛
自然に遊び、自然に謳う―近代南画展　群馬県立近代美術館編 [国]	群馬県立近代美術館
シヴォーン・ハパスカ	セゾンアートプログラム
沈文燮	東京画廊
ショパン・ポーランド・日本展	ヒルサイドフォーラムほか
市立小樽文学館報第20号	市立小樽文学館
菅江真澄展 白井英二・秀雄より真澄へ　豊橋市美術博物館編 [和]	豊橋市美術博物館
西武美術館・セゾン美術館の活動：1975―1999　セゾン美術館編	セゾン美術館
セザンヌ展　横浜美術館・愛知県美術館・NHK・東京新聞編	NHK・NHKプロモーション・東京新聞
セゾンアートプログラム〈NICAF'99 TOKYO〉特別参加 〈シヴォーン・ハパスカ〉展ロンドン・アート・シーンの旗手：明滅する記憶の未来形 セゾンアートプログラム編	セゾン現代美術館セゾンアートプログラム
7 Angels from Tokyo1999	アル=ワースィティーと交流する会
セミナー「アジアの美術21世紀へ」：第1回福岡アジア美術トリエンナーレ	福岡アジア美術館
1930年代の青春 三岸好太郎と北海道独立美術作家協会の画家たち 北海道立三岸好太郎美術館編 [和]	北海道立三岸好太郎美術館

1999金圭泰作品集	美術世界
戦後美術を読み直す 吉仲太造	渋谷区立松濤美術館
素描の世界 所蔵作品を中心として	宮城県美術館
第1回トリエンナーレ豊橋 明日の日本画を求めて	豊橋市美術博物館
立石大河亞展 田川市美術館編 和	田川市美術館
田中信太郎	東京画廊
田中稔之 退職記念展 多摩美術大学編	多摩美術大学
ダニ・カラヴァン 隠された庭への道1992−99	札幌芸術の森美術館
多面体・岡本太郎−哄笑するダイナミズム	川崎市岡本太郎美術館
知覚の実験室：チバ・アート・ナウ'99	佐倉市立美術館
丁昌燮	東京画廊
寺尾五郎さんとお別れする会 記録	日本図書館協会会館
土屋公雄展 生命と記憶"古代の雨"	ギャラリーGAN
T・E・A・M アジアの紙と現代美術 石山陽子編 和	現代芸術研究会
TUES1999 太田益美展 和	彫刻の森美術館
でっかい詩魂 山田今次メモリアル	詩人山田今次を偲ぶ仲間たち展実行委員会
Duet'99 アッバス・キアロスタミ 宮廻正明	彌生画廊
土井俊泰の画業	茅ヶ崎市美術館
ドゥエイン・マイケルズ写真展 和	PPS通信社
TOSA−TOSA'99 紙 高知県立美術館編 和	高知県立美術館
ドナルド・ジャッド 1960−1991	埼玉県立近代美術館・滋賀県立近代美術館
豊島弘尚展	村松画廊
「トランジション−変貌する社会と美術−」報告書：第32回国際美術評論家連盟大会 国際美術評論家連盟日本大会	美術評論家連盟
中村一美 採桑老	セゾンアートプログラム
20世紀中国画壇の巨匠 傅抱石 渋谷区立松濤美術館編 和	読売新聞社
21世紀東アジア平和と人権 済州島シンポジウム報告集 老田裕美ほか編	国際シンポジウム「東アジアの冷戦と国家テロリズム」日本事務局
日本佐藤多持絵画展 施大畏ほか編 和	上海中国画院美術館
NOTES 1999／提言・アンソロジー「棲むということ」／柏原えつとむ IN HOFU	アスピラート
NOTES1999「消しゴムたちの肖像」No.2 柏原えつとむ IN TOKYO	コバヤシ画廊
浜田知明新作彫刻展	ヒロ画廊
パラダイスへの道'99 「パラダイスへの道」出版委員会編 和	パラダイス企画
非核ネットワーク通信 第55号	非核自治体全国草の根ネットワーク世話人会
東アジア／絵画の近代−油画の誕生とその展開	静岡県立美術館ほか
光ではかられた時−渡辺好明 斎藤記念川口現代美術館編	斎藤記念川口現代美術館
尾藤豊遺作展	アートギャラリー環
从展：第25回−四半世紀をふりかえる 創立メンバー特別展	从会
福岡アジア美術トリエンナーレ1999：第1回	福岡アジア美術館
細田和子染色展 子どもの版画−教育実践から 細田和子編 和	細田和子
没後120年 菊池容斎と明治の美術 練馬区立美術館編 和	練馬区立美術館

1999(平成11年)

まなざしーラインハルト・サビエ展　千葉成夫監修 [国][和]	朝日新聞社文化企画局文化企画部
三つのベクトル 林弘堯+岡部昌生+田丸忠　斎藤知子・文 [和]	北網圏北見文化センター
水戸アニュアル'99 プライベートルームIIー新世代の写真表現	水戸芸術館現代美術ギャラリー
水戸芸術館　水戸市芸術振興財団編 [和]	水戸市芸術振興財団
宮崎進の世界 もうひとつのシベリア　山口県立美術館編 [和]	山口県立美術館
宮島弘光	ギャラリー代々木
ミューズ新春美術展ー向き合えば、絵画は芽生え	所沢市民文化センターミューズ　ザ・スクエア
見る顔、見られる顔	セゾンアートプログラム
メタモルフォーゼ・タイガー 立石大河亞と迷宮を歩く 品川文化振興事業団O美術館編 [和]	品川文化振興事業団O美術館
母袋俊也	ギャラリーなつか
森田直衛 1986ー'99作品集 [和]	森田直衛
森に生きるかたち：開館30周年記念展 1999ー2000　彫刻の森美術館編 [国]	彫刻の森美術館
柳瀬正夢 反骨の精神と時代を見つめる眼　柳瀬正夢研究会編 [和]	柳瀬正夢研究会
矢野正治個展 ドキュメント 1960sー1999　高橋享・文 [和]	ABCギャラリー
山種美術館開館30周年記念 シンポジウム報告書 日本に新古典主義絵画はあったか? 1920ー30年代日本画を検証する	山種美術館
山本貞展ー凝視された光景：第22回安田火災東郷青児美術館大賞受賞記念 [和]	安田火災美術財団
横山操展	東京国立近代美術館ほか
李禹煥	東京画廊
瑠玻27回展	福岡県立美術館
ロラと語る夕べ&フィリピン人元「慰安婦」・ロラたちのスケッチ展	戦後補償実現市民基金
渡辺好明 光ではかられた時ー水鏡	アートフォーラム谷中
Hitoshi Nakazato　Line outside series 中里斉	Ericson Gallery, Philadelphia

【執筆・著作】

アジアの森から　〈アジアの森から〉展の実現まで	金津創作の森財団
阿部展也：第19回オマージュ瀧口修造展　阿部展也ー悧口な野獣の悲喜劇	佐谷画廊
潮流 女と男の四季 長友智恵子追悼号　おそるべき引きまわし役	潮流社
まなざしーラインハルト・サビエ展　現代文明批判のリアリズムー交流6年からみたサビエ	小田急美術館
岡山県立大学岡山県立大学短期大学部広報部 vol.6 県立大学の二年間をふりかえって	岡山県立大学
AICA JAPAN CONGRESS　ごあいさつ	美術評論家連盟
でっかい詩魂 山田今次メモリアル 小柄だがスケールの大きいひと	詩人山田今次を偲ぶ仲間たち展実行委員会
虚実空間 木村嘉子　コラージュ風の木村嘉子論	A&Aパブリッシング
告知板 322　〈寸言〉日本の植民地化と百万人署名運動	平和憲法を世界に広げる会
太郎神話　岡本敏子編　精緻な文明悲観の眼ー「日本再発見」書評	二玄社
野坂徹夫作品集 水の祈り　鮮烈な詩とユーモア	路上社
部落解放 臨時号　第25回部落解放文学賞	解放出版社
7 Angels from Tokyo1999　東京からの七天使	アル=ワースィティーと交流する会
梨の花通信 第31号　「中野重治記念文学奨励賞」私見	中野重治の会

1999（平成 11 年）

POSI 第9号 なぜ知的障害者の芸術に心惹かれるのか	調布画廊 POSI編集室
中国新聞 11/28 花のピカソと呼ばれ 勅使河原純著／足元から迫る蒼風入門の書	中国新聞社
ロラと語る夕べ&フィリピン人元「慰安婦」·ロラたちのスケッチ展 表面的だった戦争の反省	戦後補償実現市民基金
GRAPHICATION 102 文化の相互理解をどう進めるか	富士ゼロックス
細田和子染色展 子どもの版画ー教育実践から 細田和子の里帰り染色展に寄せて	パラオ·コミュニティーホール
世界 緊急増刊「ストップ! 自自公暴走」日本の民主主義の再生のために 民衆の責任と抵抗の課題	岩波書店
変容するモンゴル世界 国境にまたがる民 和光大学モンゴル学術調査団編 遊牧文化と国家のダイナミズム	新幹社
art planet agobal of art critisism vol.1 Reflections on the season of Neo Dada	The AICA Press, Paris

2000-2012

平成12年—平成24年

2000（平成12年）

【和書】

虹・虹 靉嘔版画全作品集1982−2000 靉嘔著 [国]	阿部出版
朝井閑右衛門画集 朝井閑右衛門著 日動出版部編 [和]	朝井閑右衛門の会
インディヴィジュアル・プロジェクション 阿部和重著	新潮文庫
「日本」とは何か 網野善彦著	講談社
建築を語る 安藤忠雄著	東京大学出版会
美術を鳥瞰するとき 生尾慶太郎著	里文出版
蜻蛉の夢 記憶・回想そして絵画 池田龍雄著	海鳥社
ゲルニカの悲劇を越えて−20世紀・戦争と画家たち 砂盃富男著	沖積舎
わが父 波郷 石田修大著 [和]	白水社
出海溪也詩論集2000 アレゴリーの卵 出海溪也著 [和]	潮流出版社
ル・コルビュジエとはだれか 磯崎新著	王国社
見ることの距離−ダンスの軌跡 1962−1996 市川雅著	新書館
ピカレスク 太宰治伝 猪瀬直樹著	小学館
上野千鶴子が文学を社会学する 上野千鶴子著	朝日新聞社
カルチュラル・スタディーズ入門 上野俊哉ほか著	ちくま新書
版画作品2000年4月−8月 80年代の資料から シルクスクリーン 上前智祐著	上前智祐
東京から農業が消えた日 薄井清著	草思社
内田智也銅版画集 1988−2000 内田智也著 [和]	吉備人出版
他者論序説 宇野邦一著	書肆山田
欲望する環境市場 江澤誠著	新評論
アーバナートメモリアル1980−1999 榎本了壱監修	PARCO出版局
正法眼蔵随聞記 懐奘著 水野弥穂子訳	ちくま学芸文庫
取り替え子 大江健三郎著	講談社
続・美術館の窓から 僕はこころの洗濯屋 大川栄二著 [和]	大川美術館
異郷の同時代風景−韓国・中国に旅して 大牧冨士夫著	大牧冨士夫
ふうてん老人行状記 大森澄著	八小堂
山谷崖っぷち日記 大山史朗著	TBSブリタニカ
ノスタルジック・ポエジー−戦後の詩人たち 岡本勝人著	小沢書店
裸の大将一代記 山下清の見た夢 小沢信男著	ちくま文庫
三笠山の月 小田嶽夫作品集 小田三月編	小沢書店
ケベック文学研究−フランス系カナダ文学の変容 小畑精和著	御茶の水書房
老子と暮らす 知恵と自由のシンプルライフ 加島祥造著 [和]	光文社
朝鮮の近代（世界史リブレット43） 糟谷憲一著	山川出版社
ことばと芸術 加藤周一対話集 加藤周一著	かもがわ出版
螺旋家 加藤義勝著	牧神画廊・トムズボックス
可能なるコミュニズム 柄谷行人著	太田出版
原理 NAM 柄谷行人ほか編著 [和]	平凡社
白山の水 鏡花をめぐる 川村二郎著	講談社
追悼 庄幸司郎 平和憲法とともに 「記録」編集部編	アストラ

2000(平成12年)

悪い噂　玄月著	文藝春秋
京都・異界をたずねて　蔵田敏明・文　角野康夫・写真	淡交社
活性環状乳酸・CPLでガンなどの悪性細胞が自滅する　健食漢方研究会著　今西嘉男監修	ごま書房
まんがハングル入門 笑っておぼえる韓国語　高信太郎著	光文社
遊歩者の視線 ベンヤミンを読む　好村冨士彦著　和	日本放送出版協会
ゴッホの証明 自画像に描かれた別の顔の男　小林英樹著　和	情報センター出版局
公共性　齋藤純一著	岩波書店
『ファウストゥス博士』研究−ドイツ市民文化の「神々の黄昏」とトーマス・マン　下程息著	三修社
島尾敏雄事典　島尾ミホほか編	勉誠出版
イルカを待つ海　島田勢津子著	編集工房ノア
20世紀文化の臨界　清水一人著	青土社
歴史とトラウマ 記憶と忘却のメカニズム　下河辺美知子著	作品社
中核派民主派宣言　白井朗著	社会批評社
ゾルゲはなぜ死刑にされたのか「国際スパイ事件」の深層　白井久也ほか編	社会評論社
日宣美の時代 日本のグラフィックデザイン1951−70　瀬木慎一ほか監修　和	トランスアート
日本の前衛1945−1999　瀬木慎一著	生活の友社
アジア・ナショナリズム・日本文学(千年紀文学叢書3)　千年紀文学の会編	皓星社
戦没画学生人名録　戦没画学生慰霊美術館「無言館」編　和	戦没画学生慰霊美術館「無言館」
原発事故はなぜくりかえすのか　高木仁三郎著	岩波新書
鳥たちの舞うとき　高木仁三郎著	工作舎
中井正一とその時代　高島直之著	青弓社
戦後責任論　高橋哲哉著	講談社
豊饒の神・境の神 九州の土俗面考2　高見乾司著　和	海鳥社
罠の兎 高村三郎遺稿集　高村三郎著	境涯社
ベンヤミン「複製技術時代の芸術作品」精読　多木浩二著	岩波現代文庫
未完の過去 絵画とモダニズム　建畠晢著	五柳書院
家づくりの極意 居心地のいい住まいの設計術　立松久昌編	建築資料研究社
新編「新日本文学」の運動　田所泉著	新日本文学会出版部
小説家になる!　中条省平著	メタローグ
著作権白書 著作権産業の側面からみて　和	著作権情報センター
版画　司修著　和	新潮社
海峡の光　辻仁成著	新潮文庫
風の生涯(上・下)　辻井喬著	新潮社
寵児　津島佑子著	講談社文芸文庫
弁証法の復権 三浦つとむ再読　津田道夫著	社会評論社
橋浦泰雄伝−柳田学の大いなる伴走者　鶴見太郎著　和	晶文社
波うちよせる家 短編小説集　遠矢徹彦著　和	新日本文学会
荷風随筆集(下)　永井荷風著　野口冨士男編	岩波文庫
いちばん新しい肺がんの本(名医が答える②)　永井完治著	二見書房
論理の構造(上)　中村元著	青土社
図画蜂起 1955−2000　中村宏著	美術出版社

2000（平成12年）

ほんやら洞と歩く 京都いきあたりばったり 中村勝・文 甲斐扶佐義・写真	淡交社
世界史の臨界 西谷修著	岩波書店
現代アートの哲学 西村清和著	産業図書
棒鱈―丹代豊文学的生涯作品集 丹代豊著 比嘉辰夫ほか編 [和]	丹代真由美
新・桃太郎の誕生 日本の「桃ノ子太郎」たち 野村純一著	吉川弘文館
大正天皇 原武史著	朝日新聞社
大江磯吉とその時代 藤村の『破戒』のモデル 東栄蔵著	信濃毎日新聞社
平賀敬画集 巴里無頼 1936（特装版） 平賀敬著 新美康明編 [和]	牧神画廊
小説「遠い壁」のために素描と覚え書き 蛭間裕人著	くるみ工房
作家の値うち 福田和也著	飛鳥新社
福田正義評論集―文化・芸術論 福田正義著	長周新聞社
兵たちの戦争 手紙・日記・体験記を読み解く（朝日選書） 藤井忠俊著	朝日新聞社
秋瑾嘯風 藤森節子著 [和]	武蔵野書房
Search きみがいた―GID（性同一性障害）ふたりの結婚 平安名祐生著	徳間書店
私たちはどのような時代に生きているのか 辺見庸ほか著	角川書店
中国のプロパガンダ芸術 牧陽一ほか著	岩波書店
美術表現の要素と仕組み ゴッホの視覚からベンヤミンの罠まで 松本信洋著	Gポエム出版局
原爆の図 普及版完本 丸木位里・丸木俊著	小峰書店
思想家たちの友情―アドルノとベンヤミン 三原弟平著	白水社
善悪の彼岸へ 宮内勝典著 [和]	集英社
40年のあゆみと制作 三宅弘子著 タケマサアトリエ編	タケマサアトリエ
知識人と社会 三宅芳夫著	岩波書店
リアル国家論 宮台真司ほか著	教育史料出版会
あやし―怪 宮部みゆき著	角川書店
神の子どもたちはみな踊る 村上春樹著	新潮社
羊をめぐる冒険（上） 村上春樹著	講談社文庫
もし僕らのことばがウィスキーであったなら 村上春樹著	平凡社
赤い兎・岡本太郎頌 村上善男著	創風社
共生虫ドットコム 村上龍著	講談社
希望の国のエクソダス 村上龍著	文藝春秋
「希望の国のエクソダス」取材ノート 村上龍著	文藝春秋
小説集・地鳴り（新日本21世紀文学叢書） 村田拓著	新日本文学会出版部
文字もたぬ民が沈黙を破るとき 村田拓著	新日本文学会出版部
絹のうつわ 村山りおん著 [和]	小沢書店
当世美術界事情II 1990―1999 安井収蔵著	美術年鑑社
鏑木清方と金沢八景（横浜美術館叢書6） 八柳サエ著	有隣堂
続々 扁舟餘話 山路賢吉著	山路賢吉
僕らにできる教育革命 名古屋五千万円恐喝事件の背景 山田彊一ほか著	アドア出版
「室内」40年 山本夏彦著	文春文庫
横尾忠則ポスタア藝術 横尾忠則著	実業之日本社
カルチュラル・スタディーズ 吉見俊哉著	岩波書店

2000（平成12年）

新版·出会いを求めて 李禹煥著	美術出版社
余白の芸術 李禹煥著	みすず書房
海峡 ある在日史学者の半生 李進熙著	青丘文化社

【翻訳】

イェルサレムのアイヒマン 悪の陳腐さについての報告 ハンナ·アーレント著 大久保和郎訳	みすず書房
ボタン穴から見た戦争 白ロシアの子供たちの証言 スヴェトラーナ·アレクシエーヴィチ著 三浦みどり訳	群像社
ものがたりの余白 エンデが最後に話したこと ミヒャエル·エンデ著 田村都志夫訳	岩波書店
高慢と偏見（上） ジェーン·オースティン著 富田彬訳	岩波文庫
カフカ小説全集（全6巻） カフカ著 池内紀訳	白水社
トラウマへの探究 証言の不可能性と可能性 キャシー·カルース著 下河辺美知子監訳	作品社
テオゾフィー神智学 ルドルフ·シュタイナー著 松浦賢訳	柏書房
ベーラ·バラージュ―人と芸術家 ジョゼフ·ジュッファ著 高村宏ほか訳	創樹社
朗読者 ベルンハルト·シュリンク著 松永美穂訳	新潮社
赤と黒（上·下） スタンダール著 桑原武夫ほか訳	岩波文庫
完訳 カンタベリー物語（上） チョーサー著 桝井迪夫訳	岩波文庫
猟女犯 陳千武著 保坂登志子訳	洛西書院
ムッソリーニの毒ガス アンジェロ·デル·ボカ編著 関口英子訳 高橋武智監修	大月書店
咲ききれなかった花 日本軍「慰安婦」ハルモニの絵画集 ナヌムの家附設日本軍「慰安婦」歴史館編 庵逧由香ほか訳 [和]	キップンチャユ
ハーディ短篇集 ハーディ著 井出弘之編訳	岩波文庫
祖母のくに ノーマ·フィールド著 大島かおり訳	みすず書房
八月の光 フォークナー著 加島祥造訳	新潮文庫
不服従を讃えて「スペシャリスト」アイヒマンと現代 ロニー·ブローマンほか著 高橋哲哉ほか訳 [和]	産業図書
ペルシアの情景 ガートルード·L·ベル著 田隅恒生訳	法政大学出版局
ハインリヒ·ベル短篇集 ハインリヒ·ベル著 青木順三訳	岩波文庫
世界のはての泉（上·下） ウィリアム·モリス著 川端康雄ほか訳	晶文社
ハンナ·アーレント伝 エリザベス·ヤング=ブルーエル著 荒川幾男ほか訳	晶文社
停電の夜に ジュンパ·ラヒリ著 小川高義訳	新潮社
朝鮮半島の新ミレニアム 分断時代の神話を超えて 李泳禧著 徐勝監訳 [和]	社会評論社

【詩集等】

飯島耕一·詩と散文（全5巻）	みすず書房
稲の花 野川記枝著	はらだ出版企画
うたびとへのエチュード たかはしとしえ著	檸檬新社
うつむく青年 谷川俊太郎著	響文社
川崎彰彦詩集「短冊型の世界」 [和]	編集工房ノア
君の見ているものは 下前幸一著	20世紀の谷間社
四季のうた 木坂涼著	七月堂
詩集 釣り上げては アーサー·ビナード著	思潮社
島田修三歌集	砂子屋書房

旅の詩 黒いマリア 出海渓也著 [和]	土曜美術社出版販売
発語の光景 古谷鏡子著	花神社
んの字 小沢信男全句集 本とコンピュータ編集室編 [和]	大日本印刷ICC本部

【カタログ・その他】

ART DOCUMENT 2000 樹霊三人展−構造・振動・記憶 金津創作の森財団編 [和]	金津創作の森財団
アートみやぎ	宮城県美術館
青木野枝展−軽やかな、鉄の森	目黒区美術館
麻田鷹司展	京都国立近代美術館ほか
アジアコレクション50 福岡アジア美術館所蔵品選	福岡アジア美術館
〈あしたの文字〉研究 井上有一を中心に 国際シンポジウム基調論文集 海上雅臣編 [和]	京都造形芸術大学
明日への作家たち	神奈川県立県民ホール・ギャラリー
「明日を拓く」通信 準備3号	「明日を拓く」編集委員会
熱き挑戦−片岡球子の全像展	横浜美術館
アムネスティニュースレター No.315	アムネスティインターナショナル日本支部
アラベスク模様の世界 中近東・イスラムの祈りと幻想 渋谷区立松濤美術館編 [和]	渋谷区立松濤美術館
有元容子作品集 2000 [国]	彌生画廊
安斎重男の眼 1970−1999 松谷誠子訳 島敦彦ほか編 [和]	国立国際美術館
Anzaï : Freeze 安斎重男・写真 島敦彦ほか編 [和]	国立国際美術館
生きた書いた 井上有一展 茅ヶ崎市美術館編 [和]	茅ヶ崎市美術館
池田幹雄展	青梅市立美術館
池袋モンパルナス	練馬区立美術館
石空間展4	神奈川県立県民ホール・ギャラリー
一ノ瀬智恵乎 Weightlessness	ギャラリーなつか
ウトロニュース No.38	地上げ反対!ウトロを守る会
大きい版画と小さな版画	練馬区立美術館
大竹伸朗 既景1978−2000	セゾンアートプログラム
岡鹿之助・牛島憲之展	フジカワ画廊
岡山県立大学デザイン学部最終講義録1999	岡山県立大学デザイン学部
終わりなき記憶の旅 デ・キリコ展 日本経済新聞社編 [和]	日本経済新聞社
神奈川県立近代美術館 1998年報	神奈川県立近代美術館
木田金次郎の千石場所展 岩内町町政施行100周年記念 木田金次郎美術館編 [国]	木田金次郎美術館
倉敷芸術科学大学 第3回高橋秀教室選抜展	森田酒造平翠軒
倉敷まちかどの彫刻展：第5回	倉敷市芸文館北広場
Close Up vol.5 宮崎準之助	福岡県立美術館
芸術と自然 若林奮・大久保英治・山口啓介 美濃加茂自然環境会議2000 [和]	美濃加茂市民ミュージアム
月刊 日本の進路	自主・平和・民主のための広範な国民連合
小嶋悠司−凝視される大地 戸村正巳編 [和]	戸村美術
後藤寿之展 neutral space	ギャラリーイデア
昆野勝展〈黒い歌〉	ギャラリー毛利
さかいでArtグランプリ2000	坂出市民美術館
ジャネティック・アーカイヴ・エンジン−デジタルの森で踊る土方巽	慶応義塾大学アートセンター

2000（平成12年）

出張ギャラリートーク「画家 丸木位里・丸木俊とその共同制作」	ギャラリーヒルゲート
樹林 2000－8（夏）特集追悼・高村三郎	大阪文学学校・葦書房
ジョージ・グロス展	神奈川県立近代美術館ほか
庄幸司郎さんを偲ぶ会	
人権と教育	障害者の教育権を実現する会
崇高と労働（シリーズ・Art in Tokyo No.12） 板橋区立美術館編 [和]	板橋区立美術館
菅井汲展	兵庫県立近代美術館
諏訪敦展 1999－2000 室町美術編 [国]	三越
世界23ヶ国・地域の作家たち 池田20世紀美術館編 [国]	池田20世紀美術館
孫雅由新作展 コバルトブルー&レモンイエロー	アートスペース虹
孫雅由展 立ち現れる物／身体・物質・宇宙 1976年初期平面作品から最新作まで25年間の仕事	大阪府立現代美術センター
それぞれの青春 保野第四郎・三岸好太郎・久保守	北海道立三岸好太郎美術館
大地の芸術祭 越後妻有アートトリエンナーレ2000ガイドブック	越後妻有大地の芸術祭実行委員会
高橋節郎	練馬区立美術館
高松次郎－1970年代の立体を中心に	千葉市美術館
多田正美展－地 双ギャラリー 15周年展 [和]	双ギャラリー
田中栄作新作彫刻展 [国]	表参道画廊
タブローに抗して－諏訪直樹のしごとから	コバヤシ画廊
直耕 第23号	安藤昌益の会
崔明永 [和]	東京画廊
抽象のパイオニア オノサト・トシノブ	群馬県立近代美術館
中国国宝展 東京国立博物館・朝日新聞社編 [和]	朝日新聞社
中津川浩章展	ギャラリー日鉱
2000コンテンポラリー・アート・フェスティバル	埼玉県立近代美術館
NEWSLETTER no.7 january	セゾンアートプログラム
日本ゼロ年 森司編 [和]	水戸芸術館現代美術センター
人間国宝 飯塚小玕齋 竹工芸の世界 群馬県立近代美術館編 [国]	群馬県立近代美術館
のむら清六－奔放・異端の日本画家	山梨県立美術館
野村仁 生命の起源：宇宙・太陽・DNA（付：DVD)	水戸芸術館現代美術センター
ハインリッヒ・フォーゲラー展 [和]	東日本鉄道文化財団
〈バラ色ダンス〉のイコロジー 土方巽を再構築する	慶應義塾大学アート・センター
反改憲ネット21通信 第4号	改憲とあらゆる戦争法に反対する市民ネットワーク21
万歳七唱 岡本太郎の鬼子たち	川崎市岡本太郎美術館
土方巽［舞踏］資料集 第1歩	慶應義塾大学アート・センター
美術の「戦後」	神奈川県立近代美術館
Between Black and White	セゾンアートプログラムギャラリー
フィリップモリス アートアワード2000	フィリップ・モリス
BUENA VISTA SOCIAL CLUB	CINEMA RISE
福岡アジア美術トリエンナーレ1999滞在制作全記録 福岡アジア美術館編 [和]	福岡アジア美術館
文学空間 Vol.4 No.7 食感・グロテスク	創樹社

2000（平成12年）

ヘリ·ドノ展 映しだされるインドネシア：アジア現代美術個展シリーズI [国]	国際交流基金アジアセンター
没後55年記念 秦テルヲの仏さん	星野画廊
堀浩哉 風·空気·記憶 町立久万美術館編 [和]	町立久万美術館
ポンピドゥー·コレクションによる シュポール／シュルファスの時代 ニース〜パリ 絵画の革命 1966−1979	東京都現代美術館
間−20年後の帰還展	東京藝術大学大学美術館協力会
前川佳子展	ぎゃらりいセンターポイント
前沢知子展	ギャラリーαM
丸木美術館ブックレット2＝ヨシダヨシエ＋吉留要＋小沢節子	原爆の図丸木美術館
見えない境界 変貌するアジアの美術 光州ビエンナーレ2000 〈アジア·セクション〉日本巡回	宇都宮美術館
MOTアニュアル2000 低温火傷	東京都現代美術館
楊暁閩	東邦画廊
要芸術自由·星星20年 DEMAND FOR ARTISTIC FREEDOM [和]	東京画廊
吉村益信の実験展−応答と変容 大分市美術館·菅章編 [和]	大分市美術館
予兆：アジアの映像芸術展	国際交流フォーラム
Korean Artists in Japan, from 1945 to the Present	Kwangju City Art Museum
Kwangju biennale 2000：Man+space 人＋間 [和]	Kwangju Biennale Foundation

【執筆·著作】

原爆の図 普及版完本 丸木位里·丸木俊著 いざ旅だとう「原爆の図」以下の共同制作へ	小峰書店
のむら清六−奔放·異端の日本画家 異端と正統のなかの野村清六	山梨県立美術館
万歳七唱 岡本太郎の鬼子たち 岡本太郎の鬼子たち私観	川崎市岡本太郎美術館
昆野勝展〈黒い歌〉 昆野勝〈黒い歌〉展に寄せて	ギャラリー毛利
出張ギャラリートーク「画家 丸木位里·丸木俊とその共同制作」	ギャラリーヒルゲート
ART DOCUMENT 2000 樹霊三人展−構造·振動·記憶 金津創作の森財団 石山陽子編 〈樹霊三人展〉の作家たち	金津創作の森財団
さかいでArtグランプリ2000 審査講評	坂出市民美術館
岡山県立大学デザイン学部最終講義録1999 第三回光州ビエンナーレ特別展示『芸術と人権』の構想	岡山県立大学デザイン学部
Korean Artists in Japan,from 1945 to the Present 曹良奎と宋英玉−私感	Kwangju City Art Museum
熱き挑戦−片岡球子の全像展 童女と熟女の共存と振幅−片岡球子論	横浜美術館
三重詩人 180 錦米次郎追悼特集 錦米次郎追悼	三重詩和会
アーバナートメモリアル1980−1999 榎本了壱監修 日本グラフィック展、オブジェTOKYO展、URBANART20年史	PARCO出版局
うたびとへのエチュード たかはしとしえ著 跋	檸檬新社
丸木俊さんを偲ぶ会（パネラーとして参加）	原爆の図丸木美術館
楊暁閩 無気味な迫力のある若者像	東邦画廊

2001(平成13年)

【和書】

報告 浮島丸事件訴訟 青柳敦子(「すすめる会」事務局)編 [和]	栄斗会
全面自供! 赤瀬川原平著 松田哲夫・聞き手	晶文社
検証 内ゲバ 日本社会運動史の負の教訓 いいだももほか著	社会批評社
自民党大熔解の次は何か? いいだもも著	社会批評社
ヨーコ・オノ 人と作品 飯村隆彦著	水声社
誤謬 党と国家一体化の「神話」 生田あい著 [和]	論創社
ヨーロッパ世界の拡張 東西交易から植民地支配へ 生田滋ほか編	世界思想社
批評の誕生/批評の死 井口時男著	講談社
芸術アヴァンギャルドの背中 池田龍雄著	沖積舎
焔に手をかざして 石垣りん著	ちくま文庫
ユーモアの鎖国 石垣りん著	ちくま文庫
夜の太鼓 石垣りん著	ちくま文庫
サキエル氏のパスポート 石黒健治著	光人社
海辺の怒り 石田甚太郎著	新読書社
バッハオーフェン 母権から母方オジ権へ 石塚正英編著	論創社
20世紀の意味 石堂清倫著	平凡社
わが異端の昭和史(上) 石堂清倫著	平凡社ライブラリー
失われなかった詩たち、それに小説など 石原宇郎著	アルス出版
聖徳太子はいなかった 石渡信一郎著	三一書房
磯崎新 UNBUILT/反建築史 磯崎新著 ギャラリー間編	TOTO出版
対論 建築と時間 磯崎新・土居義岳著	岩波書店
紙屋町さくらホテル 井上ひさし著	小学館
夢の裂け目 井上ひさし著	小学館
稲刈りに来た女 薄井清著	町田ジャーナル社
韓国併合史の研究 海野福寿著	岩波書店
呉炳学画集 限定版	呉炳学画集刊行委員会
鎖国してはならない 大江健三郎著	講談社
私という小説家の作り方 大江健三郎著	新潮文庫
「私」の問題 人間的とは何か 大島清次著 [和]	青英舎
江藤淳と少女フェミニズム的戦後―サブカルチャー文学論序章 大塚英志著	筑摩書房
精神の氷点 大西巨人著	みすず書房
聖徳太子と日本人 大山誠一著	風媒社
ルネサンス 経験の条件 岡崎乾二郎著	筑摩書房
拡張される視野 小笠原賢二著	ながらみ書房
『舞姫』―エリス、ユダヤ人論 荻原雄一編著	至文堂
時代小説の愉しみ 小沢信男ほか著	平凡社新書
日本のアヴァンギャルド芸術〈マヴォ〉とその時代 五十殿利治著	青土社
「超」小説作法 井上光晴文学伝習所講義 片山泰佑著	影書房
私にとっての20世紀 加藤周一著	岩波書店

2001（平成13年）

小さな箱 鎌倉近代美術館の50年 1951−2001　神奈川県立近代美術館編	求龍堂
増補 漱石論集成　柄谷行人著	平凡社ライブラリー
NAM原理　柄谷行人ほか著	太田出版
NAM生成　柄谷行人ほか著	太田出版
ブッダの夢 河合隼雄と中沢新一の対話　河合隼雄・中沢新一著	朝日文庫
芸術受容の近代的パラダイム 日本における見る欲望と価値観の形成　河原啓子著	美術年鑑社
ポストコロニアリズム　姜尚中著	作品社
イスラムの誘惑 コンプリート・ガイドブック　菊間潤吾監修　芦原伸編	新潮社
偶然性と運命　木田元著	岩波新書
「在日」のはざまで　金時鐘著	平凡社ライブラリー
井上ひさし伝　桐原良光著	白水社
果てしなく絡む藤蔓（季刊文科叢書4）　久鬼高治著	邑書林
デッサンについて　窪島誠一郎著 [和]	形文社
無言館ノオト　窪島誠一郎著	集英社新書
無言館の詩 戦没画学生「祈りの絵」第Ⅲ集　窪島誠一郎著 [和]	講談社
本こそ学校　栗原克丸著	冬扇社
世紀を越える この時代の経験　栗原幸夫著	社会評論社
赤目四十八瀧心中未遂　車谷長吉著	文春文庫
美術評論2001　黒川典是・本多隆彦著　月刊ギャラリー編集部編 [国]	ギャラリーステーション
現代の絵画 VOL.7	朝日アーティスト出版
秘事　河野多恵子著 [和]	新潮社
戦後的知と「私利私欲」 加藤典洋的問いをめぐって　小路田泰直編	柏書房
あそびにん　小林淳著	アイビー出版
タイトルの魔力 作品・人名・商品のなまえ学　佐々木健一著	中公新書
画文集 無垢のことば　佐藤肇ほか編 [和]	里文出版
増補 シミュレーショニズム　椹木野衣著	ちくま学芸文庫
驢馬のいななき　直原弘道著 [和]	浮游社
同和問題大辞典　重盛茂治編著 [和]	同和文献保存会
「小世界」から「大世界」へ−ドイツ文学論集　下程息著	［記載なし］
風の王 砂澤ビッキの世界　柴橋伴夫著	響文社
アメリカよ、驕るなかれ　芝生瑞和著　山本敦編	毎日新聞社
美術、市場、地域通貨をめぐって　白川昌生著	水声社
おやじ画報　しりあがり寿著	青林堂
環境犯罪 七つの事件簿から　杉本裕明著	風媒社
世界文学の名作と主人公・総解説	自由国民社
フーコーの権力論と自由論　関良徳著	勁草書房
西洋の眼 日本の眼　高階秀爾著	青土社
バロックの光と闇　高階秀爾著	小学館
漢字と日本人　高島俊男著	文春新書
文学部をめぐる病い−教養主義・ナチス・旧制高校　高田里惠子著 [和]	松籟社
匠秀夫著作集（全3巻）　匠秀夫著	沖積舎

2001（平成13年）

田中一光自伝 われらデザインの時代　田中一光著	白水社
九鬼周造 偶然と自然　田中久文著	ぺりかん社
さよならパイプのけむり　團伊玖磨著	朝日新聞社
慶応三年生まれ七人の旋毛曲り　坪内祐三著	マガジンハウス
ボタン落し 画家鶴岡政男の生涯　鶴岡美直子著 和	美術出版社
夢野久作と埴谷雄高　鶴見俊輔著	深夜叢書社
戸坂潤の哲学　戸坂潤著　吉田傑俊編	こぶし文庫
荷風随筆集（上）　永井荷風著　野口冨士男編	岩波文庫
濹東綺譚　永井荷風著	岩波文庫
金石範と「火山島」－済州島4.3事件と在日朝鮮人文学　中村福治著	同時代社
宮川香山と横浜真葛焼（横浜美術館叢書）　二階堂充著	有隣堂
市販本 新しい歴史教科書　西尾幹二ほか著	扶桑社
ドラマチック チルドレン　乃南アサ著	新潮文庫
作家の戦中日記1932－45（上・下）　野間宏著	藤原書店
林功 人と作品 追悼画集　林功著　岡川聡編	林直子
まにまに　林浩治著	新日本文学会出版部
中野重治の肖像　林尚男著	創樹社
可視化された帝国　原武史著	みすず書房
写楽 大江戸の華　羽里昌著	徳島新聞社
めしと魂と相互扶助 私の半世紀の実験総括をかねて　樋口篤三著	［記載なし］
小説 石田波郷　土方鐵著 和	解放出版社
夕顔の謎を解く－紫式部への挑戦　藤島由子著	創樹社
戦争を記憶する 広島・ホロコーストと現在　藤原帰一著	講談社現代新書
天の安河の子　牧野大誓著	見聞社
岩田藤七－ガラス幻想・縄文的モダニスト（ミュージアム新書21） 水田順子著　北海道立近代美術館編	北海道新聞社
消えた道－短編小説集　水野晴良著 和	創樹社
宮沢賢治 存在の祭りの中へ　見田宗介著	岩波現代文庫
酔夢行　三輪正道著	編集工房ノア
浮游して北に澄む　村上善男著 和	創風社
収縮する世界、閉塞する日本 POST SEPTEMBER ELEVENTH　村上龍著	日本放送出版協会
沖縄／草の声・根の意志　目取真俊著	世織書房
人道的介入－正義の武力行使はあるか　最上敏樹著	岩波新書
墜ちていく僕たち　森博嗣著 和	集英社
展覧会の絵　森口陽著	美術出版社
大学改革の現場へ　山岸駿介著	玉川大学出版部
花おりおり　湯浅浩史著　矢野勇・写真	朝日出版社
新しい世界史（全12巻）　吉見義明ほか著	東京大学出版会
日本近代文学の名作　吉本隆明著	毎日新聞社
ヘーゲル左派と初期マルクス（岩波モダンクラシックス）　良知力著	岩波書店
対論・彫刻空間－物質と思考　若林奮・前田英樹著	書肆山田

2001（平成13年）

殉教（マルチル）の刻印　渡辺千尋著	小学館
「自然美への賛歌」－王凱水墨画芸術鑑賞集　王凱著	在日中国現代芸術家協会

【翻訳】

わたしたちが孤児だったころ　カズオ・イシグロ著　入江真佐子訳	早川書房
唐シルクロード十話　スーザン・ウィットフィールド著　山口静一訳	白水社
高慢と偏見（下）　ジェーン・オースティン著　富田彬訳	岩波文庫
フェリックス・ガタリの思想圏〈横断性〉から〈カオスモーズ〉へ　フェリックス・ガタリほか著　杉村昌昭編訳	大村書店
続・死ぬ瞬間－死、それは成長の最終段階　E.キューブラー=ロス著　鈴木晶訳	中公文庫
外套・鼻　ゴーゴリ著　平井肇訳	岩波文庫
狂人日記 他二篇　ゴーゴリ著　横田瑞穂訳	岩波文庫
岩波世界の美術（全12巻）　トニー・ゴドフリーほか著　木幡和枝ほか訳	岩波書店
コルタサル短篇集 悪魔の涎・追い求める男 他八篇　フリオ・コルタサル著　木村榮一訳	岩波文庫
ジュスチーヌまたは美徳の不幸　サド著　植田祐次訳	岩波文庫
オテサーネク－妄想の子供　ヤン・シュヴァンクマイエル著　寺尾次郎ほか訳　国	工作舎
ドン・キホーテ（全6巻）　セルバンテス著　牛島信明訳	岩波文庫
荘子I（中公クラシックス）　荘子著　森三樹三郎訳	中央公論新社
敗北を抱きしめて（上・下）　ジョン・ダワー著　三浦陽一ほか訳	岩波書店
9.11 アメリカに報復する資格はない!　ノーム・チョムスキー著　山崎淳訳	文藝春秋
ヨーハン・ディーツ親方自伝　ヨーハン・ディーツ著　E.コンゼンツィウス編　佐藤正樹訳	白水社
マルセル・デュシャン全著作　マルセル・デュシャン著　ミシェル・サヌイエ編　北山研二訳	未知谷
芸術の名において　ティエリー・ド・デューヴ著　松浦寿夫ほか訳	青土社
エロスの涙　ジョルジュ・バタイユ著　森本和夫訳	ちくま学芸文庫
歴史序説　イブン=ハルドゥーン著　森本公誠訳	岩波文庫
順伊おばさん　玄基榮著　金石範訳	新幹社
フエンテス短篇集 アウラ・純な魂 他四篇　フエンテス著　木村榮一訳	岩波文庫
フォークナー短編集　フォークナー著　瀧口直太郎訳	新潮文庫
嵐が丘　E.ブロンテ著　田中西二郎訳	新潮文庫
雲　ヘルマン・ヘッセ著　フォルカー・ミヒェルス編　倉田勇治訳	朝日出版社
地獄は克服できる　ヘルマン・ヘッセ著　フォルカー・ミヒェルス編　岡田朝雄訳	草思社
黒猫・モルグ街の殺人事件　ポオ著　中野好夫訳	岩波文庫
脂肪の塊　モーパッサン著　水野亮訳	岩波文庫
クレーヴの奥方　ラファイエット夫人著　生島遼一訳	岩波文庫
ロレンス短篇集　ロレンス著　河野一郎訳	岩波文庫

【詩集等】

異刻抄　倉橋健一著	思潮社
浦伝い 詩型を旅する　飯島耕一著	思潮社
歌集 午後　石黒清介著	短歌新聞社
刻文の魚　林安一著	短歌新聞社
詩集 パナリ幻想　星雅彦著	土曜美術社出版販売
食物記　西杉夫著	皓星社

2001（平成13年）

静物 小池光歌集 [和]	砂子屋書房
虎の尾 草津信男著	三都書房
ドリームチャイルド 布村真理著	紫陽社
偏向する勁さ 反戦詩の系譜 井之川巨著	一葉社
松岡政則詩集 ぼくから離れていく言葉 [和]	澪標
虫の葉隠 西沢杏子著	花神社

【カタログ・その他】

アート・ナウKANAZAWA 第40回 北陸中日美術展	石川県立美術館
秋側ながめ・貝野澤みつめ・栗山みつけ展	足利市立美術館
アジアの世紀のはじまりに [国]	「アジアの世紀のはじまりに」展実行委員会
亜細亜散歩—AFTER KITSCH：東京展、亜細亜散歩—CUTE：水戸展	資生堂ギャラリーほか
〈あしたの文字〉研究 井上有一を中心に 第二集 国際シンポジウム報告書 海上雅臣編 [和]	京都造形芸術大学
アトゥール・ドディヤ展 ボンベイ 迷宮／実験室：アジア現代美術 個展シリーズⅡ	国際交流基金アジアセンター
池田龍雄展 24HEADS 二十四の頭	ギャルリー東京ユマニテ
IKENAGA KEIICHI 1964—2001	池永慶一
イタリア彫刻の20世紀	横浜美術館
ウィーン分離派1898—1918	宮城県美術館
植野藤次郎を偲ぶ会	兵衛向陽閣
上野泰郎・渡辺学展	佐倉市立美術館
宇佐美圭司・絵画宇宙	福井県立美術館
内田智也銅版画展	奈義町現代美術館
遠藤彰子 500号作品集	日本橋三越本店美術特選画廊
大堰川野外彫刻展：第3回・第4回・第5回	ここで美術を実行委員会
大獅子	金城実「戦争と人間」100mレリーフ建立委員会
岡部昌生 N'OUBLIEZ PAS the dark face of the light 第53回美学会全国大会公開講演会「ヒロシマを超えて 平和の造形」によせる69の手紙 [国]	Sakiyama Works+ou 2001
岡本信治郎《笑う雪月花（ころがるさくら）》 池田20世紀美術館編 [和]	池田20世紀美術館
オディロン・ルドン展	群馬県立近代美術館ほか
GARDEN AQUATICS SHIRASU JUN TIME WORKS 1989—2001	［記載なし］
郭徳俊展	新潟市美術館
掛井五郎 [和]	ギャラリーヤマネ
鹿児島霧島アートの森 鹿児島霧島アートの森・空間造形コンサルタント編 [和]	鹿児島県
片桐宏典展	ジョック・コルヴィル・ホール（ケンブリッジ大学）ほか
神奈川県立近代美術館 近代日本美術コレクション	神奈川県立近代美術館
神奈川国際版画トリエンナーレ2001	神奈川県立県民ホール・ギャラリー
神奈川文化賞50年の美術家たち 神奈川県立近代美術館編	神奈川新聞社
機關17 針生一郎特集	海鳥社
北代省三さんを偲ぶ会	［記載なし］
黒田オサム存在証明 ちんぷんかんぷん	街から舎
原色の生命 西野久子展	茅ヶ崎市美術館

2001（平成13年）

国際コンテンポラリーアートフェスティバル2001Tokyo：第7回	NICAF事務局
国際舞台で活躍の女流美術家「南桂子・宮脇愛子展」－メルヘンとうつろひの世界 [和]	高岡市美術館
佐藤忠良記念館所蔵作品選集　宮城県美術館編 [和]	宮城県美術館
島谷晃の世界－鳥になった画家	池田20世紀美術館
写真資料集 アフガン報復戦争	報復戦争に反対する会
樹海より フィリピン／日本	芦屋市立美術博物館
肖像／ゴースト：文学空間vol.Ⅳ no.8　20世紀文学研究会編	創樹社
白髪一雄展	兵庫県立近代美術館
シリン・ネシャット	金沢市現代美術館建設事務局
SPACE ODYSSEY 宇宙の旅	水戸芸術館現代美術ギャラリー
スペイン現代美術展	紀伊國屋画廊
孫雅由展 立ち現れる物／身体／物質／宇宙	福岡アジア美術館
高橋甲子男	日辰画廊
瀧口修造－夢の漂流物	富山県文化振興財団
瀧口修造の造形的実験　杉野秀樹ほか編 [和]	富山県立近代美術館ほか
瀧本光國	白銅鞮画廊
建畠覚造展－対話・LANDSCAPE	ギャルリー東京ユマニテ
田中敦子 未知の美の探求 1954－2000　芦屋市立美術博物館ほか編 [和]	田中敦子展実行委員会ほか
田中稔之展	坂本善三美術館
地球を歩く 風をみる 大久保英治	エルメスジャポン
勅使河原蒼風 戦後日本を駆け抜けた異色の前衛Ⅰ・Ⅱ	世田谷美術館
ドイツにおけるフルクサス 1962－1994　井尻樂訳　国立国際美術館編 [和]	国立国際美術館
戸谷成雄－さまよう森　国際芸術センター青森編	青森市
豊田市美術館所蔵作品選2001：Vision	豊田市美術館
名柄禎子	名柄禎子
奈良美智展　横浜美術館企画・監修	淡交社
2001年国際クラフト展 伊丹 [和]	伊丹市ほか
ねりまの美術2001 高山良策の世界展　練馬区立美術館・土方明司編 [和]	練馬区立美術館
浜田知明展－版画と彫刻による人間の探求	熊本県立美術館
光の律動 書人手島右卿の軌跡 生誕100年記念展　独立書人団編 [国]	独立書人団
VISION 豊田市美術館所蔵作品選2001　豊田市美術館編 [和]	豊田市美術館
日比野克彦展 ある時代の資料としての作品たち　植田玲子ほか編 [国]	毎日新聞社
VIRIDIAN GALLERY ARTISTS NEW YORK TOKYO－2001	ONWARD GALLERY
福岡アジア文化賞：第12回	福岡アジア文化賞委員会
福田美蘭展《99年から新作絵画まで》　世田谷美術館編 [和]	世田谷美術館
fujikawa gallery／next	フジカワ画廊
舟越桂2001	西村画廊
前田哲明展 recent work [国]	ギャラリー GAN
真鍋博回顧展－イマジネーションの散歩道	愛媛県美術館
水辺のモダン－江東・墨田の美術	東京都現代美術館
ミニマルマキシマル ミニマル・アートとその展開：1990年代の現代美術	千葉市美術館ほか

宮城県美術館所蔵作品目録 絵本原画　宮城県美術館編 [和]	宮城県美術館
宮崎静夫の作品について	宮崎静夫
村上隆 召喚するかドアを開けるか回復するか全滅するか　東京都現代美術館ほか編	カイカイキキ
八鍬瑞子展 パレスチナ・パレスチナ「占領に反対する芸術」第1回展として	地球堂ギャラリー
柳幸典展−あきつしま　広島市現代美術館編 [国]	広島市現代美術館
横尾忠則 暗夜行路展記念ダイアリー Free soul week [国]	原美術館
横浜トリエンナーレ2001	パシフィコ横浜展示ホールほか
レジデンス イン 天竜　江幡三香展 休−hitotoki	天竜市立秋野不矩美術館
老人と心の目 フランス現代美術展	介護老人福祉施設フラワーヴィラ

【執筆・著作】

アート・トップ No.180　アジア美術の現在	芸術新聞社
機關17 針生一郎特集	海鳥社
黒田オサム存在証明 ちんぷんかんぷん　FIU・JAPANと黒田オサム	街から舎
野間宏の会会報 No.8『暗い絵』から再考	野間宏の会
岡本信治郎《笑う雪月花》 池田20世紀美術館編　桜のマンダラ空間	池田20世紀美術館
アート・ナウKANAZAWA 第40回 北陸中日美術展　審査評	石川県立美術館
Bien vol.11　戦争画の背景・実態と現在まで	藝術出版社
宮崎静夫の作品について　戦争と死者の記憶をさぐる−宮崎静夫	宮崎静夫
大獅子　戦争の残虐な加害側面の再発掘を	金城実「戦争と人間」100mレリーフ建立委員会
八鍬瑞子展 パレスチナ・パレスチナ『占領に対する芸術家同盟』趣意補足	地球堂ギャラリー
岡部昌生 N'oubliez PAS　民衆の集合的記憶の発掘のために	Sakiyama works+ou 2001

2002(平成14年)

【和書】

越後の空 完結　相沢直人著 [和]	夢譚書房
体の中で廻るコマ　秋葉安茂著 [和]	菁柿堂
泡沫桀人列伝 知られざる超前衛　秋山祐徳太子著	二玄社
消費・戯れ・権力　浅見克彦著	社会評論社
カンガルー・ノート　安部公房著	新潮文庫
飢餓同盟　安部公房著	新潮文庫
人間そっくり　安部公房著	新潮文庫
石子順造とその仲間たち 対談集	虹の美術館
ロラたちの青春　石田甚太郎著 [和]	新読書社
戦後詩の方法論(新・現代詩論集 シリーズ1)　出海溪也著 [和]	知加書房
美術館へもっと光を 神戸・姫路からのアート便り　伊藤誠著 [和]	神戸新聞総合出版センター
ひどい感じ−父・井上光晴　井上荒野著	講談社
田上義也と札幌モダン−若き建築家の交友の軌跡(ミュージアム新書22) 井上佳津恵著　北海道立近代美術館編	北海道新聞社
太鼓たたいて笛ふいて　井上ひさし著	新潮社
岩内史年譜　岩内町郷土館三十周年実行委員会編	岩内町長 岩城成治
岩淵達治戯曲集 雪のベルリン タカラヅカ　岩淵達治著	カモミール社
冥途・旅順入城式　内田百閒著	岩波文庫

2002（平成14年）

脱構築と公共性 梅木達郎著	松籟社
小説集 ぼっこん 江澤誠著 [和]	新日本文学会出版部
PARAMODERN 遠藤秀平著	アムズ・アーツ・プレス
新しい文学のために 大江健三郎著	岩波新書
人生の親戚 大江健三郎著	新潮文庫
天皇破壊史 太田龍著 [和]	成甲書房
続 ふうてん老人行状記 大森澄著	夢工房
「原爆の図」－描かれた〈記憶〉、語られた〈絵画〉 小沢節子著	岩波書店
玉川上水情死行－太宰治の死につきそった女 梶原悌子著	作品社
戦争の日本近現代史－東大式レッスン! 征韓論から太平洋戦争まで 加藤陽子著	講談社現代新書
日本精神分析 柄谷行人著	文藝春秋
くぬぎ丘雑記 奈良盆地から 川崎彰彦著 [和]	宇多出版企画
岡田桑三 映像の世紀 グラフィズム・プロパガンダ・科学映画 川崎賢子ほか著	平凡社
快読・現代の美術 絵画から都市へ 神原正明著	勁草書房
ぼくの尺度 木島始エッセイ集 木島始著 [和]	透土社
無限の網 草間彌生自伝 草間彌生著	作品社
夢の衣裳・記憶の壺 国吉和子著	新書館
石榴と銃 窪島誠一郎著 [和]	集英社
信濃絵ごよみ人ごよみ 窪島誠一郎著 [和]	信濃毎日新聞社
版画史解剖 正倉院からゴーギャンへ 黒崎彰著	阿部出版
増補 姿としぐさの中世史 黒田日出男著	平凡社ライブラリー
21・社会福祉大鑑 月刊「労働レーダー」労働問題研究会議編	福祉アカデミー協会
現代の絵画 VOL.8	朝日アーティスト出版
小説の秘密をめぐる十二章 河野多恵子著	文藝春秋
高良とみの生と著作（全8巻） 高良とみ著	ドメス出版
木田金次郎の交流圏 橋浦泰雄と田上義也のこと（未完） 小谷博貞著	小谷ふき子
耳を切り取った男 小林英樹著	NHK出版
重治・百合子覚書 あこがれと苦さ 近藤宏子著	社会評論社
藤田嗣治「異邦人」の生涯 近藤史人著 [和]	講談社
赤の屈折 佐伯恵子著 [和]	文芸社
水を運ぶ子どもたち 不登校が問いかけるもの 佐伯敏光著	編集工房ノア
非戦 坂本龍一監修	幻冬舎
だれが「本」を殺すのか 延長戦PART2 佐野眞一著	プレジデント社
「爆心地」の芸術 椹木野衣著	晶文社
窓からの眺め・Z氏の状況論ひかえ帳 直原弘道著	「考える」発行所
常識として知っておきたい日本語 柴田武著	幻冬舎
近代文学作品論集成 第2期（全10巻） 志村有弘ほか編	クレス出版
風の旅人 ウインドキャラバン 新宮晋著	扶桑社
鈴木時治画集 生きるあかし ハンセン病療養所にて 鈴木時治著 寺島萬里子編 [国]	皓星社
部落問題文芸素描 住田利夫著	南斗書房

2002(平成14年)

従属国からの脱却ー日米安保条約を日米平和友好条約に 隅谷三喜男ほか著 「21世紀日本の進路」研究会編	露満堂
日本美術読みとき事典 瀬木慎一著	里文出版
日本画から世界画へ 平松礼二・千住博対談集 千住博・平松礼二著	美術年鑑社
君が代は千代に八千代に 高橋源一郎著	文藝春秋
藤沢周平 高橋敏夫著	集英社新書
晴子情歌(上・下) 高村薫著 [和]	新潮社
演劇の弁証法ードラマの思想と思想のドラマ 武井昭夫著	影書房
子規ー活動する精神 玉城徹著	北溟社
球形時間 多和田葉子著	新潮社
著作権関係法令集(平成十四年版) 著作権法令研究会編	社団法人著作権情報センター
土から生まれたー津軽の画家常田健が遺したもの 常田健著	平凡社
滑稽な巨人ー坪内逍遙の夢 津野海太郎著	平凡社
フォト・ルポルタージュ 難民の世紀ー漂流する民 豊田直己著	出版文化社
熊から王へ カイエ・ソバージュII 中沢新一著	講談社
南蛮仏 中薗英助著 [和]	新潮社
難波大助・虎ノ門事件 愛を求めたテロリスト 中原静子著 [和]	影書房
ダラエ・ヌールへの道 中村哲著	石風社
新しい戦争? 9.11テロ事件と思想 中山元著 [和]	冬弓舎
夢十夜 他二篇 夏目漱石著	岩波文庫
「テロとの戦争」とは何かー9.11以後の世界 西谷修著	以文社
福田正義文献集(全6巻) 日本共産党(左派)中央委員会編	日本共産党(左派)中央委員会
高村薫の世界 野崎六助著	情報センター出版局
させられる教育 思考途絶する教師たち 野田正彰著	岩波書店
犯罪と精神医療 クライシス・コールに応えたか 野田正彰著	岩波現代文庫
韓国と日本、二つの祖国を生きる 河正雄著 [和]	明石書店
父・長谷川四郎の謎 長谷川元吉著	草思社
ハンセン病問題 これまでとこれから ハンセン病・国家賠償請求訴訟を支援する会編	日本評論社
めしと魂と相互扶助 革命モラルと対抗対案戦略の確立のために 樋口篤三著 [和]	第三書館
現代美術のいま 2002 日高てる編著 [和]	手鞠文庫
安藤昌益(日本アンソロジー) 尾藤正英ほか著	光芒社
あの夕陽・牧師館 日野啓三短篇小説集 日野啓三著	講談社文芸文庫
病んでこそ知る 老いてこそ始まる 日野原重明ほか著	岩波書店
「在日」の言葉 玄善允著	同時代社
閃きの芸術・流々人生 丸木位里・俊の遺言 平松利昭編	樹芸書房
展望前後 福田正義戦前の斗い 福田正義著	長周新聞社
早春 その他 藤沢周平著	文春文庫
麦屋町昼下がり 藤沢周平著	文春文庫
雪明かり 藤沢周平著	講談社文庫
永遠の不服従のために 辺見庸著 山本敦編	毎日新聞社
反定義 新たな想像力へ 辺見庸・坂本龍一著	朝日新聞社

2002（平成14年）

北大阪線 枡谷優著	編集工房ノア
Art：Art in a New World 松井みどり著	朝日出版社
漢詩 松浦友久著	岩波新書
ヒロシマにつながる詩的遍歴 御庄博実著	甑岩新書
近代の奈落 宮崎学著 [和]	解放出版社
シジフォスの勲章 宮原昭夫著 [和]	河出書房新社
あ・うん 向田邦子著	文春文庫
人間 久野収 村上義雄著	平凡社新書
甲賀忍法帖 山田風太郎著	角川文庫
戦中派不戦日記 山田風太郎著	講談社文庫
芸術、出会と友情 土岡秀太郎生誕一〇七年／追悼二十三年 山本美智代編 [和]	アトリエ・山本
花おりおり その2 湯浅浩史著 矢野勇ほか写真	朝日出版社
石に泳ぐ魚 柳美里著 [和]	新潮社
可能性としての「在日」 李恢成著	講談社文芸文庫
輝け60年代 草月アートセンターの全記録 ドナルド・リチーほか著	フィルムアート社

【翻訳】

戦争とプロパガンダ E.W.サイード著 中野真紀子ほか訳	みすず書房
ジュスチーヌまたは美徳の不幸 サド著 植田祐次訳	岩波文庫
神智学 ルドルフ・シュタイナー著 高橋巖訳	ちくま学芸文庫
ソーホーのマルクス マルクスの現代アメリカ批評（こぶしフォーラム6） ハワード・ジン著 竹内真澄訳 [和]	こぶし書房
ブッダのことば スッタニパータ著 中村元訳	岩波文庫
この時代に想う テロへの眼差し スーザン・ソンタグ著 木幡和枝訳	NTT出版
台湾平埔族の伝説 陳千武著 安田學ほか訳	洛西書院
ニーチェは、今日? J.デリタほか著 林好雄ほか訳	ちくま学芸文庫
短篇集 死神とのインタヴュー ノサック著 神品芳夫訳	岩波文庫
主体の後に誰がくるのか? アラン・バディウほか著 ジャン=リュック・ナンシー編 港道隆ほか訳	現代企画室
懐かしの庭（上・下） 黄皙暎著 青柳優子訳	岩波書店
グレート・ギャツビー フィツジェラルド著 野崎孝訳	新潮文庫
ブッタの真理のことば・感興のことば 中村元訳	岩波文庫
失われた時を求めて 第一篇 スワン家のほうへ マルセル・プルースト著 井上究一郎訳	ちくま文庫
戦争プロパガンダ10の法則 アンヌ・モレリ著 永田千奈訳	草思社

【詩集等】

あの青空を 丸木政臣著	本の泉社
遺稿 癌患詩集 菊池章一著	新日本文学会
有象無象 西沢杏子著	花神社
内田良平R・G遺作品集 ねむの花（非売品）	文芸旬報社
歌集 真実 高安国世著	短歌新聞社文庫
歌集 夜のいろ 石黒清介著	短歌新聞社
旧世紀の忘れ唄（新・現代詩叢書） 井之川巨著	新・現代詩の会

2002(平成14年)

時代の瓦礫 中川敏著	知加書房
十五周年記念 綱手作品集	綱手短歌会
鈴は照明す 織田達朗著	遠方社
春疾風 花山多佳子歌集	砂子屋書房
碑鷹文央詩文集 境界線	碑鷹文央
ぼくは19歳−詩篇並びに手記 山本周弐著	風濤社
堀内卓・望月光：明治の青春と抒情の黎明(資料) [和]	綱手短歌会

【カタログ・その他】

アート・ナウKANAZAWA 第41回 北陸中日美術展	石川県立美術館
赤穴宏展	北海道立釧路芸術館
芦屋市立美術博物館ホームページから 「堀尾貞治展 あたりまえのこと」五つのお願い聞いてよね パフォーマンス集	芦屋市立美術博物館
飛鳥・藤原京展−古代律令国家の創造：奈良文化財研究所創立50周年記念 奈良文化財研究所ほか編 [和]	朝日新聞社
我孫子野外美術展：第5回	我孫子野外美術展実行委員会
issues volume5	多摩美術大学芸術学科issues編集部
今、ここにある風景=コレクション+アーティスト+あなた	静岡県立美術館
因藤壽展	北海道立旭川美術館
浮世絵 江戸の賑わい・神奈川の風景 平木浮世絵美術館コレクションによる 平木浮世絵美術館編 [和]	神奈川芸術文化財団
遠近を抱えながら(映画台本)−「日本心中前編」	大浦信行
燚展 杵島洋人、宮永直人、新山拓 日本画三人展	ギャラリー白石
大分現代美術展2002 アート循環系サイトカタログ 大分市美術館編 [和]	大分市美術館
岡崎乾二郎展 エンガワほか編	セゾン現代美術館
岡部昌生 N'OUBLIEZ PAS 1996−2002 [和]	岡部昌生
帯広市開拓120年・帯広商工会議所創立80周年記念事業 とかち国際現代アート展「デメーテル」公式ガイドブック とかち国際現代アート展「デメーテル」実行委員会事務局編 [和]	とかち国際現代アート展 「デメーテル」実行委員会
絵画の準備を! 松浦寿夫×岡崎乾二郎対談 (セゾンアートプログラム・ジャーナル別冊)	セゾンアートプログラム・センター
歌曲集「マレー乙女の歌へる」追悼 團伊玖磨 神奈川県芸術文化財団編	神奈川県芸術文化財団
傾く小屋 美術家たちの証言 since 9.11	東京都現代美術館
金津創作の森 北陸のガラス展：第1回	金津創作の森財団
上條喬久：世界のグラフィックデザイン56	ギンザ・グラフィック・ギャラリー
画郎の視点 2002：第9回	大阪府立現代美術センター
川合健太郎作品展	ガレリア・プント
川島猛展−ニューヨークからの風	香川県文化会館
カンディンスキー展 東京国立近代美術館ほか編	NHK
木田金次郎と茂木幹展 西と東の交感 木田金次郎美術館編 [国]	木田金次郎美術館
北の光に魅せられて 豊島弘尚展：八戸市美術館特別展 八戸市美術館編 [和]	八戸市美術館
木村克朗展	銀座スルガ台画廊

2002（平成14年）

清水九兵衛 新作展	フジテレビギャラリー
「クッションから都市計画まで」 ヘルマン・ムテジウスとドイツ工作連盟：ドイツ近代デザインの諸相	京都国立近代美術館
慶應義塾大学アート・センター 年報9	慶應義塾大学アート・センター
小林玲展	ガレリア・プント
近藤文雄 50年の軌跡―諧謔の画譜	桜ヶ丘ミュージアム
塩出英雄展	練馬区立美術館
島剛 彫刻展―ノアの島	ギャラリーエスパース
12人の挑戦―大観から日比野まで 大橋紀生編	茨城新聞社・水戸芸術館現代美術ギャラリー
自由美術協会史 [和]	自由美術協会
振動を宿すもの 眞田岳彦	エルメスジャポン
生誕100年記念 ヴィフレド・ラム展―変化するイメージ	横浜美術館
世代展 第40回記念 板井榮雄ほか編 [和]	世代会
セバスチャン・サルガド写真展「EXODUS 国境を越えて」 梅津禎三ほか編	朝日新聞社
戦時下の弾圧に対決する全学連に結集しよう 全日本学生自治会総連合編	教育学園ジャーナル社
第2回トリエンナーレ 星野眞吾賞展	豊橋市美術博物館
第17回国民文化祭・とっとり2002 夢フェスタとっとり 総合プログラム	鳥取市
大レンブラント展 京都国立博物館・シュテーデル美術館・シーボルト財団編 [和]	シーボルト財団
旅のシンフォニー パウル・クレー展 長門佐季ほか編 [和]	中日新聞社
田部光子 T.M.Tスタジオ編 [和]	ギャラリーとわーる
チャペック兄弟とチェコ・アヴァンギャルド 赤塚若樹ほか訳 水沢勉ほか編	I.D.F.
戸谷成雄展 連句的―発句としての70年代	入善町文化振興財団
長岡現代美術館賞 回顧展1964―1968	新潟県立近代美術館
長崎莫人と交友の画家たち	福野文化創造センター
中西夏之展	愛知県美術館
中村一美展	いわき市立美術館
中村正義と交友の画家たち展 从会創立の頃	刈谷市美術館
難波田紀夫遺作展 ―無垢なる精神の顕現	東邦画廊
2.17革労協中央政治集会基調報告	革命的労働者協会
21世紀と人権展―丸木編	韓国アジア文化センター・生野センター
2002アルン展―在日コリアン美術を起点として	京都市美術館ほか
2002 GRAPHIC DESIN ANNUAL DNP ginza graphic gallery・ddd gallery ギンザ・グラフィック・ギャラリー編	大日本印刷ICC本部
日本心中 針生一郎・日本を丸ごと抱え込んでしまった男。大浦信行監督・脚本	国立工房
ニルス=ウド 自然へ	共同通信社
野宿無情襲撃 句と襲撃年表と新聞記事 橘安純著	［記載なし］
野間宏の会会報NO.9	野間宏の会事務局
畠山直哉 岩手県立美術館・国立国際美術館監修	淡交社
濱野年宏展 ヨーロッパ美の巡礼 世界が求めた日本美と心 美術団体爻編 [和]	美術団体爻・和光ギャラリー
美術情報サイト art―art 新設御案内状	三盟近畿株式会社

日高理恵子 樹の空間から	小山登美夫ギャラリー
フィレンツェからイスファハンへ	国際フォーラム
福井昭雄 A FOREST OF CREATION 生成の森	福井昭雄
福岡アジア美術トリエンナーレ2002：第2回　中尾智路編	福岡アジア美術館
前田常作展 マンダラへの道　神奈川県立近代美術館ほか編 [和]	毎日新聞社
ミニアチュール展：第21回	彩鳳堂画廊
宮崎進展	横浜美術館
未来予想図−私の人生☆劇場	兵庫県立美術館
無限可能今日表現 日本現代墨表現展	上海·劉海栗美術館
森口宏一 works 1993−2002　プラントグラフィックス編 [和]	版画工房ノマルエディション
森の精三人展	金津創作の森財団
融点·詩と彫刻による	うらわ美術館
吉原治良研究論集　ポーラ美術振興財団助成吉原治良研究会編 [和]	吉原治良研究会
RELATION RELAY	八幡現代美術展実行委員会
労働法制中央連絡会資料集（1）	労働法連絡会
若林奮展 [和]	豊田市美術館
PAUSE−Gwangju Biennale 2002 [和]	Gwangju Biennale

【執筆・著作】

石子順造とその仲間たち 対談集　（飯田昭二との対談）	虹の美術館
Iwanami Hall 秋号　エキプ·ド·シネマとわたし	岩波ホール
閃きの芸術·流々人生 丸木位里·俊の遺言　芸術論	樹芸書房
アート·ナウKANAZAWA 第41回 北陸中日美術展　審査評	石川県立美術館
21世紀と人権展−丸木編 戦後美術における「原爆の図」の位置−丸木位里の遺産 （原爆の図丸木美術館「ブックレット1」より抜粋）	アジア文化センター·生野センター
第2回トリエンナーレ 星野眞吾賞展　選評	豊橋市美術博物館
梨の花通信 第43号　中野と「文学官僚」の問題	中野重治の会
短歌朝日 28号　短歌とはなにか	朝日新聞社
中村正義と交友の画家たち展 从会創立の頃　中村正義交友録	刈谷市美術館
2002アルン展−在日コリアン美術を起点として 2002アルン展の意義−わたしの韓国·朝鮮文化交流史から	京都市美術館ほか
日本心中　〈日本心中〉上映後私感	国立工房
無限可能今日表現 日本現代墨表現展　日本墨絵·上海展によせて	上海·劉海栗美術館
長崎莫人と交友の画家たち　莫人をかこむ3人の先輩	福野文化創造センター
濱野年宏展 ヨーロッパ美の巡礼 世界が求めた日本美と心 濱野年宏のユニークな足跡	美術団体翏·和光ホール
週刊 金曜日 No.418　本の書評「昭和天皇を狙撃した男」の足跡をたどる	金曜日
森の精三人展　森の精3人展をめぐって	金津創作の森財団

2003（平成15年）

【和書】

アフォリズム集 幻住庵より　青山光雄著	深夜叢書社

2003（平成15年）

彼が彼女の女だった頃　赤坂真理著 [和]	講談社
アンソロジー 短篇小説十二面体　秋葉安茂ほか著　新日本文学会ほか編 [和]	新日本文学会出版部
羅生門・鼻・芋粥・偸盗　芥川龍之介著	岩波文庫
動物化する世界の中で―全共闘以降の日本、ポストモダン以降の批評　東浩紀ほか著	集英社新書
自伝 多生の縁　阿部國博著	エディポート
イラクとともに三〇年 誇り高き文明の国　阿部政雄著	出帆新社
白秋と茂吉　飯島耕一著	みすず書房
21世紀の〈いま・ここ〉―梅本克己の生涯と思想的遺産　いいだもも著	こぶし書房
新コミュニスト宣言 もうひとつの世界もうひとつの日本　いいだももほか編著 [和]	社会批評社
アイヌ絵巻探訪―歴史ドラマの謎を解く（ミュージアム新書23） 五十嵐聡美著　北海道立近代美術館編	北海道新聞社
イラクの小さな橋を渡って　池澤夏樹・文　本橋成一・写真	光文社
映画「D.I.」でわかるおかしなパレスチナ事情　池澤夏樹著	愛育社
世界のために涙せよ 新世紀へようこそ2　池澤夏樹著	光文社
てこな 女たち　石川逸子著 [和]	西田書店
昌益研究かけある記　石渡博明著 [和]	社会評論社
りり子の場合　泉紀子著	龍書房
未来派 イタリア・ロシア・日本　井関正昭著	形文社
花田清輝論 吉本隆明／戦争責任／コミュニズム　乾口達司著	柳原出版
兄おとうと　井上ひさし著	新潮社
今井俊満の真実	藝術出版社
論争―アンペイドワークをめぐって　上野千鶴子ほか著	太田出版
鏡地獄　江戸川乱歩著	角川ホラー文庫
榎俊幸作品集 1986―2002　榎俊幸著	彩鳳堂画廊
全集 現代文学の発見（全16巻+別巻1）　大岡昇平ほか編	学藝書林
大草肇作品集2003　大草肇著	牧神画廊
アートと女性と映像 グローカル・ウーマン　岡部あおみ著	彩樹社
連続講座 岡本太郎と語る '01/'02　岡本太郎記念館編	二玄社
伽羅枕　尾崎紅葉著	岩波文庫
パリ燃ゆ（1）　大佛次郎著	朝日新聞社
鐘が鳴る　尾田愛子著 [和]	龍書房
戦争か、平和か「9月11日」以後の世界を考える　小田実著	大月書店
世界観と藝術的直観力　小野浩著 [和]	島津書房
朝井閑右衛門 思い出すことなど　門倉芳枝著	求龍堂
対話篇　金城一紀著	講談社
天皇制に関する理論的諸問題　神山茂夫著　津田道夫編	こぶし書房
加守田章二作品集　加守田章二著 [和]	彌生画廊
主婦が「個展をする」しかもニューヨークで（川崎千恵子メール再録集1）　川崎千恵子著 [和]	TB企画
「イラク」後の世界と日本 いま考えるべきこと、言うべきこと（岩波ブックレット）　姜尚中ほか著	岩波書店
絵かきが語る近代美術―高橋由一からフジタまで　菊畑茂久馬著	弦書房
アヴァンギャルド以後の工芸―「工芸的なるもの」をもとめて　北澤憲昭著	美学出版

2003（平成15年）

「日本画」の転位　北澤憲昭著	ブリュッケ
「痴愚天国」幻視行・近藤益男の生涯　北田耕也著	国土社
過去帳 永遠に生きている名の発見　切田未良著	丸善日本橋出版サービス
グロテスク　桐野夏生著 [和]	文藝春秋
生きる日、燃ゆる日 ハンセン病者の魂の軌跡　国本衛著 [和]	毎日新聞社
古書発見 女たちの本を追って　久保覚著	影書房
高間筆子幻景 大正を駆けぬけた夭折の画家　窪島誠一郎著	白水社
「無言館」の坂道　窪島誠一郎著	平凡社
老人のための残酷童話　倉橋由美子著 [和]	講談社
太田川−ヒロシマの焔を映して　黒木庄平著	民衆社
現代の絵画 VOL.9	朝日アーティスト出版
ポストコロニアル（思考のフロンティア）　小森陽一著	岩波書店
イラクとアメリカ　酒井啓子著	岩波新書
絵画と現代思想　酒井健著	新書館
彫刻家への手紙 現代彫刻の世界　酒井忠康著	未知谷
「臨死体験」を超える死後体験　坂本政道著 [和]	ハート出版
目で見る医書シリーズ 徹底図解 脳梗塞　作田学監修	法研
別冊・書き込み寺　佐藤和丸著	理楽社
黒い太陽と赤いカニ 岡本太郎の日本　椹木野衣著	中央公論新社
青のフーガ 難波田龍起　柴橋伴夫著 [和]	響文社
北富士入会の闘い−忍草母の会の42年　忍草母の会事務局著 [和]	御茶の水書房
WIND CARAVAN　新宮晋著 [和]	ブレーンセンター
教行信証　親鸞著　金子大栄校訂	岩波文庫
私編 岡上風土記稿　鈴木勁介著	八月書館
西洋美術事件簿　瀬木慎一著	二玄社
ピカソ　瀬木慎一著	集英社新書
日本美術の社会史　瀬木慎一ほか編著	里文出版
悼 関谷興仁作品集　関谷興仁著	朝露館
ザ・反戦メッセージ NO WAR!　瀬戸内寂聴ほか編著	社会批評社
ぼくの見た戦争 2003年イラク　高橋邦典写真・文 [国]	ポプラ社
図説・聖地イェルサレム（ふくろうの本）　高橋正男・文　石黒健治・写真	河出書房新社
現代市民政治論　高畠通敏編	世織書房
世界拡大計画　高松次郎著	水声社
不在への問い　高松次郎著	水声社
九州の民俗仮面　高見乾司・文　高見剛・写真 [和]	鉱脈社
富士　武田泰淳著	中公文庫
無用の達人 山崎方代　田澤拓也著	角川書店
大正天皇の「文学」　田所泉著 [和]	風濤社
海との青い交信　田中稔之著	田中稔之
廃墟の美学　谷川渥著	集英社新書
絵はだれでも描ける　谷川晃一著	生活人新書

2003（平成15年）

愛国心 田原総一郎ほか著 [和]	講談社
ダダ・シュルレアリスムの時代 塚原史著	ちくま学芸文庫
オキーフの恋人オズワルドの追憶（上・下） 辻仁成著 [和]	小学館
もりに生きる 徳村彰ほか著	雲母書房
もりに学ぶ 徳村彰著	雲母書房
森で遊ぶ1 草花・葉っぱ・木の実でつくる 徳村杜紀子著	雲母書房
森で遊ぶ2 草木染め・藍染めの糸や布でつくる 徳村杜紀子著	雲母書房
打ちのめされるようなすごい小説 富岡幸一郎著	飛鳥新社
フォト・ルポルタージュ「イラク戦争」の30日−私の見たバグダッド 豊田直巳著	七つ森書館
濹東綺譚 永井荷風著	新潮文庫
中井正一エッセンス 中井正一著 鈴木正編	こぶし文庫
美のポリティクス 仲正昌樹編	御茶の水書房
21世紀は工芸がおもしろい 中村錦平ほか著 福本繁樹編 [和]	求龍堂
絵画者 1957−2002 中村宏著	美術出版社
戦後サークル詩の系譜 中村不二夫著	知加書房
小島烏水 西洋版画コレクション（横浜美術館叢書8） 沼田英子著	有隣堂
うつろうかたち 野見山暁治著 [和]	平凡社
橋本正司彫刻作品集 橋本正司著 [国]	橋本正司彫刻作品集刊行会
知の教科書 デリダ（講談社選書メチエ） 林好雄ほか著	講談社
小説 芥川龍之介 葉山修平著 [和]	龍書房
皇居前広場 原武史著	光文社新書
鉄道ひとつばなし 原武史著	講談社現代新書
原之夫銅版画作品集 原之夫著 原之夫銅版画作品集刊行会編 [国]	同時代社
空からやってきた魚 アーサー・ビナード著	草思社
書くことの秘儀 日野啓三著 [和]	集英社
大学はバイ菌の住処か？ 玄善允著	同時代社
反テロ戦争の犠牲者たち 広河隆一著	岩波書店
福岡の「まち」に出たアートの10年 ミュージアム・シティ・プロジェクト1990−200X	ミュージアム・シティ・プロジェクト出版部
現代文学 福田和也著	文藝春秋
玄鳥 藤沢周平著	文春文庫
秘太刀馬の骨 藤沢周平著	文春文庫
夜消える 藤沢周平著	文春文庫
精神史的考察 藤田省三著	平凡社ライブラリー
テロ後−世界はどう変わったか 藤原帰一編	岩波新書
いま、抗暴のときに 辺見庸著 山本敦編	毎日新聞社
アイデンティティ／他者性（思考のフロンティア） 細見和之著	岩波書店
雪沼とその周辺 堀江敏幸著	新潮社
アジアの原像 歴史はヘロドトスとともに 前田耕作著	日本放送出版協会
カントを読む（岩波セミナーブックス87） 牧野英二著	岩波書店
複眼的美術論 前衛いけばなの時代（美学叢書） 三頭谷鷹史著	美学出版

宮崎進の仕事II 宮崎進著	生活の友社
池田満寿夫−流転の調書 宮澤壯佳著	玲風書房
発見美術館 美の巨匠たちと、その世界 宮島永太良著 山口佐知子編 [国]	ライト
翻訳夜話2 サリンジャー戦記 村上春樹ほか著	文春新書
森安二三子劇作集 男と女いのちの劇場 森安二三子著 [和]	編集工房ノア
花おりおり その3 湯浅浩史著 矢野勇ほか写真	朝日出版社
奄美女の伝承歌 吉田良子著 [和]	三一書房
カルチュラル・ターン、文化の政治学へ 吉見俊哉著	人文書院
考えるとは乗り越えることである 好村冨士彦遺稿・追悼集 好村冨士彦遺稿・追悼集刊行委員会編 [和]	三元社
放射能兵器劣化ウラン 核の戦場 ウラン汚染地帯 劣化ウラン研究会著	技術と人間
蓮如文集 蓮如著 笠原一男校注	岩波文庫
ART WORKS,KEISUKE WATANABE 2 渡邉敬介著	もいづ肆
和南城孝志 近作II 1983−2003 和南城孝志著	和南城孝志

【翻訳】

物語における読者 ウンベルト・エーコ著 篠原資明訳	青土社
リヒトホーフェン姉妹 思想史のなかの女性 1870−1970 M.グリーン著 塚本明子訳	みすず書房
ケーテ・コルヴィッツの日記 種子を粉にひくな ケーテ・コルヴィッツ著 鈴木東民訳	アートダイジェスト
カンビュセス王の秘宝(上) ポール・サスマン著 篠原慎訳	角川文庫
キャッチャー・イン・ザ・ライ サリンジャー著 村上春樹訳	白水社
「テロル」と戦争〈現実界〉の砂漠へようこそ スラヴォイ・ジジェク著 長原豊訳	青土社
パルムの僧院(上) スタンダール著 大岡昇平訳	新潮文庫
パルムの僧院(下) スタンダール著 生島遼一訳	岩波文庫
新世代は一線を画す(こぶしフォーラム7) ノーム・チョムスキー著 角田史幸ほか訳	こぶし書房
メディアコントロール−正義なき民主主義と国際社会 ノーム・チョムスキー著 鈴木主税訳	集英社新書
トム・ソーヤーの冒険 マーク・トウェイン著 大久保康雄訳	新潮文庫
帝国以後−アメリカ・システムの崩壊 エマニュエル・トッド著 石崎晴己訳	藤原書店
ネグリ 生政治的自伝 帰還 アントニオ・ネグリ著 杉村昌昭訳	作品社
帝国 アントニオ・ネグリほか著 水嶋一憲ほか訳	以文社
満月と血とキスと シャーレイン・ハリス著 林啓恵訳	集英社文庫
パレスチナ大虐殺(ホロコースト) マイケル・ホフマンほか著 太田龍訳	成甲書房
アホでマヌケなアメリカ白人 マイケル・ムーア著 松田和也訳	柏書房
シャヒード、100の命 パレスチナで生きて死ぬこと アーディラ・ラーイディ著 イザベル・デ・ラ・クルーズ・写真 岡真理ほか訳 [和]	「シャヒード、100の命」展実行委員会
ライオンに立ち向かって ナチ占領下で良心に従って生きた少女の記録 シモーヌ・A・リーブスター著 麻布プロデュース翻訳出版部訳 [和]	麻布プロデュース
帝国の興亡(上・下) ドミニク・リーベン著 松井秀和訳	日本経済新聞社
イスラエル=パレスチナ 民族共生国家への挑戦 ミシェル・ワルシャウスキー著 加藤洋介訳	柘植書房新社

【詩集等】

歌はこうして生まれた ハンセンの詩 吉幸ゆたか・かおる編著	工房にんげん叢書

歌集 寒林 うた短歌会合同歌集	短歌新聞社
小池光歌集	砂子屋書房
去りゆく穂に　浜江順子著	思潮社
詩画集 影　竹内英典・詩　水島一生・画	新泉社
詩でしかとらえられないもの　新城明博著	文芸旬報社
SHOKO KINGETSU−works&poem（3）　金月炤子編著 [国]	下村俊子
そしてそして一題　小紋章子著	小紋章子
そのコ　ぱくきょんみ著	書肆山田
反戦アンデパンダン詩集　反戦詩集編集委員会編	創風社
道浦母都子歌集（現代短歌文庫）	砂子屋書房
雪の窓　平田由紀子著	平田邦夫
炉の証言　永井章子著	澪標

【カタログ・その他】

ART PROJECT ON SAKURA FACTORY＋「温度差7℃」	2003繭蔵プロジェクト・青梅織物工業協同組合
アートみやぎ2003	宮城県美術館
ART WORKS for MUZA KAWASAKI	都市基盤整備公団神奈川地域支社
愛知県立芸術大学卒業・修了作品集	愛知県立芸術大学美術学部
青の欲動 倉重光則展：第10回神奈川国際芸術フェスティバル フォーカス2003 神奈川芸術文化財団編 [和]	神奈川芸術文化財団
赤塚徹近作展 霧と雲と光芒の彼方	フジテレビギャラリー
新しい時代にふさわしい教育基本法と教育振興基本計画の在り方について	中央教育審議会
安部公房展	世田谷文学館
雨引の里と彫刻：第5回	雨引の里と彫刻実行委員会
我孫子野外美術展：第6回	我孫子野外美術展実行委員会
YES オノ・ヨーコ展	水戸芸術館現代美術センター
池袋モンパルナスとその周辺	ギャラリーヒルゲート
磯山智之	水戸芸術館現代美術センター
井上長三郎展	神奈川県立近代美術館
イ・ブル展《世界の舞台》：アジア現代美術 個展シリーズIII	国際交流基金アジアセンター
植松奎二展	INAXギャラリー
梅原猛書展	彌生画廊
AC2 magazine for document & critic：エー・シー・ドゥー 3号	青森市
AC2 magazine for document & critic：エー・シー・ドゥー 4号 [国]	青森市
描かれた身体 ひとの表現・ひとのかたち [和]	大川美術館
絵コンテの宇宙	東京都写真美術館
大阪芸術大学河南文藝文学篇2003年秋号　小川国夫編	塚本学院大阪芸術大学
大竹司	ランカイ
大成浩展〈彫刻〉 [和]	日本橋髙島屋美術画廊
岡本太郎展 絶対の孤独　熊本市現代美術館編 [和]	熊本市現代美術館
贈ることば	櫃尾正次氏「福井県文化賞」受賞を祝う会
おんなのけしき 世界のとどろき	おんなのけしき実行委員会

2003（平成15年）

輝け 日本油画 独立美術協会70回記念展 朝日新聞社事業本部文化事業部・独立美術協会編 [和]	朝日新聞社
賀川忠作品集	山梨県立美術館
風の模型—北代省三と実験工房 [和]	川崎市岡本太郎美術館
カタルニアの風	宇フォーラム—KV21美術館・不二画廊ほか
勝又豊子 身体の作用	スタジオK
加藤唐九郎展：ギャラリー上田移転記念	ギャラリー上田
金沢21世紀美術館建設事務局 研究概要	金沢21世紀美術館建設事務局
鹿沼市立川上澄生美術館木版画大賞展：第9回	鹿沼市民文化センター
神山明	島田画廊
川島清展 熔水—納屋をとほして	ギャルリー東京ユマニテ
川俣正ワーク・イン・プログレス豊田2002	豊田市美術館
木田金次郎と野口彌太郎展 天成の画家ふたり—北での出会い：2003特別展示	木田金次郎美術館
キューテェ・キム展 南アメリカの大地と東洋の魂	ギャラリー美術世界
九州力—世界美術としての九州展 熊本市現代美術館編	熊本市現代美術館
清水九兵衛展	ギャラリーなかむら
きらめく—日本とヨーロッパの点表現展 インスタレーション・教育普及事業記録集2003 DOT／NET	静岡県立美術館
空想を楽しもう—童心の世界展 [国]	青梅市立美術館
草間彌生展 Labyrinth—迷宮の彼方に	丸亀市猪熊弦一郎現代美術館
Grand prix 中井勝郎展	Grand prix 中井勝郎展実行委員会
栗岡孝於	アートコートギャラリー
黒田雷児 issue 03/2003 アヴァンギャルド、視差において 黒田雷児著	金沢21世紀美術館建設事務局
群馬県立近代美術館年報 平成14年度 群馬県立近代美術館編	群馬県立近代美術館
慶應義塾大学アート・センター 年報10	慶應義塾大学アート・センター
現代の東南アジア美術 それぞれの視点 シンガポール美術館編	多摩美術大学美術館ほか
現代美術のポジション2003—吹きぬける新風 名古屋市美術館編 [和]	名古屋市美術館
弘法大師入唐1200年記念 空海と高野山 京都国立博物館ほか編	NHK大阪放送局ほか
国際芸術センター青森／2002年・秋のプログラム アーティスト・イン・レジデンス「ジェンダーとグローバリズム／柔らかな普遍性」	国際芸術センター青森AIR実行委員会
国際芸術センター青森2003年 春のアーティスト・イン・レジデンス・プログラム記録集	国際芸術センター青森AIR実行委員会
「こどもとおとなの美術入門 いととぬの」ガイドブック	群馬県立近代美術館
戸方庵井上コレクションを愉しむ—群馬県立女子大学芸術学研究室による8つの視点	群馬県立近代美術館
こもれび展	水戸芸術館現代美術センター
再検証・高松次郎絵画作品—アトリエより	三鷹市美術ギャラリー
斎藤義重展 斎藤義重展実行委員会編	斎藤義重展実行委員会
坂口登展 [和]	ギャラリー美術世界
佐藤昭一展 交響する絵画 郡山市立美術館編 [国]	郡山市立美術館
鴫剛 もう一つの眼差し	国立国際美術館
時空を超える風景たち 明治の記録画から現代都市の写真まで 杉山悦子ほか編 [国]	世田谷美術館

2003（平成15年）

資生 万物 vol.7	資生堂文化デザイン部
自然と共に「日本の風土と美」 清水真砂ほか編 [和]	世田谷美術館
自然の肖像 金敬烈	ギャラリー美術世界
嶋田しづ新作油彩画展 Mois de Mai 思考する大河より	フジテレビギャラリー
島剛展	村松画廊
15周年記念第8回アート・SUN展「ボーダレスな女性の視点を求めて－Ⅲ」	倉敷市立美術館
数珠と筆蝕	［記載なし］
情念の緋色 高畑郁子展	豊橋市美術博物館
浄瑠璃寺	小田原山 浄瑠璃寺
JEONG KEUN－CHAN展	不二画廊
人鳥虫の声	TAURUS企画
シンポジウム『転位する「日本画」－美術館の時代がもたらしたもの』資料集	神奈川県民ホール大会議室
生誕100年記念 三岸好太郎展	北海道立三岸好太郎美術館ほか
大地の芸術クレイワーク 新世紀：特別展 国立国際美術館編 [和]	国立国際美術館
大地の芸術祭 越後妻有アートトリエンナーレ2003	大地の芸術祭・花の道実行委員会
大地の芸術祭 越後妻有アートトリエンナーレ2003ガイドブック	大地の芸術祭・花の道実行委員会東京事務局
高須英輔 57の階段彫刻 加藤義夫編 [和]	加藤義夫芸術計画室
高原洋一 MANNARIのプロメテウス	和光出版
建畠朔弥 彫刻展	ギャルリ・プス
田中一光回顧展 東京都現代美術館ほか編	朝日新聞社
田中栄作所蔵コレクション 19世紀フランス諷刺版画 オノレ・ドーミエ展 [国]	武蔵野美術大学美術資料図書館
田中栄作彫刻展 武蔵野美術大学教授退任記念 [和]	武蔵野美術大学美術資料図書館
田中岑2003展 そして清浄の光は放たれた 美術世界編 [和]	ギャラリー美術世界
田辺栄次郎 遊糸の風 沢オイ編 [和]	藤井多鶴子
多摩秀作美術展：第17回	青梅市立美術館
曺康鉉個展：青樺画廊 招待展	青樺画廊
土屋公雄彫刻展 本郷新賞受賞記念 札幌彫刻美術館編 [国]	札幌彫刻美術館
土屋公雄展 記憶の家－覚醒する時間	入善町文化振興財団
椿昇「国連少年」	水戸芸術館現代美術ギャラリー
鶴岡政男と松本竣介－画家の動と静：企画展No.59	大川美術館
デザインの理念と形成6 基礎デザイン学の35年 向井周太郎監修	武蔵野美術大学造形学部 基礎デザイン学科
TETSUO MIZU 2003	江戸堀画廊
豊島弘尚展	始弘画廊
ナカイメグミ	水戸芸術館現代美術センター
中西夏之 絵画場から絵画衝動へ：研究と実践 1996－2003 NOTE vol.1-3	中西夏之展実行委員会
中平卓馬展 原点復帰－横浜	横浜美術館
名づけえぬもの アメリカ・インディアンの手仕事 宇都宮美術館編 [和]	宇都宮美術館
西脇順三郎と瀧口修造：第24回オマージュ瀧口修造展 佐谷画廊編 [和]	佐谷画廊
2003 美術の祭典 東京展 目録名簿	東京都美術館
日展作品集：第35回	日展

2003 (平成15年)

野見山暁治展　東京国立近代美術館ほか編 [和]	日本経済新聞社
Pacific Rim Art Now 2003	Pacific Rim Art Now 2003実行委員会
橋本章展 時代ヲ撃テ!	福島県立美術館
八田豊展−磁場の生まれるところ　大阪府立現代美術センター編 [国]	大阪府現代美術センター
ハピネス アートにみる幸福への鍵	森美術館
HAMA	ギャラリー・アート・ポイント
原倫太郎	水戸芸術館現代美術センター
パリのM・Oへ−小谷博貞の9つの書簡−1979(札幌大谷短期大学紀要) 岡部昌生著　札幌大谷短期大学編	札幌大谷短期大学
パレスチナのハート	パレスチナのハート実行委員会
ピカソを継ぐ者 アントニ・クラベ『ガルガンチュア物語』 [和]	大川美術館
陽だまりの小さなオブジェたち 第6回倉敷まちかどの彫刻展	倉敷市文化振興財団
ヴィクトリアン・ヌード展	神戸市立博物館
ヴィルヘルム・レームブルック展	芸術の森美術館・宮城県美術館ほか
平井一男新作展	東邦画廊
開光市	日動画廊
平沢淑子展	パレ・デ・ナシオン国連ジュネーブ
Hiroyuki NAKAJIMA〈sho〉	ギャラリーアルテッセ
福原コレクション 駒井哲郎作品展 未だ果てぬ夢のかたち	資生堂文化デザイン部
舟越桂展　東京都現代美術館ほか編	朝日新聞社事業本部文化事業部
部落解放増刊号 人権でめぐる博物館ガイド	解放出版社
PresentA'03 〜あなたは何処〜 ミュンヘン国立芸術アカデミー×東京藝術大学交流展・東京展　石川智也編 [和]	プレゼンタ実行委員会
平行芸術展	エスパスOHARA
Heterotopias : Giappone-50. Biennale di Venezia, 2003 [和]	Japan Foundation
星兼雄展 不安のヴィーナス、たち	銀座アートホール
ポスターのユートピア ロシア構成主義のグラフィックデザイン	アートインプレッション
北海道の水彩画	北海道立三岸好太郎美術館
堀内正和の世界展　長門佐季ほか編	神奈川県立近代美術館ほか
本田健	ギャルリ・プス
増浦行仁作品集「ジェネシス」のご案内	アートン
松浦寿夫展	かわさきIBM市民文化ギャラリー
松本英一郎 Works1968−2001	多摩美術大学
Marina Abramović : the star [国]	熊本市現代美術館
円山応挙	大阪市立美術館
水を掬ぶ。花を弄する。: 今日の作家展2003	横浜市民ギャラリー
水谷イズル展『黒い風』	調布画廊
水の情景−画家たちが描いた生活と自然展 : 第3回世界水フォーラム京都開催を記念して	星野画廊
村上善男全版画展−刷への意志	石神の丘美術館
最上壽之展	横須賀市教育委員会美術館開設準備室
森芳雄追悼文集 [和]	森芳雄追悼文集刊行会

森山大道 光の狩人 1965-2003	島根県立美術館ほか
彌生画廊55年史 1948-2003	彌生画廊
融点・詩と彫刻による 報告カタログ	うらわ美術館
ヨーロッパジュエリーの400年	西日本新聞社
吉岡堅二素描展	青梅市立美術館
Yoshito Takahashi paintings 1979-2002 勅使河原純ほか・文 和	東京画廊
米谷清和 日々のゆらめき	ART BOX GALLERY
ヨハネス・イッテン 造形芸術への道 山野英嗣編 和	京都国立近代美術館
ラインハルト・サビエ展《最終防衛》	東邦画廊
ラ・カリカチュール 王に挑んだ新聞 町田市立国際版画美術館編 和	町田市立国際版画美術館
李準美 Lee June-Mee solo exhibition 2003 September 8-13 国	GALLERYうぇすと
リトルモア VOL.25 SUMMER	リトル・モア
若江漢字展 シリーズ・テクスト〈夜の現代史〉	カスヤの森現代美術館
若林奮 銅・弧	ケンジタキギャラリー
和光学園七〇年誌 和光学園七〇年誌編纂委員会編	和光学園
Wandering Camera Project since 2000 : Tokihiro Sato+Wandering Camera	Wandering Camera

【執筆・著作】

今井俊満の真実 今井俊満追悼メモ	藝術出版社
贈ることば	榲尾正次氏「福井県文化賞」受賞を祝う会
九州力-世界美術としての九州展 熊本市現代美術館編 「九州力」はどこにあるのか	熊本市現代美術館
水を掬ぶ、花を弄する 5人の画家の独自のアプローチ	横浜市民ギャラリー
ラインハルト・サビエ展《最終防衛》 最終防衛	東邦画廊
芸術評論 別冊 斎藤義重評伝メモ	中延学園
JAALA2003 国内展 殺すな!(チラシ)	川崎市教育文化会館イベントホール
月刊美術 No.334 初期から70年代まで	サン・アート
悼 関谷興仁作品集 関谷興仁陶板作品私観	朝露館
イリプス 9号 戦後アヴァンギャルド藝術の展開	アルバ社
森安二三子劇作集 男と女のいのちの劇場 創作劇偏重の空隙を衝く劇作群	編集工房ノア
安部公房展 対談 戦後の芸術シーンと安部公房	世田谷文学館
情念の緋色 高畑郁子展 高畑郁子のマイペースの道程	豊橋市美術博物館
SAP no.10 2003 中井正一再考メモ	セゾンアートプログラム
水谷イズル展『黒い風』 反戦美術の第一人者	調布画廊
Bien vol.18	藝術出版社
elan vol.13 ボイス像の死後再構成のために	エランクリエイティブ

2004(平成16年)

【和書】

ART BOX FILEシリーズ NEW PRINTERS FILE vol.2	ARTBOXインターナショナル
相笠昌義作品集 描かれた日常 1961-2004 相笠昌義著 和	美術年鑑社
動物化するポストモダン-オタクから見た日本社会 東浩紀著	講談社現代新書
海外短編のテクニック 阿刀田高著	集英社新書

2004（平成16年）

中国の歴史（全12巻） 天児慧ほか著	講談社
倫理的で政治的な批評へ 日本近代文学の批判的研究 綾目広治著	皓星社
詩の両岸をそぞろ歩きする 江戸と、フランスから 飯島耕一著	清流出版
萩原朔太郎1・2 飯島耕一著	みすず書房
日本共産党はどこへ行く? いいだもも著 和	論創社
検証 党組織論 生田あいほか著	社会批評社
カフカの書き方 池内紀著	新潮社
となりのカフカ 池内紀著	光文社新書
〈日本の戦争〉と詩人たち 石川逸子著 和	影書房
少年計数機 池袋ウエストゲートパークII 石田衣良著	文春文庫
娼年 石田衣良著	集英社文庫
JFCの母と子の物語 石田甚太郎著	新読書社
石牟礼道子全集・不知火（全17巻+別巻1） 石牟礼道子著	藤原書店
海外美術館を巡り歩く 美と出会い美を届けて半世紀 伊藤誠著 和	伊藤誠
夢の泪 井上ひさし著	新潮社
井上ひさしと141人の仲間たちの作文教室 井上ひさしほか著	新潮文庫
鶴岡政男の絵画思想 井上美彦著	井上美彦
野中広務 差別と権力 魚住昭著	講談社
日本の原郷 熊野（とんぼの本） 梅原猛著	新潮社
梅原猛、日本仏教をゆく 梅原猛著 和	朝日新聞社
江戸川乱歩全集（全30巻） 江戸川乱歩著	光文社文庫
取り替え子 チェンジリング 大江健三郎著	講談社文庫
文明以後の写実 大河原惇行著	短歌新聞社
東京ノイズ 大倉宏著	アートヴィレッジ
山下りん―明治を生きたイコン画家（ミュージアム新書24） 大下智一著 北海道立近代美術館編	北海道新聞社
深淵（上・下） 大西巨人著 和	光文社
大野一雄 魂の糧 大野慶人・大野一雄舞踏研究所編著	フィルムアート社
田中一村 豊饒の奄美 大矢鞆音著	日本放送出版協会
マサコの戦争 大脇雅子著 和	講談社
久保栄：小笠原克評論集 小笠原克著 吉井よう子編 和	新宿書房
女たちの戦争責任 岡野幸江ほか編	東京堂出版
川俣正 アーティストの個人的公共事業 岡林洋編著	美術出版社
対談集 岡本太郎 発言! 岡本敏子・川崎市岡本太郎美術館編	二玄社
二十世紀を見抜いた男 マックス・ヴェーバー物語 長部日出雄著	新潮文庫
悲願千人斬の女 小沢信男著	筑摩書房
ことばのニルヴァーナ 歎異抄を信解する 筧次郎著 和	邯鄲アートサービス
テクストから遠く離れて 加藤典洋著	講談社
21世紀のミュージアムをつくる 金沢21世紀美術館・企画	美術出版社
狭山事件―石川一雄、四十一年目の真実 鎌田慧著	草思社
センセイの鞄 川上弘美著	文春文庫

2004（平成16年）

れすとらん・ろしなんて 鎌倉で美と品格を考える 川崎千恵子著	TB企画
八百尼物語 川田進著 [和]	せんしん出版
日本論 姜尚中×佐高信 姜尚中・佐高信著	毎日新聞社
酒はなめるように飲め 酒はいかに飲まれたか 北沢恒彦・山田稔著	編集工房SURE
「日本画」内と外のあいだで－シンポジウム〈転位する「日本画」〉記録集 北澤憲昭ほか著	ブリュッケ
緩やかな挽歌 木下径子著 [和]	審美社
わが生と詩 金時鐘著	岩波書店
邂逅の森 熊谷達也著	文藝春秋
倉富式縄文ストレッチ 愛の法則 倉富和子著	日新報道
若き一読書人の思想の遍歴－戦争の時代 栗原克丸著	高文研
民俗拾遺 比企郡小川地方を中心に 栗原克丸著 [和]	水脈社
増補新版 プロレタリア文学とその時代 栗原幸夫著 [和]	インパクト出版会
現代の絵画 VOL.10	朝日アーティスト出版
百年の跫音（上・下） 高良留美子著	御茶の水書房
僕たちは編集しながら生きている 後藤繁雄著	中央公論新社
日本近代文学との戦い－後藤明生遺稿集 後藤明生著	柳原出版
イラク 戦争と占領 酒井啓子著	岩波新書
その年もまた－鎌倉近代美術館をめぐる人々 酒井忠康著 [和]	かまくら春秋社
白痴 坂口安吾著	新潮文庫
英国美術の創造者たち 桜井武著 [和]	形文社
あの世の話 佐藤愛子ほか著	文春文庫
だれが「本」を殺すのか（上・下） 佐野眞一著	新潮文庫
日露戦争 その百年目の真実 産経新聞取材班著	産経新聞ニュースサービス
パレスチナ 芝生瑞和著	文春新書
嶋田しづ 嶋田しづ著	美術出版社
戦争と記憶 菅井彬人著 [和]	皓星社
近代美術事件簿 瀬木慎一著	二玄社
なまず日和 鹿島からの報告 第四集 関沢紀著	新泉社
場所 瀬戸内寂聴著	新潮文庫
東アジアの冷戦と国家テロリズム 米日中心の地域秩序の廃絶をめざして 徐勝編	御茶の水書房
対談記録・第二弾 石子順造は今…アートからのメッセージ	環境芸術ネットワーク虹の美術館
エキプ・ド・シネマの三十年 高野悦子編著	講談社
日本文学盛衰史 高橋源一郎著	講談社文庫
〈物語〉の廃墟から－高橋哲哉対話・時評集1995－2004 高橋哲哉著	影書房
良心的「日の丸・君が代」拒否 高橋哲哉著	明石書店
平和と平等をあきらめない 高橋哲哉ほか著	晶文社
安部公房の演劇 高橋信良著	水声社
中野重治 人と文学 竹内栄美子著	勉誠出版
聖徳太子はいなかった 谷沢永一著	新潮新書
「現代の書」の検証 田宮文平著 [和]	芸術新聞社
エンデを旅する－希望としての言葉の宇宙 田村都志夫著	岩波書店

2004（平成16年）

著作権白書	社団法人著作権情報センター附属著作権研究所
父の肖像　辻井喬著	新潮社
暴論 これでいいのだ!　坪内祐三ほか著	扶桑社
手放せない記憶−私が考える場所　鶴見俊輔ほか著	編集グループSURE
まごころ 哲学者と随筆家の対話　鶴見俊輔・岡部伊都子著	藤原書店
民俗学の熱き日々　鶴見太郎著	中公新書
〈決定版〉正伝・後藤新平（全8巻+別巻1）　鶴見祐輔著　一海和義校訂	藤原書店
ぺちゃんこにプレスされた男の肖像　遠矢徹彦著	審美社
私たちは、私たちの世代の歌を持てなかった。ある美術史家の自伝的回想　中山公男著 和	生活の友社
ズッコケ三人組の卒業式（新・こども文学館60）　那須正幹著　井澤みよ子編	ポプラ社
日本アナキズム運動人名事典　日本アナキズム運動人名事典編集委員会編	ぱる出版
いつも鳥が飛んでいる　ぱくきょんみ著	五柳書院
進化するエコ・ミューゼ　長谷川栄著	芸術書院
濱野年宏作品集　濱野年宏著	日本経済新聞社
対論 昭和天皇　原武史ほか著	文春新書
日本美術 負の現在　日夏露彦著	アートヴィレッジ
ラストホープ 福島孝徳 −「神の手」と呼ばれる世界TOPの脳外科医 福島孝徳著　徳間書店取材班編	徳間書店
悪の読書術　福田和也著	講談社現代新書
福田恒太画集　福田恒太著　日本アジア・アフリカ・ラテンアメリカ美術家会議制作	薬師寺波麻（福田波麻）
思索集 藤田昭子の原風景　藤田昭子著 和	右文書院
浮雲　二葉亭四迷著	新潮文庫
オルタナティヴス アジアのアートスペースガイド2005　古市保子責任編集 和	淡交社
石を磨く 美術史に隠れた珠玉　星野桂三著 和	産経新聞ニューサービス
風立ちぬ・美しい村　堀辰雄著	岩波文庫
たった10分で味わえる 感動!日本の名著 近現代編（ワックBUNKO）　毎日新聞社編	ワック
教育を破壊するのは誰だ!「ドキュメント」東京・足立十六中学事件　増田都子著 和	社会評論社
新々百人一首（上）　丸谷才一著	新潮文庫
曼荼羅の宇宙 丸山あつし作品集　丸山あつし著 和	裸木同人会
ぼくは小さな灰になって…。あなたは劣化ウランを知っていますか?　御庄博実ほか著 和	西田書店
「雁の寺」の真実　水上勉・司修著 和	朝日新聞社
東北という劇空間　村上善男著	創風社
生命（いのち）の旋律　本橋成一著　高橋勝視編 国	毎日新聞社
京都学ことはじめ−森浩一12のお勉強　森浩一編著	編集グループSURE
現代の戦争報道　門奈直樹著	岩波新書
絵画以前の問いから−ファン・ゴッホ　矢野静明著	書肆山田
人間臨終図巻Ⅲ　山田風太郎著	徳間文庫
8月の果て　柳美里著	新潮社
笹川流れ　吉野紅村著	吉野紅村
労働者文学作品集Ⅳ 結成二十五周年記念号　労働者文学会議編 和	労働者文学会議
I.W−若林奮ノート　若林奮著 和	書肆山田

2004（平成16年）

朝鮮戦争と吹田・枚方事件 戦後史の空白を埋める 脇田憲一著 和	明石書店
和田みつひと 和田みつひと著	和田みつひと
空間への旅 彫刻家和南城孝志を語る 和南城孝志さんを偲ぶ会編	高崎市民新聞社

【翻訳】

ウィーン世紀末文学選 池内紀編訳	岩波文庫
審判 カフカ著 辻瑆訳	岩波文庫
鏡の国のアリス ルイス・キャロル著 矢川澄子訳	新潮文庫
ファウスト（第一部・第二部） ゲーテ著 池内紀訳	集英社文庫ヘリテージシリーズ
コミュニケーションの美学 ジャン・コーヌ著 小倉正史訳	文庫クセジュ
黙って行かせて ヘルガ・シュナイダー著 高島市子ほか訳	新潮社
パルムの僧院（上） スタンダール著 生島遼一訳	岩波文庫
マーク・トウェイン短編集 マーク・トウェイン著 古沢安二郎訳	新潮文庫
〈帝国〉をめぐる五つの講義 アントニオ・ネグリ著 小原耕一ほか訳	青土社
ポール・ド・マン クリストファー・ノリス著 時実早苗訳	法政大学出版局
政治・哲学・恐怖 ハンナ・アレントの思想（叢書ウニベルシタス798） デーナ・リチャード・ヴィラ著 伊藤誓ほか訳	法政大学出版局
客人（ソンニム） 黄晳暎著 鄭敬謨訳	岩波書店
ダ・ヴィンチ・コード（上・下） ダン・ブラウン著 越前敏弥訳	角川書店
アーサー王物語 トマス・ブルフィンチ著 大久保博訳	角川文庫
転換の書 メ・ティ ベルトルト・ブレヒト著 石黒英男ほか訳	績文堂

【詩集等】

犬まくら 亀川省吾・詩 丸山あつし・画	M企画
歌集 流水記 川添英一著	新葉館出版
くるぶしのふかい湖 森川雅美著	思潮社
心の一ページ 郷流離著	文芸社
佐藤渓詩画集 どこにいるのかともだち 孕まれるもの	由布院美術館
馴鹿時代今か来向かふ 岡井隆著	砂子屋書房

【カタログ・その他】

アートドキュメント2004 森の砦 古郡弘	金津創作の森財団
アート・ナウKANAZAWA 第43回 北陸中日美術展	石川県立美術館
アイディーブティック「トランス・アイデンティティ」展	鎌倉画廊
青木野枝－空の水	入善町文化振興財団
Akira KOMOTO in Minokamo Cultural Forest	美濃加茂市民ミュージアム
アクリラート 別冊2004	ホルベイン工業
アジアの紙と現代美術	現代美術研究会
ANNUAL REPORT 2002年度金沢21世紀美術館活動記録集	金沢21世紀美術館建設事務局
新井深展 国	新井深
アンテスとカチーナ人形展 高松市美術館ほか編	美術館連絡協議会
五十嵐彰雄	五十嵐彰雄
五十嵐彰雄	GALLERY-OHZAN
池田龍雄展 場の位相	ギャルリー東京ユマニテ

池田良二 地層への回帰：企画展NO.62 [和]	大川美術館
池袋モンパルナス 小熊秀雄と画家たちの青春展 土方明司ほか編 [和]	練馬区立美術館ほか
石井厚生 レンガ彫刻	ISHII ATSUO
石の彫刻フェスティバルINすかがわ：第3回 江持石彫刻フェア作品集	石の彫刻フェスティバルINすかがわ実行委員会
井田照一 版画の思考	豊田市美術館
伊藤公象展－珪藻の土の襞（浮遊し、移動しない植物群より）	ギャラリー那珂
伊藤利彦展 40年の軌跡	伊勢現代美術館
稲垣考二展	伊勢現代美術館
稲垣三郎展 Nihonbashiぬけとうる	日本画廊
イン・ベッド－生命の美術 青木正弘ほか編 [国]	豊田市美術館
植松奎二 地軸の傾きから：特集（AC2 5号 通巻6号 Mar. 2004）	国際芸術センター青森
魚田元生 個展 [和]	元麻布ギャラリー
内田あぐり 2000－2003	内田あぐり
海老原喜之助生誕100年祭 画家再生	熊本市現代美術館
愛媛県美術館所蔵 真鍋博コレクション目録 愛媛県美術館編	愛媛県美術館
愛媛県美術館所蔵 真鍋博作品目録 愛媛県美術館編	愛媛県美術館
エミール・ノルデ	エミールノルデ展実行委員会
江見絹子展	神奈川県立近代美術館
絵門仁写真展 殺風景04	伊勢現代美術館
遠藤彰子－力強き生命の詩 府中市美術館編 [和]	府中市美術館
遠藤彰子's MAGAZINE アキズム	［記載なし］
青梅市立美術館名品選2－洋画「油彩・水彩等」	青梅市立美術館
大浦信行「仏壇抄－死と工芸」（北澤憲昭連続企画vol.12「工芸的なるもの」をめぐって）	GALLERY MAKI
OSAKA.Art.Kaleidoscope OSAKA 04	大阪府立現代美術センター
大津定信展	豊田市美術館ギャラリー
大野一雄 九十七歳の履歴書	BankART1929
大畑周平	水戸芸術館現代美術センター
大巻伸嗣展	ギャラリイK
大森運夫展 私のロマネスク [和]	髙島屋東京店美術画廊
岡部昌生 AFTER－UJINA The Dark Face of The Light	岡部昌生
荻太郎 日動出版編集部編	日動出版部
おたく：人格＝空間＝都市 ヴェネチア・ビエンナーレ第9回国際建築展－日本館 森川喜一郎編	幻冬舎
加賀谷武個展 Raum：2004 in Berlin [和]	Haus am Lützowplatz
Kanagawa Arts Foundation Contemporary Arts Series1994－2003	神奈川芸術文化財団
神奈川県民ホール・ギャラリーの記録 1975－2004	神奈川芸術文化財団
加納光於〈Serpentinata〉2004	ギャルリー東京ユマニテ
「紀伊山地の霊場と参詣道」世界遺産登録記念 特別展「祈りの道－吉野・熊野・高野の名宝」 大阪市立美術館編	毎日新聞社
木田金次郎 画業の全貌展－岩内スピリットの源流：開館10周年記念特別展示	木田金次郎美術館
木田金次郎美術館・ボランティア活動10周年記念誌 1994－2004	木田金次郎美術館

2004（平成16年）

金月炤子 SHOKO KINGETSU−WORKS	金月炤子
金興洙展	ギャラリー美術世界
金昌烈·関根伸夫·坂口登 三人展	ギャラリー美術世界
近畿大学 国際人文科学研究所 四谷アート·ステュディウム 2004年募集要項	近畿大学国際人文科学研究所 四谷アート·ステュディウム
京阪神 女流画家たちの競艶	星野画廊
清水九兵衛展 篠田達美·文 [和]	フジテレビギャラリー
クサマトリックス 草間彌生 東谷隆司ほか編 [和]	角川書店
クサマトリックス 草間彌生展	森美術館
楠本恵子の世界 [和]	福岡市美術館
「具体」ってなんだ? 兵庫県立美術館·企画 平井章一編著	美術出版社
グループ〈位〉展	兵庫県立美術館
群馬県立近代美術館年報 平成15年度 群馬県立近代美術館編	群馬県立近代美術館
原始福音信仰証誌 生命之光 −手島郁郎創刊− 講話 嵐の中の大平安 6月号No.622	キリスト聖書塾
現代アジアの作家Ⅲ パキスタンの現代細密画	福岡アジア美術館
現代郷土作歌展 小野田實の世界	姫路市立美術館友の会
現代彫刻の歩みⅣ モノつくりの逆襲: 第11回 神奈川国際芸術フェスティバル神奈川県民ホール開館30周年記念	神奈川芸術文化財団
現代美術CAT展2004:第4回	CAT
国際アートプロジェクト Between ECO&EGO 2004 エコとエゴのはざまで	Between ECO&EGO実行委員会
国際芸術センター青森 2003年秋のアーティスト·イン·レジデンス·プログラム記録集 国際芸術センター青森編	国際芸術センター 青森AIR実行委員会
国際芸術センター青森 アーティスト·イン·レジデンス·プログラム2004/春 自然との会話−私と自然の新たな物語	国際芸術センター 青森AIR実行委員会
国際丹南アートフェスティバル2004 プレイベント·アジアの現代美術シリーズ 韓永燮と丹南アートの作家たち	丹南アートフェスティバル 実行委員会
孤独な惑星 lonely planet	リトル·モア
コピーの時代−デュシャンからウォーホル、モリムラへ:開館20周年記念展	滋賀県立近代美術館
蔡國華展	金井画廊
さかいでArtグランプリ2004	坂出市民美術館
サカイトシノリ 環太平洋描画計画	サカイトシノリ
沙漠の王国 ヨルダン展−知られざるアラブ世界 8000年の文化遺産 [和]	NHKプロモーション
塩原友子	群馬県立近代美術館
JAALA 第14回	東京都美術館
シェル美術賞展 2003> 2004	昭和シェル石油
疾風迅雷 杉浦康平雑誌デザインの半世紀 ギンザ·グラフィック·ギャラリー·杉浦康平プラスアイズ編	DNPグラフィックデザイン·アーカイブ
象徴天皇制と現代史:年報·日本現代史 第9号 赤澤史朗ほか編	現代史料出版
JEONG KEUN CHAN	ギャラリイK
城田圭介 KEISUKE SHIROTA−A SENSE OF DISTANCE	BASE Gallery

2004（平成16年）

新発見の三岸好太郎展	北海道立三岸好太郎美術館
雪舟国際美術協会展	雪舟国際美術協会
占領に反対する芸術展：第5回	地球堂ギャラリー
卒寿記念 髙橋節郎 漆絵から鎗金へ 1930−60年代	豊田市美術館
第4回日彫会 新鋭選抜展	美術会館・ギャラリー青羅
大衆の心に生きた画家たち−挿絵の黄金時代	北海道立三岸好太郎美術館
大正日本画の新風−目黒赤曜会の作家たち展	青梅市立美術館
台伸八・放浪スケッチ展	大川美術館
Takao Kurioka：eco [国]	タカオクリオカ
高松次郎−思考の宇宙	府中市美術館ほか
髙山辰雄展	茨城県近代美術館
竹内啓展	香染美術
旅の途中　河正雄編　光州広域市・主催	韓国・光州
多摩秀作美術展：第18回	青梅市立美術館
多摩美術大学美術学部絵画学科油画専攻2003年度卒業制作展	多摩美術大学
中国国宝展　東京国立博物館・朝日新聞社編	朝日新聞社
「超」日本画宣言 それは、かつて日本画と呼ばれていた　練馬区立美術館編 [国]	「超」日本画実行委員会
手嶋博−Hiroshi Teshima 位置と時間 [国]	手嶋博
東京藝術大学 大学院美術研究科修士過程・研究生内覧会	東京藝術大学取手校地専門教育棟
豊島弘尚	始弘画廊
中井克巳展	イタリア文化会館イタリア大使館文化部
中津川浩章展「まなざしと存在」	フジカワ画廊
中野将作品展	シロタ画郎
流麻二果 10301	江戸堀画廊
21世紀の出会い−共鳴、ここ・から 展覧会ガイド　吉岡恵美子ほか編	金沢21世紀美術館
西村画廊30周年記念 5人の新作展（押江千衣子・小林孝亘・鴨剛・舟越桂・三沢厚彦）	西村画廊
2004 Graphic Design Annual DNP　ギンザ・グラフィック・ギャラリー編	大日本印刷ICC本部
日辰画廊1979−2002	三上豊
ねりまの美術2004 竹原嘲風「いのち」を見つめた或る日本画家の青春 −そして速水御舟・茨木杉風・福田豊四郎たち展　野地耕一郎編 [和]	練馬区立美術館
橋本文良	GALLERY-OHZAN
橋本裕臣 テラコッタ・ドローイング	橋本裕臣
埴谷雄高蔵書資料目録	埴谷・島尾記念文学資料館
早川重章展	神奈川県立近代美術館
Hand in Hand	Hand in Hand Executive Committee
ピクチャー・インモーション	栃木県立美術館
美術の祭典東京展 第30回展記念出版	東京展運営委員会
日高理恵子《樹》 [国]	小山登美夫ギャラリー
从展 第33回 [国]	从会
フィリップモリスアートワード2000 最終審査展 シンポジウム	フィリップモリスアートワード2000事務局
フィレンツェ−芸術都市の誕生	日本経済新聞社

2004（平成16年）

藤田八栄子の軌跡・桜画廊34年の記録　桜画廊記録編集会編 [和]	桜画廊記録編集会
藤田龍児遺作展	星野画廊
藤浪理恵子展 2004「The Locus ～遺伝子座」	不忍画廊
Fromwebてんぴょう	アートヴィレッジ
BAE SANG WOOK ALCHEMY「錬金術」	ギャラリー青羅
ベラルド・コレクション 流行するポップ・アート展	TBSテレビ
ベン・シャーン展 ヒューマニズムの絵画：企画展NO.61	大川美術館
真鍋博展　稲田威郎ほか編	朝日新聞社・京阪百貨店守口店ほか
マルセル・デュシャンと20世紀美術　国立国際美術館・横浜美術館ほか編	朝日新聞社
三浦逸雄新作展 インテリオール（閉じられた空間）	東邦画廊
みのわ淳	ギャルリー東京ユマニテ
宮川寅雄と朝鮮（宮川寅雄さんを偲ぶ会主催講演会2）　李進熙著　宮沢聰編	［記載なし］
閔庚甲展 無為	ギャラリー美術世界
村岡和雄遺作展	日本橋画廊アートプラザ
村上肥出夫と放浪の画家たち－漂泊の中にみつけた美：企画展NO.63 [和]	大川美術館
メディアとしての身体 文学空間vol.V no.01　20世紀文学研究会編	20世紀文学研究会
森本絵利	水戸芸術館現代美術センター
八木一夫展　京都国立近代美術館ほか編	日本経済新聞社
山喜多二郎太 禅寺の天井に油彩で竜を描いた画家	一宮市博物館
山口啓介展－被子植物の空気柱と蕊中	フジカワ画廊
山口由理子展 WEB&METAMORPHOSIS	神奈川県立近代美術館
山本麻友香	ギャラリー椿
よみがえる四川文明－三星堆と金沙遺跡の秘宝展 共同通信社・ナリタエディトリアルオフィス編 [和]	共同通信社
LEE.JOONG－HEE 李重煕	ギャラリー美術世界
Living Together is Easy	水戸芸術館現代美術ギャラリー
臨海工業地帯から かわさき現代彫刻展2004	川崎商工会議所
六本木クロッシング：日本美術の新しい展望2004　森美術館編	美術出版社
A Working Hypothesis Today In and Out	八幡現代美術展実行委員会
若江漢字 時の光の下に	神奈川県立近代美術館
渡辺學の世界 漁民を描く　千葉県立美術館編 [国]	千葉県立美術館
和田章江－よるべき何物も無い地上の空間	マキイマサルファインアーツ&(・s)
和田みつひと－green／green展	和田みつひと展制作委員会
Kim, Ji in－Traces	Kumsan Gallery, Seoul
Korea Busan Biennale [和]	Busan Biennale Organizing Committee

【執筆・著作】

真鍋博展　画家から八面六臂のイラストレーターへ	朝日新聞社・京阪百貨店守口店ほか
木田金次郎美術館・ボランティア活動10周年記念誌 1994－2004 木田金次郎の生涯と芸術	木田金次郎美術館
金昌烈・関根伸夫・坂口登 三人展　金昌烈、関根伸夫、坂口登展に寄せて	ギャラリー美術世界

神奈川県民ホール・ギャラリーの記録 1975−2004 県民ギャラリーの30年をふりかえる	神奈川芸術文化財団
鶴岡政男の絵画思想 井上美彦著 作家訪問 鶴岡政男	井上美彦
新日本文学 5・6 No.649 佐多文学の中の公と私	新日本文学会
さかいでArtグランプリ2004 審査講評	坂出市民美術館
アート・ナウKANAZAWA 第43回 北陸中日美術展 審査評	石川県立美術館
JAALA 第14回 戦争テロは根絶されない	東京都美術館
戦争をこえるために2003(チラシ) 戦争をこえるために	丸木美術館
占領に反対する芸術展:第5回 第5回「占領に反対する芸術」東京展に寄せて	地球堂ギャラリー
福田恒太画集 だれが芸術運動家福田恒太の作品を見たか	日本アジア・アフリカ・ラテンアメリカ美術家会議
濱野年宏作品集 濱野年宏の道程	日本経済新聞社
対談集 岡本太郎 発言! 岡本敏子・川崎市岡本太郎美術館編 万博の思想	二玄社
アートドキュメント2004 森の砦 古郡弘 古郡弘の〈森の砦〉まで	金津創作の森財団
空間への旅 彫刻家和南城孝志を語る 和南城孝志さんを偲ぶ会編 和南城孝志 生命の原型	高崎市民新聞社

2005(平成17年)

【和書】

精神と構造2005 青木正夫編著 [和]	言水制作室
河童/或阿呆の一生 芥川龍之介著	新潮文庫
ニッポン解散 続・憂国呆談 浅田彰・田中康夫著 [和]	ダイヤモンド社
葛飾北斎・春画の世界 浅野秀剛編著	COLOR新書y・洋泉社
ABC戦争 plus 2 stories 阿部和重著	新潮文庫
グランド・フィナーレ 阿部和重著	講談社
ニッポニアニッポン 阿部和重著	新潮文庫
有賀和郎画集 内的な庭:根源性の癒しを求めて 有賀和郎著 石川翠編 [和]	言水制作室
小説・六波羅カプリチョス 飯島耕一著	風媒社
漱石の〈明〉、漱石の〈暗〉 飯島耕一著	みすず書房
ヨコハマ ヨコスカ 幕末 パリ 飯島耕一著	春風社
主体の世界遍歴 八千年の人類文明はどこへ行くか(全3巻) いいだもも著	藤原書店
レーニン、毛、終わった−党組織論の歴史的経験の検証 いいだもも著	論創社
世界文学を読みほどく スタンダールからピンチョンまで 池澤夏樹著	新潮社
われて砕けて−源実朝に寄せて 石川逸子著	文藝書房
夜明け 石田甚太郎著	新読書社
磯崎新の思考力 建築家はどこに立っているか 磯崎新著	王国社
極大新版 アジアから−市原基写真集 市原基著	第三書館
回想の鴨居玲−「昭和」を生き抜いた画家 伊藤誠著	神戸新聞総合出版センター
イソップ株式会社 井上ひさし著 和田誠・絵	中央公論社
円生と志ん生 井上ひさし著	集英社
ふふふ 井上ひさし著	講談社
詩があった!−五〇年代の戦後文化運動から不戦六十年の夜まで 井之川巨著	一葉社
上野實作品集 上野實偲ぶ会編 [和]	上野實偲ぶ会

2005（平成17年）

井上有一 書は万人の芸術である 海上雅臣著	ミネルヴァ書房
サルトル 海老坂武著	岩波新書
人名用漢字の戦後史 円満字二郎著	岩波新書
憂い顔の童子 大江健三郎著	講談社文庫
さようなら、私の本よ! 大江健三郎著	講談社
縮図・インコ道理教 大西巨人著 [和]	太田出版
『噂の真相』25年戦記 岡留安則著	集英社新書
岡本太郎の遊ぶ心 岡本敏子著	講談社
夫婦善哉 織田作之助著	新潮文庫
「ヌーヴォー・ロマン」とレアリストの幻想－フランス文学にみるキッチュの連環（明治大学人文科学研究所叢書） 小畑精和著	明石書店
二〇世紀の自画像 加藤周一著	ちくま新書
ぼくの早稲田時代 川崎彰彦著 [和]	右文書院
武田泰淳伝 川西政明著	講談社
ベランダの博物誌 木坂涼著	西田書店
希望の美術・協働の夢 北川フラムの40年 1965－2004 北川フラム著	角川学芸出版
ふるさと長崎133景 喜多迅鷹著	長崎新聞社
遥かなり、ひそやかな春 木下径子著	審美社
木村庄助日誌：太宰治「パンドラの匣」の底本 木村庄助著 木村重信編 [和]	編集工房ノア
ケーテ・コルヴィッツ－死・愛・共苦 清眞人ほか著	御茶の水書房
心に響く般若心経 公方俊良著	三笠書房
鬼火の里 窪島誠一郎著 [和]	集英社
雁と雁の子－父・水上勉との日々 窪島誠一郎著	平凡社
京の祈り絵・祈りびと 「信濃デッサン館」「無言館」日記抄 窪島誠一郎著 [和]	かもがわ出版
渦巻ける烏の群 他三篇 黒島伝治著	岩波文庫
畔柳二美 三篇 畔柳二美著 竹内栄美子編	EDI叢書
語る上州人塩原友子 わがこころ 桑原高良編著 [和]	上毛新聞社
慶應・明治・大正・昭和、そして平成へ 鈴廣かまぼこの百四十年	鈴廣蒲鉾本店
心中への招待状 華麗なる恋愛死の世界 小林恭二著	文春新書
満州と自民党 小林英夫著	新潮新書
がん患者よ、医療地獄の犠牲になるな 近藤誠ほか著	日本文芸社
入門講座 デジタルネットワーク社会－インターネット・ケータイ文化を展望する 桜井哲夫ほか著	平凡社
メディア写真論 佐野寛著	パロル舎
桑沢洋子とデザイン教育の軌跡 沢良子編	桑沢学園
平岸村 澤田誠一著	北海道新聞社
好太郎と節子 宿縁のふたり 澤地久枝著	日本放送出版協会
戦争と万博 椹木野衣著	美術出版社
哲学する芸術 柴辻政彦ほか著	淡交社
「死の棘」日記 島尾敏雄著	新潮社
美術・マイノリティ・実践－もうひとつの公共圏を求めて 白川昌生著	水声社
おとこ友達との会話 白洲正子著	新潮文庫

2005（平成17年）

諏訪敦 絵画作品集1995−2005 諏訪敦著	求龍堂
ディアスポラ紀行 徐京植著	岩波新書
竹内好という問い 孫歌著	岩波書店
靖国問題 高橋哲哉著	ちくま新書
批評精神のかたち 中野重治・武田泰淳 竹内栄美子著 [和]	イー・ディー・アイ
労働運動再生の地鳴りがきこえる−21世紀は生産協同組合の時代 武建一ほか編著 [和]	社会批評社
二つの柩 唯野一郎著 [和]	新風舎
昭和天皇の〈文学〉 田所泉著	風濤社
感性の祖形−田中幸人美術評論集 田中幸人著 「田中幸人遺稿集」刊行委員会編	弦書房
難民キャンプの子どもたち 田沼武能著	岩波新書
小説 不如帰 徳冨蘆花著	岩波文庫
美術／漂流 学芸員Nの30年 1975−2005（全2冊） 中塚宏行編著 [和]	彩都メディアラボ
日本現代版画商協同組合30年史 日本現代版画商協同組合編	日本現代版画商協同組合
佐多稲子と戦後日本 長谷川啓ほか編	七つ森書館
林京子全集（全8巻） 林京子著	日本図書センター
遊ぶ子どもの声きけば… 林尚男著	風濤社
水絵の福音使者 大下藤次郎評伝 原田光著 川西由里編 高階秀爾監修	美術出版社
福島孝徳 脳外科医 奇跡の指先 PHP研究所取材班編 [和]	PHP研究所
戦争のなかで考えたこと−ある家族の物語 日高六郎著	筑摩書房
日本語ぽこりぽこり アーサー・ビナード著	小学館
みんな土方で生きてきました 日野勝美著	新風舎
アートという戦場 プラクティカ・ネットワーク編	フィルムアート社
保田與重郎の維新文学 私のその述志案内 古木春哉著 [和]	白河書院
あの戦争は何だったのか 大人のための歴史教科書 保坂正康著	新潮新書
河岸忘日抄 堀江敏幸著	新潮社
前田愛対話集成I 闇なる明治を求めて 前田愛著	みすず書房
丙丁童子 枡谷優著	編集工房ノア
絵画の準備を! 松浦寿夫ほか著	朝日出版社
ドゥルーズ 没後10年、入門のために 松本潤一郎ほか著	河出書房新社
昭和史発掘（全9巻） 松本清張著	文春文庫
出生の秘密 三浦雅士著	講談社
となり町戦争 三崎亜記著	集英社
酒中記 三輪正道著	編集工房ノア
東京奇譚集 村上春樹著	新潮社
ふしぎな図書館 村上春樹著 佐々木マキ・絵	講談社
アメリカ外交−苦悩と希望 村田晃嗣著	講談社現代新書
玉城徹のうた百首 村永大和著	角川学芸出版
告発! 逮捕劇の深層−生コン中小企業運動の新たな挑戦 安田浩一著	アットワークス
器・反器−陶芸家 柳原睦夫 1995−2004 柳原睦夫著	青幻舎
真昼のオリオン 山下武都美著 [和]	新風舎
風味絶佳 山田詠美著	文藝春秋

吉川家永作品集　吉川家永著　国	ウエストベスギャラリー
ヨシダ・ヨシエ全仕事　ヨシダ・ヨシエ著	芸術書院
万博幻想−戦後政治の呪縛　吉見俊哉著	ちくま新書
パンツの面目ふんどしの沽券　米原万里著	筑摩書房
昭和イデオロギー 思想としての文学　林淑美著	平凡社
緑の森のバイリンガル 多言語多文化社会での子育て、オーストラリアでの実践　渡辺鉄太著	三修社
中国芸術の光と闇 波瀾万丈の百年芸術史　王凱著	秀作社出版

【翻訳】

ロートレアモン全集　イジドール・デュカス著　石井洋二郎訳	ちくま文庫
悪霊（上・下）　ドストエフスキー著　江川卓訳	新潮文庫
小説の言葉　ミハイル・バフチン著　伊東一郎訳	平凡社ライブラリー
スペードの女王・ベールキン物語　プーシキン著　神西清訳	岩波文庫
遺失物管理所　ジークフリート・レンツ著　松永美穂訳	新潮社

【詩集等】

歌集 渇水期　今井恵子著	砂子屋書房
風攫いと月　福井桂子著	書肆山田
在日コリアン詩選集1916−2004年　森田進ほか編	土曜美術社出版販売
詩集 コスモスの咲く道　吉野忠雄著	文芸社
シュールダンスをあなたと　原田克子著	土曜美術社出版販売
小丘東歌手抄 田井安曇歌集	短歌新聞社
ズレる? 西沢杏子詩集	てらいんく
宗左近 詩集成	日本詩歌句協会
近づく湧泉 四行連詩集 第二集　木島始ほか編	土曜美術社出版販売
千鳥ヶ淵へ行きましたか 石川逸子詩集	影書房
わがふるさとは湖南の地　金太中著	思潮社

【カタログ・その他】

アーキグラムの実験建築 1961−1974　水戸芸術館現代美術センター編	ピエ・ブックス
アート・ナウKANAZAWA 第44回 北陸中日美術展	石川県立美術館
アートフェスト	秀art studio
相澤コレクション	新潟県立近代美術館
アジアのキュビスム 境界なき対話　国際交流基金ほか編　国	東京国立近代美術館ほか
アニメイト−日韓現代アートに見るアニメ的なもの	福岡アジア美術館
雨宮敬子展〈彫刻〉	髙島屋
安藤哲夫回顧展図録	安藤哲夫回顧展実行の会
IKEMIZU! 1964−2004　池水慶一著　坂上しのぶほか編　和	池水慶一
異形の幻視力−小山田二郎展　成川隆ほか編　和	毎日新聞社
石空間展5	神奈川県立県民ホール・ギャラリー
石子順造シリーズ第3弾 グループ『幻触』の記録	虹の美術館
遺跡と創造〈古代と未来をつなぐ創造の芽〉	泉南市地域こども教室実行委員会
猪風来ガ来タ!	猪風来美術館
インド・トリエンナーレ日本作家参加記録：第11回　中井康之編　和	国際交流基金

2005（平成17年）

瑛九フォト・デッサン展	国立国際美術館
AC×2 エー・シー・ドゥー NO.6	国際芸術センター青森
絵は愛なり：中村節也 生誕100年	高崎市美術館
海老原信幸展	海老原信幸
大阪アートカレイドスコープOSAKA05	大阪府立現代美術センター
大成浩展 風と蜃気楼	富山県立近代美術館
大前博士展	Gallery銀座アルトン
岡部昌生シンクロニシティ（同時生起）2005 Sakiyama works＋os編	Sakiyama works
尾崎愛明の世界展 1995－2005 和	村松画廊
オノサト・トシノブ展－織都・桐生に生きた抽象画家	大川美術館
笠井誠一展－卓上の楽園	名古屋アートプロジェクト
片岡球子展 神奈川県立近代美術館ほか編	朝日新聞社
かち 第2号	かち倶楽部
加守田章二展 京都国立近代美術館ほか編	朝日新聞社
韓国慶南ゼログループ&日本 大阪 不二画廊 交流展：第2回	不二画廊
木田金次郎花図鑑 2005特別展示 もうひとつの木田金次郎「絵の花畑」	木田金次郎美術館
KIDANI ANKEN ART&WORKSHOP COLLECTION 2005	木谷安憲
北に澄む 村上善男展 平澤廣ほか編 和	村上善男展実行委員会
木村綾子展 鳥の声に空を見上げる	ギャラリー山口
ギャラリイK推薦作家展 2005・6人・60日	ギャラリイK
金鳳台展	ギャラリー美術世界
キューテェ・キム展－天世太平	ギャラリー美術世界
草間彌生－永遠の現在 松本透ほか編 国	美術出版社
グラスデコール20周年記念 横山尚人展	髙島屋美術部
グラフィカ No.1	ガレリアQ
The chronicles of Kaiyodo 浅井俊裕編 国	水戸芸術館現代美術センター
グローバル・プレイヤーズ 日本とドイツの現代アーティスト 和	日独アート交流プロジェクト展実行委員会
群馬県立女子大学との協同企画 江戸と桐生 華やかなりし文人交流展	群馬県立近代美術館
慶應義塾大学アート・センター年報（2004/05年度）第12号	慶應義塾大学アート・センター
ゲルハルト・リヒター（付・DVD） 金沢21世紀美術館・川村記念美術館監修	淡交社
現代美術CAT展2005：第5回	グリーンホール相模大野多目的ホール
現代美術の手法7－創造のさなかに展	練馬区立美術館
ゲント美術館名品展 西洋近代美術のなかのベルギー 高松市美術館ほか編	読売新聞社ほか
国画創作協会の画家たち展－新樹社創立会員を中心にして	星野画廊
国際芸術センター青森 2004年秋のアーティスト・イン・レジデンス・プログラム記録集	国際芸術センター青森 AIR実行委員会
国際芸術センター青森 アーティスト・イン・レジデンス・プログラム 2005 春 記録集	国際芸術センター青森 AIR実行委員会
「こどもとおとなの美術入門 カラフル!」ガイドブック	群馬県立近代美術館
小林敬生 木口木版画2005	シロタ画廊
コレクション展示『アナザー・ストリート』	金沢21世紀美術館

2005（平成17年）

蔡國華展	金井画廊
財団法人神奈川芸術文化財団10周年 神奈川県民ホール30周年 神奈川県立音楽堂50周年 記念誌	神奈川芸術文化財団
採蓮：千葉市美術館研究紀要第8号	千葉市教育財団千葉市美術館
さかいでArtグランプリ2005	坂出市民美術館
坂口國男展 [和]	髙島屋美術部
坂口登2005展	Gallery美術世界
櫻井忠剛と関西洋画の先駆者たち [和]	尼崎市総合文化センター
佐藤多持 水芭蕉曼陀羅屏風絵と創作への展開	コート・ギャラリー国立
シェル美術賞 2005	昭和シェル石油
ジグマー・ポルケ 不思議の国のアリス 上野の森美術館・国立国際美術館編	上野の森美術館
篠原有司男 ボクシング・ペインティングとオートバイ彫刻展	神奈川県立近代美術館
島田澄也展	ギャラリー川船
Journey オートラリアの異才アーティスト ディーン・ボーエンの絵画世界	ギャルリー宮脇
「17歳の風景」少年はなぜ北へ向かったのか（映画台本）－「少年は何を見たのか」	シマフィルム 若松孝二監督
昭和の美術 1945年まで－〈目的芸術〉の軌跡	新潟県立近代美術館
書のまち春日井 特別企画展「書」	かすがい市民文化財団
震災復興10周年記念国際公募展 兵庫国際絵画コンペティション	兵庫県立美術館
杉浦康益：陶の花・陶の岩・陶の木立 神奈川県芸術文化財団編 [和]	神奈川芸術文化財団
ストーリーテラーズ アートが紡ぐ物語 荒木夏実編	森美術館
生誕100年記念 吉原治良展 愛知県美術館ほか編	朝日新聞社
関根伸夫展－位相絵画へのいざない	ギャラリー美術世界
妹島和世＋西沢立衛／SANAA 金沢21世紀美術館	金沢21世紀美術館
前衛書・表立雲と20人の仲間たち・パリ展 玄土社編 [国]	玄土社
尖展：第11回	京都市美術館
双ギャラリー 20周年連続展 from origins	双ギャラリー
第3回トリエンナーレ豊橋 星野眞吾賞展 明日の日本画を求めて 豊橋市美術博物館編	豊橋市美術博物館
第12回 JEONG KEUN CHAN 招待展	ギャラリイK
瀧口修造 夢の漂流物	世田谷美術館・富山県立近代美術館
瀧口修造1958－旅する眼差し	慶應義塾大学アート・センター
瀧本光國	かわさきIBM市民文化ギャラリー
畳のしめりけ 上原三千代展	入善町文化振興財団
田中岑展－光のニルヴァーナ	ギャラリー美術世界
多摩秀作美術展：第19回	青梅市立美術館
玉村方久斗遺作展	星野画廊
Chiba Art Flash '05	千葉市民ギャラリー
張淳業展	ギャラリー美術世界
彫刻は自分の半身を取り戻す：第19回平行芸術展	多摩美術大学美術学部芸術学科峯村コース
出店久夫展	ギャラリー川船
出店久夫展 有象無象戯画：さまざまな眼144	かわさきIBM市民文化ギャラリー

2005（平成17年）

堂本尚郎展	京都国立近代美術館ほか
「時」青のシリーズ 故 日岡兼三：言い遺したことによる個展	宮崎県立美術館
ドレスデン国立美術館展－世界の鏡 エッセイ篇	日本経済新聞
中島望	中島望
梨の花通信	中野重治の会
2005 GRAPHIC DESIGN ANNUAL DNP ギンザ・グラフィック・ギャラリー編	大日本印刷ICC本部
野地正記－迷宮という秩序	福島県立美術館
パウラ・モーダーゾーン＝ベッカー 宮城県美術館ほか編	美術館連絡協議会
朴昌敦展：日韓友情年2005 特別企画第一弾	ギャラリー美術世界
橋本由雄 作陶展	東邦ギャラリー
パスワード 日本とデンマークのアーティストによる対話 井口大介ほか編 和	CCGA現代グラフィックアートセンター
発電所美術館活動記録 1995－2004 入善町下山芸術の森発電所美術館編	入善町文化振興財団
花鹿白ちゃんのいのち「シカの白ちゃんと伊都子の出会い」展の記録	ギャラリーヒルゲート
BankART Life 創刊号 BankART1929編	BankART1929
BankART Life 2 BankART1929編 国	BankART1929
ハンス・アルプ展	神奈川県立近代美術館ほか
秘すれば花：東アジアの現代美術	森美術館
日比野克彦の一人万博	水戸芸術館現代美術センター
平沢淑子・アートの軌跡 フジテレビギャラリー編	秋田市立千秋美術館
平沢淑子：第27回オマージュ瀧口修造展	佐谷画廊
日和佐廣 木版画展	東邦画廊
深沢幸雄銅版画展 千葉市美術館編	千葉市美術館
福岡アジア美術トリエンナーレ2005：第3回	福岡アジア美術館
藤田真理「永遠の宇宙」	相鉄ギャラリー
平成16年度 愛知県立芸術大学 卒業・修了作品集	愛知県立芸術大学美術学部
ポエジーと抒情 恩地孝四郎をめぐる人々：企画展NO.67	大川美術館
VOCA展 現代美術の展望	上野の森美術館
没後10年 遺業・泉茂	和歌山県立近代美術館
前山忠展〈視界〉	シロタ画廊
マシュー・バーニー：拘束のドローイング展 国	アップリンク
桝田達雄 2000－2005	桝田達雄
松尾多英常設展「砂」	ギャラリー流音砂 鳥取砂丘情報館サンドパルとっとり
マルク・シャガール展－シェークスピア「テンペスト」挿絵版画を中心に	大川美術館
三岸節子収蔵作品集 一宮市三岸節子記念美術館編 和	一宮市三岸節子記念美術館
水戸芸術館現代美術センター 逢坂恵理子ほか著 水戸芸術館現代美術センター編	水戸芸術館現代美術センター
宮島達男 Beyond the Death展「死の三部作」 南嶌宏ほか編	熊本市現代美術館
村上華岳展 京都国立近代美術館・日本経済新聞社編	日本経済新聞社
目黒不動尊の近代美術 書家・豊道春海と彫刻家・後藤良	目黒区美術館
もうひとつの楽園 不動美里ほか編 国	金沢21世紀美術館

最上壽之展 コドモ・ドコマデモ・コドモ:武蔵野美術大学教授退任記念	武蔵野美術大学美術資料図書館
木彫から立体造形へ−1960年の新人たち　富田智子編	三鷹市美術ギャラリー
もの派−再考	国立国際美術館
楊暁闇個展	香染美術
ヤン・パーカー展 Portrait of God [和]	ギャラリー美術世界
湯川隆展	いわき市立美術館
横尾忠則−熊本・ブエノスアイレス化計画　南嶌宏ほか編 [和]	熊本市現代美術館
横浜トリエンナーレ2005	横浜トリエンナーレ組織委員会
吉原秀雄:ポップなアート　ふくやま美術館編 [和]	ふくやま美術館
李禹煥 余白の芸術	横浜美術館
李暁剛	ギャラリー銀座アルトン
ルーヴル美術館:別冊太陽　湯原公浩編	平凡社
柳根澤 YOO.Geun-Taek	ギャラリー 21+葉
Y氏コレクション展−ある日本近代洋画へのまなざし	大川美術館
若林奮版画展 デッサンと彫刻のあいだ　世田谷美術館編 [和]	世田谷美術館
われらの時代　水戸芸術館現代美術センター編 [和]	水戸芸術館現代美術センター
王舒野展	日本橋高島屋美術画廊
原爆図 丸木位里・丸木俊　中国美術館編 [和]	广西美術出版社
Adriaan Rees	Van Spijk Art Projects Kwadrant Art 37

【執筆・著作】

キューテェ・キム展−天世太平 アニミズムの祝祭的ユートピア−金圭泰個展に寄せて	ギャラリー美術世界
佐多稲子と戦後日本　長谷川啓ほか編　佐多文学の中の公と私	七つ森書館
島田澄也展　島田澄也の「返り咲き」のために	ギャラリー川船
書のまち春日井 特別企画展「書」 書はどこまで変革されたか	文化フォーラム春日井・春日井市道風記念館
さかいでArtグランプリ2005　審査講評	坂出市民美術館
震災復興10周年記念国際公募展「兵庫国際絵画コンペティション」　審査講評	兵庫県立美術館
アート・ナウKANAZAWA 第44回 北陸中日美術展　審査評	石川県立美術館
真昼のオリオン　山下武都美著　推薦のことば(帯)	新風舎
トリエンナーレ豊橋 星野眞吾賞展:第3回 選評−日本画の昨日の前衛と今日の前衛	豊橋市美術博物館
Bien vol.35　田口昌人への辛口批評	藝術出版社

2006(平成18年)

【和書】

理想的兵卒　相澤直人著	光人社NF文庫
書痴、戦時下の美術書を読む　青木茂著	平凡社
知られざる教育者 高瀬兼介 生涯教育の先駆者　青木生子著 [和]	おうふう
秋山清著作集(全12巻)　秋山清著	ぱる出版
戦争の克服　阿部浩己ほか著	集英社新書
免疫進化論　安保徹著	河出書房新社

2006（平成18年）

粟津潔デザイン図絵　粟津潔著	青幻舎
不思議を眼玉に入れて　粟津潔著	現代企画室
池田龍雄画集　池田龍雄著	沖積舎
私が愛したイタリアの美術　井関正昭著	中央公論美術出版
「私」はいつ生まれるか　板倉昭二著	ちくま新書
骨董落ち穂ひろい　市川一郎著 [和]	アールプリモ
箱根強羅ホテル　井上ひさし著	集英社
ペンダントの浮世絵　猪浦宏三著 [和]	猪浦宏三
東京日記 他六篇　内田百閒著	岩波文庫
ウェブ進化論─本当の大変化はこれから始まる　梅田望夫著	ちくま新書
佐多稲子小論　梅地和子著 [和]	ながらみ書房
讃歌　遠藤彰子著 [和]	A-Design事務所
霊界散歩─めくるめく新世界へ　大川隆法著	幸福の科学出版
スキャンダル戦後美術史　大宮知信著	平凡社新書
美について考える　小田三月著	審美社
華族─近代日本貴族の虚像と実像　小田部雄次著	中公新書
まんが狭山事件　勝又進・まんが　安田聡・原案	七つ森書館
太宰治はがき抄 山岸外史にあてて　近畿大学日本文化研究所編	翰林書房
絵をみるヒント　窪島誠一郎著 [和]	白水社
「無言館」にいらっしゃい　窪島誠一郎著	ちくまプリマー新書
まちの弁護士が語る教育と平和　窪田之喜ほか著	自治体研究社
七夕しぐれ　熊谷達也著	光文社
未来形の過去から 無党の運動論に向って　栗原幸夫著 [和]	インパクト出版社
一日 夢の柵　黒井千次著	講談社
奴隷の道を拒否せよ!─5.27事件と国鉄闘争 国労5.27臨大闘争弾圧を許さない会事務局編 [和]	アール企画
思想としての全共闘世代　小阪修平著	ちくま新書
残光　小島信夫著	新潮社
昭和史最大のスパイ・M　小林峻一ほか著	ワック
金子鴎亭─近代詩文書の開拓者（ミュージアム新書26） 齊藤千鶴子著 北海道立近代美術館編	北海道新聞社
昔日　定道明著	河出書房新社
風とともに　佐藤泉著	龍書房
黒木和雄とその時代　佐藤忠雄著	現代書館
篠原有司男対談集 早く、美しく、そしてリズミカルであれ　篠原有司男著　田名網敬一監修	美術出版社
ケーテ・コルヴィッツの肖像　志真斗美恵著	績文堂出版
2週間で小説を書く!　清水良典著	幻冬舎新書
病気にならない生き方　新谷弘実著	サンマーク出版
現代語訳 歎異抄　親鸞著　野間宏訳	河出文庫
須賀敦子全集（全8巻）　須賀敦子著	河出文庫
1968年　絓秀実著	ちくま新書

2006（平成18年）

憲法と国家論 民主主義と立憲主義の国家を求めて 杉原泰雄著	有斐閣
戦争詩論1910－1945 瀬尾育生著	平凡社
広島第二県女二年西組 関千枝子著	ちくま文庫
法隆寺の謎を解く 武澤秀一著	ちくま新書
書写恋しや 夢前夢後「椎名麟三の家」保存をめざして 田靡新著 [和]	宝塚出版
刺青·秘密 谷崎潤一郎著	新潮文庫
短歌復活のために 子規の歌論書簡 玉城徹著	短歌新聞社
書·二十世紀の巨匠たち 田宮文平著	天来書院
なぜ変える?教育基本法 辻井喬ほか編	岩波書店
「近代日本文学」の誕生－百年前の文壇を読む 坪内祐三著	PHP新書
坂口安吾 百歳の異端児 出口裕弘著	新潮社
増補 世界の一環としての日本（全2巻） 戸坂潤著 林淑美校訂	東洋文庫
ブック·アートの世界 絵本からインスタレーションまで 中川素子ほか編	水声社
年表昭和史増補版1926－2003（岩波ブックレット624） 中村政則編	岩波書店
階級社会の変貌－二〇世紀イギリス文学に見る（二〇世紀英文学研究Ⅷ） 二十世紀英文学研究会編	金星堂
八甲田山死の彷徨 新田次郎著	新潮文庫
祈りの美術 河正雄著	イズミヤ出版
橋浦泰雄の風々記－絵たよりで綴る旅日記 橋浦泰雄著 宮沢總子編	光陽出版社
表象の奈落 フィクションと思考の動体視力 蓮實重彥著	青土社
小林多喜二"破綻"の文学－プロレタリア文学再考 畑中康雄著	彩流社
パパス氏（上·下） 葉山修平著	龍書房
ice painting アイスペインティング 写真集 原田雅嗣著 [和]	工作舎
コミュニストとしての宮川寅雄 針生一郎著	和光大学
ゼロ次元 加藤好弘と六十年代 平田実著 [和]	河出書房新社
「在日」文学全集 深沢夏衣ほか著 磯貝治良ほか編	勉誠出版
藤井博作品集 藤井博著	SPC
いのちの叫び 藤原書店編集部編	藤原書店
国家の品格（新潮選書） 藤原正彦著	新潮社
日本共産党 筆坂秀世著	新潮新書
自分自身への審問 辺見庸著	毎日新聞社
ベンヤミン 救済とアクチュアリティ（Kawade道の手帖）	河出書房新社
松本清張と昭和史 保坂正康著	平凡社新書
星野美智子全版画集 1971－2006 星野美智子著 [和]	阿部出版
引き裂かれながら、私たちは書いた：在韓被爆者の手記 丸屋博ほか編	西田書店
丸山眞男 没後10年、民主主義の〈神話〉を超えて（KAWADE道の手帖）	河出書房新社
現代ドイツ－統一後の知的軌跡 三島憲一著	岩波新書
鏡子の家 三島由紀夫著	新潮文庫
絵画教室50年で見た 子どもの絵で知る心のシグナル 水谷たか子著	中日出版社
マー·ガンガー 死ぬのはこわいだろうか 宮内喜美子著 [和]	めるくまーる
アメリカ帝国と戦後日本国家の解体 武藤一羊著	社会評論社

芸術起業論　村上隆著	幻冬舎
海辺のカフカ（上）　村上春樹著	新潮文庫
これだけは村上さんに言っておこう　村上春樹著	朝日新聞社
現代日本絵画　本江邦夫著	みすず書房
ちんろろきしし　元永定正著	福音館書店
現代アーティスト叢書 矢嶋美枝子　矢嶋美枝子著　日夏露彦監修	ART MOVER
北大のイールズ闘争 その真実を明らかにするために　梁田政方編著	光陽出版社
野ざらし忍法帖 山田風太郎忍法帖　山田風太郎著	講談社文庫
セミナーシリーズ 鶴見俊輔を囲んで4 山田稔 何も起こらない小説　山田稔著	編集グループSURE
吉岡ちえこ作品集　吉岡ちえこ著	アイカラー
昭和天皇の終戦史　吉田裕著	岩波新書
大奥（第1・2巻）　よしながふみ著	白泉社
ガセネッタ&シモネッタ　米原万里著	文春文庫

【翻訳】

堀典子ー生涯と作品　ヨハン・コンラート・エーバーライン編著　立野良介訳	求龍堂
カメラの旅人 ある映画人の思索と回想　ポール・コックス著　岩波律子訳	北沢図書出版
星の王子さま　サン=テグジュペリ著　谷川かおる訳	ポプラポケット文庫
人権と国家ー世界の本質をめぐる考察　スラヴォイ・ジジェク著　岡崎玲子訳	集英社新書
雄羊　ジャック・デリダ著　林好雄訳	ちくま学芸文庫
イワン・イリッチの死　トルストイ著　米川正夫訳	岩波文庫
ムンクを追え!　エドワード・ドルニック著　河野純治訳	光文社
ハイデッガー カッセル講演　マルティン・ハイデッガー著　後藤嘉也訳	平凡社ライブラリー
愛は死を超えて 亡き妻との魂の交流　フィリップ・ラグノー著　荒川節子訳	ハート出版
アカシアの町に生まれてー劉鴻運自伝　劉鴻運著　田所泉訳	風濤社

【詩集等】

雨下 大河原惇行歌集（新現代歌人叢書33）	短歌新聞社
ガーリブ詩集　片岡弘次訳	花神社
化身　倉橋健一著	思潮社
原郷　御庄博実著	思潮社
縮景園 一九四五年　田端展著	溪水社
西瓜を食べた後で　寺島博之著	花神社
玉川村金成 草野比佐男詩集	鏃出版
天窓 くりはらすなを詩集	七月堂
時の花譜 渡辺和佐子歌集	短歌新聞社
日本よ! 自撰 黒田寛一歌集	こぶし書房
フルヘッヘンド 高橋みずほ歌集	砂子屋書房

【カタログ・その他】

artificial heart 川崎和男展　川崎和男編	アスキー
アートプログラム青梅2005「里山と在る」展　大橋紀生ほか編 [和]	アートプログラム青梅実行委員会
愛知曼荼羅ー東松照明の原風景　牧野研一郎ほか編 [和]	愛知県美術館・中日新聞社
青木野枝 空の水Ⅱ	熊玉スタジオ

2006（平成18年）

アサヒ·アート·フェスティバル2006活動の記録 [和]	アサヒ·アート·フェスティバル実行委員会
Another mountain Yuji Akatsuka 赤塚祐二	鎌倉画廊
雨引の里と彫刻 2006 [国] [和]	雨引の里と彫刻実行委員会
Ars Kumamoto アルス·クマモト 熊本力の現在 南嶌宏ほか編 [和]	熊本市現代美術館
アルベルト·ジャコメッティ展 神奈川県立近代美術館ほか編	東京新聞
アン·ハミルトン［ヴォーチェ］ 南嶌宏ほか編	熊本市現代美術館
飯田善國−版画と彫刻	町田市立国際版画美術館
イサム·ノグチ 世界とつながる彫刻展 [和]	横浜美術館
イチハラヒロコ 愛と笑いの日々。	鎌倉画廊
エフェメラル 遍く、ひとつの時 記録集 国際芸術センター青森編	国際芸術センター青森AIR実行委員会
遠藤彰子展 Askim 生命を謳う 舟木力英編 [和]	茨城県つくば美術館
大辻清司の写真 事物と気配：第28回 オマージュ瀧口修造展	佐谷画廊·ギャラリーパストレイズ
岡村太郎の絵画 衝動から実現まで展 川崎市岡本太郎美術館編 [和]	川崎市岡村太郎美術館
笠松宏有回顧展 [和]	白河書院
神奈川県立近代美術館年報 2004年報	神奈川県立近代美術館
上條陽子展 厚紙平面大劇場 木下朝美編 [和]	相模原市教育委員会
華麗なる木版画の世界 吹田文明展 村上由美ほか編	世田谷美術館ほか
川井健司新作展「糸」	東邦画廊
河口龍夫『地下時間』MACA GALLERY·制作ノート	MACA GALLERY
川添修司素描画展 韓クニを行く	和光大学表現学部芸術学科·画廊るたん
神戸智行 イノセントワールド	ギャラリー広田美術
9.11−8.15 日本心中 大浦信行監督作品	国立工房
GYUCHANG EXPLOSION! PROJECT 003 篠原有司男ドローイング集 毒ガエルの復讐	ギュウチャン·エクスプロージョン! プロジェクト実行委員会
国吉康雄展：岡山県立美術館特別展 守安收ほか編 [和]	岡山県立美術館
国画会80年の軌跡 多納三勢編	国画会
国際アートプロジェクト Between ECO&EGO 2006	Between ECO & EGO実行委員会
国際芸術センター青森 アーティスト·イン·レジデンス·プログラム2005/秋 記録集	国際芸術センター青森AIR実行委員会
国際シンポジウム2005「アジアのキュビスム」報告書 古市保子編	国際交流基金
国展80周年記念 国画会の画家たち：特別企画展 メナード美術館編 [和]	メナード美術館
小島善太郎所蔵資料集（独立美術資料室収集資料1） 独立美術資料室編著 [和]	独立美術資料室
小宮彌栄子	かわさきIBM市民文化ギャラリー
さかいでArtグランプリ2006	坂出市教育委員会
サトウ画廊·サトウ画材と佐藤友太郎	サトウ画材
佐藤卓展 日常のデザイン 浅井俊裕ほか編 [国]	水戸芸術館現代美術ギャラリーほか
狭山事件第3次再審請求書	請求人 石川一雄
詩人の眼·大岡信コレクション展 三鷹市美術ギャラリー·福岡県立美術館·足利市立美術館編 [和]	朝日新聞社
嶋田しづ展	フジテレビギャラリー
縄文と現代 二つの時代をつなぐ『かたち』と『こころ』 青森県立美術館編	オークコーポレーション

2006（平成18年）

スーパーエクスタシー 至福への旅路	神奈川県立県民ホール・ギャラリー
鈴木久雄展	島田画廊
第一回 私塾・清里銀河塾「ひびきあう心」報告書	私塾・清里銀河塾
第2回人生の軌跡 顔 [和]	大川美術館
ダイアローグ 斎藤美奈子 作間敏宏2人展：さまざまな眼148	かわさきIBM市民文化ギャラリー
「滞欧作品展」その3	星野画廊
Daiwa Radiator Factory Viewing Room vol.01 [和]	大和ラヂエーター製作所
高尾みつ展　青梅市立美術館編 [和]	青梅市立美術館
建畠覚造文化功労者顕彰記念展 闇に漕ぐ舟	ギャラリー山口
束芋：ヨロヨロン	原美術館
都市の生活−生活圏へのまなざし：企画展No.70	大川美術館
豊島弘尚展	池田20世紀美術館
「名古屋」の美術−これまでとこれから　名古屋市美術館編 [和]	名古屋市美術館
虹のかなたに 靉嘔AY-O回顧 1950−2006	美術出版社
2006 GRAPHIC DESIGN ANNUAL DNP ginza graphic gallery・ddd gallery [和]	大日本印刷ICC本部
2006年第6回光州ビエンナーレ 熱風変奏曲 ガイド	光州ビエンナーレ
2006CAFネビュラ展	埼玉県立近代美術館
日本人の情景展 創業35周年記念特別展　星野桂三ほか編 [和]	星野画廊
人間の未来へ−ダークサイドからの逃走	水戸芸術館現代美術ギャラリー
ねりまの美術2006「収蔵品名作展−百年の100点」	練馬区立美術館
野田哲也展 日記　CCGA現代グラフィックアートセンター編	CCGA現代グラフィックアートセンター
パウルクレー 創造の物語　川村記念美術館ほか編	東京新聞
場の喚起力 古郡弘	豊田市美術館
林武史展	伊勢現代美術館
反近代の逆襲Ⅱ−生人形と江戸の欲望　南嶌宏ほか編 [国]	熊本市現代美術館
B#（B・シャープ）：exhibitions and events 03 [国]	大阪成蹊大学芸術学部綜合芸術研究センター
ひらいゆう	アートスペース虹ほか
藤田嗣治展　尾崎正明ほか編	NHKほか
藤野国際アートシンポジウム1999−2002　フィールドワークイン藤野実行委員会編 [国]	中瀬康志
仏像−木にこめられた祈り：特別展 東京国立博物館・読売新聞東京本社文化事業部編 [和]	読売新聞東京本社
フンデルトヴァッサー展	アプトインターナショナル
ペルシャ文明展 煌めく7000年の至宝	朝日新聞社ほか
母心仏心 梅原猛書展	彌生画廊
没後78年 増原宗一遺作展	星野画廊
ポンペイの輝き 古代ローマ都市 最後の日	朝日新聞社
マークエステル神話の世界展 Vol.2：七カ国版特装本「日本神話」世界同時発売記念 [和]	ギャラリー美術世界
山喜多二郎太展	東邦画廊
Marines Go Home 辺野古・梅香里・矢臼別 [国]	Marines Go Home 辺野古・梅香里・矢臼別上映委員会
三浦逸雄新作展《インテリオール（閉じられた世界）》	東邦画廊
向井隆豊1966−2006/01	向井隆豊

約束の旅路 ラデュ・ミヘイレアニュ監督作品	ムヴィオラ
山喜多二郎太展	東邦画廊
山口長男・脇田和展–A氏コレクション：企画展NO.68 [和]	大川美術館
吉川民仁 By the Wind Tamihito YOSHIKAWA	鎌倉画廊
来往舎現代藝術展2 金沢健一 響きの庭–目で聴く音、耳で見る形	慶應義塾大学教養研究センター
ライフ	水戸芸術館現代美術ギャラリー
ラインハルト・サビエ展《暗い森》	東邦画廊
リアル・ユートピア 無限の物語 村田大輔ほか編 [国]	金沢21世紀美術館
李日鍾展	ギャラリー美術世界
ルソーの見た夢、ルソーに見る夢 世田谷美術館ほか編 [和]	東京新聞・NHK・NHKプロモーション
60周年女流画家協会・記念展画集–歩みと展望	女流画家協会
Gwangju Biennale 2006 fever variations [和]	Seoul, Korea
Le fleuve humain 馬越陽子	Galerie Charlotte Norberg, Paris

【執筆・著作】

川井健司新作展「糸」 川井健司新作展によせて	東邦画廊
コミュニストとしての宮川寅雄 針生一郎著	和光大学
いのちの叫び 藤原書店編集部編 叫びと歌	藤原書店
ラインハルト・サビエ展《暗い森》 サビエ新作の意義／手描きのデジタル版画のオリジナリティ	東邦画廊
さかいでArtグランプリ2006 審査講評	坂出市教育委員会
9.11–8.15 日本心中 大浦信行監督作品	国立工房
フルヘッヘンド 高橋みずほ歌集（帯に一筆）	砂子屋書房
向井隆豊1966–2006/01 向井隆豊の近作と近況	向井隆豊
李日鍾展 李日鍾の済州島移住とその後の作風転換	ギャラリー美術世界

2007（平成19年）

【和書】

岡本太郎の見た日本 赤坂憲雄著	岩波書店
戦後腹ぺこ時代のシャッター音 岩波写真文庫再発見 赤瀬川原平著	岩波書店
麻原雄芸術論集 イーゼンハイムの火 麻原雄著 [和]	冬花社
言語学者が政治家を丸裸にする 東照二著	文藝春秋
ゲーム的リアリズムの誕生 動物化するポストモダン2 東浩紀著	講談社現代新書
壁 安部公房著	新潮文庫
小鉢の心意気 阿部なを著	ちくま文庫
囁く葦の秘密 雨宮惜秋著	鶴書院
死ぬのは法律違反です 死に抗する建築：21世紀への源流 荒川修作＋マドリン・ギンズ著 河本英夫ほか訳	春秋社
谷やんの海 有光利平著 [和]	編集工房ノア
トンボ海底をゆく 有光利平著 [和]	編集工房ノア
恐慌論 マルクス的弁証法の経済学批判的な検証の場 いいだもも著	論創社
東洋自然思想とマルクス主義 いいだもも著	御茶の水書房
野の荊棘 石田甚太郎著	スペース伽耶

2007（平成19年）

新装版 苦海浄土 わが水俣病　石牟礼道子著	講談社文庫
安藤昌益の世界―独創的思想はいかに生れたか　石渡博明著 [和]	草思社
私訳 歎異抄　五木寛之著	東京書籍
十二の花ばな　稲垣輝美著	龍書房
夢の痂　井上ひさし著	集英社
おひとりさまの老後　上野千鶴子著	法研
ウェブ時代をゆく―いかに働き、いかに学ぶか　梅田望夫著	ちくま新書
ぼくの家には、むささびが棲んでいた―徳山村の記録　大牧冨士夫著	編集グループSURE
岡井隆の現代詩入門 短歌の読み方、詩の読み方　岡井隆著	思潮社
芸術の設計 見る／作ることのアプリケーション　岡崎乾二郎編著	フィルムアート社
植民地文学の成立　岡庭昇著	青柿堂
岡部昌生 わたしたちの過去に、未来はあるのか　岡部昌生著 港千尋編	東京大学出版会
通り過ぎた人々　小沢信男著	みすず書房
中流の復興　小田実著	生活人新書
村上春樹短篇再読　風丸良彦著	みすず書房
国家に殺された画家 帝銀事件・平沢貞通の運命　片島紀男ほか著	新風舎文庫
定年後―豊かに生きるための知恵　加藤仁著	岩波新書
電車の中で…やさしい人に出遭った話 川崎千恵子メール再録集-3　川崎千恵子著	TB企画
伝説のプレス 画家が銀座を歩くとき 川崎千恵子メール再録集-4　川崎千恵子著 [和]	TB企画
続・東北　河西英通著	中公新書
戦後日本は戦争をしてきた　姜尚中ほか著	角川書店
手をめぐる四百字 文字は人なり、手は人生なり　季刊「銀花」編集部編 [和]	文化出版局
わたし大好き I LIKE MYSELF　草間彌生著	INFASパブリケーションズ
信濃デッサン館 無言館 遠景　窪島誠一郎著	清流出版
つぶてのようなわれなり 少年たちの親鸞　倉橋健一著	澪標
「日の底」ノート 他　栗原澪子著	七月堂
草ひばりの歌　欅次郎著	龍書房
憲法くん出番ですよ 憲法フェスティバルの20年　憲法フェスティバル実行委員会編	花伝社
佐谷画廊の三〇年　佐谷和彦著	みすず書房
立ち日　定道明著	樹立社
武力で平和はつくれない　市民意見広告運動編	合同出版
澄川喜一作品集　澄川喜一著	講談社
瀬木慎一・デザイン激動時代の目撃　瀬木慎一著	DNPグラフィックデザイン・アーカイブ
日本美術見なお誌 江戸から近代への美術界　瀬木慎一著 [国]	芸術新聞社
秘花　瀬戸内寂聴著	新潮社
アーサー・シイク 義憤のユダヤ絵師　袖井林二郎著	社会評論社
新版 世界憲法集　高橋和之編	岩波文庫
ニッポンの小説 百年の孤独　高橋源一郎著	文藝春秋
日本近現代美術史事典　多木浩二ほか監修	東京書籍
司馬遷 史記の世界　武田泰淳著	講談社文芸文庫
楊貴妃になりたかった男たち〈衣服の妖怪〉の文化誌　武田雅哉著 [和]	講談社

2007（平成19年）

走れメロス　太宰治著	新潮文庫
楠ノ木考 田所泉作品集　田所泉著	風濤社
「現代の書」の検証2　田宮文平著	芸術新聞社
詩と自由 恋と革命　鶴見俊輔著	詩の森文庫
私の花　勅使河原茜著 [和]	草月文化事業出版部
Toshiko TOCHIHARA ART WORKS1991－2006　栃原敏子著	シースペース
透過する光－中村一美著作選集　中村一美著	玲風書房
ラカンで読む寺山修司の世界　野島直子著	トランスビュー
「プリンセス・マサコ」の真実－「検閲」された雅子妃情報の謎　野田峯雄著 [和]	第三書館
生きていく意味　橋爪志津乃著 [和]	文芸社
長谷川晶遺作集　長谷川晶著	ぶんしん出版
美の使徒　葉山修平著	龍書房
続 シローの旅　速水史朗著 [和]	生活の友社
滝山コミューン一九七四　原武史著	講談社
回想 東北帝国大学　原田夏子ほか著	東北大学出版会
戦争と美術 1937－1945　針生一郎ほか編	国書刊行会
海の声　日野範之著	風濤社
誰のための「教育再生」か　藤田英典編	岩波新書
辺見庸コレクション（全3巻）　辺見庸著	毎日新聞社
馬越陽子作品集　馬越陽子著	文物出版社
いのちあるものたちへの讃歌　丸木俊・丸木スマ著	ブックグローブ社
宮川淳絵画とその影　宮川淳著　建畠哲編	みすず書房
鳥のように－シベリア 記憶の大地　宮崎進著	岩波書店
注文の多い料理店　宮沢賢治著	新潮文庫
童話集 銀河鉄道の夜 他十四篇　宮沢賢治著　谷川徹三編	岩波文庫
美女の譜　諸知徳著 [和]	龍書房
岡山画人伝 おかやまアート事情　柳生尚志著 [和]	柳生尚志
八月の薔薇　山下潤子著	龍書房
名古屋力 アート編－名古屋戦後美術活動史　山田彊一著	ワイズ出版
少女マンガにおけるホモセクシュアリティ　山田田鶴子著	ワイズ出版
先生とわたし　四方田犬彦著	新潮社
心に緑の種をまく－絵本のたのしみ　渡辺茂男著	新潮文庫

【翻訳】

暴力論（上）　ソレル著　今村仁司ほか訳	岩波文庫
クリスマス・キャロル　ディケンズ著　村岡花子訳	新潮文庫
復活（上・下）　トルストイ著　木村浩訳	新潮文庫
ゴリオ爺さん　バルザック著　平岡篤頼訳	新潮文庫
完訳 プリンセス・マサコ　ベン・ヒルズ著　藤田真利子訳	第三書館
ハインリッヒ・フォーゲラー伝　ジークフリート・ブレスラー著　鈴木俊編訳	土曜美術社出版販売
ドルジェル伯の舞踏会　ラディゲ著　生島遼一訳	新潮文庫
肉体の悪魔　ラディゲ著　新庄嘉章訳	新潮文庫

2007（平成19年）

神さまの話 リルケ著 谷友幸訳	新潮文庫
チャタレイ夫人の恋人 ロレンス著 伊藤整訳	新潮文庫

【詩集等】

歌集 常しへの道 坂口弘著	角川書店
古典和歌散策 原田夏子著	北炎短歌会
コラール 中村不二夫著	土曜美術社出版販売
再訳 朝鮮詩集 金時鐘訳	岩波書店
石榴が二つ 玉城徹著	短歌新聞社
蓬（ノヤ） 松平修文著	砂子屋書房
光追う日日 北川色糸歌集 [和]	短歌研究社
FUMI AKIKO 詩画集2001→2007 星野暁子・詩 星野文昭・画	星野暁子
ブリキの包 中原かな詩集	埼玉新聞社
廩 高橋みずほ歌集	砂子屋書房

【カタログ・その他】

ART TODAY 2007 門田光雅 渡辺依理	セゾン現代美術館
Я（アール） 金沢21世紀美術館 研究紀要：美術館 緩慢なる市民革命の場 [和]	金沢21世紀美術館
愛知芸術大学「2007長湫会」日本画 愛知県立大学日本画研究室編 [和]	愛知県立大学日本画研究室
青山時代の岡本太郎1954−1970 現代芸術研究所から太陽の塔まで 佐藤玲子ほか編 [和]	川崎市岡本太郎美術館
遊びの経路 アーティスト・イン・レジデンス・プログラム2007	国際芸術センター青森AIR実行委員会
ATTITUDE2007 人間の家 主に歓喜に値するもの	熊本市現代美術館
粟津潔 荒野のグラフィズム 金沢21世紀美術館企画	フィルムアート社
〈生きる〉展−現代作家9人のリアリティ 横須賀美術館編	横須賀美術館
磯辺行久	東京都現代美術館
岩永てるみ日本画展 光映す風景	松坂屋
宇宙御絵図	豊田市美術館
EXIBITIONS：GRAPHIC MESSAGES FROM GINZA GRAPHIC GALLERY & DDD GALLERY 1986−2006 青葉益輝ほか編 [和]	大日本印刷
岡崎乾二郎 ZERO THUMBNAIL	artictoc［エンガワ］
岡部昌生 CAI02企画	sakiyama works+masao okabe
岡本太郎「藝術風土記」 岡本太郎が見た50年前の日本 杉田真珠編 [国]	川崎市岡本太郎美術館
怪獣と美術−成田亨の造形芸術とその後の怪獣美術	足利市立美術館
画家と挿絵の仕事・その1−大川コレクションより：企画展No.71	大川美術館
柏原えつとむ：「クラインの壺」あるいは「絵画の時間」について	galerie16
金沢市内小学4年生全児童招待プログラム ミュージアム・クルーズ 2006年度活動記録集	金沢21世紀美術館
金山明	豊田市美術館
神山明・浜田真理	かわさきIBM市民文化ギャラリー
カルロ・ザウリ展−イタリア現代陶芸の巨匠 京都国立近代美術館編	日本経済新聞社
川島猛 Lovely ニューヨーク	ミウラート・ヴィレッジ
菊畑茂久馬と〈物〉語るオブジェ 福岡県立美術館編 [国]	海鳥社

木田金次郎の交流圏 橋浦泰雄－旅への導き展　岡部卓編 [和]	木田金次郎美術館
キューテェ・キム展 Kyu Tae,Kim　美術世界編 [和]	ギャラリー美術世界
旧中工場アートプロジェクト	広島アートプロジェクト実行委員会
近代日本美術を俯瞰する	横須賀美術館
倉重光則展 disPLACEment 「場所」の置換 [国]	photographer's gallery
栗田宏　大倉宏ほか編 [和]	画廊Full Moon
グレイソン・ペリー展 我が文明 [和]	金沢21世紀美術館
群馬県立近代美術館所蔵品目録2007	群馬県立近代美術館
光州市立美術館新築記念 河正雄コレクション特選展 在日の花　蔡鐘基編 [和]	光州市立美術館
国際丹南アートフェスティバル2007 アジアの現代美術：第15回 [和]	丹南アートフェスティバル実行委員会
斉藤寿一展 青・風・宙の版画	川崎市市民ミュージアム
齋藤素巖の仕事　黒川弘毅ほか編 [国]	武蔵野美術大学彫刻学科研究室
酒井七海展－空虚・UTSURO	入善町文化振興財団
坂口登展	ギャラリー美術世界
坂田一男展―前衛精神の軌跡：岡山県立美術館特別展	岡山県立美術館
「SUSPENDED 浮景」記録集 国際芸術センター青森アーティスト・イン・レジデンス・プログラム2006秋	国際芸術センター青森AIR実行委員会
塩田千春 沈黙から	神奈川県立県民ホール・ギャラリー
思考空間 宇佐美圭司 2000年以降 [和]	池田20世紀美術館
嶋田しづ展－詩情と感性・漂うパリのエスプリ	池田20世紀美術館
若冲展	相国寺承天閣美術館
消失点 日本の現代美術展 Vanishing Points　Contemporary Japanese Art [和]	国際交流基金
湘南科学史懇話会通信 第14号	湘南科学史懇話会
縄文との絆 縄文との対話 小野忠弘と宗左近	ONO
SHINICHI TSUKUMO UNOS　本江邦夫ほか・文 [和]	オフィスA・M
新興展：第57回	新興美術院
神仏習合	奈良国立博物館
杉浦邦恵 Kunie Sugiura color works	鎌倉画廊
生誕100年 鶴岡政男展　徳江庸行ほか編	東京新聞
世界遺産条約採択35周年記念 奥谷博展	パリ・ユネスコ本部 ミロホール1・2・3
関根伸夫2007展	ギャラリー美術世界
世田谷時代1946－1954の岡本太郎展	世田谷美術館
戦争と芸術 美の恐怖と幻影　飯田高誉編 [和]	京都造形芸術大学国際藝術研究センター
大回顧展モネ	国立新美術館
大正シック展－ホノルル美術館所蔵品より	国際アート
Daiwa Radiator Factory Viewing Room vol.02-04　大和プレス編 [和]	大和ラヂエーター製作所
高橋秀 新作展	天満屋岡山店ほか
他者のまなざし 他者へのまなざし 視線からつくられる私　田中由紀子編 [和]	名古屋市民ギャラリー
田中坦三&田中岑	ギャラリー美術世界
田中米吉 "ドッキング"からの視線	山口県立美術館
谷内六郎コレクション120　横須賀美術館編	横須賀美術館

2007（平成19年）

多摩秀作美術展：第21回	青梅市立美術館
ちひろ美術館の30年　ちひろ美術館編	ちひろ美術館
中国新絵画 [和]	鎌倉画廊
勅使河原宏展 限りなき越境の軌跡 [和]	埼玉県立近代美術館
東欧の現代美術 岩野プロジェクト	越前市民ホール
Dressing Between Desire and Denial	鎌倉画廊
中村宏 図画事件 1953−2007　東京都現代美術館編	東京新聞
名古屋芸術大学2007	名古屋芸術大学
奈良美智 月夜曲　北出智恵子編 [国]	金沢21世紀美術館
日・韓現代美術展 2007	福岡日韓現代絵画交流会
日本アジア・アフリカ・ラテンアメリカ交流美術「川崎展」	川崎市市民ミュージアム・ギャラリー
日本画改革の先導者 玉村方久斗展	神奈川県立近代美術館ほか
日本考古学は品川から始まった 大森貝塚と東京の貝塚　品川区立品川歴史館編 [和]	品川区教育委員会
パッション・コンプレックス：オルブライト=ノックス美術館コレクションより	金沢21世紀美術館
八田豊展	LADSギャラリー
パラオ−ふたつの人生 鬼才・中島敦と日本のゴーギャン・土方久功	世田谷美術館
彦坂尚嘉回顧展 VERTICAL CIRCLE	ソフトマシーン美術館ほか
从展：第33回	从会
美の求道者 安宅英一の眼 安宅コレクション　大阪市立東洋陶磁美術館編	読売新聞大阪本社
美の教室、静聴せよ　森村泰昌著	理論社
ひびのこづえの品品	グラフィック社
美麗新世界−当代日本視覚文化　国際交流基金編 [和]	国際交流基金
深沢幸雄展−いのちの起源を謳う	山梨県立美術館
深沢幸雄の全貌 寄贈作品目録　矢野晴代編 [和]	南アルプス市立春仙美術館
藤原道長 極めた栄華・願った浄土	京都国立博物館
プライマリー・フィールド：美術の現在−七つの〈場〉との対話	神奈川県立近代美術館
ヘレン・フランケンサーラーの1950年代（修士論文）　沢山遼著	武蔵野美術大学
Portrait Session	大和ラヂヱーター製作所
没後30年・不染鉄遺作展：忘れられた画家シリーズ31	星野画廊
マイクロポップの時代：夏への扉　松井みどり著	パルコエンタテイメント事業局
松井龍哉展 フラワー・ロボティクス	水戸芸術館現代美術センター
松本英一郎展 退屈な風景　石橋美術館編 [和]	石橋美術館
Madhat Kakei [和]	Galerie Maria Lund,Paris・ギャラリイKほか
丸木俊展 女子美術時代から《原爆の図》まで	原爆の図丸木美術館
水戸の風 2007	水戸芸術館現代美術センター
無限の人間愛 浜田知明展 [和]	大川美術館
木版画東西対決−仏教版画から現代まで	町田市立国際版画美術館
森のなかで　奥村一郎ほか編 [国]	「森のなかで」展実行委員会
森の竜神 國安孝昌展	金津創作の森財団
柳原義達・土谷武・江口週彫刻三人展　練馬区立美術館編	練馬区立美術館
山口晃展 今度は武者絵だ!	練馬区立美術館

横須賀美術館コレクション150 横須賀美術館編	横須賀美術館
吉野辰海展	東邦画廊
来往舎現代藝術展3 SWITCH 秋山早紀ほか編 [和]	慶應義塾大学教養研究センター
李奎鮮展 水間敏隆·文 [和]	ギャラリー美術世界
龍谷大学所蔵西域文化資料展示品図録 旅順博物館展 西域仏教文化の精華 旅順博物館展実行委員会企画·制作 [和]	旅順博物館展実行委員会
レオナルド·ダヴィンチ 天才の実像 東京国立博物館ほか編	朝日新聞社ほか
若林奮 DAISY 1993−1998 多摩美術大学若林奮研究会編	多摩美術大学美術館
和光大学創立40周年記念展	和光大学
和田宏子展−フューザン（木炭）の世界	Gallery銀座アルトン

【執筆·著作】

FUMI AKIKO 詩画集2001→2007 星野暁子·詩 星野文昭·画 新しい詩画集によせて	星野暁子
日本近現代美術史事典 アヴァンギャルド 総説など	東京書籍
名古屋力 アート編−名古屋戦後美術活動史 山田彊一著 解説	ワイズ出版
粟津潔 荒野のグラフィズム 粟津潔 トータル·デザインへの道程	フィルムアート社
湘南科学史懇話会通信 第14号 今日における主体の危機と主体再生の展望について	湘南科学史懇話会
ARTFIELD 芸術の宇宙誌04 戦後アヴァンギャルド芸術私観	アート農園
戦争と美術 1937−1945 椹木野衣ほかとの共編 戦後の戦争美術 論議と作品の運命	国書刊行会
芸術批評誌「REAR」 No.17 対談「岸本清子とその時代について」 針生一郎×岩田信市	リア制作室
森の竜神 國安孝昌展 対談 國安孝昌×針生一郎	金津創作の森財団
Toshiko TOCHIHARA ART WORKS1991−2006 栃原敏子著 他者との対話でなりたつ絵	シースペース
短歌手帳 （手書きの短歌 数歌）	角川書店
日本心中 チラシ （和光大学J−301教室 特別上映·シンポジウム）	［記載なし］
The Future No.75	［記載なし］
いのちあるものたちへの讃歌 丸木俊·丸木スマ著 丸木俊とスマおばあちゃんのこと	ブックグローブ社
和光大学創立40周年記念展 40周年記念雑談	和光大学

2008（平成20年）

【和書】

心のかよいと子どもの絵 朝倉俊輔著	大水育男先生没後10周年顕彰会
小説 恐怖の裁判員制度−続·囁く葦の秘密 雨宮惜秋著	鶴書院
視覚の外縁 池田龍雄文集拾遺 池田龍雄著	沖積舎
石黒鏘二作品集 記憶のモニュメント	石黒鏘二
東北からの思考 地域の再生、日本の再生、そして新たなる協働へ 入澤美時ほか著	新泉社
天空からの使者 小田正行作品集 小田正行著	現代思潮新社
実用手本集 明月素光を流す 川添一著	新葉館出版
一を貫く 川添一（岳洲）作品集 川添一著	新葉館出版
安藤昌益と飢饉−天災は人災なり 菊地勇夫著	安藤昌益と千住宿の関係を調べる会
木田金次郎とともに 木田文子遺稿集 木田文子著 木田敏斌編	木田敏斌
夢と感謝 絹谷幸太著	ブラジル日本移民百周年記念モニュメント実行委員会

2008（平成20年）

私の「母子像」 窪島誠一郎著	清流出版
月光／暮坂 小島信夫後期作品集 小島信夫著	講談社文芸文庫
抱擁家族 小島信夫著	講談社文芸文庫
最新 血糖値を下げる知恵とコツ	主婦の友社
現代のアートシーン 1960年代·70年代·80年代の222人 酒井啓之写真集 酒井啓之著	美術出版社
甘粕正彦 乱心の曠野 佐野眞一著	新潮社
青の狂想曲 庄野カオル著	龍書房
格差社会を撃つ ネオ·リベにさよならを 白川真澄著	インパクト出版会
そうか、もう君はいないのか 城山三郎著 和	新潮社
愛国の昭和 戦争と死の七十年 鈴木邦男著	講談社
関谷興仁作品集 悼2 関谷興仁著	朝露館
ウィーン 都市の近代 田口晃著	岩波新書
斜陽 太宰治著	新潮文庫
美術批評の先駆者、岩村透 田辺徹著	藤原書店
被爆博覧会 田端展著 小久保亮編	文芸社
素描·二十世紀短歌 玉城徹著	短歌新聞社
期待と回想 語り下ろし伝 鶴見俊輔著	朝日文庫
一度も植民地になったことがない日本 デュラン·れい子著	講談社+α新書
アダム·スミス「道徳感情論」と「国富論」の世界 堂目卓生著	中公新書
徳永直文学選集（全2巻） 徳永直著 徳永直没後50年記念事業期成会「選集」編集委員会編	熊本出版文化会館
中川泰峯書作 中川泰峯著	中川登規彦
日本藝術の創跡 2008 美を拓く者たち−美術評論家の創造性	世界文藝社
祈りの美術 尋劒堂 河正雄編著	イズミヤ出版
あかちゃん兵隊 萩由布著	龍書房
大活字版 ザ·花田清輝（上·下） 花田清輝著 和	第三書館
森の力−育む、癒す、地域をつくる 浜田久美子著	岩波新書
昭和天皇 原武史著	岩波新書
平野修作作品集 平野修作著	平野修作
深沢幸雄のガラス絵 深沢幸雄著 アーツ·プランニング編 和	アーツ·プランニング
今日の限界芸術 福住廉著	BankART1929
職さがし 藤岡隆晴著	西田書店
たそがれ清兵衛 藤沢周平著	新潮文庫
北海道美術あらかると（ミュージアム新書27） 北海道立近代美術館編	北海道新聞社
たたかう!社会科教育 増田都子著 小西誠編	社会批判社
すてきな姉妹たち 松本豊子著	龍書房
宿命の画天使たち 山下清·沼裕一·他 三頭谷鷹史著	美学出版
道遥か−私の戦中·戦後 水野昌美著	レーヴック
三鷹天命反転住宅ヘレン·ケラーのために	水声社
マリオのUFO 水沫流人著	MF文庫ダ·ヴィンチ
木喰さん 彌勒祐徳著 和	石風社

2008（平成20年）

新装版 全訳 源氏物語（全5巻） 紫式部著 与謝野晶子訳　角川文庫

安藤昌益の平和思想 村瀬裕也著　安藤昌益と千住宿の関係を調べる会

メインテーマ・イン・アート 紀行画　世界文藝社

反貧困－「すべり台社会」からの脱出 湯浅誠著　岩波新書

私の女人源氏 横前裕子著　横前裕子

吉沢伝 画集 吉沢伝著　吉沢陽子

図説 神聖ローマ帝国の宝冠 渡辺鴻著　八坂書房

【翻訳】

カラマーゾフの兄弟1 ドストエフスキー著 亀山郁夫訳　光文社古典新訳文庫

作者の図像学 フェデリコ・フェラーリほか著 林好雄訳　ちくま学芸文庫

老年の価値 ヘルマン・ヘッセ著 フォルカー・ミヒェルス編 岡田朝雄訳　朝日出版社

【詩集等】

イクバール詩集「隊商の旅立ちを告げる銅鑼の音」　大東文化大学国際関係学部ウルドゥー語片岡研究室

今井恵子歌集　砂子屋書房

坂上清詩集　砂子屋書房

自伝詩のためのエスキース 辻井喬著　思潮社

洗髪祀り 栗原澪子著　北冬舎

寺山修司未発表歌集 月蝕書簡 田中未知編　岩波書店

フィボナッチ 級数の歌集 北川色糸著　短歌研究社

ふるさと－岩国 御庄博実著　思潮社

水が笑う 津久井ひろみ著　書肆山田

山越 森川雅美著　思潮社

吉野裕之集（セレクション歌人33）　邑書林

【カタログ・その他】

アートフェア東京2008 武居恵泉編 [和]　アートフェア東京

哀愁と血の造形 嘉手川繁夫の世界 出版舎Mugen編 [国]　沖縄文化の杜

愛知県立芸術大学 長湫会 日本画展　日本橋高島屋

アウトサイダー・アートの極致　ギャルリー宮脇

アジアとヨーロッパの肖像 国立民族学博物館ほか編　朝日新聞社

アヴァンギャルド・チャイナ：〈中国当代美術〉20年　国立新美術館ほか

荒木経惟 熊本ララバイ　熊本市現代美術館

池田満寿夫 知られざる全貌 いわき市立美術館ほか編　毎日新聞社

宇佐美圭司展 「還元」から「大洪水へ」：ART TODAY 2008 セゾン現代美術館編 [和]　セゾン現代美術館

裏糸 アーティスト・イン・レジデンス・プログラム2007秋　国際芸術センター青森AIR実行委員会

AFWP 2008 JAPAN：世界平和美術祭典　AFWP2008実行委員会

岡崎紀展－ある風景 時・風 1960－2008　多摩美術大学

岡部昌生展　トキ・アートスペース

沖縄県立博物館・美術館 美術館収蔵作品目録　NPO法人沖縄県立現代美術館支援会happ

沖縄・プリズム1982－2008　東京国立近代美術館

川俣正 通路 大橋紀生編 [国]　美術出版社

群馬県立近代美術館年報 平成19年度　群馬県立近代美術館

2008(平成20年)

現代彫刻の変革者 湯原和夫展 存在の自由区	神奈川県立近代美術館
建築がうまれるとき ペーター・メルクリと青木淳	東京国立近代美術館
玄土社書展'07	玄土社
Ge 40回展記念画集 あまのしげほか編 [和]	Geグループ
今日の反核反戦展2008	原爆の図丸木美術館
佐野未知ノート 1975−2008	佐野未知
30年目の透視図	島田画廊
嶋田しづ展 第15回井上靖文化賞受賞記念−画業60年の歩み 高岡市美術館編 [和]	高岡市美術館
Julian Opie 髙橋瑞木ほか編 [国]	赤々舎
SHINGU この星を初めて訪ねて来た異星人のように 新宮晋	philippe monsel
関根伸夫展	Gallery-BS
戦争と芸術II−美の恐怖と幻影 飯田高誉ほか編	京都造形芸術大学国際藝術研究センター
第4回トリエンナーレ豊橋 星野眞吾賞	豊橋市美術博物館
DAIWA PRESS VIEWING ROOM vol.06	大和プレス
髙山辰雄遺作展	練馬区立美術館
多摩の美術家	調布画廊
タンジェント 国際芸術センター青森 アーティスト・イン・レジデンス・プログラム2008/春	国際芸術センター青森AIR実行委員会
所沢ビエンナーレ・プレ美術展 引込線 椎名節ほか編 [国]	所沢ビエンナーレ実行委員会
2008 CAFネビュラ展	埼玉県立近代美術館
二紀展:第62回	二紀会
NIPAF'08 第15回日本国際パフォーマンス・アート・フェスティバル	ニパフ東京・ニパフ川口・ニパフ守谷ほか
人間の大河 馬越陽子展	日本橋三越本店
ネオ・トロピカリア ブラジルの創造力 長谷川祐子ほか編 [国]	エスクァイア マガジン ジャパン
野田好子展 Yoshiko Noda 野田好子編 [和]	[記載なし]
働正&淳 親子里帰り展	西部美術学園
母と子の像 企画展No.77	大川美術館
原健の作品1965−2008:STROKES−飛華・ASUKA	東京造形大学
東山魁夷展	東京国立近代美術館
从展:第34回	从会
日比野克彦アートプロジェクト「ホーム→アンド←アウェー」方式	金沢21世紀美術館
日比野克彦 HIGO BY HIBINO	熊本市現代美術館
ヒロシマナガサキを考える 復刻版I・II(全70号)	ヒロシマ・ナガサキを考える会
不協和音−日本のアーティスト6人 久保田成子 草間彌生 オノ・ヨーコ 斉藤陽子 塩見允枝子 田中敦子 [国]	ムディマ・ファンデーションミラノ
藤井博 継続する意志 vol.17	ギャラリー 21+葉
MAKOTO SAITO SCENE[0]	金沢21世紀美術館
魅惑の像 具象的なるかたち 外舘和子編 [和]	茨城県つくば美術館
彌生画廊60年史 小川智子編 [和]	彌生画廊
YOKOHAMA TRIENNALE 2008 TIME CREVASSE	横浜トリエンナーレ組織委員会

ライアン・ガンダー個展「君の影の重さよりもなお」 (Daiwa Press Viewing Room vol.05) 那須太郎ほか編 和	大和プレス
ラインハルト・サビエ展 夢–暴力と犠牲者たち	東邦画廊
ロン・ミュエック 木下哲夫ほか訳 竹井正和ほか編	フォイル
若林奮–VALLEYS 横須賀美術館編 和	横須賀美術館

【執筆・著作】

AFWP 2008 JAPAN : 世界平和美術祭典 AFWP2008に寄せて	AFWP2008実行委員会
哀愁と血の造形 嘉手川繁夫の世界 出版舎Mugen編 嘉手川繁夫の過去と現在	沖縄県立博物館・美術館・沖縄文化の杜
フィボナッチ 級数の歌集 北川色糸著 ことば	短歌研究社
今日の反核反戦展2008 〈今日の反核反戦展2008〉趣意	原爆の図丸木美術館
ラインハルト・サビエ展 夢–暴力と犠牲者たち サビエの主題と表現の成熟	東邦画廊
関谷興仁作品集 悼2 関谷興仁の陶板作品	朝露館
日本藝術の創跡 2008 美を拓く者たち–美術評論家の創造性 戦後日本美術批評を振り返って–相互批評と論争の必要性	世界文藝社
第4回トリエンナーレ豊橋 星野眞吾賞展 選評	豊橋市美術博物館
多摩の美術家 多摩の美術家・序説	調布画廊
吉沢伝 画集 吉沢伝の回想	吉沢陽子

2009(平成21年)

【和書】

東北知の鉱脈 赤坂憲雄著	荒蝦夷
灯心草 赤星虎次郎著	龍書房
敗罪人間 上原二郎著	上原二郎
名画の館から 大川栄二著 和	大川美術館
夜明けに–大越芳江素描集 大越芳江著	雨工舎
東京骨灰紀行 小沢信男著	筑摩書房
ヒロシマ・消えない記憶 梶杏子著	龍書房
夏の花 片岡清美著	龍書房
加藤周一自選集(全10巻) 加藤周一著	岩波書店
それでも、日本人は「戦争」を選んだ 加藤陽子著	朝日出版社
『老子』〈道〉への回帰(書物誕生 あたらしい古典入門) 神塚淑子著	岩波書店
思想家河合隼雄 河合俊雄ほか編	岩波書店
ネットワーク美学の誕生–「下からの綜合」の世界に向けて 川野洋著	東信堂
憂鬱の文学史 菅野昭正著	新潮社
雲に鳥–狼山冗語 菅野一雄著	龍書房
鬼とコスモス 希田明子著	龍書房
裏話ひとつ 映画人生九十年–「多摩川精神」撮影所とその周辺 木村威夫著	岩波書店
美術館晴れたり曇ったり 窪島誠一郎著	一草舎出版
黒田寛一 初期論稿集(全7巻) 黒田寛一著	こぶし書房
GOLBA 時を彫る ホセイン・ゴルバ著 和	フロントアジア推進会議
松本清張 時代の闇を見つめた作家 権田萬治著	文藝春秋

2009（平成21年）

早世の天才画家 日本近代洋画の十二人　酒井忠康著	中公新書
グリーン資本主義－グローバル「危機」克服の条件　佐和隆光著	岩波新書
信毎の本2009	信濃毎日新聞社
愛国と米国 日本人はアメリカを愛せるのか　鈴木邦男著	平凡社新書
戦没画学生人名録　戦没画学生慰霊美術館「無言館」編 [和]	戦没画学生慰霊美術館「無言館」
増補 空間へのまなざし　髙橋勉著	かまくら春秋社
Jiro Takamatsu All Drawing　高松次郎著	ユミコチバアソシエイツ
戦後日本、中野重治という良心　竹内栄美子著	平凡社新書
なぜ広島の空をピカッとさせてはいけないのか　Chim↑Pomほか編	河出書房新社
荒川修作の軌跡と奇跡　塚原史著	NTT出版
露口啓二写真集　露口啓二著 [和]	ICANOF
アジアが生みだす世界像－竹内好の残したもの　鶴見俊輔編 [和]	編集グループSURE
長谷光城	エイデル研究所
日本藝術の創跡 2009 異文化への扉－創造の交流点	世界文藝社
なぎの葉考・少女　野口冨士男著	講談社文芸文庫
時計　葉山修平著	龍書房
日本はなぜ貧しい人が多いのか（新潮選書）　原田泰著	新潮社
春澤振一郎作品集1962－2008　春澤振一郎著 [和]	KOBE・美術ゼミナール
久生十蘭短篇選　久生十蘭著　川崎賢子編	岩波文庫
小林多喜二－21世紀にどう読むか　ノーマ・フィールド著	岩波新書
慕情　藤蔭道子著	龍書房
胡蝶蘭　古島和子著	龍書房
相模国動乱　三浦叙之著	龍書房
神去なあなあ日常　三浦しをん著	徳間書店
安部公房・荒野の人　宮西忠正著	菁柿堂
戦後精神の政治学 丸山眞男・藤田省三・萩原延壽　宮村治雄著	岩波書店
あ・うん 向田邦子シナリオ集I　向田邦子著	岩波現代文庫
ボイスライブラリー 無言館の証言　無言館編	新日本出版
1Q84 BOOK 1・2　村上春樹著	新潮社
新・がん50人の勇気　柳田邦男著	文藝春秋
癌ノート　米長邦雄著	ワニ・プラス

【翻訳】

ホロコーストのトラウマを生き抜いたアーティスト ローズマリー・コーツィー作品集 経帷子の織人　ローズマリー・コーツィー著　宮脇豊編	ギャルリー宮脇
尹東柱評伝 空と風と星の詩人　宋友恵著　愛沢革訳	藤原書店
エドワード・サイード 対話は続く　上村忠男ほか訳　ホミ・バーバほか編	みすず書房

【詩集等】

運動公園　西杉夫著	砂子屋書房
歌集 れくいえむ　赤星千鶴子著	龍書房
散歩の理由　菊池柚二著	書肆青樹社
詩と銅版画【漂泊】　野中隆彌・詩　五島三子男・銅版画	青娥書房

2009（平成21年）

ちかしい喉 松岡政則著	思潮社
ロンゲラップの海 詩集 石川逸子著	花神社

【カタログ・その他】

アートアワードトーキョー丸の内2009	行幸地下ギャラリー
アートイニシアティブ リレーする構造	BankART1929
アジアのアートガイド：カンボジア、ラオス、ミャンマー、タイ、ベトナム	国際交流基金
遠藤利克 供犠と空洞	国際芸術センター青森AIR実行委員会
岡本太郎の絵画	川崎市岡本太郎美術館
金津創作の森1998−2008 10年のあゆみ	金津創作の森財団
金氏徹平：溶け出す都市、空白の森 [国]	赤々舎
菊畑茂久馬−ドローイング	長崎県美術館
KISHIO SUGA：WORKS 1970−1978 photographs by ANZAI	小山登美夫ギャラリー
木之下晃写真集 音楽の決定的瞬間	ミューザ川崎シンフォニーホール
九州ゆかりの日本画家たち	熊本市現代美術館
Graphic Art & Design Annual 08−09：ggg ddd CCGA	DNP文化振興財団
月下の森 luna forest 記録集	国際芸術センター青森AIR実行委員会
月樵道人・田中宗立	星野画廊
国際シンポジウム2008	国際交流基金
小島一郎写真集成 青森県立美術館監修	インスクリプト
Sayaka Shoji EXHIBITION Synesthesia	プンクトゥム・フォトグラフィック・トウキョウ
新宿眼科画廊2009	新宿眼科画廊
Susumu Shingu planet of wind and water	Gallery Jaeger Bucher, Paris
世界をめぐる吉田家4代の画家たち THE YOSHIDA FAMILY展 富田智子編 [和]	三鷹市美術ギャラリー
第1回所沢ビエンナーレ美術展 引込線	所沢ビエンナーレ実行委員会
館勝生	ギャラリー白
建畠覚造展 晩年の作品から1995−2006	ギャラリー山口
谷口薫美、山下菊二兄弟 故郷のイメージを描く：特別展 美術の国徳島Ⅱ 徳島県立近代美術館編 [和]	徳島県立近代美術館
寺山修司の時代（KAWADE 夢ムック 文藝別冊） 阿部晴政編	河出書房新社
道教の美術 齋藤龍一構成・編	三井記念美術館
長澤英俊展	川越市立美術館ほか
中村宏展2005−2009	ギャラリー川船
中村正義の美術館	中村正義の美術館
新国誠一の《具体詩》−詩と美術のあいだに	武蔵野美術大学美術資料図書館
'08玄土社書展	玄土社
2009 CAF.NEBULA	CAFネビュラ協会
日常の喜び 森司ほか編	水戸芸術館現代美術センター
日本近代洋画と三岸好太郎 Part1	北海道立三岸好太郎美術館
長谷川四郎−時空を超えた自由人（KAWADE道の手帖）	河出書房新社
BankART LifeⅡ	BankART1929
P82号	サークルP

光 松本陽子／野口里佳	国立新美術館
ヴィデオを待ちながら―映像、60年代から今日へ	東京国立近代美術館
武蔵野美術大学80周年記念大学院修了展'08 もの語る	武蔵野美術大学
村松画廊1942―2009 村松画廊編	村松画廊
山本直彰 帰還する風景。	平塚市美術館
よみがえる百年前の風景 いま、水彩画への誘い	星野画廊
琉球絵画展：沖縄県立博物館・美術館企画展 上間常道編 [国]	沖縄文化の杜
緑蔭小舎と作家たち 柳田冨美子著	ときの忘れもの
和田賢一作品集 和田眞理ほか編	和田賢一展および作品集刊行実行委員会

【執筆・著作】

Sayaka Shoji EXHIBITION Synesthesia 新しい試みに期待―庄司紗矢香個展によせて	プンクトゥム・フォトグラフィック・トウキョウ
長谷光城 斎藤義重と長谷光城の間	エイデル研究所
Jiro Takamatsu All Drawing（帯に一筆）	ユミコチバアソシエイツ
金津創作の森1998―2008 10年のあゆみ 〈創作の森〉十余年をふりかえる	金津創作の森財団
野間宏の会会報 No.16 追悼 加藤周一	野間宏の会
なぜ広島の空をピカッとさせてはいけないのか 特別座談会「ピカッ」は誰に向けた表現だったのか 針生一郎・柳幸典・会田誠・卯城竜太	河出書房新社
ホロコーストのトラウマを生き抜いたアーティスト ローズマリー・コーツィー作品集 経帷子の織人 ローズマリー・コーツィーの生い立ちと作品	ギャルリー宮脇

2010（平成22年）

【和書】

抵抗の主体とその思想 小倉利丸著	インパクト出版会
尾崎翠 砂丘の彼方へ 川崎賢子著	岩波書店
眼の神殿―「美術」受容史ノート 北澤憲昭著	ブリュッケ
わが心の母のうた 窪島誠一郎著	信濃毎日新聞社
時代の求めにこたえて―武建一対談集 武建一 ほか著	社会批評社
北原白秋 玉城徹著	短歌新聞社
思い出袋 鶴見俊輔著	岩波新書
関係の原像を描く「障害」元学生との対話を重ねて 篠原睦治著	現代書館
野の花の道 原千風著	龍書房
藪崎昭作品集 薮崎昭著 井口幸一ほか編 [和]	イーアート
風景 山口馨著	鳥影社
批評の人間性 中野重治 林淑美著	平凡社
日露戦争 起源と開戦（上・下） 和田春樹著	岩波書店

【詩集等】

生くる日 原田夏子歌集	砂子屋書房
博物学者 吉野裕之著	北冬舎

【カタログ・その他】

Art Anthropology 04 安藤礼二ほか編	多摩美術大学芸術人類学研究所
愛知県立芸術大学2010 長湫会 日本画展 [国]	愛知県立芸術大学日本画研究室「長湫会展」実行委員会

大沼映夫展	三越
芸術テロとシャーマニズム 「芸術テロとシャーマニズム」企画室著 [和]	小関諒子
3331Arts Chiyoda 開館記念第2弾 佐々木耕成展「全肯定/OK.PERFECT.YES」	アーツ千代田3331
視覚に障害がある人との鑑賞ツアー 「セッション!」	水戸芸術館現代美術ギャラリー
「スプリングス」別冊 特集:斎藤義重'09複合体講義	中延学園・朋優学院高等学校
第60回記念 日本画 新興展	新興美術院
とやま現代作家シリーズメッセージ アート新世代から	富山県立近代美術館
中里斉展	町田市立国際版画美術館
二紀展:第64回	二紀会
能島征二の軌跡展	水戸芸術館現代美術ギャラリー
長谷川仂	三越
許榥 HUR,HWANG	シロタ画廊
水戸の風	水戸芸術館現代美術ギャラリー
茂田井武 ton paris展 企画展No.84	大川美術館
森村泰昌:なにものかへのレクイエム−戦場の頂上の芸術 東京都写真美術館ほか編	東京都写真美術館ほか
柳川・立花家の至宝:特別展	福岡県立美術館
リフレクション/映像が見せるもうひとつの世界	水戸芸術館現代美術ギャラリー
燐光群創立25周年記念公演「ワールド・トレード・センター」 作・演出 坂手洋二	グッドフェローズ燐光群

【執筆・著作】

芸術テロとシャーマニズム 加藤好弘・中沢新一との鼎談	小関諒子
「スプリングス」別冊 特集:斎藤義重'09複合体講義	中延学園・朋優学院高等学校
中里斉展図録 中里斉の生活と芸術	町田市立国際版画美術館
部落解放 633号 増刊号 文学賞選評 さまざまな作品を読んでほしい	解放出版社

2011(平成23年)

【和書】

流浪菩提 赤星虎次郎著	龍書房
『アート・検閲、そして天皇「アトミックサンシャイン」in 沖縄展が隠蔽したもの』 沖縄県立美術館検閲抗議の会編	社会評論社

【カタログ・その他】

アート・メゾンインターナショナル Vol. 15 ペドロ・フランシスコ・ガルシア・グティエレス監修 [国]	麗人社

【執筆・著作】

『アート・検閲、そして天皇「アトミックサンシャイン」in 沖縄展が隠蔽したもの』 沖縄県立美術館検閲抗議の会編 《遠近を抱えて》・天皇制・沖縄/大浦信行・針生一郎『トーク10「大浦問題」が衝いた日本美術の問題性』	社会評論社

2012(平成24年)

【和書】

佐々木基一全集(全10巻) 佐々木基一全集刊行会編	河出書房新社
リボンと煙草 道尾ゆかり著	龍書房

【翻訳】

ビリー・バッド メルヴィル著 飯野友幸訳	光文社古典新訳文庫

洋書リスト

凡例

◎——本リストは，国立新美術館に寄贈された針生蔵書（図書，展覧会カタログ，逐次刊行物）のうち欧米言語資料のリストである。

◎——リストの作成は，国立新美術館情報資料室が提供したデータを元に，編者が刊行年順に編集したものである。

◎——「編著者，監修者」「出版地」「出版社」「刊行年」が不明のものについては空欄となっている。また，展覧会データ等で補った情報は［　］で示した。

◎——ロシア語，中国語，朝鮮語，アラビア語などの文献リストについては，2015年1月現在作成中であり，本年度中には，国立新美術館の検索システムに登録の予定である。

◎——一部，日本，中国，韓国で刊行された欧米言語資料が含まれている。

◎——刊行年の情報が不詳の資料については末尾にまとめた。

◎——書誌タイトル以外の日本人名は「姓」「名」の順に統一した。

書名	編著者, 監修者	出版地	出版社	刊行年
Goethe-Brevier : Goethes Leben in seinen Gedichten 2., verbesserte und vermehrte Aufl	herausgegeben von Otto Erich Hartleben	München	Karl Schüler	1901
Die ästhetische Idee bei Kant	Wilhelm Vogt	Gütersloh	C. Bertelsmann	1906
Symbol in der Psychologie und Symbol in der Kunst	von Paul Häberlin / mit einer Zeichnung von Cuno Amiet	[Bern]	Benteli	1916
Militarism	Karl Liebknecht	New York	B.W. Huebsch	1917
Stil und Weltanschauung	Herman Nohl	Jena	E. Diederichs	1920
Die Theorie des Romans : ein geschichtsphilosophischer Versuch über die Formen der grossen Epik	Georg Lukács			1920
Der Sinn der Literaturwissenschaft (Philosophische Reihe:Bd. 41)	Jul. Rud. Kaim	München	Rösl	1921
Alfred Kubin	E.W. Bredt	München	H. Schmidt	1922
Deutsche Klassik und Romantik : oder, Vollendung und Unendlichkeit ein vergleich	Fritz Strich	München	Meyer & Jessen	1922
Einführung in die Kunst der Gegenwart 3. Aufl	Max Deri...[et al.]	Leipzig	E.A. Seemann	1922
Hegels Aesthetik	unter einheitlichem Gesichtspunkte ausgewählt, eingeleitet und mit verbindendem Texte versehen von Alfred Baeumler	München	C.H. Beck	1922
Ästhetik und allgemeine Kunstwissenschaft in den Grundzügen dargestellt 2., stark veränderte Aufl	Max Dessoir	Stuttgart	Ferdinand Enke	1923
Le diable au corps : roman	Raymond Radiguet	Paris	Grasset	1923
Genitrix	François Mauriac	Paris	B. Grasset	1923
Kant und Husserl : Kritik der transzendentalen und der phänomenologischen Methode	Walter Ehrlich	Halle (Saale)	M. Niemeyer	1923
Kunstgeschichtliche Grundbegriffe : das Problem der Stilentwicklung in der neueren Kunst 6. Aufl	Heinrich Wölfflin	München	H. Bruckmann	1923
Das Wesen der Dichtung	Herman Hefele	Stuttgart	Frommann	1923
Gesammelte Schriften 6	Wilhelm Dilthey	Leipzig [u.a.]	Verlag von B.G.Teubner	1924
Das ästhetische Werterlebnis (Grundlegung einer ästhetischen Werttheorie:Bd. 1)	Rudolf Odebrecht	Berlin	Reuther & Reichard	1927
Goethe 13. Aufl	Friedrich Gundolf	Berlin	G. Bondi	1930
Physiologie de la critique 7e éd (Collection "Les essais critiques" :21)	Albert Thibaudet	Paris	Nouvelle revue critique	1930
Was ist Metaphysik? 2. Aufl.	Martin Heidegger	Bonn	F. Cohen	1930

書名	編著者, 監修者	出版地	出版社	刊行年
Das literarische Kunstwerk : eine Untersuchung aus dem Grenzgebiet der Ontologie, Logik und literaturwissenschaft	Roman Ingarden	Halle (Saale)	Max Niemeyer	1931
Hegels Ontologie und die Grundlegung einer Theorie der Geschichtlichkeit	Herbert Marcuse	Frankfurt am Main	V. Klostermann	1932
Schleiermachers System der Ästhetik : Grundlegung und problemgeschichtliche Sendung	Rudolf Odebrecht	Berlin	Junker und Dünnhaupt	1932
Die Seinssymbolik des Schönen und die Kunst	Gertrud Kuznitzky	Berlin	Junker & Dünnhaupt	1932
Goethes Typusbegriff : pbk (Wege zur Dichtung : Zürcher Schriften zur Literaturwissenschaft:Bd. 16)	Heinrich Spinner	Horgen-Zürich	Münster-Presse	1933
Der Geist der Liebe und das Schicksal : Schelling, Hegel und Hölderlin (Wege zur Dichtung : Zürcher Schriften zur Literaturwissenschaft:Bd. 19)	Emil Staiger	Frauenfeld	Huber	1935
Innere Form und dichterische Phantasie : zwei Vorstudien zu einer neuen deutschen Poetik	von Reinhold Schwinger und Heinz Nicolai ／ herausgegeben von Karl Justus Obenauer	München	C.H. Beck	1935
Position politique du surréalisme ("Les documentaires")	André Breton	Paris	Sagittaire	1935
Vernunft und Existenz (Aula-voordrachten der Rijksuniversiteit te Groningen:No. 1)	Karl Jaspers	Groningen	Wolters	1935
Theater im Film : eine Untersuchung über die Grundzüge und Wandlungen in den Beziehungen zwischen Theater und Film (Die Schaubühne:Bd. 13)	Walther Freisburger	Emsdetten	Heinr. & J. Lechte	1936
Geist und Geschichte der Aufklärung	H.A. Korff	Tokyo	Ikubundo Verlag	1938
Vision und Dichtung : der Charakter von Dantes, göttlicher Komödie 2. durchgesehene Aufl	Romano Guardini	Tübingen	Rainer Wunderlich Verlag Hermann Leins	1940
Gedanken über Gedichte	Max Kommerell	Frankfurt am Main	V. Klostermann	1943
Sein und Zeit Japanausg 1. Hälfte	von Martin Heidegger ／ herausgegeben mit Unterstützung des japanisch-deutschen Kulturinstituts, Tokyo	東京	福本書院	1943
Das Wesen der Stimmungen 2. durchgesehene und erweiterte Aufl	Otto Friedrich Bollnow	Frankfurt am Main	V. Klostermann	1943
Hans Erni : ein Maler unserer Zeit (Erbe und Gegenwart : Schriftenreihe der Vereinigung "Kultur und Volk" :48)	Konrad Farner	Zürich	Kultur und Volk	1945
Le naturalisme français, 1870-1895 4e éd (Collection Armand Colin:27)	P. Martino	Paris	A. Colin	1945

The pocket book of short stories : American, English, and continental masterpieces 25th printing : [pbk.] (Pocket book)	edited and with an introduction by M.E. Speare	New York	Pocket Books	1945
Descartes, 1596-1650 (Les classiques de la liberté:1)	introd. et choix par J.-P. Sartre	Genève	Traits	1946
Kant et le problème du temps 4e éd (NRF) (La Jeune philosophie:4)	Jacques Havet	[Paris]	Gallimard	1946
Kunstwissenschaftliche Grundfragen : Prolegomena zu einer Kunstphilosophie	Dagobert Frey	Wien	Rudolf M. Rohrer	1946
Paul Klee 3rd ed	statements by the artist / articles by Alfred H. Barr, Jr., Julia and Lyonel Feininger, James Johnson Tweeney / edited by Margaret Miller	New York	Museum of Modern Art, New York	1946
Zu Rainer Maria Rilkes Deutung des Daseins : eine Interpretation der zweiten, achten und neunten Duineser Elegie 2. Aufl (Sammlung Überlieferung und Auftrag:Reihe Probleme und Hinweise ; Bd. 2)	Romano Guardini	Bern	A. Francke	1946
Goethe und seine Zeit	Georg Lukács	Bern	A. Francke	1947
Introduction aux existentialismes	Emmanuel Mounier	Paris	Editions Denoël	1947
Morphologische Literaturwissenschaft : Goethes Ansicht und Methode	Horst Oppel	Mainz	Kirchheim	1947
Le style et ses techniques : précis d'analyse stylistique 1re éd	Marcel Cressot	Paris	Presses universitaires de France	1947
Über den Humanismus (Von Martin Heidegger Erschien)	Martin Heidegger	Frankfurt am Main	V. Klostermann	1947
Die Wiederkunft des Dionysos : der Naturmystische Irrationalismus in Deutschland	J. H. W. Rosteutscher	Bern	Francke	1947
Berliner Dramaturgie	Herbert Jhering	Berlin	Aufbau	1948
Burckhardt und Nietzsche : Philosophieren über Geschichte	Alfred von Martin	Krefeld	Scherpe-Verlag	1948
Descartes und die Philosophie 2., unveränderte Aufl	Karl Jaspers	Berlin	de Gruyter	1948
Gestaltung-Umgestaltung : in Wilhelm Meisters Lehrjahren	Günther Müller	Halle (Saale)	M. Niemeyer	1948
Introduction à la philosophie de l'histoire : essai sur les limites de l'objectivité historique 9e éd (Bibliothèque des idées)	Raymond Aron	Paris	Gallimard	1948
La Littérature française du siècle romantique, dupuis 1802 2. ed. (Que sais-je?:no. 156)	Verdun-L. Saulnier	Paris	Presses universitaires de France	1948

書名	編著者, 監修者	出版地	出版社	刊行年
On modern art	Paul Klee ／ with an introduction by Herbert Read ／ [translated from the German by Paul Findlay]	London	Faber and Faber	1948
Philosophie 2., unveränderte Aufl	Karl Jaspers	Berlin	Springer	1948
Sinn und Grenze der Dichtung	Johannes Pfeiffer	Bremen	Johs. Storm	1948
Über Kunst und Literatur: Eine Sammlung aus ihren Schriften	Karl Marx, Friedrich Engels, Michail Lifschitz, Fritz Erpenbeck	Berlin	Verlag Bruno Henschel und Sohn	1948
Vorlesungen über Ästhetik	Friedrich Kainz	Wien	Sexl-Verlag	1948
Die drei gerechten Kammacher (Universal-Bibliothek:Nr. 6173)	Gottfried Keller	Stuttgart	Reclam	1949
Einführung in die Poetik	Josef Körner	Frankfurt am Main	G. Schulte-Bulmke	1949
Existenzphilosophie 3. erw. Aufl	Otto Friedrich Bollnow	Stuttgart	W. Kohlhammer	1949
Goethe und die Geschichte	Friedrich Meinecke	München	Leibniz Verlag	1949
Lautréamont et Sade (Propositions:6)	Maurice Blanchot	Paris	Éditions de Minuit	1949
Literatur der Übergangszeit : Essays	Hans Mayer	[Berlin]	Verlag Volk & Welt	1949
Martin Heideggers Einfluß auf die Wissenschaften : aus Anlaß seines sechzigsten Geburtstages	verfasst von Carlos Astrada ... [et al.]	Bern	Francke	1949
Paul Klee (The Penguin modern painters)	Douglas Cooper	Harmondsworth, Middlesex	Penguin Books	1949
Das Problem der Perioden in der Literaturgeschichte	H.P.H. Teesing	Groningen	J. B. Wolters	1949
Das Problem des geistigen Seins : Untersuchungen zur Grundlegung der Geschichtsphilosophie und der Geisteswissenschaften 2. Aufl	Nicolai Hartmann	Berlin	W. de Gruyter	1949
Propos sur l'esthétique	Alain	Paris	Presses Universitaires de France	1949
Das Shakespeare-Bild Goethes	Horst Oppel	Mainz	Kirchheim	1949
Sonderheft Bertolt Brecht [1] (Sinn und Form : Beiträge zur Literatur)		[Berlin]	Rütten & Loening	1949
Stalin als Philosoph	Viktor Stern	Berlin	Aufbau-Verlag	1949
Umgang mit Dichtung : Eine Einführung in das Verständnis des Dichterischen 6. Aufl	Johannes Pfeiffer	Hamburg	Richard Meiner	1949
Unsere Zukunft und Goethe	Karl Jaspers	Bremen	J. Storm	1949
Begegnung mit dem Nichts : ein Versuch über die Existenzphilosophie	Helmut Kuhn	Tübingen	J.C.B. Mohr (Paul Siebeck)	1950
The complete works of Swami Vivekananda 8th ed v. 5		Calcutta	Advaita Ashrama	1950

Deutsche Literatur im Zeitalter des Imperialismus : eine Übersicht ihrer Hauptströmungen	Georg Lukacs	Berlin	Aufbau-Verlag	1950
Les deux cent mille situations dramatiques (Bibliothèque d' esthétique)	Étienne Souriau	Paris	Flammarion	1950
Goethes Verwandlungen : Rede gehalten zur Feier des dreißigsten Jahrestags der Universität Hamburg am 10. Mai 1949 (Hamburger Universitätsreden:7)	Hans Pyritz	[Hamburg]	Im Selbstverlag der Universität Hamburg	1950
Holzwege	Martin Heidegger	Frankfurt am Main	Vittorio Klostermann	1950
Literaturmetaphysik : der Schriftsteller in der technischen Welt	Max Bense	Stuttgart	Deutsche Verlags-Anstalt	1950
Philosophisches Wörterbuch	Max Apel	Berlin	De Gruyter	1950
Das Problem der Innerlichkeit : Hamann, Herder, Goethe	Johann Brändle	Bern	A. Francke	1950
Surrealismus, 1924-1949 : Texte und Kritik	herausgegeben und eingeleitet von Alain Bosquet	Berlin	K.H. Henssel	1950
Über Aufgaben und Grenzen der Literaturgeschichte (Abhandlungen der Klasse der Literatur:Jahrg. 1950, Nr. 2) (Akademie der Wissenschaften und der Literatur)	Werner Milch	Mainz / Wiesbaden	Akademie der Wissenschaften und der Literatur / F. Steiner	1950
Der Beruf des Dichters (Stuttgarter Privatstudiengesellschaft)	Walter Haussmann	Stuttgart	Ernst Klett	1951
De Stijl (Catalogus:81)	Exhibitor: van Doesburg, Mondriaan, J. J. P. Oud ... [et al.]	[Amsterdam]	[StedelijkMuseum]	1951
Erkenntnis und Erlebnis : phänomenologische Studien	Michael Landmann	Berlin	de Gruyter	1951
Erläuterungen zu Hölderlins Dichtung 2. unveränderte Aufl.	Martin Heidegger	Frankfurt am Main	V. Klostermann	1951
Existentialismus oder Marxismus?	Georg Lukács	Berlin	Aufbau	1951
Goethe und die Wissenschaft : Vorträge Gehalten anläßlich des Internationalen Gelehrtenkongresses zu Frankfurt am Main im August 1949 : pbk		Frankfurt am Main	Klostermann	1951
Grundbegriffe der Poetik 2. erw. Aufl	Emil Staiger	Zürich	Atlantis	1951
Kant und das Problem der Metaphysik 2., unveränderte Aufl	Martin Heidegger	Frankfurt am Main	Klostermann	1951
Peinture et société : naissance et destruction d'un espace plastique : de la renaissance au cubisme	Pierre Francastel	Lyon	Audin	1951
Rainer Maria Rilke und die bildende Kunst (Kunstwerk-Schriften:Bd. 24)		Baden-Baden	W. Klein	1951

書名	編著者, 監修者	出版地	出版社	刊行年
Revue d'esthétique T. 4 fasc. 1			Presses universitaires de France	1951
Revue d'esthétique T. 4 fasc. 2			Presses universitaires de France	1951
Revue d'esthétique T. 4 fasc. 3/4			Presses universitaires de France	1951
Das Theaterpublikum im Lichte der Soziologie und Psychologie (Die Schaubühne:Bd. 41)	Karl Poerschke	Emsdetten	Lechte	1951
Von lyrischer Dichtkunst : Betrachtungen	Max Geilinger	Zürich	Rascher	1951
Zur literarischen Situation der Gegenwart (Akademie der Wissenschaften und der Literatur. Abhandlungen der Klasse der Literatur:Jahrg. 1951, Nr. 1)	Ernst Kreuder	Mainz	Akademie der Wissenschaften und der Literatur	1951
Auf der Suche nach Deutschland : die Sendung des Theaters	Herbert Jhering	Berlin	Aufbau-Verlag	1952
Balzac und der französische Realismus	Georg Lukács	Berlin	Aufbau	1952
Der Begriff der Zeit bei Thomas Mann, vom Zauberberg zum Joseph	Richard Thieberger	Baden-Baden	Kunst und Wissenschaft	1952
Dichtung und Wirklichkeit (Akademie der Wissenschaften und der Literatur:Abhandlungen der Klasse der Literatur ; Jahr. 1952, Nr. 1)	Frank Thiess	Mainz / Wiesbaden	Akademie der Wissenschaften und der Literatur / F. Steiner	1952
Existenz Psychologie Ontologie : Versuch einer Ordnung existenzphilosophischer Probleme (Zeitschrift für philosophische Forschung : Beihefte:Heft 5)	Josef Meinertz	Meisenheim / Glan	Westkulturverlag Anton Hain	1952
Herr über Leben und Tod pbk. (Fischer Bücherei:6)	Carl Zuckmayer	Frankfurt	Fischer	1952
Die Hochzeit von Haiti : Erzählung (Universal-Bibliothek:Nr. 7905)	Anna Seghers	Leipzig	Reclam	1952
Im Umbruch der Zeit : das Romanschaffen der Gegenwart	Hermann Pongs	Göttingen	Göttinger Verlagsanstalt	1952
Die junkerlich-imperialistische Politik des "Dranges nach dem Osten" : ein Unglück für das deutsche und das polnische Volk : Vortrag von Minister Wandel, gehalten am 17. Januar 1952 im Parteikabinett der SED, Berlin	[Paul Wandel]	Berlin	Volk und Wissen Volkseigener Verlag	1952
Die Objektivität der Werterkenntnis bei Nicolai Hartmann (Monographien zur philosophischen Forschung:Bd. 8)	Emmanuel Mayer	Meisenheim / Glan	A. Hain	1952
Plakatwelt : vier Essays	Max Bense	Stuttgart	Deutsche Verlags-Anstalt	1952
Das Problem der Objektsverfehlung im Hinblick auf Raum und Zeit : der Feuerspan	Dirk heinrichs	Hamburg	Richard Meiner	1952

Der russische Realismus in der Weltliteratur	Georg Lukács	Berlin	Aufbau-Verlag	1952
Die Schichten der Persönlichkeit 5. durchgesehene und mit einem Register ausgestattete Aufl.	Erich Rothacker	Bonn	Bouvier	1952
Die Theorie Kafkas	Max Bense	Köln	Kiepenheuer	1952
Über das Geistige in der Kunst. 4. Auflage, mit einer Einführung von Max Bill	Wassily Kandinsky, Max Bill	Bern	Benteli-Verlag	1952
Das Urteil und andere Erzählungen : pbk (Fischer Bücherei:19)	Franz Kafka	Frankfurt am Main	Fischer	1952
Wege zur Dichtung : eine Einführung in die Kunst des Lesens	Johannes Pfeiffer	Hamburg	F. Wittig	1952
Weltliteratur : Festgabe für Fritz Strich zum 70. Geburtstag	in Verbindung mit Walter Henzen / herausgegeben von Walter Muschg und Emil Staiger	Bern	Francke Verlag	1952
Wort und Bild : eine ontologische Interpretation	Gustav Siewerth	Düsseldorf	L. Schwann	1952
Æsthetic : as science of expression and general linguistic (UNESCO collection of representative works. Italian series)	Benedetto Croce / translated from the Italian by Douglas Ainslie	London	Peter Owen	1953
Ästhetik	Nicolai Hartmann	Berlin	W. de Gruyter	1953
Beiträge zum sozialistischen Realismus : Grundsätzliches über Kunst und Literatur		Berlin	Verlag Kultur und Fortschritt	1953
Bildende Kunst und Architektur (Zwischen den beiden Kriegen:Bd. 3)	Will Grohmann	Berlin	Suhrkamp	1953
Deutsche Dichtung der Gegenwart	Wilhelm Grenzmann	Frankfurt / Main	Hans F. Menck	1953
Einführung in die Metaphysik	Martin Heidegger	Tübingen	Max Niemeyer	1953
Feeling and form : a theory of art developed from Philosophy in a new key	Susanne K. Langer	London	Routledge & Kegan Paul	1953
Fragen der Literaturtheorie : ein Sammelband	herausgegeben von L.I. Timofejew	Berlin	Dietz	1953
Handzeichnungen (Insel-Bücherei:Nr. 294)	Paul Klee / [Geleitwort von Will Grohmann]	[Leipzig]	Insel	1953
Heidegger : Denker in dürftiger Zeit (Schriftenreihe "Ausblicke")	Karl Löwith	Frankfurt am Main	S. Fischer	1953
Die Kunst des Fernsehens	Gerhard Eckert	Emsdetten (Westf.)	Verlag Lechte	1953
Die Kunst unserer Zeit : Verständnis und Mißverständnis der modernen Kunst, Das Weltbild der neuen Malerei, Kunst und Lebensform	Fritz Baumgart	Düsseldorf	Diederich	1953
Kurzer Abriss der Geschichte der sowjetischen Malerei von 1917 bis 1945	B. M. Nikiforow	Dresden	Verlag der Kunst	1953

書名	編著者, 監修者	出版地	出版社	刊行年
Marx, Engels, Lenin und Stalin über Kunst und Literatur : einige Grundfragen der marxistisch-leninistischen Ästhetik	Gustav Just	Berlin	Dietz Verlag	1953
"Modernism" in modern drama : a definition and an estimate	Joseph Wood Krutch	Ithaca, N.Y.	Cornell University Press	1953
Offener Horizont : Festschrift für Karl Jaspers	[herausgegeben von Klaus Piper]	München	Piper	1953
Plastik der Gegenwart (Die Kunst unserer Zeit:Bd. 8)	Ulrich Gertz	Berlin	Rembrandt	1953
Sozialgeschichte der Kunst und Literatur Bd. 1	Arnold Hauser	München	C.H. Beck	1953
Sozialgeschichte der Kunst und Literatur Bd. 2	Arnold Hauser	München	C.H. Beck	1953
Theater und Film	Fedor Stepun	München	Carl Hanser	1953
The theatre now	Harold Hobson	London	Longmans	1953
Über Kunst und Literatur : eine Auswahl (Klassisches Erbe aus Philosophie und Geschichte)	Johann Wolfgang von Goethe / herausgegeben und eingeleitet von Wilhelm Girnus	Berlin	Aufbau	1953
Verskunst auf der Bühne : ein Weg zur Leistungssteigerung in der Schauspielerkunst	Otto Liebscher	Tübingen	Max Niemeyer	1953
W.I. Lenin und einige Fragen der Literaturwissenschaft	A.S. Mjasnikow	Berlin	Dietz	1953
Wir und die Dichtung : Kleine Einführung in Wesen und Formen der Dichtkunst	Paul Ferdinand Portmann	Zürich	W. Classen	1953
Die Zeit als Einbildungskraft des Dichters : Untersuchungen zu Gedichten von Brentano, Goethe und Keller	Emil Staiger	Zürich	Atlantis	1953
Zwischen Philosophie und Gesellschaft : ausgewählte Abhandlungen und Vorträge	Helmuth Plessner	Bern	Francke	1953
Die Bedeutung der Literatur im Kampf um Frieden, Einheit und Besseres Leben 2. Aufl (Schriftenreihe für den Parteiarbeiter:Heft 13)	Fred Oelßner	Berlin	Dietz	1954
Gegen die bürgerliche Kunst und Kunstwissenschaft : ein Sammelband mit Aufsätzen	W.S. Kemenow ... [et al.]	Berlin	Dietz	1954
Meaning in the visual arts : papers in and on art history 1st ed (Anchor books:A59)	Erwin Panofsky	Garden City, N.Y.	Doubleday	1955
The book of tea 1st Tuttle ed	Okakura Kakuzo / with foreword & biographical sketch by Elise Grilli	Rutland, Vt. / Tokyo	C.E. Tuttle	1956
The dehumanization of art : and other writings on art and culture (Anchor books:A72)	José Ortega y Gasset	Garden City, N.Y.	Doubleday	1956

From the ground up : observations on contemporary architecture, housing, highway building, and civic design (A Harvest / HBJ book:13)	Lewis Mumford	San Diego / New York	Harcourt Brace	1956
Dada : monograph of a movement	edited by Willy Verkauf / [co-editors, Marcel Janco, Hans Bolliger]	London	Alec Tiranti	1957
Dali on modern art : the cuckolds of antiquated modern art	translated by Haakon M. Chevalier	New York	Dial Press	1957
The yes and no of contemporary art : an artist's evaluation	George Biddle	Cambridge	Harvard University Press	1957
Die bildende Kunst der Tschechoslowakei	Miroslav Lamač / [Aus dem Tschechischen übers. von Josef Fanta]	Prag	Orbis	1958
Contemporary Polish painting	Janusz Bogucki	Warsaw	Polonia Publishing House	1958
Structure : annual on the new art Vol. 1			[Department of Art, University of Saskatchewan]	1958
German artists of today : a loan exhibition : selection and catalogue	by Kurt Martin / foreword by Will Grohmann		[Smithsonian Institution]	1959
The long loneliness : the autobiography of Dorothy Day (Doubleday Image books)		Garden City	Image Books	1959
The Structurist No. 1			Modern Press	1960-61
The art of assemblage	William C. Seitz	New York / New York	Museum of Modern Art / Distributed by Doubleday	1961
L'art Roman : catalogue : Barcelona et Santiago de Compostela 1961	exposition organisée par le Gouvernement Espagnol sous les auspices du Conseil de l'Europe	Barcelona	[Le Conservatoire des Arts du Livre]	1961
Le cinéma et la presse : 1895-1960 (Kiosque:14)	René Jeanne, Charles Ford	Paris	Armand Colin	1961
Dopo Boccioni : dipinti e documenti futuristi dal 1915 al 1919	prefazione di Claudio Bruni / note biografiche e critiche di Maria Drudi Gambillo / gli scritti, documenti e lettere sono stati raccolti e ordinati da Maria Drudi Gambillo e Claudio Bruni / [translation by Helen Graham Heath]	Roma	Edizioni Mediterranee / Studio d'arte contemporanea, la Medusa	1961
30 junge Deutsche		[Leverkusen]	[StädtischesMuseum Leverkusen Schloß Morsbroich]	1961
Der Fluch von Maralinga : Erzählungen	Walter Kaufmann / [übertragen, Johannes Schellenberger]	Berlin	Deutscher Militärverlag	1961
Futurism	Joshua C. Taylor	New York	Museum of Modern Art, New York	1961

書名	編著者, 監修者	出版地	出版社	刊行年
Getting along in Russian : a holiday magazine language book (Bantam reference library:HR20)	by Mario Pei and Fedor I. Nikanov / with the editorial collaboration of André von Gronicka and John Fisher	New York	Bantam Books	1961
Landscape into art : pbk (Beacon paperback:117)	Kenneth Clark	Boston	Beacon Press	1961
Nationalism and international progress Rev. and enl. ed (Chandler studies in international and intercultural relations)	compiled and edited by Urban G. Whitaker, Jr.	San Francisco	Chandler	1961
The Structurist No. 2 Special issue: art in architecture			Modern Press	1961-62
Archives of contemporary art : international bulletin No. 1		Paris	International Association of Art Critics	1962
Arshile Gorky : the man, the time, the idea (An Evergreen book:E-365)	Harold Rosenberg	New York	Grove Press	1962
Bella Brisel	[Alain Jouffroy]	London	Twentieth Century Masters Publishing	1962
Ceramiche di Fontana	Marco Valsecchi	Milano	[Galleria Pater]	1962
Chartres English ed (Rainbow collection:4)	textes de Yvan Christ	Paris	Éditions Sun / Exclusivté Vilo	1962
City on a hill : a quartet in prose (Seven seas books)	by Stephan Hermlin / [translated from the German by Joan Becker]	Berlin	Seven Seas Publishers	1962
Collages et objets		Paris	Galerie du Cercle	1962
The death of General Moreau : and other stories (Seven seas books)	by Willi Bredel / [translated from the German by Joan Becker]	Berlin	Seven Seas Publishers	1962
“Entartete” Kunst; Kunstbarbarei im Dritten Reich	Franz Roh	Hannover	Fackelträger-Verlag	1962
Hörspiele 5	herausgegeben vom Staatlichen Rundfunkkomitee der Deutschen Demokratischen Republik	Berlin	Henschelverlag	1962
Inside the whale and other essays (Penguin books:1185)	George Orwell	Harmondsworth	Penguin	1962
Marxismus und Ästhetik : zur ästhetischen Theorie von Karl Marx, Friedrich Engels und Wladimir Iljitsch Lenin 2. Aufl	Hans Koch	Berlin	Dietz	1962
Panderma 5 Sondernummer: Schroeder-Sonnenstern : der grösste in Deutschland lebende Maler			Panderma Verlag	1962
Toshimitsu Imaï		Napoli	Galleria il centro	1962
Film culture No. 31 winter			Film Culture Non-Profit Corporation	1963-64
Gemäldegalerie Dresden : Alte Meister	Herausgegeben von der Generaldirektion der Staatlichen Kunstsammlungen	Dresden	[Staatliche Kunstsammlungen Dresden?]	1963

Kurt Schwitters : Erinnerungen aus den jahren 1918-30	Kate T. Steinitz	Zürich	Arche	1963
Les lettres poésie nouvelle. 8me série n. 31			Éditions André Silvaire	1963
Metaphors on vision	by Brakhage ∕ edited with an introduction by P. Adams Sitney		[Film Culture]	1963
Milan Grygar			[Galerie Mladých]	1963
Moderna galerija, Ljubljana		Ljubljana	Moderna galerija	1963
Richard Stankiewicz, Robert Indiana : an exhibition of recent sculptures and paintings	organized by Walker Art Center, Minneapolis, in collaboration with the Institute of Contemporary Art, Boston	Minneapolis	Walker Art Center	1963
Salon international de galeries pilotes, Lausanne : artistes et découvreurs de notre temps 1er	Musée cantonal des beaux-arts	[Lausanne]	[Musée cantonal des beaux-arts] ∕ [Palais de Rumine]	1963
Schriften zur Literatursoziologie 2. Aufl (Soziologische Texte:Bd. 9)	Georg Lukács ∕ ausgewählt und eingeleitet von Peter Ludz	Neuwied am Rhein	Luchterhand	1963
The Structurist No. 3			Modern Press	1963
They lived to see it : a collection of short stories, translated from the German (Seven seas books)	Alexander Abusch ... [et al.] ∕ [translated from the German by Joan Becker]	Berlin	Seven Seas Publishers	1963
Vassily Kandinsky 1866-1944 : exposition retrospective	Musée national d'art moderne, Paris ∕ en collaboration avec leMusée Salomon R. Guggenheim, New York, le Gemeente-Museum, La Haye, la Kunsthalle, Bâle	Paris	Musée national d'art moderne, Paris	1963
And a threefold cord (Seven seas books)	Alex La Guma	Berlin	Seven Seas Publishers	1964
Blues for mister Charlie (Dell Book)	James Baldwin	New York	Dell	1964
Dada-Kunst und Antikunst : der Beitrag Dadas zur Kunst des 20. Jahrhunderts : pbk (DuMont Dokumente:Reihe 2: Texte und Perspektiven)	Hans Richter ∕ mit einem Nachwort von Werner Haftmann	Köln	M. DuMont Schauberg	1964
Film culture No.32 spring			Film Culture Non-Profit Corporation	1964
Francesco Somaini		New York	Galleria Odyssia	1964
Hundertwasser (Katalog:1963/64, 5)	[Direktor, Wieland Schmied]	Hannover	Kestner-Gesellschaft	1964
Im Licht des Jahrhunderts : deutsche Erzähler unserer Zeit		Berlin	Verlag der Nation	1964
Lettering by modern artists		New York	Museum of Modern Art, New York	1964
Miró (Cuadernos de arte. Coleccion ordinaria : 3a Serie normalizada:num. 152)		[Madrid]	Publicaciones Españolas	1964

書名	編著者, 監修者	出版地	出版社	刊行年
Une révolution du regard : a propos de quelques peintres et sculpteurs contemporains (NRF)	Alain Jouffroy	[Paris]	Gallimard	1964
The Structurist No. 4 Special issue on art and music			Modern Press	1964
Tapies (Cuadernos de arte. Colección ordinaria:num. 156)		[Madrid]	Publicaciones Españolas	1964
Wien um 1900 : Ausstellung veranstaltet vom Kulturamt der Stadt Wien, 5. Juni bis 30. August 1964		Wien	Brüder Rosenbaum	1964
Willi Bredel : Leben und Werk ／ Junge Prosa der DDR (I) : ein Abriss (Schriftsteller der Gegenwart:12)	[verfaßte, Lilli Bock] ／ [schrieb, Jürgen Bonk]	Berlin	Volk und Wissen Volkseigener	1964
Государственный Эрмитаж (Наши музеи)		Москва	Изд-во "Советский ХудожникК"	1964
Apfelsinen aus Marokko	Wassili Axjonow ／ [aus dem Russischen von Hartmut Herboth]	Berlin	Verlag Kultur und Fortschritt	1965
Aspects of the theory of syntax : hard (Special technical report:no. 11)	Noam Chomsky	Cambridge, Mass.	M.I.T. Press	1965
Dada : art and anti-art (World of art library. Modern movements)	Hans Richter ／ translated from the German by David Britt	London	Thames and Hudson	1965
Ferdinand Kriwet Publit 1		[Düsseldorg]	[Galerie Niepel]	1965
Film culture No. 37 summer			Film Culture Non-Profit Corporation	1965
Fritz Hundertwasser :Museum des 20. Jahrhunderts, Wien, III Schweizergarten, 20. Februar bis 28. März 1965 (Katalog:18)		[Wien]	[Museum des 20. Jahrhunderts]	1965
Gemäldegalerie, Neue Meister, Dresden	[herausgeber: Generaldirektion der Staatlichen Kunstsammlungen Dresden]	Dresden	Staatliche Kunstsammlungen Dresden	1965
Geschichten ohne Zusammenhang (Edition Suhrkamp:141)	Věra Linhartová ／ [Übersetzung aus dem Tschechischen von Josefine Spitzer]	Frankfurt am Main	Suhrkamp	1965
Der geteilte Himmel : Erzählung 9. Aufl	Christa Wolf	Halle (Saale)	Mitteldeutscher Verlag	1965
Gianfranco Baruchello uso e manutenzione			Galleria Schwarz, Milano	[1965]
A Guide to the Tate Gallery : an introduction to British and modern foreign art 5th ed		London	Tate Gallery Publications Department	1965
Hans Richter (Plastic arts of the twentieth century)	intro. by Sir Herbert Read ／ autobiographical text by The Artist	Neuchatel	Éditions du Griffon	1965
Italy 5th ed (Michelin green guides)	Michelin	London	Dickens Press	1965
Jochen Hiltmann		Roma	Galleria l'attico	1965

Junge bildende Künstler der DDR : Skizzen zur Situation der Kunst in unserer Zeit	Wolfgang Hütt	Leipzig	Bibliographisches Institut	1965
Käthe Kollwitz	Käthe Kollwitz, Fritz Schmalenbach	Königstein im Taunus	Karl. Robert. Langewiesche Nachfolger Hans Köster	1965
Kengiro Azuma : plastik / Herbert Schneider : malerei		[Essen]	[Haus Industrieform]	1965
Kultur (Tschechoslowakei:9)	Václav Pelíšek	Plag	Orbis	1965
Künstler in der DDR (Tendenzen:6. Jahrg. 1. Sonderheft)	[Reinhard Müller-Mehlis]	Grünwald	Heino F. von Damnitz	1965
Literatur im Blickpunkt : zum Menschenbild in der Literatur der beiden deutschen Staaten 1. Aufl	herausgegeben von Arno Hochmuth	Berlin	Dietz Verlag	1965
Mario Schifano	testo di Goffredo Parise	[Roma] / [Milano]	[Galleria Odyssia] / [Studio Marconi]	1965
Modern sculpture (A Dutton Vista pictureback)	Alan Bowness	London / New York	Studio Vista / E.P. Dutton	1965
Nobuya Abe		Venezia	Galleria del Cavallino	[1965]
Prague : an intimate guide to Czechoslovakia's thousand-year-old capital, its beauties, its art-historical monuments, its sights, ancient and modern, its romantic nooks and corners, with their historical and literary associations	Alois Svoboda	Prague	Sportovní a turistické nakl.	1965
Recent sculpture of Masayuki Nagare		New York	Staempfli	1965
The structures of the modern world, 1850-1900 (Art ideas history)	Nello Ponente / [translated from the Itallian by James Emmons]	[Geneva] / Cleveland	Skira / Distributed in the U.S. by World Pub. Co.	1965
The Structurist No. 5			Modern Press	1965
Les vingt-cinq pyramides de Damian		Paris	Galerie Stadler	1965
Visual illusions : their causes, characteristics, and applications	by M. Luckiesh / with a new introduction by William H. Ittelson	New York	Dover Publications	1965
Young America 1965 : thirty American artists under thirty-five	Lloyd Goodrich	New York	Whitney Museum of American Art	1965
The almost complete works of Marcel Duchamp 2nd ed		London	Arts Council of Great Britain	1966
The architecture of America : a social and cultural history : abridged by the authors with a revised selection of photos (An Atlantic Monthly Press book)	John Burchard and Albert Bush-Brown	Boston	Little, Brown	1966
Capogrossi		Venezia	Edizioni del Cavallino	1966
Capogrossi, Gentilini, Scanavino (Mostra del Cavallino:655a)		Venezia	Galleria del Cavallino	1966

書名	編著者, 監修者	出版地	出版社	刊行年
Certain features of the historical development of Marxism : articles on Marxism (Scientific socialism series)	V.I. Lenin	Moscow	Progress Publishers	1966
Consagra : ferri trasparenti 1966		Roma	MarlboroughGalleria d'Arte	1966
Cubism (McGraw-Hill paperbacks)	Edward F. Fry	New York	McGraw-Hill	1966
Dada 1916-1966 : documenti del movimento internazionale Dada	Exhibitor: Hugo Ball, Emmy Hennings, Tristan Tzara ... [et al.]	München	Goethe-Institut	1966
Film : a montage of theories [1st ed.] (A Dutton paperback)	Richard Dyer MacCann	New York	Dutton	1966
Frau Flinz : Komödie (Zeitgenössische Dramatik)	Helmut Baierl	Berlin	Henschelverlag	1966
From Caligari to Hitler : a psychological history of the German film (Princeton paperbacks:45)	Siegfried Kracauer	[Princeton, N.J.]	Princeton University Press	1966
Gersaints Aushängeschild	[Jiří Kolář]	[Prague]	[Artia]	1966
Giorgio de Chirico Reprint ed	James Thrall Soby	New York	Published for the Museum of Modern Art by Arno Press	1966
Happenings : an illustrated anthology (A Dutton paperback:D192)	written and edited by Michael Kirby / scripts and productions by Jim Dine ... [et al.]	New York	Dutton	1966
An introduction to Jung's psychology 3rd ed (Pelican books:A273)	Frieda Fordham	Harmondsworth	Penguin Books	1966
Ivor Abrahams, Michael Chilton, Michael Sandle		London	GrabowskiGallery	1966
Kunst und Koexistenz : Beitrag zu einer modernen marxistischen Ästhetik (Rowohlt Paperback:53)	Ernst Fischer	Reinbek bei Hamburg	Rowohlt	1966
Kursbuch 5			Suhrkamp	1966
Kursbuch 6			Suhrkamp	1966
Micus		München	Galerie Thomas	1966
Mostra di pittura contemporanea comunità europea : premio Marzotto : La città attuale: immagini e oggetti	Exhibitor: Woody van Amen, Franco Angeli, Arman ... [et al.]	[Valdagno]	[Segreteria Generale del Premio Marzotto]	1966
The new art : a critical anthology (A Dutton paperback:D178)	edited by Gregory Battcock	New York	Dutton	1966
The new poetry : an anthology Rev. and enl (The Penguin poets:D63)	selected and introduced by A. Alvarez	Harmondsworth	Penguin	1966
The object transformed	with an introduction by Mildred Constantine and Arthur Drexler	New York	Museum of Modern Art, New York	1966
A second Ladybird key words picture dictionary and spelling book	J. McNally / with illustrations by Eric Winter	Loughborough	Wills & Hepworth	1966

Silence : [lectures and writings] : pbk (M.I.T. Press paperbacks)	[John Cage]	Cambridge, Mass.	The M.I.T. Press	1966
Sonderheft Wien (Tendenzen:7. Jahrg. 1. Sonderheft)		München	Heino F. von Damnitz	1966
The Structurist No. 6 Special issue on art and technology			Modern Press	1966
Style in language : pbk (The M.I.T. Press paperback series:59)	edited by Thomas A. Sebeok	Cambridge, Mass.	M.I.T. Press	1966
Understanding media : the extensions of man (A Signet book:Q3039)	Marshall McLuhan	New York	New American Library	1966
Welcome to Palmyra	[K. Assa'ad, O. Taha] / translated into English by Ibrahim Assa'ad	Damascus	Al-Incha Printing Office	1966
Who designs America? : the American Civilization Conference at Princeton (Princeton studies in American civilization:no. 6) (A Doubleday Anchor original:A523)	edited for the American Civilization Program by Laurence B. Holland / papers by Susanne K. Langer ... [et al.]	Garden City, N.Y.	Anchor Books	1966
Agostino Bonalumi : painting-constructions (Exhibition:no. 28)		New York	Galeria Bonino	1967
Albin Brunovsky		Berlin	Ladengalerie	1967
American sculpture of the sixties : exhibition selected and book-catalog	edited by Maurice Tuchman / sponsored by the Contemporary Art Council	Los Angeles	County Museum of Art	1967
Art et mouvement		Montréal	Musée d'art contemporain	1967
Arts in Society: Censorship and the Arts: Summer 1967	Edward L. Karmack (ed.)		The University of Wisconsin	1967
Bande dessinée et figuration narrative : Histoire, esthétique, production et sociologie de la bande dessinée mondiale, procédés narratifs et structure de l'image dans la peinture contemporaine	[par] Pierre Couperie ... [et al.] / présentation graphique Claude Le Gallo	Paris	Impr. S.E.R.G.	1967
Chicago midwest art Vol. 3 no. 5			Aegis Publishing Company	1967
Chicago Review: anthology of concretism Vol. 19, No.4			AMS REPRINT CAMPANY	1967
Constructivism : origins and evolution	George Rickey	New York	G. Braziller	1967
Dé-coll / age 6		Köln	Wolf Vostell	1967
Deutschland, Deutschland unter anderm Äußerungen zur Politik 1. Aufl (Edition Suhrkamp:203)	Hans Magnus Enzensberger	Frankfurt am Main	Suhrkamp	1967
Dine Oldenburg Segal : painting / sculpture		[Toronto] / [Buffalo]	[ArtGallery of Ontario] / [Albright-Knox ArtGallery]	1967
E.A.T. news			Experiments in Art and Technology	1967
Figures of state : sculptures by Marisol : an exhibition in London and New York		[London] / [New York]	[Hanover Gallery] / [Sidney Janis Gallery]	1967

書名	編著者, 監修者	出版地	出版社	刊行年
Five from Milan		Philadelphia	Philadelphia Art Alliance	1967
Guggenheim international exhibition, 1967 : sculpture from twenty nations		New York	Solomon R. Guggenheim Foundation	1967
Henri Michaux : choix d'œuvres des années 1946-1966		Paris	Le Point Cardinal	1967
Hundertwasser : recent paintings, 3 April-6 May, 1967		London	Hanover Gallery	1967
An introduction to the American underground film [1st ed.]	Sheldon Renan	New York	Dutton	1967
Jasper Johns	Max Kozloff	New York	Abrams	1967
Jeunes peintres de Berlin	présente, Jacques Damase Exhibitor: Manfred Henkel, Axel Rühl, Eugen Schönebeck ... [et al.]"		[Jacques Damase]	1967
Jonge Engelse beeldhouwers : [StedelijkMuseum Amsterdam, 21/4 t ⁄ m 4/6 1967]		[Amsterdam]	[Stedelijk Museum]	1967
Kaethe Kollwitz : in the cause of humanity : exhibition arranged to commemorate the hundredth birthday of the artist		New York	Galerie St. Etienne	1967
Kandinsky (Mostra del naviglio:489a)		Milano	Galleria del naviglio	1967
Kazuya Sakai		Mexico	Galería Juan Martin	1967
Kriwet : poem-paintings, buttons, signs, flags, 1966-67		[Düsseldorf]	[Galerie Niepel]	1967
Kunst des 20. Jahrhunderts aus rheinisch-westfälischem Privatbesitz			Kunthalle Düsseldorf	[1967]
Kursbuch 9 : Vermutungen über die Revolution Kontroversen über den Protest			Suhrkamp	1967
Lapicque		[Paris]	[Musée national d'art moderne]	1967
Lotus: Afro-Asian writings No.38/39-4/78-1/79			Cairo, U.A.R.: Permanent Bureau of Afro-Asian Writers' Association	1967
Louise Nevelson	John Gordon	New York	Whitney Museum of American Art	1967
Lumière et mouvement : art cinétique à Paris		Paris	Musée d'art moderne de la ville de Paris	1967
Mackazin : Mack Szene : die Jahre 1957-67		New York	Mack ⁄ Howard Wise Gallery [distributor]	1967
Maryland regional exhibition [35th] : 1967		[Baltimore]	[BaltimoreMuseum of Art]	1967
New American review no. 1		New York	New American Library	1967

New York: the new art scene 1st ed	photograph by Ugo Mulas / text by Alan Solomon / design by Michele Provinciali	[New York]	Holt, Rinehart and Winston	1967
Painters of the Section d'Or : the alternatives to cubism : September 27-October 22, 1967		Buffalo, N.Y.	Albright-Knox ArtGallery	1967
Piché : first one-man exhibition of sculpture and drawings		London	Marlborough Fine Art	1967
Pop art?	Exhibitor: Joseph Beuys, Peter Brüning, Gernot Bubenik ... [et al.]	Bamberg	Studio B	1967
Un Rotorelief		[Paris]	Denise René	1967
Sam Francis		Houston, TX / Berkeley, CL	Museum of Fine Arts / University Art Museum	1967
The Structurist No. 7 Creation / destruction / creation in art and nature			Modern Press	1967
Texte zur Kunst (Edition Suhrkamp:223)	Francis Ponge / [aus dem Französischen übers. von Gerhard M. Neumann und Werner Spies / mit einem Nachwort versehen von Werner Spies]	Frankfurt am Main	Suhrkamp	1967
Trois artistes de l'Ecole de Nice: Arman, Yves Klein, Martial Raysse		[Nice]	[Musées de Nice]/ [Galerie des Ponchettes]	1967
Wege 1967 : Deutsche Kunst der jungen Generation	Exhibitors: Gerlinde Beck, Bernd Damke, Raimund Girke ... [et al.]	[Brüssel]	[Deutsche Bibliothek]	1967
Antonio Frasconi		[Montevideo]	[Nazionale delle Belle Arti]	1968
Arte negro africano (Cuadernos de arte. Colección ordinaria:no. 253)		[Madrid]	Publicaciones Españolas	1968
Artes hispanicas Vol. 1 no. 3&4 winter / spring			Macmillan Company, for Indiana University	1968
Aspetti della "Nuova oggettività"		Firenze	Centro Di	1968
The Bauhaus (Studio Vista / Dutton pictureback)	Gillian Naylor	London	Studio Vista	1968
Beuys		Eindhoven	Stedelijk van Abbemuseum	1968
Beyond modern sculpture : the effects of science and technology on the sculpture of this century	Jack Burnham	New York	G. Braziller	1968
Biennale internationale de l' estampe : Paris		[Paris]	[Musée d'art moderne de la ville de Paris]	1968
Bridget Riley		[London]	British Council	1968

書名	編著者, 監修者	出版地	出版社	刊行年
Briefe an Roman Ingarden : mit Erläuterungen und Erinnerungen an Husserl (Phaenomenologica:25)	Edmund Husserl / herausgegeben von Roman Ingarden	Den Haag	M. Nijhoff	1968
Capogrossi (Mostra del Naviglio:504a)		Milano	Galleria del Naviglio / Naviglio 2, Galleria d'arte	1968
Compenetrazioni iridescenti	a cura di Maurizio Fagiolo Dell'Arco	Roma	M. Bulzoni	1968
Cybernetic serendipity : the computer and the arts : a Studio International special issue 2nd ed. (rev.)	edited by Jasia Reichardt	London	Studio International	1968
Dada, Surrealism, and their heritage	William S. Rubin	New York / [Greenwich, Conn.]	Museum of Modern Art, New York / New York Graphic Society [distributor]	1968
4. documenta : internationale Ausstellung Katalog 1	Herausgeber, Documenta-Rat	Kassel	Druck + Verlag GmbH Kassel	1968
4. documenta : internationale Ausstellung Katalog 2	Herausgeber, Documenta-Rat	Kassel	Druck + Verlag GmbH Kassel	1968
Don Judd	William C. Agee / with notes by Dan Flavin	[New York]	[Whitney Museum of American Art]	1968
El Lissitzky: life, letters, texts	Sophie Lissitzky-Küppers; [translated from the German by Helene Aldwinckle and Mary Whittall] / introduction by Herbert Read	London	Thames & Hudson	1968
Erró : Gudmundur Gudmundsson		Paris	Georges Fall	1968
Hannah Höch (Bildende Kunst in Berlin:Bd. 1)	Heinz Ohff	Berlin	Gebr. Mann	1968
Junko Ikewada			Galerie Sydow, Frankfurt	[1968]
Kunst im Widerstand : Malerei, Graphik, Plastik, 1922 bis 1945	herausgegeben und eingeleitet von Erhard Frommhold	Dresden	VEB Verlag	1968
Kursbuch 11 :Revolution in Lateinamerika			Suhrkamp	1968
Kursbuch 13 : Die Studenten und die Macht			Suhrkamp	1968
Minimal art : a critical anthology (Dutton paperback)	Gregory Battcock, ed.	New York	E.P. Dutton	1968
Multiperspektivisches Theater / Mixed media	Werner Ruhnau / Ferdinand Kriwet	[Dortmund]	Freunde neuer Kunst Dortmund, Museum am Ostwall	1968
The new sculpture : environments and assemblages	Udo Kultermann / [tr. by Stanley Baron]	New York	F.A. Praeger	1968
Les nouveaux réalistes (Présence Planète)	Pierre Restany / préface de Michel Ragon	Paris	Éditions Planète	1968
The Parade's Gone by…	Kevin Brownlow	New York	Alfred A. Knopf, Inc.	1968

Philosophische Analysen zur Kunst der Gegenwart (Phaenomenologica:28)	Walter Biemel	Den Haag	Nijhoff	1968
Prampolini (Mostra del cavallino:680a)		Venezia	Galleria del Cavallino	1968
Richard Oelze, Gustav Seitz, Horst Janssen		[Venezia]	[Biennale di Venezia, Padiglione Tedesco]	1968
Sammlung 1968 Karl Ströher : Galerie-Verein München Neue Pinakothek Haus der Kunst, Westflügel 14. Juni - 9. August, 1968	Exhibitor: Carl Andre, Richard Artschwager, Willi Baumeister ... [et al.]	[München]	[Galerie-Verein] / [Neue Pinakothek Haus der Kunst]	1968
Serial imagery	John Coplans Exhibitor: Claude Monet, Alexei Jawlensky, Marcel Duchamp ... [et al.]	[Pasadena, Calif.] / [New York]	Pasadena ArtMuseum / New York Graphic Society	1968
Tchécoslovaquie, XXXIVe Biennale Venezia 1968			Galérie nationale slovaque, Bratislava	[1968]
Tetsumi Kudo : cultivation by radioactivity in the electronic circuit		Loenersloot	Galerie Mickery	1968
The theory of the avant-garde : pbk	Renato Poggioli / translated from the Italian by Gerald Fitzgerald	Cambridge, Mass.	Belknap Press of Harvard University Press	1968
Three blind mice : de collecties: Visser, Peeters, Becht		[Eindhoven]	[Stedelijk van Abbemuseum]	1968
Treasures of Spanish art	[edited by Carlos Areán]	[Madrid]	General Directorate of Popular Culture and Entertainments of the Spanish Ministry of Informantion	1968
Visuell Konstruktiv (Berliner Künstler der Gegenwart:1)		[Berlin]	Deutsche Gesellschaft für Bildende Kunst (Kunstverein Berlin)	1968
L'Angola : libération des colonies portugaises		Hydra, Alger	Information Concp	1969
Apollo Amerika (Edition Suhrkamp:410)	[Ferdinand] Kriwet	[Frankfurt am Main]	[Suhrkamp]	1969
Art povera : conceptual, actual or impossible art?	edited by Germano Celant	London	Studio Vista	1969
Azerbaijanian poetry : classic, modern, traditional	edited by Mirza Ibrahimov / [compiled by Osman Sarybelli] / [designed and illustrated by Nazym Babayev]	Moscow	Progress	1969
Azuma : mostra personale dal 5 marzo 1969		Roma	Toninelli	1969
The camera and I (Seven seas books)	Joris Ivens	Berlin	Seven Seas Publishers	1969
Damke				1969

書名	編著者, 監修者	出版地	出版社	刊行年
The graphic art of Edward Munch	Werner Timm ／ translated from the German by Ruth Michaelis-Jena with the collaboration of Patrick Murray	London	Studio Vista	1969
Image as language : aspects of British art, 1950-1968 (Pelican books)	Christopher Finch	Harmondsworth	Penguin	1969
John Heartfield : Ausstellungskatalog, Deutsche Akademie der Künste zu Berlin	[Redaktion und Gestaltung des Kataloges: Wieland Herzfelde und Mitarbeiter des Heartfield-Archivs der Akademie]	Berlin	Deutsche Akademie der Künste	[1969]
John Heartfield 1891-1968 : photomontages		[London]	Arts Council of Great Britain	1969
Live in your head : when attitudes become form : works-concepts-processes-situations-information		[Bern]	Kunsthalle Bern	1969
New York painting and sculpture : 1940-1970	Henry Geldzahler ／ foreword by Thomas P. F. Hoving Exhibitors : Josef Albers, Milton Avery, Alexander calder ... [et al.]	New York	E.P.Dutton	1969
Pierre Bettencourt (Mostra del Naviglio:525a)		Milano	Galleria del Naviglio	1969
La poésie africaine d'expression portugaise : anthologie précédée de “Évolution et tendances actuelles” (Les poètes contemporains en poche:9)	Mario de Andrade ／ traductions et adaptations de Jean Todrani et André Joucla-Ruau	Honfleur	Pierre Jean Oswald	1969
Poland 1969 : facts and figures	[authors, Maciej Bielecki ... et al.]	Warsaw	Interpress Publishers	1969
Pop art redefined	John Russel, Suzi Gablik	New York	Fredelick A. Praeger	1969
Techne : a projects and process paper Vol. 1 no. 1			[Experiments in Art and Technology]	1969
Yves Klein (Monographie zur zeitgenössischen Kunst)	Paul Wember	Köln	DuMont Schauberg	1969
Мы плакатисты	[Нина Николаевна Ватолина]	Москва	Советский художник	1969
Arab intellectuals and the West : the formative years, 1875-1914	Hisham Sharabi	Baltimore	Johns Hopkins Press	1970
Expanded cinema [1st ed.] : DP	Gene Youngblood ／ introd. by R. Buckminster Fuller	New York	Dutton	1970
Guinee et Cap. Vert : libération des colonies portugaises		Hydra, Alger	Information Concp	1970
Information	edited by Kynaston L. McShine Exhibitors: Carl Andre, Siah Armajani, Keith Arnatt ... [et al.]	New York	Museum of Modern Art, New York	1970
Jiří Kolář (Edice Situace:3. sv.)	Miroslav Lamač	Praha	Obelisk	1970

Lindner (Modern artists)	Rolf-Gunter Dienst / [translated from the German by Christopher Cortis]	New York	Harry N. Abrams	1970
Malevich : catalogue raisonne of the Berlin exhibition 1927, including the collection in the Stedelijk Museum Amsterdam : with a general introduction to his work	Troels Andersen	Amsterdam	Stedelijk Museum	1970
Manyfold Paed-action	P. Buchholz	Nürnberg	Osterchrist	1970
Michitada Kōno : magic realist of Japanese painting		Eugene	Museum of Art, University of Oregon	1970
Piotr Kowalski (Catalogus:480)	[samenstelling catalogus: Coosje Kapteyn, Piotr Kowalski, Ad Petersen]	[Amsterdam]	[Stedelijk Museum]	1970
Piotr Kowalski (ModernaMuseets utställningskatalog:nr 89)	katalogredaktör, K. G. P. Hultén, Katja Waldén	[Stockholm]	[Moderna Museet Stockholm]	1970
Sociologia da arte	Jean Duvignaud / [tradução de Antônio Teles]	Rio de Janeiro	Forense	1970
Die Tendenz in der reinen Kunst (Deutsche Bibliothek:3. Über Kunstwerk und Wirklichkeit:1)	bearbeitet und eingeleitet von Sigrid Bock	Berlin	Akademie-Verlag	1970
Vitalità del negativo nell'arte italiana, 1960/70 (Centro Di cat.:19)	a cura di Achille Bonito Oliva	Firenze	Centro di	1970
Abstract art since 1945	with contributions by Werner Haftmann [and others] / foreword by Jean Leymarie	London	Thames and Hudson	1971
Aspekte zum Unterrichtsfeld Bildende Kunst-Visuelle Kommunikation : über die Inhalte Mensch und Gesellschaft (DuMont aktuell)	Klaus Sliwka	[Köln]	M. DuMont Schauberg	1971
Avalanche No.2 Winter			Kineticism Press	1971
Azuma	photographs and bookdesign by Arno / text by A.M. Hammacher	Milano	Polifilo	1971
BEN: Films	[Ben Vautier]		Edition Daniel Templon	[1971]
Beyond illustration : the art of Playboy		[Chicago]	[Playboy Press]	1971
7a Biennale di Parigi : Italia (Centro Di cat.:26)	commissario generale, Achille Bonito Oliva	Firenze	Centro Di	1971
The blood of Adonis : transpositions of selected poems of Adonis (Ali Ahmed Said) : pbk (Pitt poetry series)	Samuel Hazo	[Pittsburgh]	University of Pittsburgh Press	1971
4th Conference Afro-Asian Writers, New Delhi, 17-20 November, 1970		Cairo	Permanent Bureau of the Afro-Asian Writers	[1971]
Edward Kienholz, 10 Objekte von 1960 bis 1964		Köln	Onnasch Galerie	1971

書名	編著者, 監修者	出版地	出版社	刊行年
Erlebnis und Gestaltung (Deutsche Bibliothek:Bd. 4. Über Kunstwerk und Wirklichkeit:2)	bearbeitet und eingeleitet von Sigrid Bock	Berlin	Akademie-Verlag	1971
Georg Herwegh : über Literatur und Gesellschaft(1837-1841) (Deutsche Bibliothek:6)	bearbeitet und eingeleitet von Agnes Ziegengeist	Berlin	Akademie-Verlag	1971
Guggenheim international exhibition, 1971	Solomon R. Guggenheim Museum, New York	New York	Solomon R. Guggenheim Foundation	1971
Günther Uecker : Bildobjekt 1957-1970		[Stockholm]	Moderna Museet Stockholm	1971
Insita : bulletin insitného umenia 1			Obzor pre Slovenskú národnú galériu	1971
Insita : bulletin insitného umenia 2			Obzor pre Slovenskú národnú galériu	1971
Joseph Beuys : la rivoluzione siamo noi (Made in:n. 5)		Napoli	Modern Art Agency	1971
Joseph Beuys : teckningar och objekt 1937-1970 ur samling van der Grinten (ModernaMuseets utställningskatalog:nr 90)		Stockholm	Moderna Museet Stockholm	1971
?Konkrete poëzie : klankteksten, visuele teksten		Amsterdam / Nürnberg	Stedelijk Museum / Inst. f. moderne Kunst	1971
Die Kunst der Interpretation : Studien zur deutschen Literaturgeschichte (DTV wissenschaftliche Reihe:4078)	Emil Staiger	München	Deutscher Taschenbuch Verlag	1971
Kursbuch 23 : Übergänge zum Sozialismus			Suhrkamp	1971
Markierungen-71	Exhibitor: Peter Brüning, Bernd Damke, Winfred Gaul ... [et al.]	[Bochum]	Museum Bochum	1971
Metamorphose des Dinges : Kunst und Antikunst 1910-1970			Palais des beaux-arts, Brüssel	[1971]
Modern Iraqi Short Stories	Ali M. Cassimy, W. McClung Frazier	Baghdad	Ministry of Information, Directorate General of Culture	1971
Olympia : complete guide		[Archaia Olympia]	Sp. Fotinos	1971
P・C・A : Projecte, Concepte & Actionen	Walter Aue	Köln	M.Dumont Schauberg	1971
Poésie afro-asiatique : une anthologie (Séries de littérature afro-asiatique:1)	[réalisée par Edward el Kharratt, Nihad Salem]	Le Caire	Bureau permanent des écrivains afro-asiatiques	1971
A report on the art and technology program of the Los Angeles County Museum of Art, 1967-1971	[Maurice Tuchman]	[Los Angeles]	[Los Angeles County Museum of Art]	1971
Sara Holt		[Paris] / [Ludwigshafen]	[Musée d'art moderne de la ville de Paris] / [Städtische Kunstsammlung]	1971

Shu Takahashi : immagini germinali della vita che scorre		Roma	Rondanini	1971
Ad Reinhardt : Städtische Kunsthalle Düsseldorf, Grabbeplatz, 15. September bis 15. Oktober 1972	[herausgegeben von der Städtischen Kunsthalle Düsseldorf / Redaktion, Jürgen Harten, Katharina Schmidt]	Düsseldorf	Städtische Kunsthalle	1972
Adolf Hitler : my part in his downfall	Spike Milligan	Harmondsworth, Eng.	Penguin Books	1972
Arte japonés de vanguardia (Japan Art Festival: [7th])		Tokyo	Japan Art Festival Association	1972
Arte Milano Anno 1 n. 1			Edizioni Arte Milano	1972
Bernhard Luginbühl, Plastiken : Nationalgalerie Berlin, StaatlicheMuseen Preussischer Kulturbesitz, 21. Juni bis 14. August 1972 : Kunsthaus Zürich, 29. März-14. Mai 1972 2., erw. Aufl		Berlin / Zürich	Nationalgalerie / Kunsthaus Zürich	1972
Biokinetische Landschaften von Ha Schult		[München]	[Galerie van de Loo]	1972
Bruno Munari (Mostra del cavallino:763a)		Venezia	Galleria del Cavallino	1972
Christo	David Bourdon	New York	H.N. Abrams	1972
Conceptual Art	Ursula Meyer	New York	E. P. Dutton & co., Inc.	1972
Documenta 5 : Befragung der Realität Bildwelten heute		Kassel	Documenta	1972
Documenta 5 : informationen : Kassel 30. Juni bis 8. Oktober 1972		[Kassel]	[Documenta]	1972
Erró (Bibli opus)	Gilbert Brownstone / [translation, Anya Berger]	[Paris]	Editions Georges Fall	1972
Der Film : Werden und Wesen einer neuen Kunst 3. Aufl	Béla Balázs	Wien	Globus Verlag	1972
Der Film als Ware	vorgelegt von Peter Bächlin			1972
Flash art : the international arts review No.32/33/34 Special issue on Documenta 5			Giancarlo Politi	1972
Gerhard Richter : 11.6-1.10.1972 : 36. Biennale di Venezia, Padiglione tedesco		Essen	Museum Folkwang	1972
Hans Haacke : Werkmonographie	Einleitung von Edward F. Fry	[Köln]	M. DuMont Schauberg	1972
Hans Hollein : opera e comportamento-vita e morte-situazione quotidiane		[Wien]	[Ministry of Education and Art (Austria)]	1972
Insita : bulletin insitného umenia 3			Obzor pre Slovenskú národnú galériu	1972
Insita : bulletin insitného umenia 4			Obzor pre Slovenskú národnú galériu	1972
Insita : bulletin insitného umenia 5			Obzor pre Slovenskú národnú galériu	1972

書名	編著者，監修者	出版地	出版社	刊行年
Kunst für die Zukunft : eine soziologische Untersuchung der Produktiv- und Emanzipationskraft Kunst (DuMont aktuell)	Konrad Pfaff	Köln	DuMont	1972
Kunst-im-Kopf : Aspekte der Realkunst : Expansion・Reduktion・Natur-Kunst・Destruktion・Ich-Kunst・Kunst-im-Kopf (DuMont-Aktuell)	Klaus Hoffmann	Köln	DuMont Schauberg	1972
Kunst, Praxis heute : eine Dokumentation der aktuellen Ästhetik	Karin Thomas	Köln	DuMont Schauberg	1972
Lorjou : sculptures bois brûlés bronzes polychromes				1972
Lorjou 1972 : Hilton anniversary		[Brussels]	[Hilton ArtGallery]／[GovaertsGallery]	1972
Louise Nevelson	Arnold B. Glimcher	London	Secker & Warburg	1972
Louise Nevelson	Arnold B. Glimcher	New York	Praeger	1972
Lucio Fontana : Palazzo Reale Comune di Milano Ripartizione iniziative culturali		[Milano]	[Arti grafiche Fiorin]	1972
Mario Deluigi (Mostra del Naviglio:593)		Milano	Galleria del Naviglio	1972
Mario Ceroli (Mostra del Naviglio:609a)		Milano	Galleria del Naviglio	1972
Mel Bochner : Centro de Arte y Comunicación, abril 1972		Buenos Aires	Centro de Arte y Comunicación	1972
Międzynarodowe Biennale Grafiki Krakowie 4 : 1972		Kraków	Ministerstwo Kultury i Sztuki	1972
Il milanese : settimanale di cronaca Anno 2 n. 55			Arnoldo Mondadori Editore	1972
Piero Dorazio : composizioni : giugno-settembre 1972		Roma	Marlborough	1972
Rivers (Modern artists)	Sam Hunter	New York	H.N. Abrams	1972
Semiotik und Erkenntnistheorie 3., unveränderte Aufl	Georg Klaus	Berlin	VEB Deutscher Verlag der Wissenschaften	1972
Sobre la creación de la literatura y el arte revolucionarios: discurso pronunciado ante los trabajadores del campo de la literatura y el arte, 7 de noviembre de 1964	Kim Il Sung	Pyongyang, Corea	Ediciones en lenguas Extranjeras	1972
Las tareas de la literatura y el arte en nuestra revolución	Kim Il sung	Pyongyang	Ediciones en lenguas extranjeras	1972
Tetsumi Kudo (Catalogus (StedelijkMuseum, Amsterdam):nr. 522)		[Amsterdam]	[Stedelijk Museum]	1972
Theorie des Kinos : Ideologíekritik der Traumfabrik (Edition Suhrkamp:557)	herausgegeben von Karsten Witte	Frankfurt am Main	Suhrkamp	1972
Traité d'une peinture plane	Jean Dewasne	[Paris]	Ministère des Affaires culturelles, Institut de l' Environnement	1972

Über die Kunst der Revolution und die Revolution der Kunst : Aufsätze zur historisch-materialistischen Ästhetik und Anwendung der historisch-materialistischen Methode auf dem Gebiet der Literaturgeschichte (Theorie + Kritik:2)	August Thalheimer / mit einer kritischen Einleitung von Erhard H. Schütz	Giessen	Edition 2000	1972
Umwelterkenntnisse : Bernd Löbach-Hinweiser		Bielefeld	Buche	1972
Videothek '72		Berlin	Neuer Berliner Kunstverein	1972
Vom Hasard zur Katastrophe : politische Aufsätze, 1934-1939 (Edition Suhrkamp:534)	Ernst Bloch / mit einem Nachwort von Oskar Negt	[Frankfurt am Main]	Suhrkamp	1972
ADA : Aktionen der Avantgarde, Berlin 1973	Exhibitor: Robert Filliou, Wolf Kahlen, Mario Merz ... [et al.]	[Berlin]	[Neuer Berliner Kunstverein]	1973
Adami : dimostrationi (Derrière le miroir)		Paris	Maeght	1973
L'Art actuel en France : du cinétisme à l'hyperréalisme	Anne Tronche, Hervé Gloaguen / préface de Gérald Gassiot-Talabot	Paris	Balland	1973
Art and society : essays in Marxist aesthetics	Adolfo Sánchez Vásquez / translated by Maro Riofrancos	London	Merlin Press	1973
Begegnungen von Dada bis heute : Briefe, Dokumente, Erinnerungen	Hans Richter	Köln	M. DuMont Schauberg	1973
Bienale grafike Moderna galerija Ljubljana Jugoslavija 10		Ljubljana	Mednarodni galerija Ljubljana	1973
Biennale de Paris : manifestation internationale des jeunes artistes 5e		Paris	Idea Books	1973
Biennale de Paris : manifestation internationale des jeunes artistes 8e		Paris	Idea Books	1973
Boccioni e il suo tempo		[Milano]	Comune di Milano Ripartizione cultura	1973
Bonalumi	Gillo Dorfles	Milano	Edizioni del Naviglio	1973
Carlo Guarienti (Mostra del Naviglio:613a)		Milano	Galleria del Naviglio	1973
CAYC		Buenos Aires	Centro de Arte y Comunicación	1973
ČSSR, fünf Jahre "Normalisierung" : 21.8.1968/21.8.1973 : Dokumentation	Hrsg., R. Crusius ... [et al.] / mit Nachworten von R. Dutschke, J. Steffen	Hamburg	Verlag Association	1973
Donald Burgy en el Centro de Arte y Comunicación		Buenos Aires	Centro de Arte y Comunicación	1973
Erró		München	Galerie Buchholz	1973
Eversley		[Detroit]	[J.L. HudsonGallery]	1973
Ferdinand Kriwet Publit 1		Köln	Galerie Gmurzynska	1973
Le futurisme, 1909-1916		Paris	Éditions des Musées nationaux	1973

書名	編著者，監修者	出版地	出版社	刊行年
Grafični bienale : jugoslovanskih pionirjev : Kostanjevica na Krki, Krško, Sevnica 3: '73	Exhibitor: Bakovnik Jožica, Arsenovska Snežana, Osterman Barbara ... [et al.] Description based on 3	Kostanjevica na Krki	XVIII. Dolenjski kulturni festival	1973
Insita : bulletin insitného umenia 6			Obzor pre Slovenskú národnú galériu	1973
Izložba savremene japanske umetnosti		Tokyo	Japan Art Festival	1973
Japanese imperialism today : "co-prosperity in greater East Asia" (Pelican books)	Jon Halliday and Gavan McCormack	Harmond-sworth	Penguin	1973
Jorrit Tornquist (Mostra del cavallino:775a)		Venezia	Galleria del cavallino	1973
Kubin's Dance of death, and other drawings : 83 works	by Alfred Kubin. With a new introd. by Gregor Sebba	New York	Dover Publications	1973
Leonardo : a study in chronol-ogy and style	Carlo Pedretti	Berkeley	University of Cali-fornia Press	1973
Lexique d'images : à propos des peintures récentes de Yasse Tabuchi (Ariel:25)		Paris	Galerie Ariel	1973
Lucas Cranach: Gemälde-Zeichnungen-Druckgraphik : Staatliche Museen Preußischer Kulturbesitz, Gemäldegalerie und Kupferstichkabinett, Berlin-Dahlem, 1973	Lucas Cranach, Wil-helm H. Köhler, and Frank Steigerwald	Berlin	Gemäldegalerie	1973
Nevelson : wood sculptures (A Dutton paperback)	Martin Friedman / an exhibition organized by Walker Art Center	New York	E.P. Dutton	1973
Opus international No 44/45 : Réalismes			Georges Fall	1973
Les organisations d'espaces de Sanejouand (Cnacarchives:nouv. sér., 9)		[Paris]	[Centre national d'art contemporain]	1973
Plakate abreißen verboten! : politische Plakate im Bund-estagswahlkampf 72	herausgegeben von Klaus Staeck und Ingeborg Karst / Texte von Johannes Eucker, Helga Kämpf-Jansen, Günter Kämpf	Göttingen	Gerhard Steidl	1973
The Politician and Other Stories	Khamsing Srinawk [Lao Khamhawm]	Kuala Lumpur	Oxford University Press	1973
Die Reichen müssen noch reicher werden : politische Plakate (Das Neue Buch:40)	Klaus Staeck / heraus-gegeben von Ingeborg Karst / mit einem Vorwort von Dieter Adelmann / und ei-nem Gespräch zwischen Klaus Staeck, Lothar Romain und Hanno Reuther	Reinbek bei Hamburg	Rowohlt	1973
Riccardo Guarneri (Mostra del cavallino:783a)		Venezia	Galleria del cavallino	1973
Ring piece : the journal of a twelve hour silent meditation	Geoff Hendricks	Barton, Vt.	Something Else Press	1973

Sammlung Cremer, Europäische Avantgarde 1950 bis 1970			Kunsthalle Tübingen	[1973]
Scanavino (Mostra del Naviglio:614a)		Milano	Galleria del Naviglio	1973
Silvano Belardinelli Repubblica Italiana : passaporto		[Antwerpen]	[ICC Internationaal Cultureel Centrum]	1973
Die Strasse : Form des Zusammenlebens		[Düsseldorf]／[Nürnberg]／[Wien]	[Städtische Kunsthalle]／[Kunsthalle Nürnberg]／[Museum des 20. Jahrhunderts]	1973
Symbolismus und die Kunst der Jahrhundertwende : Voraussetzungen, Erscheinungsformen, Bedeutungen 2. verb. Aufl	Hans H. Hofstätter	Köln	DuMont	1973
Vorlesungen zur Ästhetik, 1967-68	Theodor Wiesengrund-Adorno	Zürich	H. Mayer Nachfolger	1973
Wols : 1913 - 1951 : Gemälde, Aquarelle, Zeichnungen : 13. September - 5. November 1973, Nationalgalerie Berlin, StaatlicheMuseen, Preußischer Kulturbesitz	[Katalog, Werner Haftmann]／[Übersetzungen, Herma Buse, Werner Haftmann, Ursula Schmitt]	Berlin	Nationalgalerie Berlin	1973
Zeitschrift des Vereins progressiver deutscher Kunsthändler e.V. und Katalog zum 7. Kölner Kunstmarkt 1973		[Köln]	[Vereins progressiver deutscher Kunsthändler]	1973
Alberto Biasi (Mostra del cavallino:790a)		Venezia	Galleria del Cavallino	1974
Art into society, society into art : seven German artists : Albrecht D. Joseph Beuys K. P. Brehmer Hans Haacke Dieter Hacker Gustav Metzger Klaus Staeck		London	Institute of Contemporary Arts	1974
Arte conceptual frente al problema latinoamericano		[Ciudad de México]	[Museo Universitario de Ciencias y Arte]	1974
Artforum Vol.13 No.2			John Irwin	1974
Ästhetik des Vor-Scheins 1. Aufl 1 (Edition Suhrkamp:726, 732)	Ernst Bloch ／ herausgegeben von Gert Ueding	Frankfurt am Main	Suhrkamp	1974
Ästhetik des Vor-Scheins 1. Aufl 2 (Edition Suhrkamp:726, 732)	Ernst Bloch ／ herausgegeben von Gert Ueding	Frankfurt am Main	Suhrkamp	1974
HA Schult : die Welt in der wir atmen : Kunsthalle zu Kiel & Schleswig-Holsteinischer Kunstverein	[Katalog, Karlheinz Nowald]	Kiel	Kunsthalle zu Kiel	1974
The Hirshhorn Museum & Sculpture Garden, Smithsonian Institution	foreword by S. Dillon Ripley ／ edited and with an introduction by Abram Lerner ／ essays by Linda Nochlin ... [et al.]	New York	H. N. Abrams	1974
Ikeda & Ida : two new Japanese printmakers : pbk	Rand Castile	New York	Japan Society	1974
In : argomenti e immagini di design Anno 5 n. 12 Le comuni : ridefinizione			Edizioni In	1974

書名	編著者, 監修者	出版地	出版社	刊行年
Kunst zwischen Askese und Exhibitionismus (Du Mont Dokumente)	Mathias Schreiber	Köln	DuMont Schauberg	1974
Kunstsystemen in Latijns-Amerika 1974	eindredaktie, Claude Devos Exhibitor: Angelo de Aquino, Alvaro Barrios, Jacques Bedel ... [et al.]	Buenos Aires / Antwerpen	Centro de arte y comunicación / Internationaal Cultureel Centrum	1974
On Kawara : 1973-Produktion eines Jahres		[Bern]	Kunsthalle Bern	1974
Opus international No 48			Georges Fall	1974
The prison-house of language : a critical account of structuralism and Russian formalism : pbk (Princeton essays in literature) (Princeton paperbacks)	Fredric Jameson	Princeton, N.J.	Princeton University Press	1974
De ruimtelijke organisaties van Jean-Michel Sanejouand		Antwerpen	Internationaal Cultureel Centrum	1974
Serigrafia contemporânea Japonesa : exposição cosmos : 9 de maio-5 de junho de 1974	colaboração e organização, Intarte Produção de Arte Ltda	São Paulo	Museu de Arte Contemporânea da Universidade de São Paulo	1974
Umwelt : Eine kritische Stellungnahme : Friedensreich Hundertwasser - HA Schult		Goslar	Junior Galerie	1974
Virduzzo : gravures, reliefs, sculptures (1955-1974) (Cahiers de l'Abbaye Sainte-Croix:n. 5)		[Les Sables d' Olonne]	[Musée de l'Abbaye Sainte-Croix]	1974
Arata Isozaki architect : selected projects 1960-1975		[Tokyo]	[Arata Isozaki Atelier]	1975
Bertolt Brecht's Berlin : a scrapbook of the twenties	Wolf von Eckardt & Sander L. Gilman	Garden City, N.Y.	Anchor Press / Doubleday	1975
Die Brissago-Inseln : in Vergangenheit und Gegenwart	Giuseppe Mondada / Übersetzung von Karin Reiner	Locarno	Armando Dadò	1975
Connaissance des arts No 277 : Restauré hardiment				1975
Contemporary stage design, U.S.A.	edited by Elizabeth B. Burdick, Peggy C. Hansen, and Brenda Zanger	[New York] / Middletown, Conn.	International Theatre Institute of the United States / distributed by Wesleyan University Press	1975
Emilio Vedova : grafica e didattica		[Aosta]	[Tour Fromage Teatro romano]	1975
Les empreintes de Recalcati : 1960 1962	Alain Jouffroy	[Paris]	[Christian Bourgois]	1975
Framing and being framed : 7 works 1970-75 (The Nova Scotia series)	Hans Haacke / with essays by Jack Burnham, Howard S. Becker and John Walton	Halifax / New York	Press of the Nova Scotia College of Art and Design / New York University Press	1975
Galerie jardin des arts : revue mensuelle d'information artistique No 151				1975

Heidelberger Ästhetik (1916-1918) (Georg Lukács Werke:Bd. 17. Frühe Schriften zur Ästhetik:2)	Georg Lukács / aus dem Nachlaß herausgegeben von György Márkus und Frank Benseler	Darmstadt	Luchterhand	1975
History of collage : an anthology of collage, assemblage, and event structures	Eddie Wolfram	London	Studio Vista	1975
International open encounter on video 3rd	organized by the Center of Art and Communication	[Buenos Aires]	[Center of Art and Communication]	1975
International open encounter on video 4th	organized by the Center of Art and Communication	[Buenos Aires]	[Center of Art and Communication]	1975
Jacques Villon : [exposition], Musée des beaux-arts, Rouen, 14 juin-21 septembre 1975, Grand Palais, 11 octobre-15 décembre 1975 : [catalogue]	[Hélène Lassalle]	Paris	Éditions des Musées nationaux	1975
Living in fear : a history of horror in the mass media (A Da Capo paperback)	Les Daniels	New York, N.Y.	Da Capo Press	1975
Mario Cravo : confronto 1945-1975		[São Paulo]	[Escola Panamericana de Arte]	1975
Movements in art since 1945 Rev., ed : pbk (World of art library)	Edward Lucie-Smith	London	Thames & Hudson	1975
Nagasawa		Roma	L'Attico	1975
Piotr Kowalski				1975
Platons Theorie der Idee (Alber-Broschur Philosophie)	Rainer Marten	Freiburg	Alber	1975
Pommereulle		[Paris]	Centre national d' art et de culture Georges Pompidou, Département des arts plastiques	1975
Le pop art (Dictionnaire de poche)	José Pierre	Paris	Fernand Hazan	1975
Regina Vaterestos y vestigios		Buenos Aires	Centro de Arte y Comunicación	1975
The religion of the Chinese people	Marcel Granet / translated [from the French], edited and with an introduction by Maurice Freedman	Oxford	Blackwell	1975
Sinn und Form : Beiträge zur Literatur 27. Jahrg., 3. Heft			Rütten & Loening	1975
Sinn und Form : Beiträge zur Literatur 27. Jahrg., 6. Heft			Rütten & Loening	1975
The Zimbabwe review Vol. 4, 5			Information and Publicity Bureau of the People of Zimbabwe	1975
Allen Jones : work on paper		London	Waddington and Tooth Graphics	1976

書名	編著者，監修者	出版地	出版社	刊行年
Ascona in alter Zeit und heute	Gotthard Wielich	Locarno	Pedrazzini Edizioni	1976
Beyond aesthetics : investigations into the nature of visual art	general editor, Don Brothwell / with a preface by C. H. Waddington	London	Thames and Hudson	1976
Beyond modern art (A Dutton paperback:D370)	Carla Gottlieb	New York	Dutton	1976
Bienal nacional 76 outubro-novembro		[São Paulo]	Fundacão Bienal de São Paulo	1976
Ernst Blochs ästhetische Kriterien und ihre interpretative Funktion in seinen Literarischen Aufsätzen (Abhandlungen zur Philosophie, Psychologie und Pädagogik:Bd. 110)	Hermann Wiegmann	Bonn	Bouvier Verlag H. Grundmann	1976
Erró : catalogue general		Paris	Chêne	1976
Erró (Écritures / figures)	Pierre Tilman	Paris	Éditions Galilée	1976
The history of world sculpture	by Germain Bazin / [translated from the French by Madeline Jay]	Secaucus, N.J.	Chartwell Books	1976
John Heartfield : Leben und Werk 3., überarb. und erw. Aufl	dargest. von seinem Bruder Wieland Herzfelde	Dresden	Verlag der Kunst, VEB	1976
Die Kunst findet nicht im Saale statt : politische Plakate	Klaus Staeck, Dieter Adelmann	Reinbek bei Hamburg	Rowohlt	1976
Sinn und Form : Beiträge zur Literatur 28. Jahrg., 1. Heft			Rütten & Loening	1976
Sinn und Form : Beiträge zur Literatur 28. Jahrg., 2. Heft			Rütten & Loening	1976
Worte des Statthalters Kohl	gesammelt von Günter Johannes, Hellmuth Karasek, Olaf Petersen / herausgegeben von Klaus Staeck / Vorwort, Dieter Hildebrand / Bildgeschichte und Nachwort, Klaus Staeck	Göttingen	Steidl	1976
Zur Rekonstruktion des historischen Materialismus 2. Aufl (Suhrkamp Taschenbuch Wissenschaft:154)	Jürgen Habermas	Frankfurt am Main	Suhrkamp	1976
Agnes Martin paintings and drawings 1957-1975		[London]	Arts Council of Great Britain	1977
Amèrica Llatina '76 : Fundació Joan Miró, Parc de Montjuïc Barcelona	Exhibitor: Jorge Alvaro, Angelo de Aquino, Alvaro Barrios ... [et al.]	Buenos Aires	Centro de Arte y Comunicación	1977
Arte conceptual internacional decada del 70		Ciudad Universitaria	Museo Universitario de Ciencias y Arte	1977
21 artistas argentinos en el-Museo Universitario de Ciencias y Arte, Ciudad Universitaria, México, D.C., noviembre 1977	[organización, Helen Escobedo]	Buenos Aires	Centro de Arte y Comunicación	1977

Ästhetische Bedürfnisse : zur materialistischen Analyse ihrer gesellschaftlichen Funktion Erstausg (Materialismus-Off-Print:2. Kollection : Kultur, Ästhetik, Literatur in Deutschland:Serie 5, 1945-1977)	Hermann Rotermund	Frankfurt am Main	Materialismus	1977
Berber, Bernik, Ćelić, Jemec, Maraž, Šutej : yu		[Ljubljana]	[Časopisno in grafično podjetje Delo]	1977
Bruegel (World of art library)	Walter S. Gibson	London	Thames and Hudson	1977
Die Krise der Revolutionstheorie : negative Vergesellschaftung und Arbeitsmetaphysik bei Herbert Marcuse 1. Aufl	Stefan Breuer	Frankfurt am Main	Syndikat	1977
Directions for criticism : structuralism and its alternatives : pbk	edited by Murray Krieger and L.S. Dembo	Madison	University of Wisconsin Press	1977
Documenta 6 Bd. 1	[Träger der Ausstellung, Documenta GmbH / Künstlerischer Leiter, Manfred Schneckenburger]	Kassel	P. Dierichs	1977
Documenta 6 Bd. 2	[Träger der Ausstellung, Documenta GmbH / Künstlerischer Leiter, Manfred Schneckenburger]	Kassel	P. Dierichs	1977
Documenta 6 Bd. 3	[Träger der Ausstellung, Documenta GmbH / Künstlerischer Leiter, Manfred Schneckenburger]	Kassel	P. Dierichs	1977
Džamonja, Richter, Tihec : XIVth biennial of São Paulo		[Ljubljana]	[Časopisno in grafično podjetje Delo]	1977
Fantastik, Science Fiction, Utopie : das Realismusproblem der utopisch-fantastischen Literatur (Focus-Wissenschaft)	Hartmut Lück	Gießen	Focus Verlag	1977
Fascinating Brazil	Alain Draeger	[Rio de Janeiro]	Primor	1977
Franz Erhard Walther : Arbeiten, 1969-1976 : 2. Werksatz, 1972	comissário, Götz Adriani / [Katalogredaktion, Franz Erhard Walther und Götz Adriani / Übersetzungen, Dennis S. Clarke und Maria Lino]			1977
The Group of the Thirteen at the XIV Bienal de São Paulo, Parque Ibirapuera, São Paulo, Brasil, October-December 1977	Center of Art and Communication	Buenos Aires	Libro de Edición Argentina	1977
Le gué : Machiavel, Novalis, Marx et une correspondance avec Philippe Sollers	Alain Jouffroy	Paris	Christian Bourgois	1977
Guillotine et peinture : Topino-Lebrun et ses amis	Alain Jouffroy, Philippe Bordes / [textes et tableaux] Bernard Dufour ... [et al.]	Paris	Chêne	1977
Gustave Courbet(1819-1877)		Paris	Grand Palais	[1977]

書名	編著者，監修者	出版地	出版社	刊行年
Hermann Hesse : sein Leben und sein Werk 1. Aufl (Suhrkamp Taschenbuch:385)	Hugo Ball	[Frankfurt am Main]	Suhrkamp	1977
Kudo		Paris	Galerie beaubourg / Galerie vallois	1977
Kunst und Medien : Materialien zur documenta 6 : [Ausstellung]	Hans D. Baumann ... [et al.] / Horst Wacker-barth (Hrsg.)	Kassel	Stadtzeitung und Verlag	1977
Lasar Segall - retrospectiva : aquarelas, guaches, sepias			Museu Lasar Segall	[1977]
Montage: John Heartfield: vom Club Dada zur Arbeiter-Illus-trierten Zeitung : Dokumente, Analysen, Berichte	John Heartfield, Eck-hard Siepmann, Jürgen Holtfreter	Berlin (West)	Elefanten Press	1977
Mythologies quotidiennes 2	[catalogue de l'exposi-tion, Marie-José Gassiot-Talabot]	Paris	ARC2, Musée d'art moderne de la ville de Paris	1977
On Kawara 1967	Otis Art Institute Gal-lery	[Los Angeles]	Otis Art Institute-Gallery	1977
Quatro artistas japoneses	organizada pela Fun-dacão Japão	[Tokyo]	Japan Foundation	1977
Schriften über Kunst (DuMont Kunst-Taschenbücher:50)	Conrad Fiedler / mit einer Einleitung von Hans Eckstein	Köln	DuMont	1977
Special Arabic issue (Mundus artium : a journal of international literature and the arts:v. 10, no. 1, 1977)		Richardson	University of Texas at Dallas	1977
Subways	[catalogue editor, Peter Blake]	[New York]	Cooper-Hewitt Mu-seum, the Smith-sonian Institution's National Museum of Design	1977
Tendenzen der Zwanziger Jahre 3. Aufl	[Gesamtredaktion und Koordination, Stephan Waetzoldt, Verena Haas]	Berlin	Dietrich Reimer	1977
Turner	Jean Selz / [translated by Eileen B. Hennessey]	New York	Crown Publishers	1977
Veličković : yu		[Ljubljana]	[Časopisno in grafično podjetje Delo]	1977
La vie illustrée de Marcel Duch-amp	Jennifer Gough-Cooper et Jacques Caumont / avec 12 dessins d'André Raffray	[Paris]	Centre national d'art et de culture Georges Pompidou	1977
Antologia poética	Vinicius de Moraes	Rio de Janeiro	Livraria José Olympio	1978
Aproximación metodológica para una comprensión de la retórica del arte latinoamericano	Jorge Glusberg	Buenos Aires	Centro de Arte y Comunicación	1978
Ästhetik : Materialien zu ihrer Geschichte : ein Lesebuch 1. Aufl (Suhrkamp Taschenbu-ch:491)	Christiaan L. Hart Nib-brig	Frankfurt am Main	Suhrkamp	1978

Ästhetik heute	[Autoren, Joachim Fiebach ... et al.] ∕ [an der Ausarbeitung haben mitgewirkt, Irene Dölling ... et al.] ∕ [Redaktion, Michael Franz ... et al.]	Berlin	Dietz Verlag	1978
Ästhetik im Alltag: Kolloquium 2 vom 6. bis 10. Dezember 1976	Wolfgang Sprang	Offenbach am Main	Hochschule für Gestaltung	1978
Beiträge zur materialistischen Kulturtheorie (Kleine Bibliothek:142)	herausgegeben von Wulf D. Hund und Dieter Kramer	Köln	Pahl-Rugenstein	1978
CAYC Group at theMuseum of Rio de Janeiro, Brazil	Jacques Bedel ... [et al.]	Buenos Aires	Center of Art and Communication	1978
Clorindo Testa : la peste en Ceppaloni : exhibición en la Galería Florida 948, Buenos Aires, setiembre 1978		Buenos Aires	Centro de Arte y Comunicación	1978
XIII Congress of the International Association of Art Critics, AICA, Switzerland, August-September, 1978		Buenos Aires	Argentine Association of Art Critics	1978
David Lamelas, fifteen years		Buenos Aires	CAYC [Center of Art and Communication]	1978
Erró : an Icelandic artist	text by Bragi Ásgeirsson and Matthías Johannessen ∕ [translation, Haukur Bödvarsson]	Reykjavík	Iceland Review	1978
Espace-temps du Japon exhibition “ma”		[Paris]	[Musée des arts décoratifs]	1978
The implied reader : patterns of communication in prose fiction from Bunyan to Beckett : pbk (Johns Hopkins paperbacks)	Wolfgang Iser	Baltimore	Johns Hopkins University Press	1978
Inquiries into the fundamentals of aesthetics pbk	Stefan Morawski	Cambridge, Mass.	MIT Press	1978
International art exhibition for Palestine		[Beirut]	P.L.O. Unified Information, Plastic Arts Section	1978
Japan video art festival : 33 artists at CAYC		Buenos Aires	Center of Art and Communication	1978
Jornadas de la Crítica : simposium latinoamericano, Arte Argentino 78, La Joven Generación, Premios a la crítica : Buenos Aires, noviembre 13 al 19, 1978		Buenos Aires	Asociación Internacional de Críticos de Arte	1978
The Marxist theory of art : uk, cloth (Marxist theory and contemporary capitalism)	Dave Laing	Hassocks, Sussex ∕ Atlantic Highlands, N.J.	Harvester Press ∕ Humanities Press	1978
Méditation entre futur et mémoire: vingt objets récents de Kudo		Paris	Galerie Bellechasse	[1978]
Méditation entre futur et mémoire: vingt objets récents de Kudo à la Galerie Bellechasse, Paris, 1978	Alain Jouffroy	Paris	Galerie Bellechasse	1978

書名	編著者，監修者	出版地	出版社	刊行年
Le roman vécu	Alain Jouffroy	Paris	R. Laffont	1978
Stars in the Sky of Palestine: Short Stories	Faris Glubb	Beirut	The Foreign Information Department, Palestine Liberation Organization	1978
Les temps modernes N° 388		Paris	TM	1978
Tetsumi Kudo		Berlin	Galerie Wunderland	1978
Trái đất tên Người : bút ký	Tô Hoài	[Hà Nội]	Nhà xuất bản Tác Phẩm Mới	1978
Treasures of ancient Mexico from the National Anthropological Museum 2nd ed	Maria Antonieta Cervantes	Barcelona	Geocolor	1978
Ung-no Lee : l'art de peindre à l' encre de chine		[Paris]	[Sarl koryo]	1978
Ung-No-Lee		La Chaux-de-Fonds	Musée des beaux-arts, La Chaux-de-Fonds	1978
Women of the Fertile Crescent : an anthology of modern poetry by Arab women 1st ed : [pbk.]	edited with translations by Kamal Boullata	Washington	Three Continents Press	1978
L'affiche japonaise : des origines a nos jours		[Paris]	[Muséee de l'affiche]	1979
Art of the October Revolution	compiled and introduced by Mikhail Guerman／[translation from the Russian, W. Freeman, D. Saunders, C. Binns]	New York	Abrams	1979
Art of the twenties	edited by William S. Lieberman	New York	Museum of Modern Art, New York	1979
Der Collage-Essay : eine Wissenschaftliche Darstellungsform, Hommage á Walter Benjamin	Richard Faber	Hildesheim	Gerstenberg	1979
Connecticut, a bicentennial history 1st ed (The States and the Nation series)	David M. Roth	New York	Norton	1979
Einführung in die Ästhetik Adornos	Karol Sauerland	Berlin	Walter de Gruyter	1979
Einführung in die Ästhetik Adornos (De Gruyter Studienbuch)	Karol Sauerland	Berlin	W. de Gruyter	1979
Flash art : the international arts review No.88/89			Giancarlo Politi	1979
Glaubwürdig : fünf Gespräche über heutige Kunst und Religion mit Joseph Beuys, Heinrich Böll, Herbert Falken, Kurt Marti, Dieter Wellershoff (Kaiser Traktate:40)	Horst Schwebel	München	Chr. Kaiser	1979
I, etcetera	Susan Sontag	New York	Vintage Books	1979
Les images quotidiennes du pouvoir On Kawara au jour le jour (Mot pour mot:1. Word for word)	René Denizot	Paris	Yvon Lambert	1979

Joseph Beuys	Caroline Tisdall	New York	Solomon R. Guggenheim Museum	1979
Joseph Beuys, life and works	Götz Adriani, Winfried Konnertz, Karin Thomas / translated by Patricia Lech	Woodbury, N.Y.	Barron's Educational Series, inc.	1979
Joseph Beuys : Spuren in Italien : Kunstmuseum Luzern 22.4. - 17.6.79		[Luzern]	[Kunstmuseum Luzern]	1979
Joseph Beuys : XV. Bienal Internacional de São Paulo 1979		[Berlin]	República Federal da Alemanha	1979
Keiji Uematsu : Skulptur, Foto	Redaktion und Katalog, Uematsu Keiji und Hans Gercke	Heidelberg	Heidelberger Kunstverein	1979
Klee	Denys Chevalier / [translated from the French by Eileen B. Hennessey]	Naefels	Bonfini Press	1979
Mario Cravo		[São Paulo]	[Skultura Galeria de Arte]	1979
Matta : l'homme descend du signe		[Villeparisis]	[Centre culturel municipal Jacques Prévert]	1979
A modern book of esthetics : an anthology 5th ed	edited with introd. and notes by Melvin Rader	New York	Holt, Rinehart and Winston	1979
L'ordre discontinu (Le Soleil noir)	Alain Jouffroy / dessins de Velickovic	Paris	Soleil noir	1979
Paris-Moscou, 1900-1930		Paris	Centre Georges Pompidou	1979
Querida familia	Flávia Schilling, Paulo R. Schilling	Porto Alegre	Editora Coojornal	1979
Schwarze Landschaft : Berliner Erfahrungen 1966-1979 (Internationale taschenbücherei:015)	Lutz von Werder	Tübingen	IVA-Verlag Bernd Polke	1979
The social role of art : essays in criticism for a newspaper public	Richard Cork	London	Gordon Fraser	1979
Sozialleistungen in Hessen Ein Wegweiser	Rudy Abeßer	Wiesbaden	Der Hessische Sozialminister	1979
t & c théorie et critique / theory and criticism / teoría y crítica No.1			International Association of Art Critics	1979
t & c théorie et critique / theory and criticism / teoría y crítica No.2			International Association of Art Critics	1979
Textual strategies : perspectives in post-structuralist criticism : pbk (Cornell paperbacks)	edited and with an introduction by Josué V. Harari	Ithaca, N.Y.	Cornell University Press	1979
Théorie et critique : t & c 1			AICA	1979
Théorie et critique : t & c 2			AICA	1979
Uruguai: um campo de concentracção ?	A. Veiga Fialho, Eduardo Galeano, Jorge Amado	[Rio de Janeiro]	Civilizacção Brasileira	1979
The World of Rashid Hussein : a Palestinian poet in exile (AAUG monograph series:no. 12)	edited by Kamal Boullata & Mirène Ghossein	Detroit	Association of Arab-American University Graduates	1979

書名	編著者, 監修者	出版地	出版社	刊行年
Xingu : território tribal 1a ed. em português	fotografias, Maureen Bisilliat ／ texto, Orlando Villas-Bôas, Cláudio Villas-Bôas	São Paulo	Cultura	1979
Aesthetics and politics	Ernst Bloch ... [et al.]／ afterword by Frederic Jameson ／[translated from the German]／ translation editor Ronald Taylor	London	Verso	1980
Aufruf zur Alternative	Joseph Beuys	[Achberg]／[Hamburg]	[Achberger Verlag] ／[VGD, Verlag Geisteswissenschaftliche Dokumentation]	1980
Beyond the crisis in art : pbk (Art series (London, England))	Peter Fuller	London	Writers and Readers Pub. Cooperative Society	1980
Chinese Literature No.3			CHINESE LITERATURE	1980
Georges Lukács ("Arguments critiques")	Nicolas Tertulian ／ traduit du roumain par Fernand Bloch	Paris	Sycomore	1980
A guide to European painting	Michael Jacobs	[Secaucus]	Chartwell Books	1980
Japanskt kalejdoskop	Mats B., Sune Nordgren.	Åhus	Kalejdoskop	1980
Klaus Staeck : Rückblick in Sachen Kunst und Politik 2., erw. und erg. Aufl	[mit Texten von, Georg Bussmann ... et al.]	[Göttingen]	Steidl	1980
Linguistic perspectives on literature : pbk.	edited by Marvin K.L. Ching, Michael C. Haley, Ronald F. Lunsford	London ／ Boston	Routledge & Kegan Paul	1980
Literatura angolana : opiniões (Estudos : União dos Escritores Angolanos:5)	Costa Andrade	Lisboa	Edições 70	1980
Marianne Werefkin, Gemälde und Skizzen	[Katalogredaktion, Sigrid Russ]	[Wiesbaden]	Magistrat der Landeshauptstadt Wiesbaden Presse- und Informationsamt in Zusammenarbeit mit dem Kulturamt und demMuseum Wiesbaden	1980
The middle hour : selected poems of Kim Chi Ha	translated [from the Korean] by David R. McCann ／ preface by Denise Levertov	Stanfordville, N.Y.	Human Rights Pub. Group	1980
On Kawara, continuity ／ discontinuity, 1963-1979 : pbk. (ModernaMuseets utställningskatalog:nr. 169)	[ed. by Björn Springfeldt]	Stockholm	Moderna Museet Stockholm	1980
Perpignan Guebwiller : 2 expériences d'art sociologique (Cahier de l'Ecole Sociologique Interrogative:no 3, spécial)		Paris	École Sociologique Interrogative	1980

Les Réalismes, 1919-1939 : [exposition], Centre Georges Pompidou, 17 décembre, 1980 - 20 avril, 1981, Staatliche Kunsthalle Berlin, 10 mai - 30 juin, 1981		Paris	Centre Georges Pompidou	1980
Ron Cobb : αντεργκραουντ σκιτσα		[Αθήνα]	Εκδοσεισ Αποπειρα	1980
Soviet literature No.3(384)			the Writers' Union of the USSR	1980
Zeitgemäße Wirtschaftsgesetze : über die Rechtsgrundlagen einer nach-kapitalistischen, freien Unternehmensordnung : Entwurf einer Einführung 2., erw. Aufl (Perspektiven der Humanität:Bd. 3)	Wilhelm Schmundt / mit einem Vorwort von Leif Holbaek-Hanssen	Achberg	Achberger Verlagsanstalt	1980
Art diary 1981: The world's art directory		Milano	Giancarlo Politi Editore	1981
Auschwitz, 1940-1945 : guide-book through the museum	Kazimierz Smoleń	Katowice	Krajowa Agencja Wydawnicza	1981
The Avant-Garde Today : An International Anthology	edited by Charles Russell	Urbana, Ill	University of Illinois Press	1981
Bukichi Inoue : my sky hole : Zeichnungen, Projekte, Modelle : Stadt Aachen, Neue Galerie, Sammlung Ludwig, 10. Januar - 8. Februar 1981	[Herausgeber, Neue Galerie - Sammlung Ludwig, Aachen] / [Redaktion und Gestaltung, Wolfgang Becker]	Aachen	Neue Galerie	1981
Citoyens-sculpteurs : une expérience d'art sociologique au Québec		Paris	Éditions S.E.G.E.D.O.	1981
Dada and after : extremist modernism and English literature : u.k	Alan Young	Manchester / Atlantic Highlands	Manchester University Press / Humanities Press	1981
Einsteigen in eine andere Republik? : Thesen über neue Perspektiven unserer gesellschaftlichen Zukunft	herausgegeben von der Bürgerinitiative Zukunftsdialog, Demokratische Alternativen		[Bürgerinitiative Zukunftsdialog, Demokrat Alternativen]	1981
Félix Vallotton : das druckgraphische Werk : Holzschnitte, Lithographien, Radierungen, Vorzeichnungen zur Druckgraphik	bearbeitet von Jürgen Schultze, Annette Meyer zu Eissen und Annemarie Winther	[Kassel]	[Neue Galerie, Staatliche und Städtische Kunstsammlung Kassel]	1981
Flash art. International : largest european art magazine No.103 Summer			Giancarlo Politi	1981
Hervé Fischer		[Montréal]	[Musée d'art contemporain de Montréal]	1981
L'histoire de l'art est terminée	Hervé Fischer	[Paris]	Balland	1981
Jornadas de la Crítica '81		Buenos Aires	Sección Argentina, Asociación Internacional de Críticos de Arte	1981

書名	編著者, 監修者	出版地	出版社	刊行年
Kunst und Alltagskultur (Kleine Bibliothek:238)	herausgegeben von Jutta Held ／ in Zusammenarbeit mit Norbert Schneider ／ [Beiträge von] Michael Erbe ... [et al.]	Köln	Pahl-Rugenstein	1981
Le Corbusier y Buenos Aires : el plan regulador, 1938-40	Juan Manuel Borthagaray, Jorge Glusberg, Benoit Junod	Buenos Aires	CAYC, Centro de Arte y Comunicación	1981
Masuhr : traumschöne Bilder		Berlin	NGBK	1981
Niki de Saint Phalle : ModernaMuseet, 12 september-25 oktober 1981 (ModernaMuseets utställningskatalog:nr. 174)	[utställningen är sammanställd av Pontus Hultén och Jean-Yves Mock ／ katalog, Jan-Yves Mock]	[Stockholm]	Moderna Museet Stockholm	1981
Les nouveaux fauves Bd. 1	[Herausgeber, Neue Galerie - Sammlung Ludwig, Aachen] ／ [Redaktion und Gestaltung, Wolfgang Becker]	Aachen	Neue Galerie	1981
Les nouveaux fauves Bd. 2	[Herausgeber, Neue Galerie - Sammlung Ludwig, Aachen] ／ [Redaktion und Gestaltung, Wolfgang Becker]	Aachen	Neue Galerie	1981
Rasterfahndung	Thomas Bayrle	Frankfurt am Main	Suhrkamp	1981
Riemenschneider in Franken (Langewiesche Bücherei)	Text von Hanswernfried Muth ／ Aufnahmen von Alfons Ohmayer u.a	[Königstein im Taunus]	Karl Robert Langewiesche Nchfolger Hans Köster	1981
Shigeko Kubota video sculptures	edited by Zdenek Felix	Essen	Museum Folkwang	1981
Spuren der Befreiung, Herbert Marcuse : ein Materialienbuch zur Einführung in sein politisches Denken Orig.-Ausg (Sammlung Luchterhand:333)	herausgegeben von Detlev Claussen ／ mit Beiträgen von Lothar Baier ... [et al.]	Darmstadt ／ Neuwied	Luchterhand	1981
Vogeler : ein Maler und seine Zeit	David Erlay	Fischerhude	Atelier im Bauernhaus	1981
Weapons and warfare (A Piccolo factbook)	written and designed by Maynard & Jefferis ／ editor, Jacqui Bailey	[London] ／ London	Piper Books ／ Piccolo [distributor]	1981
Writers in exile : the identity of home in modern literature : uk (Harvester studies in contemporary literature and culture:4)	Andrew Gurr	Brighton, Sussex ／ Atlantic Highlands, N.J.	Harvester Press ／ Humanities Press	1981
And not surrender : American poets on Lebanon	edited by Kamal Boullata	Washington, D.C.	Arab American Cultural Foundation	1982
Another light : Swedish art since 1945 2nd, extended ed : pbk	Olle Granath ／ [translation, Paul Britten Austin ／ traduction, Dominik Birmann ／ Übersetzung, Hildegard und Günter Bergfeld]	[Stockholm]	Swedish Institute	1982

Artist and patron in postwar Japan : dance, music, theater, and the visual arts, 1955-1980	Thomas R.H. Havens	Princeton, N.J.	Princeton University Press	1982
Le baobab fou (Vies africaines)	Ken Bugul	Dakar	Nouvelles Editions africaines	1982
Biennale de Paris : Japon 12e : 1982		Tokyo	Japan Foundation	1982
La Biennale di Venezia : settore arti visive : catalogo generale 1982		Milano	Electa	1982
Biennale di Venezia 1982 : quattro pittori della RDT	Exhibitor: Sieghard Gille, Heidrun Hegewal, Uwe Pfeifer, Volker Stelzmann	[Berlin]	Ministerium für Kultur der Deutschen Demokratischen Republik	1982
Biennale Venezia 1982 : D. Diamantopoulos : K. Coulentianos		[Atene]	[Ministero della Civiltà e delle Scienze, Direzione delle Belle Arti]	1982
Blomstedt, Finlandia : la Biennale di Venezia, 1982		[Venice]		[1982]
Briefwechsel 1902-1917	Georg Lukács / herausgegeben von Éva Karádi und Éva Fekete / [übertragen von Agnes Meller-Vértes]	Budapest	Corvina	1982
The Compact culture : the ethos of Japanese life	edited by Yoshida Mitsukuni, Tanaka Ikko & Sesoko Tsune	Hiroshima	Toyo Kogyo Co.	1982
Documenta 7 Bd. 1	[Träger der Ausstellung, Documenta GmbH]	Kassel	D+V Paul Dierichs	1982
Documenta 7 Bd. 2	[Träger der Ausstellung, Documenta GmbH]	Kassel	D+V Paul Dierichs	1982
Erkenntnisübungen zur Dreigliederung des sozialen Organismus : durch Revolution der Begriffe zur Evolution der Gesellschaft 2., erw. und umgestaltete Aufl	Wilhelm Schmundt / Herausgegeben und mit einer Einführung und einem Vorwort versehen von Wilfried Heidt und Ulrich Rösch	Achberg	Achberger Verlag	1982
Giappone : la Biennale di Venezia 1982			Japan Foundation	1982
Gramsci's political thought : an introduction : pbk	Roger Simon	London	Lawrence and Wishart	1982
Grands et jeunes d'aujourd'hui : 23e année : 16 septembre-17 octobre 1982, Grand Palais des Champs-Élysées		Arcueil	Susse Fondeur	1982
Grenzen politischer Kunst (Schriftenreihe der Katholischen Akademie der Erzdiözese Freiburg)	Hans-Otto Mühleisen (Hrsg.) / mit Beiträgen von Thomas Würtenberger ... [et al.]	München	Schnell & Steiner	1982
His Holiness the Fourteenth Dalai Lama of Tibet talks to Louwrien Wijers		[Velp]	Kantoor voor Cultuur Extracten	1982
Intervention 15/16			[Intervention]	1982
Ji, Souk-Choul	Yil Lee			[1982]

書名	編著者, 監修者	出版地	出版社	刊行年
Living national treasures of Japan	[the Commitee of the Exhibiition of Living National Treasures of Japan]	[United States]	[Museum of Fine Arts, Boston]	1982
Mi último suspiro (La Vida es río)	Luis Buñuel / [traducción de Ana María de la Fuente]	Esplugues de Llobregat, Barcelona	Plaza & Janes	1982
Nagaoka : Werkverzeichnis der Radierungen		Berlin	Galerie Marina Dinkler	1982
Naoco Kumasaka		Verona	Studio Toni de Rossi	1982
The new sobriety 1917-1933 : art and politics in the Weimar period	John Willett	[London]	Thames and Hudson	1982
Notre-Dame de Chartres : special number in English 1982		Chartres	Pèlerinage Notre-Dame	1982
Objekte der Kunst 1. Aufl (Suhrkamp Taschenbuch Wissenschaft:384)	Richard Wollheim / übersetzt von Max Looser	Frankfurt am Main	Suhrkamp	1982
Opus international No 85 Tactiques et stratégies de l'art			Georges Fall	1982
Paris 1960-1980 : Panorama der zeitgenössischen Kunst in Frankreich		Wien	Wiener Festwochen	1982
The Philosophical reflection of man in literature : selected papers from several conferences held by the International Society for Phenomenology and Literature in Cambridge, Massachusetts (Analecta Husserliana : the yearbook of phenomenological research:v. 12)	edited by Anna-Teresa Tymieniecka	Dordrecht, Holland / Boston	D. Reidel	1982
The political unconscious : narrative as a socially symbolic act : pbk (Cornell paperbacks)	Fredric Jameson	Ithaca, N.Y.	Cornell University Press	1982
Programm der gesamthochschule Kassel zur Documenta 7 Kassel		[Kassel]	[Referat für öffentlichkeitsarbeit der gesamthochschule Kassel]	1982
Renata Schussheim	Jorge Glusberg	Buenos Aires	CAYC, Centro de Arte y Comunicación	1982
Riccardo Tommasi Ferroni : Biennale di Venezia '82 Scuola di S. Giovanni Evangelista	testimonianze di Luidi Carluccio ... [et al.]		EdizioneGalleria Forni	1982
Richard Hamilton Collected Words 1953-1982		London	Thames & Hudson	1982
Robert Smithson : a retrospective view	Robert Hobbs	Ithaca, N.Y.	Herbert F. Johnson-Museum of Art, Cornell University	1982
Roman Jakobson and beyond : language as a system of signs : the quest for the ultimate invariants in language (Janua linguarum:Series maior ; 109)	Rodney B. Sangster	Berlin / New York	Mouton	1982
Die Schönheit muß auch manchmal wahr sein : Beiträge zu Kunst und Politik	hrsg., Dieter Hacker, Bernhard Sandfort	[Berlin]	7. Produzentengalerie	1982

La sculpture moderne en France depuis 1950	Ionel Jianou, Gérard Xuriguera, Aube Lardera	Paris	Arted Editions d'art	1982
Stanley Brouwn	[exhibition and catalogue, Jan Debbaut, Rini Dippel, Gijs van Tuyl]	Amsterdam	Visual Arts Office for Abroad	1982
Structuralism and hermeneutics	T.K. Seung	New York	Columbia University Press	1982
Synnøve Anker Aurdal Norvegia	[catalogue designed by Anisdahl ／ Christensen]			1982
Telos No.51 spring : Special issue on European peace movements and the Polish crisis			Department of Philosophy, State University of New York at Baffalo	1982
Le temple : représentations de l' architecture sacrée		Nice	Musée National Message Biblique Marc Chagall	[1982]
Toward an aesthetic of reception (Theory and history of literature:v. 2)	Hans Robert Jauss ／ translation from German by Timothy Bahti ／ introduction by Paul de Man	Minneapolis	University of Minnesota Press	1982
La vie réinventée : l'explosion des années 20 à Paris	Alain Jouffroy	Paris	R. Laffont	1982
Wolf Kahlen : Arbeiten mit dem Zufall den es nicht gibt		Berlin	Neuer Berliner Kunstverein	1982
Yves Tanguy : rétrospective, 1925-1955	[commissaires de l'exposition, Agnès Angliviel de La Beaumelle, Florence Chauveau ／ traduction, Anne Hindry]	Paris	Centre Georges Pompidou, Musée national d'art moderne	1982
Concierto navideño (homenaje a Gaudí) : esculturas sonoras y campanas por Kan Masuda		[Barcelona]	[En Santa María del Mar]	1983
Contemporary aesthetics : a philosophical analysis	R.A. Sharpe	Brighton, Sussex	Harvester	1983
Dada in Japan : japanische Avantgarde, 1920-1970 : eine Fotodokumentation	[Redaktion, Jutta Hülsewig, Yoshio Shirakawa, Stephan von Wiese]	[Düsseldorf]	Kunstmuseum Düsseldorf	1983
Dialektik im Stillstand : Versuche zum Spätwerk Walter Benjamins 1. Aufl (Suhrkamp Taschenbuch Wissenschaft:445)	Rolf Tiedemann	Frankfurt am Main	Suhrkamp	1983
Eyewitness Lebanon : evidence of 91 international correspondents pbk.	compiled and edited by Claud Morris ／ summing up by John C. Mathew ／ photographs by United Press International ... [et al.] ／ editorial assistant, Jacqui Beryl ／ New York research, Margaret Morris	[London ／ New York]	[Morris International]	1983
Forma viva 1961-1981 : Kostanjevica na Krki, Portorož, Ravne na Koroškem, Maribor	Stane Bernik, Špelca Čopič ／ fotografija Janez Kališnik ／ predgovor France Hočevar	[Ljubljana]	[Forma viva Izvršilni odbor Skupščina delegatov Forme vive v Ljubljana]	1983

書名	編著者, 監修者	出版地	出版社	刊行年
Der Hang zum Gesamtkunstwerk : europäische Utopien seit 1800 : pbk	[Gesamtidee für Ausstellung und Buch, Harald Szeemann / Redaktion, Susanne Häni ... et al.]	Aarau	Sauerländer	1983
História geral da arte no Brasil v. 1	[Walter Zanini, coordenação e direção editorial / Cacilda Teixeira da Costa, pesquisa, assistência editorial e coordenação técnica / Marília Saboya de Albuquerque, pesquisa e assistência editorial]	São Paulo	Instituto Walther Moreira Salles / Fundação Djalma Guimarães	1983
História geral da arte no Brasil v. 2	[Walter Zanini, coordenação e direção editorial / Cacilda Teixeira da Costa, pesquisa, assistência editorial e coordenação técnica / Marília Saboya de Albuquerque, pesquisa e assistência editorial]	São Paulo	Instituto Walther Moreira Salles / Fundação Djalma Guimarães	1983
How New York stole the idea of modern art : abstract expressionism, freedom, and the cold war : pbk	Serge Guilbaut / translated by Arthur Goldhammer	Chicago / London	University of Chicago Press	1983
International Center for Advanced Studies in Art		New York	New York University, Department of Art and Art Education	1983
The Israeli invasion of Lebanon, 1982 : inquiry by the International People's Tribunal, Tokyo	edited by Itagaki Yuzo, Oda Makoto, and Shiboh Mitsukazu	Tokyo	Sanyusha	1983
Joseph Beuys : Zeichnungen	[Heiner Bastian]	Bern	Benteli	1983
Joseph Beuys, drawings : City ArtGallery, Leeds, Kettle's YardGallery, Cambridge, Victoria and AlbertMuseum, London : pbk		London	Victoria & Albert-Museum	1983
Lukács revalued	edited by Agnes Heller	Oxford	B. Blackwell	1983
Poetik und Hermeneutik 1: Nachahmung und Illusion; Kolloquium Gießen Juni 1963, Vorlagen und Verhandlungen	H. R. Jauß	München	Wilhelm Fink Verlag München	1983
Poetik und Hermeneutik 2: Immanente Ästhetik Ästhetische Reflexion: Lyrik als Paradigma der Moderne; Kolloquium Köln 1964 ; Vorlagen und Verhandlungen	Wolfgang Iser	München	Wilhelm Fink Verlag München	1983
Poetik und Hermeneutik 3: Die Nicht mehr schönen Künste: Grenzphänomene des Ästhetischen.	H. R. Jauß	München	Wilhelm Fink Verlag München	1983
The story of the AIA : Artists International Association 1933-1953	Lynda Morris and Robert Radford	Oxford	Museum of Modern Art, Oxford	1983
Trees (A Webb & Bower miniature)	Lesley Gordon	Exeter	Webb & Bower	1983

Vladimir Tatlin and the Russian avant-garde pbk.	John Milner	New Haven	Yale University Press	1983
Von Seelenrätseln : Anthropologie und Anthroposophie : Max Dessoir über Anthroposophie : Franz Brentano (Ein Nachruf) : Skizzenhafte Erweiterungen : pbk (Taschenbücher aus dem Gesamtwerk:637)	Rudolf Steiner	Dornach	Rudolf Steiner Verlag	1983
The war artists : British official war art of the twentieth century	Meirion and Susie Harries	London	M. Joseph in association with the Imperial War Museum and the Tate Gallery	1983
The Young Lukács	Lee Congdon	Chapel Hill	University of North Carolina Press	1983
Antiaesthetics, an appreciation of The cow with the subtile nose (Synthese library:v. 174)	Paul Ziff	Dordrecht / Boston / Hingham, MA	D. Reidel / Sold and distributed in the U.S.A. and Canada by Kluwer Academic Pub.	1984
Architecture in Latin America : Internationale Bauausstellung Berlin GmbH within the context of Horizonte '82	Exhibitors: Agrest-Gandelsonas, Mario Roberto Alvarez and Associates, Emilio Ambasz ... [et al.]	Berlin	Internationale Bauausstellung	1984
Arte para quê? : a preocupação social na arte brasileira, 1930-1970 : subsídio para uma história social da arte no Brasil	Aracy A. Amaral	São Paulo	Nobel	1984
But is it art? : the value of art and the temptation of theory (Values and philosophical inquiry)	B.R. Tilghman	Oxford [Oxfordshire] / New York	Basil Blackwell	1984
Die Frage nach der Kunst : von Hegel zu Heidegger (Alber-Broschur Philosophie)	Otto Pöggeler	Freiburg [im Breisgau]	K. Alber	1984
Freie Internationale Universität, Free International University, FIU, Organ des erweiterten Kunstbegriffs für die soziale Skulptur: eine Darstellung der Idee, Geschichte und Tätigkeit der FIU	Johannes Stüttgen	Düsseldorf	FIU	1984
George Steiner : a reader (Pelican books)		Harmondsworth	Penguin	1984
The hermeneutic mode : essays on time in literature and literary theory	W. Wolfgang Holdheim	Ithaca	Cornell University Press	1984
The hybrid culture : what happened when East and West met	edited by Yoshida Mitsukuni, Tanaka Ikko and Sesoko Tsune / [text by Yoshida Mitsukuni / translated by Lynne E. Riggs & Takechi Manabu]	Hiroshima	MAZDA	1984
Incontro con Beuys	Lucrezia De Domizio, Buby Durini, Italo Tomassoni	Pescara	D.I.A.C.	1984

書名	編著者, 監修者	出版地	出版社	刊行年
Joseph Beuys : 7000 Eichen zur Documenta 7 in Kassel : “Stadtverwaldung statt Stadtverwaltung” : ein Erlebnis- und gärtnerischer Erfahrungsbericht	Karl Heinrich Hülbusch, Norbert Scholz	Kassel	Kasseler Verlag	1984
Kingo, work by camera : the outer stratum, forms and ideas		London	Woodstock Gallery	1984
Klee and nature pbk.	Richard Verdi	New York	Rizzoli	1984
Literary meaning : from phenomenology to deconstruction : pbk	William Ray	Oxford	Blackwell	1984
Looking critically : 21 years of Artforum magazine	edited by Amy Baker Sandback	Ann Arbor, Mich.	UMI Research Press	1984
Marxisme et esthétique	Michel Lequenne	Montreuil / Malakoff	La Brèche / PEC / Distribution, Distique	1984
Modernism, criticism, realism 1st U.S. ed : hard (Icon editions)	edited by Charles Harrison and Fred Orton	New York	Harper & Row	1984
The nationalist alternative Rev. ed.	Renato Constantino	Quezon City	Foundation for Nationalist Studies	1984
The politics of culture : the Philippine experience : proceedings and anthology of essays, poems, songs, skits, and plays of the MAKIISA 1, People's Culture Festival, December 28-30, 1983, Dulaang Raha Sulayman, Fort Santiago, Intramuros, Manila	edited and introduced by Nicanor G. Tiongson	Manila	Published by Philippine Educational Theater Association (PETA) in cooperation with People's Resource Collection, Philippine Assistance for Rural and Urban Development (PRC-PARUD)	1984
Reception theory : a critical introduction : pbk (New accents)	Robert C. Holub	London / New York	Methuen	1984
Revue d'esthétique. Nouvelle série No.7			Privat	1984
Le Siècle de Kafka : Němcová, Avenarius, Masaryk, Kubin, Gordin ... : Centre Georges Pompidou, Paris, 1984	[conçu et réalisé par Yasha David avec la collaboration de Jean-Pierre Morel pour la partie rédactionnelle]	Paris	Le Centre	1984
Sociologie de l'art 3e éd. rev. et corr (Le sociologue:8)	Jean Duvignaud	Paris	Presses universitaires de France	1984
Strukturale Bildlichkeit : Studien zum Begriff der Struktur in der Kunstgeschichte	Herbert Köhler	München	Mäander	1984
Tadanori Yokoo : UCAD, Musée de la publicité			Musée de la publicité	[1984]
Une vie dans le langage : autoportrait d'un savant (Propositions)	Roman Jakobson / traduit de l'anglais par Pascal Boyer / préface de Tzvetan Todorov	Paris	Minuit	1984
Vanguarda e subdesenvolvimento : ensaios sôbre arte 3a ed (Perspectivas do homem:v. 57)	Ferreira Gullar	Rio de Janeiro	Civilização Brasileira	1984
Von hier aus	[Herausgeber, Kasper König / Redaktion, Maja Oeri]	Köln	DuMont Buchverlag	1984

Wahrheit und Subjekt: Ästhetik im bürgerlichen Zeitalter	Hartmut Scheible	Bern	Francke Verlag Bern und München	1984
Anecdotes of old Shanghai	[edited by Shanghai Cultural Publishing House]	[Shanghai]	Shanghai Cultural Publishing House	1985
Art & other serious matters : pbk	Harold Rosenberg	Chicago	University of Chicago Press	1985
Ascona-Monte Verità : auf der Suche nach dem Paradies Ungekürzte Ausg (Ullstein Sachbuch) (Ullstein Buch:Nr. 34013)	Robert Landmann / [von Ursula von Wiese überarbeitete und ergänzte Ausgabe unter Mitarbeit von Doris Hasenfratz]	Frankfurt / M, Berlin, Wien	Ullstein	1985
Aufhebung der Philosophie in zeichentheoretischer und ästhetischer Dimension : Feuerbach, Marx und Nietzsche (Europäische Hochschulschriften:Reihe 20. Publications universitaires européennes. European university studies. Philosophie:Bd. 168)	Jutta Georg-Lauer	Frankfurt a.M.	P. Lang	1985
Das Boot ist voll... : die Schweiz und die Flüchtlinge, 1933-1945 6. Aufl	Alfred A. Häsler	Zürich	Ex Libris	1985
Drukwerk De Zaak Jaarg. 5, nr. 2/3, nr. 26-27			De Zaak	1985
Die entzauberte Welt : Tragik und Dialektik der Moderne im frühen Werk von Georg Lukács (Monographien zur philosophischen Forschung:Bd. 231)	Michael Grauer	Königstein / Ts.	A. Hain	1985
Epochenschwellen und Epochenstrukturen im Diskurs der Literatur- und Sprachhistorie 1. Aufl (Suhrkamp Taschenbuch Wissenschaft:486)	herausgegeben von Hans Ulrich Gumbrecht und Ursula Link-Heer / unter Mitarbeit von Friederike Hassauer ... [et al.]	Frankfurt am Main	Suhrkamp	1985
The flight into inwardness : an exposition and critique of Herbert Marcuse's theory of liberative aesthetics U.S.	Timothy J. Lukes	Selinsgrove [Pa.] / London, Eng.	Susquehanna University Press / Associated University Press	1985
Ganz unten	Günter Wallraff	Köln	Kiepenheuer & Witsch	1985
Has modernism failed? 1st pbk. ed : pbk	Suzi Gablik	New York	Thames and Hudson	1985
Historic structures : the Prague School project, 1928-1946	F.W. Galan	London	Croom Helm	1985
Just looking : consumer culture in Dreiser, Gissing and Zola pbk. (University paperbacks:889)	Rachel Bowlby	New York	Methuen	1985
Kampf, nicht Krieg : politische Schriften, 1917-1919 1. Aufl (Edition Suhrkamp:1167 ; n.F., Bd. 167)	Ernst Bloch / herausgegeben von Martin Korol	Frankfurt am Main	Suhrkamp	1985
Kleine Geschichte des Kantons Tessin	Ernst Merz	Ascona	Edizioni San Pietro	1985
Kurt Schwitters : pbk	An exhibition organised by the Museum of Modern Art, New York	Millbank, London	Tate Gallery	1985

書名	編著者, 監修者	出版地	出版社	刊行年
Masterpieces of the avant-garde, 17 September-20 December, 1985 : three decades of contemporary art : the sixties, 17 September-19 October, 1985, the seventies, 22 October-23 November, 1985, the eighties, 26 November-20 December, 1985 : twenty-five years, Annely Juda Fine Art ／ Juda RowanGallery : pbk		London	Annely Juda Fine Art	1985
Matta : Centre Georges Pompidou, Musée national d' art moderne, 3 octobre-16 décembre 1985 (Classiques du XXe siècle:6)	[conception du catalogue, Alain Sayag, Claude Schweisguth ／ liste des expositions et bibliographie, Elisabeth Glorainoff, avec le concours de Romy Golan et Dominique Chenivesse ／ traducteurs, Jeanne Bouniort ... [et al.] ／ photographes, Jacques Faujour, Adam Rzepka]	[Paris]	Éditions du Georges Pompidou	1985
Der Mythos von der modernen Kunst und die Frage nach der Beschaffenheit einer zeitgemässen Ästhetik : metaästhetische Untersuchungen im Zusammenhang mit der These von der Andersartigkeit moderner Kunst pbk	Gregor Paul	Stuttgart	F. Steiner Verlag Wiesbaden	1985
No! contemporary American Dada v. 1	[edited by Joseph N. Newland]	Seattle	Henry Art Gallery, University of Washington	1985
No! contemporary American Dada v. 2	[edited by Joseph N. Newland]	Seattle	Henry Art Gallery, University of Washington	1985
Pollock and after : the critical debate : pbk	edited by Francis Frascina	New York	Harper & Row	1985
A reader's guide to contemporary literary theory : pbk.	Raman Selden	Brighton	Harvester Press	1985
Reconstructions : avant-garde art in Japan 1945-1965 : an exhibition [catalogue]	organized by theMuseum of Modern Art Oxford with the Japan Foundation and the Yomiuri Newspaper Group, [8 December 1985-9 February, 1986 ／ edited by David Elliott and Kaido Kazu ／ designed by Richard Hollis]	Oxford ／[New York]	Museum of Modern Art Oxford ／ Universe Books ／ Distributed to the trade by St. Martin's Press	1985
Selected papers in aesthetics : us (Philosophia resources library)	Roman Ingarden ／ edited by Peter J. McCormick	Washington, D.C. ／ München	Catholic University of America Press ／ Philosophia Verlag	1985
Staat und Gesellschaft bei Kant (Vorträge und Aufsätze:103)	Peter Koslowski	Tübingen	Mohr	1985
The structure of artistic revolutions	Remi Clignet	Philadelphia	University of Pennsylvania Press	1985

Theories of contemporary art pbk.	[edited by] Richard Hertz	Englewood Cliffs, N.J.	Prentice-Hall	1985
A theory of parody : the teachings of twentieth-century art forms pbk. (University paperbacks)	Linda Hutcheon	New York	Methuen	1985
Traverses 33-34 : Politique fin de siècle			Editions de Minuit	1985
Twentieth-century artists on art 1st ed : pbk	edited by Dore Ashton	New York	Pantheon Books	1985
Über Joseph Beuys und jeden Menschen, das Erdtelephon und zwei Wolkenkratzer; über 7000 Eichen, 700 Steine und ein schwarzes Loch: ein Vortrag, Hamburg 5. Juni 1982	Johannes Stüttgen	Düsseldorf	Freie internatinale Universität	1985
The unbearable lightness of being : pbk	Milan Kundera / translated from the Czech by Michael Henry Heim	London / Boston	Faber and Faber	1985
Waiting for the dawn : the Soh Brothers' case in South Korea		Kyoto	Save the Soh Brothers Society	1985
Aids : you can't catch it holding hands	Niki de Saint Phalle	Munich / Lucerne	Bucher	1986
Art and beauty in the Middle Ages	Umberto Eco / translated by Hugh Bredin	New Haven	Yale University Press	1986
Art in Argentina	Jorge Glusberg	Milan	Giancarlo Politi Editore	1986
Black sun : the eyes of four : roots and innovation in Japanese photography : pbk	Mark Holborn	New York	Aperture	1986
Chillida	Peter Selz / postscript by James Johnson Sweeney	New York	Abrams	1986
Critique of commodity aesthetics : appearance, sexuality and advertising in capitalist society : hard (Social and political theory)	Wolfgang Fritz Haug / translated by Robert Bock	Cambridge	Polity press	1986
The end of art theory : criticism and postmodernity Pbk (Communications and culture)	Victor Burgin	London	Macmillan	1986
Fred Reichman : recent work		San Francisco, Calif.	Charles Campbell-Gallery	1986
Hans Haacke : unfinished business : pbk	essays by Rosalyn Deutsche ... [et al.] / edited by Brian Wallis	New York / Cambridge, Mass.	New Museum of Contemporary Art / M.I.T. Press	1986
HP Zimmer : Bilder, Objekte, Räume		München	Kunstverein Wolfsburg	1986
Marxism and literary history	John Frow	Oxford	Blackwell	1986
München : ein Lesebuch : pbk (Insel Taschenbuch:827)	herausgegeben von Reihard Bauer und Ernst Piper / mit zahlreichen Abbildungen	Frankfurt am Main	Insel Verlag	1986
Opus international No 99 : France 85			Georges Fall	1986
Paul Klee : die Düsseldorfer Sammlung	Werner Schmalenbach	München	Prestel-Verlag	1986

書名	編著者，監修者	出版地	出版社	刊行年
The people of the fighting village : novelette	[Chon Se Bong]	Pyongyang	Foreign Languages Publishing House	1986
Postmodernism and politics (Theory and history of literature:v. 28)	edited and introduced by Jonathan Arac	Minneapolis	University of Minnesota Press	1986
Reconstructing aesthetics : writings of the Budapest school	edited by Agnes Heller and Ferenc Fehér	Oxford ／ New York	B. Blackwell	1986
The resistance to theory (Theory and history of literature:v. 33)	Paul de Man ／ foreward by Wlad Godzich	Manchester	Manchester University Press	1986
Schriften zur Ästhetik, Kunsttheorie und Poetik (Kodikas:Supplement ; 12. Code)	Jan Mukařovský ／ herausgegeben und übersetzt von Holger Siegel ／ mit einer Einleitung von Miloš Sedmidubský und einem Nachwort von Thomas G. Winner	Tübingen	Narr	1986
Self determination	Afif and Christ'l Safieh	[Jerusalem]	Al-Fajr Publications	1986
Snuff-bottles and other stories (Panda books)	Deng Youmei ／ translated by Gladys Yang	Beijing	Chinese Literature	1986
Sociological poetics and aesthetic theory : hard	Alan Swingewood	Basingstoke	Macmillan	1986
Toshiaki Tsukui	préface Ionel Jianou ／ textes Tsukui Hiromi	Paris	Espace A.C.N.A.V.	1986
Walter Benjamin et Paris : colloque international 27-29 juin 1983 (Passages)	[textes de Miguel Abensour ... et al.] ／ édité par Heinz Wismann	Paris	Cerf	1986
Was ist Kunst? : Werkstattgespräch mit Beuys	Volker Harlan	Stuttgart	Urachhaus	1986
Wolf Kahlen, Videoskulpturen : 1969-1986		[Berlin]	[Galerie im Körnerpark]	1986
The work of music and the problem of its identity	Roman Ingarden ／ translated from the original Polish by Adam Czerniawski ／ edited by Jean G. Harrell	Basingstoke	Macmillan Press	1986
Zeit-Bilder : zur Soziologie und Ästhetik der modernen Malerei 3., erw. Aufl	Arnold Gehlen ／ [herausgegeben von Karl-Siegbert Rehberg]	Frankfurt am Main	Klostermann	1986
Die zerstörte Öffentlichkeit : die Bundesrepublik auf dem Weg zum Kommerzfunk	Jürgen Prott	Göttingen	Steidl	1986
Монгольская национальная живопись “Монгол Зурар”	автор, Н. Цултэм ／ редактор, Д. Сандагдорж	Улан-батор	Госиздательство	1986
Aesthetics : an introduction to the philosophy of art (OPUS)	Anne Sheppard	Oxford [Oxfordshire] ／ New York	Oxford University Press	1987
Anselm Kiefer : Trade ed.	Mark Rosenthal ／ organized by A. James Speyer, Mark Rosenthal	Chicago ／ Philadelphia ／ New York ／ Munich	Art Institute of Chicago ／ PhiladelphiaMuseum of Art ／ Distributed in the U.S. and Canada by the Neues Pub. Co. ／ Distributed by Prestel-Verlag	1987

Art : das Kunstmagazin Nr.6 : Alles über die neue Documenta			Gruner+Jahr	1987
The Art Sales Index 1986/87: 19th edition: Volume I: Oil paintings, Watercolours and Drwaings: Artists A-K			Art Sales Index Ltd	1987
Avantgardismus als Entfremdung : Ästhetik und Ideologiekritik	Leo Kofler / Herausgeber und Nachwort, Stefan Dornuf	Frankfurt am Main	Sendler	1987
Edvard Munch :Museum Folkwang Essen, 18. September-8. November 1987, Kunsthaus Zürich, 19. November 1987-14. Februar 1988	Edvard Munch / [Organisation Ausstellung und Redaktion Katalog, Guido Magnaguagno]	Essen	Museum Folkwang	1987
Der Fehler : ein Briefwechsel	Johannes Stüttgen	Heidelberg	Edition Staeck	1987
Five faces of modernity : modernism, avant-garde, decadence, kitsch, postmodernism	Matei Calinescu	Durham	Duke University Press	1987
Gusto Gräser : aus Leben und Werk : Bruchstücke einer Biographie	[Herausgegeben von Hermann Müller]	Vaihingen an der Enz	[Wilfried Melchior]	1987
Heart of darkness : search for the unconscious : pbk (Twayne's masterwork studies:no. 5)	Gary Adelman	Boston	Twayne	1987
Hermeneutics as politics (Odéon)	Stanley Rosen	New York	Oxford University Press	1987
Der Hintern des Teufels : Ernst Bloch - Leben und Werk	Peter Zudeick	Moos	Elster	1987
Imaginary relations : aesthetics and ideology in the theory of historical materialism	Michael Sprinker	London / New York	Verso	1987
In other worlds : essays in cultural politics : pbk	Gayatri Chakravorty Spivak	New York	Methuen	1987
Japon des avant gardes 1910-1970 : Repéres chronologiques et documentaires : C.G.P.		[Paris]	Éditions du Centre Pompidou	1987
Joseph Beuys	Heiner Stachelhaus	Düsseldorf	Claassen	1987
Kunst im Dritten Reich : Architektur, Plastik, Malerei, Alltagsästhetik 2. veränderte und erw. Aufl	Joachim Petsch	Köln	Vista Point Verlag	1987
Kunst und Kult : zur Ästhetik und Philosophie der Kunst in der Wende vom 19. zum 20. Jahrhundert 2., unveränderte Aufl (Symposion : philosophische Schriftenreihe:15)	Alois Halder	Freiburg / München	Alber	1987
Ein kurzes erstes Bild von dem konkreten Wirkungsfelde der Sozialen Kunst: Einführungsrede beim öffentlichen Podiumsgespräch zwischen Joseph Beuys und Michael Ende im Festsaal der Wangener Waldorfschule am 10. Februar 1985	Joseph Beuys	Wangen	FIU-Versand der Freien Volkshochschule Argental	1987

書名	編著者, 監修者	出版地	出版社	刊行年
Materialien zur Documenta 8 : rote Fäden zu Künstlern, Werken und Betrachtern	Werner Stehr, Johannes Kirschenmann	[Kassel]	Die Herausgeber in Zusammenarbeit mit dem Hessischen Institut für Lehrerfortbildung und der Documenta GmbH	1987
Mednarodni grafični bienale 1987 : 17	[zanj, Zoran Kržišnik / tekst in redakcija Breda Škrjanec]	Ljubljana	Mednarodni grafični likovni center	1987
Painting as an Art	Richard Wollheim	Princeton, N.J.	Princeton University Press	1987
Paris in Japan : the Japanese encounter with European painting	Takashina Shūji, J. Thomas Rimer, with Gerald D. Bolas	Tokyo / St. Louis	Japan Foundation / Washington University	1987
Paul Klee : Leben und Werk			Museum of Modern Art, New York	[1987]
Phenomenological hermeneutics and the study of literature (University of Toronto romance series:56)	Mario J. Valdés	Toronto	University of Toronto Press	1987
Pour ne pas mourir	Arakawa, Madeline Gins / traduit de l' anglais par Francois Rosso	Paris	Éditions de la différence	1987
Que peindre? : Adami, Arakawa, Buren t. 1 (La Vue, le texte:3)	Jean-François Lyotard	Paris	Editions de la Différence	1987
Que peindre? : Adami, Arakawa, Buren t. 2 (La Vue, le texte:3)	Jean-François Lyotard	Paris	Editions de la Différence	1987
Revista de estética No.5/6			Escuela de Altos Estudios del Centro de Arte y Comunicación]	1987
Shūzō Kuki and Jean-Paul Sartre : influence and counter-influence in the early history of existential phenomenology : pbk (The Journal of the history of philosophy monograph series)	Stephen Light / foreword by Michel Rybalka	Carbondale	Southern Illinois University Press	1987
Theodor Herzl und das Wien des Fin de siècle (Schriftenreihe des Ludwig Boltzmann-Instituts für neuere österreichische Geistesgeschichte:Bd. 5)	herausgegeben von Norbert Leser	Wien	Böhlau	1987
Toeko Tatsuno : paintings 1984-87	organised by Clive Adams, Maria Eugenia Carlsson and Felicity Fenner	London	Fabian CarlssonGallery	1987
The truth in painting	Jacques Derrida / translated by Geoff Bennington and Ian McLeod	Chicago	University of Chicago Press	1987

Weimar-Chronik : Stadtgeschichte in Daten 2. Folge (Tradition und Gegenwart, Weimarer Schriften:Heft 24)	Gitta Günther	[Weimar]	Ständigen Kommissionen Kultur der Stadtverordnetenversammlung Weimar / Kreistages Weimar-Land / In Zusammenarbeit mit dem Stadtmuseum Weimar	1987
What is CICA? Who are its members? / editor, Jorge Glusberg / assistant editor, Muriel Emanuel	Comité international des critiques d'architecture	Buenos Aires, Argentina	Secrétariat, Center of Art and Communications	1987
The aesthetics of Thomas Aquinas pbk	Umberto Eco / translated by Hugh Bredin	London	Radius	1988
Ali J. al-Allaq : poems	selected and introduced by Hatim al-Saqr / translated by Mohammed Darweesh	Baghdad	Dar Al-Ma'mun	1988
The Binational : American art of the late 80s, German art of the late 80s	David A. Ross und Jürgen Harten	Köln / Boston	DuMont / Institute of Contemporary Art	1988
Binationale : deutsche Kunst der späten 80er Jahre, amerikanische Kunst der späten 80er Jahre	Jürgen Harten und David A. Ross / Rainer Crone ... [et al.]	Köln	DuMont	1988
Chillida at Gernika : birth of a monument, "Gure aitaren etxea", "Our father's house"		La Jolla, Calif.	Tasende Gallery	1988
Christian Rohlfs Blätter aus Ascona 6. Aufl (Serie Piper:Bd. 612)	Geleitwort von Helene Rohlfs / Einführung von Paul Vogt	München	Piper	1988
Emerik Bernard	published separately and inserted [spremni tekst, Igor Zabel, Sergej Kapus]	[Ljubljana]	Moderna galerija Ljubljana	1988
Fluxus : selections from the Gilbert and Lila Silverman collection	Clive Phillpot and Jon Hendricks	New York	Museum of Modern Art, New York	1988
Hiding in the light : on images and things : pbk. (A Comedia book)	Dick Hebdige	London	Routledge	1988
Iraqi short stories : an anthology	edited by Yassen Taha Hafidh and Lutfiyah Al-Dilaimi	Baghdad	Dar Al-Ma'mun for Translation and Publishing	1988
Jean Jacques Lebel : retour d'exil : peintures, dessins, collages 1954-1988		Paris	Galerie 1900-2000	1988
The legend of planet surprise and other stories	Tajima Shinji / translated from the Japanese by T. M. Hoffman	Tokyo	Baobab books	1988
Das literarische Werk Erich Mühsams : Kritik und utopische Antizipation (Epistemata : Würzburger wissenschaftliche Schriften:Reihe Literaturwissenschaft ; Bd. 40)	Diana Köhnen	Würzburg	Königshausen und Neumann	1988
Literature and spirit : essays on Bakhtin and his contemporaries	David Patterson	Lexington, Ky.	University Press of Kentucky	1988

書名	編著者, 監修者	出版地	出版社	刊行年
Louisiana : samling og bygninger : the collection and buildings 3rd rev. ed		Humlebæk, Denmark	Louisiana, Museum of Modern Art	1988
Marko Modic	[tekst, Jure Mikuž]／[prevod v angleščino, Lidija Bertoncelj]／[prevod v japonščino, Shigemori Chikako Bučar]	Ljublana	ZOTKS-Zveza organizacij za tehnično kulturo Slovenije	1988
Marx's lost aesthetic : Karl Marx and the visual arts : pbk	Margaret A. Rose	Cambridge [Cambridgeshire]	Cambridge University Press	1988
Object, image, inquiry : the art historian at work : report on a collaborative study by the Getty Art History Information Program (AHIP) and the Institute for Research in Information and Scholarship (IRIS), Brown University	Elizabeth Bakewell, William O. Beeman, Carol McMichael Reese ／ Marilyn Schmitt, general editor	Santa Monica, Calif.	AHIP	1988
Paul de Man : deconstruction and the critique of aesthetic ideology	Christopher Norris	New York	Routledge	1988
The Prague School and its legacy : in linguistics, literature, semiotics, folklore, and the arts (Linguistic & literary studies in Eastern Europe:v. 27)	edited by Yishai Tobin	Amsterdam	J. Benjamins	1988
Rabindranath Tagore's aesthetics	K. K. Sharma	New Delhi	Abhinav Publications	1988
Revista de estética No.7			Escuela de Altos Estudios del Centro de Arte y Comunicación]	1988
Rudolf Steiner in Weimar	Jutta Hecker	Dornach	Verlag am Goetheanum	1988
Die Souveränität der Kunst : ästhetische Erfahrung nach Adorno und Derrida (Athenäums Monografien. Philosophie:Bd. 255)	Christoph Menke-Eggers	Frankfurt am Main	Athenäum	1988
Stationen der Moderne : die bedeutenden Kunstausstellungen des 20. Jahrhunderts in Deutschland	[Katalogredaktion, Michael Bollé, Eva Züchner ／ Übersetzungen, Alexander Teichmann]	[Berlin]	Berlinische Galerie, Museum für Moderne Kunst, Photographie und Architektur	1988
Die Theorie des Schönen in Japan : Beiträge zur klassischen japanischen Ästhetik : pbk. (DuMont Taschenbücher:212)	Izutsu Toshihiko und Toyo ／ herausgegeben von Franziska Ehmcke ／[aus dem Englischen und den japanischen Originaltexten übersetzt von Franziska Ehmcke]	Köln	DuMont	1988
Welcome in Slovenia: Land and People	Mitja Meršol	[Ljubljana]	Motovun	1988
Zeitstau: im Kraftfeld des erweiterten Kunstbegriffs von Joseph Beuys : sieben Vorträge im Todesjahr von Joseph Beuys	Johannes Stüttgen, Joseph Beuys.	Stuttgart	Verlag Urachhaus Johannes M. Mayer GmbH	1988

Benjamin : philosophy, history, aesthetics	edited by Gary Smith	Chicago	University of Chicago Press	1989
Beuys zu Christus : eine Position im Gespräch	Friedhelm Mennekes	Stuttgart	Katholisches Bibelwerk	1989
Das Buch der lächerlichen Liebe (Fischer Taschenbücher:9264)	Milan Kundera / aus dem Tschechischen von Susanna Roth	Frankfurt am Main	Fischer	1989
The desperate politics of postmodernism : pbk	Henry S. Kariel	Amherst	University of Massachusetts Press	1989
Ha Schult : Fetisch Auto	[Thomas Höpker, Eva Windmöller, Klaus Honnef]	Düsseldorf	Claassen	1989
I Surrealisti	a cura di Arturo Schwarz	Milano	Mazzotta	1989
Joseph Beuys : auch wenn ich meinen Namen schreibe zeichne ich		Köln	Artemedia	1989
Joseph Beuys : drawings, objects, and prints	[texts, Götz Adriani, Thomas M. Messer / translation, Stewart Spencer, Michael O'Donnell]	[Stuttgart]	Institute for Foreign Cultural Relations	1989
Klaus Staeck : Sand fürs Getriebe	[Autoren, Heinrich Albertz ... et al.]	Göttingen	Steidl	1989
Long, long autumn nights : selected poems of Oguma Hideo, 1901-1940 (Michigan monograph series in Japanese studies:no. 3)	translated and with an introduction by David G. Goodman	Ann Arbor	Center for Japanese Studies, University of Michigan	1989
Marx and modern fiction	Edward J. Ahearn	New Haven	Yale University Press	1989
Modern Mongolian poetry, 1921-1986	edited and with an introduction by Dojoogyn Tsedev / selected and translated by D. Altangerel / English translation edited by L. Khuushaan, N. Enkhbayar, and John Gaunt	Ulaanbaatar	State Publishing House	1989
Neo-barocco e sublime : nei labirinti di Italo Mazza	Paola Serra Zanetti / traduzioni di Maura Pizzorno			1989
On the aesthetics of Roman Ingarden : interpretations and assessments (Nijhoff international philosophy series:v. 27)	edited by Bohdan Dziemidok and Peter McCormick	Dordrecht / Boston	Kluwer Academic	1989
Paolo Conti : alla Rocca di Caterina Sforza		[Forlì]	[Nuovo ruolo associazione culturale]	1989
Postmodernism and Japan : pbk (Post-contemporary interventions)	edited by Masao Miyoshi and H.D. Harootunian	Durham	Duke University Press	1989
Reminiscences of V.I. Lenin by His Foreign Contemporaries: Reader	M. A. Khekalo	Kiev	"Vyšča Škola" Publishers, Head Publishing House	1989
Sechzig : Zeichnungen einer Generation (Ausstellung der Graphischen Sammlung Albertina:338)		[Wien]	[Graphischen Sammlung Albertina]	1989
Über Zeit : Lichtjahr 19hundertdoppeltunendlich	Wolf Kahlen, Ruine der Künste	Berlin	Edition Ruine der Künste	1989

書名	編著者, 監修者	出版地	出版社	刊行年
Die Unsichtbare Skulptur : zum erweiterten Kunstbegriff von Joseph Beuys	herausgegeben von der FIU-Kassel	Stuttgart	Urachhaus	1989
Vision and Unity : Strzeminski, 1893-1952 En 9 Hedendaagse Poolse Kunstenaars			Muzeum Sztuki Łódź, Van Reekum Museum Apeldoorn	[1989]
L'art et la ville : urbanisme et art contemporain	textes de Daniel Abadie ... [et al.]	Genéve	Skira	1990
ARTnews Vol.89 No.3 : The new face of Japan / Van Gogh's anniversary / Moskowitz at MoMA			The Art Foundation	1990
Equilibrio político y desestabilización en la cuenca del Pacífico 2 (Cuadernos de política internacional:núm. 54)		México, D.F.	Instituto Matías Romero de Estudios Diplomáticos	1990
Faithful witnesses : Palestinian children recreate their world	Kamal Boullata	Kuwait / New York	Kuwait Society for the Advancement of Arab Children / Olive Branch Press	1990
Geneviève Cadieux : Canada, XLIV Biennale di Venezia, 27.05.1990-30.09.1990	commissaire, Chantal Pontbriand / organisée par Parachute / en collaboration avecMusée des beaux-arts de Montréal	Montréal	Éditions Parachute	1990
Henryk Stazewski : pionero polaco del arte concreto		[Las Palmas de Gran Canaria]	[Centro Atlántico de Arte Moderno]	1990
The ideology of the aesthetic : pbk	Terry Eagleton	Oxford / Cambridge, MA	Basil Blackwell	1990
Ein Jahrhundert wird abgewählt : aus den Zentren Mitteleuropas, 1980-1990	Timothy Garton Ash / aus dem Englischen von Yvonne Badal	München	Carl Hanser Verlag	1990
Komm mit nach Lüneburg! : eine Stadtgeschichte nicht nur für Kinder 5. Aufl	Hilke Lamschus	Lüneburg	Edition Alte Stadt	1990
Le legs Charles Delsemme (Regard sur:2) (Série "Musée":no 19)		[Louvain-la-Neuve]	Musée de Louvain-la-Neuve	1990
La lucha por la hegemonía en México, 1968-1990 8a. ed (Sociología y política)	Miguel Basáñez	México, D.F.	Siglo Veintiuno Editores	1990
Mario Reis : Arbeiten 1986-1989 : Städtisches Bodensee-Museum Friedrichshafen, 8. März 1990-15. April 1990		Friedrichshafen	Städtisches Bodensee-Museum	1990
Maya writing : hieroglyphs, Books of Chilam Balams, place names (Mayan World)	William Brito Sansores	Mérida	Producción Editorial Dante	1990
Past the last post : theorizing post-colonialism and post-modernism	edited by Ian Adam and Helen Tiffin	Calgary	University of Calgary Press	1990

Pawel Filonow und seine Schule	Städtische Kunsthalle Düsseldorf in Zusammenarbeit mit dem Staatlichen Russischen-Museum, Leningrad / Herausgeber, Jürgen Harten und Jewgenija Petrowa / [Übersetzer, Tatjana Pawlowna Kalugina ... et al.]	Köln	DuMont	1990
Pittura giapponese : dal XV al XIX secolo	[edizione italiana a cura di Gian Carlo Calza]	Todi	ET&B	1990
A Primal spirit : ten contemporary Japanese sculptors	Howard N. Fox / with a preface by Hara Toshio and contributions by Judith Connor Greer and Mitsuyama Kiyoko / organized by the Hara Museum of Contemporary Art, Tokyo, and the Los Angeles CountyMuseum of Art	Los Angeles, Calif.	Los Angeles County Museum of Art, distributed by Harry N. Abrams	1990
Reden im Herbst 1. Aufl (Aufbau Texte zur Zeit)	Christa Wolf	Berlin	Aufbau-Verlag	1990
Scenario for an artist's apocalypse	Wayne Andersen	Geneva	Fabriart	1990
Sebastian : escultor		[Mexico]	Sectur	1990
Unser Rathaus Neuaufl	[Text, Erik Verg] / [Übersetzung, Dennis Clarke, Odile Martin]	Hamburg	Christians	1990
Zeitgenössische sowjetische Avantgardisten : Irina Dubrowskaja ; Theodor Cheslav Tezhik ; Alexej Taranin ; Michail Serebrjakow ; Dimitrij Vrubel			Galerie am Festungsgraben Berlin	[1990]
Adorno's Aesthetic theory : the redemption of illusion : pbk (Studies in contemporary German social thought)	Lambert Zuidervaart	Cambridge, Mass.	MIT Press	1991
Aiko Miyawaki : escultura	[direcció Rosa Maria Malet] / [traduccions Jem Cabanes ... et al.] / [fotografies Anzai Shigeo ... et al.]	Barcelona	Fundació Joan Miró	1991
CAYC Group : twentieth anniversary 1971-1991: at the XXI Biennial of São Paulo			Centro de Arte y Comunicación, Escuela de Altos Estudios, Buenos Aires	[1991]
Contemporary aesthetics (Modern revivals in philosophy)	R.A. Sharpe	Aldershot	Gregg Revivals	1991
Cultural imperialism : a critical introduction : pbk (Parallax : revisions of culture and society) (Johns Hopkins paperbacks)	John Tomlinson	Baltimore, Md.	Johns Hopkins University Press	1991
The deconstruction of literature : criticism after Auschwitz : pa.	David H. Hirsch	[Providence, R.I.] / Hanover, N.H.	Brown University Press / University Press of New England	1991

書名	編著者, 監修者	出版地	出版社	刊行年
Dssier : Art et phénoménologie No.7			Bruxelles: La part de l'œil	1991
Exotic memories : literature, colonialism, and the fin de siècle : pbk	Chris Bongie	Stanford, Calif.	Stanford Unversity Press	1991
Flash art. International : largest european art magazine Vol.24 No.156			Giancarlo Politi	1991
Flash art. International : largest european art magazine Vol.24 No.157			Giancarlo Politi	1991
Flash art. International : largest european art magazine Vol.24 No.158			Giancarlo Politi	1991
Flash art. International : largest european art magazine Vol.24 No.159 Summer			Giancarlo Politi	1991
Flash art. International : largest european art magazine Vol.24 No.160			Giancarlo Politi	1991
Georg Lukács : life, thought, and politics	Arpad Kadarkay	Cambridge, Mass.	B. Blackwell	1991
Götter und Symbole der alten Ägypter : die mythische Welt des Pharaonenreichs (Bastei-Lübbe Taschenbuch:Bd. 64099. Geschichte)	Manfred Lurker	Bergisch Gladbach	Bastei Lübbe	1991
His other half : men looking at women through art	Wendy Lesser	Cambridge, Mass.	Harvard University Press	1991
Imaï : 今井俊満 : Ka-cho-fu-getsu : flores-pájaros-viento-luna		[Madrid]	Ayuntamiento de Madrid, Concejalía de Cultura / Centro Cultural de la Villa	1991
Jan Hoet : auf dem Weg zur Documenta IX	[Hrsg. Alexander Farenholtz, Markus Hartmann]	[Stuttgart]	Edition Cantz	1991
Japanese calligraphy : a bibliographic study	Cecil H. Uyehara	Lanham, Md.	University Press of America	1991
Joseph Beuys	Heiner Stachelhaus / translated by David Britt	New York	Abbeville Press	1991
Joseph Beuys : Barraque d' dull odde, 1961-1967 : Kaiser WilhelmMuseum Krefeld 1991 (Transit:Bd. 3)	Texte, Gerhard Storck	Bonn	Bild-Kunst	1991
Joseph Beuys : die Einheit des Werkes : Zeichnungen, Aktionen, plastische Arbeiten, soziale Skulptur	Theodora Vischer	Köln	Walther König	1991
Joseph Beuys : Eintritt in ein Lebewesen : Kassel documenta 6, 6. August 1977 Cassette 1		Wangen	FIU-Verlag	1991
Joseph Beuys : Eintritt in ein Lebewesen : Kassel documenta 6, 6. August 1977 Cassette 2		Wangen	FIU-Verlag	1991

Joseph Beuys : Natur Materie Form			Kunstsammlung Nordrhein-Westfalen, Düsseldorf	[1991]
Joseph Beuys : plastische Arbeiten 1947-1985 : Kaiser WilhelmMuseum Krefeld 1991 (Transit:Bd. 1)	Texte, Sabine Röder, Gerhard Storck	Bonn	Bild-Kunst	1991
Joseph Beuys : Zeichnungen 1947-1977 : Kaiser Wilhelm Museum Krefeld 1991 (Transit:Bd. 2)	Texte, Gerhard Storck	Bonn	Bild-Kunst	1991
Joseph Beuys-Tagung, Basel 1.-4. Mai 1991	Joseph Beuys-Tagung, Volker Harlan, Dieter Koepplin, Rudolf Velhagen	Basel	Wiese Verlag	1991
Die Kunst der Kunst : Metaästhetik	Mihai Nadin	Stuttgart	Belser	1991
Kunst und Wirklichkeit : von Fiedler bis Derrida : zehn Annäherungen	Udo Kultermann	München	Scaneg	1991
Language and death : the place of negativity : pbk (Theory and history of literature:v. 78)	Giorgio Agamben ／ translated by Karen E. Pinkus with Michael Hardt	Minneapolis	University of Minnesota Press	1991
Literatur und Literaturwissenschaft : Beiträge zu Grundfragen einer verunsicherten Disziplin (Explicatio)	Harald Fricke	Paderborn	F. Schöningh	1991
Literature and imperialism : pbk (Insights)	edited by Robert Giddings	London	Macmillan	1991
Looking awry : an introduction to Jacques Lacan through popular culture (October books)	Slavoj Žižek	Cambridge, Mass.	MIT Press	1991
Novels, novelists, and readers : toward a phenomenological sociology of literature : pbk (SUNY series in the sociology of culture)	Mary F. Rogers	Albany	State University of New York Press	1991
An overview of the Mayan world : with synthesis of the Olmec, Totonac Zapotec, Mixtec, Teotihuacan, Toltec and Aztec civilizations 8th ed. in English	Gualberto Zapata Alonzo	Mérida, Yucatán	[Gualberto Zapata Alonzo]	1991
The Problems of modernity : Adorno and Benjamin : pbk. (Warwick studies in philosophy and literature)	edited by Andrew Benjamin	London ／ New York	Routledge	1991
Shigeko Kubota video sculpture	edited by Mary Jane Jacob	Astoria, N.Y. ／ Bellevue	AmericanMuseum of the Moving Image ／ Distributed by the University of Washington Press	1991
Sinn und Paradox : die Ästhetik, keine Fachphilosophie (Studia philosophica et historica:Bd. 15)	Emilio Garroni	Frankfurt am Main ／ New York	P. Lang	1991
Die Souveränität der Kunst : ästhetische Erfahrung nach Adorno und Derrida 1. Aufl (Suhrkamp Taschenbuch Wissenschaft:958)	Christoph Menke	Frankfurt am Main	Suhrkamp	1991

書名	編著者, 監修者	出版地	出版社	刊行年
Standing in the tempest : painters of the Hungarian avant-garde, 1908-1930			Santa Barbara Museum of Art, Santa Barbara, California	[1991]
Through their own eyes : the personal portfolios of Edward Weston and Ansel Adams	introduction by Richard Andrews / essays by Estelle Jussim, Diana Emery Hulick	Seattle	Henry ArtGallery, University of Washington	1991
Tibet: The truth about independence	W. Prters, D. Ennals, Hugh Richardson, Algernon Rumbold		UK ALL-Party Parliamentary Group for Tibet	1991
Tomie Ohtake	[tradução, Elizabeth Chin]	[São Paulo]	[Gabinete de Arte Raquel Arnaud] / [Thomas Cohn Arte Contemporanea]	1991
Wozu Literaturwissenschaft? : Kritik und Perspektiven : Francke (Uni-Taschenbücher:1640)	Frank Griesheimer, Alois Prinz (Hrsg.)	Tübingen	Francke	1991
Writing and democracy : literature, politics and culture in transition : pbk	Wim Neetens	New York / London	Harvester Wheatsheaf	1991
Aber ein Sturm weht vom Paradiese her : Texte zu Walter Benjamin 1. Aufl (Universal-Bibliothek:Bd. 1425)	[herausgegeben von Michael Opitz und Erdmut Wizisla]	Leipzig	Reclam	1992
Before the mountains disappear : an ethnographic chronicle of the modern Palestinians	Ali H. Qleibo	[Cairo]	Kloreus Book	1992
Dani Karavan : English edition	Pierre Restany	Munich	Prestel Verlag	1992
Documenta IX : Kassel Bd. 1	[Redaktion und Lektorat, Roland Nachtigäller, Nicola von Velsen]	Stuttgart / New York	Edition Cantz / H. N. Abrams	1992
Documenta IX : Kassel Bd. 2	[Redaktion und Lektorat, Roland Nachtigäller, Nicola von Velsen]	Stuttgart / New York	Edition Cantz / H. N. Abrams	1992
Documenta IX : Kassel Bd. 3	[Redaktion und Lektorat, Roland Nachtigäller, Nicola von Velsen]	Stuttgart / New York	Edition Cantz / H. N. Abrams	1992
Einführung in die Phänomenologie Edmund Husserls : Osloer Vorlesungen 1967 (Gesammelte Werke:Bd. 4)	Roman Ingarden / herausgegeben von Gregor Haefliger	Tübingen	M. Niemeyer	1992
Eloquent line : contemporary Japanese calligraphy		Washington, D.C.	International Sculpture Center	1992
Etude de l'interaction entre le public et les oeuvres dans les musées belges et japonais	Kawashima Atsuko	[Louvain]	Universite Catholique de Louvain, Faculté de Philosophie et Lettres Département d'Archéologie et d'Histoire de l'Art	1992
Fascism, aesthetics, and culture : pbk	edited by Richard J. Golsan	Hanover, NH	University Press of New England	1992

Fluxus virus, 1962-1992			"Temporäres Museum" - Kaufhof-Parlhaus Kölnischer nstverein Moltkerei, Köln	[1992]
Fumiko Hori : opere di pittura 1950-1990			Sotto l'arco di Piero	1992
Grounds of dispute : art history, cultural politics, and the discursive field : pbk	John Tagg	Minneapolis	University of Minnesota Press	1992
Harland Miller		[Paris]	[Galerie Louis XIV]	1992
Hiroshi Teshigahara		Tokyo	Sogetsu Kai Foundation	1992
Interpretation and overinterpretation : hbk	Umberto Eco with Richard Rorty, Jonathan Culler, Christine Brooke-Rose / edited by Stefan Collini	Cambridge / New York	Cambridge University Press	1992
Joseph Beuys, Manresa : eine Fluxus-Demonstration als geistliche Übung zu Ignatius von Loyola 1. Aufl	Friedhelm Mennekes / mit Aktionsfotos von Walter Vogel	Frankfurt am Main	Insel	1992
Philosophical aesthetics : an introduction : pbk	edited by Oswald Hanfling	Oxford	B. Blackwell in association with the Open University	1992
Pragmatist aesthetics : living beauty, rethinking art	Richard Shusterman	Oxford / Cambridge, Mass.	B. Blackwell	1992
Radical parody : American culture and critical agency after Foucault : pbk (The Social foundations of aesthetic forms series)	Daniel T. O'Hara	New York	Columbia University Press	1992
Takahiko Iimura : Film und Video	[Herausgeber, Berliner Künstlerprogramm des DAAD / Redaktion, Michael Glasmeier / Übersetzung, Jutta Sartory...et al.]	Berlin	Künstlerprogramm des DAAD	1992
Tomio Miki, Shintaro Tanaka, Shinro Ohtake		Paris	Louis Carré & Cie	1992
The total art of Stalinism : avant-garde, aesthetic dictatorship, and beyond	Boris Groys / translated by Charles Rougle	Princeton, N.J.	Princeton University Press	1992
Wittgensteins Ästhetik : eine Studie	Rudolf F. Kaspar	Wien / Zürich	Europaverlag	1992
Working with nature : traditional thought in contemporary art from Korea	Chung, Chang-Sup ... [et al.]	Liverpool	Tate Gallery Liverpool	1992
Wu Guanzhong : a twentieth-century Chinese painter	Anne Farrer / with contributions by Michael Sullivan and Mayching Kao	London / Hong Kong	Published for the Trustees of the British Museum by British Museum Press / Mei Yin	1992
Aesthetics in feminist perspective : paper	edited by Hilde Hein and Carolyn Korsmeyer	Bloomington	Indiana University Press	1993

書名	編著者, 監修者	出版地	出版社	刊行年
The Aesthetics of Power: Essays in Critical Art History	Carol Duncan	Cambridge	Cambridge University Press	1993
The aesthetics of power : essays in critical art history : hbk	Carol Duncan	Cambridge / New York	Cambridge University Press	1993
An aesthetics of the popular arts : an approach to the popular arts from the aesthetic point of view (Acta Universitatis Upsaliensis. Aesthetica Upsaliensia:5)	Sung-Bong Park	Uppsala / Stockholm	Ubsaliensis Academiae / Distributor, Almqvist & Wiksell International	1993
Allegories of empire : the figure of woman in the colonial text : pbk	Jenny Sharpe	Minneapolis	University of Minnesota Press	1993
Alois Riegl : art history and theory	Margaret Iversen	Cambridge, Mass.	MIT Press	1993
Boundary 2 Vol. 20, no. 3 The postmodernism debate in Latin America				1993
A course on aesthetics : hard : alk. paper	Renato Barilli / translated by Karen E. Pinkus	Minneapolis	University of Minnesota Press	1993
The crisis of contemporary culture : an inaugural lecture delivered before the University of Oxford on 27 November 1992	Terry Eagleton	Oxford / New York	Clarendon Press / Oxford University Press	1993
Culture and imperialism	Edward W. Said	New York	Knopf / Distributed by Random House	1993
Etudes de réception (Actes du symposium de l'Association internationale de littérature comparée XIème congrès international (Paris, août 1985):v. 8. Proceedings of the International Comparative Literature Association, XIth international congress (Paris, August 1985))	responsable de la publication, Rien T. Segers	Bern / New York	P. Lang	1993
Fascist modernism : aesthetics, politics, and the avan-garde : hard	Andrew Hewitt	Stanford, Calif.	Stanford University Press	1993
The fate of art : aesthetic alienation from Kant to Derrida and Adorno : pbk	J.M. Bernstein	Cambridge [Cambridgeshire]	Polity	1993
The field of cultural production : essays on art and literature	Pierre Bourdieu / edited and introduced by Randal Johnson	Cambridge	Polity Press	1993
Han, Young-sup				1993
Imaï : hommages à Venise	a cura di Pierre Restany / testi di Achille Bonito Oliva ... [et al.]	Milano	Mudima	1993
Incantamento incartamento : mostra itinerante 2a	testo di Rossana Bossaglia Exhibitor: Roberta Acerboni, Salvatore Bonnici, Silvano D' Ambrosio ... [et al.]	Milano	N.O.A. Nuova Organizzazione Arte, Associazione Culturale, Servizi per l'Arte	1993

An introductory guide to post-structuralism and postmodernism 2nd ed	Madan Sarup	New York	Harvester Wheatsheaf	1993
Masayuki Oda	[Hrg., Galerie Hubertus Wunschik]	[Köln]	[Claus Richter]	1993
The Merleau-Ponty aesthetics reader : philosophy and painting : pbk (Northwestern University studies in phenomenology and existential philosophy)	edited with an introduction by Galen A. Johnson / Michael B. Smith, translation editor	Evanston, Ill.	Northwestern University Press	1993
Modernity and the hegemony of vision : pbk	edited by David Michael Levin	Berkeley	University of California Press	1993
Nezih olum gardiyanlari : Bosna-Hersek	Hale Tenger	[İstanbul]	[Kadın Eserleri Kütüphanesi ve Bilgi Merkezi Vakfı]	1993
Oz arts Issue 8			Carolynne Skinner	1993
Paying the piper : causes and consequences of art patronage paper : acid-free paper	edited by Judith Huggins Balfe	Urbana, Ill.	University of Illinois Press	1993
The problem of a Chinese aesthetic : pbk (Meridian : crossing aesthetics)	Haun Saussy	Stanford, Calif.	Stanford University Press	1993
Profane illumination : Walter Benjamin and the Paris of surrealist revolution (Weimar and now : German cultural criticism:5)	Margaret Cohen	Berkeley	University of California Press	1993
Russische Avantgarde und Volkskunst			Staatliche Kunsthalle Baden-Baden	[1993]
Shu Takahashi, 30 anni a Roma	a cura di Anna Imponente	Roma	Fratelli Palombi Editori	1993
Structure of time		[Seoul]	[Kukje Gallery]	1993
Toward a philosophy of the act 1st ed : pbk (University of Texas Press Slavic series:no. 10)	M.M. Bakhtin / translation and notes by Vadim Liapunov / edited by Vadim Liapunov & Michael Holquist	Austin, Tex.	University of Texas Press	1993
Unsere postmoderne Moderne	Wolfgang Welsch	Berlin	Akademie Verlag	1993
Vladimir Tatlin : Retrospektive	Herausgeber, Anatolij Strigalev und Jürgen Harten	Köln	DuMont Buchverlag	1993
The administration of aesthetics : censorship, political criticism, and the public sphere (Cultural politics:v. 7)	edited by Richard Burt (for the Social Text Collective)	Minneapolis	University of Minnesota Press	1994
Aesthetics and ideology : pbk	edited by George Levine	New Brunswick, N.J.	Rutgers University Press	1994
Al sur del sueño : Argentina, Chile		Buenos Aires	Museo Nacional de Bellas Artes	1994
The Arts in the 1970's : cultural closure?	edited by Bart Moore-Gilbert	London / New York	Routledge	1994
The author, art, and the market : rereading the history of aesthetics : alk. paper (The Social foundations of aesthetic forms series)	Martha Woodmansee	New York	Columbia University Press	1994

書名	編著者，監修者	出版地	出版社	刊行年
Colonial Discourse and Post-Colonial Theory : A Reader	Laura Chrisman, Patrick Williams	New York	Harvester Wheat-sheaf	1994
Constituting critique : Kant's writing as critical praxis : paper (Post-contemporary interventions)	Willi Goetschel / translated by Eric Schwab	Durham	Duke University Press	1994
Deconstruction and the Visual Arts: Art, Media, Architecture	Peter Brunette, David Wills	Cambridge	Cambridge University Press	1994
Fifty key contemporary thinkers : from structuralism to postmodernity : pbk	John Lechte	London / New York	Routledge	1994
Goście honorowi (Międzynarodowe Triennale Grafiki, Kraków: '94)	Exhibitor: Pierre Alechinsky, Getulio Alviani, Richard Anuszkiewicz ... [et al.] [redakcja katalogu, Anita Włodarczyk, Maurycy Kulak]	[Kraków]	[Pałac Sztuki]	1994
Ideology and cultural identity : modernity and the Third World presence : pbk	Jorge Larrain	Cambridge / Cambridge, MA	Polity Press	1994
The institution of theory : pbk	Murray Krieger	Baltimore	John Hopkins Univesity Press	1994
Institutions of art : reconsiderations of George Dickie's philosophy : pbk	edited by Robert J. Yanal	University Park, Pa.	Pennsylvania State University Press	1994
Intergrafia '94 world award winners Gallery : Światowa wystawa laureatów	[komisarz generalny, Witold Skulicz / komisarz wystawy, Ferdynand Szypuła / redakcja katalogu, Teresa Czerniejewska-Herzig, Ewa Sroka, Janina Górka-Czarnecka]	Katowice	Galeria Sztuki Współczesnej BWA	1994
Introduction à l'analyse de l'image (Nathan université. Collection 128. Image:44)	Martine Joly / ouvrage publié sous la direction de Francis Vanoye	[Paris]	Nathan	1994
Italiana : from Arte Povera to Transavanguardia	curated by Gino Di Maggio, Tommaso Trini	[Milano]	Mudima	1994
Junge deutsche Kunst der 90er Jahre aus NRW : die Generation nach Becher, Beuys, Polke, Richter, Ruthenbeck (徳国90年代新芸術)	Herausgeber, Gerhard Engelking, Jost Reinert	Ostfildern	Cantz	1994
Marcuse : From the New Left to the Next Left	John Bokina, Timothy J. Lukes	Lawrence, Kansas	University Press of Kansas	1994
The metaphysics of virtual reality : pbk	Michael Heim	New York	Oxford University Press	1994
Międzynarodowe Triennale Grafiki, Kraków '94		[Kraków]	[Galeria Sztuki Współczesnej Bunkier Sztuki]	1994
On and about the postmodern crisis : writing / rewriting : pbk (Working papers:no. 6)	R.S. Khare	Lanham, Md. / [Charlottesville, Va.]	University Press of America / Committee on Comparative Study of Individual and Society	1994

The path of beauty : a study of Chinese aesthetics : pbk (Oxford in Asia paperbacks)	Li Zehou / translated by Gong Lizeng	Hong Kong / New York	Oxford University Press	1994
Postmodernism and popular culture : pbk	Angela McRobbie	London [England] / New York, N.Y.	Routledge	1994
Razstava Toshihiro Hamano v svetu : duša Japonske-oblike 21. stoletja	[uredil, Skupina sodobne umetnosti Ryu]	[Ljubljana]	Mednarodni Grafični Likovni Center	1994
Revista 3 : revista de teoría, historia y crítica de la arquitectura Año 1, 2 : BA'93 : Bienal Internacional			SynTaxis s.r.l.	1994
Roman Jakobson : life, language, art : pbk (Critics of the twentieth century)	Richard Bradford	London	Routledge	1994
The symbolism and self-imaging of Marcel Duchamp	Lee, Charng-Jiunn Tosi	Ann Arbor, Mich.	UMI Dessertation Services	1994
T-race's : Nadim Karam & Atelier Hap-Situs : BSC-4971		[Beirut]	Musee Nicolas Sursock	1994
Theory as resistance : politics and culture after (post) structuralism : pbk (Critical perspectives)	Mas'ud Zavarzadeh, Donald Morton	New York	Guilford Press	1994
Tradition und Utopie : Ernst Blochs Philosophie im Licht unserer geschichtlichen Denkerfahrung 1. Aufl (Suhrkamp Taschenbuch Wissenschaft:1063)	Manfred Riedel	Frankfurt am Main	Suhrkamp	1994
Acephale: religion, sociologie, philosophie, no. 1 á 5, juin 1936 á juin 1939			Éditions Jean-Michel Place	1995
Ancient Chinese bronzes in the Shanghai Museum	Chen Peifen / [translated from Chinese by Gillian Simpson]	[London]	Scala Books	1995
Antoni Tàpies		Macao	Centro de actividades turísticas	1995
ART and AsiaPacific Vol. 2, No. 1			Fine Arts Press	1995
Art as language : Wittgenstein, meaning, and aesthetic theory : alk. paper	G.L. Hagberg	Ithaca	Cornell University Press	1995
Artistas japoneses e nipo-brasileiros contemporâneos	Museu de Arte Contemporânea da Universidade de São Paulo	[São Paulo]	Comissão Comemorativa do Centenário de Amizade Brasil-Japão, Comitê da Comunidade Nipo-Brasileira de São Paulo / Comissão do Centenário do Tratado de Amizade de Comércio e Navegação Brasil-Japão da Universidade de São Paulo / Aliança Cultural Brasil-Japão	1995
Authors' Rights: Handbook of the European Writers' Congress EWC	Hans Peter Bleuel, Lore Schultz-Wild	Munich	EWC	1995

書名	編著者, 監修者	出版地	出版社	刊行年
The ballistic bard : postcolonial fictions : pbk	Judie Newman	London / New York	Arnold	1995
Bambù	Teshigahara Hiroshi / testo di Vittorio Fagone	Milano	Mazzotta	1995
Belkis Ayon : unterstütze mich, halte mich hoch, im Schmerz		[Breinig]	[Pfarrkirche St. Barbara]	1995
La Biennale di Venezia : 46. esposizione internazionale d'arte : pbk	edited by Manlio Brusatin and Jean Clair	[Venezia] / Venice	La Biennale di Venezia / Marsilio	1995
Cinderellas : the selected poetry of Sekine Hiroshi		Stanwood, Wash.	Yakusha	1995
A companion to aesthetics : pbk (Blackwell companions to philosophy:3)	edited by David E. Cooper / advisory editors Joseph Margolis and Crispin Sartwell	Oxford	Blackwell	1995
The critical double : figurative meaning in aesthetic discourse : alk. paper	Paul Gordon / with a foreword by J. Hillis Miller	Tuscaloosa, Ala.	University of Alabama Press	1995
Dick Higgins	edited and exhibition curated by Ina Blom	[Høvikodden]	Henie-Onstad kunstsenter	1995
Exotic parodies : subjectivity in Adorno, Said, and Spivak pbk.	Asha Varadharajan	Minneapolis	University of Minnesota Press	1995
Free exchange : hbk	Pierre Bourdieu and Hans Haacke	Cambridge	Polity Press	1995
From art to politics : how artistic creations shape political conceptions : pbk	Murray Edelman	Chicago	University of Chicago Press	1995
Identity and alterity : figures of the body 1895/1995 : la Biennale di Venezia, 46. esposizione internazionale d'arte		Venice	Marsilio	1995
The Jamesonian unconscious : the aesthetics of Marxist theory pbk. : acid-free paper (Post-contemporary interventions)	Clint Burnham	Durham	Duke University Press	1995
Kyu Sun Lee		Milano	Fondazione Mudima	1995
Licence d'artistes présente Arthur agrandi : une exposition réalisée par Philippe Arthur Barre & Loïc Gaudet		[Paris]	Licence d'artistes	1995
Lydia Okumura : pinturas recentes			Pinacoteca do Estado, São Paulo	[1995]
Mario Reis : Naturaquarelle Nordamerika Projekt 1991-1994	[essays, Hiltrud Schinzel, Victoria Baster]	Bonn	Gelsenkirchen-Stiftung im Weidle Verlag	1995
The mass ornament : Weimar essays : pbk	Siegfried Kracauer / translated, edited, and with an introduction by Thomas Y. Levin	Cambridge, Mass.	Harvard University Press	1995
Mednarodni grafični bienale 1995 : 21	[zanj, Zoran Kržišnik / tekst in redakcija Breda Škrjanec]	Ljubljana, Slovenija	Mednarodni grafični likovni center	1995

Not Saussure : a critique of post-Saussurean literary theory 2nd ed : pbk (Language, discourse, society)	Raymond Tallis	Basingstoke	Macmillan	1995
On the museum's ruins 1st MIT Press pbk. ed : pbk	Douglas Crimp / with photographs by Louise Lawler	Cambridge, Mass.	MIT Press	1995
Portfolio : 55 protagonistov konstruirane umetnosti	Exhibitor: Josef Albers, Yaacov Agam, Getulio Alviani ... [et al.]	Ljubljana	Mednarodni grafični likovni center	1995
The postmodern arts : an introductory reader (Critical readers in theory and practice)	edited by Nigel Wheale	London / New York	Routledge	1995
Readers and reading : csd (Longman critical readers)	edited and introduced by Andrew Bennett	London	Longman	1995
Silent message		[Denmark]	Transit Forlag	1995
Strategies for survival -- now! : a global perspective on ethnicity, body and breakdown of artistic systems	edited by Christian Chambert	Lund, Sweden	Swedish Art Critics Association Press	1995
Surrealism in Exile and the Beginning of the New York School	Martica Sawin	Cambridge, Massachusetts	The MIT Press	1995
Tetsuo Nozaka		Perugia	Spazio Arte	1995
Who's writing this? : notations on the authorial I with self portraits	edited by Daniel Halpern	Hopewell, N.J.	Ecco Press	1995
Windows	Coste	[Singapore]	[OperaGallery Paris]	1995
Aesthetic politics : political philosophy beyond fact and value : pbk. : alk. paper (Mestizo spaces. Espaces métissés)	F.R. Ankersmit	Stanford, Calif.	Stanford University Press	1996
Aiko Miyawaki		Paris	Galerie Enrico Navarra	1996
América Latina '96	Curator of the exhibition: Jorge Glusberg	Buenos Aires	Museo Nacional de Bellas Artes	1996
Arbeitsbuch : Literaturwissenschaft : UTB (Uni-Taschenbücher)	herausgegeben von Thomas Eicher und Volker Wiemann	Paderborn	Schöningh	1996
Art into ideas : essays on conceptual art (Contemporary artists and their critics)	Robert C. Morgan	Cambridge / New York	Cambridge University Press	1996
Art on the edge and over : searching for art's meaning in contemporary society 1970s-1990s softcover	Linda Weintraub, Arthur Danto, Thomas McEvilley	Litchfield / New York	Art Insights / Distributed by Art Publishers	1996
Avant-gardes and partisans reviewed : pbk	Fred Orton & Griselda Pollock	Manchester	Manchester University Press	1996
Body-and image-space : re-reading Walter Benjamin : pbk (Warwick studies in European philosophy)	Sigrid Weigel / translated by Georgina Paul with Rachel McNicholl and Jeremy Gaines	London / New York	Routledge	1996
City of ambition : artists & New York, 1900-1960 : paper (WMAA)	Elisabeth Sussman / with John G. Hanhardt and assisted by Corey Keller / with an essay by Brendan Gill	New York	Whitney Museum of American Art in association with Flammarion	1996

書名	編著者, 監修者	出版地	出版社	刊行年
Clement Greenberg between the lines : including a previously unpublished debate with Clement Greenberg	Thierry de Duve ／ translated by Brian Holmes	Paris	Dis Voir	1996
Colore incanto : Domenica Regazzoni interpreta Mogol	[catalogo a cura di Paola Gribaudo]	[Milano]	[Galleria Eos]	1996
De la Escuela de Barbizon a Van Gogh	Jorge Glusberg	Buenos Aires	Museo Nacional de Bellas Artes	1996
The disenchantment of art : the philosophy of Walter Benjamin : pbk	Rainer Rochlitz ／ translated by Jane Marie Todd	New York	Guilford Press	1996
Eduardo Navarro : Engel aus Feuer		[Bonn] ／ [Frankfurt]	[Ibero club] ／ [Deutsch-Iberoamerikanische Gesellschaft]	1996
Flash art. International : largest european art magazine Vol.29 No.187			Giancarlo Politi	1996
Flash art. International : largest european art magazine Vol.29 No.191			Giancarlo Politi	1996
Francis Bacon (Collection classiques du XXe siècle)	[Jean-Jacques Aillagon, avant-propos]	Paris	Centre Georges Pompidou	1996
Gendering Orientalism : race, femininity and representation : pbk. (Gender, racism, ethnicity series)	Reina Lewis	London ／ New York	Routledge	1996
Guía rápida del Museo Nacional de Bellas Artes	Jorge Glusberg, editor del libro, autor de los dos artículos de fondo y de los textos sobre los artistas latinoamericanos y argentinos ／ y un equipo de investigación, integrado por Florencia Battiti ... [et al.]	[Buenos Aires]	El Museo	1996
The illusions of postmodernism : pbk	Terry Eagleton	Malden, Mass.	Blackwell Publishers	1996
Lessons of Japan: assayings of some intercultural stances	Darko Suvin	Montréal	Ciadest	1996
Li-lan : correspondences: recent paintings			[Art Projects International, New York]	[1996]
Maps of Englishness : writing identity in the culture of colonialism : pbk	Simon Gikandi	New York	Columbia University Press	1996
Marxism beyond Marxism : pbk	edited by Saree Makdisi, Cesare Casarino and Rebecca E. Karl for the Polygraph collective	New York	Routledge	1996
Marxist literary theory : a reader	edited by Terry Eagleton and Drew Milne	Oxford ／ Cambridge, Mass.	Blackwell	1996
Modern art in the common culture : pbk	Thomas Crow	New Haven, Conn.	Yale University Press	1996

Myth and metropolis : Walter Benjamin and the city	Graeme Gilloch	Cambridge	Polity Press, in association with Blackwell Publishers	1996
Nakagawa Naoto		Boston	NielsenGallery	1996
The post-colonial question : common skies, divided horizons : pbk	edited by Iain Chambers and Lidia Curti	New York	Routledge	1996
20 photographs	David Hockney	Los Angeles, Calf.	David Hockney Studio	1996
Video '92 & beyond : a symposium on the occasion of the exhibition Shigeko Kubota video sculpture at the American Museum of the Moving Image	[presented by Nam June Paik, the American Museum of the Moving Image and Electronic Arts Intermix]	New York	American Museum of the Moving Image	1996
Walter Benjamin : a biography	Momme Brodersen / translated by Malcolm R. Green and Ingrida Ligers / edited by Martina Derviş	London	Verso	1996
Walter Benjamin : pbk	Norbert Bolz and Willem van Reijen / translated by Laimdota Mazzarins	Atlantic Highlands, N.J.	Humanities Press	1996
Walter Benjamin and the demands of history : pbk	edited by Michael P. Steinberg	Ithaca, N.Y. / London	Cornell University Press	1996
Words, script, and pictures : semiotics of visual language	Meyer Schapiro	New York	G. Braziller	1996
L'ABCdaire du Soudan : royaumes sur le Nil : Flammarion	Catherine Berger, Bérénice Geoffroy-Schneiter, Jean Leclant	Paris	Flammarion / Institut du monde arabe	1997
After the end of art : contemporary art and the pale of history : pbk (Princeton paperbacks) (Bollingen series:XXXV, 44. The A.W. Mellon lectures in the fine arts:1995)	Arthur C. Danto	Princeton, N.J.	Princeton University Press	1997
Alexandria 1860-1960 : the brief life of a cosmopolitan community	edited by Robert Ilbert & Ilios Yannakakis with Jacques Hassoun / translated by Colin Clement	Alexandria	Harpocrates	1997
Ana Eckell, Daniel García y Gustavo López Armentía en la XLVII Bienal Internacional de Venecia	con textos de los escritores, Jorge Luis Borges, Olga Orozco, Ernesto Sábato / curador, Jorge Glusberg	Buenos Aires	Ministerio de Relaciones Exteriores, Comercio Internacional y Culto	1997
Art : das 6/97 [Supplement] Kunstmagazin Spezial : documenta 10			Gruner+Jahr	1997
Art : das Kunstmagazin Nr.6 Documenta 10 : Weltausstellung der aktuellen Kunst in Kassel			Gruner+Jahr	1997
Art and its messages : meaning, morality, and society pbk. : alk. paper	edited by Stephen Davies	University Park, Pa.	Pennsylvania State University Press	1997

書名	編著者, 監修者	出版地	出版社	刊行年
Beuysnobiscum (Fundus-Bücher:147)	mit einem Kommentar zur Neuausgabe herausgegeben von Harald Szeemann	Amsterdam	Verlag der Kunst	1997
Bilder des Holocaust : Literatur, Film, bildende Kunst (Literatur, Kultur, Geschlecht : Studien zur Literatur- und Kulturgeschichte:kleine Reihe ; Bd 10)	herausgegeben von Manuel Köppen und Klaus R. Scherpe	Köln	Böhlau	1997
Caught by history : holocaust effects in contemporary art, literature, and theory : pbk	Ernst van Alphen	Stanford, Calif.	Stanford University Press	1997
Les Chinois : visages d'une société en mutation (Autrement. Monde / Photographie:h.s. no. 101)	photographies de Ling Fei / textes de Laurence Benaïm	Paris	Éditions Autrement	1997
The delicate thread : Teshigahara's life in art 1st ed	Dore Ashton	Tokyo / New York	Kodansha International	1997
Exiles and Emigrés: The Flight of European Artists from Hitler	Stephanie Barron with Sabine Eckmann ; contributions by Matthew Affron ... [et al.]	Los Angeles / New York	Los Angeles County Museum of Art / Harry N. Abrams, Inc.	[1997]
Fotografías de Raquel Bigio en el Museo Nacional de Bellas Artes	con ensayos críticos de Jorge Glusberg y Jorge López Anaya	Buenos Aires	Museo Nacional de Bellas Artes	1997
Hiroshi Teshigahara	Vittorio Fagone	Milano	Mazzotta	1997
Hossein Golba : il giorno d'oro (Arte moderna straniera. nuova serie:n. 4)	Bruno Corà	Milano	All'insegna del pesce d'oro di Vanni Scheiwiller	1997
Katsuhisa Ishibashi		Düsseldorf	Kulturamt der Landeshauptstadt Düsseldorf	1997
Koichi Urano : recent work			Walter Wickiser Gallery, New York	[1997]
Kolor w grafice - Toruń '97 : 2 Międzynarodowe Triennale Grafiki		Toruń	Państwowa Galeria Sztuki i Ośrodek Edukacji Plastycznej	1997
Kunst im abseits? : zwei Gespräche mit Catherine David und Peter Kogler, Elke Krystufek, Peter Pakesch, Gerwald Rockenschaub, Franz West, Moderation: Robert Fleck, MAK, Vienna, 23. 11. 1995., Jean-François Chevrier, Mike Davis, Mike Kelly, Peter Noever, Jeff Wall, MAK Center for Art and Architecture, L.A., 18. 9. 1996 : pbk (Reihe Cantz)	herausgegeben von Peter Noever für MAK, Vienna, MAK Center for Art and Architecture, L.A.	Ostfildern-Ruit	Cantz	1997
Lukács after Communism : interviews with contemporary intellectuals : pbk (Post-contemporary interventions)	Eva L. Corredor	Durham, N.C.	Duke University Press	1997
Nora Aslan		Buenos Aires	Museo Nacional de Bellas Artes	1997

Painting the soul : icons, death masks, and shrouds : pbk (Essays in art and culture)	Robin Cormack	London	Reaktion	1997
Philosophy of the arts : an introduction to aesthetics : pbk	Gordon Graham	London / New York	Routledge	1997
Political correctness : a response from the cultural Left : pbk	Richard Feldstein	Minneapolis	University of Minnesota Press	1997
Postmodern literary theory : an introduction : pbk	Niall Lucy	Oxford, UK / Malden, Mass.	Blackwell	1997
Premios Novartis		Buenos Aires	Museo Nacional de Bellas Artes	1997
Quelles mémoires pour l'art contemporain? : actes du XXXe Congrès de l'Association internationale des critiques d'art		Rennes	Presses universitaires de Rennes	1997
Reading Eco : an anthology : pbk (Advances in semiotics)	edited by Rocco Capozzi	Bloomington	Indiana University Press	1997
Relocation	Kawamata Tadashi	[London]	[Annely Juda Fine Art]	1997
Shoei Yoh : in response to natural phenomena	text by Anthony Iannacci / introductions by Kurokawa Kisho, Greg Lynn, Yoh Shoei	Milano	L'arca	1997
Skulptur : Projekte in Münster 1997 : Deutsche	herausgegeben von Klaus Bußmann, Kasper König, Florian Matzner Exhibitor: Kim Adams, Carl Andre, Michael Asher ... [et al.]	Ostfildern-Ruit	Verlag Gerd Hatje	1997
Surrealist art and writing, 1919-1939 : the gold of time : pbk (Contemporary artists and their critics)	Jack J. Spector	Cambridge / New York	Cambridge University Press	1997
Visions of the East : orientalism in film : pbk	edited by Matthew Bernstein and Gaylyn Studlar	New Brunswick, N.J.	Rutgers University Press	1997
Die Wiener Gruppe	Herausgeber, Peter Weibel Exhibitor: Friedrich Achleitner, H. C. Artmann, Konrad Bayer, Gerhard Rühm, Oswald Wiener	Wien	Springer	1997
Yoko Makoshi, Paintings			Hvgo De Pagano Gallery	[1997]
Aesthetics : pbk (Explorations in philosophy)	James W. Manns	Armonk, N.Y.	M.E. Sharpe	1998
Art as language : Wittgenstein, meaning, and aesthetic theory : pbk (Cornell paperbacks)	G.L. Hagberg	Ithaca	Cornell University Press	1998
The art of art history : a critical anthology : pbk (Oxford history of art)	edited by Donald Preziosi	Oxford / New York	Oxford University Press	1998

書名	編著者, 監修者	出版地	出版社	刊行年
Colección Alfa Romeo de dibujos de arquitectos	Jorge Glusberg	Buenos Aires	Museo Nacional de Bellas Artes	1998
Colonialism-postcolonialism : pbk (The new critical idiom)	Ania Loomba	London ／ New York	Routledge	1998
Hardi : membangun jembatan hati	Mikke Susanto	Jakarta	Studio Hardi	1998
Ideology and inscription : "cultural studies" after Benjamin, de Man, and Bakhtin (Literature, culture, theory:27)	Tom Cohen	Cambridge ／ New York	Cambridge University Press	1998
Is science multicultural? : postcolonialisms, feminisms, and epistemologies : cloth (Race, gender, and science)	Sandra Harding	Bloomington, Ind.	Indiana University Press	1998
Kant after Duchamp 1st MIT Press pbk. ed : pbk (October books)	Thierry de Duve	Cambridge, Mass.	MIT Press	1998
Key concepts in post-colonial studies : pbk (Key concepts series)	Bill Ashcroft, Gareth Griffiths, and Helen Tiffin	London ／ New York	Routledge	1998
Die Kunst der Macht und die Gegenmacht der Kunst : Studien zum Spannungsverhältnis von Kunst und Politik 1. Aufl (Suhrkamp Taschenbuch Wissenschaft:1368)	Klaus von Beyme	Frankfurt am Main	Suhrkamp	1998
Lee Ufan : Bilder und Skulpturen : Städelsches Kunstinstitut und Städtische Galerie Frankfurt am Main, 5. Juni bis 2. August 1998	[Ausstellung und Katalog, Ursula Grzechca-Mohr] ／ [Übersetzungen, Siegfried Schaarschmidt]	[Frankfurt am Main]	[Städtische Galerie im Städelschen Kunstinstitut]	1998
Literary intercrossings : East Asia and the West (University of Sydney world literature series:no. 2)	edited by Mabel Lee and A.D. Syrokomla-Stefanowska	Sydney	Wild Peony	1998
The mask of art : breaking the aesthetic contract : film and literature : pa	Clyde R. Taylor	Bloomington	Indiana University Press	1998
Møte i natten	Ingvar Ambjørnsen ／ [bilder, Reinhardt Søbye]	[Oslo]	Geelmuyden. Kiese	1998
Nicolás García Uriburu		Buenos Aires	Museo Nacional de Bellas Artes	1998
A philosophy of mass art pbk.	Noël Carroll	Oxford ／ New York	Clarendon Press ／ Oxford University Press	1998
Post-colonial literatures in English : history, language, theory : pbk	Dennis Walder	Malden, Mass.	Blackwell Publishers	1998
Post-Marxism : a reader : pbk	edited by Stuart Sim	Edinburgh	Edinburgh University Press	1998
Premios colección Costantini '98		Buenos Aires	Museo Nacional de Bellas Artes	1998
Psychoanalytic criticism : a reappraisal 2nd ed : pbk	Elizabeth Wright	Oxford	Polity Press	1998
Silvia Rivas	Jorge Glusberg	Buenos Aires	Museo Nacional de Bellas Artes	1998

Les sources spirituelles de la peinture de Sesshû : pbk (Bibliothèque de l'Institut des hautes études japonaises)	Tsukui Hiromi	[Paris]	Collège de France, Institut des hautes études Japonaises	1998
The sovereignty of art : aesthetic negativity in Adorno and Derrida (Studies in contemporary German social thought)	Christoph Menke ⁄ translated by Neil Solomon	Cambridge, Mass.	MIT Press	1998
Tolv bildkonstnärer & två pianister (Liljevalchs katalog:nr 439)	Exhibitor: Birgitta Eriksson, Elis Eriksson, Eski Hansson ... [et al.] [katalogredaktion, Lollo Fogelström, Folke Lalander]	[Stockholm]	[Liljevalchs konsthall]	1998
Valerio Adami en elMuseo Nacional de Bellas Artes de Buenos Aires		Milán	Skira	1998
Veinte obras de arquitectura de la última década	Museo Nacional de Bellas Artes de Buenos Aires	Buenos Aires	Museo Nacional de Bellas Artes de Buenos Aires	1998
Walter Benjamin und der neue Blick auf die Photographie	Rolf H. Krauss	Ostfildern	Cantz	1998
War crimes on Asian women : military sexual slavery by Japan during World War II : the case of the filipino comfort women pt. 2		[Manila]	[Asian Women Human Rights Council]	1998
Zen : Toshihiro Hamano			Giancarlo Politi Editore	1998
ARCO noticias			ARCO ⁄ IFEMA	1999
Ars Electronica : facing the future : a survey of two decades : [paper] (Electronic culture : history, theory, practice)	edited by Timothy Druckrey with Ars Electronica	Cambridge, Mass.	MIT Press	1999
Art focus Vol. 7, no. 1 winter ⁄ spring			Fleisher Fine Arts	1999
Art planet : a global view of art criticism Vol. 1, no. 0		[Paris]	AICA Press, the Press of the International Association of Art Critics	1999
Art, culture et politique : actes du Congrès Marx international II (Actuel Marx confrontation)	sous la direction de Jean-Marc Lachaud	Paris	Presses universitaires de France	1999
Enkel stil : inredning inspirerad av lantliv	Katrin Cargill ⁄ fotografier av Simon Upton ⁄ översättning av Marie-Anne Sundström	Stockholm	Prisma	1999
Global Conceptualism: Points of Origin, 1950s-1980s	Luis Camnitzer, Jane Farver, Rachel Weiss ⁄ introd. by Stephen Bann ⁄ essays by László Beke ... [et al.]	New York	Queens Museum of Art	[1999]
Homemade esthetics : observations on art and taste : cloth	Clement Greenberg	New York	Oxford University Press	1999
An introduction to visual culture : pbk	Nicholas Mirzoeff	London	Routledge	1999
Modernisme en Europe centrale : les avant-gardes (Collection "Aujourd'hui l'Europe")	sous la direction de Maria Delaperrière	Paris	Harmattan	1999

書名	編著者，監修者	出版地	出版社	刊行年
Mushardi : the spiritual journey to Japan : Gamma : the Indonesian weekly newsmagazine		[Tokyo]	[Indonesian Culture Plaza]	1999
Nobuhiko Utsumi paintings	organized by National-Museum of Peru ... [et al.]		[NationalMuseum of Peru]	1999
L'œuvre d'art à l'époque de W. Benjamin : histoire d'aura (Esthétiques)	Bruno Tackels	Paris	L'Harmattan	1999
Outsider Art			Villa Tamaris, La Seyne-sur-Mer	[1999]
The sovereignty of art : aesthetic negativity in Adorno and Derrida 1st MIT Press pbk. ed. (Studies in contemporary German social thought)	Christoph Menke / translated by Neil Solomon	Cambridge, Mass.	MIT Press	1999
Der Stachel des Todes : Roman (Japanische Bibliothek im Insel Verlag)	Shimao Toshio / aus dem Japanischen übertragen von Sabine Mangold und Wolfgang E. Schlecht / mit einem Nachwort versehen von Wolfgang E. Schlecht	Frankfurt am Main	Insel	1999
Walter Benjamin and the aesthetics of power (Modern German culture and literature)	Lutz Koepnick	Lincoln, NE	University of Nebraska Press	1999
What, after all, is a work of art? : lectures in the philosophy of art : pbk	Joseph Margolis	University Park, Pa.	Pennsylvania State University Press	1999
Art of the modern age : philosophy of art from Kant to Heidegger (New French thought)	Jean-Marie Schaeffer / translated by Steven Randall with a foreword by Arthur C. Danto	Princeton, N.J.	Princeton University Press	2000
Conceptual art : a critical anthology 1st pbk. ed	edited by Alexander Alberro and Blake Stimson	Cambridge, Mass.	MIT Press	2000
Cultural studies : theory and practice : pbk	Chris Barker / with a foreword by Paul Willis	London	Sage	2000
Cultural studies & political theory : pbk (Cornell paperbacks)	edited by Jodi Dean	Ithaca, N.Y.	Cornell University Press	2000
Identity : a reader : pbk	edited by Paul du Gay, Jessica Evans and Peter Redman	London	SAGE Publications in association with Open University	2000
Kunstende : drei ästhetische Studien	Alexander García Düttmann	Frankfurt am Main	Suhrkamp	2000
Mario Reis : from landscape to abstraction		Coesfeld	Kunstverein Münsterland	2000
The politics of culture : policy perspectives for individuals, institutions, and communities	edited by Gigi Bradford, Michael Gary and Glenn Wallach / [preface by James Allen Smith]	New York	New Press	2000
Postcolonialism v. 1 (Critical concepts in literary and cultural studies)	edited by Diana Brydon	London	Routledge	2000

Postcolonialism v. 2 (Critical concepts in literary and cultural studies)	edited by Diana Brydon	London	Routledge	2000
Postcolonialism v. 3 (Critical concepts in literary and cultural studies)	edited by Diana Brydon	London	Routledge	2000
Walter Benjamin and the corpus of autobiography (Kritik : German literary theory and cultural studies)	Gerhard Richter	Detroit	Wayne State University Press	2000
Ikiro	[Kröller-MüllerMuseum]	Otterlo	Kröller-MüllerMuseum	2001
Kazuo Shiraga : Paintings and Watercolours			Annely Juda Fine Art, London	[2001]
Pittura giapponese dal 1800 al 2000	Iseki Masaaki / a cura di Ornella Civardi / [tradauzione dal giapponese: Ornella Civardi]	Milano	Skira	2001
Postcolonialism : an historical introduction : pbk	Robert J.C. Young	Oxford / Malden, Mass.	Blackwell Publishers	2001
The Remains of War: Apology and Forgiveness	Ishida Jintaro	Cubao, Quezon City	Megabooks Company	2001
The seduction cookbook	Diane Brown	San Jose [Calif.]	Writers Club Press	2001
Writing history, writing trauma : pbk (Parallax : re-visions of culture and society) (Johns Hopkins paperbacks)	Dominick LaCapra	Baltimore, Md.	Johns Hopkins University Press	2001
Documenta 11 Platform 5: Exhibition : catalogue Appendix	[editor, ducumenta undMuseum Fridericianum Veranstaltungs GmbH, Kassel]	Ostfildern-Ruit	Hatje Cantz	2002
Documenta 11 Platform 5: Exhibition : catalogue : English ed	Exhibitors: Georges Adéagbo, Ravi Agarwal, Eija-Liisa Ahtila ... [et al.] [editor, ducumenta und Museum Fridericianum Veranstaltungs GmbH, Kassel]	Ostfildern-Ruit	Hatje Cantz	2002
Extreme beauty : aesthetics, politics, death : pbk (Textures : philosophy, literature, culture series)	edited by James E. Swearingen and Joanne Cutting-Gray	New York / London	Continuum	2002
Grenzenlos : Kurdische Kunst Heute		[Wien]	[Verein zur Erforschung und Förderung der kurdischen Sprache, Kultur und Geschichte]	2002
Tadashi Kawamata : ideas for projects		London	Annely Juda Fine Art	2002
Virus	Ito Kosho	[St Ives]	Tate St Ives	2002
L'anima d'oro : Shu Takahashi		Genova	Museo d'arte orientale "Edoardo Chiossone"	2003

書名	編著者, 監修者	出版地	出版社	刊行年
Habermas and aesthetics : the limits of communicative reason : pbk	Pieter Duvenage	Cambridge / Malden, MA	Polity / Distributed in the USA by Blackwell Pub.	2003
Międzynarodowe Triennale Grafiki, Kraków 2003-1		[Kraków]	[Galeria Sztuki Współczesnej Bunkier Sztuki]	2003
Política e verdade no pensamento de Martin Heidegger	Pedro Rabelo Erber	Rio de Janeiro / São Paulo	PUC-Rio / Edições Loyola	2003
Portfolio Collection vol. 29: Fukumoto Shihoko	[Uchiyama Takeo and Marianne Erikson]	Winchester	Telos Art Publishing	[2003]
Regard vers Himat	Bernard Noël / [poème de] Michel Butor	[Paris]	Rencontres	2003
Water: kunstwandelroute in de Amsterdamse Waterleidingduinen : wandelgids = Water : an art walking route in the Amsterdam Water Supply Dunes : walking guide	Mulder, Arjen, Endō Toshikatsu, Wapke Feenstra, and Meschac Gaba ... et al	[Amsterdam]	Waterleidingbedrijf Amsterdam	2003
Yoshiaki Abe	[translation, Sasaki Junko]	Ninomiya-machi	Abe Ko-bo	2003
Buddha mind in contemporary art	edited by Jacquelynn Baas and Mary Jane Jacob	Berkeley	University of California Press	2004
From the playground of the gods : the life and art of Bikky Sunazawa	Chisato O. Dubreuil / with a foreword by William W. Fitzhugh	[Washington, D.C.] / [Honolulu]	Arctic Studies Center, National Museum of Natural History, Smithsonian Institution / Distributed by University of Hawai' i Press	2004
Islamic aesthetics : an introduction : pbk (The new Edinburgh Islamic surveys)	Oliver Leaman	Edinburgh	Edinburgh University Press	2004
Keiko Arai		[Tokyo]	[Corin pleine vue]	2004
Lydia Okumura : pinturas 2000-2004		[São Paulo]	[Galeria Deco]	2004
Norbert Francis Attard : four Olympics : +chronology of works, 1998-2004	[editor, Dennis Vella]	New York	NY Arts Books	2004
Oldřich Kulhánek : grafika, kresby				2004
Schrift, Bilder, Denken : Walter Benjamin und die Künste	hg. von Detlev Schöttker	Frankfurt am Main / Berlin	Suhrkamp / Haus am Waldsee	2004
Shin Miyazaki : o "agora" para ser expresso e não, para ficar apenas na memória : eu a Sibéria, agora				2004
Vozes da Sibéria: Shin Miyazaki : XXVI Bienal Internacional de São Paulo, 2004 Japão = Voices of Siberia : Shin Miyazaki : XXVI Bienal Internacional de São Paulo, 2004 Japão	Miyazaki Shin, Mizusawa Tsutomu, Takeshita Jun		The Japan Foundation	2004
Yukio Imamura : piments rouges		Paris	Galerie Lélia Mordoch	2004

D.H. Lawrence : literature, history, culture	edited by Michael Bell ... [et al.]	Tokyo	Kokusho-KankoKai	2005
The regionalisation of art criticism : its possibility and global positioning : art criticism and interventions in space : AICA 2004 World Congress in Taiwan Symposium proceeding		Taiwan	AICA Taiwan	2005
Reinhardt Søbye : works 1988-2005				2005
Yun Gee : a modernist painter		New York	Marlborough	2005
Ernst Blochs Ästhetik : Fragment, Montage, Metapher (Epistemata : Würzburger wissenschaftliche Schriften. Reihe Philosophie:Bd. 396)	Achim Kessler	Würzburg	Königshausen & Neumann	2006
In other worlds : essays in cultural politics (Routledge classics)	Gayatri Chakravorty Spivak / with a new introduction by the author	New York	Routledge	2006
The politics of aesthetics : the distribution of the sensible : pbk	Jacques Rancière / translated with an introduction by Gabriel Rockhill	London / New York	Continuum	2006
Power Chords	Saâdane Afif, Jean-Louis Froment, Valérie Chartrain, Jörg Heiser, Patrick Eudeline, André Cadere, Nicolas Jorio, Guillaume Stagnaro	Zurich	JRP Ringier	2006
Candice Breitz		[Monaco]	[Fondation Prince Pierre]	2007
Incontro a Pietrasanta 2		[Medellin]	[Galeria Duque Arango] / [Museo de Arte del Tolima], [2007]	2007
Le opere			[Toshihiko Minamoto]	2007
Souffle de lumière : Bang Hai Ja (oeuvres 1997-2006)	Pierre Cabanne, Charles Juliet, André Sauge	Paris	Éditions Cercle d'art	2007
art in ASIA No.4 : Atta Kim / 2008 Asian Biennales Preview			Misool Sarang Publications	2008
art in ASIA No.8 : Special Feature: 10 Biennales Grand Tour : Gwangju-Busen-Media City Seoul-Shanghai-Yokohama-Guangzhou-Singapore-Sydney-Seville-Liverpool / Interview Wayne Gonzales, Eric Chang / Review 2008 KIAF			Misool Sarang Publications	2008
Yayoi Kusama Vol. 1 : essay		[London]	Victoria Miro	2008
Yayoi Kusama Vol. 2 : interview		[London]	Victoria Miro	2008
Yoshiko : une quête spirituelle	[textes, Jean-Jacques Plaisance ... et al.]	Paris	Galerie les yeux fertiles	2008
Kazuo Shiraga : six decades	Tomii Reiko, Fergus McCaffrey	New York	McCaffrey Fine Art	2009

書名	編著者, 監修者	出版地	出版社	刊行年
Lundangi: um segmento da arte contemporânea Angolana = segment de l'art contemporain Angolais			[UNESCO, Paris]	----
Kritik der praktischen Vernunft	Immanuel Kant	Tokyo	Ikubundo	1---
Richard Wagner der Deutsche : als Künstler, Denker und Politiker (Universal-Bibliothek:Nr. 7196, 7197)	Houston Stewart Chamberlain / mit einem Vorwort von Pãul Pretzsch	Leipzig	Philipp Reclam	1---
Art since 1945	texts by Marcel Brion ... [et al.]	[London]	Thames and Hudson	19--
Dreams : short stories (Library of Soviet short stories)	Yuri Nagibin	Moscow	Foreign Languages Pub. House	19--
Frau, Familie, Gesellschaft : Aufsätze, Protokolle : pbk (Kursbuch:17)		[Berlin]	Paco Press	19--
Hörspiel		[Berlin]	Deutscher Demokratischer Rundfunk	19--
Die Internationalität der Kulturwissenschaften	Heinrich Rickert			19--
Joseph Beuys Postkarten		Heidelberg	Edition Staeck	19--
Literaturgeschichte als Geisteswissenschaft [1]				19--
Literaturgeschichte als Geisteswissenschaft [2]				19--
Le pays des mines d'André Fougeron	Auguste Lecœur et André Stil	Paris	Édité par Cercle d' art	19--
Pedagogical sketchbook	Paul Klee / [introduction and translation by Sibyl Moholy-Nagy]	London	Faber and Faber	19--
Volk und Dichtung von Herder bis zur Romantik	Benno von Wiese			19--
Volksabstimmung		Düsseldorf	Organisation für direkte Demokratie durch Volksabstimmung	19--
Petite histoire de la littérature française (Collection Gallia)	Emile Faguet	Paris	J.M. Dent	191-
Vom Historismus zur Soziologie	Carlo Antoni / übersetzt von Walter Goetz	Stuttgart	K.F. Koehler	193-
Der aufhaltsame Aufstieg des Arturo Ui		[Berlin]	Berliner Ensemble	196-
Brecht-Abend nr. 2		[Berlin]	Berliner Ensemble	196-
De nieuwe stijl deel 1 (Literaire reuzenpocket:136)	[redaktie, Armando ... et al.]	Amsterdam	De Bezige Bij	196-
Klee (Rowohlts Monographien:52)	[Carola Giedion-Welcker]	[Reinbek bei Hamburg]	[Rowohlt]	197-
Los Shakespear (Art criticism briefs)	Jorge Glusberg	[Buenos Aires]	Sección Argentina, Asociación Internacional de Críticos de Arte	197-

Venezuela young generation (Art criticism briefs)	Jorge Glusberg	Buenos Aires	Sección Argentina, International Association of Art Critics	197-
Arnold Bode : Documenta Kassel Essays	[Herausgeber, Stadtsparkasse Kassel] / [Redaktion, Lothar Orzechowski]	[Kassel]	Buch- und Kunstverlag Weber & Weidemeyer	198-
Entrüstet euch : Analysen zur atomaren Bedrohung : Wege zum Frieden	[Redaktion, Erich Knapp, Hermann Schulz]	Bonn	Bundesvorstand der Grünen Bundesgeschäftsstelle	198-
Historical Museum of Warsaw	[editor, Muzeum Historyczne m. st. Warszawy] / [translation, Joyce Mary Langwald]	Warszawa	Historical Museum of Warsaw	198-
Der Wald ist selber schuld : Berichte aus der Schwarzwaldklinik	[herausgegeben von Geert Platner und Schülern der Gerhart-Hauptmann-Schule in Kassel]	[Kassel]	[Gerhart-Hauptmann-Schule]	198-

制作ノート

三上豊

承前

　本書の主役は，針生一郎宅にあった書籍やカタログ，エフェメラの類いだが，その持ち主について簡単にふれておく。

　針生一郎は，1925年12月1日宮城県仙台市に生まれ，東北大学文学部を卒業。卒論は「島崎藤村」。東京大学大学院で美学を学び，学会誌『美学』の編集に関わる。それ以後は，64年晶文社から刊行された『われらのなかのコンミューン　現代芸術と大衆』の著者紹介によると「ルカーチ研究紹介ののち，「世紀の会」「現在の会」「記録芸術の会」等絶えず戦後芸術運動の中にあってその批評精神をきたえてきた生粋の戦後批評家。その活動分野は芸術，文学すべてのジャンルに及び，その綜合化の課題をつねに時代の深層で検証しようとしている」とある。書いたのは編集を担当した小野二郎だろう。また早くから新日本文学会や美術評論家連盟，アジア・アフリカ作家会議で活動をし，68年のヴェネチア・ビエンナーレ，77年サンパウロ・ビエンナーレ，2000年の光州ビエンネーレの日本コミッショナーを務めた。美術業界では「戦後の御三家」といわれ，中原佑介のナカナカ・ユースケ，東野芳明のトーノ・ヨシアシ，針生一郎のアリュー・イチロウなどとあだ名がつけられていた。針生は社会の現実と前衛芸術をガラス板の表裏として捉えるが，その図式のアリューになっていくといわれていた。針生自身も80年代のあるとき，「退役評論家」などと自嘲的に語っていた。そのことは彼に対して繰り返し同じようなテーマ（作家）について原稿依頼をする，編集サイドの問題もあったろう。和光大学を退職後は，全国各地で講演をするほどに精力的な活動をしていたが，2010年5月26日自宅玄関で出がけに倒れた。

本書のはじまり

針生一郎の自宅は, 小田急線読売ランド駅から徒歩で10数分, 生田地区の高台にあり, その途中には急な階段70段を登る所がある。死去したとの報を聞いたとき, あの階段をふと思い出した。84歳の体にはきつかったのではないかと。しかし, 針生自身は癌と戦っていたときも愛用のタバコ「わかば」を吸い続けていたし, 体のことには自信があったのだろう。

自宅に残された蔵書のことをご遺族にうかがったのは, 葬儀のときだった。生前, 針生は蔵書については在職していた和光大学に寄贈したいとの意向をもっていたと聞かされた。しかし, 多くの大学がそうであるように, 名誉教授の蔵書とはいえ, 大学図書館はスペースの都合で寄贈を受けること, また個人名が付く文庫を設けることは難しい状況にある。つまり複本は避けたいし, 先々の選書を優先したい事情もある。

しばらくして, ご自宅を訪問し, 書斎を見る機会があった。検討した結果, 大学にない書籍をいただくことはできないかと, 虫のいい申し出をご遺族に伝えたところ, ご快諾をいただき選書に取り組むことになった。とりあえずのリストは私を含めたスタッフが作成することになり, 作業に取り掛かったのだが。

さて改めて書庫やほかの部屋に山積みとなった蔵書類を見て, 作業の困難さにぶつかった。各部屋にあふれるように積まれた本, ミカン箱ぐらいのお手製の本棚がシュビッタースのメルツバウのごときにある。整理作業のスペースの確保がまず必要だった。和光大学へ寄贈分の書籍をまず優先的に選書し, 運び出すことから始まった。次に書棚のいくつかを処分し, 国立新美術館に寄贈する美術展カタログを搬出しスペースを確保した。データを打ち込むスタッフは, お孫さんの根本佳奈さんを含め3, 4名で, 月に1度, 日曜日の9時から6時頃まで, メインの書庫は冬には照明が足りず, 早めの終了となった。

リストを作成するうちに, 戦後の美術評論だけでなく社会運動などにも幅広い論戦の場をもった針生一郎の, いわば「知の集積」の一部をなんらかのかたちで多く方に伝えることはできないかと考えるようになった。どう編集すればどのような本になるか, 毎月整理をしながら模索していった。結果, 「凡例」に示したように，本書は構成されたのだが，ここにいたるまでをふれておきたい。

書庫など

針生一郎から現在地に引っ越しをする以前に「資料を保管していた場所が水でやられた」と聞いたことがある。この生田の家にある資料が全てではないことは生前からわかっていた。現在の建物は，元は『朝日ジャーナル』編集長だった矢野純一の持ち家で，設計は原広司という。台所やサンルーム，2階の一部などを建て増ししている。かつてのメインの書庫は20畳ほどか，応接間兼用となっており，庭に面して仏壇があり，夏木夫人と針生の位牌が収まっている。壁面には天井までの作り付け10段の木製書棚とその前に5連のスチール製移動書架があり，両面から本が収まり，その前に何連かの本棚が奥を塞ぐようにある。他の壁面も書棚で埋まり，庭に面した大きなガラス窓からの光が部屋を包んでいる。

この応接間に編集者は泊まり，原稿の完成を待つことがあり，私もその経験者だった。昔，酒豪の女性編集者は，一升瓶を持ち込み，ゆっくりと構えていたとのウソのような話しを聞いたことがある。しかし，ここでの執筆はほとんどなされていなかったようだ。部屋の角には木製の小さな机があり，引き出しには1970年頃の手帳やメモの類いが入っていたが，雑誌などが山積みされて長いこと使用はされていない。執筆は隣の増築されたサンルームでされ，また読売ランド駅近くの喫茶店「モンタナ」で，よくその姿を目撃されていた。もとより下北沢在住のころから喫茶店が主な執筆場であった聞く。

メインの書庫兼応接間以外に，サンルームにはこたつとビデオや比較的新しい洋書があった。玄関を入り左奥，かつてはご子息の部屋だった洋間には手作りの小さな本棚が集積，壁面に釘で留められ，文庫や図録など資料が詰め込まれていた。また納戸には背表紙のないカタログの多くが，リビングとサンルームをつなぐスペースにはいまにも崩れ落ちそうな書籍，雑誌の山があり，一部は夫人の書籍と思われ，区別はもはやつかない状態だった。そこの判断は孫娘佳奈さんの「これはおばあちゃん本」との判断をもって本書からは除いている。また屋外には二連の物置があり，主に雑誌，『芸術新潮』，『三彩』，『みづゑ』などが収納されていた。

書棚の様相

書籍は翻訳を含め発行年順に編年形式に並べていくと，左翼系評論家のもとに集まった資料の歴史とも読めよう。もとより針生が全てに目を通しているわけではないが，本棚に残された本の傾向はあろう。安部公房，野間宏，埴谷雄高，岡本太郎，花田清輝，佐多稲子，三島由紀夫，中野重治，柳田國男，保田與十郎，小川国夫，飯島耕一，大江健三郎，いいだもも，井上ひさし，吉本隆明，白井晟一，粟津潔，といった人々の本があがってくる。書庫の奥の古いエアコンと壁の隙間を塞ぐために，田畑書店の自分の評論集が詰め込まれていたのには驚いた。ときに整理をしたのであろうか，『展望』や『文学』など同じ雑誌がまとめて積まれているコーナーがある。韓国や北朝鮮，中国，

記録映画「日本の怪獣」より
撮影＝秋田琢・石井理香・田中聡

パレスチナなどの資料を散見できる。ブレヒト，ベンヤミン，ボイスといった名も見えていた。詩集，歌集などはほぼ贈呈されたものと思われる。

美術館の展覧会カタログは普通オープニングに行けば入手できるわけだが，年によって数が多かったり，少なかったりしており，地域的には宮城県美術館や群馬県立近代美術館，原爆の図丸木美術館など地方の美術館のものもあるが，首都圏が主で，全国をカヴァーしている訳ではなかった。画廊が発行しているカタログ，不定期刊の冊子などは，なるべく収録に務めたが，案内状など，いわゆるエフェメラの類いは発行年数が不明のものが多く，収録できないものがあった。針生が長く関わっていた調布画廊のデータについては，2011年，同画廊より『針生一郎と調布画廊』が刊行され，同書に案内状の全文が収録されているので参照されたい。

収録しなかった資料としては，平凡社版の百科事典，国語，ドイツ語，英語などの辞書の類いがある。また作家から送られ，原稿執筆の資料となったであろう，紙焼き，スライド，ポートフォリオは除外した。針生が教職にあった和光大学，岡山大学の紀要も同様。ビデオやカセットなどの映像，音源資料も収録していない。原稿のコピー，書簡，日録も含めていない。資料といえば，50年代の前衛運動の一次資料にあたるものや戦争画に関する資料はほとんどなかった。すでに処分したこともあるだろうし，ご遺族や知人の手に渡った本もある。

1冊の本

書庫の奥のまた奥のほう，ほこりを被っていた1冊をみてみよう。著者は花田清輝。書名は『錯乱の論理』。先行書は『自明の理』，花田や中野秀人らが1939年に結成した「文化再出発の会」から，41年に出版されている。同書に戦中から戦後にかけてのエッセイを入れ，再編集したのが『錯乱の論理』である。奥付を見てみる。出版社は眞善美社，印刷は秀英社・小島順三郎，発行は中野達彦。表紙画は岡本太郎，装幀は高橋綿吉。発行日は昭和22年11月10日初版，昭和23年2月15日

『錯乱の論理』

再版。小島や中野の住所も記載されている。

眞善美社は花田の福岡中学の先輩中野正剛が援助をしていた「文化再出発の会」の流れをくむ出版社である。中野は戦前期，東條英機に反発したジャーナリスト，政治家だが，彼だけでもドラマとなる人物だ。戦後息子の達彦らが正剛の遺産をもとに出版社の経営に当たるが，1948年倒産する。花田は同社の編集顧問であり，企画の7割が花田の発議によるものだったそうだ。この本からも集まった人々の，戦後間もない時期の出版という「世に問う」かたちが見て取れる。

『錯乱の論理』の隣には同じく花田の『映画的思考』（未來社，1958年）があった。著者から「針生一郎へ」と署名入りの謹呈本だ。もはや背がばらばらになった『錯乱の論理』は，再版本を神保町の古書店矢口書店で購入している形跡がある。後に刊行された未來社や講談社の花田清輝の全集は，メインの書棚の手にとれるところにあった。

針生は，48年上京後まもなく新聞記事で知った「夜の会」に参加するが，そこで花田から「自分のなかのヒューマニズムのモラルが，容赦なくぶちこわされるのに苦痛をおぼえ」（「瀧口修造と花田清輝」『別冊新評』42号）ながらも，マルクス主義をはじめ，影響を受けていく。彼は古書店で『錯乱の論理』をどのような想いで購入したのだろう。そしてこの本はもう誰も手にすることはないのだろうか。2014年冬の夕刻，暗くなった書庫で感慨にふけった。

謝辞

本書を刊行するにあたり，以下の方々にお世話になりました。記して謝意を表します（敬称略）。

針生一郎の長女根本千絵，このような本をつくることを快諾してくださいました。孫娘の版画家根本佳奈，貴重な日曜日を作業につきあわせました。データの制作にあたった立原さやか，丹野友貴子，地脇りら，野呂あかね。書斎をビデオで撮影していた田中聡。市村省二，清水滋文をはじめとする和光大学図書・情報館の方々。谷口英理，長谷大地，伊村靖子をはじめ洋書データを作成した国立新美術館情報資料室の方々。データをレイアウトし校正を含め面倒な作業に当たった相馬理奈子，彼女は和光大学で針生ゼミの学生でした。宮城県美術館で針生展を実現させた三上満良。出版助成へ力をくれた国立国際美術館長山梨俊夫。装幀の中垣信夫，大倉真一郎。出版を引き受けたせりか書房の船橋純一郎。そして，針生一郎を次世代へ伝えるために執筆をしてくれた，上野俊哉，沢山遼。

研究助成には和光大学総合文化研究所のプロジェクト研究費を，出版にあたり鹿島美術財団の援助を受けました。

本書は，2015年1月31日から3月22日まで宮城県美術館で開催された「わが愛憎の画家たち－針生一郎と戦後美術」展のカタログ，および『美術手帖』2010年9月号の20頁にわたる「追悼針生一郎」，書誌『あいだ』174号の「追悼特集＝針生一郎」とあわせて参照していただければ幸いです。

2015年1月31日
編者

著者紹介

三上豊（みかみゆたか）

1951年生まれ。近現代美術史。編集者。
和光大学表現学部芸術学科教授。
編著に『世界に誇れる日本の芸術家555』（PHP新書，2007年），
共著に『日本の20世紀芸術』（平凡社，2014年）など。

上野俊哉（うえのとしや）

1962年生まれ。社会思想史，文化研究，メディア論。
和光大学表現学部総合文化学科教授。
著書に，『音楽都市のパラジット』（洋泉社，1990年），
『ディアスポラの思考』（筑摩書房，1990年），
『思想家の自伝を読む』（平凡社新書，2010年），
『思想の不良たち』（岩波書店，2013年）など。

沢山遼（さわやまりょう）

1982年生まれ。美術批評。
武蔵野美術大学大学院造形研究科修士課程修了。
主な論考に，「限界経験と絵画の拘束——香月泰男のシベリア」
『前夜／前線——Critical Archive vol.2』（YCA,Tokyo），
「テクスト論的転回——「平面／立体」という呼称」
『美術フォーラム21』第30号（ともに2014年）など。

針生一郎蔵書資料年表

美術・文学・思想

2015年4月30日　第1刷発行

著　者……………三上豊，上野俊哉，沢山遼
発行者……………船橋純一郎
発行所……………株式会社 せりか書房
〒101-0064
東京都千代田区猿楽町1-3-11　大津ビル1F
電話 03-3291-4676
振替 00150-6-143601
http://www.serica.co.jp
印　刷……………株式会社 テンプリント
造　本……………中垣デザイン事務所（中垣信夫＋大倉真一郎）

ISBN 978-4-7967-0341-3